Insurance Mathematics

보험수학

김준기 지음

KYOWOO

머리말

이 책은 보험계리사 시험을 위한 보험수학을 수학적으로 접근하기 위한 것이다. 그러나 이 책은 문제풀이집이 아니고 수학책이다. 보험수학에서 나타나는 수학은 일반적인 수학과 교육과정에서 다루는 내용은 아니다. 특히 보험료 계산, 보험 가치 계산 부분은 보험수학만의 톡특하고 다양한 기호가 나타나는데, 이 모든 복잡하고 다양한 기호들을 보통의 수학과 교육과정에서 볼 수 없다. 당연히 이 모든 기호에 익숙해져야 하는 것은 아주 커다란 어려움이다.

${}_tp_x, \bar{A}_{x:\overline{n}|}, {}^h_tV_{x:\overline{n}|}, P_{x:\overline{n}|}^{\ 1} \cdots$ 와 같은 끝도 없이 많은 독특한 기호들을 오로지 기억하고 활용하려는 접근법은 곧 한계에 도달한다. 우선 의미를 알기 전에 모두 기억하는 것도 어려운 일이지만, 많은 실제 상황은 기호가 아닌 말로 표현되기 때문에, 어떤 기호를 써야할지를 알 수 없다. 그러나 문제의 의미를 이해하면 어떤 기호가 필요한지가 들어난다. 이 책은 보기를 푸는 과정에서 서서히 기호에도 익숙해지는 방법을 택했다.

이 책은 보험계리사 시험의 $\frac{1}{4}$을 차지하는 미분적분학, $\frac{1}{4}$을 차지하는 확률과 통계에는 큰 비중을 두지 않았다. 왜냐하면 미분적분학, 확률, 통계는 보통의 수학과에서 다루는 내용이고 보험수학만의 특별하 표기법을 사용하는 것도 아니기 때문이다. 따라서 미분적분학, 확률, 통계부분은 다른 책을 참고하기 바란다. 미분적분학, 확률, 통계는 1장 필요한 수학, 확률변수 부분에서 보험수학에 필요한 정도로 간단하게 다루었다.

2장의 이자계산, 이자계산의 응용으로 3장의 주식,채권, 선물, 옵션은 보험수학을 공부하기 위한 필수부분이다. 더구나 보험수학은 실생활과 관계되는 수학이므로 컴퓨터 확용이 필수적이고, 또 실제 문제는 그 값을 손으로 계산할 수 있는 그런 것들이 아니다. 많은 계산이 필요한 부분은 휴대폰을 이용한 Google colab을 섰다. 좀 더 복잡한 계산은 무료로 사용할 수 있는 SageMath(`http://www.sagemath.org/`)나 Julia(`https://julialang.org/`)를 이용한 것이다. 4장 생명표, 5장 보험과 연금의 현재가격, 6장의 보험료, 보험가치 계산은 보통의 수학과에서 다루는 내용이 아니고, 복잡하고 낯선 기호들이 바글바글 나타난다. 여기서 나타나는 생명표, 연급표, A_x $\bar{a}_x$등의 구체적인 값과, 복잡한 적분값은 모두 SageMath로 계산한 것이다. 보험수학을 이해하는 것은 단순히 기호를 익히는 것이 아니라 기호에 해당하는 값을 구체적으로 계산할 수 있는 능력을 기르는 것에서 출발한다. 보험계리사 시험을 준비하는 사람들에게 4,5,6장의 내용이 도움이 되기를 바란다.

차례

I
계산기 활용, 필요한 수학, 확률변수

1
필요한 수학, 확률변수

금융. 보험에서 필요한 수학적 개념은 일반적인 수학에서 다루지 않는 내용도 있다. 그러나 모는 개념 이해에 기초가 되는 것은

- 합의 기호 $\sum$
- 연속, 미분, 적분
- 일차함수,2차함수, 지수함수, 로그함수
- 확률변수, 확률변수의 평균값

등이기 때문에 수학적 소양이 있으면 절대적으로 유리하다. 예를 들어 삼각함수의 미분, 적분은 실제에서는 거의 나타나지 않는다. 그러나 합의 기호의 의미, 합의 기호 출발점 바꾸기, 적분의 의미는 확실하게 이해해할 필요가 있다.

1.1 계산기 활용

전문적인 금융계산은 컴퓨터를 활용하는 것이 필수인 것처럼, 금융 개념을 익히기 위해서는 계산기 활용이 꼭 필요하다. 금융계산기를 선택할 때 필수적인 것은 지수함수와 로그함수 기능이 있는 계산기다. 이 책에서는 주로 휴대폰에 기본 앱으로 설치된 계산기를 활용한다. 무료로 사용할 수 있는 RealMax Calculator 앱, `http://www.realmaxsoft.com/` , 을 권한다. 사용 도중에 광고가 팝업되는 것에 놀라지 말자.

보기 1.1 *계산기 앱을 활용하여 다음 계산을 하여라. RealMax Calculator 앱은 간단한 방정식의 해도 구한다. 특히 2차 방정식의 경우 정확한 해를 구했는지 확인해보자.*

1. $e^{4.5}$
2. $\ln(56)$
3. $\log_4 8$
4. $\sum_{k=1}^{10} 1.05^k$
5. $\sum_{k=1}^{20} \frac{1+3k}{2+k^2}$
6. $(1+0.05)^x = 3$
7. $(1+x)^5 = 2$
8. $\cos(67)$
9. $79x+991y = 55.75,\ 47x-456y = 1004$
10. $16x^2+477x-56 = 0$

풀이 1.1 *1*. 90.0171
2. 4.02535
3. 1.5
4. 13.206787
5. 8.70777
6. 22.5171
7. 0.148698
8. -0.51777
9. $x = 12.3532, y = -0.928509$
10. *이 계산기는 이 문제를 잘 풀지 못한다. 실제 답은* $x \approx -29.9294, 0.116942$

□

이차방정식이란 $ax^2+bx+c=0,\ a\neq 0$ 꼴의 방정식을 말한다. 이 방정식을 만족시키는 수 x를 구하는 것은

$$(\alpha+\beta)^2=\alpha^2+2\alpha\beta+\beta^2$$

을 이용해서 비교적 간단하게 처리할 수 있다. 즉

$$\begin{aligned} ax^2+bx+c &= a\left(x^2+\frac{b}{a}x\right)+c = a\left(\left(x^2+\frac{b}{2a}\right)^2-\frac{b^2}{4a^2}\right)+c \\ &= a\left(x+\frac{b}{2a}\right)^2+c-\frac{b^2}{4a} \\ &= a\left(x+\frac{b}{2a}\right)^2-\frac{b^2-4ac}{4a} \end{aligned}$$

따라서 $ax^2+bx+c=0$을 만족시키는 x와

$$\left(x+\frac{b}{2a}\right)^2=\frac{b^2-4ac}{4a^2}$$

을 만족시키는 x는 같다. 따라서 $\mu^2=b^2-4ac$가 되는 수 μ를 잡으면, 구하려는 이차방정식의 해는 $x+\frac{b}{2a}=\pm\frac{\mu}{2a}$. 즉

$$x=\frac{-b-\mu}{2a},\ x=\frac{-b+\mu}{2a} \tag{1.1}$$

가 주어진 이차방정식 $ax^2+bx+c=0$의 해이다. 이차방정식 $ax^2+bx+c=0, a\neq 0$ 의 해를 구하는 과정에서 핵심은 다음을 만족시키는 수 μ를 찾는 것이다:

$$\mu^2=b^2-4ac \tag{1.2}$$

1. $\alpha>0$일 때 $\mu^2=\alpha$가 되는 수 중 음수가 아닌 것을 $\sqrt{\alpha}$로 나타낸다.
2. $\mu^2=0$이 되는 수는 물론 $\mu=0$이다.
3. $\mu^2=-1$이 되는 수를 i로 나타낸다.

지금까지 얻은 결과를 다음과 같이 정리하자.

요약 1.1 [실수를 계수로 하는 이차방정식의 근] 실수를 계수로 하는 이차방정식

$$ax^2+bx+c,\quad a\neq 0$$

의 해는

1. $b^2-4ac\geq 0$ 인 경우: $\frac{-b-\sqrt{b^2-4ac}}{2a},\quad \frac{-b+\sqrt{b^2-4ac}}{2a}$.
2. $b^2-4ac<0$인 경우: $\frac{-b-i\sqrt{-b^2+4ac}}{2a},\quad \frac{-b+i\sqrt{-b^2+4ac}}{2a}$.

위 정리의 중요한 점은 실수를 계수로 하는 이차방정식의 근이 이차바정식 $ax^2+bx+c=0$을 결정하는 a,b,c와 덧셈, 뺄셈, 곱셈, 나눗셈, 거듭제곱근을 이용해서 표현한 것이다.

보기 1.2 *계산기를 이용하여 다음 2차방정식의 해를 구하여라.*

1. $x^2+73x+23=16x$
2. $(x-2)^2=45$
3. $34x^2+126x+5=23x$
4. $17x^2+23x=46$

풀이 1.2 *1*. $-56.771, -0.22899$
2. $-4.7082, 8.7082$
3. $-2.98006, -2.45509$
4. $-0.0493475, 1.10215$

□

자연스런 질문은 복소수를 계수로 하는 이차방정식의 근을 어떻게 되는가인데, 실수인 경우에 대해서 계산한 결과를 보면 다음 결론을 얻는다.

요약 1.2 [복소수를 계수로 하는 이차방정식의 근]
복소수를 계수로 하는 이차방정식 $ax^2+bx+c=0, \quad a \neq 0$의 근은

$$\frac{-b-\mu}{2a}, \quad \frac{-b+\mu}{2a}$$

여기서 μ는 $\mu^2=b^2-4ac$ 가 되는 복소수이다.

보기 1.3 *다음 각각의 경우 μ^2이 주어진 복소수가 되는 $\mu=u+iv,\ u,v\in\mathbb{R}$을 구하여라.*

1. $3+4i$
2. $5-12i$
3. 4
4. $-\frac{3}{4}+i$
5. $\frac{3}{4}+i$
6. $15-8i$

풀이 1.3 *모두 같은 방법으로 해결되니 대표적으로 $\mu^2=3+4i$가 되는 $\mu=u+iv, u,v\in\mathbb{R}$을 구해보자. 짐작으로 구할 수 있지만 체계적으로 접근하면*

1. $\mu^2=(u+iv)^2=(u^2-v^2)+iuv=3+i4$ *가 되어야 하므로*

$$\begin{cases} u^2-v^2 & =3 \\ 2uv & =4 \end{cases}$$

위 식을 잘 보면 $u=2, v=1$이면 좋다. 따라서 $\mu=2+i$ 물론 $u=-2-i$도 좋다. 이것이 잘 보이지 않으면, $2uv=4$에서 $v=\frac{2}{u}$. 그러면 $3=u^2-(\frac{2}{u})^2$에서 $u^4-3u^2-2=t^2-3t-4=(t-4)(t+1)=0, \quad t=u^2$. 따라서 $t=4$이거나 $t=-1$인데 $t=u^2\geq 0$인 것을 생각하면 $t=u^2=4$가 되어야 한다. 따라서 $u=\pm 2$이고 구하는 μ는 $\mu=2+i \quad$ 또는 $\quad \mu=-2-i$

2. $3-2i$ 또는 $-3+2i$
3. 2 또는 -2
4. $-\frac{1}{2}+i$ 또는 $\frac{1}{2}+i$
5. $1+\frac{1}{2}i$ 또는 $-1-\frac{1}{2}i$
6. $4-i$ 또는 $-4+i$

□

1.2 문자 식

보통 공식이라 불리는 것들이 있다. 예를 들어 이웃하는 변의 길이가 a, b인 직각사각형의 넓이는 ab이다. 이렇게 문자가 들어있는 직각사각형의 넓이를 표시하는 식 ab의 편리한 점은 모든 직각사각형의 넓이를 단 하나의 식으로 표현할 수 있는 것이다. 문자식의 연산은 근본적인 대수적 연산으로 보통 중학교에서 다루지만, 금융계산에서도 꼭 필요한 도구이므로 간단히 복습한다. 두 수 a,b의 곱은 $a \times b$ 대신에 오해가 없으면 문자 사이의 곱셈기호 $\times$를 생략하고 간단히 ab로 표현한다. 오해가 있는 경우는 생략하지 않고 $a \times b$라 쓰던지, 아니면 $\times$ 대신에 $\cdot$를 써서 $a \cdot b$로 표현한다. 예를 들어 $a = 2, b = 3$인 경우

$$ab = a \times b = 2 \times 3 = 2 \cdot 3 = 6$$

요약 1.3 [덧셈과 곱셈의 교환법칙, 배분법칙] 세 수 a,b,c에 대해서

$$a(b+c) = ab + ac = ba + ca = (b+c)a$$

예를 들어 $34 \times 87 + 34 \times 13 = 34(87+13) = 34 \times 100 = 3400$.

요약 1.4 [같은 수가 여러 번 곱해지는 경우]

1. 양의 정수 n에 대해서 a^n은 a를 n번 곱한 식을 나타낸다:

$$a^n = \overbrace{a \times a \times a \times \cdots \times a}^{n\text{ 개}}$$

2. 따라서 m,n이 양의정수이면

$$a^n \times a^m = \overbrace{a \times a \times \cdots \times a}^{n\text{ 개}} \times \overbrace{a \times a \times \cdots \times a}^{m\text{ 개}} = \overbrace{a \times a \times \cdots \times a}^{m+n\text{ 개}} = a^{m+n}$$

3. $a \neq 0$이면 임의의 양의정수 $n,m, n > m$에 대하여 $\frac{a^n}{a^m} = a^{n-m}$.
4. $a \neq 0$이면 임의의 양의 정수 n에 대해서 $\frac{a^n}{a^n} = 1$이므로 $a^0 = 1$로 약속한다.
5. $a \neq 0$이고, n이 음의 정수이면 $a^n = \left(\frac{1}{a}\right)^{-n}$으로 약속한다.
6. $a \neq 0$이면 모든 정수 m,n에 대하여 $a^m \times a^n = a^{m+n}$, $\frac{a^m}{a^n} = a^{m-n}$.

$2^4 = 2 \times 2 \times 2 \times 2 = 16$을 이해하는 것은 어렵지 않다. 그러나 $\sqrt{7}^{\sqrt{3}}$을 이해하는 것은 쉽지 않다. 그러나 문자식의 관점에서 보면 2^4나 $\sqrt{7}^{\sqrt{3}}$은 모두 a^b 꼴이다. 따라서 두 수 a,b에 대해서 a^b의 의미를 이해할 필요가 있다. 이것을 위해서는 지수함수 개념이 필요한데, 지수함수는 중요하고, 동시에 어려운 함수다. 여기서는 지수함수는 잘 정의된 함수로 받아들이자.

요약 1.5 [변화율, 지수함수, 로그함수]

1. 실수 구간 (a,b)에서 정의된 함수 $f:(a,b)\to\mathbb{R}$의 점 $c, a<c<b$,에서 변화율을 $f'(c)$로 표시하고, 이 값은 $\lim_{h\to 0}\frac{f(c+h)-f(c)}{h}$을 말한다. 예를 들어 함수 $f(t)=at+b$의 임의의 점 x에서의 변화율은

$$f'(x)=\lim_{h\to 0}\frac{f(x+h)-f(x)}{h}=\lim_{h\to 0}\frac{\big(a(x+h)+b\big)-(ax+b)}{h}=\lim_{h\to 0}\frac{ah}{h}=a$$

2. 실수집합 $\mathbb{R}$에서 양의실수로 가는 함수 $f:\mathbb{R}\to(0,\infty)$ 중에서 $f(0)=1, f'(x)=f(x)$가 되는 함수는 딱 1개가 있는데, 이 함수를 $f(x)=e^x$로 표현되는 아주 특별하고 중요한 지수함수이다.
3. 지수함수 $f(x)=e^x$의 역함수를 로그함수라 하고 $\ln:(0,\infty)\to\mathbb{R}$로 표현한다. 정의에 따라

$$e^{\ln x}\equiv x, \forall x>0; \quad \ln(e^x)\equiv x, \forall x\in\mathbb{R}$$

4. $a>0$이면 모든 실수 b에 대해서 지수함수와 로그함수의 정의에 따라 $a^b=e^{b\ln a}$가 성립한다.

지수함수와 로그함수를 다음 그래프로 이해하자. 그래프에서 지수함수 $y=e^x$와 그 역함수 $y=\ln x$는 직선 $y=x$에 대칭이다. 그림에서 $\ln(1)=0, e^0=1$이 나타난다. 지수함수 $y=e^x$는 항상 양수 값을 갖고 $\lim_{x\to\infty}e^x=\infty$이다. 그러나 $0<x<1$이면 $\ln x<0$이고, $\lim_{x\to 0^+}\ln x=-\infty$.

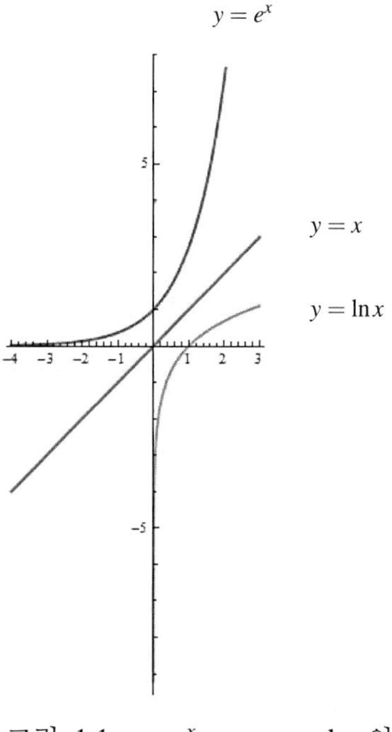

그림. 1.1: $y=e^x, y=x, y=\ln x$의 그래프.

1.3 합의 기호 ∑

보험수학에서 특별히 더 필요한 수학적 개념이 있다. 그 중 하나가 합의기호 ∑를 이해하는 것이다. 예를 들어 1부터 20까지 자연수를 모두 더하는 문제를 생각하자. 이것을 표현하는 방법은 직접 모든 것을 쓰는 일이다:

$$1+2+3+4+5+6+7+8+9+10+11+12+13+14+15+16+17+18+19+20$$

그러나 이것은 보는 것처럼 이것을 대단히 불편하고 번거롭다. 이를 해결하는 방법은

$$1+2+3+\cdots+20$$

처럼, 되풀이 되는 것을 (읽는 사람이 짐작할 수 있다고 믿고) ··· 로 표현하는 것이다. 이 방법은 편리하다. 그렇지만 아직도 좀 길다. 합의 기호 ∑는 되풀이되는 것은 딱 한번만 쓰고, 변해가는 것을 적절한 문자로 바꾸어 출발점과 끝점을 쓰는 방법이다. 이 방식을 쓰면 1부터 20까지 자연수를 더하는 것은

$$+_{k=1}^{k=20}k.$$

아주 좋은 표현이지만, 뭔가 빈 공간이 있고, 약간 허접해 보이기 때문에, 이것보다는

$$\sum_{k=1}^{k=20} k \tag{1.3}$$

로 쓴다. 그러나 이 표현에서 k가 세번이나 되풀이 된다. 물론 식 (1.3)은 "k 가 1부터 k가 20까지 변해간다" 의 정확한 표현이다. 그러나 "k가 1부터 20까지 변해간다"고 말해도 오해가 없다. 따라서 다음 두 표현

$$\sum_{k=1}^{k=20} a_k, \quad \sum_{k=1}^{20} a_k$$

는 같은 표현으로 본다. 합의 출발점을 바꿀 때는 오해가 생길 염려가 있기 때문에 왼쪽 표현

$$\sum_{k=1}^{k=20} a_k$$

를 쓰는 것이 좋다. 특히 변해가는 것을 표현하는 문자는 읽기가 편하고, 오해가 없다면 어떤 것을 써도 좋다.

보기 1.4 *다음을 합의 기호를 써서 표현하여라.*

1. $1+1+\cdots+1$. 1*을 100개 더하는 것*
2. $x+\frac{x^2}{2}+\frac{x^3}{3}+\cdots$
3. $100+98+96+\cdots+2+0-2-4-\cdots-100$
4. $1+2x+3x^2+4x^3+\cdots$
5. $x^{100}y^2+x^{99}y^3+\cdots+x^4y^{98}$
6. $1+10+20+30+40+\cdots+1000$

풀이 1.4 *합의 기호를 쓰는 것은 내용을 오해 없이 간결하게 표현하기 위한 것이다. 따라서 식 하나로 되면 좋지만, 하나의 식으로 표현하는 것이 복잡하면 합의기호 밖으로 빼내는 용기도 필요하다.*

1. $\sum_{k=1}^{100} 1$
2. $\sum_{k=1}^{\infty} \frac{x^k}{k}$
3. $\sum_{k=0}^{100}(100-2k)$
4. $\sum_{k=0}^{\infty}(k+1)x^k$
5. $\sum_{k=0}^{96} x^{100-k}y^{2+k}$
6. $1+\sum_{k=1}^{100} 10k$

□

보기 1.5 *다음을 합의 기호를 써서 표현하여라.*

1. $\frac{1}{2+3^3}+\frac{3}{4+5^3}+\frac{5}{6+7^3}+\frac{7}{8+9^3}+\cdots$
2. $\frac{1}{2+3^3}+\frac{4}{5+6^3}+\frac{7}{8+9^3}+\cdots$
3. $100+98+104+94+108+90+\cdots\cdots+316-118+320-112$
4. $100+98+104+94+108+90+\cdots\cdots+316-118+320-122$

풀이 1.5 *합의 기호 표현에서 변해가는 것은 i,j,k,n,m 등 문제와 맞고 읽기 편한 것 어느 것을 써도 내용이 변하지 않는다. 다음 풀이에서 일부러 다른 문자를 썼다.*

1. $\sum_{k=1}^{\infty} \frac{2k-1}{(2k+(2k+1)^3}$
2. $\sum_{n=1}^{\infty} \frac{3n-2}{3n-1+(3n)^3}$
3. $-112+\sum_{n=1}^{110}\left(100+(-1)^n 2n\right)$
4. $\sum_{k=1}^{111}\left(100+(-1)^k 2k\right)$

□

보기 1.6 *다음을 합의 기호를 써서 표현하여라. 아래 식에서 $f^{(n)}$은 함수 f의 n차 도함수를 나타낸다. 따라서 $f^{(0)}(a)=f(a), f^{(1)}(a)=f'(a), f^{(2)}(a)=f''(a),\cdots$. 임의의 수 p에 대해서 $p^0\equiv 1$로 이해한다. 그러나 이것은 $0^0=1$이라는 말은 아니다. 예를 들어 $f(x)=\sum_{k=0}^{2}x^k$는 $f(x)=1+x+x^2$을 표현한 것이다.*

1. $f(a)+f'(a)(x-a)+\frac{f''(a)}{2!}(x-a)^2+\frac{f'''(a)}{3!}(x-a)^3+\cdots$
2. $1+x+x^2+x^3+x^4+\cdots$
3. $v_1p_x+v^2{}_2p_x+v^3{}_3p_x+\cdots$
4. $v^4+\mu^5+\mu^6+\cdots+v^{104}$

풀이 1.6
1. $\sum_{n=0}^{\infty}\frac{f^{(n)}(a)}{n!}(x-a)^n$
2. $\sum_{n=0}^{\infty}x^n$. 또는 $1+\sum_{n=1}^{\infty}x^n$
3. $\sum_{k=1}^{\infty}v^k\ {}_kp_x$
4. $\sum_{n=4}^{104}v^k$. 또는 $v^4\sum_{k=0}^{100}v^k$

□

□ 합의 기호 $\sum$의 성질

허접하게 보이지만 합의 기호의 가장 큰 성질은, x,y가 k 에 관계없는 수이면

$$\sum\left(xa_k+yb_k\right)=x\sum a_k+y\sum b_k$$

예를 들어 $\sum_{k=1}^{100}a_k=25, \sum_{k=1}^{100}b_k=35$라면

$$\sum_{k=1}^{100}(3a_k+2b_k)=3\sum_{k=1}^{100}a_k+2\sum_{k=1}^{100}=3\times 25+2\times 35=145$$

보기 1.7 *주어진 조건 아래서 다음 합의 값을 구하여라. 무한등비급수의 합*

$$|x| < 1 \implies \sum_{k=0}^{\infty} x^k = 1 + x + x^2 + x^3 + \cdots = \frac{1}{1-x}$$

은 언제나 자유롭게 사용한다.

1. $\sum_{n=1}^{\infty} \frac{2^n - 3^n}{2^n 3^n}$
2. $|x| < 1$ *일 때* $1 + x^2 + x + x^4 + x^2 + x^6 + x^3 + \cdots$
3. $\sum_{k=1}^{100}(1 - a_k) = 200$ *일 때* $\sum_{k=1}^{100}(2a_k)$
4. $\sum_{n=k}^{100} a_n = 1, k = 1, 2, \cdots, 100$ *일 때* $\sum_{k=1}^{100} ka_k$.

풀이 1.7 1. $\sum_{n=1}^{\infty} \frac{2^n - 3^n}{2^n 3^n} = \sum_{n=1}^{\infty} \left(\frac{1}{3^n} - \frac{1}{2^n}\right) = \sum_{n=1}^{\infty}(\frac{1}{3})^n - \sum_{n=1}^{\infty}(\frac{1}{2})^n = \frac{1}{2} - 1 = -\frac{1}{2}$

2. $S = 1 + x^2 + x + x^4 + x^2 + x^6 + x^3 + \cdots = 1 + \sum_{k=1}^{\infty}(x^{2k} + x^k) = 1 + \sum_{k=1}^{\infty}(x^2)^k + \sum_{k=1}^{\infty} x^k$.
따라서

$$S = 1 + \frac{x^2}{1-x^2} + \frac{x}{1-x} = \frac{1 + x + x^2}{1 - x^2}$$

3. $\sum_{k=1}^{100}(1 - a_k) = \sum_{k=1}^{100} 1 - \sum_{k=1}^{100} = 100 - \sum_{k=1}^{100} a_k = 200$.
따라서 $\sum_{k=1}^{100} 2a_k = 2\sum_{k=1}^{100} = 2 \times (-100) = -200$.

4.

$$\begin{aligned}
\sum_{k=1}^{100} ka_k &= a_1 + 2a_2 + 3a_3 + \cdots + 100a_{100} \\
&= (a_1 + a_2 + \cdots + a_{100}) + (a_2 + a_3 + \cdots + a_{100}) \\
&\quad + (a_{98} + a_{99} + a_{100}) + (a_{99} + a_{100}) + a_{100} \\
&= \sum_{k=1}^{100}\left(\sum_{n=k}^{100} a_k\right) = \sum_{k=1}^{100} 1 = 100
\end{aligned}$$

□

□ 합의 기호 출발점 변경

합의 기호 $\sum_{k=a}^{b} P_k$는 $\sum_{k=a}^{k=b} P_k$ 의 간단한 표현이다. 지금은 k가 a에서 출발하는데, 출발점을 1로 바꾸려면 $k + a - 1$ 을 대입하면 된다. 즉

$$\sum_{k=a}^{b} P_k = \sum_{k=a}^{k=b} P_k = \sum_{k+a-1=a}^{k+a-1=b} P_{k+a-1} = \sum_{k=1}^{b-a+1} P_{k+a-1}. \tag{1.4}$$

합의 기호의 출발점을 바꾸어도 합은 변하지 않는다.

$$\sum_{k=a}^{k=b} P_k = \sum_{k=b}^{k=a} P_k$$

예를 들어 $\sum_{k=1}^{20} k = \sum_{k=20}^{1} k$. 물론 $\sum_{k=20}^{1} k$의 의미는

$$\sum_{k=20}^{1} k = 20 + 19 + 18 + \cdots + 3 + 2 + 1$$

보기 1.8 *다음 합의 기호를 지시한대로 바꿔보자.*

1. $\sum_{k=8}^{n}\frac{x^{k-5}}{(k-4)^2}$ 를 $\sum c_k x^k$ 꼴로

2. $\sum_{k=1}^{100}(2k-1)^2$ 의 출발점을 3으로.

3. $\sum_{k=1}^{200}(4k-100)$ 을 $c\sum k$ 꼴로

4. $\sum_{k=1}^{\infty}kP[X=k+1]$ 에서 $P[X=k]$ 꼴로.

풀이 1.8 *풀이에서 유한합의 경우, 합의 기호 시작점과 끝점의 변화에 주의하자.*

1. x의 지수 $k-5$ 를 k로 바꾸려면 k 대신에 $k+5$를 대입하면 된다.

$$\sum_{k=8}^{n}\frac{x^{k-5}}{(k-4)^2}=\sum_{k+5=8}^{k+5=n}\frac{x^{k+5-5}}{(k+5-4)^2}=\sum_{k=3}^{n-5}\frac{x^k}{(k+1)^2}$$

2. k 대신에 $k-2$를 대입하면 된다.

$$\sum_{k=1}^{100}(2k-1)^2=\sum_{k-2=1}^{k-2=100}\big(2(k-2)-1\big)^2=\sum_{k=3}^{102}(2k-5)$$

3. k 대신에 $k+25$ 를 대입하면 된다.

$$\sum_{k=1}^{200}(4k-100)=\sum_{k+25=1}^{k+25=200}\big(4(k+25)-100\big)=\sum_{k=-24}^{175}4k=4\sum_{k=-24}^{175}k$$

4. $\sum_{k=2}^{\infty}(k-1)P[X=k]$.

보기 1.9 *다음 합의 기호를 지시한 대로 바꾸어라.*

1. $\sum_{k=4}^{100}\frac{x^{k-2}}{(k-1)^2}$, 출발점 0

2. $\sum_{k=1}^{100}(k^2-10k+25)^2x^{k-5}$ 를 $\sum_{k=a}^{n}c_kx^k$ 꼴로

3. $\sum_{k=0}^{n}p^kq^{n-k}$ 를 $\sum p^{n-k}q^k$ 꼴로

풀이 1.9 *1.* $\sum_{k=0}^{96}\frac{x^{k+2}}{(k+3)^2}$

2. $\sum_{k=-4}^{95}k^2x^k$

3. $\sum_{k=0}^{n}p^kq^{n-k}=\sum_{n-k=0}^{n-k=n}p^{n-(n-k)}q^{n-k}$
$=\sum_{k=n}^{0}p^{n-k}q^k=\sum_{k=0}^{n}p^{n-k}q^k$

보기 1.10 $\sum_{k=1}^{n}k^2$ *의 출발점을 바꾸어* $\sum_{k=1}^{n}k$ *의 값을* n *의 식으로 써라.*

풀이 1.10

$$\begin{aligned}\sum_{k=1}^{n}k^2&=\sum_{k+n+1=1}^{k+n+1=n}(k+n+1)^2=\sum_{k=-n}^{-1}\big(k^2+2(n+1)k+(n+1)^2\big)\\&=\sum_{k=-n}^{-1}k^2+2(n+1)\sum_{k=-n}^{-1}k+n(n+1)^2=\sum_{k=n}^{1}(-k)^2+2(n+1)\sum_{k=n}^{1}(-k)+n(n+1)^2\\&=\sum_{k=1}^{n}k^2-2(n+1)\sum_{k=1}^{n}k+n(n+1)^2\end{aligned}$$

따라서 $\sum_{k=1}^{n}k=\frac{n(n+1)}{2}$. □

같은 방식으로 $\sum_{k=1}^{n}k^2,\sum_{k=1}^{n}k^3$의 합을 n의 식으로 쓰면

$$\sum_{k=1}^{n}k^2=\frac{n(n+1)(2n+1)}{6},\quad \sum_{k=1}^{n}k^3=\Big(\frac{n(n+1)}{2}\Big)^2$$

보기 1.11 $\sum_{k=1}^{20} k(k-1)(k-2)$ *의 값을 구하여라.*

풀이 1.11 *합의기호 출발점을 0으로 바꾸자.*

$$\sum_{k=1}^{20} k(k-1)(k-2) = \sum_{k=0}^{19}(k+1)k(k-1) = \sum_{k=1}^{19}(k^3-k) = \left(\frac{19\cdot 20}{2}\right)^2 - \frac{19\cdot 20}{2} = 35910$$

□

요약 1.6 무한급수 중에서 가장 중요한 것이 등비급수다. 등비급수 $\sum_{k=0}^{\infty} x^k$의 값을 구해보자. $f(x) := \sum_{k=0}^{\infty} x^k$라 두면

$$f(x) = \sum_{k=0}^{\infty} x^k = 1 + \sum_{k=1}^{\infty} x^k = 1 + \sum_{k+1=1}^{\infty} x^{k+1} = 1 + \sum_{k=0}^{\infty} x^{k+1}$$
$$= 1 + x\sum_{k=0}^{\infty} x^k = 1 + xf(x)$$

따라서 $f(x) = \sum_{k=0}^{\infty} x^k = \frac{1}{1-x}$, $|x| < 1$.

보기 1.12 *합의 기호를 조작하여* $\sum_{n=1}^{\infty} \frac{n}{6^n}$ *의 값을 구하여라.*

풀이 1.12 $S = \sum_{n=1}^{\infty} \frac{n}{6^n}$ *라 두면*

$$S = \frac{1}{6} + \sum_{n=2}^{\infty} \frac{n}{6^n} = \frac{1}{6} + \sum_{n=1}^{\infty} \frac{n+1}{6^{n+1}} = \frac{1}{6} + \frac{1}{6}\sum_{n=1}^{\infty} \frac{n}{6^n} + \frac{1}{6}\sum_{n=1}^{\infty} \frac{1}{6^n}$$
$$= \frac{1}{6} + \frac{1}{6}S + \frac{1}{6}\cdot\frac{\frac{1}{6}}{1-\frac{1}{6}}$$

따라서 $6S = 1 + S + \frac{1}{5}$. *정리하면* $S = \frac{6}{25}$.

□

보기 1.13 *합의 기호를 조작하여* $\sum_{n=1}^{\infty} \frac{n}{7^n}$ *의 값을 구하여라.*

풀이 1.13 $S = \sum_{n=1}^{\infty} \frac{n}{7^n}$ *라 두면*

$$S = \frac{1}{7} + \sum_{n=2}^{\infty} \frac{n}{7^n} = \frac{1}{7} + \sum_{n=1}^{\infty} \frac{n+1}{7^{n+1}} = \frac{1}{7} + \frac{1}{7}\sum_{n=1}^{\infty} \frac{n}{7^n} + \frac{1}{7}\sum_{n=1}^{\infty} \frac{1}{7^n} = \frac{1}{7} + \frac{1}{7}S + \frac{1}{7}\cdot\frac{\frac{1}{7}}{1-\frac{1}{7}}$$

정리하면 $S = \frac{7}{36}$.

□

보기 1.14 *1.* $\frac{\pi^2}{6} = \sum_{n=1}^{\infty} \frac{1}{n^2}$ *일 때* $1 + \frac{1}{3^2} + \frac{1}{5^2} + \frac{1}{7^2} + \cdots$ *의 값을 구하여라.*
2. $\frac{\pi^4}{90} = \sum_{n=1}^{\infty} \frac{1}{n^4}$ *일 때* $1 + \frac{1}{3^4} + \frac{1}{5^4} + \frac{1}{7^4} + \cdots$ *의 값을 구하여라.*

풀이 1.14 *1.* $S = \sum_{n=1}^{\infty} \frac{1}{n^2}$ *이라 두면*

$$\begin{aligned}S &= 1+\frac{1}{2^2}+\frac{1}{3^2}+\frac{1}{4^2}+\cdots \\ &= (1+\frac{1}{3^2}+\frac{1}{5^2}+\cdots)+(\frac{1}{2^2}+\frac{1}{4^2}+\frac{1}{6^2}+\cdots) \\ &= (1+\frac{1}{3^2}+\frac{1}{5^2}+\cdots)+\sum_{n=1}^{\infty}\frac{1}{(2n)^2} \\ &= (1+\frac{1}{3^2}+\frac{1}{5^2}+\cdots)+\frac{1}{4}\sum_{n=1}^{\infty}\frac{1}{n^2} \\ &= (1+\frac{1}{3^2}+\frac{1}{5^2}+\cdots)+\frac{1}{4}S\end{aligned}$$

따라서 $(1+\frac{1}{3^2}+\frac{1}{5^2}+\cdots)=\frac{3}{4}S=\frac{\pi^2}{8}$.

2. $\frac{\pi^4}{96}$.

□

1.4 미분과 적분

보험수학에서도 미분과 적분이 필요하다. 그러나 미분적분학과 같은 그런 것이 아니라 주로 다항식 함수, 지수함수, 로그함수의 미분과 적분의 개념, 미분적분학의 기본 정리를 잘 이해면 충분하다. 예를 들어 삼각함수, 무리함수등이 미분적분을 거의 필요하지 않다. 이절의 내용은 보험수학을 위한 준비 작업이고, 처음 읽을 때는 그냥 책장을 넘겨 무엇이 있나 보는 정도로 좋다. 꼭 알아 두어야 할 내요용 **미분적분학의 기본정리**와 **지수, 로그 함수의 미분과 적분**이다.

기초적인 보험수학에서 필요한 함수는

- 1차함수, 2차함수 $f(x)=ax+b, f(x)=ax^2+bx+c$
- 분수함수 $f(x)=\frac{ax+b}{cx+d}$
- 지수함수 $f(x)=e^x\equiv\exp(x)$
- 지수함수의 역함수로서 로그함수 $y=\ln x\equiv\log x$

미분적분학에서 자주 나타나는 삼각함수, 무리함수 등은 기초적인 보험수학에서는 나타나지 않는다. 연속성, 미분가능성 문제도 보험수학에서는 중심 내용이 아니다. 간단하게, 보험수학에서 나타나는 거의 모든 함수는 연속이라 생각해도 편하다. 연속함수와 미분가능한 함수의 대표적인 보기로 다음과 같은 다항식 함수, 지수.로그함수, 분수함수가 있다.

- 다항식함수 $y=a_0+a_1x+a_2x^2+\cdots+a_nx^n$ 는 실수 전체에서 연속이고, 몇번이든지 미분가능하다.
- 지수함수 $y=e^x$ 는 실수 전체에서 연속이고 몇번이든지 미분가능하다. 로그함수 $y=\log x$ 는 $x>0$인 곳에서 연속이고, 몇번이든지 미분가능하다.
- 분수함수 $y=\frac{a_0+a_1x+\cdots+a_nx^n}{b_0+b_1x+\cdots+b_mx^m}$ 은 분모가 0이 아닌 모든 곳에서 연속이고 , 몇번이든지 미분가능하다.

요약 1.7 기본함수의 소개 도함수, 극한, 로피탈 정리:

1. $\frac{d}{dx}x^k = kx^{k-1}$
2. $\frac{d}{dx}e^x = e^x$
3. $\frac{d}{dx}\ln x = \frac{1}{x}$
4. $\frac{d}{dx}\sin x = \cos x$
5. $\frac{d}{dx}\cos x = -\sin x$
6. $\frac{d}{dx}\tan x = \sec^2 x = \frac{1}{\cos^2 x}$
7. $(f+g)' = f' + g'$
8. c가 상수이면 $(cf)' = cf'$
9. $(fg)' = f'g + fg'$
10. $\left(\frac{f}{g}\right)' = \frac{f'g - fg'}{g^2}$
11. $(f \circ g)' = (f' \circ g)g'$
12. $f'(x) = \lim_{h\to 0}\frac{f(x+h)-f(x)}{h}$
13. $\lim_{x\to 0}\frac{\sin x}{x} = 1$

로피탈 정리: 미분을 이용해서 극한값을 계산할 수도 있다. 예를 들어 $\lim_{x\to a}\frac{f(x)}{g(x)}$를 계산할 때, $\lim_{x\to a} f(x) = 0, \lim_{x\to a} g(x) = 0$이거나, 아니면 $\lim_{x\to a} f(x) = \infty, \lim_{x\to a} g(x) = \infty$ 인 경우, 만일 $\lim_{x\to a}\frac{f'(x)}{g'(x)} = L$이면 $\lim_{x\to a}\frac{f(x)}{g(x)} = L$.

보기 1.15 *다음 함수의 도함수를 구하고, 주어진 점에서 값을 구하여라.*

1. $f(x) = x^2 + 2x + 5;\ x = 2$
2. $f(x) = (x^2 - 5x + 3)^3;\ x = 2$
3. $f(x) = \ln(x^2 + x + 1);\ x = 1$
4. $f(x) = \exp(x^2 - x + 1);\ x = 1$

풀이 1.15 *1*. $2 + 2x;\quad 6$
2. $3(x^2 - 5x + 3)^2(2x - 5);\quad -27$
3. $\frac{1+2x}{1+x+xc^2};\quad 1$
4. $e^{x^2-x+1}(-1+2x);\quad e$

□

보기 1.16 *다음 극한값을 구하여라.*

1. $\lim_{x\to\infty}(\sqrt{x^2+2x+3} - x)$
2. $\lim_{x\to 1}\frac{\sin(x^2-1)}{(x-1)(x+3)}$
3. $\lim_{x\to 0}\frac{x-\sin x}{x^3}$
4. $\lim_{x\to\pi}\frac{1+\cos x}{x-\pi}$

풀이 1.16 *1*. $\sqrt{x^2+2x+3} - x = \frac{(\sqrt{x^2+2x+3}-x)(\sqrt{x^2+2x+3}+x)}{\sqrt{x^2+2x+3}+x} = \frac{2x+3}{\sqrt{x^2+2x+3}+x}$ *에 주의하면*

$$\lim_{x\to\infty}(\sqrt{x^2+2x+3} - x) = \lim_{x\to\infty}\frac{2x+3}{\sqrt{x^2+2x+3}+x} = \lim_{x\to\infty}\frac{2+\frac{3}{x}}{\sqrt{1+\frac{2}{x}+\frac{3}{x^2}}+1} = 1$$

2.

$$\lim_{x\to 1}\frac{\sin(x^2-1)}{(x-1)(x+3)} = \lim_{x\to 1}\frac{\sin(x^2-1)}{x^2-1}\frac{x^2-1}{(x-1)(x+3)} = \lim_{x\to 1}\frac{\sin(x^2-1)}{x^2-1}\frac{x+1}{x+3} = 1\cdot\frac{2}{4} = \frac{1}{2}$$

3. *로피탈 정리를 쓰자.*

$$\lim_{x\to 0}\frac{x-\sin x}{x^3} = \lim_{x\to 0}\frac{1-\cos x}{2x^2} = \lim_{x\to 0}\frac{\sin x}{4x} = \lim_{x\to 0}\frac{1}{4}\frac{\sin x}{x} = \frac{1}{4}$$

4. *로피탈 정리를 쓰자.*

$$\lim_{x\to\pi}\frac{1+\cos x}{(x-\pi)^2} = \lim_{x\to\pi}\frac{-\sin x}{2(x-\pi)} = \lim_{x\to\pi}\frac{-\cos x}{2} = \frac{1}{2}$$

□

등비급수의 합과, 미분, 적분을 이용하여, 여러 무한급수의 합을 구할 수 있다. 예를 들어 $|x| < 1$이면

$$\sum_{k=0}^{\infty} x^k = 1 + x + x^2 + \cdots = \frac{1}{1-x}$$

이 식을 미분하면

$$\sum_{k=1}^{\infty} kx^{k-1} = 1 + 2x + 3x^2 + 4x^3 + \cdots = \frac{1}{(1-x)^2}$$

양변에 x를 곱하면 $\sum_{k=1}^{\infty} kx^k = \frac{x}{(1-x)^2}$. 이제 $\frac{1}{1-x}$를 적분하면

$$\int_{t=0}^{x} \frac{1}{1-t} dt = -\ln(1-x) = x + \frac{x^2}{2} + \frac{x^3}{3} + \cdots = \sum_{k=1}^{\infty} \frac{x^k}{k}$$

보기 1.17 *무한급수* $\sum_{k=1}^{\infty} \frac{x^k}{k+1}$ *의 값을 구하여라.*

풀이 1.17 *무한급수의 출발점을 바꾸는 방법을 쓰자.*

$$\sum_{k=1}^{\infty} \frac{x^k}{k+1} = \sum_{k=2}^{\infty} \frac{x^{k-1}}{k} = \frac{1}{x} \sum_{k=2}^{\infty} \frac{x^k}{k} = \frac{1}{x}\left(-x + \sum_{k=1}^{\infty} \frac{x^k}{k}\right) = \frac{1}{x}\left(-x - \ln(1-x)\right) = -1 - \frac{\ln(1-x)}{x}$$

□

보기 1.18 *무한급수* $\sum_{k=1}^{\infty} k^2 x^k$ *의 값을 구하여라.*

풀이 1.18 $\sum_{k=1}^{\infty} kx^k = \frac{x}{(1-x)^2}$. *양변을 미분하면* $\sum_{k=1}^{\infty} k^2 x^{k-1} = \frac{1+x}{(1-x)^3}$. *따라서* $\sum_{k=1}^{\infty} k^2 x^k = \frac{x(1+x)}{(1-x)^3}$. □

요약 1.8 [연속성] 구간별로 정의된 함수의 연속성과 미분가능성은 각각의 구간에서 정의된 함수가 좋으면 쉽게 결정할 수 있다. 예를 들어 함수

$$\phi(x) := \begin{cases} f(x), & x \le a \\ g(x), & x > a \end{cases} \tag{1.5}$$

의 연속성을 판단하는 문제를 생각하자. 만일 $x \le a$에서 함수 $f(x)$가 연속이고, $x > a$에서 함수 $g(x)$가 연속이라면

$$\phi\text{가 } x = a\text{에서 연속이 필요충분조건은 } f(a) = \lim_{x \to a^+} g(x) \tag{1.6}$$

그러나 대부분의 문제에서 $f(x), g(x)$는 실수 전체에서 연속함수인 경우가 많다. 이 경우는 더 간단하게

$$\phi\text{가 } x = a\text{에서 연속이 필요충분조건은 } f(a) = g(a) \tag{1.7}$$

요약 1.9 [미분가능성] 구간별로 정의된 함수의 연속성과 미분가능성은 각각의 구간에서 정의된 함수가 좋으면 쉽게 결정할 수 있다. 예를 들어 함수

$$\phi(x) := \begin{cases} f(x), & x \le a \\ g(x), & x > a \end{cases} \tag{1.8}$$

의 연속성을 판단하는 문제를 생각하자. 가 $\phi(x)$가 $x = a$에서 연속이고, $f(x)$는 $x \le a$에서 미분가능하고, $g(x)$는 $x \ge a$에서 미분가증하다면

$$\phi\text{가 } x = a\text{에서 미분가능할 필요충분조건은 } f'(a) = g'(a) \tag{1.9}$$

위 식에서 구간 $[a,b]$에서 정의된 함수가 $h(x)$가 $x = b$에서 미분가능하다는 것은, $x = a, x = b$에서 한쪽 극한값

$$h'(a) := \lim_{t \to 0^+} \frac{h(a+h) - h(a)}{h}, \quad h'(b) := \lim_{t \to 0^-} \frac{h(b+t) - h(b)}{t} \tag{1.10}$$

이 존재하는 것을 말한다.

보기 1.19 *다음과 같이 정의된 함수가 실수 전체에서 연속이 되도록 하는 a 값을 구하여라.*

1.
$$f(x) = \begin{cases} x^2 + 2, & x \ge a, \\ 3x, & x < a \end{cases}$$

2.
$$f(x) = \begin{cases} 2x + 3, & x \ge a, \\ -x + 9, & x < a \end{cases}$$

3.
$$f(x) = \begin{cases} 2x^2 - 2x, & x \ge a, \\ x^2 + x - 2, & x < a \end{cases}$$

풀이 1.19 *1.* $x^2 + 2$ *는 다항식이므로* $[a, \infty)$*에서 연속이다.* $3x$*도 다항식이므로* $(-\infty, a]$*에서 연속이다. 따라서 주어진 함수* $f(x)$*가 연속일 필요하고 충분한 조건은* $a^2 + 2 = 3a$*가 되는 것이다. 즉* a*는 방정식*

$$a^2 - 3a + 2 = (a-2)(a-1) = 0$$

의 근이 되어야 한다. 따라서 f*가 연속이 되게 하는* a*값은 1 또는 2이다.*

2. $x > a$*인 곳과* $x < a$*인 곳에서는 다항식 함수이므로 연속이다. 따라서 모든 곳에서도 연속이기 위해서는* a*가* $2a + 3 = -a + 9$ *를 만족시켜야 한다. 따라서* $a = 2$.

3. $x > a$*인 곳과* $x < a$*인 곳에서는 다항식이므로 연속이다. 따라서 모든 곳에서 연속이기 위해서는* a*가* $2a^2 - 2a = a^2 + a - 2$ *를 만족시켜야 한다. 따라서* $a = 1$ *또는* $a = 2$.

□

보기 1.20 *다음과 같이 정의된 함수가 실수 전체에서 연속이 되도록 하는 a 값을 구하여라.*

1.
$$f(x) = \begin{cases} -x^2 + x, & x \ge a \\ 3x - 8, & x < a \end{cases}$$

2.
$$f(x) = \begin{cases} x^2 + 3x + 5, & x \ge a \\ -x^2 + 9x + 13, & x < a \end{cases}$$

3.
$$f(x) = \begin{cases} x^2 - 2x, & x \ge a \\ 3x^2 + x + 1, & x < a \end{cases}$$

4.
$$f(x) = \begin{cases} x^2 + 2x, & x \ge a \\ 4x^2 + 6x + 1, & x < a \end{cases}$$

풀이 1.20

1. $a=-4$ 또는 $a=2$

2. $a=-1$ 또는 $a=4$

3. $a=-1$ 또는 $a=-\frac{1}{2}$

4. $a=-1$ 또는 $a=-\frac{1}{3}$

□

보기 1.21 *다음 함수의 주어진 점에서 미분가능성을 조사하여라.*

1. $f(x)=(x+1)\big|x+x|x^2-1|\,\big|,\qquad x=0$

2. $f(x)=\begin{cases}2x-1, & x>1\\ x^2, & x\le 1\end{cases},\qquad x=1$

3. $f(x)=\Big|x-x|x^2-1|\,\Big|,\qquad x=1$

풀이 1.21 *주어진 점보다 바로 왼쪽, 바로 오른쪽만 조사하면 충분하다.*

1. *x가 0보다 아주 조금 작을 때는 $x^2-1<0$인 것에 주의하면*

$$f(x)=(x+1)\big|x+x|x^2-1|\,\big|=(x+1)\big|x+x(1-x^2)\big|=(x+1)|2x-x^3|=(x+1)(-2x+x^3):=g_1(x).$$

x가 0 보다 아주 조금 클 때에는

$$f(x)=(x+1)\big|x+x|x^2-1|\,\big|=(x+1)\big|x+x(1-x^2)\big|=(x+1)|2x-x^3|=(x+1)(2x-x^3):=g_2(x).$$

$g_1(0)=g_2(0)$*이므로 f는 $x=0$에서 연속이다. 그러나 $g_1'(0)=-2\neq g_2'(0)=2$이므로 f는 $x=0$에서 미분불가능하다.*

2. $g_1(x)=2x-1, g_2(x)=x^2$*이라 두면 $g_1(1)=g_2(1), g_1'(1)=g_2'(1)$이므로 f는 $x=1$에서 미분가능하다.*

3. *x가 1보다 아주 조금 작을 때는 $x^2-1<0$인 것에 주의하면*

$$f(x)=\big|x-x|x^2-1|\,\big|=\big|x+x(x^2-1)\big|=x+x(x^2-1):=g_1(x).$$

x가 1 보다 아주 조금 클 때에는 $x^2-1>0$인 것에 주의하면

$$f(x)=\big|x-x|x^2-1|\,\big|=\big|x-x(x^2-1)\big|=x-x(x^2-1):=g_2(x).$$

이제 $g_1(1)=1=g_2(1)$이므로 f는 $x=1$에서 연속함수다. 그러나 $g_1'(1)=3\neq-1=g_2'(1)$. 따라서 $f(x)$는 $x=1$에서 미분불가능하다.

□

□ 적분

미분가능성을 정의하는 것을 쉬운 일이다. 그러나 적분가능성을 정의하는 것은 쉬운 일이 아니다. 여기서는 간단하게 모든 증가함수, 연속함수는 적분가능한 함수라 생각하는 것으로 충분하다. 보험수학에서 자주 나타나는 지수함수, 로그함수의 적분을 계산하는 것을 충분하다. 예를 들어 함수 $f:[a,b]\to\mathbb{R}$이 리만적분가능하다 하자. $g'=f$가 성립하는 미분가능한 함수 $g:[a,b]\to\mathbb{R}$이 있다면

$$\int_a^b f=\int_{x=a}^b f(x)dx=g(b)-g(a)$$

보기 1.22 *다음 적분값을 계산하여라.*

1. $\int_0^2 (x^2+x+2)dx$
2. $\int_{-1}^1 |x|dx$
3. $\int_0^2 \frac{1}{1+x}dx$
4. $\int_{-1}^2 \frac{2x}{1+x^2}dx$

풀이 1.22 1. $\int_0^2 (x^2+x+2)dx = \left[\frac{1}{2}x^3+\frac{1}{2}x^2+2x\right|_{x=0}^2 = \frac{26}{3}$
2. $\int_{-1}^1 |x|dx = 2\int_0^1 |x|dx = 2\int_0^1 xdx = 2\left[\frac{1}{2}x^2\right|_{x=0}^2 = 1$
3. $\int_0^2 \frac{1}{1+x}dx = \left[\ln(1+x)\right|_{x=0}^2 = \ln 3$
4. $\int_{-1}^2 \frac{2x}{1+x^2}dx = \left[\ln(1+x^2)\right|_{x=-1}^2 = \ln\frac{5}{2}$

□

요약 1.10 [미분적분학의 기본정리(Fundamental Theorem of Calculus)] 폐구간 $[a,b]$ 에서 정의된 함수 $f:[a,b]\to\mathbb{R}$이 리만 적분가능하다 하자. 이때 다음과 같이 정의된 함수 $F:[a,b]\to\mathbb{R}$,

$$F(x) := \int_{t=a}^{t=x} f(t)dt, \quad F(a)=0 \tag{1.11}$$

를 생각하자.

1. $F:[a,b]\to\mathbb{R}$는 구간 $[a,b]$에서 연속함수이다.
2. $f:[a,b]\to\mathbb{R}$가 점 $c\in[a,b]$에서 연속이면 F는 c에서 미분가능하다.
3. $f:[a,b]$가 연속함수이면
$$F'(x)=f(x),\ x\in[a,b]$$
더욱
$$F(b)=\int_{t=a}^{t=b} f(t)dt$$
적분변수가 문맥에 따라 판단할 수 있는 것이 대부분이므로 $\int_{t=a}^{t=b} f(t)dt$ 대신에 간단하게 $\int_a^b f(t)dt$ 처럼 표시하는 경우가 많다.

간단하게 기억하면 $F'=f$가 되는 함수 F를 찾았다면 $\int_a^b f(x)\,dx = F(b)-F(a)$.

한편 다음과 같이 $F'=f$인 F를 다음과 같이 나타낸다.

요약 1.11 주어진 함수 f에 대해 $F'=f$인 F를

$$F(x)=\int f(x)\,dx$$

로 나타내고 F를 f의 원시함수(primitive function, 부정적분)이라 한다.

보기 1.23 다음 함수를 구하여보자. 즉 적분 $\int_a^b f(x)dx$에서 함수 S를 $S'(x)=f(x)$가 되는 함수라 하자.

1. $\frac{d}{dx}\int_1^x t^5\,dt$
2. $\frac{d}{dx}\int_4^x \sqrt{t}\,dt,\ x>0$
3. $\frac{d}{dx}\int_x^{-5} t^3\,dt$
4. $\frac{d}{dx}\int_{x^2}^{x+1} t^4\,dt$

풀이 1.23 각각의 함수의 원시함수를 S라 두자.

1. $\frac{d}{dx}\int_1^x t^5 dt = \frac{d}{dx}\big(S(x)-S(1)\big) = S'(x) = x^5$.
2. $\frac{d}{dx}\big(S(x)-S(4)\big) = S'(x) = \sqrt{x}$

3. $\frac{d}{dx}\big(S(-5)-S(x)\big) = -S'(x) = -x^3$
4. $\frac{d}{dx}\big(S(x+1)-S(x^2)\big) = S'(x) - S'(x^2)2x = (x+1)^4 - 2x(x^2)^4 = (x+1)^4 - 2x^9.$

□

처음 리만적분의 정의는 유계인 폐구간 $[a,b]$에서 정의된 유계함수 $f:[a,b]\to\mathbb{R}$에 대한 것이었다. 그런데 함수 $f:[1,\infty)\to\mathbb{R}$, $\quad f(x)=\frac{1}{x^2}$의 경우는 함수는 유계이지만 정의역은 유계가 아니다. 그러나

$$\lim_{b\to\infty}\int_1^b \frac{1}{x^2}dx = \lim_{b\to\infty}\Big[-\frac{1}{x}\Big|_1^b = \lim_{b\to\infty}\big(1-\frac{1}{b}\big) = 1$$

다른 한편으로 함수 $g:(0,1]\to\mathbb{R}$, $\quad g(x)=\frac{1}{\sqrt{x}}$를 생각하면, 함수 g의 정의역은 유계인데, 함수 g는 유계함수가 아니다. 그러나

$$\lim_{a\downarrow 0}\int_a^1 \frac{1}{\sqrt{x}}dx = \lim_{a\downarrow 0}\big[2\sqrt{x}\big|_a^1 = \lim_{a\downarrow 0}(2-2\sqrt{a}) = \sqrt{2}$$

□ 이상적분(Improper Integral)] a,b,c,d는 실수이다.

1. 함수 $f:(a,\infty)\to\mathbb{R}$이 $[b,c]\subset(a,\infty)$인 임의의 유계인 닫힌구간 $[b,c]$에서 리만 적분가능하고 다음 두 극한값
$$\lim_{b\downarrow a}\int_b^d f(x)dx,\quad \lim_{c\uparrow\infty}\int_d^c f(x)dx$$
가 존재하면 f는 (a,∞)에서 리만적분가능하다 하고 간단히
$$\int_a^\infty f(x)dx - \lim_{\substack{b\to a+\\ c\to\infty}}\int_b^c f(x)dx$$
로 나타낸다. 예를 들어 $\int_1^\infty \frac{1}{x^2}dx = 1.$
2. 함수 $f:(-\infty,a)\to\mathbb{R}$이 $[b,c]\subset(-\infty,a)$인 임의의 유계인 닫힌구간 $[b,c]$에서 리만 적분가능하고 다음 두 극한값
$$\lim_{b\downarrow -\infty}\int_b^d f(x)dx,\quad \lim_{c\uparrow a}\int_d^c f(x)dx$$
가 존재하면 f는 $(-\infty,a)$에서 리만적분가능하다 하고 간단히
$$\int_{-\infty}^a f(x)dx = \lim_{\substack{b\to -\infty\\ c\to a-}}\int_b^c f(x)dx$$
로 나타낸다. 예를 들어 $\int_{-\infty}^{-1}\frac{1}{x^2}dx = 1.$
3. 함수 $f:(-\infty,\infty)\to\mathbb{R}$이 $[b,c]\subset(-\infty,\infty)$인 임의의 유계인 닫힌구간 $[b,c]$에서 리만 적분가능하고 다음 두 극한값
$$\lim_{b\downarrow -\infty}\int_b^d f(x)dx,\quad \lim_{c\uparrow\infty}\int_d^c f(x)dx$$
가 존재하면 f는 (a,b)에서 리만적분가능하다 하고, 이 값을
$$\int_{-\infty}^\infty f(x)dx = \lim_{\substack{b\to -\infty\\ c\to\infty}}\int_b^c f(x)dx$$

로 나타낸다. 예를 들어 $\int_{-\infty}^{\infty} \frac{1}{1+x^2} dx = \pi$.

□ 이상적분(Improper Integral)] a, b, c, d는 실수이다.

1. 함수 $f : (a,b] \to \mathbb{R}$이 $[c,b] \subset (a,b]$인 임의의 유계인 닫힌구간 $[c,b]$에서 리만 적분가능하고 극한값

$$\lim_{c \downarrow a} \int_c^b f(x)dx$$

가 존재하면 f는 $(a,b]$ 에서 적분가능하다고 하고 $\int_a^b f(x)dx = \lim_{c \to a+} \int_c^b f(x)dx$ 로 나타낸다. 예를 들어 $\int_0^1 \frac{1}{\sqrt{x}} dx = 2$.
2. 함수 $f : [a,b) \to \mathbb{R}$이 $[a,c] \subset (a,b)$인 임의의 유계인 닫힌구간 $[a,c]$에서 리만 적분가능하고 극한값 $\lim_{c \uparrow b} \int_a^c f(x)dx$ 가 존재하면 f는 $[a,b)$에서 적분가능하다 하고,

$$\int_a^b f(x)dx = \lim_{c \to b-} \int_a^c f(x)dx$$

로 나타낸다. 예를 들어 $\int_0^1 \frac{1}{\sqrt{1-x}} dx = 2$.
3. 함수 $f : (a,b) \to \mathbb{R}$이 $[c,d] \subset (a,b)$인 임의의 유계인 닫힌구간 $[c,d]$에서 리만 적분가능하고 다음 두 극한값 $\lim_{c \downarrow a} \int_c^d f(x)dx, \quad \lim_{d \uparrow b} \int_c^d f(x)dx$ 가 존재하면 f는 (a,b)에서 적분가능하다고 하고

$$\int_a^b f(x)dx = \lim_{\substack{c \to a+ \\ d \to b-}} \int_c^d f(x)dx$$

로 나타낸다. 예를 들어 $\int_0^1 \frac{1}{\sqrt{x(1-x)}} dx = \pi$.

이상적분 계산 적분법을 공부한 후 연습하기로 하자. 대칭인 구간 $[-a,a]$에서 정의된 함수의 정적분을 계산할 때는 우함수 기함수에 주의하면 좋다. 이것을 다음과 같이 정리하자.

□ 적 분가능한 함수 $f : [-a,a] \to \mathbb{R}$에 대해서

1. $f(-x) = -f(x), x \in [-a,a]$이면 $\int_{-a}^a f(x)dx = 0$
2. $f(-x) = f(x), x \in [-a,a]$이면 $\int_{-a}^a f(x)dx = 2\int_0^a f(x)dx$

보기 1.24 *다음 적분값을 구하여라.*

1. $\int_{-2}^2 \sin x dx$
2. $\int_{-3}^3 x\sqrt{1+x^4} dx$
3. $\int_{-2}^2 \frac{x^3}{1+x^8} dx$
4. $\int_{-1}^1 \left(x^2 + x\sqrt{1+x^4}\right) dx$
5. $\int_{-\pi}^{\pi} \left(\sin^3 x \cos^6 x + \frac{\cos^3 x \sin x}{1+\sin^2 x+\sin^4 x} + \cos x\right) dx$

풀이 1.24 1. 0 2. 0 3. 0 4. $\frac{2}{3}$ 5. 0

보기 1.25 *다음 적분값을 구하여라.*

1. $\int_{-2}^{2} x^2 \sin x dx$
2. $\int_{-3}^{3} \left(3x^2 + x^3\sqrt{1+x^4}\right) dx$
3. $\int_{-2}^{2} \frac{x^7}{1+x^8} dx$
4. $\int_{-\pi}^{\pi} \left(\sin^3 x \cos^6 x + \frac{\sin x}{1+\sin^4 x} + 3x^2\right) dx$

풀이 1.25 1. 0 2. 54 3. 0 4. $2\pi^3$

보기 1.26 *다음 정적분값을 계산하여라.*

1. $\int_1^3 x dx$
2. $\int_1^e \frac{1}{x} dx$
3. $\int_0^{\pi} \sin x dx$
4. $\int_0^{\pi/4} \sec x \tan x dx$

풀이 1.26 1. $\int x dx = \frac{1}{2}x^2$. 따라서 $\int_1^3 x dx = \left[\frac{1}{2}x^2\right|_{x=1}^{3} = 4$

2. $\int \frac{1}{x} dx = \ln x$. 따라서 $\int_1^e \frac{1}{x} dx = \left[\ln x\right|_{x=1}^{e} = 1$

3. $\int \sin x dx = -\cos x$. 따라서 $\int_0^{\pi} \sin x dx = \left[-\cos x\right|_{x=0}^{\pi} = 2$

4. $\int \sec x \tan x dx = \sec x$. 따라서 $\int_0^{\pi/4} \sec x \tan x dx = \left[\sec x\right|_{x=0}^{\pi/4} = \sqrt{2} - 1$

요약 1.12 미분의 연쇄법칙을 쓰면 다음을 알 수 있다.

$$\frac{d}{dx}\int_{u(x)}^{v(x)} f(x)\,dx = f\big(v(x)\big)v'(x) - f\big(u(x)\big)u'(x)$$

보기 1.27 *다음을 구하시오.*

1. $\frac{d}{dx}\int_1^{x^2} \sqrt{x^2+1}\, dx$
2. $\frac{d}{dx}\int_x^{x^2} \sqrt{x+1}\, dx$
3. $\frac{d}{dx}\int_x^{\sqrt{x}} \sin x\, dx$
4. $\frac{d}{dx}\int_{x^2}^{x^4} \ln x\, dx$

풀이 1.27

1. $\sqrt{(x^2)^2+1} \cdot 2x$
2. $\sqrt{x^2+1} \cdot 2x - \sqrt{x+1}$
3. $\sin(\sqrt{x}) \cdot \frac{1}{2\sqrt{x}}$
4. $\ln(x^4) \cdot 4x^3 - \ln(x^2) \cdot 2x = (16x^3 - 4x)\ln|x|$

□

보기 1.28 *다음 정적분으로 정의된 함수의 도함수 또는 미분계수를 구하여라.*

1. $F(x) = \int_0^{x^2} t dt,\ F'(x)$
2. $F(x) = \int_{-x}^{x^2-x} \sqrt{1+t^2} dt,\ F'(1)$
3. $F(x) = \int_{\sin x}^{\cos x} 2t\sqrt{1-t^2} dt,\ F'(0)$
4. $F(x) = \int_{x^2+1}^{x-1} \frac{1}{\sqrt{1+4t^2}} dt,\ F'(1)$

풀이 1.28

1. $F'(x) = x^2 \cdot 2x = 2x^3$
2. $F'(x) = \sqrt{1+(x^2-x)^2} \cdot (2x-1) - \sqrt{1+(-x)^2} \cdot (-1)$. $F'(1) = 1+\sqrt{2}$
3. $F'(x) = 2\cos x\sqrt{1-\cos^2 x} \cdot (-\sin x) - 2\sin x\sqrt{1-\sin^2 x} \cdot \cos x$. $F'(0) = 0$.
4. $F'(x) = \frac{1}{\sqrt{1+4(x-1)^2}} \cdot 1 - \frac{1}{\sqrt{1+4(x^2+1)}} \cdot 2x$. $F'(1) = \frac{1}{3}$

□

□ 리만 합을 이용한 극한값

미적분학의 기본정리가 중요한 이유는 적분의 응용이 필요한 많은 경우에 함수 f가 주어졌을 때 $F' = f$가 되는 함수 F는 비교적 쉽게 찾아지기 때문이다. 대부분의 경우 미분공식을 거꾸로 이용하면 된다. 또 무한급수의 극한이 리만 합을 이용해서 계산되는 경우가 많다.

보기 1.29 *다음 극한값을 계산하여라.*

1. $\lim_{n\to\infty} \frac{1}{n^2} \sum_{k=1}^{n} k$
2. $\lim_{n\to\infty} \frac{1}{n} \sum_{k=0}^{3n-1} \left(-1+\frac{k}{n}\right)^2$

풀이 1.29 *모두 리만 합의 극한값 즉 정적분이고 이는 미적분학의 기본정리를 써서 계산한다.*

1. $\frac{1}{n^2}\sum_{k=1}^{n} k = \frac{1}{n}\sum_{k=1}^{n} \frac{k}{n}$. *따라서* $\lim_{n\to\infty} \frac{1}{n^2}\sum_{k=1}^{n} k = \int_0^1 x\,dx = \frac{1}{2}$
2. *이 경우는* $k=0$*이면* $\frac{k}{n} = 0$*이고,* $k = 3n-1$*이면* $\frac{k}{n} = 3-\frac{1}{n} \to 3$. *따라서*
   $\lim_{n\to\infty} \frac{1}{n}\sum_{k=0}^{3n-1}\left(-1+\frac{k}{n}\right)^2 = \int_0^3 (-1+x)^2 dx = \left[\frac{1}{3}(-1+x)^3\right|_{x=0}^{3} = 3$

□

보기 1.30 *다음 극한값을 계산하여라.*

1. $\lim_{n\to\infty} \frac{1}{2n}\sum_{k=0}^{2n-1} \sin\left(\frac{\pi k}{n}\right)$
2. $\lim_{n\to\infty} \sum_{k=0}^{n-1} \frac{1}{n}\sqrt{\frac{n^2-k^2}{n^2}}$

풀이 1.30

1. $\frac{k}{n}$*에 주목해야 한다.* $k=0$*일 때* $\frac{k}{n}=0$. $k=2n-1$ *일 때* $\frac{k}{n} = 2-\frac{1}{n} \to 2$*이므로*
   $\lim_{n\to\infty}\frac{1}{2n}\sum_{k=0}^{2n-1}\sin\left(\frac{\pi k}{n}\right) = \frac{1}{2}\lim_{n\to\infty}\frac{1}{2n}\sum_{k=0}^{2n-1}\sin\left(\frac{\pi k}{n}\right) = \frac{1}{2}\int_0^2 \sin(\pi x)dx = 0$.
2. $k=0$*일 때* $\frac{k}{n}=0$, $k=n-1$*일 때* $\frac{k}{n} = 1-\frac{1}{n}\to 1$. *따라서*
   $\lim_{n\to\infty}\sum_{k=0}^{n-1}\sqrt{\frac{n^2-k^2}{n^2}} = \lim_{n\to\infty}\sum_{k=0}^{n-1}\frac{1}{n}\sqrt{1-(\frac{k}{n})^2} = \int_0^1\sqrt{1-x^2}dx = \frac{\pi}{4}$.

□

요약 1.13 정적분을 합의 극한으로 표시하는 문제는 대부분 적분구간을 n 등분하는 방법을 쓴다. 예를 들어 구간 $[a,b]$를 n 등분하면

$$a < a+h < a+2h < \cdots < a+(n-1)h < b = a+nh, \quad h = \frac{b-a}{n}$$

따라서 $\int_{x=a}^{b} f(x)dx = \lim_{n\to\infty} h\sum_{k=0}^{n-1} f(a+kh), \quad h = \frac{b-a}{n}$.

보기 1.31 *다음 극한값을 계산하여라.*

1. $\lim_{n\to\infty}\frac{1}{n}\sum_{k=1}^{n}\frac{k}{n}$
2. $\lim_{n\to\infty}\frac{1}{n}\sum_{k=0}^{n-1}(1+\frac{k}{n})^2$
3. $\lim_{n\to\infty}\frac{1}{n}\sum_{k=1}^{n}\left(1+\frac{k}{n}+(\frac{k}{2n})^2\right)$
4. $\lim_{n\to\infty}\frac{\sum_{k=1}^{n}k\sum_{k=1}^{n}k^4}{\sum_{k=1}^{n}k^2\cdot\sum_{k=1}^{\infty}k^3}$

풀이 1.31 1. $x_k=\frac{k}{n}$이라면 $x_0=0$, $\lim_{n\to\infty}x_n=1$. $\Delta x_k=x_{k+1}-x_k=\frac{1}{n}$.
따라서 주어진 극한값은 $\int_0^1 xdx=\frac{1}{2}$.
2. $x_k=\frac{k}{n}$이라면 $x_0=0$, $\lim_{n\to\infty}x_n=1$. $\Delta x_k=x_{k+1}-x_k=\frac{1}{n}$.
따라서 주어진 극한값은 $\int_0^1(1+x)^2dx=\frac{7}{3}$.
3. $x_k=\frac{k}{n}$이라면 $x_0=0$, $\lim_{n\to\infty}x_n=1$. $\Delta x_k=x_{k+1}-x_k=\frac{1}{n}$.
따라서 주어진 극한값은 $\int_0^1(1+x+\frac{1}{4}x^2)dx=\frac{19}{12}$
4. 분모 분자를 n^7로 나누면, 분자는

$$\frac{1}{n}\sum_{k=1}^{n}\frac{k}{n}\cdot\frac{1}{n}\sum_{k=1}^{n}(\frac{k}{n})^4\to\int_0^1 xdx\int_0^1 x^4dx=\frac{1}{10}$$

분모는 $\frac{1}{n}\sum_{k=1}^{n}(\frac{k}{n})^2\cdot\frac{1}{n}\sum_{k=1}^{n}(\frac{k}{n})^3\to\frac{1}{12}$. 따라서 주어진 극한값은 $\frac{6}{5}$.

□

보기 1.32 *다음 극한값을 구하여라.*

1. $\lim_{n\to\infty}\sum_{k=1}^{n}\frac{\sqrt{k}}{n^{3/2}}$
2. $\lim_{n\to\infty}\sum_{k=1}^{n}\frac{1}{n+k}$
3. $\lim_{n\to\infty}\sum_{k=1}^{n}\frac{k}{n^2+k^2}$
4. $\lim_{n\to\infty}\sum_{k=1}^{n}\frac{n}{n^2+k^2}$

풀이 1.32 1. $\int_0^1\sqrt{x}dx=\frac{2}{3}$
2. $\int_0^1\frac{1}{1+x}dx=\ln 2$
3. $\int_0^1\frac{x}{1+x^2}dx=\frac{1}{2}\ln 2$
4. $\int_0^1\frac{1}{1+x^2}dx=\frac{\pi}{4}$

□

보기 1.33 $\lim_{n\to\infty}\frac{1}{n}\sum_{k=1}^{n}\left((-1+\frac{2k}{n})^2+(-1+\frac{2k}{n})^5\right)$*의 값을 구하여라.*

풀이 1.33 *지금 경우는* $x_k=-1+\frac{2k}{n}$*이라 두자.* $x_0=-1, x_n=1$*이다.* $\Delta x_k=x_{k+1}-x_k=\frac{2}{n}$. *따라서 주어진 극한값은*

$$\frac{1}{n}\sum_{k=1}^{n}\left((-1+\frac{2k}{n})^2+(-1+\frac{2k}{n})^5\right)=\frac{1}{2}\cdot\frac{2}{n}\sum_{k=1}^{n}(x_k^2+x_k^5)\to\frac{1}{2}\int_{-1}^{1}(x^2+x^5)dx=\frac{1}{3}$$

□

다음 표는 자주 쓰는 함수의 미분과 부정적분이다.

$$F(x)=x^n,\qquad F'(x)=nx^{n-1},\qquad F(x)=\int nx^{n-1}dx,$$

$$F(x)=\ln x,\qquad F'(x)=\frac{1}{x},\qquad F(x)=\int\frac{1}{x}dx,$$

$$F(x)=e^x,\qquad F'(x)=e^x,\qquad F(x)=\int e^x dx,$$

$$F(x)=\tan^{-1}x,\qquad F'(x)=\frac{1}{1+x^2},\qquad F(x)=\int\frac{1}{1+x^2}dx,$$

1.5 지수함수와 로그함수

보험수학에서 가장 중요한 함수는 지수함수와 로그함수다. 여기서는 지수함수와 로그함수의 성질과 미분, 적분을 정리한다.

사람의 수명은 기껏해야 120년이다. 그런데 예를 들어 지구의 나이, 우주의 나이를 생각하면 보통 수십억년이 나온다. 이런 것을 오로지 처음부터 끝까지 관찰을 통해서 알 수는 없다. 이렇게 시간의 한계를 극복하는 방법으로 상당 기간 지속되는(변하지 않으면 더욱 좋다) 법칙이나 원리를 찾는 것이다. 요즘 우리나라 인구는 점점 줄고 있다고 관찰된다. 그런데 인구가 줄고 느는 것은 현재 인구와 밀접한 관계가 있다. 이런 관찰결과를 바탕으로 다음과 같은 가설을 생각할 수 있다:

인구 증가율은 현재 인구에 비례한다

이 가설을 수학으로 번역하면 다음과 같다.

$$y'(t) = ky(t), \quad y(0) = y_0 \tag{1.12}$$

이 가설이 맞는지 틀리는지는 실제 인구자료와 비교해서 판단할 일이다. 다행스런 것은 식 (1.12)은 수학적으로 다룰 수 있고, 식 1.12)을 만족시키는 함수는

$$y(t) = y_0 e^{kt} \tag{1.13}$$

식 (1.12) 또는 (1.13)를 만족시키는 함수를 지수함수라 한다.

요약 1.14 [지수함수와 로그함수]

1. 시간 t일 때 변화율이 시간 t일 때 함수값에 비례하는 함수 $y = y(t)$는

$$y'(t) = ky(t) \tag{1.14}$$

를 만족하는 함수로 표현된다. 식 (1.14)를 만족시키는 함수는

$$y(t) = e^{kt} \quad \text{또는} \quad y(t) = \exp(kt)$$

로 표시하는데, 여기서 e는 $e := \lim_{n\to\infty}(1+\frac{1}{n})^n$로 정의되는 실수다.

2. 지수함수 $\exp : \mathbb{R} \to (0,\infty)$는 전단사함수이기 때문에 역함수를 갖는다. 지수함수의 역함수를 로그함수라 하고, 보통

$$\ln : (0,\infty) \to \mathbb{R}$$

로 표시한다. 로그함수는 적분을 이용하여

$$\ln(x) := \int_{t=1}^{x} \frac{1}{t}dt, \quad x > 0 \tag{1.15}$$

으로 정의할 수도 있다.

3. 정의로부터 직접 알 수 있는 것은 $\exp'(x) = \exp(x), \quad \ln'(x) = \frac{1}{x}$.
4. 지수함수와 로그함수는 서로 역함수관계에 있다. 이것은 다음 식으로 표현된다.

4-1 . $\exp(\ln x) \equiv x, \forall x > 0$ 4-2 . $\ln\big(\exp(x)\big) \equiv x, \forall x \in \mathbb{R}$

□ 지수법칙.
정수와 문자식에 대한 지수법칙은 편리하고 이해하기 쉽다. 다음은 간단한 보기다. 두 문자 a

와 b의 곱은 $a\times b$로 써야 하지만, 오해가 없으면 ab로 표시한다. 그러나 두 수 4와 6의 곱은 4×6으로 쓰든지, 아니면 $4\cdot 6$으로 쓴다. 왜냐하면 46으로 쓰면 4와 6의 곱으로 이해하는 사람은 거의 없고, 보통 46으로 이해하기 때문에 오해를 피할 수 없기 때문이다. 그러나 2^5과 3의 곱은 $2^5 3$으로 써면 오해할 가능성은 작다. 그렇지만 2^5와 3의 곱을 32^5로 쓰면, 대부분의 경우 $32^5=(32)^5$로 이해하기 때문에 오해의 가능성이 높다. 때문에 숫자와 숫자의 곱은, 오해의 가능성이 보이면

$$2\times 3 \quad \text{또는} \quad 2\times 3$$

처럼 표시한다. 그러나 $\frac{1}{2}\times\frac{1}{3}$와 같은 경우는 $\frac{1}{2}\frac{1}{3}$로 표시해도 오해의 가능성이 없다.

1. $2\times 2\times 2\times 2=2^4$
2. $2\times 3\times 2\times 3\times 2\times 2\times 2\times=2^5 3^2$
3. $a^4a^4a^4a^4a^4a^4=(a^4)^6=a^{24}$
4. $(a^pb^qc^r)^m=a^{pm}b^{qm}c^{rm}$
5. $\frac{1}{a}=a^{-1}$
6. $\frac{1}{a}\frac{1}{a}\frac{1}{a}=(\frac{1}{a})^3=a^{-3}$
7. $\frac{2^4 3^7}{2^3 3^9}=2^{4-3}3^{7-9}=2\cdot 3^{-2}$
8. $\frac{a^m}{a^n}=a^{m-n}=\frac{1}{a^{n-m}}$
9. $a\neq 0$이면 $a^0\equiv 1$로 이해한다.

$a\neq 0$일 때 $a^0=1$로 정하는 이유는, 예를 들어 다음과 같은 표현을

$$\frac{a^2}{a^2}=1=a^{2-2}=a^0=\frac{1}{a^{2-2}}=\frac{1}{a^0}$$

를 자유롭게 쓰기 위한 것이다. 그러나

0^0 은 어떤 값으로도 정할 수 없다. 때문에 0^0은 수로 써서는 않된다.

요약 1.15 [실수 지수] 지수가 정수인 경우 a^m을 이해하는 것은 어렵지 않다. 그러나 지수가 실수인 경우는 자연스런 이해가 어렵다. 예를 들어 $3^{\sqrt{7}}$ 경우를 이해하는 것은 쉽지 않다. 따라서 다음 정의가 아주 편리하다.

1. $a^b=e^{b\ln a}, a>0$. 실수 지수에 대한 문제는 모두 이렇게 이해하면 좋다.
2. $0<a, a\neq 1$인 경우 지수함수 $y=a^x\equiv e^{x\ln a}$의 역함수는

$$y=\ln_a x, \quad x>0$$

으로 표시한다. 따라서 $a^{\ln_a x}\equiv x, \forall x>0; \quad \ln(a^t)\equiv t, \forall t\in\mathbb{R}$.

다음 보기 1.34는 이자계산에서 꼭 필요한 계산이므로 꼭 풀어보자.

보기 1.34 *1.* $1+i=e^{\delta}$ *일 때, δ를 i의 식으로 표시하여라.*
2. $(1+\frac{i^{(n)}}{n})^n=1+i$*일 때 $i^{(n)}$을 i의 식으로 표현하여라.*
3. $(1+i)^t=(1-d)^{-t}, \forall t$ *일 때 d을 i의 식으로 표현하여라.*
4. $\left(1+\frac{i^{(n)}}{n}\right)^n=\left(1-\frac{d^{(n)}}{n}\right)^{-n}$ *일 때 $d^{(n)}$을 $i^{(n)}$의 식으로 표현하여라. n은 양의 정수다.*
5. $\left(1+\frac{i^{(n)}}{n}\right)^n=\left(1-\frac{d^{(m)}}{m}\right)^{-m}$ *일 때 $d^{(m)}$을 $i^{(n)}$의 식으로 표현하여라. m,n은 양의 정수다.*

풀이 1.34 *1.* $\delta=\ln(1+i)$
2. *지수함수 $x^{-\frac{1}{n}}$을 이용하면* $1+\frac{i^{(n)}}{n}=(1+i)^{\frac{1}{n}}$. *따라서* $i^{(n)}=n\Big((1+i)^{\frac{1}{n}}-1\Big)$.
3. *지수함수 $x^{-\frac{1}{t}}$를 이용하면* $1+i=(1-d)^{-1}$. *따라서* $d=\frac{i}{1+i}$.

4. 지수함수 $x^{-\frac{1}{n}}$ 을 이용하면

$$1+\frac{i^{(n)}}{n}=(1-\frac{d^{(n)}}{n})^{-1}$$

따라서 $\frac{d^{(n)}}{n}=\frac{\frac{i^{(n)}}{n}}{1+\frac{i^{(n)}}{n}}$. 식 $d=\frac{1}{1+i}$ 와 비교하자.

5. $d^{(m)}$ 을 구해야 하므로 지수함수 $x^{-\frac{1}{m}}$ 을 이용하면

$$1-\frac{d^{(m)}}{m}=\left(1+\frac{i^{(n)}}{n}\right)^{-\frac{n}{m}}$$

따라서 $d^{(m)}=m\Big(1-\left(1+\frac{i^{(n)}}{n}\right)^{-\frac{n}{m}}\Big)$.

□

보기 1.35 다음 극한 값을 계산하여라.

1. $\lim_{x\to 0^+} x^x$
2. $\lim_{x\to 0}(1+\cos x)^x$
3. $\lim_{x\to 0^+}(\sin x)^x$
4. $\lim_{x\to 0}(1+x^2)^{x^2}$

풀이 1.35 모두 $a^b=e^{b\ln a}$를 이용하여 계산한다.

1. $x^x=e^{x\ln x}$. 그런데 로피탈 정리를 쓰면 $x\ln x=\frac{\ln x}{\frac{1}{x}}\rightrightarrows\frac{\frac{1}{x}}{-\frac{1}{x^2}}\to 0$. 따라서 $x^x=e^{x\ln x}\to e^0=1$'
2. $(1+\cos x)^x=\exp\big(x\ln(1+\cos x)\big)\to\exp(\ln 1)=\exp(0)=e^0=1$
3. $(\sin x)^x=\exp\big(x\ln\sin x\big)$. 로피탈 정리를 쓰면

$$x\ln(\sin x)=\frac{\ln(\sin x)}{\frac{1}{x}}\rightrightarrows\frac{\frac{\cos x}{\sin x}}{-\frac{1}{x^2}}=-\frac{x^2\cos x}{\sin x}=-(\frac{x}{\sin x})x\cos x\to 1\cdot 0=0$$

따라서 $(\sin x)^x\to\exp(0)=1$.

4. $(1+x^2)^{x^2}=\exp\big(x^2\ln(1+x^2)\big)\to\exp(0\cdot 0)=\exp(0)=1$.

□

보기 1.36 다음 함수를 미분하여라.

1. $y=e^{x^2}$
2. $y=3^x$
3. $y=x^x$
4. $y=\frac{1}{\sqrt{1+x+x^2}}$

풀이 1.36 모두 지법칙 또는 $a^b=e^{b\ln a}$를 써서 계산하면 된다.

1. $y'=2xe^{x^2}$
2. $y=e^{x\ln 3}$ 이므로 $y'=\ln 3e^{x\ln 3}=3^x\ln 3$
3. $y=x^x=e^{x\ln x}$ 이므로 $y'=\big(1\cdot\ln x+x\cdot\frac{1}{x}\big)e^{x\ln x}=x^x+x^x\ln x$.
4. $y=(1+x+x^2)^{-\frac{1}{2}}$ 이므로 $y'=-\frac{1}{2}(1+x+x^2)^{-\frac{3}{2}}(1+2x)=-\frac{1+2x}{2(1+x+x^2)\sqrt{1+x+x^2}}$.

보기 1.37 다음 적분을 계산하여라.

1. $\int xe^x dx$
2. $\int 2xe^{x^2} dx$
3. $\int_0^\infty e^{-x} dx$
4. $\int_0^\infty xe^{-x} dx$
5. $\int_0^\infty x^2 e^{-x} dx$
6. $\int_0^\infty 2^{-x} dx$
7. $\int \nu^t e^t dt$

풀이 1.37 *1.* $\int xe^x dx = \int x de^x = xe^x - \int e^x dx = xe^x - e^x$
2. $\int exe^{x^2} dx = \int e^{x^2} dx^2 = e^{x^2}$
3. $\int e^{-x} dx = \left[-e^{-x} \right|_{x=0}^{\infty} = 1$
4. $\int_0^\infty xe^{-x} dx = -\int_0^\infty x de^{-x} = -[xe^{-x}|_{x=0}^{\infty} + \int_0^\infty e^{-x} dx = -[e^{-x}|_{x=0}^{\infty} = 1$
5. $\int_0^\infty x^2 e^{-x} dx = -\int_0^\infty x^2 de^{-x} = -[x^2 e^{-x}|_{x=0}^{\infty} + \int_0^\infty e^{-x} dx^2 = 2\int_0^\infty xe^{-x} = 2.$
6. $2^{-x} = \exp(-x\ln 2)$이므로 $\int_0^\infty 2^{-x} dx = \left[-\frac{1}{\ln 2} 2^{-x} \right|_{x=0}^{\infty} = \frac{1}{\ln 2}.$
7. $\nu^t e^t = e^{t\ln\nu} e^t = \exp\left((1+\ln\nu)t\right)$ 이므로

$$\int \nu^t e^t dt = \frac{1}{1+\ln\nu} \exp\left((1+\ln\nu)t\right) = \frac{\nu^t e^t}{1+\ln\nu}$$

□

보기 1.38 *다음 적분을 계산하여라.*

1. $\int \nu^t dt$
2. $\int 3^x dx$
3. $\int \frac{1}{1+x} dx$
4. $\int \frac{i}{1+it} dt$
5. $\int \frac{2x}{1+x^2} dx$

풀이 1.38 *1.* $\int \nu^t dt = \int e^{t\ln\nu} dt = \frac{1}{\ln\nu} e^{t\ln\nu} = \frac{\nu^t}{\ln\nu}.$
2. $\int 3^x dx = \int e^{x\ln 3} dx = \frac{1}{\ln 3} e^{x\ln 3} = \frac{3^x}{\ln 3}$
3. $\ln(1+x)$
4. $\ln(1+it)$
5. $\ln(1+x^2)$

□

1.6 확률공간, 확률변수

우리가 모든 것을 알고 있다면, 확률이 필요없다. 동전을 던졌을 때 앞면이 나올지, 뒷면이 나올지 알 수 없다. 복권을 샀을 때 당첨될지, 되지 않을지 알 수 없다. 한달 후의 주식 가격을 알 수 없다. 한 달 이내에 지진이 발생할 지 알 수 없다. 이렇게 알 수 없지만, 알고 싶은 상황을 살면서 너무나 자주 마주친다. 이런 것들을 다루는데 적합한 수학적 도구가 확률, 확률변수 개념이다.

실험 결과를 알 수 없는 가장 간단한 상황으로

- *동전던지기*
- *주사위 던지기*
- *주머니에서 공 꺼내기*

를 보기로 든다. 중요한 것은 확률과 확률변수 개념 이해에 있다.

보기 1.39 *100명이 동시에, 각각 동전 1개를 던지는 실험을 생각하자. 떨어진 동전이 더이상 움직이지 않으면, 나온 면을 확인한다. 이 시험결과를 어떻게 정리할까?*

풀이 1.39 *바닥에 던져진 100개의 동전 전체의 집합을 $\widetilde{\Omega}$라 하자. 앞면이 나온 동전을 한 곳으로 모으고, 뒷면이 나온 동전을 한 곳으로 모으자. 즉 서로 다른 동전이라도 같은 면이 나온 것을 같은 것으로 본다. 이 과정은 동치분할에 해당한다. 동전을 이렇게 모으면 2개의 무더기가 생긴다. 따라서 이 두 무더기를 표현하는데는 2개의 문자로 충분하다. 이것을 Ω로 쓰자:*

$$\Omega := \widetilde{\Omega}/\mathcal{R} = \{H, T\}$$

위 식에서 $H = \{c \in \widetilde{\Omega} \mid c$는 앞면이 나온 동전$\}$, $T = \{c \in \widetilde{\Omega} \mid c$는 뒤면이 나온 동전$\}$을 말한다. H는 앞면이 나온 동전 무더기를 나타낸다. T는 뒷면이 나온 동전 무더기를 나타낸다. □

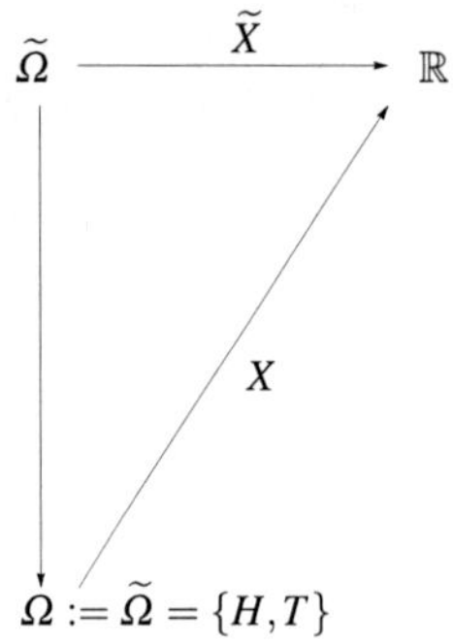

그림. 1.2: 함수 $\widetilde{X} : \widetilde{\Omega} \to \mathbb{R}$의 표준분해, $X(H) := \widetilde{X}(c_h), c_h \in H, X(T) = \widetilde{X}(c_t), c_t \in T$.

함수 $\widetilde{X} : \widetilde{\Omega} \to \mathbb{R}$의 표준분해로부터 얻어지는 함수 $X : \Omega \to \mathbb{R}$은 함수 X와 정의역이 다르므로 다른 함수다. 그러나 두 함수를 같은 것으로 이해하는 것이 확률변수의 개념을 이해하는데 중요하다.

요약 1.16 함수 $\widetilde{X} : \widetilde{\Omega} \to \mathbb{R}$이 주어지면 집합 $\widetilde{\Omega}$에 동치관계

$$\omega_1 \mathcal{R} \omega_2 \iff \widetilde{X}(\omega_1) = \widetilde{X}(\omega_2)$$

가 정해진다. 동치관계 $\mathbb{R}$에 따른 동치류 집합을

$$\Omega := \{[\omega] \mid \omega \in \widetilde{\Omega}\}, \quad [\omega] := \{x \in \widetilde{\Omega} \mid \widetilde{X}(x) = \widetilde{X}(\omega)\}$$

로 다타내면, 함수의 표준분해에 따라 함수

$$X : \Omega \to \mathbb{R}, \quad X([\omega]) = \widetilde{X}(\omega)$$

가 정해진다. 두 함수 $\widetilde{X}$와 X는 정의역이 달라 서로 다른 함수지만, 같은 것으로 이해하는 것이 확률변수의 의미를 이해하는데 아주 중요하다. 이 책에서는 두 함수를 같은 것으로 보고, 오해가 없으면 구별하지 않고 사용한다. X와 $\widetilde{X}$를 같은 것으로 이해한다는 것은 $\Omega \equiv \Omega$로 이해하자는 것이다.

집합 Ω를 생각하자. Ω는 어떤 실험을 통해서 얻을 수 있는 결과 전체를 정리한 것으로 생각하면 좋다. 이런 의미로 Ω를 표본공간으로 이해하면 좋다. Ω의 부분집합들의 모임 $\mathcal{A}$가

1. $A, B \in \mathcal{A}$ *이면* $A \cup B \in \mathcal{A}$.
2. $A, B \in \mathcal{A}$ *이면* $A \cap B^c \in \mathcal{A}$. *여기서* $B^c := \Omega \setminus B$*는* B*의 여집합을 나타낸다.*
3. $A \in \mathcal{A}$ *이면* $A^c \in \mathcal{A}$

를 만족시키면 앨지브라(algebra)라고 부른다. 특히 $\{A_n\}_{n=1}^{\infty}$가 $\mathcal{A}$의 원소로 이루어진 무리면 $\bigcup_{n=1}^{\infty} A_n \in \mathcal{A}$가 성립할 때 $\mathcal{A}$를 시그마 앨지브라(σ-algebra)라고 부른다. 또한 $A, B \in \mathcal{A}$이면

$$A \cap B = A \cap (A \cap B^c)^c \in \mathcal{A}$$

이다. 간단히 말하면 앨지브라는 합집합, 공통집합, 여집합과 같은 집합연산을 자유롭게 할 수 있다 생각하면 된다. $A \in \mathcal{A}$ *인* $A \subset \Omega$*를 사건(event)이라 부른다.* Ω*와* $\mathcal{A}$*를 함께 생각한 것은* $(\Omega, \mathcal{A})$*로 표시하고, 확률공간이라 부른다.*

정의 1.1 [확률] 확률공간 $(\Omega, \mathcal{A})$에서 정의된 확률이란 다음 조건을 만족시키는 함수를 말한다:

1. $P[\Omega] = 1$
2. $P[A] \geq 0, A \in \mathcal{A}$
3. $\{A_n\}_{n=1}^{\infty}$가 $\mathcal{A}$의 원소 무리고, $i \neq j$이면 $A_i \cap A_j = \emptyset$이면

$$P[\bigcup_{n=1}^{\infty} A_n] = \sum_{n=1}^{\infty} P[A_n]$$

특히 $A_1, A_2 \in \mathcal{A}$이고, $A_1 \cap A_2 = \emptyset$이면 $P[A_1 \cup A_2] = P[A_1] + P[A_2]$.

확률이 정의된 확률공간을 간단히 $(\Omega, \mathcal{A}, P)$로 표시한다.

수학을 강조하지 않는 보험수학에서는 시그마대수 $\mathcal{A}$*, 확률* $P : \mathcal{A} \to [0,1]$*는 문맥에 따라 판단하기를 기대하고, 겉으로 들어나게 표현하지 않는다.*

정의 1.2 [확률변수] 확률공간 $(\Omega, \mathcal{A}, P)$에서 실수집합 $\mathcal{R}$로 가는 함수 $X : \Omega \to \mathbb{R}$ 중에서

$$X^{-1}(a,b) := \{\omega \in \Omega \mid X(\omega) \in (a,b), a, b \in \mathbb{R}\} \in \mathcal{A}$$

가 되는 함수를 **확률변수(Random Variable)**라 한다.

확률변수 개념은 그 의미를 이해하기 어렵게 정의되었다. 그러나 수학을 강조하지 않는 보험수학에서는 표본공간 Ω*에서 실수집합* $\mathbb{R}$*로 가는 함수를 그냥 편하게 확률변수로 이해해도 특별한 어려움이 나타나지 않는다. 이 책에서는 앞으로 시그마대수, 확률, 확률변수 개념은 문맥에 따라 판단하기로 하고, 겉으로 들어나게 쓰지 않는다. 그러나 확률공간, 확률변수 개념의 정확한 이해가 무엇보다도 중요하다. 따라서 확률, 확률변수에 대한 문제는 항상 확률공간이 무엇인가, 확률은 어떻게 정의되었나, 확률변수는 어떻게 정의되었나를 확인하는 것이 핵심이다.*

보기 1.40 *다음 각각의 경우 표본공간* Ω*와,* Ω*에서 정의된 확률을 말해보자.*

1. *10 명이 각각 동전을 1번 던지는 실험 1번 한다.*
2. *10 명이 각각 동전을 2번 던지는 실험 1번 한다.*
3. *10 명이 각각 동전을 3번 던지는 실험 1번 한다.*

풀이 1.40 *1.*
- *표본공간* Ω *: 동전을 던져 나오는 결과는 앞면, 아니면 뒷면이다. 앞면을 0, 뒷면을 1로 표시하면, 실험경과는 길이가 10인 0과 1로 이루어진 열이다. 즉 10 명을 1부터 10까지 번호를 붙이면 실험결과는 함수* $f : \{1,2,3,\cdots,10\} \to \{0,1\}$*로 정리된다. 따라서 표본공간은*

$$\Omega := \{f \mid f : \{1,2,\cdots,10\} \to \{0,1\}\}$$

예를 들어 $(1,1,0,1,1,1,1,1,1,1)$*에서는 세번째 사람만 0, 즉 앞면이 나온 실험 결과를 나타낸다.* Ω*의 원소의 수는* $\#(\Omega) = 2^{10} = 1024$*로 생각보다 큰 것에 주의하자.*
- *확률* P *: 이 실험에서 잘 만들어진 동전이라면, 표본공간* Ω*의 임의의 원소* $\omega := (\omega_1, \omega_2, \cdots, \omega_{10})$*가 나타날 가능성이 모두 같다. 이것은*

$$P[\{\omega\}] = \frac{1}{\#(\Omega)} = \frac{1}{1024}$$

로 표현된다. 모든 점이 나타날 확률이 같기 때문에, 이것을 균등확률분포라 한다. 이 경우 특히 임의의 $A \subset \Omega$*에 대해서*

$$P[A] := \frac{\#(A)}{\#(\Omega)} = \frac{\#(A)}{1024}$$

2. • 표본공간 Ω : 동전을 2번 던질 때 나타나는 결과는 $(H,H),(H,T),(T,H),(T,T)$ 모두 4가지가 된다. 따라서 10명이 각각 동전을 2번 던질 실험결과는 함수 $f:\{1,2,\cdots,10\}\to\{(H,H),(H,T),(T,H),(T,T)\}$로 정리된다. 따라서 지금 경우 표본공간은

$$\Omega := \{f \mid f:\{1,2,\cdots,10\}\to\{(H,H),(H,T),(T,H),(T,T)\}\}$$

이 경우 표본공간 Ω의 원소의 수는 $\#(\Omega)=4^{10}=2^{20}=1,048,576$로 100만은 넘는 아주 큰 수다. 때문에 Ω의 원소를 하나 하나 뒤적이는 것은 전혀 실용성이 없다.
• 확률 P: 그럼에도 불구하고 Ω의 각각의 원소가 실험결과를 나타날 확률은 같다. 때문에 이 경우에도 임의의 $A\subset\Omega$에 대해서

$$P[A] := \frac{\#(A)}{\#(\Omega)} = \frac{\#(A)}{1048576}$$

가 성립한다.

3. • 표본공간 Ω : 동전을 3번 던질 때 나타나는 결과는 집합

$$S := \{(H,H,H),(H,H,T),(H,T,H),(H,T,T),(T,H,H),(T,H,T),(T,T,H),(T,T,T)\}$$

의 어떤 원소에 대응된다. 따라서 모두 8가지 경우가 가능하다. 따라서 10명이 각각 동전을 3번 던질 실험결과는 함수 $f:\{1,2,\cdots,10\}\to S$ 로 정리된다. 따라서 지금 경우 표본공간은

$$\Omega := \{f \mid f:\{1,2,\cdots,10\}\to S\}$$

이 경우 표본공간 Ω의 원소의 수는 $\#(\Omega)=8^{10}=2^{30}=1,073,741,824$로 10억이 넘는 아주 큰 수다. 때문에 Ω의 원소를 하나 하나 뒤적이는 것은 전혀 실용성이 없다.
• 확률 P: 그럼에도 불구하고 Ω의 각각의 원소가 실험결과를 나타날 확률은 같다. 때문에 이 경우에도 임의의 $A\subset\Omega$에 대해서

$$P[A] := \frac{\#(A)}{\#(\Omega)} = \frac{\#(A)}{1073741824}$$

□

보기 1.40 에서 볼 수 있듯이, 간단한 실험도 아주 많은 종류의 결과를 갖는다. 그런데 실험 결과가 무한히 많은 서로 다른 경우로 나타나는 수도 많다. 더구나 각각의 경우가 나타날 확률이 같지 않은 경우가 많다. 이런 경우를 다루기 위해서 등비급수의 합을 다시 보자.

요약 1.17 $|r|<1$이면 $\sum_{k=1}^{\infty} r^n = \frac{r}{1-r}$. 예를 들어 $\sum_{k=1}^{\infty}\frac{1}{2^k} = \frac{\frac{1}{2}}{1-\frac{1}{2}} = 1$.

보기 1.41 동전 1개를 앞면이 나올 때까지 던지는 실험을 한다. 실험결과를 정리한 표분공간은 무엇인가? 확률을 무엇인가?

풀이 1.41 1. 확률공간 Ω: n번째에 앞면이 처음으로 앞면이 나온 실험을 n으로 표시하자. 그러면 표본공간은 $\Omega := \{1,2,3,4,\cdots\}$로 정리된다. 예를 들어 5는 (T,T,T,T,H)를 나타낸다. 10은 (T,T,T,T,T,T,T,T,T,H)을 나타낸다. 눈에 띄는 점은 H는 맨 끝에 1회 나타나고, T는 H 앞에 여러 번 나타날 수 있는 것이다. 중요한 점은 Ω의 원소의 수가 무한인 것이다.

2. 확률 P: Ω가 무한집합이면 각각의 원소 $\omega\in\Omega$에 대해서 $P[\{\omega\}]$가 모두 같을 수 없다. 왜하냐면 이 보기에서는 Ω는 가산집합인데, 만일 $P[\{\omega\}]=c>0, \forall\omega\in\Omega$라 하면

$$1 = P[\Omega] = P\Big[\bigcup_{\omega\in\Omega}\{\omega\}\Big] = \sum_{\omega\in\Omega} P[\{\omega\}] = c\sum_{\omega\in\Omega} 1 = \infty$$

따라서 지금 경우는 각각의 경우가 모두 같은 확률을 갖는다는 것은 맞지 않다. 그러면 $P[\{\omega\}]$를 무엇으로 정하는 것이 적절한가? 예를 들어 첫번째에 앞면이 나올 확률은 $\frac{1}{2}$이다. 두번째에 처음으로 앞면이 나올 확률은 4가지 경우

$$(H,H),(H,T),(T,H),(T,T)$$

중에서 (T,H)인 경우이므로 $\frac{1}{2^2}$이다. 같은 생각으로 n번째 처음으로 앞면이 나오는 경우는 $\frac{1}{2^n}$. 따라서 지금 경우는 n 번째 처음으로 앞면이 나오는 사건 n의 확률은

$$P[n] = P[\{(T,T,T,\cdots,T,T,H)\}] = \frac{1}{2^n}, n = 1,2,\cdots,$$

로 정의하는 것이 타당하다. 그러면 $P[\Omega] = \sum_{\omega\in\Omega} P[\{\omega\}] = \sum_{n=1}^{\infty} \frac{1}{2^n} = 1$.

□

표본공간이 무한일 뿐아니라 가산집합이 아닌 무한집합으로 생각할 필요가 편한 경우도 있다. 가산집합이라는 것은 자연수 집합 $\mathbb{N} = \{0,1,2,3,\cdots\}$으로 전단사함수가 있는 집합을 말한다. 예를 들어 정수집합 $\mathbb{Z}$, 유리수집합 $\mathbb{Q}$은 가산집합이다. 그러나 실수집합 $\mathbb{R}$은 가산집합이 아니다. 실수집합 $[a,b] := \{x\in\mathbb{R} \mid a \le x \le b\}$ 도 가산집합이 아니다. $(a,b) := \{x\in\mathbb{R} \mid a < x < b\}$도 가산집합이 아니다.

$\Omega = \{x\in\mathbb{R} \mid a\le x\le b\} := [a,b]$를 생각하자. Ω는 무한집합이므로 $P[\{x\}]$가 모두 같은 0보다 큰 수가 될 수는 없다. 더구나 지금 경우에는 모든 $A\subset\Omega$에 대하여 $P[A]$를 정할 수도 없다. $\mathcal{B}(\mathbb{R})$을 실수의 부분집합 중에서 (r_1,r_2) 꼴의 집합을 셀 수 있을 만큼 사용하고, 합집합, 공통집합, 여집합 연산을 셀 수 있을 만큼 사용하여 얻을 수 있는 집합 전체라 하자. 예를 들어 임의의 실수 x에 대해서 $\{x\} = \bigcap_{n=1}^{\infty}(x-\frac{1}{n}, x+\frac{1}{n})$이므로 $\{x\}\in\mathcal{B}(\mathbb{R})$. $\mathcal{A}$를

$$\mathcal{A} := \{A\subset[a,b] \mid A = [a,b]\cap B,\ B\in\mathcal{B}(\mathbb{R})\}$$

로 정하고, $\mathcal{A}$의 원소에 대해서만 확률을 정하는 것이다. 예를 들어 구간 $[p,q], [p,q), (p,q], (p,q)$를 모두 $\ell([p,q]) = \ell([p,q)) = \ell((p,q]) = \ell((p,q)) = q-p$라 정하자. 이것을 확장해서 $[p,q]\cap(r,s) = \emptyset$이면

$$\ell([p,q]\cup(r,s)) = \ell([p,q]) + \ell((r,s)) = (q-p)+(s-r)$$

그러면 $P[A] := \frac{\ell(A)}{\ell(\Omega)}$ 로 정한다. 모든 자연수 $n = 1,2,3,\cdots$에 대하여 $\{x\}\subset(x-\frac{1}{n}, x+\frac{1}{n})$이므로

$$0 \le P[\{x\}] \le P\left[(x-\frac{1}{n}, x+\frac{1}{n})\right] = \frac{2}{n},\ n = 1,2,3,\cdots$$

이것으로 알 수 있는 것은 $P[\{x\}] = 0, \forall x\in\Omega := [a,b]$. 예를 들어 $\Omega = [0,4]$이고, $A := \{x\in\Omega \mid x < 3\}$이라면 $P[A] = \frac{3}{4}$. 이제 모든 표본공간에 자연스런 확률이 정해져 있다 하자. 그러면 시그마대수(σ-대수)라든지 $\mathcal{B}(\mathbb{R})$과 같은 어려운 개념은 모두가 알고있다 생각하면 된다. 표본공간과 확률을 다음과 같이 정리하자.

요약 1.18 [표본공간(Sample Space), 확률공간(Probability Space)] 어떤 실험의 모든 결과로 이루어진 집합을 표본공간이라 한다. Ω를 표본공간이라 하자. 표본공간의 부분집합 중에서 어떤 실험으로부터 얻을 수 있는 것 전체를 $\mathcal{A}$로 나타내자. 표본공간의 부분집합 $A\subset\Omega$중에서 $\mathcal{A}$의 원소를 사건(event)라 한다. 사건 A에 다음 조건을 만족시키는 수 $P(A)$를 대응시키자.

- $0\le P(A)\le 1$
- $P(\Omega) = 1$
- 서로 동시에 일어나지는 않는 사건 $A_1, A_2, A_3, \cdots$가 주어지면, 즉 $i\ne j$일 때 $A_i\cap A_j = \emptyset$이 되는 사건,

$$P(\bigcup_{i=1}^{\infty} A_i) = \sum_{i=1}^{\infty} P(A_i)$$

이 경우 $P(A)$를 사건 A가 일어날 확률이라 한다. $(\Omega, \mathcal{A}, P)$를 확률공간이라 한다.

보기 1.42 *정상적인 동전을 1 번 던질 때*

1. 앞면이 나올 확률이 $\frac{1}{2}$라는 것은 무슨 뜻인가?
2. 표본공간은 무엇인가?

풀이 1.42 1. 예를 들어 동전 던지기를 100만번 시행했을 때 앞면이 나온 동전의 수가 얼마인지는 정확히 알 수 없지만, 앞면이 나온 동전을 한 곳을 모아 그 무더기를 H로 이름 붙이고, 뒤면이 나온 동전을 한 곳으로 모아 그 무더기를 T로 이름 붙이면 $\#(H)\approx\#(T)$라는 말이다. 따라서

$$\frac{\#(H)}{1,000,000} \approx \frac{1}{2}$$

라는 뜻이다. 이것을 동전을 한 번 던질 때 그 결과가 H 또는 T 로 분류될 가능성이 같다는 것으로 해석하면 좋다.

2. 실험결과를 ω라 두면 ω가 앞면이 나온 동전이면 $\omega = H$로 이해하고, ω가 뒷면이 나온 동전이면 $\omega = T$로 보자. 표현을 간단하게 뒷면을 0, 앞면을 1로 표현하면 표본공간은 $\Omega = \{0,1\}$로 볼 수 있다.

□

보기 1.43 *정상적인 정육면체 주사위를 1,000,000번 던지는 실험을 원소로 하는 집합을 Ω라 하자.*

1. Ω를 어떻게 해석할까?
2. $\Omega = \{\varphi \mid \varphi : \{1,2,3,\cdots,1000000\} \to \{1,2,3,4,5,6\}\}$로 해석할 수 있는 것을 보여라.
3. 주사위를 던질 때 각각의 눈이 나올 확률은 모두 같다는 것은 무슨 뜻인가?
4. 함수 $X_d : \Omega \to \mathbb{R}$, $X_d(\omega) = d$ 번째 주사위의 눈의 수 라 하자. $\{X_1 + X_2 + X_3 \le 5\}$는 무엇을 나타내는가?

풀이 1.43 1. Ω를 드넓은 운동장에 주사위 1,000,000개로 이루어진 무더기가 여기 저기 널부러져 있는 것으로 상상하는 것이 충격적이고 효과적이다. 즉

$$\Omega := \{\omega \mid \omega\text{는 주사위 1,000,000 개 무더기}\}$$

ω는 1,000,000 개의 주사위로 무더기로 이루어져 있다. 가로, 세로, 높이의 주사위 1,000,000개로 이루어진 무더기의 크기를 상상해보자. 따라서 Ω의 원소의 수는 $2^{1000000}$ 개이다.

2. Ω는 원소의 수가 비현실적으로 많은 표본공간이다. 이제 실험결과 중 하나를 φ라 하자. $\varphi = (1,4,5,3,\cdots,1,2)$ 꼴이다. 즉 실험결과 φ를 함수로 이해할 수 있다.

$$\varphi : \{1,2,3,\cdots,1000000\} \to \{1,2,3,4,5,6\}$$

이 경우 첫번째 던지 주사위의 눈은 $\varphi(1) = 1$, 두번째 던진 주사위의 눈은 $\varphi(2) = 4$이다. $2^{1000000}$ 개의 무더기와 함수들을 원소로 하는 집합 $\{\varphi \mid \varphi : \{1,2,\cdots,1000000\} \to \{1,2,3,4,5,6\}\}$ 과 1-1대응 관계가 있다. 이것을 1,000,000 개의 주사위로 이루어진 주사위 무더기에 함수 φ를 하나씩 대응시킬 수 있는 것을 말한다.

3. 주사위를 첫번째 주사위의 눈의 수로 분류하자. 예를 들어

$$A_i := \{f \in \Omega \mid f(1) = i\},\ i = 1,2,3,4,5,6$$

이라 두면 $\Omega = A_1 \cup A_2 \cup A_3 \cup A_4 \cup A_5 \cup A_6$이고, $A_1, A_2, A_3, A_4, A_5, A_6$ 는 서로 공통인 원소를 갖지 않는다. 주사위가 균형잡힌 정상적인 것이라면, 각 눈이 나올 확률은 모두 같다. 이것을 수식으로 표현하면

$$\#(A_i) \approx \frac{1}{6}\#(\Omega),\ i = 1,2,3,4,5,6$$

따라서 $P[A_i] = \frac{1}{6}$, $i = 1,2,3,4,5,6$ 이라 정한다.

4. $\Omega := \{\varphi \mid \varphi : \{1,2,3,4,\cdots,1000000\} \to \{1,2,3,4,5,6\}\}$라 할 때 $f(1) + f(2) + f(3) \le 5$ 것들이 집합을 말한다. 예를 들어 $(1,2,3,6,5,6,\cdots) \in \{X_1 + X_2 + X_3 \le 5\}$이고 $(1,1,4,1,1,1,1,\cdots) \notin \{X_1 + X_2 + X_3 \le 5\}$이다.

□

1.7 확률 계산

이 절에서는 구체적으로 확률을 계산해보자. 각각의 보기에서 확률공간과, 확률, 확률변수 개념을 분명히 하는 것이 계산을 이해하는 것보다 더 중요하다. 실험 결과를 미리 예측할 수 없은 경우가 확률이 사는 곳이다. 때문에 보기는 동전을 던지거나, 주사위를 던지거나, 주머니에서 공을 꺼내는 것이 주된 보기다.

보기 1.44 *동전을 10번 던지는 실험을 하자.*

1. 동전이 잘 만들어졌다면 앞면이 나올 확률과 뒷면이 나올 확률은 모두 $\frac{1}{2}$로 같다. 이제 동전을 20개 던지는 실험에서 앞면이 8개가 나올 확률은?
2. 동전이 앞면이 나올 확률은 p, 뒷면이 나올 확률은 모두 $q = 1 - p$라 되도록 특수 제작되었다 생각하자.. 이제 동전을 20개 던지는 실험에서 앞면이 8개가 나올 확률은?

풀이 1.44 *1. 표본공간 Ω는 동전을 10회 던지는 실험결과를 정리한 전체로 이루어진다. 구체적으로 H와 T로 이루어진 길이가 10인 열 전체로 이루어진다. 그러므로*

$$\Omega := \{f \mid f : \{1,2,3,4,5,6,7,8,9,10\} \to \{H,T\}\}$$

로 이해할 수 있다. Ω의 원소의 개수는 $2^{10} = 1024$로 생각보다 크다. 동전이 잘 만들어졌다는 것은 각각의 경우가 나타날 확률이 같다는 것이다. 더구나 Ω가 유한집합이므로 이것은

$$P[A] := \frac{\#(A)}{\#(\Omega)}$$

로 표현된다. 수학적 표현을 적극적으로 사용하려면 앞면 $=H = 1$, 뒷면 $=T = 0$로 다시 이름 붙이는 것이 좋다. 그러면 앞면이 8가 나오는 실험결과는

$$A_8 := \{f \in \Omega \mid \sum_{k=1}^{10} f(n) = 8\}$$

로 표현된다. 따라서 구하는 확률은 $P[A_8] := \frac{\#(A_8)}{\#(\Omega)}$. 문제는 A_8의 원소의 수를 세는 일이다. 이런 경우는 너무나 많이 나타나서 다음과 같은 중요한 결과가 있다.

n 개의 물건에서 순서는 고려하지 않고, r개를 선택하는 방법은 $\binom{n}{r}$로 나타내고

$$\binom{n}{r} = \frac{n!}{r!(n-r)!} = \frac{n(n-1)(n-2)\cdots(n-r+1)}{r!}$$

이것을 이용하면 $P[A_8] := \frac{\#(A_8)}{\#(\Omega)} = \frac{\binom{10}{8}}{2^{10}} = \binom{10}{8}(\frac{1}{2})^8(\frac{1}{2})^{10-8}$.

2. 표본공간은 잘 만들어진 동전의 경우와 같다. 그러나 각각의 실험결과가 나타날 확률은 달라지는 것에 주의하자. 이것에 조심하여 앞면이 8개 나올 확률을 구해가자.

표본공간 Ω는 동전을 10회 던지는 실험결과를 정리한 전체로 이루어진다. 구체적으로 H와 T로 이루어진 길이가 10인 열 전체로 이루어진다. 그러므로

$$\Omega := \{f \mid f : \{1,2,3,4,5,6,7,8,9,10\} \to \{H,T\}\}$$

로 이해할 수 있다. Ω의 원소의 개수는 $2^{10} = 1024$로 생각보다 크다. 동전이 잘 만들어졌다는 것은 각각의 경우가 나타날 확률이 같다는 것이다. 더구나 Ω가 유한집합이므로 이것은

$$P[A] := \frac{\#(A)}{\#(\Omega)}$$

로 표현된다. 수학적 표현을 적극적으로 사용하려면 앞면$= H = 1$, 뒷면 $= T = 0$로 다시 이름 붙이는 것이 좋다. 그러면 앞면이 8가 나오는 실험결과는

$$A_8 := \{f \in \Omega \mid \sum_{k=1}^{10} f(n) = 8\}$$

로 표현된다. 그러나 각각의 실험결과가 모두 같은 확률로 나타나는 것은 아니기 때문에

$$P[A_8] \neq \frac{\#(A_8)}{\#(\Omega)}$$

가 될 수 있는 것에 주의하자. 그러나 $f \in A_8$이면, 공통적으로 $\sum_{k=1}^{10} f(k) = 8$이기 때문에, 지금 경우에도 10개에서 8개를 선택하는 경우의 수를 생각하는 것은 같다. 특히

$$f \in A \iff \sum_{k=1}^{10} f(k) = 8 \implies P[\{f\}] = p^8 q^{10-8}$$

따라서 $P[A_8] := P\left[\bigcup_{f\in A_8}\{f\}\right] = \sum_{f\in A_8} P\left[\{f\}\right] = \sum_{f\in A_8} p^8 q^{10-8} = \binom{10}{8} p^8 q^{10-8}$

□

요약 1.19 앞면이 나올 확률이 p, 뒷면이 나올 확률이 $q = 1 - p$인 특수제작된 동전을 n회 던질 때, 앞면이 r 회 나올 확률은

$$\binom{n}{r} p^r q^{n-r}$$

보기 1.45 *잘 만들어진 주사위를 눈의 12번 던진다. 눈의 수가 6이 3번 나올 확률은?*

풀이 1.45 *주사위를 한 번 던질 때 눈 수가 6이 나올 확률은* $\frac{1}{6}$*이다. 6의 눈이 나오지 않을 확률은* $\frac{5}{6}$*이다. 따라서 구하는 확률은* $\binom{12}{3}\frac{1}{6})^3(\frac{5}{6})^{12-3}$.

□

1.8 분포함수, 확률질량함수, 확률밀도함수, 기대값, 분산

정의 1.3 [분포함수] 확률공간 $(\Omega, \mathcal{A}, P)$에서 정의된 확률변수 $X : \Omega \to \mathbb{R}$를 생각하자.

1. $(\Omega, \mathcal{A}, P)$가 이산확률공간인 경우

$$F_X(t) := P\left[X \le t\right] := P\left[\{\omega \in \Omega \mid X(\omega) \le t\}\right] = \sum_{\substack{\omega\in\Omega \\ X(\omega)\le t}} P[\{\omega\}]$$

로 정의된 함수 $F_X : \mathbb{R} \to [0,1]$을 확률변수 X에 대응된 분포함수라 한다.

2. $(\Omega, \mathcal{A}, P)$가 연속확률변수인 경우

$$F_X(t) := P\left[X \le t\right] := P\left[\{\omega \in \Omega \mid X(\omega) \le t\}\right]$$

로 정의된 함수 $F_X : \mathbb{R} \to [0,1]$을 확률변수 X에 대응된 분포함수라 한다.

분포함수의 특징은 증가함수인 것이다. 분포함수는 허접하게 보이지만, 대부분의 경우 확률변수 X와 같은 정보를 준다. 특히 $X : \Omega \to \mathbb{R}$*이 연속확률변수인 경우*

$$\lim_{t\to\infty} F_X(t) = 1$$
$$\lim_{t\to-\infty} F_X(t) = 0$$
$$P[a < X \le b] = F_X(b) - F_X(a) := \int_{t=a}^{b} dF_X(t)$$

만일

$$P[a < X \le b] = F_X(b) - F_X(a) := \int_{t=a}^{b} dF_X(t) = \int_{t=a}^{b} f_X(t)dt$$

가 성립하는 함수 $f_X : \mathbb{R} \to [0,\infty)$*가 존재하면, 이 함수* f_X*를 확률변수 X의 확률밀도함수(probability density function)이라 한다.*

정의 1.4 [기대값, 평균] 확률공간 $(\Omega, \mathcal{A}, P)$에서 정의된 확률변수 $X : \Omega \to \mathbb{R}$의 기대값(평균값)은 $E[X]$로 표시하고

1. 이산확률변수인 경우 $E[X] = \sum_{t \in X(\Omega)} tP[X = t]$
2. 연속확률변수인 경우는
$$E[X] := \int_{\mathbb{R}} t dF_X(t)$$
확률변수 X가 확률밀도함수 f_X를 갖는 경우는 $E[X] := \int_{\mathbb{R}} t dF_X(t) = \int_{\mathbb{R}} t f_X(t) dt$.

보기 1.46 *잘 만들어진 동전을 앞면이 나올 때까지 던진다.*

1. *n번째 처음으로 앞면이 나올 확률을 구하여라.*
2. *평균 몇회만에 앞면이 나오는가?*
3. *짝수번째에 앞면이 나올 확률은 얼마인가?*
4. *만일 짝수번째에 처음으로 앞면이 나왔다면, 6번째에 처음으로 앞면이 나왔을 확률은?*

풀이 1.46 *1. n 번째 처음으로 앞면이 나오는 경우는 그 이전에 모두 뒷면이 나오고, 마지막 n 번째에 앞면이 나와한다. 이 경우는 동전을 n회 던저 나타날 수 있는 모든 경우 중 딱 한가기 경우에 해당한다. 구하는 확률은 $\frac{1}{2^n}$.*

이 문제를 이렇게 생각하자. n 번째 처음으로 앞면이 나올 확률을 P_n이라 하자. $P_1 = \frac{1}{2}$이다,. $n > 1$ 번째 처음으로 앞면이 나온다면, 첫번째는 뒷면이 나오과 그 이후에 $n-1$ 번째 처음으로 앞면이 나와야 한다. 따라서 $P_n = \frac{1}{2}P_{n-1}$, $n \geq 2$. 그러므로 $P_n = (\frac{1}{2})^n$.

2. 처음으로 앞면이 나온 던진 회수를 n이라 하면, 표본공간은 $\Omega = \{1, 2, 3, 4, \cdots\}$이고, 앞에서 $P[\{n\}] = \frac{1}{2^n}$인 것을 보았다. $X : \Omega \to \mathbb{R}$을 $X(n) = n$이라 하면 확률변수 X의 평균값을 구하는 문제다. 확률변수 $X : \Omega \to \mathbb{R}$의 평균값은 $E[X]$로 표현하고, 지금 경우는

$$E[X] = \sum_{n=1}^{n} X(n)P[\{n\}] = \sum_{n=1}^{\infty} n\frac{1}{2^n} = \sum_{n=1}^{\infty} \frac{n}{2^n}$$

이제 합의 출발점을 바꾸는 방법으로

$$\begin{aligned} E[X] &= \sum_{n=1}^{\infty} \frac{n}{2^n} = \frac{1}{2} + \sum_{n=2}^{\infty} \frac{n}{2^n} \\ &= \frac{1}{2} + \sum_{n=1}^{\infty} \frac{n+1}{2^{n+1}} = \frac{1}{2} + \frac{1}{2}E[X] + \sum_{n=1}^{\infty} \frac{1}{2^{n+1}} \\ &= \frac{1}{2} + \frac{1}{2}E[X] + \frac{1}{2} \end{aligned}$$

따라서 $E[X] = 2$. 평균 2회 만에 앞면이 나온다.

3. 짝수번째에 앞면이 다오는 것은 사간 $A = \{2, 4, 6, 8, \cdots\}$가 일어나는 것이다. 따라서 $P[A] = P[\bigcup_{n=1}^{\infty}\{2n\}] = \sum_{n=1}^{\infty} P[\{2n\}] = \sum_{n=1}^{\infty} \frac{1}{2^{2n}} = \frac{1}{3}$.

이 문제를 이렇게 생각할 수도 있다. 언제가는 앞면이 나오기 때문에 언제가 앞면이 나올 확률은 1이다. 따라서

$$1 = \sum_{n=1}^{\infty} \frac{1}{2^n} = \sum_{n=1}^{\infty} \frac{1}{2^{2n-1}} + \sum_{n=1}^{\infty} \frac{1}{2^{2n}} = 2\sum_{n=1}^{\infty} \frac{1}{2^{2n}} + \sum_{n=1}^{\infty} \frac{1}{2^{2n}} = 3\sum_{n=1}^{\infty} \frac{1}{2^{2n}}$$

따라서 $P[A] = \sum_{n=1}^{\infty} \frac{1}{2^{2n}} = \frac{1}{3}$.

4. 짝수번째에 처음으로 앞면이 나왔다면 그것은 사건 $A = \{2, 4, 6, 8, \cdots\}$가 일어난 것이다. 이런 정보가 있으면, 6번째 처음으로 앞면이 나왔을 확률은 $P[\{6\}] = \frac{1}{2^6} = \frac{1}{64}$보다 크다. 이 상황은 $P[X = 6 \mid X \in A]$로 표시하고, 그 값은

$$P[X = 6 \mid X \in A] = \frac{P[X = 6]}{P[X \in A]} = \frac{P[X = 6]}{P[A]} = \frac{\frac{1}{2^6}}{\sum_{n=1}^{\infty} \frac{1}{2^{2n}}} = \frac{\frac{1}{6}}{\frac{1}{3}} = \frac{3}{2^6} = \frac{3}{64}$$

□

보기 1.47 *1. 주사위를 2개 던질 때 눈의 수의 합이 8일 될 확률은?*
2. 주사위를 1개을 6의 눈이 나올 때 까지 던질 때, 4번에 6의 눈이 나올 학률은?
3. 주사위를 1개를 6의 눈이 연속으로 2회 나올 때까지 던질 때, 4회에 끝날 확률은?
4. 주사위를 1개를 6의 눈이 연속으로 2회 나올 때까지 던질 때, 평균 몇 회에 끝나는가?

풀이 1.47 *항상 확률공간과 확률을 생각하자.*

1. *확률공간은 $\Omega := \{(i,j) \mid i,j = 1,2,\cdots,6\}$. 이것을 주사위에 번호를 붙여 1번 주사위, 2번 주사위라 하면, 두 개의 주사위를 던질 때 나타나는 결과를 모두 나열한 것이다. $\#(\Omega) = 36$이다. 정상적인 주사위는 모든 경우가 같은 정도를 나타난다. 이것은 $P[\{(i,j)\}] = \frac{1}{36}$. 확률변수 $X : \Omega \to \mathbb{R}, X(i,j) = i + j$라 두면 구하는 확률은*
$$P[X = 8] = \frac{\#\{X = 8\}}{\#(\Omega)}$$
여기서 $\{X = 8\} = \{(2,6),(3,5),(4,4),(5,3),(6,2)\}$이므로 $P[X = 8] = \frac{5}{36}$.
2. *이 경우 표본공간은 $\Omega := \{1,2,3,4,\cdots\}$이다. 여기서 $n \in \Omega$의 의미는 n번째 처음으로 6의 눈이 나온 것을 나타낸다. Ω는 무한집합인 것에 주의하자. 따라서 각각의 점이 나타날 확률은 서로 다르다. 예를 들어 4회 차에 처음으로 6의 눈이 나오려면 그 이전에는 모두 6의 눈이 나오지 말아야 한다. 따라서 $P[\{4\}] = \left(\frac{5}{6}\right)^3 \frac{1}{6}$.*
3. *n 회차에 처음으로 6의 눈이 나오려면, 그 이전에는 모두 1,2,3,4,5 중 어는 것이 나와야 한다. 오직 6의 눈이 아니면 된다. 따라서 $P[\{n\}] = \left(\frac{5}{6}\right)^{n-1} \frac{5}{6}$. 계산 값을 확인해보자.*
$$1 = P[\Omega] = P\Big[\bigcup_{n\in\Omega}\{n\}\Big] = \sum_{n\in\Omega} P[\{n\}] = \sum_{n\in\Omega}\left(\frac{5}{6}\right)^{n-1}\frac{1}{6} = \frac{1}{6}\sum_{n=1}^{\infty}\left(\frac{5}{6}\right)^{n-1} = 1$$
4. *확률공간은 $\Omega := \{2,3,4,5,\cdots\}$. n회에 끝나려면 $1,2,\cdots,n-2$ 까지 6의 눈이 나오지 않다가 $n-1, n$회 6의 눈이 나오는 경우도 있지만, 6의 눈이 나온 직후에 6의 눈이 나오지 않아, 처음부터 다시 시작하는 것과 같은 경우도 있다. 예를 들어 5회에 끝나는 경우도 (1,2,5,6,6) 같은 경우도 있지만, $(6,1,4,6,6)$ 같은 경우도 있는 것에 주의해야 한다. 따라서 첫번째 결과에 따라 분류하는 것이 좋다. n회에 끝날 확률은 P_n이라 두면*
$$P_1 = 0, P_2 = \frac{1}{6^2}, \quad P_n = \frac{1}{6}\frac{1}{6} + \frac{1}{6}\frac{5}{6}P_{n-2} + \frac{5}{6}P_{n-1},\ n \geq 3 \tag{1.16}$$
따라서 $P_4 = \frac{2}{27}$. 모든 n에 대해서 P_n을 n의 식으로 겉으로 들어나게 쓰는 것은 대단히 번거로운 일이다. 식 (1.16)를 행렬로 표현하면
$$\begin{pmatrix} P_n \\ P_{n-1} \end{pmatrix} = \begin{pmatrix} \frac{5}{6} & \frac{5}{6^2} \\ 1 & 0 \end{pmatrix} \begin{pmatrix} P_{n-1} \\ P_{n-2} \end{pmatrix} + \begin{pmatrix} \frac{1}{6^2} \\ 0 \end{pmatrix},\ n \geq 3 \tag{1.17}$$
식 (1.17)는 $X_n = AX_{n-1} + B$꼴의 행렬방정식이므로, P_n을 구할 수 있다. 왜냐하면
$$X_n = A^{n-2}X_2 + (A^{n-3} + A^{n-2} + \cdots + A + I)B,\ n \geq 3$$
그러나 여기에서는 중요한 문제가 아니다.
5. *$X : \Omega \to \mathbb{R}, X(n) = n$일 때, 확률변수 X의 평균값을 구하는 문제다. $E[X] = \sum_{n=2}^{\infty} X(n)P[\{n\}] = \sum_{n=2}^{\infty} nP_n$.*

□

보기 1.48 *주사위를 던저 나온 눈 수가 x만원인 게임이 있다. 게임당 참가비를 얼마로 해야 적당한가?*

풀이 1.48 *게임 장 운영자 입장에서 보면, 게임 참가비는 게임당 상금으로 지불해야 할 평균 금액보다 약간 높게 해야한다. 때문에 게임당 평균 상금을 계산하는 것이 중요하다. 평균값을 구하기 위해서 아주 많은 실험을 했다 가정하자. 한 실험 결과 ω에 상금 $X(\omega)$를 지급한다 생각하면 함수 $X : \Omega \to \mathbb{R}$.*

지금 경우는 $\Omega = \{1,2,3,4,5,6\}$으로 아주 간단한다. 더구나 각각의 눈이 나올 확률이 같다 하고, X의 함수 값의 평균을 $E[X]$로 나타내기로 하면

$$E[X] := 1 \cdot P(X=1) + 2 \cdot P(X=2) + 3 \cdot P(X=3) + 4 \cdot P(X=4) + 5 \cdot P(X=5) + 6 \cdot P(X=6)$$
$$= \frac{1}{6}(1+2+3+4+5+6) = \frac{7}{2}$$

따라서 3만 5천원이 평균 상금이다. 참가비는 35000원 이상으로 해야 한다. 실제로 카지노의 모든 게임 참가비는 평균값보다 높다. 때문에 계속해서 게임을 하면 필연적으로 털린다. 한 두번 해보고 특히 이겼으면 끝내야 한다. 지금처럼 Ω가 작은 경우, 평균값을 수식으로 간단하게 표현하면 $E[X] = \sum_{\omega \in \Omega} X(\omega)P[\omega]$ □

보기 1.49 *시험 시작에 n 명이 제출한 휴대전화를 잘 섞어서, 나갈 때 마음대로 나누어 줄 때, 자신의 전화를 받은 사람의 수는 평균 몇명이라 생각되는가?*

풀이 1.49 *표본공간이 무엇보다도 중요하다. 막막하지만 휴대전화도 마음대로 섞고, 또 사람도 휴대전화를 받는 순서도 없으니 어떻게 할 지 모르겠지만, 결과는 휴대전화를 모두 배분한 후 자신의 전화를 받은 사람 수를 세는 것이다. 때문에 사람에 미리 번호를 주고, 전화를 받은 후 번호순으로 서면, 1번 사람이 자신의 전화를 받았는지, 2번 사람이 자신의 전화를 받았는지, ... , n번 사람이 자신의 전화를 받았는지를 조사하면 된다. 따라서 n명을 한 줄로 세운 후 휴대전화를 마음대로 나누어주는 것을 생각하면 충분한 것을 알 수 있다.*

- *표본공간 Ω는 n개의 휴대전화를 나열하는 경우의 수. 때문에 표본공간의 원소의 개수는 $n!$개이다. 이 숫자는 n이 크면 대단히 큰 수가 된다. 예를 들어 $n=5$라면*

$$\omega = (4,1,3,2,5)$$

  는 3번째 사람, 5번째 사람만 자기 전화를 받은 경우를 나타낸다.
- $X_i : \Omega \to \mathbb{R}$*을*

$$X_i(\omega) := \begin{cases} 1 & , i\text{번째 사람이 자신의 휴대전화를 받음} \\ 0, & i\text{번째 사람이 자신의 휴대전화를 받지 못함} \end{cases}$$

  앞에서 $\omega = (4,1,3,2,5)$인 경우

$$X_1(\omega) = 0,\ X_2(\omega) = 0,\ X_3(\omega) = 1,\ X_4(\omega) = 0,\ X_5(\omega) = 1$$

- *그러면 자신이 휴대전화를 받은 사람의 수는*

$$X : \Omega \to \mathbb{R},\ X := X_1 + X_2 + \cdots + X_n$$

  을 표현된다. $n=5$ 인 경우 $\omega = (4,1,3,2,5)$를 생각하면

$$X(\omega) = \sum_{i=1}^{5} X_i(\omega) = 2$$

  $\omega = (4,1,3,2,5)$는 2사람만 자기 전화를 받은 경우 중 한 가지다.
- *따라서 자신의 휴대전화를 받게되는 평균 사람수는*

$$E[X] := \sum_{\omega \in \Omega} X(\omega)P[\omega] = \sum_{\omega \in \Omega} \Big(X_1(\omega) + \cdots + X_n(\omega)\Big)P[\omega]$$
$$= \sum_{\omega \in \Omega} X_1(\omega)P[\omega] + \cdots + \sum_{\omega \in \Omega} X_n(\omega)P[\omega]$$
$$= E[X_1] + E[X_2] + \cdots + E[X_n]$$

- *이제 어느 한 사람만 보자. 예를 들어 k번째 사람을 중심으로 보면*

$$\Omega = \{\omega \mid X_k(\omega) = 1\} \cup \{\omega \mid X_k(\omega) = 0\}$$

  여기서 $A_k := \{\omega \in \Omega \mid X_k(\omega) = 1\}$이라 두면, A_k는 k-번째 사람이 자기 전화를 받는 경우 전체를 나타내고, k-번째 사람의 전화는 n 개의 전화 중에서 1개이므로 $P[X_k = 1] = P[A_k] = \frac{1}{n}$. 따라서

$$\begin{aligned}E[X_k] &= \sum_{\omega\in\Omega} X_k(\omega)P[\omega] = \sum_{\omega\in A_k} X_k(\omega)P[\omega] + \sum_{\omega\notin A_k} X_k(\omega)P[\omega] \\ &= \sum_{\omega\in A_k} 1\cdot P[\omega] + \sum_{\omega\notin A_k} 0\cdot P[\omega] \\ &= P[A_k] \\ &= \frac{1}{n}\end{aligned}$$

따라서 $E[X] = E[X_1] + E[X_2] + \cdots + E[X_n] = \frac{1}{n} + \frac{1}{n} + \cdots + \frac{1}{n} = 1.$

□

보기 1.50 $\Omega = \{\omega_1, \omega_2, \omega_3, \omega_4\}$*에서 정의된 다음 확률변수를 생각하자.*

$$X_k : \Omega \to \mathbb{R}, \quad X_k(\omega_j) = k \times j$$

예를 들어 $X_2(\omega_4) = 8$*이다. 다음으로 각 점이 선택될 확률은*

$$P(\omega_1) = P(\omega_2) = \frac{1}{12}, \quad P(\omega_3) = \frac{1}{3}, \quad P(\omega_4) = \frac{1}{2}$$

인 경우를 생각한다.

1 . $E[X_i], i = 1, 2, 3$*을 구하여라.*
2 . $E[X]$*을 구하여라. 여기서* $X = X_1 + X_2 + X_3$

풀이 1.50 *1 .*

$$\begin{aligned}E[X_i] &= \sum_{k=1}^{4} X_i(\omega_k)P[\omega_k] = \sum_{k=1}^{4} ikP[\omega_k] = i\sum_{k=1}^{4} kP[\omega_k] \\ &= i\big(1\cdot\frac{1}{12} + 2\cdot\frac{1}{12} + 3\cdot\frac{1}{3} + 4\cdot\frac{1}{2}\big) \\ &= \frac{39i}{12}\end{aligned}$$

2 . $E[X] = E[X_1] + E[X_2] + E[X_3] = \frac{39}{12}(1+2+3) = \frac{39}{2}.$

□

보기 1.51 *동전을 앞면이 나올 확률이* p*, 뒤면이 나올 확률이* $q = 1 - p$*가 되도록 특수 제작하자. 이 동전을 1,000번 던질 때 앞면은 몇 번 나올 것이라 예측되는가? 예측한 값은 얼마나 정확하다고 생각되는가?*

풀이 1.51 *동전을 1000번 던지면 앞면은 0번부터 1,000번까지 모든 경우가 다 가능하다. 문제는 누구도 앞면이 0번 나오는 것이 흔한 일이 아니라고 믿는다, 같은 이유로 뒷면만 1,000번 나오는 것도 흔한 일은 아니다. 이 문제를 확률변수의 개념으로 이해하자. 우선 이 특수제작된 동전을 1,000번 던지 얻어지는 모든 결과로 이루어진 집합*

$$\Omega := \{\omega = (p_1, p_2, \cdots, p_{1000}) \mid p_i \in \{0,1\}, i = 1, 2, \cdots, 1000\}$$

여기서 p_i*는* i*-번째 던진 동전이 뒷면이면 0, 앞면이면 1 이다. 참고로* Ω*의 원소의 갯수는* $\#(\Omega) = 2^{1,000}$*. 아주 큰 수이다. 1초에 한 세트씩 쉬지 않고 조사한다 해도 약* 1.24×10^{296}*년이 걸린다.*

- *다음과 같은 1,000개의 확률변수를 생각하자.*

$$X_i : \Omega \to \{0,1\}, \quad X_i(\omega) \equiv X_i(p_1, p_2, \cdots, p_{1000}) = p_i$$

따라서 X_i *는* i*-번째 동전의 상태를 나타낸다. 그러면 동전을 1000번 던지 실험에서 앞면이 나온 갯수는*

$$X := X_1 + X_2 + \cdots + X_{1000}$$

으로 표현된다.

- 여기서 중요한 점은 $X_i, i = 1, 2, \cdots, 1000$은 각각 서로 독립인 것이다. 즉 i-번째 던진 동전이 앞면인지 뒷면인지를 아는 것이 $j, j \neq i$-번째 던진 동진이 앞면인지 뒷면이지를 아는 것에 아무런 의미있는 정보를 주지 못한다. 또한 i-번째 동전의 기댓값은

$$E[X_i] = 0 \cdot P[X_i = 0] + 1 \cdot P[X_i = 1] = 0 \times (1-p) + 1 \times p = p$$

- X의 평균값은

$$\begin{aligned} E[X] &= E[X_1 + X_2 + \cdots + X_{1000}] = E[X_1] + E[X_2] + \cdots + E[X_{1000}] \\ &= p + p + \cdots + p \\ &= 1000p \end{aligned}$$

이 식의 의미는 $p = \frac{1}{2}$이면 약 500번이 평균값이고, 앞면이 더 잘 나와서 $p = \frac{3}{4}$이면 $1000 \times \frac{3}{4} = 750$번이 평균값이라는 의미이다.

□

보기 1.52 앞면이 나올 확률이 p, 뒷면이 나올 확률이 $q = 1 - p$인 동전이 있다. 이 동전을 1000번 던질 때 앞면은 평균 $1000p$번 나타난다. 그러면 이 평균값은 값은 얼마나 정확하다고 생각되는가? 왜냐하면 다시 이 동전을 1000번 던지는 실험을 할 때에도 처음과 똑 같은 수의 앞면이 나온다 말할 수는 없지 않은가!

풀이 1.52 이 문제는 평균값 $E[X]$를 실제값 X와의 차이 $X - E[X]$를 살펴보는 일이다. 여기서 $E[X]$는 상수 $1000p$인 것에 주의하자. 그런데 평균의 특성상 확률변수

$$X - E[X] : \Omega \to \mathbb{R}, \ (p_1, p_2, \cdots, p_n) \mapsto X(p_1, p_2, \cdots, p_{1000}) - E[X]$$

의 평균은 항상 0이 되어 쓸모가 없다. 따라서 0이 되지 않도록 해야 되는데 2가지 방법이 떠오른다.

- 절댓값의 평균을 생각하는 방법: $E\left[|X - E[X]|\right]$
그러나 이 방법을 계산이 불편하다.
- 제곱을 하는 방법: $E\left[(X - E[X])^2\right]$
이 방법은 계산이 간편하고 때문에 쓸모가 많다.
- 이제 $E[X]$는 상수인 것에 주의하고, $(X - E[X])^2 = X^2 - 2E[X]X + E[X]^2$을 이용하면

$$E\left[(X - E[X])^2\right] = E\left[X^2 - 2E[X]X + E[X]^2\right] = E[X^2] - 2E[X]E[X] + E[X]^2 = E[X^2] - E[X]^2$$

위 식을 말로 표현하면 제곱의 평균에서 평균의 제곱을 빼면 $E\left[(X - E[X])^2\right]$. 이제

$$E[X^2] = E\left[(X_1 + X_2 + \cdots + X_{1000})^2\right]$$

을 계산할 일이 남았다.
- 두 확률변수 X, Y가 서로 독립이면 $E[XY] = E[X]E[Y]$이다.
- 이제

$$(X_1 + X_2 + \cdots + X_{1000})^2 = \sum_{i=1}^{1000} X_i^2 + \sum_{i \neq j} X_i X_j$$

이고, $X_i^2 = X_i$ 이므로 $E[X_i^2] = E[X_i] = p, \quad E[X_i X_j] = E[X_i]E[X_j] = p^2$.
- 따라서, $n = 1000$이라 두고,

$$\begin{aligned} E[X^2] &= E\left[\sum_{i=1}^{n} X_i^2\right] + E\left[\sum_{i \neq j} X_i X_j\right] = \sum_{i=1}^{n} E[X_i^2] + \sum_{i \neq j} E[X_i X_j] \\ &= np + (n^2 - n)p^2 \end{aligned}$$

그러므로 $E\left[(X - E[X])^2\right] = E[X^2] - E[X]^2 = np + (n^2 - n)p^2 - (np)^2 = pn - np^2 = np(1-p)$.

이 식의 의미는 $p = \frac{1}{2}$인 동전을 1000번 던질 때 평균값과의 차이는 $\sqrt{1000 \cdot \frac{1}{2} \cdot \frac{1}{2}} \approx 15.8$은 예상해야 된다는 의미이다. $p = \frac{3}{4}$인 동전의 경우는 $\sqrt{1000 \cdot \frac{3}{4} \cdot \frac{1}{4}} = 13.69$를 예상해야 된다는 의미이다. 그러면 $p = \frac{3}{4}$인 동전의 경우가 편차가 약간 작은 이유를 어떻게 설명할까?

□

정의 1.5 [분산(Variance)] 확률변수 $X : \Omega \to \mathbb{X}$에 대해서

$$Var[X] := E\left[(X - E[X])^2\right] = E[X^2] - E[X]^2$$

을 확률변수 X의 분산이라 한다. 이 값이 크면 예측이 힘들다. 분산이 작으면 확률변수의 값은 평균값 $E[X]$ 주변에 몰려있다.

보기 1.53 *주식 X ,주식 Y 에 관심이 있다. 지금 현재 주식 X 의 주당 가격은 4만원이다. 주식 Y 의 주당 가격은 4만5청원이다. 1개월 뒤에 각각의 주식 가격은 다음과 같이 예상된다.*

$$X \text{ 의 가격} = \begin{cases} \text{4만5천원 일 확률 } 0.6 \\ \text{3만5천 원일 확률 } 0.4 \end{cases}, Y \text{ 의 가격} = \begin{cases} \text{5만원 일 확률 } 0.7 \\ \text{4만원일 확률 } 0.3 \end{cases},$$

지금 자금이 1800만원이 있다.
1800만원을 2개의 주식 X, Y 에 투자한다.
주식 X 를 x주, 주식 Y 를 y 주 샀다.
주식 X, 주식 Y 는 독립적으로 움직인다 가정하자.

1. *수익의 평균은 얼마인가?*
2. *수익의 분산은 얼마인가?*
3. *사람들은 안정적인 수익을 원한다. 분산을 최소로 하는 투자 비율은 무엇인가?*

풀이 1.53 *자산은 $Z = xX + yY$ 이다. 문제는 1개월 뒤의 가격을 확실하게 알 수 없는 것. 평균자산은 E를 써서 표현한다.*

1.

$$\begin{aligned} \mu = E[Z] &= E[xX + yY] = xE[X] + yE[Y] \\ &= x(0.6 \times 4.5 + 0.4 \times 3.5) + y(0.7 \times 5 + 0.3 \times 4) \\ &= 4.1x + 4.7y \end{aligned}$$

2. *분산은 두 주식의 상관관계를 알아야 한다. 편의상 서로 독립적으로 움직인다 하자. 그러면*

$$\begin{aligned} Var[Z] &= E[Z^2] - E[Z]^2 \\ &= E[x^2X^2 + 2xyXY + y^2Y] - (4.1x + 4.7y)^2 \\ &= x^2E[X^2] + 2xyE[X]E[Y] + y^2E[Y^2] - (4.1x + 4.7y)^2 \\ &= 17.05x^2 + 2xy \times 19.27 + 22.3y^2 - (4.1x + 4.7y)^2 \\ &= 0.24x^2 + 0.21y^2 \end{aligned}$$

여기에 $1800 = 4x + 4.5y$라는 조건을 주면 $x = 183.942$일 때 분산이 최소가 된다. 이렇게 자산을 배분하면

2-1. *평균 수익은 1856.69 만원이고,*
2-2. *표준편차는 140.946 만원이다.*
2-3. $\frac{x}{y} = 0.77781$. *따라서 43.76%를 X 에 투자하고, 나머지 56.23%를 Y 에 투자한다.*

□

1.9 독립, 종속

확률변수의 독립과 종속 개념은 확률계산의 핵심적인 개념이다. 한 사건의 정보가 다른 사건의 이해에 어떤 정보를 주는지, 주지 않는지의 문제다.

동전을 두 번 던지는 실험을 생각하자. 예를 들어 동전 2개을 100만번 던졌다 상상해보자. 실험결과를 나열하면

$$\widetilde{\Omega} := \{\omega_i = (c_{i1}, c_{i2}) \mid i = 1, 2, \cdots, 100\text{만}\,;\ c_{ij} \in \{0,1\}\}$$

ω_i는 i-번째 실험을 나타낸다. 예를 들어 i-번째 실험에서 첫번째 동전이 뒷면이면 $c_{i1} = 0$, 두 번째 동전이 앞면이면 $c_{i2} = 1$. 실험결과 전체를 정리하여 Ω로 나타내면

$$\Omega = \{(0,0), (0,1), (1,0), (1,1)\}$$

2개의 확률변수 X_1, X_2를 생각하자.

$$X_i : \Omega \to \mathbb{R},\ i = 1, 2$$

$\omega = (c_1, c_2) \in \Omega$에 대해서 $X_i(\omega) = c_i$. 이제 첫번째 동전의 상태를 아는 것이 두번째 동전의 상태를 아는 것에 정보를 주는지 알아보자. 이것은 함수

$$E[X_1 \mid X_2] : \Omega \to \mathbb{R} \tag{1.18}$$

로 표현된다. 이 함수의 의미는 $E[X_1 \mid X_2](\omega) := E[X_1 \mid X_2 = X_2(\omega)]$. 여기서

$$\{X_2 = X_2(\omega)\} \equiv \{\zeta \in \Omega \mid X_2(\zeta) = X_2(\omega)\} \tag{1.19}$$

를 나타낸다. 지금 경우는 예를 들어 $\omega = (1,1)$이면

$$\{X_2 = X_2(\omega)\} = \{X_2 = 1\} = \{(0,1), (1,1)\}$$

그러면 $E[X_1 \mid X_2]$의 함수값은 어떻게 계산할까? X_2의 함수값은 $0, 1$ 뿐인 것과

$$\{X_2 = 0\} = \{(0,0), (1,0)\}, \quad \{X_2 = 1\} = \{(0,1), (1,1)\}$$

에 주의하자. 그러면

$$\begin{aligned} E[X_1 \mid X_2 = 0] &= 0 \cdot P[X_1 = 0 \mid X_2 = 0] + 1 \cdot P[X = 1 \mid X_2 = 0] \\ &= 0 \cdot \frac{1}{2} + 1 \cdot \frac{1}{2} = \frac{1}{2} \end{aligned}$$

$$\begin{aligned} E[X_1 \mid X_2 = 1] &= 0 \cdot P[X_1 = 0 \mid X_2 = 1] + 1 \cdot P[X_1 = 1 \mid X_2 = 1] \\ &= 0 \cdot \frac{1}{2} + 1 \cdot \frac{1}{2} = \frac{1}{2} \end{aligned}$$

따라서 $E[X_1 \mid X_2](\omega) = E[X_1 \mid X_2 = X_2(\omega)] = \frac{1}{2}$. 이것은 $E[X_1 \mid X_2] : \Omega \to \mathbb{R}$이 상수함수 $\frac{1}{2}$인 것을 말한다. 그런데

$$\begin{aligned} E[X_1] &= \sum_{\omega \in \Omega} X_1(\omega) P[\omega] = \sum_{\omega \in \Omega} X_1(\omega) \frac{1}{4} = \frac{1}{4} \sum_{\omega \in \Omega} X_1(\omega) \\ &= \frac{1}{4}(0 + 1 + 0 + 1) = \frac{1}{2} \end{aligned}$$

따라서 지금 경우는 $E[X_1 \mid X_2] = E[X_1]$, 상수함수. 이것을 두번째 동전의 상태를 아는 것이 첫번재 동전의 상태를 아는 것에 아무런 정보를 주지 못하는 것을 말한다.

이제 함수 $E[X_1 \mid X_2] : \Omega \to \mathbb{R}$을 그림으로 그려보자. 이 함수를 이해하는 효과적인 방법은 Ω를 X_2의 값이 같은 집합으로 분해하는 일이다. 즉

$$\Omega = \{(0,0), (1,0)\} \cup \{(0,1), (1,1)\}$$

그러면 $E[X_1 \mid X_2] : \Omega \to \mathbb{R}$은 다음과 같이 그림으로 표현할 수 있다.

그림을 보면 함수 $E[X_1 \mid X_2]$는 각각의 집합 $\{X_2 = 0\} := \{(0,0), (1,0)\}, \{X_2 = 1\} := \{(0,1), (1,1)\}$에 X_1 값의 평균값을 대응시키는 함수인 것을 알 수 있다.

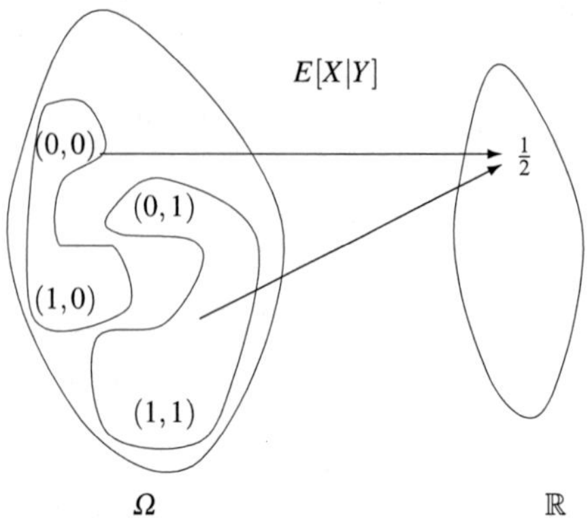

그림. 1.3: $E[X|Y] : \Omega \to \mathbb{R}$ 는 Y 값이 같은 곳에서 X의 평균값을 대응시키는 함수다.

요약 1.20 두 이산 확률변수 $X,Y : \Omega \to \mathbb{R}$를 생각하자.

1. 확률변수 X,Y에 대응된 표본공간을

$$\Omega = \{(X(\omega),Y(\omega)) \mid \omega \in \Omega\} = \{(x_i,y_j) \mid i \in I,\ j \in J\}$$

라 할 때, $P[X = x_i, Y = y_j] = f(x_i,y_j)$가 성립하는 $f : \Omega \to [0,1]$을 확률변수 X,Y에 대응된 확률질량함수(probability mass function)라 한다.
2. 확률질량함수 $f(x_i,y_j)$가 x_i 만의 함수와 y_j 만의 함수의 곱으로 표현되면, 두 확률변수 X,Y는 독립이라 한다.
3. $f_X(x_i) := \sum_{j\in J} f(x_i,y_j)$를 X-쪽 확률질량함수라 한다.
4. $f_Y(y_j) := \sum_{i\in I} f(x_i,y_j)$를 Y-쪽 확률질량함수라 한다.
5. $f_{X|Y}(x \mid y) = \frac{f(x,y)}{f_Y(y)}$는 정보 Y에 따른 X의 확률질량함수라 한다.
6. $f_{Y|X}(y \mid x) := \frac{f(x,y)}{f_X(x)}$는 정보 X에 따른 Y의 확률질량함수라 한다.
7. 확률변수 $E[X \mid Y] : \Omega \to \mathbb{R}$은 Y 값이 일정한 점들에 공통적으로 X의 그 점들에서 X의 평균값을 대응시키는 함수다. 즉 $Y(\omega) = y$라면

$$E[X \mid Y](\omega) := E[X \mid Y = Y(\omega)] := \sum_{\substack{\omega\in\Omega,\\ Y(\omega)=y}} X(\omega) f_{X|Y}(x \mid y)$$

따라서 $E[X \mid Y]$는 $\{Y(\omega) \mid \omega \in \Omega\}$로 이해할 수 있다. 이것은

$$E[X \mid Y] : \{y_j \mid j \in J\} \to \mathbb{R}, \quad E[X \mid Y](y_j) := E[X \mid Y = y_j]$$

로 이해하자는 말이다.

동전 2개를 100만번 던진 실험을 다음과 같이 정리하자.

$$\Omega = \{\omega = (c_1,c_2) \mid c_1,c_2 \in \{0,1\}\}$$

예를 들어 $\omega = (1,0)$*의 의미는*

$(1,0) =$ *첫번째 동전은 앞면, 두번째 동전이 뒷면이 나온 실험 결과 전체로 이루어진 집합*

동전 2개를 100만번 던지는 실험을 했을 때, 각각의 집합 $(0,0),(0,1),(1,0),(1,1)$*의 원소의 개수가 같다고 생각하지는 않는다. 다만, 대칭성을 생각하면*

$$\frac{\#(0,0)}{1,000,000} \approx \frac{\#(0,1)}{1,000,000} \approx \frac{\#(1,0)}{1,000,000} \approx \frac{\#(1,1)}{1,000,000} \approx \frac{1}{4}$$

이런 생각으로 모든 $\omega \in \Omega$*에 대하여* $P[\omega] = \frac{1}{4}$*로 정하는 것은 자연스럽다.*

보기 1.54 *확률변수* $X_k(\omega) = c_k,\ k = 1,2$ *에 대해서*

1. $E[X_1 \mid X_1 + X_2]$*를 구하여라.*

2. $E\big[E[X_1 \mid X_1 + X_2]\big]$*를 구하여라.*

풀이 1.54 *1. 표현을 간단하게 하기 위하여* $Z = X_1 + X_2$*라 두자.*

$$\begin{aligned}
E[X_1 \mid Z = 0] &= 0 \cdot P[X_1 = 0 \mid X_1 + X_2 = 0] + 1 \cdot P[X = 1 \mid X_1 + X_2 = 0] = 0 \\
&= 0 \times 1 + 1 \times 0 = 0 \\
E[X_1 \mid Z = 1] &= 0 \cdot P[X_1 = 0 \mid X_1 + X_2 = 1] + 1 \cdot P[X_1 = 1 \mid X_1 + X_2 = 1] \\
&= 0 \times \frac{1}{2} + 1 \times \frac{1}{2} = \frac{1}{2} \\
E[X_1 \mid Z = 2] &= 0 \cdot P[X_1 = 0 \mid X_1 + X_2 = 1] + 1 \cdot P[X_1 = 1 \mid X_1 + X_2 = 2] \\
&= 0 \times \frac{1}{2} + 1 \times 1 = 1
\end{aligned}$$

이것으로 부터 $E[X \mid Z] : \Omega \to \mathbb{R}$*은 다음과 같은 함수이다.*

$$E[X_1 \mid X_1 + X_2](\omega) = \begin{cases} 0, & c_1 + c_2 = 0 \\ \frac{1}{2}, & c_1 + c_2 = 1 \\ 1, & c_1 + c_2 = 2 \end{cases}$$

무엇보다 $E[X_1 \mid X_1 + X_2] : \Omega \to \mathbb{R}$*은 상수함수가 아니다.*

2. $E[X_1 \mid X_1 + X_2] : \Omega \to \mathbb{R}$*도 함수이므로 그 평균값* $E\big[E[X_1 \mid X_1 + X_2]\big]$*가 의미가 있다. 표현을 간단하게 하기 위해서* $Z = X_1 + X_2$*라 두면*

$$\begin{aligned}
E\big[E[X \mid Z]\big] &= E[X \mid Z = 0]P[Z = 0] + E[X \mid Z = 1]P[Z = 1] + E[X \mid Z = 2]P[Z = 2] \\
&= 0 \times P[Z = 0] + \frac{1}{2} \times P[Z = 1] + 1 \times P[Z = 2] \\
&= \frac{1}{2}P[Z = 1] + P[Z = 2]
\end{aligned}$$

이제

$$P[Z = 1] = P[X_1 + X_2 = 1] = \frac{\#\{\omega_i \mid c_1 + c_2 = 1\}}{\#(\Omega)} = \frac{2}{4} = \frac{1}{2}$$

같은 생각으로 $P[Z = 2] = P[X_1 + X_2 = 2] = \frac{\#\{\omega \mid c_1 + c_2 = 2\}}{\#(\Omega)} = \frac{1}{4}$. *따라서*

$$E\big[E[X_1 \mid X_1 + X_2]\big] = \frac{1}{2}P[Z = 1] + P[Z = 2] = \frac{1}{2} \cdot \frac{1}{2} + \frac{1}{4} = \frac{1}{2}$$

□

정의 1.6 [독립(independent)]

1. 두 사건 A, B가 독립이라는 것은 $P[A \cap B] = P[A]P[B]$인 것을 말한다. 따라서 $P[A \mid B] = P[B], P[B \mid A] = P[B]$가 성립한다.
2. 두 확률변수 X, Y가 독립이라는 것은 임의의 두 사건 A, B에 대하여 $P[X \in A, Y \in B] = P[X \in A]P[Y \in B]$인 것을 말한다.
3. 따라서 두 확률변수 X, Y가 독립이면, $X., Y$의 결합분포함수(joint distribution function)는 X의 분포함수와, Y의 분포함수의 곱이다.

$$F_{X,Y}(x,y) := P[X \le x, Y \le y] = P[X \le x]P[Y \le y] = F_X(x)F_Y(y)$$

4. 두 확률변수 X, Y의 결합확률밀도함수(joint probability density function), 또는 결합확률질량함수 $f_{X,Y}(x,y)$가 주어졌다면, 두 확률변수가 독립이란 말은

$$f_{X,Y}(x,y) = f_X(x)f_Y(y)$$

가 성립하는 것이다. 즉 결합확률밀도함수(질량함수)가 각각의 확률밀도함수(질량함수)의 곱으로 표현되는 것이다.

보기 1.55 *균형잡힌 주사위 A, B를 던져 나온 A의 눈을 X, B은 눈을 Y라 하자.*

1. 확률변수 X, Y에 대한 표본공간을 무엇인가?
2. 확률변수 (X, Y)의 결합분포함수 $F_{X,Y}$를 구하고, X, Y가 독립인지 판단하여라.
3. $Z = \max\{X, Y\}$라 두자. 즉 Z는 나온 눈의 수중 작지 않은 것을 말한다. $W = \min\{X, Y\}$라 두자. 즉 W는 나온 눈의 수중 크지 않은 것을 말한다. 두 확률변수 Z, W의 분포함수 $F_{Z,W}$를 구하고, Z, W가 독립인지 판별하여라.

풀이 1.55 *1. 표본공간은 $X = i, Y = j$인 실험결과는 (i, j)로 저장하기로 하면 $\Omega := \{(i, j) \mid i, j = 1,2,3,4,5,6\}$. $\#(\Omega) = 36$이다.*

각 점이 나타날 확률은 $P[\omega] = \frac{1}{26}, \omega \in \Omega$로 모두 같다.

1. 느낌으로 봐도 정상적인 상황에서는, 두 한 주사위의 눈을 아는 것이 다른 주사위의 눈을 아는 것에 정보를 주지 못한다. 실제로 임의의 $i, j = 1,2,\cdots,6$에 대하여

$$F_{X,Y}(i,j) = P[X \le i, Y \le j] = P[\{(u,v) \mid u \le i, v \le j\}] = \frac{ij}{36} = \frac{i}{36}\frac{j}{36} = F_X(i)F_Y(j)$$

따라서 두 확률변수 X, Y는 독립이다.

2. 먼저 $\{Z \le i, W \le j\}$를 구해보자. 좌표평면에 그림을 그려보는 것은 좋은 방법이다. $\{Z \le i\} = \{(u,v) \mid u \le i, v \le i\}, \{W \le j\} = \{(u,v) \mid u \le j$ 이거나 $v \le j\}$. 예를 들어 $i = 1, j = 2$인 경우를 생각하면

$$\{Z \le 1, W \le 2\} = \{(1,1)\}, \{Z \le 1\} = \{(1,1)\},\ \{W \le 2\} = \{(n,1),(n,2),(1,m),(2,m) \mid m,n = 1,2,3,4,5,6\}$$

따라서

$$P[Z \le 1, W \le 2] = \frac{1}{36},\ P[Z \le 1]P[W \le 2] = \frac{1}{36} \cdot \frac{20}{36} = \frac{5}{324}$$

Z, W는 독립이 아니다.

□

보기 1.55에서 Z, W의 분포함수 $F_Z, F_W, F_{Z,W}$를 구하면 다음과 같다. 아래 표에서 1 대신에 일부러 $\frac{36}{36}$를 썼다.

z	1	2	3	4	5	6
$F_Z(z)$	$\frac{1}{36}$	$\frac{4}{36}$	$\frac{9}{36}$	$\frac{16}{36}$	$\frac{25}{36}$	$\frac{36}{36}$
$F_W(z)$	$\frac{11}{36}$	$\frac{20}{36}$	$\frac{27}{36}$	$\frac{32}{36}$	$\frac{35}{36}$	$\frac{36}{36}$

(Z, W)의 결합분포함수 $F_{Z,W}$는 다음과 같다. 표현을 간단하게 하기 위하여 $F_{Z,W}$의 표 대신에 $36F_{Z,W}$의 표를 그렸다.

		w					
		1	2	3	4	5	6
	1	1	1	1	1	1	1
	2	3	4	4	4	4	4
z	3	5	8	9	9	9	9
	4	7	12	15	16	16	16
	5	9	16	21	24	25	25
	6	11	20	27	32	35	36

이 표를 보는 방법은 예를 들어 $F_{Z,W}(4,2) = \frac{12}{36}$ *이다.*

보기 1.56 *두 확률변수* X, Y *의 결합확률질량함수* $f_{X,Y}$ *가 다음과 같이 주어졌다.*

$$f_{X,Y}(i,j) = c(i+j)^2,\ i,j = 1,2,3,4,5$$

1. *상수* c *의 값은 무엇인가?*
2. X, Y *는 독립인가?*
3. $P[X > Y]$ *를 구하여라.*
4. $P[X + Y \le 6]$ *을 구하여라.*
5. $P[X \le 3]$ *를 구하여라.*
6. f_X *를 구하여라.*
7. f_Y *를 구하여라.*
8. $f_{Y|X}$ *를 구하여라.*
9. $f_{X|Y}$ *를 구하여라.*
10. $E[X \mid Y]$ *를 구하여라.*
11. $E[Y \mid X]$ *를 구하여라.*

풀이 1.56 (x,y) *에서의 값이나,* (y,x) *에서의 값이 같다. 따라서 대칭성을 이용하면 계산을 줄일 수 있다.*

1. $\sum_{i,j=1}^{4} c(i+j)^2 = 1$ *이 되어야 한다. 그런데*

$$\sum_{i,j=1}^{4} (i+j)^2 = 2^2 + 23^3 + 34^2 + 45^2 + 36^2 + 27^2 + 8^2 = 440$$

따라서 $c = \frac{1}{440}$.

2. *확률질량함수가* i *만의 함수와,* j *만의 함수의 곱으로 표현되지 않기 때문에 독립이 아니다.*
3. $\{X > Y\} = \{(2,1),(3,1),(4,1),(3,2),(4,2),(4,3)\}$. *따라서*

$$P[X > Y] = c\sum_{i>j}(i+j)^2 = c(3^2 + 4^2 + 5^2 + 5^2 + 6^2 + 7^2) = \frac{160}{440} = \frac{4}{11}$$

그런데 대칭성을 생각하면 이렇게 계산할 수도 있다. 대각선의 값을 빼낸 후 반으로 나누는 방법이다.

$$\frac{1}{2}\left(1 - c(2^2 + 4^2 + 6^2 + 8^2)\right) = \frac{4}{11}$$

4. $P[X + Y \le 6] = 1 - P[X + Y > 6] = 1 - (P[X + Y = 7] + P[X + Y = 8]) = \frac{139}{220}$
5. $P[X \le 3] = 1 - P[X > 3] = 1 - P[X = 4] = \frac{133}{220}$
6. $f_X(i) = P[X = i]$ *이다. 따라서*

$$f_X(i) = P[\{(i,j) \mid j = 1,2,3,4\}] = c\sum_{j=1}^{4}(i+j)^2 = c(30 + 20i + 4i^2)$$

7. *대칭성에 따라* $f_Y(j) = 30 + 20j + 4j^2$.
8. $f_{Y|X}$ *는* X *값이 일정한 집합에서 확률질량함수를 말한다. 따라서*

$$f_{Y|X}(j \mid i) = \frac{f_{X,Y}(i,j)}{f_X(i)} = \frac{(i+j)^2}{30 + 20i + 4i^2}$$

예를 들어 $X = 2$ *일 때* $Y = 4$ *일 확률은*

$$P[Y = 4 \mid X = 2] = \frac{P[Y = 4, X = 2]}{P[X = 2]} = f_{Y|X}(4 \mid 2) = \frac{18}{43}$$

9. $f_{X|Y}(x \mid y) = \frac{f_{X,Y}(x,y)}{f_Y(y)} = \frac{(x+y)^2}{30+20y+4y^2}$

10. $E[X \mid Y]$는 y값이 일정한 점들에 공통적으로 X의 평균값을 대응시키는 함수다. 따라서 함수값은 i에 의존하지 않는다.

$$E[X \mid Y](i,j) = E[X \mid Y=j] = \sum_{k=1}^{4} k f_{X|Y}(k \mid j) = \sum_{k=1}^{4} k \cdot \frac{(k+j)^2}{30+20j+4j^2}$$
$$= \frac{1}{30+20j+4j^2} \sum_{k=1}^{4} k(k+j)^2$$
$$= \frac{10(10+6j+j^2)}{30+20j+4j^2}$$

복잡한 계산이다. 기호의 의미를 이해하는 것이 중요하다. 예를 들어 $E[X \mid Y](2,3)$의 값은 $Y=3$인 곳에서 X 값의 평균이다. 그런데 $\{Y=3\} = \{(1,3),(2,3),(3,3),(4,4)\}$이므로

$$E[X \mid Y=3] = 1 \cdot f_{X|Y}(1 \mid 3) + 2f_{X|Y}(2 \mid 3) + 3f_{X|Y}(3 \mid 3) + 4f_{X|Y}(4 \mid 3) = \frac{185}{63}$$

이렇게 구체적인 점에서 $E[X \mid Y]$의 값을 구할 수 있으면, 의미를 이해한 것이다.

11. 대칭성에 의해서 $E[Y \mid X](y,x) = \frac{10(10+6x+x^2)}{30+20x+4x^2}$. 지금 경우는 X 값이 일정한 점들에 공통적으로 Y 값의 평균을 대응시키는 함수이므로, 함수값은 y 값에 의존하지 않는다.

□

다음은 연속확률변수에 대하여 똑 같은 계산을 해보자. 적분이 필요하다.

보기 1.57 두 확률변수 X,Y의 결합확률밀도함수 $f_{X,Y}$가 다음과 같이 주어졌다.

$$f_{X,Y}(x,y) = c(x+y)^2,\ 0 \le x \le 1,\ 0 \le y \le 1$$

1. 상수 c의 값은 무엇인가?
2. X,Y는 독립인가?
3. $P[X>Y]$를 구하여라.
4. $P[X+Y \le 1]$을 구하여라.
5. $P[X \le \frac{1}{2}]$를 구하여라.
6. f_X를 구하여라.
7. f_Y를 구하여라.
8. $f_{Y|X}$를 구하여라.
9. $f_{X|Y}$를 구하여라.
10. $E[X \mid Y]$를 구하여라.
11. $E[Y \mid X]$를 구하여라.
12. $E[X]$를 구하여라.
13. $E\big[E[X \mid Y]\big]$를 구하여라.

풀이 1.57 연속확률변수를 다룰 때는 적분을 쓰지만, 이산적인 경우보다 계산이 훨씬 간결하다.

1. 확률밀도함수이므로 $\int_{x=0}^{1} dx \int_{y=0}^{1} f(x,y)dy = 1$이 성립해야 한다. 그런데

$$\int_{y=0}^{1} f(x,y)dy = c\int_{y=0}^{1} (x+y)^2 dy = c\Big[\frac{1}{3}(x+y)^3\Big|_{y=0}^{1} = \frac{c}{3}(1+3x+3x^2)$$

이므로 $\int_{x=0}^{1} dx \int_{y=0}^{1} f(x,y)dy = \frac{c}{3}\int_{x=0}^{1}(1+3x+3x^2)dx = \frac{7c}{6}$. 따라서 $c = \frac{6}{7}$.

2. 결합확률밀도함수 $f_{X,Y}$가 x 만의 함수와 y 만이 함수의 곱으로 표현되지 않기 때문에 X,Y는 독립이 아니다.

3.
$$P[X>Y] = \int_{x=0}^{1} dx \int_{y=0}^{x} f(x,y)dy = \frac{6}{7}\int_{x=0}^{1} 2x^3 dx = \frac{1}{2}$$

이것은 연속확률변수의 경우이므로 $P[X=Y]=0$인 것과, $f_{X,Y}$가 직선 $y=x$에 대칭이기 때문에 계산하지 않아도 알 수 있다.

4.
$$P[X+Y \le 1] := \int_{x=0}^{1} dx \int_{y=0}^{1-x} f(x,y)dy = \frac{2}{7}\int_{x=0}^{1}(1-x^3)dx = \frac{3}{14}$$

5 .

$$P[X \le \frac{1}{2}] = \int_{x=0}^{\frac{1}{2}} dx \int_{y=0}^{1} f(x,y)dy = \frac{2}{7}\int_{x=0}^{\frac{1}{2}} (1+3x+3x^2)dx = \frac{2}{7}$$

6 .

$$f_X(x) = \int_{y=0}^{1} f(x,y)dy = \frac{2}{7}(1+3x+3x^2)$$

7 . 대칭성에 따라 $f_Y(y) = \frac{2}{7}(1+3y+3y^2)$

8 . $f_{Y|X}(y \mid x) = \frac{f_{X,Y}(x,y)}{f_X(x)} = \frac{3(x+y)^2}{1+3x+3x^2}$.

9 . 대칭성에 따라 $f_{X|Y}(x \mid y) = \frac{3(x+y)^2}{1+3y+3y^2}$

10 .

$$E[X \mid Y](y) = E[X \mid Y=y] = \int_{x=0}^{1} x f_{X|Y}(x \mid y)dx = \frac{1}{4}\cdot\frac{3+8y+6y^2}{1+3y+3y^2}$$

11 . $E[X \mid Y]$와 같은 방법으로 계산하면

$$E[Y \mid X](x) = \frac{1}{4}\cdot\frac{3+8y+6y^2}{1+3x+3x^2}$$

12 . $E[X] = \int_{x=0}^{1} dx \int_{y=0}^{1} xf(x,y)dy = \frac{9}{14}$.

13 . 앞의 계산에서 $E[X \mid Y](y) = \frac{1}{4}\cdot\frac{3+8y+6y^2}{1+3y+3y^2}$. 따라서

$$E[E[X \mid Y]] = \int_{y=0}^{1} E[X \mid Y](y) f_Y(y)dy = \int_{y=0}^{1} \frac{1}{14}(3+8y+6y^2)dy = \frac{9}{14}$$

$E[X] = E\big[E[X \mid Y]\big]$가 성립하는 것은 우연한 일이 아니고, 항상 성립하는 성질이다.

□

보기 1.58 $\Omega = \{(0,0),(0,1),(1,0),(1,1)\}$이고, $\omega \in \Omega$를 $\omega = (c_1,c_2)$로 나타내자.

$$X_k : \Omega \to \mathbb{R}, \quad X_k(\omega) = c_k,\ k = 1,2$$

1 . $E[X_1+X_2 \mid X_1]$를 구하여라. $E\big[E[X_1+X_2 \mid X_1]\big]$를 구하여라.

2 . $Var\big[E[X_1 \mid X_1+X_2]\big]$를 구하여라.

3 . 함수 $X_1 - E[X_1 \mid X_1+X_2] : \Omega \to \mathbb{R}$를 기술하여라.

4 . $Var[X_1 \mid X_1+X_2]$를 다음과 같이 정의하자:

$$Var[X_1 \mid X_1+X_2] := E\big[\big(X_1 - E[X_1 \mid X_1+X_2]\big)^2 \mid X_1+X_2\big]$$

함수 $Var[X_1 \mid X_1+X_2] : \Omega \to \mathbb{R}$을 기술하여라.

풀이 1.58 1 . 표현을 간단하게 하기 위하여 $Z = X_1+X_2$라 두자.

$$E[X_1+X_2 \mid X_1=0] = 0\cdot P[Z=0 \mid X_1=0] + 1\cdot P[Z=1 \mid X_1=0] + 2\cdot P[Z=2 \mid X_1=0] = 0\cdot\frac{1}{2} + 1\cdot\frac{1}{2} + 2\cdot 0\frac{1}{2},$$

$$E[X_1+X_2 \mid X_1=1] = 0\cdot P[Z=0 \mid X_1=1] + 1\cdot P[Z=1 \mid X_1=1] + 2\cdot P[Z=2 \mid X_1=1] = 0\cdot 0 + 1\cdot\frac{1}{2} + 2\cdot\frac{1}{2}\frac{3}{2}$$

이 경우도 $E[X_1+X+2 \mid X_1]$는 상수함수가 아니다. 이것은 첫번째 동전의 상태를 아는 것은 첫번째 동전과 두번째 동전의 상태에 대한 정보를 준다는 말이다. 지금 경우도

$$\begin{aligned} E\big[E[X_1+X_2 \mid X_1]\big] &= E[X_1+X_2 \mid X_1=0]P[X_1=0] + E[X_1+X_2 \mid X_1=1]P[X_1=1] \\ &= \frac{1}{2}\times P[X_1=0] + \frac{3}{2}\times P[X_1=1] \\ &= \frac{1}{2}\times\frac{1}{2} + \frac{3}{2}\times\frac{1}{2} = 1 \end{aligned}$$

위 계산에서

$$E\big[E[X_1 \mid X_1+X_2]\big] = \frac{1}{2} = E[X_1], \quad E\big[E[X_1+X_2 \mid X]\big] = 1 = E[X_1+X_2]$$

가 되는데, 이것은 우연이 아니고, 모든 확률변수 $X,Y:\Omega\to\mathbb{R}$*에 대하여*

$$E\big[E[X \mid Y]\big] = E[X]$$

가 성립한다.

2. *함수* $E[X_1 \mid X_1+X_2]:\Omega\to\mathbb{R}$*의 분산(variance)을 계산하기 위하여* $F=E[X_1 \mid X_1+X_2]$*라 두자. 표현을 간단하게 하기 위해서이다. 앞의 보기 1.54 에서* $F=E[X_1 \mid X_1+X_2]$*는* $0,\frac{1}{2},1$ *값을 갖는 함수이고*

$$\begin{aligned}E[F^2] &= 0^2\times P[F=0]+(\frac{1}{2})^2\times P[F=\frac{1}{2}]+1^2\times P[F=1]\\ &= 0^2\times P[Z=0]+(\frac{1}{2})^2\times P[Z=1]+1^2\times P[Z=2]\\ &= 0+\frac{1}{4}\times\frac{1}{2}+1\times\frac{1}{4}\\ &= \frac{1}{8}+\frac{1}{4}=\frac{3}{8}\end{aligned}$$

따라서 $Var[F]:=Var[E[X_1 \mid Z]]=E[F^2]-E[F]^2=\frac{3}{8}-(E\big[E[X_1 \mid Z]\big])^2=\frac{3}{8}-\frac{1}{4}=\frac{1}{8}$.

3. *앞 보기 1.54 에서 함수* $E[X_1 \mid X_1+X_2]:\Omega\to\mathbb{R}$*은 계산했다.* $E[X_1 \mid X_1+X_2]$*는 다음과 같은 함수이다.*

   - $X_1+X_2=0$*인 점.*
     $(0,0)\mapsto 0$
   - $X_1+X_2=1$*인 점.*
     $(1,0),(0,1)\mapsto\frac{1}{2}$
   - $X_1+X_2=2$*인 점 .*
     $(1,1)\mapsto 1$

   $X_1:\Omega\to\mathbb{R}$*은 다음과 같은 함수이다.*

$$(0,0)\mapsto 0,(0,1)\mapsto 0,(1,0)\mapsto 0,(1,1)\mapsto 1$$

따라서 $X_1-E[X_1 \mid X_1+X_2]$*는 다음과 같은 함수이다.*

$$\begin{aligned}(0,0)&\mapsto 0-0=0\\ (0,1)&\mapsto 0-\frac{1}{2}=-\frac{1}{2}\\ (1,0)&\mapsto 1-\frac{1}{2}=\frac{1}{2}\\ (1,1)&\mapsto 1-1=0\end{aligned}$$

함수 $X_1-E[X_1 \mid X_1+X_2]:\Omega\to\mathbb{R}$*을 그림으로 그리면 다음과 같다.*

4. $Var[X_1 \mid X_1+X_2]:\Omega\to\mathbb{R}$*은 정보* Z*가 주어졌을 때* X_1*와* $E[X_1 \mid X_1+X_2]$*의 차의 제곱을 평균한 것이다. 이런 의미로*

$$Var[X_1 \mid X_1+X_2]:=E\big[(X_1-E[X_1 \mid X_1+X_2])^2 \mid X_1+X_2\big]$$

앞에서 함수 $X_1-E[X_1 \mid X_1+X_2]$*를 계산했기 때문에* $Var[X_1 \mid X_1+X_2]$*를 계산하기가 편리하다.*

   - $X_1+X_2=0$*일 때.*
     이 경우는 한 점 $(0,0)$ *뿐이다. 따라서 여기에 해당하는 항은*
     $(X_1-E[X_1 \mid X_1+X_2])^2P[X_1+X_2=0]=(0-0)^2\times\frac{1}{4}=0$
   - $X_1+X_2=1$*일 때.*
     이 경우는 두 점 $(0,1),(1,0)$*가 있다.* $Z=X_1+X_2$*라 두면*

$$\begin{aligned}(X_1-E[X_1 \mid X_1+X_2])^2P[X_1+X_2=1] &= (0-\frac{1}{2})^2P[X_1=0 \mid Z=1]+(1-\frac{1}{2})^2P[X_1=1 \mid Z=1]\\ &= \frac{1}{4}\cdot\frac{1}{2}+\frac{1}{4}\cdot\frac{1}{2}=\frac{1}{4}\end{aligned}$$

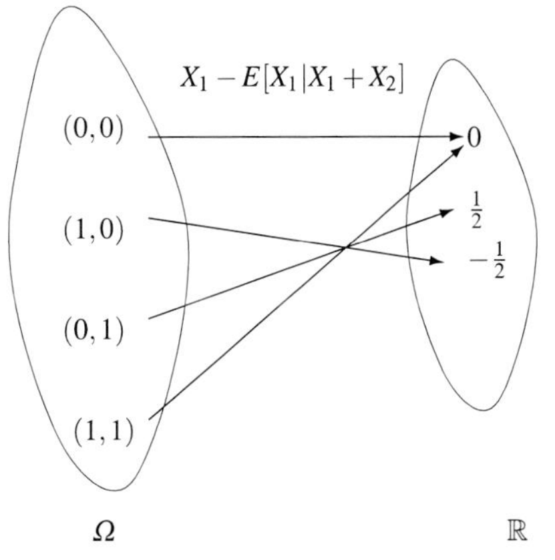

- $X_1+X_2=2$일 때.
  여기에 해당하는 점은 (1,1) *뿐이다. 따라서*
  $(X_1 - E[X_1 \mid X_1+X_2])^2 P[X_1+X_2=2] = (1-1)^2 \times \frac{1}{4} = 0$

이것으로 부터 $Var[X_1 \mid X_1+X_2] : \Omega \to \mathbb{R}$*은 다음과 같은 함수이다.*

$$(0,0) \mapsto 0$$
$$(0,1) \mapsto \frac{1}{4}$$
$$(1,0) \mapsto \frac{1}{4}$$
$$(1,1) \mapsto 0$$

함수 $Var[X \mid Z] : \Omega \to \mathbb{R}$*을 그림으로 표현하면 다음과 같다.*

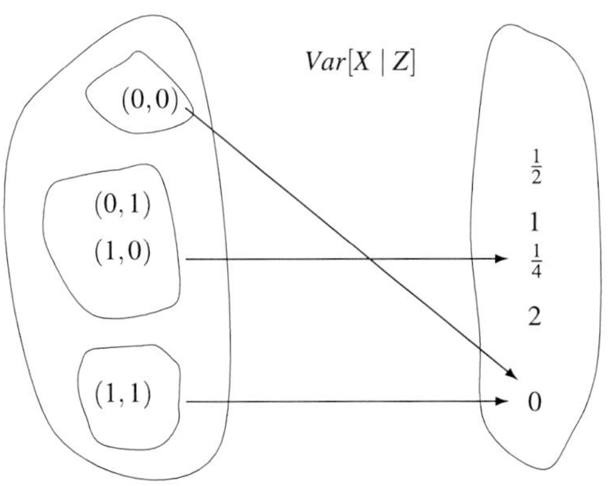

□

1.10 Force of Interest, Force of Mortality

이 절에서는 가상의 제품의 수명에 대해서 공부한다. 1차함수로 정의되어 있기 때문에 현실감은 없지만, 모든 계산이 간단해서 개념을 이해하는데 적합하기 때문이다.

요약 1.21 1. T_0를 신제품의 수명을 나타내는 확률변수다. $F_0(t) := P[T_0 \le t]$는 T_0의 분포함수를 나타낸다.
2. $S_0 = 1 - T_0$
3. T_x는 나이 x인 제품의 수명을 나타내는 확률변수다.
4. $F_x(t) := P[T_x \le t]$는 T_x의 분포함수다.
5. $S_x(t) = 1 - F_x(t)$
6. ${}_tp_x$는 나이 x인 제품이 t 이상 버틸 확률을 나타낸다. 따라서 ${}_tp_x = S_x(t) = 1 - F_x(t)$
7. ${}_tq_x$는 나이 x인 제품이 t 이내에 망가질 확률을 나타낸다. 따라서 ${}_tq_x = 1 - {}_tp_x$

보기 1.59 *간단한 감소함수 $\ell : [0,\infty) \to [0,\infty)$를 생각하자. 예를 들어*

$$\ell_x := \begin{cases} 100,000(1 - \frac{x}{120}), & 0 \le x \le 120, \\ 0, & x > 120 \end{cases} \tag{1.20}$$

이것을 모델로 확률을 정의할 수 있다. 예를 들어 ℓ_x를 제조된 후 시간 x가 지났지만 사용 가능한 물질을 양이라 해석할 수도 있다. 이렇게 해석하면 $\ell_0 = 100,000$은 생산된 물질의 양이다. $\ell_x = 0, x \ge 40$은 생산된 후 40이 지나면 모두 사용 불가능이라 해석하면 된다. 이렇게 해석하면

$${}_tp_x = \frac{\ell_{x+t}}{\ell_x}$$

는 생산된지 x가 된 제품이 앞으로 t이상 더 사용가능할 확률을 나타낸다.

1. *${}_tp_{20}$를 t의 식으로 표현하여라.*
2. *μ_{40}를 구하라.*
3. *이 제품을 처음 구입해서 사용할 때 수명이 40년이상일 확률을 기호로 표시하고, 값을 구하라.*
4. *사용한지 80년인 제품이 아직도 5년이상 더 작동할 확률을 기호로 표시하고, 그 값을 구하라.*
5. *신제품의 기대수명은 몇년인가?*
6. *사용한지 60년된 제품의 남은 기대수명은 몇 년인가?*

풀이 1.59 1. $1 - \frac{t}{100}$ 또는 $\frac{6}{5}(1 - \frac{t+20}{120})$
2. $\frac{1}{80}$
3. ${}_{40}p_0 = \frac{2}{3}$
4. ${}_5p_{80} = \frac{7}{8}$
5. $\int_0^{100} {}_tp_0 dt = \int_0^{100} (1 - \frac{t}{100}) dt = 60$
6. $\int_0^{40} {}_tp_{60} dt = 30$

□

보기 1.60 *간단한 감소함수 $\ell : [0,100] \to [0,\infty$를 생각하자. 예를 들어*

$$\ell_x := \begin{cases} 100,000(1 - \frac{x^2}{400}), & 0 \le x \le 20, \\ 0, & x > 20 \end{cases} \tag{1.21}$$

이것을 모델로 확률을 정의할 수 있다. 예를 들어 ℓ_x를 제조된 후 시간 x가 지났지만 사용 가능한 물질을 양이라 해석할 수도 있다. 이렇게 해석하면 $\ell_0 = 100,000$은 생산된 물질의 양이다. $\ell_x = 0, x \ge 40$은 생산된 후 40이 지나면 모두 사용 불가능이라 해석하면 된다. 이렇게 해석하면

$$ {}_tp_x = \frac{\ell_{x+t}}{\ell_x} $$

는 생산된 지 x가 된 제품이 앞으로 t이상 더 사용가능할 확률을 나타낸다. 식 1.21에서 T_0를 신제품의 사용가능한 시간을 나타낸다 하자. 이것을 값을 미리 알 수 없는 확률변수다.

1. T_0에 대응되는 표본공간 Ω와 T_0의 분포함수, 확률밀도함수를 알아보아라.
2. 신제품의 기대수명을 구하여라.

풀이 1.60 *1. 표본공간은 같은 시간에 생산된 제품 100,000개이다. 제품의 유효기간은 생산된 제품을 추적조사해서 알 수 있다. 따라서 $F_0(t) := P[T_0 \le t]$라 정의하면 $F_0(t)$는 신제품이 시간 t 이내에 사용할 수 없게 될 확률을 나타낸다. 지금 경우 T_0의 분포함수를 $F_0 : [0,\infty) \to [0,1]$ 라 하면*

$$ F_0(t) := P[T_0 \le t] = 1 - \frac{\ell_t}{\ell_0} = 1 - {}_tp_0 = \begin{cases} \frac{t^2}{400}, & 0 \le t \le 20 \\ 1, & t > 20 \end{cases} $$

확률밀도함수 $f_0(t)$라 두면 $f_0(t) = F_0'(t) = \begin{cases} \frac{t}{200}, & 0 \le t \le 20, \\ 0, & t > 20 \end{cases}$

2.

$$ \begin{aligned} E[T_0] &= \int_{t=0}^{\infty} t dF_0(t) = \int_{t=0}^{20} t dF_0(t) = \left[tF_0(t)\right|_{t=0}^{20} - \int_0^{20} F_0(t)dt \\ &= 20 - \int_0^{20} (1 - {}_tp_0)dt = \int_0^{20} {}_tp_0 dt = \int_0^{20} (1 - \frac{t^2}{400})dt \\ &= \frac{40}{3} \end{aligned} $$

여기서 적분을 수학적 이론을 위해서 좀 복잡한 단계를 거쳤다.
지금 경우는 $dF_0(t) = f_0(t)dt$이므로

$$ E[T_0] = \int_{t=0}^{\infty} t f_0(t)dt = \int_0^{20} t \cdot \frac{t}{200} dt = [\frac{1}{200} \cdot \frac{1}{3} t^3|_{t=0}^{20} = \frac{40}{3} $$

□

요약 1.22 생산된 후 x가 지난 제품의 남은 수명을 T_x로 표시하자. 제품의 최대 수명을 ω라 하자. 이것을 $F_0(\omega) = P[T_0 \le \omega] = 1$로 하자는 말이다. T_x의 분포함수를 $F_x(t) := P[T_x \le t]$라 두면

1. 생산된 제품을 t년 이상 사용할 수 있을 확률은 ${}_tp_x$로 표현하고,

$$ {}_tp_x = 1 - F_x(t) = 1 - P[T_x \le t] $$

2. 생산된 x년 된 제품의 평균수명은 $E[T_x] = \int_0^\infty t dF_x(t) = \int_0^{\omega-x} {}_tp_x dt$.

$$ \begin{aligned} E[T_x] &= \int_0^{\infty} t dF_x(t) = \int_0^{\omega-x} t dF_x(t) = \left[tF_x(t)\right|_{t=0}^{\omega-x} - \int_0^{\omega-x} F_x(t)dt \\ &= \omega - x - \int_0^{\omega-x} \left(1 - {}_tp_x\right)dt \\ &= \int_0^{\omega-x} {}_tp_x dt \end{aligned} $$

3. 수명의 기대값 $E[T_x]$는 특별하게 $\mathring{e}_x$로 표시한다.

보기 1.61 *사용한지 x 된 제품의 남은 수명은 평균 $\mathring{e}_x$은 얼마인가? 보기 1.60에 자료를 이용하여 계산하여라.*

풀이 1.61 ${}_tp_x = \frac{\ell_{x+t}}{\ell_x}$. 따라서 지금 경우는

$$ {}_tp_x = \begin{cases} \frac{1-\frac{(x+t)^2}{400}}{1-\frac{x^2}{400}} = \frac{400-(x+t)^2}{400-x^2}, & 0 \le t \le 20-x, \\ 0, & t > 20-x \end{cases} $$

따라서

$$ \begin{aligned} \mathring{e}_x := & \int_0^{20-x} {}_tp_x dt \\ = & \frac{1}{400-x^2}\int_0^{20-x}\left(400-(x+t)^2\right)dt \\ = & \frac{1}{400-x^2}\left[400t - \frac{1}{3}(x+t)^3\right|_{t=0}^{20-x} \\ = & \frac{(20-x)(40+x)}{3(20+x)} \end{aligned} $$

예를 들어 $\mathring{e}_0 = \frac{40}{3}, \mathring{e}_{10} = \frac{50}{9}$. □

보기 1.62 i, v, δ는 다음 관계가 있다.

$$ 1+i = \frac{1}{v} = e^{\delta} $$

x가 된 제품의 수명은 나타내는 확률변수 T_x의 정수부분은 K_x라 하자.

1. 확률변수 v^{T_x}의 평균값은 $\bar{A}_x$로 나타낸다. $i = 0.05$일 때, $v^{T_{10}}$의 평균값 $\bar{A}_{10}$을 구하여라.
2. 확률변수 v^{K_x+1}의 평균값은 A_x로 나타낸다. $i = 0.05$일 때, $v^{K_{10}+1}$의 평균값 A_{10}을 구하여라.

보기 1.60에 자료을 이용하여 계산하여라.

풀이 1.62 1. $v^{T_{10}}$는 연속확률변수다. T_{10}의 확률분포함수는 $F_{10}(t) := P[T_{10} \le t] = 1 - {}_tp_{10}$ 인 것에 주의하면

$$ \begin{aligned} \bar{A}_{10} = E\left[v^{T_{10}}\right] = & \int_0^{\infty} v^t dF_{10}(t) = \int_0^{\infty} e^{-\delta t} dF_{10}(t) \\ = & -\int_0^{\infty} e^{-\delta t} d_t p_{10} \\ = & -[e^{-\delta t}{}_tp_{10}|_{t=0}^{\infty} + \int_0^{\infty} {}_tp_{10} de^{-\delta t} \\ = & 1 - \delta\int_0^{\infty} e^{-\delta t}{}_tp_{10}dt \\ = & 1 - \delta\int_0^{20-10} e^{-\delta t}{}_tp_{10}dt \end{aligned} $$

여기서 ${}_tp_x = \frac{400-(x+t)^2}{400-x^2}$이고, 따라서 ${}_tp_{10} = \frac{1}{300}(300-20t-t^2)$. 이 적분을 계산하는 것은 대단히 번거롭다. 계산은

$$ \bar{A}_{10} = -\int_0^{\infty} e^{-\delta t} d_t p_{10} = \frac{1}{150}\int_0^{20-10} e^{-\delta t}(10+t)dt = 0.769956 $$

2. ${}_tp_x$는 나이 x인 것이 t년 이상 변질되지 않을 확률이다. ${}_tq_x$는 나이 x인 것이 t년 이내에 변질될 확률이다. 특히 ${}_1p_x$는 간단히 p_x로, ${}_1q_x$는 간단히 q_x로 나타낸다. 특히 ${}_{k|}q_x$는 나이 x에서 k년 이상 사용하능하고 나이 $x+k$가 되어 1년 이내에 변질될 확률을 나타내기로 하면

$$ {}_{k|}q_x = {}_kp_x - {}_{k+1}p_x, \ k = 0, 1, 2, \cdots $$

따라서 합의 출발점을 바꾸는 방법을 쓰면

$$\begin{aligned} A_x = E[v^{K_x+1}] &= \sum_{k=0}^{\infty} v^{k+1} {}_{k|}q_x = \sum_{k=0}^{\infty} v^{k+1} \left({}_k p_x - {}_{k+1} p_x \right) \\ &= \sum_{k=0}^{\infty} v^{k+1} {}_k p_x - \sum_{k=0}^{\infty} v^{k+1} {}_{k+1} p_x \\ &= v \sum_{k=0}^{\infty} v^k {}_k p_x - \sum_{k=0}^{\infty} v^{k+1} {}_{k+1} p_x \\ &= 1 - (1-v) \sum_{k=0}^{\infty} v^k {}_k p_x \\ &= 1 - (1-v) \ddot{a}_x \end{aligned}$$

위 식에서 $\ddot{a}_x := \sum_{k=0}^{\infty} v^k {}_k p_x$를 표시한다. 이제 $x = 10$인 경우를 적용하면, $k \geq 20 - 10 = 10$일 때 ${}_k p_{10} = 0$이므로

$$\ddot{a}_{10} = \sum_{k=0}^{\infty} v^k {}_k p_{10} = 5.21776, \quad A_{10} = 1 - (1-v) \ddot{a}_{10} = 0.751535$$

□

요약 1.23 1. 연속 확률변수 v^{T_x}의 평균값은 $\bar{A}_x$로 나타내고

$$\bar{A}_x := \int_0^{\infty} v^t dF_x(t) dt = \int_0^{\infty} e^{-\delta t} dF_x(t) = -\int_0^{\infty} e^{-\delta t} d_t p_x$$

2. 확률변수 $\bar{a}_{\overline{T_x|}} := \frac{1-v^{T_x+1}}{1-v}$의 평균값은 $\bar{a}_x$로 나타내고

$$\bar{a}_x := E\left[\frac{1-v^{T_x+1}}{1-v}\right] = \frac{1-E[v^{T_x+1}]}{1-v} = \frac{1-\bar{A}_x}{1-v}$$

3. 다른 한편으로

$$\bar{a}_x := \int_0^{\infty} v^t {}_t p_x dt = \int_0^{\infty} e^{-\delta t} {}_t p_x dt$$

4. 확률변수 v^{K_x+1}의 평균값은 A_x로 타나내고

$$A_x = \sum_{k=0}^{\infty} v^{k+1} {}_{k|}q_x$$

5. 확률변수 $\ddot{a}_{\overline{K_x|}} := 1 + v + v^2 + \cdots + v^{K_x} = \frac{1-v^{K_x+1}}{1-v}$의 평균값은 $\ddot{a}_x$으로 타나내고

$$\ddot{a}_x = E\left[\frac{1-v^{K_x+1}}{1-v}\right] = \frac{1-A_x}{1-v} = \sum_{k=0}^{\infty} v^k {}_k p_x$$

1.11 자주 쓰이는 확률분포

□ *균등이산분포(Discrete Uniform Distribution)*

어떤 지역에 모두 N 명이 살고 있다 생각하자. 각자는 어떤 도시계획에 찬성하거나 반대하는 것을 가정하자. 이것은 물론 전체 주민의 의견을 직접 조사해서 알 수 있겠다. 이렇게 알아낸 찬성하는 비율 p를 알고 싶다. 찬성하는 비율 p는 주민 1명을 임으로 선택했을 때, 이 사람이 찬성하는지 반대하는지는 확정적으로 알 수는 없지만, 예를 들어 100면을 임의로 선택했다면, 그 중 $100p$ 명 정도가 찬성한다고 기대된다는 뜻이다. 그러면 어떻게 이 찬성하는 비율을 전체 주민을 조사하지 않고 너무 차이나지 않게 예측할 수 있을까? 예를 들어 주민 n 명에게 물어볼 때, 이 n 명이 모두 찬성하는 사람이었다면 $p = 1$이다. n 명이 모두 반대하는 사람이었다면 $p = 0$이다. 이런 극단적인 경우를 확실하게 막는 방법은 n 명의 선택하는 단계에서 이런 일이 일어나지 않도록

하는 것인데, 이것은 통계조작이다. 통계조작의 약한 방법으로 나이, 성별, 교육정도 등등을 고려해서 선택하는 방법을 쓸 수도 있지만, 모두 엄밀하게 말하면 자료조작이다. 가장 신뢰할 수 있는 방법은 모두에게 똑 같은 기회를 주는 것인데, 이것은 각각의 주민이 선택될 확률이 $\frac{1}{N}$으로 하는 것이다. 다른 말로 하면 주민의 집합을 Ω라 할 때, 임임의 부부집합 $A \subset \Omega$에 대하여 $P(A) := \frac{\#(A)}{N}$으로 정하는 것이다. Ω를 주민들의 집합이라 하자. 다음과 같은 확률변수

$$X : \Omega \to \mathbb{R}, P[X = X(\omega)] = \frac{1}{N}$$

를 Ω 위에서 정의된 균등이산분포(Discrete Uniform Distribution)이라 한다.

□ 베르누이 분포(Bernoulli Distribution)

어떤 지역에 모두 N 명이 살고 있다 생각하자. 각자는 어떤 도시계획에 찬성하거나 반대하는 것을 가정하자. 이것은 물론 전체 주민의 의견을 직접 조사해서 알 수 있겠다. 이렇게 알아낸 찬성하는 비율 p를 알고 싶다. 찬성하는 비율 p는 주민 1명을 임으로 선택했을 때, 이 사람이 찬성하는지 반대하는지는 확정적으로 알 수는 없지만, 예를 들어 100면을 임의로 선택했다면, 그 중 $100p$ 명 정도가 찬성한다고 기대된다는 뜻이다. 이런 이유로 확률변수

$$X : \{0,1\} \to \mathbb{R}, \quad f(x) = \begin{cases} 1-p, & x=0, \\ p, & x=1 \end{cases}$$

가 중요한 역할을 하는데, 이 경우 이 확률변수 X는 베르누이 분포(Bernoulli Distribution)을 따른다 말한다. 위 식은 주민의 집합을 Ω라 하고, 주민 수를 $N = \#(\Omega)$라 할 때, Ω의 임의의 부분집합 $A \subset \Omega$에 확률 $\frac{\#(A)}{N}$을 대응시킬 때, 확률변수

$$X : \Omega \to \mathbb{R}, \quad P\big(X = x\big) = \begin{cases} 1-p & ,x=0 \\ p & ,x=0, \\ 0 & ,x \neq 0,1 \end{cases}$$

와 같은 것으로 이해하는 것이 중요하다. 특히

$$E[X] := \sum_{\omega \in \Omega} X(\omega)\frac{1}{N} = P(X=1) = p,\ Var[X] = E[X^2] - E[X]^2 = p = p^2 = p(1-p) \tag{1.22}$$

□ 초기하분포(Hypergeometric Distribution) 초기하분포는 내용보다 이름이 무섭게 생겼다. 그러나 다시 주민의 특정 정책에 대한 찬성비율 p를 생각하자. 전체 주민은 N명이고, 각각의 주민이 선택될 확률은 $\frac{1}{N}$으로 같고, 각각의 주민이 찬성할 확률은 p라 생각하자. 이것을 전체 주민 중에섯 K 명이 찬성하고, 나머지 $N-K$명이 반대하는 것으로 보자. 이런 질문을 할 수 있다.

- 주민 n명을 선택했을 때, 이중에서 x 명이 찬성하는 비율은?

  주민 각자가 선택될 확률은 모두 $\frac{1}{N}$으로 같다고 하자. 그러면 구하는 비율은

$$\frac{\binom{K}{x}\binom{N-K}{n-x}}{\binom{N}{n}}, \quad x = 0,1,2,\cdots,n \tag{1.23}$$

이것으로부터 다음과 같은 확률변수 $X_n : \Omega \to \mathbb{R}$을 생각하는 것이 자연스럽다.

$$X_{N,K,n} : \Omega \to \mathbb{R}, \quad P[X_{N,K,n} = x] = \frac{\binom{K}{x}\binom{N-K}{n-x}}{\binom{N}{n}}, \quad x = 0,1,2,\cdots,n \tag{1.24}$$

위 식에서 Ω는 서로 다른 n 명으로 이루어진 모임. 따라서 Ω의 원소의 개수는 $\binom{N}{n}$이고, $\omega \in \Omega$ 이면, ω는 n 명으로 이루어진 모임이고, $X_{N,K,n}(\omega)$는 ω에서 찬성하는 사람 수를 나타낸다. 이때 확률변수 $X_{N,K,n}$는 초기하분포(hypergeometric distribution)을 이룬다고 한다.

□ 이항분포(Binomial Distribution)

초기하분포에서 n 명을 선택하는 것에 아무런 제한이 없다. 하자. 따라서 1명을 n 번 선택하는 것도 허용된다. 그러면 n 명을 선택했을 때, 이 중에서 x명이 찬성하는 비율은 $\binom{n}{x}\frac{K^x(N-K)^{n-x}}{N^n}$. 이것으로부터 확륜변수

$$X : \Omega^n \to \mathbb{N}, \quad X(\omega) = \omega\text{에서 찬성하는 사람 수}\} \tag{1.25}$$

를 생각할 수 있다. 이때 Ω^n는 중복해서 선택한 n 명의 모임이고,

$$P[X=x] = \frac{\binom{n}{x} K^x (N-K)^{n-x}}{N^n} = \binom{n}{x} (\frac{K}{N})^x (1-\frac{K}{N})^{n-x},\ x=0,1,2,\cdots,n$$

여기서 ω가 중복을 허용해서 선택한 n 명의 사람들이란 것은 $\omega = (\omega_1, \omega_2, \cdots, \omega_n)$ 로 이해하면 좋다. ω_k는 k 번째로 선택된 사람을 말한다. 많은 경우 간단하게 $p := \frac{K}{N}$으로 표현하고, 이 표현을 쓰면

$$P[X=x] = \binom{n}{x} p^x (1-p)^{n-x},\ x=0,1,2,\cdots,n$$

중복해서 선택한다는 말은 베르누이 확률변수 $Y : \Omega \to \mathbb{R}$, $P[Y=1]=p, P[Y=0]=1-p$를 생각하여

$$X_k : \Omega^n \to \mathbb{R}, X_k = Y \circ pr_k,\ k=1,2,3,\cdots,n$$

을 만들면

$$P[X_k=1]=p, P[X=0]=1-p, \quad X_1, X_2, \cdots, X_n \text{ 독립} \tag{1.26}$$

인 것을 말한다. 특히 (1.25)에 있는 베르누이 확률변수 $X : \Omega^n \to \mathbb{R}$은

$$X = X_1 + X_2 + \cdots + X_n = Y \circ pr_1 + Y \circ pr_2 + \cdots + Y \circ pr_n \tag{1.27}$$

과 같다. 따라서

$$E[X] = E[X_1 + X_2 + \cdots + X_n] \tag{1.28}$$
$$= E[X_1] + E[X_2] + \cdots + E[X_n] \tag{1.29}$$
$$= p + p + \cdots + p \tag{1.30}$$
$$= np, \tag{1.31}$$
$$\tag{1.32}$$
$$Var[X] = E[X^2] - E[X]^2 \tag{1.33}$$
$$= npq, \quad q = 1-p \tag{1.34}$$

□ *포아송 분포(Poisson Distribution)*

세상 어떤 일은 드물게 일어난다. 예를 들어 이항분포에서 n은 아주 크고, p는 이에 따라 작아 $np = \lambda > 0$ 가 된다면

$$\binom{p}{x} p^x (1-p)^x \to e^{-\lambda} \frac{\lambda^x}{x!},\ x=0,1,2,\cdots$$

가 되는 것을 알 수 있다. 이것을 바탕으로 다음과 같은 확률변수를 생각할 수 있다.

$$X : \Omega \to \mathbb{R}, \quad P[X=x] = e^{-\lambda} \frac{\lambda^x}{x!},\ x=0,1,2,\cdots \tag{1.35}$$

여기서 Ω는 상황에 맞는 것을 잡으면 되는데, 예를 들어 Ω의 원소는 ω는

- *어떤 지역에서 1년간 관찰한 일정 세기 이상의 지진 자료*
- *특정 교차로에서 1 주일 동안 발생한 교통사고 자료*
- *특정 호수에 설치된 그물에서 1일 동안 잡힌 물고기 수 자료*

간단한 계산으로 다음을 알 수 있다: $E[X] = \lambda, \quad Var[X] = \lambda$.

□ *기하분포(Geometric Distribution), 음이항분포(Negative Binomial Distribution)*
앞면이 나올 확률이 p인 동전을 생각하자. 이 동전을 앞면이 나올 때까지 던지는 것을 생각하자. 따라서 앞면을 1, 뒷면을 0로 표시하면 3번째 처음으로 앞면이 나온 경우는 (0,0,1)로 표시된다. 이것을 성공한 실험이라 하자. 이제 Ω를 모든 성공한 실험 전체의 집합이라 하자.

$$\Omega = \{(1), (0,1), (0,0,1), \cdots, \}$$

Ω는 무한집합이다. 성공했을 때까지 던진 회수를 실험의 길이라 하면, $\omega = (1)$의 길이는 1이고, $\omega = (0,0,0,1)$의 길이는 4이다. 이렇게 생각하면 길이가 k인 성공한 실험은 딱 1개 있고, 그 확률은 $(1-p)^{k-1}p$이다. 이것으로부터 다음과 같은 확률변수를 생각할 수 있다.

$$Y : \Omega \to \mathbb{R},\ Y(\omega) = \text{성공한 실험 } \omega\text{의 길이}$$

이 확률변수는 기하분포를 이룬다고 한다. 특히 $Y = y$일 확률은

$$P[Y = y] = (1-p)^{y-1}p,\ y = 1, 2, \cdots$$

이 되어 초항이 p이고, 공비가 $1-p$인 등비수열을 이룬다. 이런 이유로 Y는 기하분포를 따른다고 한다.

$$E[Y] = \sum_{y=1}^{\infty} yP[Y = y] = \sum_{y=1}^{\infty} y(1-p)^{y-1}p = \frac{1}{p},$$
$$Var[Y] = E[Y^2] - E[Y]^2 = \frac{1-p}{p^2}$$

앞면이 나올 활률이 p인 동전을 앞면이 r번 나올 때까지 던지는 실험을 생각하자. $r = 1$인 경우는 앞에서 이미 알아본 기하분포이다. 이제 앞면이 $r \geq 2$ 번 나올 때까지 던지는 실험을 생하자. 성공한 실험이 k 번에 끝날 확률은 , 확률변수 X_r를 성공한 시험의 길이라 할 때,

$$P[X_r = k] = \binom{k-1}{r-1} p^{r-1}(1-p)^{k-r}p = \binom{k-1}{r-1} p^r(1-p)^{k-r},\ k \geq r$$

이 때 X_r는 음이항분포(negative binomial distribution)를 따른다 한다. 이것을 음이항분포라 부르는 이유는

$$\binom{k-1}{r-1} = \frac{(k-1)!}{(r-1)!}(k-r)! = \frac{(k-1)(k-2)\cdots(r+1)r}{(k-r)!} \tag{1.36}$$
$$= (-1)^{k-r}\frac{(-r)(-r-1)\cdots(-k+1)}{(k-r)!} \tag{1.37}$$
$$= (-1)^{k}\frac{(-r)(-r-1)\cdots(-k)(-k-1)\cdots(-r+k-1)}{k!} \tag{1.38}$$
$$= (-1)^{k}\binom{-r}{k} \tag{1.39}$$

가 되고, $(1+x)^r = \sum_{k=0}^{r}\binom{r}{k}x^k$가 되는 것처럼 $(1-p)^{-r} = \sum_{k=0}^{\infty}\binom{-r}{k}(-p)^k$가 성립하기 때문이다. 음이항분포는 이렇게도 생각할 수 있다. $Y_k, k = 1, 2, \cdots, r$을 r 개의 기하분포를 이루는 독립인 확률변수라 하면

$$X_r = Y_1 + Y_2 + \cdots + Y_r \tag{1.40}$$

왜냐하면 r 번 성공할 때까지 길이는 첫번째 성공까지 걸린 길이, 두번째 성공까지 걸린 길이, $\cdots$, r 번째 성공까지 걸린 길이를 더한 것이기 때문이다. 따라서

$$E[X_r] = E[Y_1] + \cdots + E[Y_r] = r\frac{1}{p},\ q = 1-p,$$
$$Var[X_r] = r\frac{q}{p^2},\ q = 1-p$$

□ 정규분포(Normal Distribution) 정규분포(Normal Distribution)

정규분포는 연속확률 분포이고, $X : \Omega \to \mathbb{R}$이 정규분포를 이룬다는 것은

$$P[X \leq x] := \int_{-\infty}^{x} \frac{1}{\sqrt{2\pi}\sigma}\exp\left(-\frac{1}{2}\frac{(x-\mu)^2}{\sigma^2}\right)dx$$

정규분포는 두 개의 변수 μ, σ로 결정되는데, 이런 정규분포를 $X \sim N(\mu, \sigma^2)$으로 표시한다.

정규분포가 중요한 점은 $X_1, X_2, X_3, \cdots$ *가 모두 평균이* μ, *분산이* σ^2 *인 독립인 확률변수일 때, 이 확률변수의 평균* $\overline{X_n} := \frac{1}{n}\sum_{k=1}^{n} X_k$ *에 대하여*

$$E[\overline{X_n}] = \mu, \qquad Var[\overline{X_n}] = \frac{\sigma^2}{n} \tag{1.41}$$

$$P[\frac{\overline{X_n} - \mu}{\frac{\sigma}{\sqrt{n}}} \leq z] \to \Phi(z), \quad \Phi(z) := \frac{1}{\sqrt{2\pi}}\int_{-\infty}^{z} \exp(-\frac{x^2}{2})dx \tag{1.42}$$

식 (1.42)를 간단히 $\frac{\overline{X_n}-\mu}{\frac{\sigma}{\sqrt{n}}} \to N(0,1)$*로 표시한다.*

1.12 연습문제

계산을 요구하는 문제는 계산기를 쓴다.

문제 1.1 $x = 3.56, y = 23.74$ *일 때 다음 값을 구하여라.*

1. $\frac{8x^6y^3+4x^4y^2}{4x^2y}$
2. $\frac{4x^2y}{8xy^2}$
3. $x^2 + 2xy + y^2$
4. $x^3 - 3x^2y + 3xy^2 - y^3$

문제 1.2 *지정된 문자의 값을 구하거나 값을 구하라.*

1. $(1+i)^2(1-d)^2 = 1, i = 0.05.\ d = ?$
2. $\frac{a^3b^7}{a^5b^9} = 10, a = 2.\ b = ?$
3. $v = \frac{1}{1+i}, a_{\overline{n}|,i} = \frac{1-v^n}{i}, i = 0.05.\ a_{\overline{15}|,i} = ?$
4. $a(t) = \frac{10}{10-t}.\ \sum_{k=0}^{9}\frac{1}{a(k)} = ?$

문제 1.3 *다음 극한 값을 계산하여라.*

1. $\lim_{x\to 0^+} x^x$
2. $\lim_{x\to 0}(1+\cos x)^x$
3. $\lim_{x\to 0^+}(\sin x)^x$
4. $\lim_{x\to 0}(1+x^2)^{x^2}$

문제 1.4 *다음 함수를 미분하여라.*

1. $y = e^{x^2}$
2. $y = 3^x$
3. $y = x^x$
4. $y = \frac{1}{\sqrt{1+x+x^2}}$

문제 1.5 *다음을 합의 기호를 써서 표현하여라.*

1. $\frac{1}{2+3^3} + \frac{3}{4+5^3} + \frac{5}{6+7^3} + \frac{7}{8+9^3} + \cdots$
2. $\frac{1}{2+3^3} + \frac{4}{5+6^3} + \frac{7}{8+9^3} + \cdots$
3. $100 + 98 + 104 + 94 + 108 + 90 + \cdots\cdots + 316 - 118 + 320 - 112$
4. $100 + 98 + 104 + 94 + 108 + 90 + \cdots\cdots + 316 - 118 + 320 - 122$

문제 1.6 *다음 합의 기호를 지시한 대로 바꾸어라.*

1. $\sum_{k=4}^{100}\frac{x^{k-2}}{(k-1)^2}$, 출발점 0
2. $\sum_{k=1}^{100}(k^2 - 10k + 25)^2 x^{k-5}$ 를 $\sum_{k=a}^{n} c_k x^k$ 꼴로

3. $\sum_{k=0}^{n} p^k q^{n-k}$ 를 $\sum p^{n-k} q^k$ 꼴로

문제 1.7 *합의 기호를 조작하여* $\sum_{n=1}^{\infty} \frac{n}{7^n}$ *의 값을 구하여라.*

문제 1.8 1. $\frac{\pi^2}{6} = \sum_{n=1}^{\infty} \frac{1}{n^2}$ *일 때* $1 + \frac{1}{3^2} + \frac{1}{5^2} + \frac{1}{7^2} + \cdots$ *의 값을 구하여라.*
2. $\frac{\pi^4}{90} = \sum_{n=1}^{\infty} \frac{1}{n^4}$ *일 때* $1 + \frac{1}{3^4} + \frac{1}{5^4} + \frac{1}{7^4} + \cdots$ *의 값을 구하여라.*

문제 1.9 *다음과 같이 정의된 함수가 실수 전체에서 연속이 되도록 하는* a *값을 구하여라.*

1.
$$f(x) = \begin{cases} -x^2 + x, & x \ge a \\ 3x - 8, & x < a \end{cases}$$

2.
$$f(x) = \begin{cases} x^2 + 3x + 5, & x \ge a \\ -x^2 + 9x + 13, & x < a \end{cases}$$

3.
$$f(x) = \begin{cases} x^2 - 2x, & x \ge a \\ 3x^2 + x + 1, & x < a \end{cases}$$

4.
$$f(x) = \begin{cases} x^2 + 2x, & x \ge a \\ 4x^2 + 6x + 1, & x < a \end{cases}$$

문제 1.10 *다음 함수의 주어진 점에서 미분가능성을 조사하여라.*
1. $f(x) = (x+1)\left|x + x|x^2 - 1|\right|, \qquad x = 0$
2. $f(x) = \begin{cases} 2x - 1, & x > 1 \\ x^2, & x \le 1 \end{cases}, \qquad x = 1$
3. $f(x) = \left|x - x|x^2 - 1|\right|, \qquad x = 1$

문제 1.11 *다음 적분을 계산하여라.*

1. $\int 2x^3(1+x^4)^5 dx$
2. $\int x(1+x)^{10} dx$
3. $\int \frac{2x}{\sqrt{1+x^2}} dx$
4. $\int \frac{1}{x \ln x} dx$
5. $\int \frac{2x}{(1+x^2)^2} dx$
6. $\int \frac{x^3}{(1+x^2)\sqrt{1+x^2}} dx$

문제 1.12 *다음 적분을 계산하여라.*

1. $\int v^t dt$
2. $\int 3^x dx$
3. $\int \frac{1}{1+x} dx$
4. $\int \frac{i}{1+it} dt$
5. $\int \frac{2x}{1+x^2} dx$

문제 1.13 *주사위를 1개 던질 때 나오는 눈의 수를* X *라 하자. 함수*

$$L(i,j) = \begin{cases} 0, & i = j \\ 1, & i \ne j \end{cases}$$

를 생각하자. 여기서 $i, j = 1, 1, 2, 3, 45, 6$. *확률변수* $L(X, j)$*의 평균값을 얼마인가?* $L(X, j)$*의 평균값을 최대로 하는* j *값은 무엇인가?*

문제 1.14 *주사위* A, B*를 동시에 던져 나온 눈의 합이 7 였다. 주사위* A*의 눈이 2일 확률은 얼마인가?*

문제 1.15 *주사위* A, B*를 동시에 던질 때,* A*의 눈이* i, B*의 눈이* j*라면 이것을* (i, j)*로 정리하자. 그러면 표본공간은* $\Omega = \{(i, j) \mid i, j = 1, 2, 3, 4, 5, 6\}$ *이다. 함수* $E[X \mid X + Y] : \Omega \to \mathbb{R}$ *는 어떤 함수인가?*

문제 1.16 *주사위 3개를 던질 때, 6의 눈이 나오는 것들의 수를 Z라 하자. $E[Z]$는 얼마인가?*

문제 1.17 *2개의 동전 A, B를 던지는 실험을 한다.*

1. *표본공간은 무엇인가?*
2. *A가 앞면일 때 모두 앞면이 확률을 구하여라.*
3. *둘 중 앞면인 것이 하나라도 있을 때, 두개 모두 앞면일 확률을 구하여라.*

문제 1.18 *주머니 U_1, U_2, U_3, U_4, U_5가 있다. 각각의 주머니에는 10개의 공의 들어있는데, 주머니 U_k에는 k개의 파란 공, $10-k$개의 노란 공이 들어있다. 먼저 임의로 주머니를 선택하고, 다음에 그렇게 선택된 주머니에서 임의로 공을 꺼내는 실험을 한다.*

1. *표본공간을 무엇인가?*
2. *파란 공이 꺼내질 확률은 얼마인가?*
3. *꺼내진 공이 파란 공 있었다면, 그것이 파란 공이 가장 많은 U_5에서 꺼내졌을 확률은 얼마인가?*

문제 1.19 *주머니에 빨간 공 3개, 파란 공 4개, 초록 공 6개가 들어있다. 공을 하나 하나, 꺼낸 공은 다시 넣지 않고, 빨간 공이 다 꺼내질 때까지 꺼낸다. 실험이 끝났을 때 꺼낸 공의 수를 X라 하자. 지금부터 빨간 공은 R, 파란 공은 B, 초록 공은 G로 나타내자.*

1. *꺼낸 공을 차례로 (R,R,R)일 때, (G,G,R,G,B,B,R,B,R)일 때, X 값은 무엇인가?*
2. *확률변수 X의 표본공간을 무엇인가?*
3. *$\{X=k\}, k=3,4,\cdots,13$의 원소의 갯수는 얼마인가?*
4. *$\{X=9\}$의 원소의 수는 얼마인가?*
5. *임의의 두 $\omega_1, \omega_1 \in \Omega$에 대하여 $P[\omega_1] = P[\omega_2]$가 성립하는가?*
6. *$P[X=k]$는 얼마인가?*
7. *$P[X \leq 9], P[X=9]$의 값을 무엇인가?*
8. *$E[X]$는 얼마인가?*

문제 1.20 *동전을 앞면이 나올 때까지 던지는 실험을 한다. 동전을 앞면이 나올 확률과, 뒷면이 나올 확률이 같은 균형잡힌 동전이라 생각한다. 확률변수 X는 시험이 끝나면 던진 회수를 알려준다.*

1. *확률변수 X에 대응되는 표본공간은 무엇인가?*
2. *$P[X=$ 싹수 $]$은 얼마인가?*
3. *$P[X=$ 홀수 $]$는 얼마인가?*
4. *$P[X=4 \mid X=$ 짝수$]$는 얼마인가?*
5. *$P[X=5 \mid X=$ 홀수$]$는 얼마인가?*

문제 1.21 $P[A]=a, P[A \cup B]=b$*이다. 다음 조건 아래서 $P[B]$를 구하여라.*

1. *사건 A 와 B는 동시에 일어날 수 없다.*
2. *사건 A, B는 서로 독립이다.*
3. *$P[A \mid B]=c$이다.*

문제 1.22 *각각의 눈이 나올 확률이 같은 주사위를 균형잡힌 주사위라 하자. 균형잡힌 주사위 1개을 6의 눈이 나올 때까지 던지는 시험을 한다. 실험이 성공적으로 끝나면, 그때까지 던지 회수를 알려주는 확률변수를 X라 하자.*

1. *확률변수 X에 대응되는 표본공간을 무엇인가?*
2. *$E[X]$는 얼마인가?*

문제 1.23 *각각의 눈이 나올 확률이 같은 주사위를 균형잡힌 주사위라 하자. 균형잡힌 주사위 1개을 6의 눈이 연속으로 2번 나올 때까지 던지는 시험을 한다. 실험이 성공적으로 끝나면, 그때까지 던지 회수를 알려주는 확률변수를 X라 하자.*

1. *확률변수 X에 대응되는 표본공간을 무엇인가?*
2. *$P[X=k]$, $k \geq 2$,는 얼마인가?*
3. *$E[X]$는 얼마인가?*

문제 1.24 $P[A]=P[B]=P[B \mid A]=\frac{1}{2}$*이면 A, B는 독립사건인가?*

문제 1.25 *A, B는 독립사건이고, $P[A]=P[B]=\frac{1}{2}$이다. $P[A \cup B]$는 얼마인가?*

II
금융 계산

2
이자(interest)

다른 사람이나 기관에게 일정 기간동안 돈을 빌려주면 우리는 이 기간동안에 그 돈을 사용할 수 없다. 때문에 빌려준 돈에 대한 사용료를 생각하는 것은 당연한 일이다. 이것을 이자(interest)라 한다.

2.1 이자(interest)

이자를 말할 때는 항상 이자를 계산하는 기간을 분명히 해야 한다.

> **요약 2.1** [이자, 이율] 원금 A가 정해진 기간 T 후에 B가 되었다면
>
> - 이 기간 T 동안의 이자는 $B-A$
> - 이 기간 T 동안의 이율은 $\frac{B-A}{A}$

이자율은 보통 %로 나타낸다. 예를 들어 100만원을 빌려 1년 후에 110만원을 갚았다면, 년 이자율은

$$i = \frac{110\text{만} - 100\text{만}}{100\text{ 만}} = 0.1 \tag{2.1}$$

이지만, 이것을 0.1 *로 표시하는 것은 일상 생활에서는 불편하기 때문에* 100*을 곱한* $10 = 0.1 \times 100$*을 쓰는 것이 편리하다. 예를 들어* $0.1 = 10\%$.

정해진 기간 T *동안 이자율을* i*라 하자. 정해진 기간동안 이자를* p *번 계산하는 것을 생각할 수 있다. 이것은 정해진 기간* T*를* p *등분하여*

$$\frac{T}{p}, 2\frac{T}{p}, 3\frac{T}{p}, \cdots, p-1\frac{T}{p}, T$$

마다 이자를 계산한다는 것이다. 명목상 이율을 이해하기 위해서 다음을 생각하자. 기간 $\frac{T}{p}$ *동안의 이자율을* j_p*라 두면,* $t=0$*일 때 원금* 1*은* p *단계를 거쳐* $t=T$ *일 때,* $(1+j_p)^p$*가 된다.*

$$1 \to (1+j_p) \to (1+j_p)^2 \to (1+j_p)^3 \to \cdots \to (1+j_p)^{p-1} \to (1+j_p)^p$$

그런데 p *등분하지 않았다면* $t=T$ *일 때* $1+i$*가 되어야 한다. 이 두 값이 같아야 한다. 이 조건은*

$$(1+j_p)^p = 1+i \tag{2.2}$$

이것을 풀면 $j_p = (1+i)^{\frac{1}{p}} - 1$ *이 되는데, 이것을 다시 한번 강조하면 기간* $\frac{T}{p}$ *동안의 이자율을* j_p*라 둘 때, 주어진 기간에 이자율이 변하지 않는다면*

$$(1+j_p)^p = 1+i \tag{2.3}$$

가 성립해야 한다. 여기서

$$j_p = (1+i)^{\frac{1}{p}} - 1 < \frac{i}{p} \tag{2.4}$$

인 것에 주의하자.

> **요약 2.2** [**명목상 이율** $i^{(p)}$] 전체 기간 T 동안의 이자율이 i이면 기간 $\frac{T}{p}$ 동안의 이자율은 $\frac{i}{p}$가 되는 것이 더 매력적이다. 그러나 기간 $\frac{T}{p}$ 동안의 이자율을 j_p라 둘 때, $j_p < \frac{i}{p}$이므로 이렇게 하는 것은 불공정하다. 이런 점을 고려하여
>
> $$i^{(p)} := p j_p = p\big((1+i)^{\frac{1}{p}} - 1\big) \tag{2.5}$$
>
> 이라 정의하면, 기간 $\frac{T}{p}$ 동안의 이자율은 기대하는 대로 $\frac{i^{(p)}}{p}$가 된다. $i^{(p)}$를 기간 T 동안의 **명목상 이율 (nominal interest rate)**라 한다. 명목상 이율 $i^{(p)}$와 실질 이율 i 의 관계는
>
> $$i^{(p)} = p\Big((1+i)^{\frac{1}{p}} - 1\Big), \qquad (1+\frac{i^{(p)}}{p})^p = 1+i \tag{2.6}$$

> **요약 2.3** 기간 T 동안의 명목상 이율 $i^{(p)}$가 주어지면
>
> - 나뉘어진 한 개의 기간 $\frac{T}{p}$ 동안의 이자율은 $\frac{i^{(p)}}{p}$.
> - 전체기간 T 동안의 실질이율(effective interest rate) i 는 $i = \big(1+\frac{i^{(p)}}{p}\big)^p - 1$

보기 2.1 *1000을 통장에 저축했다. 1년 뒤에 통장의 금액은 1050이 되었다.*

1. 원금(principal)은 얼마인가?
2. 얻은 이자(interest)는 얼마인가?
3. 연이율(annual interest rate)는 얼마인가?

풀이 2.1 *1.* 1000 *2.* $1050 - 1000 = 50$ *3.* $\frac{1050-1000}{1000} = 0.05$

□

보기 2.2 *$i = 5\%$일 때 다음 값을 구하여라.*

1. $i^{(2)}$ *2.* $i^{(4)}$ *3.* $i^{(9)}$ *4.* $i^{(\frac{1}{2})}$

풀이 2.2 *임의의 m,n에 대해서 $\big(1+\frac{i^{(n)}}{n}\big)^n = 1+i = \big(1+\frac{i^{(m)}}{m}\big)^m$인 것에 주의하면*

1. 0.0493902 *2.* 0.0490889 *3.* 0.0489227 *4.* 0.05125

보기 2.3 *$i^{(6)} = 5\%$일 때 다음 값을 구하여라.*

1. $i^{(2)}$ *2*. $i^{(4)}$ *3*. $i^{(9)}$ *4*. $i^{(\frac{1}{2})}$

풀이 2.3 *임의의* m,n*에 대해서* $\left(1+\frac{i^{(n)}}{n}\right)^n = 1+i = \left(1+\frac{i^{(m)}}{m}\right)^m$ *인 것에 주의하면*

1. 0.0504178 *2*. 0.050104 *3*. 0.0499308 *4*. 0.0523565

보기 2.4 5000*을* 5*년 맡겼더니* 7000*이 되었다. 이 기간 동안의 이자율은 변하지 않는다 하자.*

1. *년 이자율* i *은 얼마인가?* *2*. $i^{(12)}$*는 얼마인가?* *3*. $i^{(4)}$*는 얼마인가?*

풀이 2.4 *1*. *연 이율을* i*라 하면* $5000(1+i)^5 = 7000$ *이 되어야 한다. 따라서* $1+i = \left(\frac{7000}{5000}\right)^{\frac{1}{5}}$ *에서* $i = 1.06961 - 1 = 0.06961 = 6.961\%$

2. *월 이자율을* j*라면,* 5*년은* 60*개월이므로* $5000(1+j)^{60} = 7000$. *따라서* $1+j = \left(\frac{7000}{5000}\right)^{\frac{1}{60}}$ *에서* $j = 1.00562 - 1 = 0.00562362 = 0.5623\%$. *이것을 연 이율로 환산하면* $(1+j)^{12} - 1 = 0.06961 = 6.961\%$ *여기서 물론* $j = \frac{i^{(12)}}{12}$ *이고,* $\left(1+\frac{i^{(12)}}{12}\right)^{12} = 1+i$*에서*

$$1+\frac{i^{(12)}}{12} = (1+i)^{\frac{1}{12}} = (1+0.06961)^{\frac{1}{12}} = 1.00562, \quad \frac{i^{(12)}}{12} = j = 1.00562 - 1 = 0.00562 = 0.562\%$$

그러므로 $i^{(12)} \approx 0.067$

3. $\left(1+\frac{i^{(4)}}{4}\right)^4 = 1+i = 1+0.0696104$*에서* $1+\frac{i^{(4)}}{4} = (1.0696104)^{\frac{1}{4}} = 1.01697$. *따라서* $i^{(4)} = 4(1.01697-1) = 0.06786$.

□

돈을 대출받거나 대출하는 기간의 기본 단위는 1년으로 하는 것이 보통이다. 예를 들어 돈 P*를 1년간 빌렸다면, 1년 후에 원금* P*에 돈의 사용료에 해당하는 이자* I*를 더한* $P+I$*를 갚아야 하는 것이 당연하다. 이때* $i := \frac{I}{P}$*을 년 이자율, 간단히 연이율이라 하고 보통* $100i\%$*로 주어진다. 따라서 1년 뒤에 갚아야 할 금액은*

$$A_1 \equiv A(1) = P + I = P + P \times \frac{I}{P} = P(1+\frac{I}{P}) = P(1+i), \quad i = \frac{I}{P}$$

최초 금액 P*로 어떤 투자계정을 개설했다 하자. 시간* t*에 이 계정의 잔고(amount)를* $A = A(t)$*로 표시하자. 이 함수* $A : [0,\infty) \to \mathbb{R}$*를 잔고함수(amount function)이라 한다.* t*일 때 잔고를* A_t*와* $A(t)$*로 나타내고, 보기는 다르지만 모두 같은 것으로 보자. 어떤 표현이 더 이해하기 쉬운 지는 그때 그때 상황에 따라 결정할 일이다.*

요약 2.4 [원금, 이자]

1. 최초의 투자금액 $A(0)$를 원금(principal)이라 하고, 보통 P로 나타낸다,.
2. 시간 s에서의 잔고 $A(s)$와 시간 t, $t < s$,일 때의 잔고 $A(t)$의 차이를 기간 $[s,t]$ 에서의 이자(interest)라 한다. 이것을 $[I_{[s,t]} := A(t) - A(s)$ 로 나타내자.
3. 잔고함수 $A(t)$는 수시로 돈을 넣고, 뺄 수가 있기 때문에 일반적으로 연속함수가 아니다. 그렇지만

$$A(t) = \lim_{s \downarrow t} A(s) \tag{2.7}$$

가 성립하는 함수다. 이런 함수를 **오른쪽 연속함수(right continuous function)**라 한다.

보기 2.5 *이자율이* 0*인 계정에* $t = 0$ *일 때* 5, $t = 6$*일 때* 3*을 넣고,* $t = 10$*일 때* 2*를 뺀다면 잔고함수* $A = A(t)$*를 그래프로 그려라.*

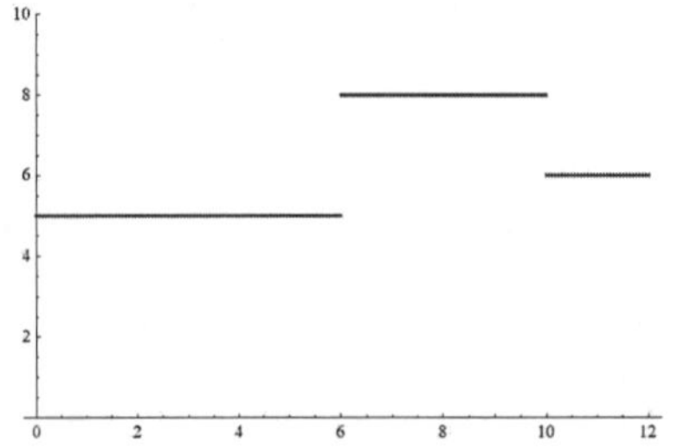

풀이 2.5 □

요약 2.5 [**잔고함수**(Amount function), **잔고증가율함수**(accumulation)]

1. 투자 계정의 시간 t에 따른 잔고를 $A(t)$로 나타내자. 이때 함수 $A : [0,\infty) \to \mathbb{R}$를 잔고함수(amount function)이라 한다. $A(t)$는 오른쪽 연속함수(right continuous function)이다.
2. 잔고함수는 금융상품에 따라 결정된다. 같은 금융상품인 경우에는 최초 투자금에 따라 달라지기 때문에, $t = 0$일 때, 원금을 1을 투자했을 때 잔고함수를 생각할 수 있다. 이 때를 **잔고증가율함수 (accumulation function)**라 한다. $a = a(t)$가 만족해야 할 조건은
   - $a(0) = 1$
   - $a = a(t)$는 연속인 증가함수

   그러나 대부분의 경우 $a = a(t)$는 구간별로 미분가능함수를 잡는 것이 보통이다.
3. 잔고증가율함수 $a(t)$의 가장 중요한 역할은 $t = t_1$에 X를 투자했을 때 $t = t_2$일 때 잔고 Y는 t_1과 t_2 사이에 다른 거래가 없었다면

$$Y = X\frac{a(t_2)}{a(t_1)} \quad \text{또는} \quad \frac{Y}{a(t_2)} = \frac{X}{a(t_1)} \tag{2.8}$$

   $\frac{a(t_2)}{a(t_1)}$에서 t_1**은 잔고를 아는 시간**, t_2**는 잔고를 알고 싶은 시간인 것**에 주의하자.

보기 2.6 *잔고함수가* $A(t) = 100(1+t+t^2)$ *일 때,* $t = 1$ *에서* $t = 3$*까지 얻은 이자는 얼마인가?*

풀이 2.6 $A(3) - A(1) = 1000$ □

보기 2.7 *어떤 계정의 시간에 따른 원금과 이자의 합이* $A(t) = \alpha t^2 + \beta$*로 주어진다.* $t = 0$*일 때 이 계정에* X*를 투자했더니* $t = 4$*일 때 500이 되었고,* $t = 10$*일 때 920이 되었다.* X*는 얼마인가?*

풀이 2.7 *주어진 조건에서* $A(0) = \beta = X$*. 따라서* β *값을 아는 것과,* X *값을 아는 것이 같다. 이제 다른 조건을 쓰면*

$$\begin{cases} A(4) & = 16\alpha + \beta = 500 \\ A(10) & = 100\alpha + \beta = 920 \end{cases}$$

따라서 $X = A(0) = \beta = 420$. □

보기 2.8 $a(t) = \frac{10}{10-t}$*이다.* $t = 2$*일 때 잔고가 1200이다.* $t = 5$*일 때* X*를 찾았더니* $t = 7$*일 때 잔고가 2000이 되었다. 다른 거래가 없었다면* X*는?*

풀이 2.8 *돈을 찾은 것을 음의 부호 −를 붙여 생각하면 된다. $t = 7$일 때 계산하면*

$$2000 = 1200\frac{a(7)}{a(2)} - X\frac{a(7)}{a(5)} \tag{2.9}$$

에서 $X = 720$. 만일 $t = 5$일 때 계산하고 싶다면, $t = 5$일 때 X를 출금한 직후를 계산해야 한다:

$$1200\frac{a(5)}{a(2)} - X = 2000\frac{a(5)}{a(7)}$$

□

요약 2.6 [**이자의 세기(이력, Force of Interest)**] 투자계정의 잔고함수를 $A(t)$가 미분가능하고, 그 도함수 $A'(t)$는 적분가능하다 하자. 그러면 기간 $[0,n]$동안 얻은 이자는 미분적분학의 기본정리에 따라

$$A(n) - A(0) = \int_0^n A'(t)dt \tag{2.10}$$

가 되는 것을 알고있다. 이 식을 다시 쓰면

$$\int_0^n A'(t)dt = \int_0^n A(t)\cdot\frac{A'(t)}{A(t)}dt$$

여기서 $\delta_t \equiv \delta(t) := \frac{A'(t)}{A(t)} \equiv \frac{a'(t)}{a(t)}$를 이자의 세기(이력, force of interest)라 한다. 따라서

$$A(t) - A(s) = \int_t^s A'(u)du = \int_t^s A(u)\frac{A'(u)}{A(u)}du = \int_s^t A(u)\delta_u du \tag{2.11}$$

이 식의 의미는 기간 $[s,t]$동안 얻은 이자는 이 기간의 시간 u일 때의 잔고 $A(u)$에 이자의 세기 δ_u 를 곱해서 적분하여 얻어진다.

문제는 이자의 세기 $\delta_t = \frac{a'(t)}{a(t)}$가 주어지면 $a(t)$를 계산하는 일이다. 계산이 쉬운 경우는

- $\delta_t \equiv \delta$ *상수일 때.*
- $\delta_t = \frac{i}{1+it}$ *일 때.*

다음 도움정리의 이해를 돕기 위해서 지수함수와 로그함수의 미분.적분을 생각해보자.

보기 2.9 *다음 함수를 미분하여라.*

1. $f(x) = \ln(x^2 + x + 1)$
2. $f(t) = \ln(1 + 2t)$
3. $f(t) = \ln a(t)$
4. $f(x) = \frac{1}{1+x}$

풀이 2.9 *로그함수 미분의 기본은 $\frac{d}{dt}\ln\triangle = \frac{\triangle'}{\triangle}$이다.*

1. $f'(x) = \frac{2x+1}{x^2+x+1}$
2. $f'(t) = \frac{2}{1+2t}$
3. $f'(t) = \frac{a'(t)}{a(t)}$
4. $f'(x) = -\frac{1}{(1+x)^2}$

□

부정적분을 계산할 때 적분상수가 필요없는 경우는 생략하는 것이 보통이다. 즉 $\int 2xdx = x^2 + c$ 라 쓰지 않고, 간단하게 $\int 2xdx = x^2$으로 쓰는 것이 보통이다.

보기 2.10 *다음 함수를 적분하여라.*

1. $f(x)=\frac{1}{1+x}$
2. $f(t)=\frac{2x+4}{x^2+4x+5}$
3. $f(t)=e^{2t}$
4. $f(x)=2xe^{x^2}$

풀이 2.10 1. $\ln(1+x)$
2. $\ln(x^2+4x+5)$
3. $\frac{1}{2}e^{2t}$
4. e^{x^2}

□

요약 2.7 이력(Force of interest)을 계산하기 편한 경우로 다음 2가지 경우가 있다.

1. $\delta_t\equiv\delta$, 상수, 이면 $a(t)=e^{\delta t}=(1+i)^t,\quad i=e^{\delta}-1$
2. $\delta_t=\frac{i}{1+it}$이면 $a(t)=1+it$

해설.

1. $\delta_t\equiv\delta$, 상수, 라면 $\int_{s=0}^t\delta_s ds=\int_{s=0}^t\delta dt=\delta t$. 다른 한편으로, $a(0)=1$인 것에 주의하여 다음 계산을 하면,

$$\int_{s=0}^t\delta_s ds=\int_{s=0}^t\frac{a'(s)}{a(s)}ds=\left[\ln a(s)\right|_{s=0}^t=\ln a(t) \tag{2.12}$$

따라서 식 (2.12)에 주의하면 $a(t)=e^{\delta t}=(1+i)^t,\quad i=e^{\delta}-1$.

2. $\delta_t=\frac{i}{1+it}$이면

$$\int_{s=0}^t\delta_s ds=\int_{s=0}^t\frac{i}{1+is}ds=\left[\ln(1+is)\right|_{s=0}^t=\ln(1+it) \tag{2.13}$$

다른 한편으로, $a(0)=1$인 것에 주의하여 다음 계산을 하면,

$$\int_{s=0}^t\delta_s ds=\int_{s=0}^t\frac{a'(s)}{a(s)}ds=\left[\ln a(s)\right|_{s=0}^t=\ln a(t) \tag{2.14}$$

따라서 식 (2.13), (2.14)에 주의하면, $a(t)=1+it$.

◁

요약 2.8 [**복리(compound interest), 단리(simple interest)**] 투자계정의 잔고함수 $A(t)$를 생각하자.

1. 이자의 세기 δ_t가 상수인 함수, 즉 $\delta_t=\delta$, 상수, 인 계정을 **복리계정**이라 한다. 이 경우 잔고증가율함수는

$$a(t)=(1+i)^t,\ i=e^{\delta}-1\ge 0 \tag{2.15}$$

2. $\delta_t=\frac{i}{1+i}$인 계정을 **단리계정**이라 한다. 이 경우 잔고증가율함수는

$$a(t)=1+it \tag{2.16}$$

복리계정의 특징은 이자의 세기 $\delta(t)$가 상수함수인 것이다:

$$\delta_t:=\frac{A'(t)}{A(t)}=\frac{a'(t)}{a(t)}=\delta,\ \text{상수}$$

그러나 단리계정의 이자의 세기는 시간이 갈 수록 약해진다:

$$\delta_t:=\frac{A'(t)}{A(t)}=\frac{a'(t)}{a(t)}=\frac{i}{1+it}$$

특별한 말이 없으면 이자계산은 복리로 계산하고, 이자율을 변하지 않는 것으로 가정한다.

요약 2.9 [년복리(Annual Compound Interest)] 원금 P를 연 이율 $100i\%$로 t년 맡길 때, 원금과 이자의 합(amount value)는

$$A_t = P(1+i)^t = Pe^{\delta t}, \quad 1+i = e^{\delta}$$

요약 2.10 [출금, 입금] 잔고증가율함수 $a(t)$가 주어진 투자계정이 있다.

1. $t=0$에 P를 투자했다면, $A(t) = Pa(t)$
2. $t=0$에 P를 투자하고, $t=t_1$에 X를 투자했다면 $t, t>t_1$일 때의 잔고 $A(t)$는

$$A(t) = Pa(t) + X\frac{a(t)}{a(t_1)},\ t \geq t_1 \tag{2.17}$$

3. $t=t_1$일 때 최초로 X를 투자하고, $t=t_2$에 Y를 출금했다면 $t>t_1,t_2$일 때의 잔고는

$$A(t) = X\frac{a(t)}{a(t_1)} - Y\frac{a(t)}{a(t_2)},\ t > t_1, t_2 \tag{2.18}$$

4. 일반적으로 두 시점 t, s 가 주어지고, $A(t) = P$이고, 두 시점 t와 s 사이에 다른 거래가 없었다면 $A(s)$는

$$A(s) = A(t)\frac{A(s)}{A(t)} = P\frac{a(s)}{a(t)} \tag{2.19}$$

해설. 잔고함수 $A(t)$는 일반적으로 연속함수가 아니다. 그 이유는 특정한 시간에 돈을 빼내는 경우도 있고, 돈을 넣은 경우도 있기 때문이다.

1. 이것을 잔고함수 $A(t)$와 잔고증가율함수 $a(t)$의 정의에 따라 즉시 알 수 있다.
2. $0 \leq t < t_1$일 때 잔고는 $Pa(t)$이다. $t=t_1$에 X가 입금되기 때문에, 잔고함수는 여기서 불연속이 되어 $t=t_1$일 때는 $Pa(t_1)+X$가 된다. 즉 $0 \leq t \leq t_1$인 경우

$$A(t) = \begin{cases} Pa(t), & t < t_1 \\ Pa(t_1) + X, & t = t_1 \end{cases} \tag{2.20}$$

여기서

$$Pa(t_1) + X = \left(P + \frac{X}{a(t_1)}\right)a(t_1) \tag{2.21}$$

인 것에 주의하면, 식 (2.20)은

$$A(t) = P(t)a(t), \quad P(t) = \begin{cases} P, & 0 \leq t < t_1 \\ P + \frac{X}{a(t_1)}, & t = t_1 \end{cases} \tag{2.22}$$

꼴로 이해하면 좋다. 이것을 잔고증가율함수 $a = a(t)$는 계정개설시점에 완전히 결정되고, 계정 개설 수 일어나는 일은 입금, 출금시점부터 원금이 변하는 것으로 이해하자는 것이다. 따라서 $t \geq t_1$인 경우에는

$$A(t) = A(t_1)\frac{A(t)}{A(t_1)} = A(t_1)\frac{a(t)}{a(t_1)} = \left(Pa(t_1) + X\right)\frac{a(t)}{a(t_1)} = Pa(t) + X\frac{a(t)}{a(t_1)} \tag{2.23}$$

3. 설명을 편하게 하기 위하여 $0 \leq t_1 < t_2 < t$인 경우를 생각하자. $0 \leq t \leq t_1$인 경우에는

$$A(t) = \begin{cases} 0, & t < t_1 \\ X, & t = t_1 \end{cases} \tag{2.24}$$

$t_1 \le t \le t_2$인 경우에는

$$A(t) = \begin{cases} A(t_1)\frac{A(t)}{A(t_1)} = X\frac{a(t)}{a(t_1)}, & t_1 \le t < t_2 \\ X\frac{a(t_2)}{a(t_1)} - Y, & t = t_2 \end{cases} \tag{2.25}$$

따라서 $t \ge t_2$인 경우에는

$$A(t) = A(t_2)\frac{A(t)}{A(t_2)} = \left(X\frac{a(t_2)}{a(t_1)} - Y\right)\frac{a(t)}{a(t_2)} = X\frac{a(t)}{a(t_1)} - Y\frac{a(t)}{a(t_2)} \tag{2.26}$$

4. 이 식은 $t < s$이건, $t > s$이건 항상 성립하는 입출금의 가장 기본되는 식으로 꼭 기억해두자.

◁

보기 2.11 *$a(t) = (1+i)^t = e^{\delta t}$일 때 다음 각각의 경우 잔고를 계산하여라.*

1. *$i = 3\%$, $t = 1$일 때 500 투자. $t = 3$일 때는 잔고는?*
2. *$\delta = 0.03$일 때 $t = 1$일 때 투자한 500은 $t = 3$일 때 잔고는?*
3. *$i = 5\%$이다 $t = 0,1,2$에 각각 1을 투자했다. $t = 3$일 때 잔고는?*
4. *$i = 5\%$이다 $t = 0,1,2$에 각각 1을 투자했다. $t = 7$일 때 잔고는?*
5. *$i = 4\%$이다. $t = 0$부터 4개월 단위로 3회 1씩 투자할 때 $t = 1$일 때 잔고는?*
6. *$i = 4\%$이다. $t = 0$부터2 개월 단위로 6회 1씩 투자할 때 $t = 1$일 때 잔고는?*

풀이 2.11 *각각의 거래는 독립적으로 계산하고, 계산의 기본은 식*

$$A(t) = A(s)\frac{A(t)}{A(s)} = A(s)\frac{a(t)}{a(s)}$$

인 것을 이해하는 것이다.

1. $500\frac{a(3)}{a(1)} = 530.45$
2. $500\frac{a(3)}{a(1)} = 530.918$
3. $\frac{a(3)}{a(0)} + \frac{a(3)}{a(1)} + \frac{a(3)}{a(2)} = 3.31013$
4. $\frac{a(7)}{a(0)} + \frac{a(7)}{a(1)} + \frac{a(7)}{a(2)} = 4.02348$
5. $\frac{a(1)}{a(0)} + \frac{a(1)}{a(1/3)} + \frac{a(7)}{a(2/3)} = 3.07965$
6. $\sum_{k=0}^{5} \frac{a(1)}{a(\frac{2k}{12})} = 6.13924$

□

보기 2.12 *$a(t) = 1 + it$일 때 다음 각각의 경우 잔고를 계산하여라.*

1. *$i = 3\%$, $t = 1$일 때 500 투자. $t = 3$일 때는 잔고는?*
2. *$\delta = 0.03$일 때 $t = 1$일 때 투자한 500은 $t = 3$일 때 잔고는?*
3. *$i = 5\%$이다 $t = 0,1,2$에 각각 1을 투자했다. $t = 3$일 때 잔고는?*
4. *$i = 5\%$이다 $t = 0,1,2$에 각각 1을 투자했다. $t = 7$일 때 잔고는?*
5. *$i = 4\%$이다. $t = 0$부터 4개월 단위로 3회 1씩 투자할 때 $t = 1$일 때 잔고는?*
6. *$i = 4\%$이다. $t = 0$부터2 개월 단위로 6회 1씩 투자할 때 $t = 1$일 때 잔고는?*

풀이 2.12 *보기 2.11와 풀이가 똑 같은 것에 주의하자.*

1. $500\frac{a(3)}{a(1)} = 529.126$
2. $500\frac{a(3)}{a(1)} = 529.554$
3. $\frac{a(3)}{a(0)} + \frac{a(3)}{a(1)} + \frac{a(3)}{a(2)} = 3.29069$
4. $\frac{a(7)}{a(0)} + \frac{a(7)}{a(1)} + \frac{a(7)}{a(2)} = 3.86299$
5. $\frac{a(1)}{a(0)} + \frac{a(1)}{a(1/3)} + \frac{a(7)}{a(2/3)} = 3.0793$
6. $\sum_{k=0}^{5} \frac{a(1)}{a(\frac{2k}{12})} = 6.13847$

□

보기 2.13 *1.* $i = 5\%$인 복리계정이 있다. $t = 0$에 1500을 넣고, $t = 1$에 500 을 찾았다. $t = 2$일 때 잔고는?

2. $i = 6\%$인 단리계정에, $t = 1$에 1000을 넣고, $t = 3$에 X를 찾는다. $t = 5$에 잔고를 500으로 하려면 X는?
3. $a(t) = \frac{5}{5-t}$이다. $t = 1,2,3$에 각각 1,2,3을 찾아 $t = 3$일 때 잔고를 0으로 하려 한다. $t = 0$에 얼마를 넣어 두어야 하는가?

풀이 2.13 *1.* $1500\frac{a(2)}{a(0)} - 500\frac{a(2)}{a(1)} = 1128.75$

2. $1000\frac{a(5)}{a(0)} - X\frac{a(5)}{a(3)} = 500$이 되어야 한다. $x = 726.154$
3. $x\frac{a(3)}{a(0)} - \frac{a(3)}{a(1)} - 2\frac{a(3)}{a(2)} - 3\frac{a(3)}{a(3)} = 0$이 되어야 한다. $x = \frac{16}{5}$. 위 식을 잘 보면

$$x = \frac{a(0)}{a(1)} + 2\frac{a(0)}{a(2)} + 3\frac{a(0)}{a(3)} = \frac{16}{5}$$

즉 $t = 1,2,3$일 때 각각 1,2,3을 지불하는 것에 대비하려면 , 지불할 금액의 $t = 0$일 때 가격을 계산하는 것이다.

보기 2.14 시간 $t = 0$일 때 M이, $t = 2$일 때 N이 되었다.

1. 이자율이 상수라 할 때, 단위기간 1동안의 이자율 i를 M,N의 식으로 표현하라.
2. $\delta_t = t$일 때 N의 M의 식으로 표현하여라.

풀이 2.14

1. $t = 0$에서 $t = 2$ 까지 2개의 단위기간이 있다. 따라서 $M(1+i)^2 = N$. 그러므로 $i = \sqrt{\frac{N}{M}} - 1$
2. 먼저 $a(t)$를 구하자. $\delta_t = \frac{a'(t)}{a(t)} = \frac{d}{dt}\ln a(t)$인 것에 주의하면

$$\int_{s=0}^{t} \frac{d}{ds}\ln a(s)ds = \int_{s=0}^{t} sds = \frac{1}{2}t^2 \tag{2.27}$$

따라서 $M = N\frac{a(0)}{a(2)} = \frac{N}{e^{\frac{1}{2}}}$ 또는 $N = M\sqrt{2}$.

□

보기 2.15 어떤 투자계정의 잔고증가율함수가 $a(t) = 1 + t + \frac{1}{9}t^2, 0 \le t \le 5$라 하자.

1. 기간 $[0,2]$동안의 이자율을 단위기간의 이자율로 환산하면 얼마인가?
2. 기간 $[1,3]$ 동안 이자율을 단위 기간의 이자율로 환산하면 얼마인가?
3. δ_t를 구하여라.
4. $t = 0$일 때 255를 입금하고, $t = 2$일 때 310을 출금했다. $t = 5$일 때 잔고는 얼마인가?

풀이 2.15 *1.* $t = 0$에 1을 투자했다면 $t = 2$일 때는 $1 \times a(2) = \frac{22}{9}$. 단위기간의 이자율을 i라하면 $(1+i)^2 = \frac{22}{9}$가 되어야 한다. 따라서 $i = 0.563472$.

2. $A(1) = 1$이면 $A(3) = A(1)\frac{A(3)}{A(1)} = 1 \times \frac{a(3)}{a(1)} = \frac{9}{5}$. 따라서 구간 $[1,3]$동안의 이자율은 $\frac{A(3)-A(1)}{A(1)} = \frac{45}{19}$. 따라서 단위기간의 이자율을 i라 두면

$$(1+i)^2 = 1 + \frac{45}{19}, \quad i = 0.835326$$

3. $\delta_t = \frac{a'(t)}{a(t)} = \frac{9+2t}{9+9t+t^2}$.
4. 요약 2.10를 참고하면

$$A(5) = 225\frac{a(5)}{a(0)} - 310\frac{a(5)}{a(2)} = 225 \times \frac{79}{9} - 310 \times \frac{79}{31} = 1185 \tag{2.28}$$

□

요약 2.11 이자의 세기 δ_t가 상수인 경우를 생각하자.

1. 기간 $0 \le t \le T$ 동안 이자의 세기가 상수 δ라면, $1+i = e^{\delta}$라 두고,

$$a(t) = e^{\delta t} = (1+i)^t, \quad 0 \le t \le T \tag{2.29}$$

2. 기간 $0 \le t < T$ 동안 이자의 세기는 상수 c_1이고, 기간 $T \le t < S$ 동안의 이자의 세기는 상수 c_2라면, $1+i_1 = e^{c_1}$, $i_2 = e^{c_2}$로 두고,

$$a(t) = \begin{cases} e^{c_1 t}, & 0 \le t < T \\ e^{c_1 T + c_2(t-T)}, & T \le t < S \end{cases} = \begin{cases} (1+i_1)^t, & 0 \le t < T \\ (1+i_1)^T (1+i_2)^{t-T}, & T \le t < S \end{cases} \tag{2.30}$$

해설. 2. 만 조사하자. 이자의 세기(force of interest)의 정의에 따라 $a(0) = 1$이고 $\frac{d}{dt}\ln a(t) = \delta_t$. 따라서

$$\ln a(t) = \begin{cases} \int_{s=0}^{t} c_1 ds, & 0 \le t < T \\ c_1 T + \int_{s=T}^{t} c_2 ds, & T \le t < S \end{cases} = \begin{cases} c_1 t, & 0 \le t < T \\ c_1 T + c_2(t-T), & T \le t < S \end{cases} \tag{2.31}$$

따라서

$$a(t) = \begin{cases} e^{c_1 t}, & 0 \le t < T, \\ e^{c_1 T + c_2(t-T)}, & T \le t < S \end{cases} \tag{2.32}$$

여기서 $1+i_1 = e^{c_1}$, $1+i_2 = e^{c_2}$를 적용하면 식 (2.30)를 얻는다. ◁

보기 2.16 *기간 $0 \le t < 2$인 때는 이자의 세기가 상수 5%이고, 기간 $2 \le t < 5$인 때는 이자의 세기가 상수 3%인 계정이 있다.*

1. *이 계정의 $a(t)$를 구하여라.*
2. *이 계정에 $t = 0$에 5, $t = 2$에 3을 투자했다면 $t = 4$일 때의 잔고를 구하여라.*

풀이 2.16 *잔고증가율함수 $a(t)$를 구하는 것이 가장 중요하다.*

1. $a(0) = 1$*인 것과,* $\frac{a'(t)}{a(t)} = \delta_t$ *인 것에 주의하여 적분을 이용하자.*

$$\ln a(t) = \begin{cases} \int_{s=0}^{t} 0.05 ds, & 0 \le t < 2 \\ \int_{s=0}^{2} 0.05 ds + \int_{s=2}^{t} 0.03 ds, & 2 \le t < 5 \end{cases} = \begin{cases} (0.05)t, & 0 \le t < 2 \\ 0.1 + (0.03)(t-2), & 2 \le t < 5 \end{cases} \tag{2.33}$$

따라서

$$a(t) = \begin{cases} e^{(0.05)t}, & 0 \le t < 2 \\ e^{0.1+(0.03)(t-2)}, & 2 \le t < 5 \end{cases} \tag{2.34}$$

2. $a(t)$*를 구했기 때문에*

$$A(4) = 5\frac{a(4)}{a(0)} + 3\frac{a(4)}{a(2)} = 9.05306$$

□

2.2 할인

연이율 20%로 1000을 1년간 대출하는 것을 생각하자. 보통은 1000을 받고, 1 년 뒤에 $1000(1+0.20) = 1200$을 갚는 것을 생각한다. 그런데 돈을 빌려주는 사람이 1000의 1년 이자 $1000 \times 0.20 = 200$을 미리 내고, 800을 준 후 1년 뒤에 1000을 갚을 것을 제시한다. 이것은 년 대출이율 20%로 공정한가?

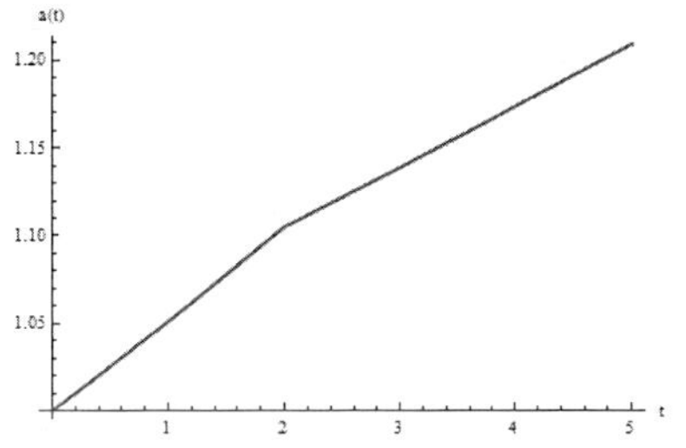

그림. 2.1: $a = a(t)$

> **요약 2.12** [**할인(discount)**] 이자를 미리 계산하는 것을 할인이라 한다.

예를 들어 년 이자율이 20%라 하자. 1000을 대출하면서, 1년 이자 $1000 \times 0.20 = 200$을 미리 내고 800을 받고, 1년 뒤에 1000을 갚는 다면, 년 이율은 $\frac{1000}{800} - 1 = \frac{1}{4} = 0.25 = 25\%$. 이것을 불공정하다. 따라서 이렇게 이자를 미리 내야 한다면 이자율 i에 합당한 할인율 d는 $(1-d)(1+i) = 1$가 성립해야 한다.

> **요약 2.13** [정해진 기간의 이자율이 i일 때, 이것에 대응하는 할인율 d라 하자. 그러면
>
> 1. 이자율 i와 할인율 d와의 관계는
>
> $$(1+i)(1-d) = 1, \qquad 1-d = \frac{1}{1+i} \qquad d = \frac{i}{1+i}, \qquad i = \frac{d}{1-d}, \tag{2.35}$$
>
> 2. 잔고증가율함수 $a(t)$는
>
> $$a(t) = (1+i)^t = (1-d)^{-t} \tag{2.36}$$
>
> 3. 정해진 기간에 이자를 p 번 계산한다면 $\frac{1}{p}$ 기간 동안의 이자율은 $\frac{i^{(p)}}{p}$, 할인율은 $\frac{d^{(p)}}{p}$이고,
>
> $$a(t) = \left(1 + \frac{i^{(p)}}{p}\right)^{pt} = (1+i)^t = \left(1 - \frac{d^{(p)}}{p}\right)^{-pt} \tag{2.37}$$

단리계정의 잔고증가함수는 $a(t) = 1 + it$이다. 따라서

$$a(t) = 1 + it = \frac{1}{d(t)}$$

를 만족키기는 함수는 $d(t) = \frac{1}{1+it}$ 인데, 이 경우는 단리와 표현을 맞추기 위하여

$$d(t) = \frac{1}{1+it} = 1 - dt$$

가 되는 d를 구하면 좋다. 이렇게 되기 위해서는 $\frac{1}{1+it} = 1 - dt$. 이런 d는

$$d = \frac{i}{1+it} \leq \frac{i}{1+i} \tag{2.38}$$

따라서 단리의 경우는 d는 상수가 아니므로 $\frac{i}{1+it}$와 비슷하게 되도록 정한다.

요약 2.14 [단리의 경우 할인율 d] 단리의 경우 할인율 d는 d는 상수가 아닌 것에 주의하자. 이런 불편을 피하기 위해서 간단한 문제는 할인율 d를 $\frac{i}{1+it}$와 비슷하게 되도록 정한다.

$$a(t) = 1 + it = \frac{1}{1-dt} := a_s(t) = 1 + dt + (dt)^2 + \cdots \approx 1 + dt, \quad 0 \le t < \frac{1}{d} \tag{2.39}$$

여기서 $a_s(t)$ 단순 할인율 d가 주어졌을 때, 잔고증가함수이다.

주어진 기간에 이자를 여러 번 계산하는 경우를 생각하자. 예를 들어 $\frac{1}{n}$ 마다 이자를 계산하면면 기간 1동안에 n번 이자를 계산하는 것이다. 따라서 기간 $\frac{1}{n}$ 동안의 이자율은 이 기간동안 이자의 세기(force of interest)가 일정하다 가정하면 $a(t) = (1+i)^t$ 이므로

$$a(\frac{1}{n}) - 1 = (1+i)^{\frac{1}{n}} - 1$$

그런데 이 값은 $\frac{i}{n}$ 보다 작다. 따라서 기간 $\frac{1}{n}$ 동안의 이자율을 $\frac{i}{n}$으로 쓰면 돈을 받는 사람은 유리하고, 돈을 내는 사람을 불리하자. 그럼에도 $\frac{i}{n}$은 계산이 간단하기 때문에 끌리는 점이 있다. 이런 이유로 단위기간에 이자를 n번 계산하는 경우, 기간 $\frac{1}{n}$의 이자를 쉽게 계산할 수 있도록 i 대신에 $n\big((1+i)^{\frac{1}{n}} - 1\big)$ 을 제시하는 경우가 있다.

요약 2.15 [명목상 이율(nominal interest rate)] 단위기간의 이자율이 i일 때,

$$i^{(n)} := n\big((1+i)^{\frac{1}{n}} - 1\big)$$

을 단위기간의 **명목상이율(nominal interest rate)**라 한다. 명목상 이율 $i^{(n)}$이 주어지면 기간 $\frac{1}{n}$ 동안의 이자율은 간단히 $\frac{i^{(n)}}{n}$이다. i와 $i^{(n)}$ 사이의 관계에 따라

$$a(t) = (1+i)^t = \Big((1+\frac{i^{(n)}}{n})^n\Big)^t = (1+\frac{i^{(n)}}{n})^{nt}$$

요약 2.16 [명목상 할인율(nominal interest rate)] 단위기간의 할인율을 d일 때,

$$d^{(n)} := n\big((1-i)^{-\frac{1}{n}} - 1\big)$$

을 단위기간의 **명목상 이율(nominal interest rate)**라 한다. 명목상 이율 $d^{(n)}$이 주어지면 기간 $\frac{1}{n}$ 동안의 이자율은 간단히 $\frac{d^{(n)}}{n}$이다. d와 $d^{(n)}$ 사이의 관계에 따라

$$a(t) = (1-d)^{-t} = \Big((1-\frac{d^{(n)}}{n})^n\Big)^{-t} = (1-\frac{d^{(n)}}{n})^{-nt}$$

요약 2.17 이자의 세기(force of interest)가 일정할 때, $i, d, i^{(n)}, d^{(n)}$을 하나의 식으로 정리하면

$$a(t) = (1+i)^t = (1+\frac{i^{(n)}}{n})^{nt} = (1-\frac{d^{(n)}}{n})^{-nt} = (1-d)^{-t} = a(t)$$

특별한 말이 없으면 이자의 세기(force of interest)는 상수라 가정한다. 따라서 다음 식을 얻는다

$$(1+i)(1-d) = 1, \quad (1+\frac{i^{(n)}}{n})(1-\frac{d^{(n)}}{n}) = 1$$

보기 2.17 *$i=4\%$일 때 다음 값을 구하여라.*

1. $i^{(5)}$
2. $d^{(2)}$
3. $i^{(\frac{1}{2})}$
4. $d^{(\frac{1}{3})}$

풀이 2.17

1. 0.0393749
2. 0.0388386
3. 0.0408
4. 0.0370012

□

보기 2.18

1. *i와 $i^{(4)}$는 어떤 관계가 있나?*
2. *$i=\frac{1}{4}$이면 d는 얼마인가?*
3. *$d^{(4)}=\frac{1}{14}$이면 $i^{(4)}$는 얼마인가?*
4. *$i^{(3)}=\frac{1}{8}$이면 $d^{(6)}$는 얼마인가?*

풀이 2.18 1. $\left(1+\frac{i^{(4)}}{4}\right)^4=1+i$
2. $(1+i)(1-d)=(1+\frac{1}{4})(1-d)=1$이므로 $d=\frac{1}{5}$
3. $\left(1+\frac{i^{(4)}}{4}\right)\left(1-\frac{d^{(4)}}{4}\right)=\left(1+\frac{i^{(4)}}{4}\right)\left(1-\frac{1}{56}\right)=1$ 이므로 $i^{(4)}=\frac{4}{55}$.
4. $\left(1+\frac{i^{(3)}}{3}\right)^3=1+i=\left(1-\frac{d^{(6)}}{6}\right)^{-6}$ 로부터

$$1-\frac{d^{(6)}}{6}=\left(1+\frac{i^{(3)}}{3}\right)^{-\frac{1}{2}}=0.979796$$

따라서 $d^{(6)}=0.121225$.

□

보기 2.19 *단위기간의 할인율이 5%인 계정이 있다. 지금은 $t=0$이다. $t=20$에 5000을 만들려면 지금 얼마를 넣어야할까?*

풀이 2.19 *지금 넣어야 할 돈을 X라 하자. $a(t)=(1-0.05)^{-t}$를 이용하면*

$$X=2000\frac{a(0)}{a(20)}=\frac{2000}{a(20)}=1972.43$$

□

보기 2.20 *연 3%의 단순할인률로 계산할 때, 17년 뒤에 10,000을 만들려 한다. $t=5$일 때 5000을 투자했다면 $t=10$일 때 얼마를 넣어야 하나?*

풀이 2.20 *단순할인율이므로 잔고증가함수는 $a(t)=\frac{1}{1-dt}$, $d=0.03$. $t=10$일 때 넣어야 할 돈을 X라 면*

$$10000=5000\frac{a(17)}{a(5)}+X\frac{a(17)}{a(10)}$$

계산하면 $X=928.571$ □

보기 2.21 *$0 \le t < 1$일 때 $i^{(2)} = 4\%$, $1 < 4$일 때는 $d^{(4)} = 4\%$로 주어진 계정이 있다. $t = 0$에 2을, $t = 1$일 때 5을 투자하면 $t = 3$일 때 잔고는?*

풀이 2.21 *공부를 위해서 3가지 방법으로 계산해보자. $t = 3$일 때의 잔고를 X라 하자.*
$a(t) = \left(1 + \frac{i^{(2)}}{2}\right)^{2t}$, $b(t) = \left(1 - \frac{d^{(4)}}{4}\right)^{-4t}$ *라 두면*

1. *$t = 0$에서 계산할 때*
$$2 + 5\frac{a(0)}{a(1)} = \frac{a(0)}{a(1)} X \frac{b(0)}{b(2)}$$
이것을 풀면 $X = 7.67363$
2. *이것을 $t = 3$에서 계산하면*
$$X = 2\frac{a(1)}{a(0)}\frac{b(2)}{b(0)} + 5\frac{b(2)}{b(0)}$$
이것을 풀면 $X = 7.67363$
3. *잔고증가율함수를 하나의 식으로 표현하려면, 앞에서 말한 $a(t), b(t)$를 결합해야 한다. 결합한 것을 $c(t)$라 두면*
$$c(t) = \begin{cases} a(t), & 0 \le t < 1, \\ a(1)b(t-1), & 1 \le t < 4 \end{cases} = \begin{cases} \left(1 + \frac{i^{(2)}}{2}\right)^{2t}, & 0 \le t < 1, \\ \left(1 + \frac{i^{(2)}}{2}\right)^{2}\left(1 - \frac{d^{(4)}}{4}\right)^{-4(t-1)}, & 1 \le t < 4 \end{cases}$$
예를 들어 이렇게 정의한 잔고증가율 함수를 이용하여 $t = 0$일 때 계산하면, $t = 3$일 때 잔고 X는
$$X\frac{c(0)}{c(3)} = 2 + 5\frac{c(0)}{c(1)}$$
위 식에서
$$c(3) = 1.12751$$
$$c(1) = 1.0404$$
따라서 $X = \frac{2 + \frac{5}{1.0404}}{1.12751} = 7.67366.$

3 가지 방법을 비교하면, 너무 수학적으로 접근하지 말고 구간별로 나누어 생각하는 것이 편리하다. □

2.3 편리한 기호와 약간의 수학

요약 2.18 [현재가격(Present Value)] 잔고증가율함수 $a(t)$가 주어진 계정이 있다.

1. 지금을 $t = 0$라 할 때, $t = n$일 때의 가격 M의 현재가격 PV는
$$PV \times a(n) = M \tag{2.40}$$
가 성립하는 PV를 말한다.
2. 일반적으로 잔고증가율함수 $a(t)$가 주어진 계정에서 $t = t_2$일 때 M의, $t = t_1, t_1 < t_2$ 일 때의 가격은
$$PV \times \frac{a(t_2)}{a(t_1)} = M \tag{2.41}$$
이 성립하는 값 PV이다.

해설. 보통은 $a(t) = (1+i)^t$가 되는 복리, 또는 $a(t) = 1 + it$가 되는 단리인 경우를 많이 생각한다. 예를 들어 복리의 경우 $t = n$일 때 M의 현재가격 PV는

$$PV = \frac{M}{(1+i)^n} = Mv^n, \quad v = \frac{1}{1+i} \tag{2.42}$$

이고, 단리인 경우는 $PV = \frac{M}{(1+i\times n)}$. ◁

보기 2.22 *년 이율은 4%이다.*

1 . *지금으로부터 3년 뒤의 182,510을 받는다. 이것의 현재가격은?*
2 . *지금으로부터 5년 4개월 뒤에 200,000을 받는다. 이것의 현재가격은?*

풀이 2.22 *잔고증가율 함수* $a(t) = (1+0.04)^t$. *단위기간은 년이다.*

1 . $PV = \frac{182510}{a(3)} = \frac{182510}{(1+0.03)^3} = 162,251$
2 . *4개월은* $\frac{1}{3}$ *년이다.* $PV = \frac{200000}{a(5+\frac{1}{3})} = 162,250$

□

이제 자주 나타나는 수식을 편리한 기호로 간편하게 표현하자. 이 표현은 자주 사용해서 몸에 익혀야 한다. 먼저 등비급수의 합을 기억하자. 다음 기호는 아주 자연스럽게 사용할 수 있어야 한다.

요약 2.19 [복리의 경우] 단위기간 T 동안의 이자율을 j라 하자.
따라서 잔고증가율함수는 $a(t) = (1+j)^{\frac{t}{T}}$. 표현을 간단하게 하기 위하여 $d = \frac{j}{1+j}$, $v = \frac{1}{1+j}$, $d = 1-v$ 라 두자.

1 . $t = T, 2T, 3T, \cdots, nT$에 1씩 모두 n회 받게되는 연금의 현재가격은

$$a_{\overline{n}|,j} = v + v^2 + \cdots + v^n = \frac{v - v^{n+1}}{1-v} = \frac{1-v^n}{j}$$

2 . $t = 0, T, 2T, 3T, \cdots, (n-1)T$에 1씩 모두 n회 받게되는 연금의 현재가격은

$$\ddot{a}_{\overline{n}|,i} = 1 + v + v^2 + \cdots + v^{n-1} = \frac{1}{v} a_{\overline{n}|,j} = \frac{1-v^n}{1-v} = \frac{1-v^n}{d}$$

3 . $t = T, 2T, 3T, \cdots, nT$에 1씩 모두 n 투자할 때, $t = nT$일 때 잔고는

$$s_{\overline{n}|,j} = 1 + (1+j) + (1+j)^2 + \cdots + (1+j)^{n-1} = \frac{(1+j)^n - 1}{j}$$

4 . $t = 0, T, 2T, 3T, \cdots, (n-1)T$에 1씩 모두 n회 투자할 때 , $t = nT$일 때 잔고는

$$\ddot{s}_{\overline{n}|,j} = (1+i) + (1+j)^2 + \cdots + (1+j)^n = \frac{(1+j)^{n+1} - (1+j)}{(1+j) - 1} = \frac{(1+j)^n - 1}{d}$$

5 . $(1+j)^{-n} s_{\overline{n}|,j} = v^n s_{\overline{n}|,j} = a_{\overline{n}|,j}$
6 . $(1+j)^{-n} \ddot{s}_{\overline{n}|,j} = v^n s_{\overline{n}|,j} = \ddot{a}_{\overline{n}|,j}$

해설. 다음에 주의하면 기억하기 편리하다. 식을 모두 복리를 생각해서 얻은 것이다.

- ¨가 붙어 있는 것은 $t = 0$부터 시작하는 것을 말한다. ¨가 없는 것은 한 기간 뒤부터 시작하는 것을 말한다. 따라서 ¨가 붙어있는 것이 값도 크다.
- a는 연금(annuity)의 첫 글자라 생각하면 일정한 간격을 돈을 받는 것이다. 때문에 할인을 생각해야 한다.
- s는 일정한 간격으로 저축(saving)하는 것을 생각하자. 때문에 일정한 시간이 지난 후 모은 돈을 생각하면 좋다.

일정한 기간 T 동안의 이자율를 j라 하자. 잔고증가율함수는 $a(t) = (1+i)^{\frac{t}{T}}$이다.

1. $a_{\overline{n}|,j}$.
지금 시간은 $t=0$이다. $t=T,2T,\cdots,(n-1)T,nT$에 1씩 모두 n회 지급되는 연금의 현재가격을 표시한다.

$$\frac{1}{a(T)}+\frac{1}{a(2T)}+\cdots+\frac{1}{a(nT)}=v+v^2+v^3+\cdots+v^n=\frac{v-v^{n+1}}{1-v}=\frac{1-v^n}{j}:=a_{\overline{n}|,j} \tag{2.43}$$

2. $\ddot{a}_{\overline{n}|,j}$.
지금 시각은 $t=0$이다. $t=0,T,2T,\cdot,(n-2)T,(n-1)T$에 1씩 지급되는 연급의 현재가격을 표시한다.

$$1+\frac{1}{a(T)}+\frac{1}{a(2T)}+\cdots+\frac{1}{a\big((n-1)T\big)}=1+v+v^2+\cdots+v^{n-1}=\frac{1-v^n}{1-v}=\frac{1-v^n}{d}:=\ddot{a}_{\overline{n}|,j} \tag{2.44}$$

3. $s_{\overline{n}|,j}$.
지금은 $t=0$이다. 시간 $t=T,2T,\cdots,nT$에 각각 1을 n회 저금할 때, $t=nT$ 일 때 잔고를 표시한다.

$$\frac{a(nT)}{a(T)}+\frac{a(T)}{a(2T)}+\cdots+\frac{a(T)}{a\big((n-1)T\big)}+\frac{a(T)}{a(T)}=(1+j)^{n-1}+(1+j)^{n-2}+\cdots+(1+j)+1:=s_{\overline{n}|,j} \tag{2.45}$$

특히

$$(1+j)^{-n}s_{\overline{n}|,j}=v^n s_{\overline{n}|,j}=a_{\overline{n}|,j} \tag{2.46}$$

4. $\ddot{s}_{\overline{n}|,j}$.
지금은 $t=0$이다. 시간 $t=0,T,2T,\cdots,(n-1)T$에 각각 1을 n회 저금한다면, $t=nT$ 일 때 잔고를 나타낸다

$$\frac{a(T)}{a(0)}+\frac{a(T)}{a(T)}+\cdots+\frac{a(T)}{a\big((n-1)T\big)}=(1+j)^n+(1+j)^{n-1}+\cdots+(1+j)^2+(1+j):=\ddot{s}_{\overline{n}|,j} \tag{2.47}$$

특히

$$(1+j)^{-n}\ddot{s}_{\overline{n}|,j}=v^n s_{\overline{n}|,j}=\ddot{a}_{\overline{n}|,j} \tag{2.48}$$

◁

보기 2.23 *지금은 $t=0$이다. $t=T,2T,2T,\cdots,nT$에 각각 1이 모두 n회 지급된다. 단위기간 T 동안의 이자율을 j라 할 때, 이런 현금흐름의 현재가격은?*

풀이 2.23 *특별한 말이 없으면 복리계정으로 이해한다. 단위 기간 T 동안의 이자율을 j라 하면 $a(t)=(1+j)^{\frac{t}{T}}$.*

$$\begin{aligned}PV&=\frac{a(0)}{a(T})+\frac{a(0)}{a(2T)}+\cdots+\frac{a(0)}{a(nT)}=\frac{1}{1+j}+\frac{1}{(1+j)^2}+\cdots+\frac{1}{(1+j)^n}\\&=v+v^2+\cdots+v^n=\frac{v-v^{n+1}}{1-v},\quad v=\frac{1}{1+j}\\&=\frac{1-v^n}{j}\end{aligned}$$

그러나 한눈에 $PV=a_{\overline{n}|,j}$로 쓸 수 있도록 하자. □

보기 2.24 $j=0.05$*이고* $a_{\overline{n}|,j}=12.08532$*이다. 다음 값을 구하여라.*

1. n *2.* $\ddot{a}_{\overline{n}|,j}$ *3.* $s_{\overline{n}|\cdot j}$ *4.* $\ddot{s}_{\overline{n}|,j}$

풀이 2.24 *요약 2.19을 이해하는 문제다. 모든 것이 근사값이고, n은 정수로 생각한다.*

1. $a_{\overline{n}|,j}=\frac{1-v^n}{j}=12.0853$*로부터* $n=19$
2. $\ddot{a}_{\overline{n}|,j}=1+v+v^2+\cdots+v^{n-1}=\frac{1}{v}\big(v+v^2+\cdots+v^n\big)=\frac{1}{v}a_{\overline{n}|,j}=12.6896$
3. $s_{\overline{n}|,j}=(1+j)^{n-1}+(1+j)^{n-2}+\cdots+1=(1+j)^n\big(v+v^2+\cdots+v^n\big)=(1+j)^n a_{\overline{n}|,j}=30.539$

4. $\ddot{s}_{\overline{n}|,j} = (1+j)^n + (1+j)^{n-1} + \cdots + (1+j) = (1+j)^{n+1}\left(v + v^2 + \cdots + v^{n+1}\right) = (1+j)^{n+1} a_{\overline{n}|,j} = 32.066$

□

보기 2.25 *$j = 6\%$이고 $a_{\overline{n}|,j} = 10.1059$이다. $a_{\overline{2n}|,j}$는 얼마인가?*

풀이 2.25 *모든 것이 근사값이고, n은 정수로 생각한다.*

$$a_{\overline{2n}|,j} = v + v^2 + \cdots + v^{2n} \tag{2.49}$$
$$= v + v^2 + \cdots + v^n + v^{n+1} + v^{n+2} + \cdots + v^{2n} \tag{2.50}$$
$$= \left(v + v^2 + \cdots + v^n\right) + v^n\left(v + v^2 + \cdots + v^n\right) \tag{2.51}$$
$$= a_{\overline{n}|,j} + v^n a_{\overline{n}|,j} \tag{2.52}$$
$$= (1+v^n) a_{\overline{n}|,j} \tag{2.53}$$

따라서 n 값을 알 필요가 있다. $a_{\overline{n}|,j} = \frac{1-v^n}{j} = 10.1059$로부터 $n = 16$. 그러므로 $a_{\overline{2n}|,j} = 14.084$. □

보기 2.26 *지금은 $t = 0$이다. 년이율 5%를 적용한다.*

1. $t = k, k = 1,2,\cdots,10$에 4씩 10 회 받는 연금이 있다. 이 현금의 현재가격은?
2. 만일 1년에 4를 받는 대신에, 6개월에 2씩 총 20회를 받는 것을 생각할 수 있다. 즉 $t = \frac{1}{2}k,\ k = 1,2,\cdots,20$에 2씩 받는 다면 현재가격은?

풀이 2.26 *1. $4a_{\overline{10}|,i}, i = 0.05$. 따라서 현재가격은 29.4403.*
2. 받는 사람에게 유리한 상황이므로 현재가격은 당연히 클 것이다. 각 회에 받는 돈을 반으로 줄지만, 받는 간격은 반으로 짧아지고, 받는 기간을 2배로 늘어난다. 가장 먼저 해야 할 일은 6개월 이자율을 계산하는 것이다. 이것은 $(1+j)^2 = 1+i$에서

$$j = (1+0.05)^{\frac{1}{2}} - 1 = 0.0246951.$$

따라서 이 경우 현재가격은 $2a_{\overline{20}|,j} = 31.2683$.
이렇게 이해할 수 도 있다. $j = \frac{i^{(2)}}{2}$ 인 것에 주의하면

$$2a_{\overline{20}|,j} = 2\frac{1-\left(\frac{1}{1+j}\right)^{20}}{j} = 2\frac{1-v^{10}}{j} = 4\frac{1-v^{10}}{i^{(2)}} = 31.2683, \quad v = \frac{1}{1+i}$$

□

보기 2.27 *지금은 $t = 0$이다. 연금을 $t = m$부터 1 씩 n 회 지급된다면 현재가격은?*

풀이 2.27 *이것은 연금을 기간 m 후에 받는 것에 해당한다. $t = m$일 때 가격은 $\ddot{a}_{\overline{n}|,i}$이다. 따라서 구하는 $t = 0$에서의 현재가격을 X라 두면*

$$X(1+i)^m = \ddot{a}_{\overline{n}|,i} \iff X = (1+i)^{-m}\ddot{a}_{\overline{n}|,i} = v^m \ddot{a}_{\overline{n}|,i} \tag{2.54}$$

이것은 또 연금을 지금부터 받는 것으로 생각하고, 다음과 같이 계산해도 된다.

$$X = \ddot{a}_{\overline{m+n}|,i} - \ddot{a}_{\overline{m}|,i} = \frac{1-v^{m+n}}{d} - \frac{1-v^m}{d} = \frac{v^m - v^{m+n}}{d} = v^m \ddot{a}_{\overline{n}|,i} \tag{2.55}$$

이 값을 자주 나타는 일이라, 다음 기호를 기억하자.

$$_{m|}\ddot{a}_{\overline{n}|,i} := v^m \ddot{a}_{\overline{n}|,i} \tag{2.56}$$

□

요약 2.20 연금을 단위기간에 p 회 지급한다는 것은 단위기간에 1씩 지급하던 것은, $\frac{1}{p}$ 기간마다 $\frac{1}{p}$ 씩 나누어 단위기간에 $\frac{1}{p}\times p = 1$을 지급한다는 말이다. 이렇게 지급되는 연금의 현재가격은

$$a^{(p)}_{\overline{n}|,i} = \frac{1-v^n}{i^{(p)}} = \frac{1}{p}a_{\overline{np}|,j_p}, \quad j_p = \frac{i^{(p)}}{p}, \quad i^{(p)} = p\big((1+i)^{\frac{1}{p}}-1\big) \tag{2.57}$$

해설. 이 경우는 $\frac{1}{p}$ 기간동안의 이자율을 계산해야 한다. $\frac{1}{p}$ 기간동안의 이자율을 j_p라 두면 $(1+j_p)^p = 1+i$로부터 $j_p := \big(1+i\big)^{\frac{1}{p}} - 1$을 알아야 한다. 보통 이 값을 $\frac{i^{(p)}}{p}$로 표시한다. 즉

$$j_p := \big(1+i\big)^{\frac{1}{p}} - 1 = \frac{i^{(p)}}{p}$$

따라서 잔고함수증가율함수(accumulation function)는

$$a(t) = (1+i)^t = \big(1+\frac{i^{(p)}}{p}\big)^{pt} = \big(1+j_p\big)^{pt} \tag{2.58}$$

이렇게 기간 1 을 p 등분하여, $\frac{1}{p}$ 기간마다 $\frac{1}{p}$ 씩, 총 np회 지급되는 연금의 현재가격은

$$\frac{1}{p}a_{\overline{np}|,j_p} \equiv a^{(p)}_{\overline{n}|} \tag{2.59}$$

이 값을 계산하면

$$a^{(p)}_{\overline{n}|} = \sum_{k=1}^{np}\frac{1}{p}(1+\frac{i^{(p)}}{p})^{-p\frac{k}{p}} = \frac{1}{p}\sum_{k=1}^{np}v^{\frac{k}{p}}, \quad (1+\frac{i^{(p)}}{p})^p = 1+i \tag{2.60}$$

$$= \frac{1}{p}\frac{v^{\frac{1}{p}}}{1-v^{\frac{1}{p}}}(1-v^n), \quad v^{\frac{1}{p}} = (1+\frac{i^{(p)}}{p})^{-1} \tag{2.61}$$

$$= \frac{1}{p}\frac{1}{(1+\frac{i^{(p)}}{p})-1}(1-v^n) \tag{2.62}$$

$$= \frac{1-v^n}{i^{(p)}}. \tag{2.63}$$

◁

2.4 현재가격과 투자

보기 2.28 *[계] 자주 들어봤던 "계"에 대해 생각보자. 5명이 계를 한다 하자. 방법은 다음과 같다.*

- *이자율은 i이다. 이 이자율은 시중 은행 이율이 아니라 그 계에서 정한 이율이다.*
- *5명이 순서를 정해서 일정한 간격으로 자기 순서에 다른 계원이 낸 돈을 받는다.*
- *계를 관리하는 계주에 대한 비용은 없다 생각하자. 이것은 단순히 계의 본질을 벋어난 계산을 줄이기 위함이다.*
- *각 계원은 돈을 타는 순서에 합당한 일정한 금액의 돈을 맨 마지막 순서가 돈을 탈 때까지 낸다.*

미래의 100 보다현재의 100이 더 가치있는 것을 생각하자. 예를 들어 5명이 계를 해서 5회에 계가 끝난다 하자. 각자의 순서에서 타는 돈을 M이라 할 때, 각자가 내야할 돈은 얼마인가? 즉 $k = 1,2,3,4,5$ 번째 타는 사람이 내야할 돈을 X_k라 할 때 X_k 값은 얼마인가? 계산하지 않아도 $X_1 > X_2 > X_3 > X_4 > X_5$ 인 것은 알 수 있다.

계산의 편의를 위해서 자기가 돈을 탈 순서에도 돈을 내는 것으로 한다. 계는 $t = 0$에 구성되고, 순서에 따라 $t = 1,2,3,4,5$에 돈을 받는다. 계가 공평한지 공평하지 않은지는 각자의 현재가격이 0이 되는 것으로 판단할 수 있다.

풀이 2.28 *계산의 핵심은 각자의 현재가격이 0인 것이다. 따른 돈을 M이라 하자. 첫번째 계를 타는 사람은 $t = 1$에 타게 되고, 내는 돈을 P_1이라 하면 $Mv = P_1 a_{\overline{5}|,i}$. 같은 생각으로 2번째 타는 사람이 내는 돈을 P_2라 하면 $Mv^2 = P_2 a_{\overline{5}|,i}$. 따라서 k 번째 타는 사람이 내야 할 돈을 P_k라 하면*

$$Mv^k = P_k a_{\overline{5}|,i} \tag{2.64}$$

따라서

$$P_k = \frac{Mv^k}{a_{\overline{5}|,i}}, \ k = 1,2,3,4,5 \tag{2.65}$$

각각이 낸 돈이 M이 되는지를 확인하면

$$P_1 + P_2 + P_3 + P_4 + P_5 = \frac{M}{a_{\overline{5}|,i}}(v + v^2 + v^3 + v^4 + v^5) = M$$

□

보기 2.29 *6명이 1200만원 계를 하기로 했다. 계는 6달마다 열기로 했다. 6달 동안의 이자를 12%라 하면, k-번째 타는 사람이 내야할 돈은 얼마인가?*

풀이 2.29 *지금 모임을 6개월 간격으로 갖는다. 6개월 동안의 이자율을 $i = 12\%$라 두면*

$$1200v^k = P_k a_{\overline{6}|,i}, \ k = 1,2,3,4,5,6$$

예를 들어 첫번째 타는 사람이 내야 할 돈은 $P_1 = 260.599$이고, 이자로 $6P_1 - 1200 = 363.594$를 내게 된다. 6번째 타는 사람이 내는 돈은 $P_6 = 147.871$이고, 이자로 312.775를 받게 된다 □

보기 2.30 *$t = 0$에 M을 투자해서 $t = 4$에 N을 벌을 수 있다면, 이 사업을 할 것인가?*

풀이 2.30 *이 문제에서는 단위기간 동안의 이자율이 주어지지 않았다. 투자한 돈은 음수로 계산한다. 현재 시중 이율을 i라 해서 현재가격을 계산하면*

$$PV = -M + \frac{N}{(1+i)^4} = -M + Nv^4, \quad v = \frac{1}{1+i}$$

다음 경우로 분류할 수 있다.

1. *현재가격이 음수가 된다.*
$$M > Nv^4$$
이 경우는 M을 투자해서 시중 이자많큼도 벌지 못한다는 것이다. 이런 사업은 당연히 추진할 이유가 없다.
2. *현재가격이 0이다.*
$$M = Nv^4$$
이 경우는 M을 투자해서 시중 이자많큼 번다는 말이다. 차라리 은행에 맡기고 노는 것이 낫다.
3. *현재가격이 양수다.*
$$M < Nv^4$$
이 경우는 M을 시중 이자보다는 많이 번다는 말이다. 그러나 얼마나 많이 버는가가 중요하다.

□

보기 2.30에서 중요한 점을 다음과 같이 정리하자.

요약 2.21 지금($t=0$) M을 투자해서 $t=n$에 N을 버는 사업이 있다. 이 사업을 추진할 것인가는 다음 현재값 계산이 판단에 도움이 될 수 있다:

$$PV := -M + \frac{N}{(1+x)^4} = 0$$

를 만족시키는 x를 계산해서, x와 시중이율 i를 비교한다.

- $x < i$이면 시중이율 만큼도 벌지 못한다. 무조건 버려야 한다.
- $x = i$이면 시중이율 만큼 번다. 은행에 맞기고 노는 것이 낫다. 때문에 이 사업은 접는 것이 낫다.
- $x > i$이면 시중이율보다는 높다. 그러나 얼마나 높은가를 봐야 한다. 자신의 투자 성향에 따라 판단할 문제다.

보기 2.31 *시중 연 이율은 3% 이다. 지금 1000을 투자해서, 4년 뒤에 2000을 버는 프로젝트가 있다. 이 프로젝트를 추진해야 할까?*

풀이 2.31

$$PV(x) := -1000 + \frac{2000}{(1+x)^4}$$

의 그래프는 다음과 같다.

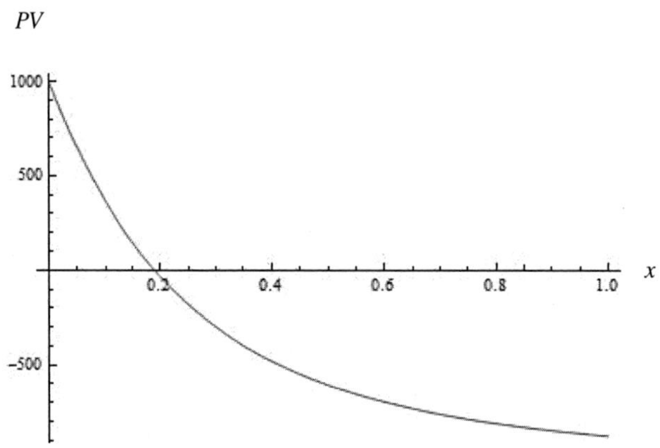

그림에서 $PV(x)=0$ 이 되는 x가 $3\% = 0.03$ 보다 크다. 실제로 $x = 0.1892 = 18.92\%$ 은행 이자의 6배가 넘기 때문에 추진하는 것이 좋다. 예를 들어 1000원 3%로 4년간 투자하면

$$1000(1+0.03)^4 = 1125.51 < 2000$$

□

2.5 연금, 상환

단위기간 T 동안의 이자율이 j일 때, $T, 2T, 3T, \cdots, n$에 각각 1씩 지급되는 돈의 현재가격($t=0$)일 때의 가격은

$$a_{\overline{n}|,j} := \frac{1-v^n}{j} = v + v^2 + \cdots + v^n, \quad v = \frac{1}{1+j}$$

그런데 단위기간과 이자율은 문맥에 따라 판단할 수 있다. 때문에 오해가 없으면 $a_{\overline{n}|,j}$ 대신에 간단하게 $a_{\overline{n}|}$ 으로 표현한다. 이 책에서는 가능하면 $a_{\overline{n}|,i}$로 표시하자.

보기 2.32 $d = 0.05$ 일 때 $a_{\overline{12}|,i}$는 얼마인가?

풀이 2.32 d로부터 i 값을 알아야 한다. i, d, v의 관계

$$(1+i)(1-d) = 1,\ v = \frac{1}{1+i} = 1-d$$

로부터 $v = 1-d,\ i = \frac{d}{1-d}$. 따라서

$$a_{\overline{12}|,i} = \frac{1-v^{12}}{i} = 8.73316$$

또는

$$a_{\overline{12}|,i} = \frac{1-v^{12}}{i} = \frac{1-(1-d)^{12}}{\frac{d}{1-d}} = 8.73316$$

□

이자율 i 대신에 할인율 d가 주어졌을 때, 연금의 현재가격을 구하는 식을 다음과 같이 요약하자.

요약 2.22

$$a_{\overline{n}|,i} := \frac{1-v^n}{i} = \frac{1-d}{d}\big(1-(1-d)^n\big) := a_{\overline{n}|,d}, \quad (1+i)(1-d) = 1, v = \frac{1}{1+i} = 1-d$$

보기 2.33 $i^{(2)} = 0.06$로 $t = 0$에 5000을 투자했다. 지금부터 6개월 뒤에 시작해서, 6개월 마다 X씩 꺼내써서 $t = 20$에 마지막 돈을 꺼냈을 때 잔고를 0으로 하고 싶다. X 값은? 이 기간동안의 이자율은 상수로 한다.

풀이 2.33 $i^{(2)}$에서 2의 의미는 단위 기간에 2번이라 의미다. 특별한 말이 없으면, 단위기간은 1년으로 한다. 6개월 부터 X 씩 인출하는 돈의 현재가격을 5000으로 맞추면 된다. 6개월 동안의 이자는 $j_2 = \frac{i^{(2)}}{2} = \frac{0.06}{2} = 0.03$. 총 $2 \times 20 = 40$회 꺼낼 수 있다. 따라서

$$5000 = X a_{\overline{40}|,0.03} = X\frac{1-v^{40}}{j_2} = X \times 23.1148,\ j_2 = 0.03,\ v = \frac{1}{1+j_2}$$

따라서 $X = 216.312$. 이 값은 물론, 1년에 $2X$ 씩 꺼내는 것에 주의하면

$$2X a^{(2)}_{\overline{20}|,i} = 2X\frac{1-v^{20}}{i^{(2)}} = 5000,\ 1+i = \big(1+\frac{i^{(2)}}{2}\big)^2,\ v = \frac{1}{1+i}$$

이렇게 계산해도 같은 값 $X = 216.312$ 를 얻는다.

□

보기 2.34 4억짜리 집을 사기 위해 부족한 $t = 0$에 2억을 20년간 대출했다.
이자율이 변하지 않고 $i^{(12)} = 6\%$ 라 하자.

1. 지금부터 1개월 뒤부터 240회에 일정한 금액으로 이자와 원금을 갚으려 한다면 월 납입금은 얼마인가?
2. 10년이 지나서, 이자율이 $i^{(12)} = 8\%$로 올라 새로운 이자율을 적용하면 월납입금은 얼마가 되는가?
3. 주택가격이 매년 3% 씩 상승했다면, $t = 10$년일 때의 대출금과 주택가격의 비율은?

풀이 2.34 *1*. 월 납입금을 X라 하면, 일정한 기간의 단위가 1개월인 것에 주의하자. 따라서 1개월 이자율은 $j = \frac{i^{(12)}}{12} = 0.005$ 인 것에 주의하자. 따라서 월 납입금을 X라 두면

$$2 = X a_{\overline{240}|,j} = X\frac{1-v^{240}}{j}, \quad j = \frac{i^{(12)}}{12} = \frac{0.06}{12} = 0.005,\ v = \frac{1}{1+j} = 0.995025$$

여기서 $a_{\overline{240}|,j} = 139.581$이므로 $X = \frac{2}{a_{\overline{240}|}} = \frac{2}{139.581} = 0.0143286$. 월 납입금은 약 1,432,860 원.

2. 10년이 되는 때까지 120회를 납입했다. 이때 대출계좌의 잔고는, 1개월 이자율은 $j = \frac{i^{(12)}}{12} = 0.005$ 인 것에 주의하면,

$$2 \times (1+\frac{i^{(12)}}{12})^{120} - 0.0143286 \times s_{\overline{120}|,j} = 2 \times 1.8194 - 0.0143286 \times 163.879 = 1.29063$$

아직도 약 1억 2천 9백만원 정도가 남아있다. 이 금액을 바뀐 이자율 $i^{(12)} = 8\%$ 로 갚아야 한다. 중요한 점은 1개월 이자율을 다시 계산하는 것이다. $j = \frac{i^{(12)}}{12} = \frac{0.08}{12} = 0.00666667$. 월 납입금을 Y라 하면

$$1.29063 = Y a_{\overline{120}|,j} = Y\frac{1-v^{120}}{j} = Y \times 82.4215, \quad j = \frac{i^{(12)}}{12} = \frac{0.08}{12},\ v = \frac{1}{1+j}$$

따라서 할부금은 $Y = 0.0156589$. 약 1,565,890 원.

3. 집값은 $4 \times (1+0.03)^{10} = 5.37567$. 따라서 대출금과 주택가격 비율은

$$\frac{1.29063}{5.37567} = 0.24 = 24\%$$

□

보기 2.35 단위기간은 1년이다. 연율은 5%이다. $t = 0$에 100을 5년간 대출했다. 매월 일정한 금액으로 지금부터 1개월 뒤부터 60회에 원금과 이자를 상환하려 한다.

1. 월 상환금액을 얼마인가?
2. 전체 상환금액 중 이자는 얼마인가?
3. $1,3,5,\cdots,59$ 개월째 상환되는 이자는 얼마인가?
4. $2,3,4,\cdots,60$ 개월 째 상환되는 이자는 얼마인가?

풀이 2.35 *1*. 월 상환금액을 X라 하자. 월 이자율은 $j_1 = (1+i)^{\frac{1}{12}} - 1 = 0.00407412$.

$$100 = X a_{\overline{60}|,i} = X \times 53.1338$$

따라서 $X = 1.88204$.

2. $60X - 100 = 112.922 - 100 = 12.9224$.

3. 단위기간이 2개월인 것에 주의하자. 2개월 간의 이율은 $j_2 = (1+0.05)^{\frac{2}{12}} - 1 = 0.00816485$. 따라서 상환되는 이자는 월 상환금액이 $X = 1.88204$인 것에 주의하면

$$30X - (1+j_1)X a_{\overline{30}|,j_2} = 6.35955$$

4. 이 경우도 단위기간은 2개월이다.

$$30X - X a_{\overline{30}|,j_2} = 56.4612 - 49.8984 = 6.56284$$

전체 부담하는 이자는 , 1개월 이자율이 $j_1 = \left(1+0.05\right)^{\frac{1}{12}} - 1 = 0.00407412$ 인 것에 주의하면, 전체 부담하는 이자는 $60X - 100 = 112.922 - 100 = 12.9224$ 이고, 이것은 물론 짝수 번째 달에 상환하는 이자와, 홀수 번째 상환하는 이자의 합과 같다.

$$12.9224 = 6.35955 + 6.56284$$

□

2.6 입금과 출금

각 계정마다 고유한 잔고증가율함수 $a(t)$가 있다. 이 계정에 돈을 투자하는 것, 돈을 인출하는 것은 시기와 금액을 함께 생각해야 한다. 입금은 양수, 인출은 음수로 계산한다. 각각의 거래를 독립적인 거래로 생각하면 된다.

요약 2.23 예를 들어 잔고증가율함수 $a(t)$로 주어진 계정에서 $t = t_1 > 0$일 때 최초로 M을 입금하고, $t = t_2 > t_1$에 N을 출금했 하자. 다른 거래가 없다면 잔고함수는

$$A(t) = \begin{cases} \frac{M}{a(t_1)} a(t), & t_1 \le t < t_2 \\ \left(\frac{M}{a(t_1)} - \frac{N}{a(t_2)}\right) a(t), & t_2 \le t \end{cases} \tag{2.66}$$

해설. 이 식을 더 친근하게 표현하면

$$A(t) = \begin{cases} M \frac{a(t)}{a(t_1)}, & t_1 \le t < t_2, \\ M \frac{a(t)}{a(t_1)} - N \frac{a(t)}{a(t_2)}, & t_2 \le t \end{cases} \tag{2.67}$$

식 (2.67)은 다음과 같은 형식이다:

$$A(t) = P(t)a(t), \quad P(t) = \begin{cases} 0, & 0 \le t < t_1 \\ \frac{M}{a(t_1)}, & t_1 \le t < t_2 \\ \frac{M}{a(t_1)} - \frac{N}{a(t_2)}, & t \ge t_1 \end{cases} \tag{2.68}$$

각각의 거래가 독립적으로 계산되는 것에 주의하자. $A(t)$는 오른쪽 연속함수다. ◁

보기 2.36 *연이율 5%인 단리계정이 있다.* $t = 0$*에 500을 투자하고,* $t = 2$*일 때 200을 출금했다. 다른 거래가 없다면* $t > 2$*일 때 잔고는 얼마인가?*

풀이 2.36 *단리계정이므로* $a(t) = 1 + it, i = 0.02$*이다. 먼저 최초* $t = 0$*일 때의 거래 이후* $0 \le t < 2$ *까지의 잔고함수는*

$$A(t) = 500a(t),\ 0 \le t < 2$$

마지막 거래가 있었던 $t = 2$ *일 때, 거래가 일어난 순간의 잔고는* $A(2) = 500a(2) - 200$. *따라서* $2 \le t$ *일 때의 잔고함수는*

$$A(t) = A(2)\frac{a(t)}{a(2)} = \Big(500a(2) - 200\Big)\frac{a(t)}{a(2)} \tag{2.69}$$

따라서

$$A(10) = \Big(500a(2) - 200\Big)\frac{a(10)}{a(2)} = 500a(10) - 200\frac{a(10)}{a(2)} = 477.273$$

여기서 $t \ge 2$*일 때의 잔고함수식 (2.69)를 풀어쓰면*

$$A(t) = 500\frac{a(t)}{a(0)} - 200\frac{a(t)}{a(2)} = 500(1 + it) - 200\frac{1 + it}{1 + 2i},\ t > 2 \tag{2.70}$$

□

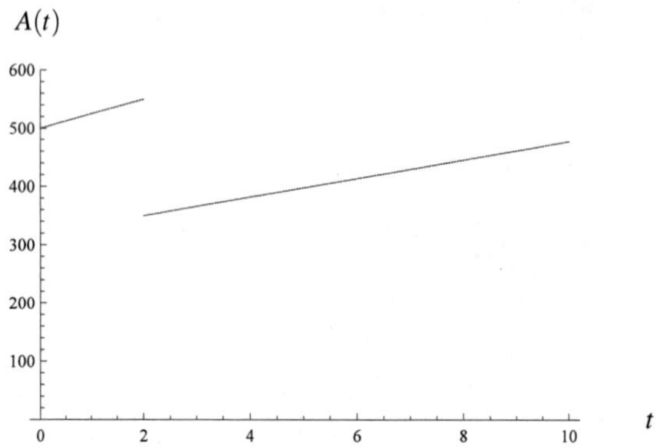

그림. 2.2: 보기 2.36의 잔고함수 $A(t)$. 거래가 일어난 $t = 2$에서 불연속이다.

보기 2.37 *연이율 5%인 복리계정이 있다. $t = 0$에 500을 투자하고, $t = 2$일 때 200을 출금했다. $t > 2$일 때 잔고는 얼마인가?*

풀이 2.37 $A(t) = 500\frac{a(t)}{a(0)} - 200\frac{a(t)}{a(2)} = 500(1+i)^t - 200(1+i)^{t-2},\ t \geq 2$ □

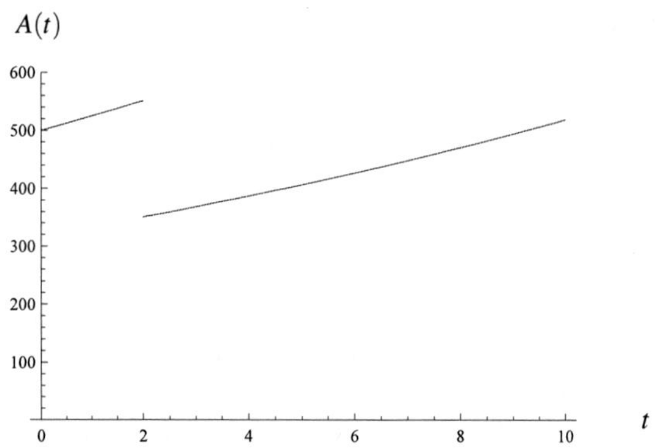

그림. 2.3: 보기 2.37의 잔고함수 $A(t)$. 거래가 일어난 $t = 2$에서 불연속이다. 단리계정일 때와 차이가 있다.

요약 2.24 잔고증가율함 $a(t)$가 주어진 계정에서 $t = t_1, t_2, \cdots, t_n$일 때 거래 $M_1, M_2, \cdots, M_n$가 있었을 때 $t \geq t_k$ 일 때의 잔고함수 $A(t)$는

$$A(t) = \sum_{k=1}^{n} M_k \frac{a(t)}{a(t_k)} = M_1 \frac{a(t)}{a(t_1)} + M_2 \frac{a(t)}{a(t_2)} + \cdots + M_n \frac{a(t)}{a(t_n)}$$

보기 2.38 *연이율 2%의 단리계정이 있다.* $t=0$*에 1000을 투자하고* $t=2$*일 때 500을 출금하고* $t=4$*일 때 다시 500을 넣었다.*

1. $t=6$*일 때의 잔고는 얼마인가?*
2. $t=2,4$ *일 때의 거래가 없었다면 잔고는 얼마인가?*

풀이 2.38 *잔고 증가율함수는* $a(t)=1+0.02\times t$.

1. $t\geq 4$*일 때의 잔고함수는*
$$A(t)=1000a(t)-500\frac{a(t)}{a(2)}+500\frac{a(t)}{a(4)}$$
따라서 $A(6)=1100.06$
2. *중간에 입.출금이 없었다면 잔고함수는*
$$A(t)=1000a(t),\ t\geq 0$$
따라서 $A(6)=1000a(6)=1120.$

□

보기 2.39 *연이율 2%의 복리계정이 있다. 최초에 1000을 투자하고* $t=2$*일 때 500을 출금하고* $t=4$*일 때 다시 500을 넣었다.*

1. *지금 상황에서* $t=6$*일 때 잔고는 얼마인가?*
2. *중간에 입출금이 없었다면* $t=6$*일 때의 잔고는 얼마인가?*

풀이 2.39 *복리계정이므로 잔고증가율함수는* $a(t)=(1+0.02)^t$.

1. *마지막 거래가 있었던* $t=4$ *이후의 잔고함수는*
$$A(t)=1000a(t)-500\frac{a(t)}{a(2)}+500\frac{a(t)}{a(4)}$$
따라서 $A(6)=1105.15$
2. *잔고함수는* $A(t)=1000a(t),\ t\geq 0$. *따라서* $A(6)=1126.16$

□

보기 2.40 $t=0$*에 A는 100, B는 50으로 동시에 통장을 개설했다. 각 통장의 이자율은 같다. 11년차에 A가 번 이자와 17년차에 B가 번 이자는 X로 같다. X는 얼마인가? 이자율을 상수로 생각한다.*

풀이 2.40 *이 문제에서 이자율은 구체적으로 무엇인지 주어지지 않았다. 특별한 말이 없기 때문에 모두 복리계정으로 계산한다. 또 n년차는 t가* $[n-1,n]$*인 것에 주의하자. 이자율이 모두 i로 같다고 하자. A의 잔고함수를* $A(t)$, *B의 잔고함수를* $B(t)$*라 두면*
$$A(t)=100(1+i)^t,\quad B(t)=50(1+i)^t.$$
주어진 조건은
$$A(11)-A(10)=B(17)-B(16)=X$$
따라서 이자율은
$$2(1+i)^{10}i=(1+i)^{16}i$$
이것으로부터 $(1+i)^6=2$*를 얻고, 따라서* $i=2^{\frac{1}{6}}-1\approx 0.122462$*이고,*
$$X=A(11)-A(10)=100(1+i)^{10}i=100\times 2^{\frac{10}{6}}\times i=100\times 2^{\frac{5}{3}}\times(2^{\frac{1}{6}}-1)=38.8793.$$

□

2.7 연속이자계산(continuous compounding)

컴퓨터가 보편화 되기 전에는 이자계산은 년마다, 달마다 계산하는 것이 일반적인 일이었다. 그러나 컴퓨터의 발달로 요즘에는 이자를 매 순간마다 계산하는 것이 일반적이다. 이것은 아주 큰 n에 대해서 $i^{(n)}$을 계산하는 것이 아주 쉬운 일이 되었기 때문이다.

주어진 양수 i에 대해서 지수함수

$$f(t) = (1+i)^t = e^{t\ln(1+i)} \tag{2.71}$$

를 생각하자. 지수함수의 미분에 주의하면 $f'(t) = \ln(1+i)\times e^{t\ln(1+i)}$이다. 표현을 간단하게 하게 위하여 $\delta := \ln(1+i)$라 두면

$$f(t) = (1+i)^t = e^{t\ln(1+i)} = e^{\delta t}, \quad \delta = \ln(1+i) \tag{2.72}$$

$\delta = \ln(1+i)$는 다음과 같은 의미가 있다.

요약 2.25 [$i^{(n)}$의 극한] 년 이율을 i라 하자. $\lim_{n\to\infty} i^{(n)} = \ln(1+i) := \delta$

해설. 정의에 따라 모든 양수 n에 대하열 $\left(1+\frac{i^{(n)}}{n}\right)^n = 1+i$ 가 성립한다. 따라서,

$$i^{(n)} = n\left((1+i)^{\frac{1}{n}}-1\right) = \frac{(1+i)^{\frac{1}{n}}-1}{\frac{1}{n}} = \frac{f(\frac{1}{n})-f(0)}{\frac{1}{n}}, \quad f(x) = (1+i)^x \tag{2.73}$$

따라서 $\lim_{n\to\infty} i^{(n)} = f'(0)$이고, $f'(x) = (1+i)^x\ln(1+i)$ 인 것에 주의하면, $\lim_{n\to\infty} i^{(n)} = \ln(1+i)$. ◁

요약 2.26 $i^{(n)} = n\left(e^{\frac{\delta}{n}}-1\right)$. 여기서 i는 년이율이고, $\delta = \ln(1+i)$.

해설. $\delta = \ln(1+i)$의 정의와 식 $\left(1+\frac{i^{(n)}}{n}\right)^n = 1+i$, 임의의 양수 a에 대하여 $a^b = e^{b\ln a}$인 것에 주의하면

$$1+\frac{i^{(n)}}{n} = (1+i)^{\frac{1}{n}} = \exp\left(\frac{1}{n}\ln(1+i)\right) = e^{\frac{\delta}{n}} \tag{2.74}$$

$$i^{(n)} = n\left(e^{\frac{\delta}{n}}-1\right) \tag{2.75}$$

◁

δ의 중요성을 다음과 같이 요약하자.

요약 2.27 년이율을 i라 하자. $i, i^{(n)}, d^{(n)}, \delta$ 사이에 다음 관계가 있다. 모든 실수 t와 양수 n에 대해서

$$(1+i)^t = e^{\delta t} = \left(1+\frac{i^{(n)}}{n}\right)^{nt} = \left(1-\frac{d^{(n)}}{n}\right)^{-nt} = e^{\delta t} \tag{2.76}$$

보기 2.41 *$i = 3\%$일 때, 다음 값을 계산하여라.*

1. δ *2*. $i^{(12)}$ *3*. $d^{(3)}$

풀이 2.41 *모든 것을 식 (2.76)로부터 계산할 수 있다.*

1. $\delta = \ln(1+i) = 0.0295588$
2. $e^{\delta t} = \left(1+\frac{i^{(n)}}{n}\right)^{nt}$ *에서* $1+\frac{i^{(n)}}{n} = e^{\frac{\delta}{n}}$. *따라서* $i^{(n)} = n\left(e^{\frac{\delta}{n}}-1\right)$. *그러므로* $i^{(12)} = 0.0295952$.
3. $\left(1-\frac{d^{(n)}}{n}\right)^{-nt} = e^{\delta t}$ *에서* $1-\frac{d^{(n)}}{n} = e^{-\frac{\delta}{n}}$. *따라서* $d^{(12)} = n\left(1-e^{-\frac{\delta}{n}}\right)$. *그러므로* $d^{(12)} = 0.0295224$.

□

2.8 적분과 연속이자계산, δ_t가 상수일 때

요약 2.28 이력(force of interest) $\delta_t \equiv \delta$, 상수, 가 되는 계정은 복리계정이라 한다. 따라서 복리계정의 경우 $\delta \equiv \frac{a'(t)}{a(t)}, a(0)=1$로부터

$$a(t) = e^{\delta t} = (1+i)^t, \quad \delta = \ln(1+i) \tag{2.77}$$

복리계정에서 $t = 0,1,2,\cdots,n-1$*에 각각 1 씩 지급될 예정의 돈의 현재가격은*

$$\ddot{a}_{\overline{n}|} := \frac{1}{a(0)}+\frac{1}{a(1)}+\cdots+\frac{1}{a(n-1)} = 1+v+v^2+\cdots+v^{n-1} = \frac{1-v^n}{1-v}$$

로 표시했다. 여기서 $v = \frac{1}{1+i} = e^{-\delta}$. *만일 단위기간을* m *등분하여, 기간* $\frac{1}{m}$ *마다* $\frac{1}{m}$*씩 지급해서 단위기간에 총* $n \times \frac{1}{n} = 1$*이 지급되는 경우는, 기간* n*동안에는 총* $n \times m$*회가 지급되고, 이것은* $\ddot{a}^{(m)}_{\overline{n}|}$*으로 표시했고, 이 값은, 기간* $\frac{1}{m}$ *동안의 이자율이* $e^{\frac{\delta}{m}}-1 = j_m$*인 것에 주의하면*

$$\ddot{a}^{(m)}_{\overline{n}|} = \sum_{k=0}^{mn-1}\frac{1}{m}v_m^k, \quad v_m = \frac{1}{1+j_m} = e^{-\frac{\delta}{m}} \tag{2.78}$$

따라서

$$\ddot{a}^{(m)}_{\overline{n}|} = \frac{1}{m}\frac{1-v_m^{mn}}{1-v_m} = \frac{1}{m}\frac{1-e^{-\delta n}}{1-\frac{1}{1+j_m}} = \frac{1-v^n}{m(1-e^{-\frac{\delta}{m}})} = \frac{1-v^n}{d^{(m)}}$$

위 식에서 $\left(1-\frac{d^{(m)}}{m}\right)^{-m} = e^{\delta}$. *여기서*

$$\lim_{m\to\infty} d^{(m)} = \delta$$

인 것에 주의하면

$$\lim_{m\to\infty}\ddot{a}^{(m)}_{\overline{n}|} = \frac{1-v^n}{\delta} \tag{2.79}$$

여기서 $\ddot{s}^{(m)}_{\overline{n}|} = (1+i^n)\ddot{a}^{(m)}_{\overline{n}|}$ *인 것을 생각하면*

$$\lim_{m\to\infty}\ddot{s}^{(m)}_{\overline{n}|} = (1+i)^n\frac{1-v^n}{\delta} = \frac{(1+i)^n-1}{\delta} = \frac{e^{\delta n}-1}{\delta}$$

요약 2.29 $a(t)=e^{\delta t}$인 복리계정이 있다. 시간구간 $[0,n]$의 모든 t에 대하여 1의 비율로 지급되는 돈의 현재가격은 $\bar{a}_{\overline{n|}}$으로 표시하고, $\bar{a}_{\overline{n|}}=\lim_{m\to\infty}\ddot{a}^{(m)}_{\overline{n|}}=\frac{1-v^n}{\delta}$이다. 적분이용하여 계산하면

1. 모든 t에 대하여 1의 비율로 지급되는 돈의 현재가격은

$$\bar{a}_{\overline{n|}}:=\int_{t=0}^{n}\frac{dt}{a(t)}=\int_0^n e^{-\delta t}dt=\left[-\frac{e^{-\delta t}}{\delta}\right|_{t=0}^{n}=\frac{1-e^{-\delta n}}{\delta}=\frac{1-v^n}{\delta} \tag{2.80}$$

2. 모든 t에 대하여 1의 비율로 입금될 때, 잔고함수 $A(t)$는

$$A(t)=\int_{s=0}^{t}a(t-s)ds=\int_{s=0}^{t}e^{\delta(t-s)}ds=e^{\delta t}\int_{s=0}^{t}e^{-\delta s}ds=\frac{e^{\delta t}-1}{\delta}:=\bar{s}_{\overline{t|}} \tag{2.81}$$

이 경우 $A(n)=\frac{e^{\delta n}-1}{\delta}=\lim_{m\to\infty}\ddot{s}^{(m)}_{\overline{n|}}:=\bar{s}_{\overline{n|}}$.

해설. 시간구간 $[0,n]$의 모든 t에 대하여 1의 비율로 지급한다는 것은 예를 들어 시간구간 $[t,t+dt]$에 지급되는 돈이 $1\times dt=dt$라는 것이다. 이 돈 dt의 현재가격은 $\frac{dt}{a(t)}$이고, 따라서 $\bar{a}_{\overline{n|}}=\int_{t=0}^{n}\frac{dt}{a(t)}$이다. ◁

보기 2.42 *$a(t)=e^{\delta t}$인 복리계정이 있다.*

1. *시간구간 $[0,2]$ 동안에 t일 때 t의 비율로 지급되는 돈의 현재가격을 구하여라.*
2. *시간구간 $[0,2]$ 동안에 t일 때 t의 비율로 돈을 넣을 때, 잔고함수 $A(t), 0\le t\le 2$를 구하여라.*

풀이 2.42 1. $\int_{t=0}^{2}\frac{tdt}{a(t)}=\int_{t=0}^{2}te^{-\delta t}dt=\frac{1}{\delta^2}\left(1-(1+2\delta)e^{-2\delta}\right)$

2. $\int_{s=0}^{t}\frac{sds}{a(s)}=\frac{1}{\delta^2}\left(1-(1+\delta t)e^{-\delta t}\right)$. 따라서

$$A(t)=\frac{1}{\delta^2}\left(1-(1+\delta t)e^{-\delta t}\right)\times a(t)=\frac{e^{\delta t}-1-\delta t}{\delta^2}$$

이 값은 물론

$$\int_{s=0}^{t}sa(t-s)ds=\int_{s=0}^{t}se^{\delta(t-s)}ds=\frac{e^{\delta t}-1-\delta t}{\delta^2}$$

과 같다.

□

보기 2.43 *$a(t)=e^{\delta t}, \delta=0.05$인 복리계정이 있다.*

1. *$[0,10)$ 동안에 t일 때 $5+t$의 비율로 돈을 넣을 때, $t=10$일 때 잔고는 얼마인가?*
2. *다른 거래가 없을 때 $t=20$일 때의 잔고는 얼마인가?*
3. *$t=21,21,\cdots,30$에 일정한 금액 X를 꺼내 $t=30$일 때 X를 출금하여 잔고를 0으로 하려 한다. X는 얼마인가?*

풀이 2.43 1. *시간구가 $[t,t+dt]$에 들어오는 돈은 $(5+t)dt$ 이다. 이 돈의 현재가격은 $\frac{(5+t)dt}{a(t)}$. 따라서 $[0,10)]$ 동안 입금된 돈의 현재가격은*

$$\int_{t=0}^{10}\frac{(5+t)dt}{a(t)}=\int_0^{10}(5+t)e^{-\delta t}dt=\frac{1}{\delta^2}\left(1+5\delta-(1+15\delta)e^{-10\delta}\approx 75.4285\right. \tag{2.82}$$

2. $75.4285\times a(20)=75.4285\times e^{20\delta}=205.036$

3. $t = 20$일 때, 10회 꺼내는 돈의 가격은

$$X\left(\frac{a(20)}{a(21)} + \frac{a(20)}{a(22)} + \cdots + \frac{a(20)}{a(30)}\right) = X\left(e^{-\delta} + e^{-2\delta} + \cdots + e^{-10\delta}\right) \tag{2.83}$$

$$= X\left(v + v^2 + \cdots + v^{10}\right) \tag{2.84}$$

$$= X\frac{v - v^{11}}{1 - v} \tag{2.85}$$

$$= X\frac{v}{1 - v}(1 - v^{10}) \tag{2.86}$$

$$= X\frac{1 - v^{10}}{i}, \quad v = e^{-\delta}, i = e^{\delta} - 1 \tag{2.87}$$

$$= 7.67429 \times X \tag{2.88}$$

이 값이 $t = 20$ 일 때 이 계정의 잔고와 같아야 한다. 따라서

$$X = \frac{205.036}{7.67429} \approx 26.72$$

□

2.9 적분과 연속이자계산, δ_t가 상수가 아닐 때

연속이자 계산은 수도꼭지에서 나오는 물을 받는 것으로 비유하면 이해하기 쉽다. 예를 들어 수도꼭지에서 초당 $20ml$의 물이 나온다 하자. $500ml$을 받는데 걸리는 시간은 $\frac{500ml}{20ml/s} = 25s$이다. 이것을 다음가 같이 해석할 수 있다. 시각 t일 때 컵에 받은 물의 양을 $A(t)ml$로 나타낸다면

$$A(0) = 0, A(25) = 500, A'(t) = 20 \tag{2.89}$$

이것을 미분적분학의 기본정리를 이용하여 적분으로 표현하면

$$A(25) = A(25) - A(0) = \int_{t=0}^{25} A'(t)dt \tag{2.90}$$

그런데 $A(t)$를 물이 아니라 돈으로 생각한다면 $A'(t)$는 시각 t일 때 돈이 늘어나는 비율인데, 돈이 늘어나는 것은 단지 비율만 중요한 것이 아니라 그 순간의 돈의 양이 중요하다. 예를 들어 100에서 10%가 늘어나는 것과, 100,000에서 10%가 늘어나는 것은 10%만 중요한 것이 아니기 때문이다. 이것을 고려하여 생각한 것이

$$\frac{A'(t)}{A(t)} \tag{2.91}$$

이다. 즉 그 순간의 양 $A(t)$와 증가율 $A'(t)$를 동시에 생각하는 것이다. 이런 생각으로 식 (2.90)를 다시 쓰면

$$A(25) = A(25) - A(0) \tag{2.92}$$

$$= \int_{t=0}^{25} A'(t)dt = \int_{t=0}^{25} A(t)\frac{A'(t)}{A(t)}dt \tag{2.93}$$

$$= \int_{t=0}^{25} A(t)\delta_t dt, \quad \delta_t \equiv \delta(t) := \frac{A'(t)}{A(t)} \tag{2.94}$$

지금처럼 수도꼭지에서 초당 $20ml$씩 나오는 물을 생각하는 경우에는 $A'(t) = 20$이고, $A(t) = 20t$가 되어

$$\delta_t = \frac{A'(t)}{A(t)} = \frac{20}{20t} = \frac{1}{t}, \ t > 0 \tag{2.95}$$

식 (2.95)의 의미를 말해보자. δ_t는 t가 커지면 값이 작아지는 t에 대한 감소함수이다. 어떤 것이 시간당 일정한 양으로 들어온다면, 들어오는 양을 그 시간까지 들어온 양 전체와 비교하면 그 비율은 감소한다는 의미다. 이

것은 100일 때 10이 들어오면 전체 양의 10%가 들어온 것이지만, 1000일 때 10이 들어오는 것은 전체 양 1000의 1%에 지나지 않는 것을 생각하면 쉽게 이해된다.

> **요약 2.30** 어떤 투자 계정의 잔고함수를 $A = A(t)$라 하자. 이때 $\delta_t := \frac{A'(t)}{A(t)}$를 이력(force of interest)라 한다.

해설. 투자 계정의 효율을 비교하는 방법 중 하나가 잔고 $A(t)$와 증가율 $A'(t)$의 비율 $\delta_t := \frac{A'(t)}{A(t)}$를 조사하는 일이다. 물론 $A(t)$가 주어지면 δ_t를 간단하게 계산할 수 있지만, 실제 금융상품 설계에서는 먼저 δ_t를 설계하는 일이다. 왜냐하면 δ_t를 설계하면 $A(t)$를 계산할 수 있기 때문이다. 즉 $\delta_t = \frac{A'(t)}{A(t)}$로부터

$$\int_{s=0}^{t} \delta_s ds = \int_{s=0}^{t} \frac{a'(s)}{a(s)} ds = \left[\ln a(s)\right|_{s=0}^{t} = \ln a(t) - \ln a(0) \tag{2.96}$$

따라서

$$a(t) = a(0)\exp\Big(\int_{s=0}^{t} \delta_s ds\Big) = \exp\Big(\int_{s=0}^{t} \delta_s ds\Big) \tag{2.97}$$

◁

요약 2.24에서 잔고증가율함 $a(t)$가 주어진 계정에서 $t = t_1, t_2, \cdots, t_n$일 때 거래 $M_1, M_2, \cdots, M_n$가 있었을 때 $t \geq t_k$ 일 때의 잔고함수 $A(t)$는

$$A(t) = \sum_{k=1}^{n} M_k \frac{a(t)}{a(t_k)} = M_1 \frac{a(t)}{a(t_1)} + M_2 \frac{a(t)}{a(t_2)} + \cdots + M_n \frac{a(t)}{a(t_n)} \tag{2.98}$$

특히 $M_1 = M_2 = \cdots = M_n = M$으로 같은 경우에는

$$A(t) = M \sum_{k=1}^{n} \frac{a(t)}{a(t_k)} = M\Big(\frac{a(t)}{a(t_1)} + \frac{a(t)}{a(t_2)} + \cdots + \frac{a(t)}{a(t_n)}\Big) \tag{2.99}$$

그러나 이 식은 연속이자 계산과 어울리지는 않는다. 왜냐하면 $a(t)$는 증가함수이기 때문에 $\frac{a(t)}{a(t_k)} \geq 1$, $k = 1, 2, \cdots, n$이고, 따라서

$$n \to \infty \text{ 이면 }, A(t) = M \sum_{k=1}^{n} \frac{a(t)}{a(t_k)} \geq Mn \to \infty$$

따라서 의미 있는 경우는 수도꼭지에서 나오는 물을 생각하는 것이다.

> **요약 2.31** 잔고증가율함수 $a = a(t)$, $0 \leq t \leq T$, 가 주어진 계정에서 각 순간 t에 $M(t)$의 비율로 돈이 입급된다 하자. 이 말의 의미는 dt가 충분히 작을 때, 시간구간 $[t, t+dt]$에 입급된 돈은 $M(t)dt$라는 뜻이다.
>
> 1. $[0, T]$동안에 입급된 돈은 총 합은 $\int_{t=0}^{T} M(t)dt$
> 2. $[0, T]$동안 입급될 돈의 현재가격은 $\int_{t=0}^{T} \frac{M(t)}{a(t)} dt$
> 3. 시각 $t = T$일 때의 잔고는 $A(T) = \big(\int_{t=0}^{T} \frac{M(t)}{a(t)} dt\big) a(T)$

해설. 식 (2.98)를 적용하고, 수도꼭지에서 나오는 물을 생각하면 이해할 수 있다. 우선 시간구간 $[0, T]$를 n 등분하면 분할된 구간의 길이는 $\frac{T}{n}$이고, 분할된 점들은 $\{0 = t_0 < t_1 < t_2 < \cdots < t_k < \cdots t_{n-1} < t_n = T\}$. $t_k = \frac{kT}{n}$이다.

1. $M = M(t)$를 적분가능한 함수라 가정하면(기초적인 금융수학에서 적분가능하지 않은 $M(t)$를 생각할 이유는 없다) , 시간구간 $[t_k, t_{k+1}]$에 입금된 돈을 $M(t_k)\Delta t_k, \Delta t_k = \frac{T}{n}$으로 근사시킬 수 있고

$$\sum_{k=1}^{n} M(t_k)\Delta t_k \to \int_{t=0}^{T} M(t)dt \tag{2.100}$$

2. 시간구간 $[t_k, t_{k+1}]$ 동안에 입금된 돈을 $M(t_k)\Delta t_k$로 근사시키면, 이 돈의 현재가격은 $\frac{M(t_k)\Delta t_k}{a(t_k)}$으로 근사시킬 수 있다. 따라서 현재가격은

$$\sum_{k=1}^{n} \frac{M(t_k)\Delta t_k}{a(t_k)} \to \int_{t=0}^{T} \frac{M(t)}{a(t)}dt \tag{2.101}$$

3. 식 (2.98)에서 $M_k = M(t_k)\Delta t_k$인 경우에 해당한다.

$$A(T) = \sum_{k=1}^{n} M_k \frac{a(T)}{a(t_k)} = \Big(\sum_{k=1}^{n} M(t_k)\Delta t_k a(t_k)\Big)a(T) \to \Big(\int_{t=0}^{T} \frac{M(t)}{a(t)}dt\Big)a(T) \tag{2.102}$$

◁

보기 2.44 *잔고증가율함수가* $a(t) = e^{\delta t}$*인 계정이 있다. 이 계정에 시간구간* $[0,4]$ *동안에 시각* t*에* t*의 비율로 돈이 입금될 예정이다.*

1. *입금될 돈은 얼마인가?*
2. *입금될 돈의 현재가격은 얼마인가?*
3. *구체적으로* $\delta = 0.05$*라 하자.* $t = 4$*일 때 잔고는 얼마인가?*

풀이 2.44 1. $\int_0^4 t dt = 8$

2. $\int_0^4 \frac{t}{a(t)}dt = \int_0^4 te^{-\delta t}dt = \frac{1}{\delta^2}\left(1-(1+4\delta)e^{-4\delta}\right)$
3. *현재가격은* $\frac{1}{\delta^2}\left(1-(1+4\delta)e^{-4\delta}\right) \approx 7.01$. *따라서* $A(4) = 7.01 \times a(4) = 7.01 \times e^{4\delta} \approx 8.56$

□

보기 2.45 $\delta_t = \begin{cases} 0.05, & 0 \le t < 2, \\ 0.06, & 2 \le t \le 6 \end{cases}$ *인 계정이 있다. 이 계정에 시각* t*에* t*의 비율로 돈이 입금될 예정이다.*

1. *입금될 돈은 얼마인가?*
2. *입금될 돈의 현재가격은 얼마인가?*
3. $t = 6$*일 때 잔고는 얼마인가?*

풀이 2.45 *제일 먼저 잔고증가율함수* $a(t)$*를 계산해야 한다. 지금 경우는* δ_t*가 구간에 따라 다른 식으로 주어지는 것에 주의하자.* $\delta_t = \frac{a'(t)}{a(t)}$*로 부터*

$$a(t) = \exp\left(\delta_s ds\right) = \begin{cases} \exp(0.05t), & 0 \le t < 2 \\ \exp(0.1)\exp\left(0.06(t-2)\right), & 2 \le t \le 6 \end{cases}$$

이렇게 되는 것은 $0 \le t \le 2$*인 경우는* $\delta_t = 0.05$*이므로*

$$\int_{s=0}^{t} \delta_s ds = 0.05t$$

이고, $2 \le t \le 6$*인 경우는* $\delta_t = 0.06$*이므로*

$$\int_{s=0}^{t} \delta_s ds = \int_{s=0}^{2} \delta_s ds + \int_{s=2}^{t} \delta_s ds = \int_{0}^{2} 0.05 ds + \int_{s=2}^{t} 0.06 ds = 0.1 + 0.06(t-2)$$

이기 때문이다.

1. $\int_{t=0}^{6} t dt = 18$

2. $a(t)$가 구간에 따라 다른 식으로 주어지는 것에 주의해야 한다.

$$\int_{t=0}^{6}\frac{t}{a(t)}dt = \int_{t=0}^{2} te^{-0.05t}dt + \int_{t=2}^{6} te^{-0.1}e^{-0.06(t-2)}dt \tag{2.103}$$
$$= \int_{t=0}^{2} te^{-0.05t}dt + e^{-0.1}\int_{t=0}^{4}(t+2)e^{-0.06t}dt \tag{2.104}$$
$$= 1.87154 + 12.614 \tag{2.105}$$
$$= 14.4855 \tag{2.106}$$

3. $14.4855 \times a(6) = 14.4855 \times 1.40495 = 20.3514$

□

보기 2.46 $\delta_t = \frac{2t}{9+t^2}, 0 \le t \le 3$로 주어진 계정이 있다. 이 계정에 시각 t에 1의 비율로 돈이 입금될 예정이다.

1. 입금될 돈은 얼마인가?
2. 입금될 돈의 현재가격은 얼마인가?
3. $t = 3$일 때 잔고는 얼마인가?
4. 이 계정에 돈이 연속으로 입금되지 않고, $t = 0, 1, 2, 3$에 각각 1씩 입금된다면, $t = 3$일 때 잔고는 얼마인가?

풀이 2.46 $a(t)$를 계산하면 $a(t) = \exp\left(\int_{s=0}^{t}\delta_s ds\right) = \exp\left(\ln(9+t^2) - \ln 9\right) = 1 + \frac{t^2}{9}$.

1. $\int_0^3 1dt = 3$.
2. $\int_0^3 \frac{1}{1+\frac{t^2}{9}}dt = \left[3\tan^{-1}(\frac{t}{3})\right]_{t=0}^{3} = \frac{3\pi}{4}$
3. $\frac{3\pi}{4} \times a(3) = \frac{3\pi}{2}$. 또는
$$A(3) = \int_{t=0}^{3}\frac{a(3)}{a(t)}dt = \int_0^3 \frac{18}{9+t^2}dt = \frac{3\pi}{2}$$
4. $\frac{a(3)}{a(0)} + \frac{a(3)}{a(1)} + \frac{a(3)}{a(2)} + \frac{a(3)}{a(3)} = \frac{402}{65} \approx 6.18$

□

요약 2.32 $\delta_t, 0 \le t \le T$,가 주어진 계정이 있다. 이 계정에 $t = 0$에 M을 넣고, 모든 t일 때 $c(t)$의 비율로 출금하여 잔고를 항상 M으로 유지했을 때 임의의 시간구간 $[0,t]$에 지급된 총 출금액은 $M\int_{s=0}^{t}\delta_s ds$이다. 이것은 발생하는 이자만 출금할 때 가능하다.

해설. 임의의 t에 대해서 $[0,t]$동안 지급된 돈의 현재가격은 $\int_{s=0}^{t}\frac{c(s)}{a(s)}ds$. 따라서

$$a(t)\left(M - \int_{s=0}^{t}\frac{c(s)}{a(s)}ds\right) \equiv M \tag{2.107}$$

가 성립해야 한다. 위 식을 정리하면

$$M \equiv \frac{M}{a(t)} + \int_{s=0}^{t}\frac{c(s)}{a(s)}ds$$

양변을 t로 미분하면

$$0 \equiv -\frac{Ma'(t)}{a(t)^2} + \frac{c(t)}{a(t)} \tag{2.108}$$

따라서 $c(t) = M\frac{a'(t)}{a(t)} = M\delta_t$를 얻는다. 그러므로 임의의 구간 $[0,t]$ 동안 원금을 유지하면서 지급된 이자는 $M\int_{s=0}^{t}\delta_s ds$. ◁

보기 2.47 $\delta_t = \frac{1}{8+t}, 0 \le t \le 4$로 주어진 계정이 있다. 이 계정에 시각 t에 $1+\frac{t}{8}$의 비율로 돈이 입금될 예정이다.

1. 입금될 돈은 얼마인가?
2. 입금될 돈의 현재가격은 얼마인가?
3. $t=4$일 때 잔고는 얼마인가?
4. $t=1$일 때부터 이 계정에서 연속으로 $c(t), 1 \le t \le 4$의 비율로 출금하여 잔고를 $t=1$일 때의 잔고로 유지하려 한다.
   - 4-1. $t=1$일 때 잔고는 얼마인가?
   - 4-2. $[1,3]$ 동안 지급된 돈은 얼마인가?

풀이 2.47 $a(t) = \exp\left(\int_{s=0}^{t} \delta_s ds\right) = 1+\frac{t}{8}$이다.

1. $\int_0^4 \left(1+\frac{t}{8}\right)dt = 5$
2. $\int_{t=0}^4 \left(1+\frac{t}{8}\right)\frac{1}{a(t)}dt = 4$
3. $4 \times a(4) = 6$
4.
   - 4-1. $\left(\int_0^1 (1+\frac{t}{8})\frac{1}{a(t)}dt\right)a(1) = \frac{9}{8}$
   - 4-2. $t \ge 1$일 때 잔고를 일정하게 유지하는 것에 주의하자. $[1,t]$일 때 들어오고, 나가는 돈의 현재가격은

$$\int_{s=1}^{t}(1+\frac{s}{8})\frac{1}{a(s)}ds - \int_{s=1}^{t}\frac{c(s)}{a(s)}ds = t-1-\int_{s=1}^{t}\frac{c(s)}{a(s)}ds \tag{2.109}$$

$t=1$일 때의 잔고 $\frac{9}{8}$로부터 발생하는 이자의 현재가격은

$$\int_{s=1}^{t}\frac{9}{8}\delta_s\frac{1}{a(s)}ds = 1-\frac{9}{8+t} \tag{2.110}$$

따라서

$$1-\frac{9}{8+t}+t-1-\int_{s=1}^{t}\frac{c(s)}{a(s)}ds \equiv 0$$

가 되어야 한다.
이 식의 양변을 t로 미분하고 정리하면 $c(t) = 1+\frac{t}{8}+\frac{9}{8}\delta_t$이다. 이것은 $t \ge 1$ 이후에 입금되는 돈 $1+\frac{t}{8}$을 다 찾고, $\frac{9}{2}$로부터 발생하는 이자를 찾는 것에 해당한다. $[1,4]$동안 지급된 돈은

$$\int_{t=1}^{4}\left(1+\frac{t}{8}+\frac{9}{8}\delta_t\right)dt = \frac{63}{16}+\frac{9}{16}\ln\frac{16}{9} \approx 4.26$$

□

보기 2.48 $\delta_t = \frac{1}{8+t}, 0 \le t \le 4$로 주어진 계정이 있다.

1. 이 계정에 시각 $0 \le t \le 2$일 때에만, t일 때, $1+\frac{t}{8}$의 비율로 돈이 입금될 예정이다. 잔고함수 $A(t), 0 \le t \le 4$를 구하여라.
2. 이 계정에 $2 \le t \le 4$일 때에만 t일 때 $2+\frac{t}{4}$의 비율로 돈이 입금될 예정이다. 잔고함수 $A(t), 0 \le t \le 4$를 구하여라.
3. 이 계정에 시각 $0 \le t \le 2$일 때는, t일 때, $1+\frac{t}{8}$의 비율로 돈이 입금될 예정이다. $2 \le t \le 4$일 때는 t일 때 $2+\frac{t}{4}$의 비율로 돈이 입금될 예정이다. 잔고함수 $A(t), 0 \le t \le 4$를 구하여라.

풀이 2.48 $\delta_t = \frac{a'(t)}{a(t)}$로부터 $a(t) = 1+\frac{t}{8}$.

1. $[0,t]$에 입금된 돈의 현재가격은

$$\begin{cases} \int_{s=0}^{t}(1+\frac{s}{8})\frac{1}{a(s)}ds = t, & 0 \le t \le 2, \\ \int_{s=0}^{2}(1+\frac{s}{8})\frac{1}{a(s)}ds = 2, & t \ge 2 \end{cases}$$

따라서

$$A(t) = \begin{cases} ta(t) = t(1+\frac{t}{8}), & 0 \le t < 2 \\ 2a(2)\frac{a(t)}{a(2)} = 2(1+\frac{t}{8}), & 2 \le t \le 4 \end{cases} \tag{2.111}$$

2. $[0,t]$에 입금된 돈의 현재가격은

$$\begin{cases} 0, & 0 \le t \le 2, \\ \int_{s=2}^{t}(2+\frac{s}{4})\frac{1}{a(s)}ds = 2(t-2), & t \ge 2 \end{cases}$$

따라서

$$A(t) = \begin{cases} 0, & 0 \le t < 2 \\ 2(t-2)a(t) = \ 2(1+\frac{t}{8})(t-2), & 2 \le t \le 4 \end{cases} \tag{2.112}$$

3. $[0,t]$동안 입금될 돈의 현재가격은

$$0 \le t < 2 \text{ 일 때}, \int_{s=0}^{t}(1+\frac{s}{8})\frac{1}{a(s)}ds = t \tag{2.113}$$

$$2 \le t \le 4 \text{ 일 때}, \int_{s=0}^{2}(1+\frac{s}{8})\frac{1}{a(s)}ds + \int_{s=2}^{t}(2+\frac{s}{4})\frac{1}{a(s)}ds = 2+2(t-2) \tag{2.114}$$

$$\tag{2.115}$$

따라서

$$A(t) = \begin{cases} t\big(1+\frac{t}{8}\big), & 0 \le t < 2 \\ (2t-2)a(t) = 2(1+\frac{t}{8})(t-1), & 2 \le t \le 4 \end{cases} \tag{2.116}$$

이 식은 물론 식 (2.111), (2.112)를 합해서 얻어진다.

□

요약 2.33 $t=0$에 200 이 들어가고, $t=1$ 에 100이 들어간다. $3 \le t \le 13$에는 t일 때 3의 비율로 돈이 나오고, $t=13$에 600이 나온다. 이 사업의 수익성을 결정하는 년이율 i_0는 들어가는 돈과 나오는 돈의 현재각격을 0으로 하는 값이다. 지금 경우는 $i_0 = 2.2\%$이다.

해설. 이 회사의 자본조달 이율을 i라 하자. $t=0,1$에 들어가는 돈의 현재가격은

$$200+100e^{-\delta}, \quad \delta = \ln(1+i) \tag{2.117}$$

다음으로 $3 \le t \le 13$에 연속으로 나오는 30의 현재가격은

$$\int_{t=3}^{13}\frac{30dt}{e^{\delta t}}dt = \int_{t=3}^{13}30e^{-\delta t}dt = \frac{30}{\delta}\big(e^{-3\delta} - e^{-13\delta}\big) \tag{2.118}$$

$t=13$에 나오는 60의 현재가격은

$$60e^{-13\delta} \tag{2.119}$$

따라서 손익을 나타내는 함수는

$$L(\delta) := 300e^{-13\delta} + \frac{3}{\delta}\big(e^{-3\delta} - e^{-13\delta}\big) - \big(200+100e^{-\delta}\big) \tag{2.120}$$

$L(\delta)=0$가 성립하는 δ는 $\delta \approx 0.02173388$이고, 따라서 $i = e^{0.02173388} - 1 = 0.02197$이다. 이 식의 의미는 자본조달 이율이 2.219%보다 높으면, 손실이 발생하므로 이 사업을 추진하지 말아야 하는 것이다. ◁

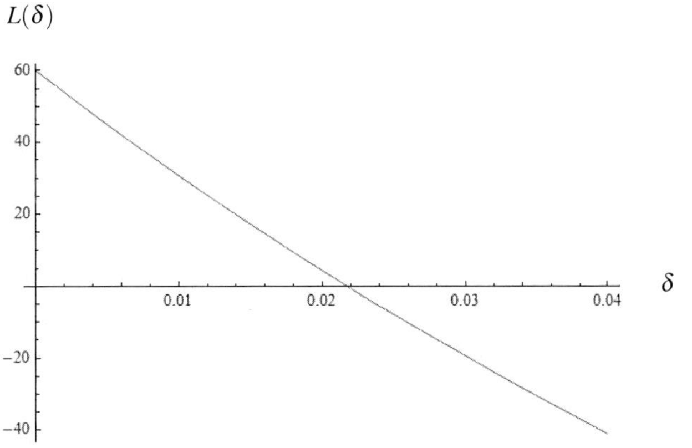

그림. 2.4: 손익함수 $L(\delta) = 300e^{-13\delta} + \frac{3}{\delta}\left(e^{-3\delta} - e^{-13\delta}\right) - \left(200 + 100e^{-\delta}\right)$

보기 2.49 *공장을 운영하는데 $t = 0$에 1,000, $t = 10$에 300이 들어간다. $0 \le t \le 10$에 t에 10의 비율로 연속으로 제품을 생산할 수 있고, 200의 비율로 운영비가 들어간다. 제품 1단위당 가격을 X라 하자.*

1. *$t = 0$에 들어가는 돈 1,000년 12%로 대출하고, 이것을 수익으로 연속으로 갚으려 한다. 1,000을 모두 상환하는데 걸리는 T_0는?*
2. *T_0 부터 10까지 연속으로 $t = 10$에 들어갈 300을 마련하려 한다. 상환 이율은 10%라 하자. 이것이 가능하기 위한 T_0와 X의 관계는?*
3. *T_0와 손익분기점이 되는 X를 구하여라.*

풀이 2.49 1. *걸리는 시간을 T_0라 하면 $\delta = \ln(1+0.12) = 0.113329$로 해서*

$$1000(1+0.12)^{T_0} = (10X - 200)\int_{t=0}^{T_0} e^{(T_0-t)\delta}dt = (10X-200) \times 8.82389 \times (e^{\delta T_0} - 1) \tag{2.121}$$

2. *기간 $[0, 10 - T_0]$ 동안 10%로 연속으로 저축하는 것을 생각하면 된다. $\delta_1 = \ln(1+0.1) = 0.0953102$로 해서*

$$300 = (10X - 200)\int_{t=T_0}^{10} \frac{\exp(10\delta_1)}{\exp(\delta_1 t)}dt = (10X-200)(27.2137e^{-\delta_1 T_0} - 10.4921) \tag{2.122}$$

3. *먼저 T_0를 구하자. 이를 위해서 두 식 (2.121), (2.122)에서 $10X - 200$을 소거하면*

$$\frac{1000(1+0.12)^{T_0}}{300} = \frac{8.82389 \times (e^{\delta T_0} - 1)}{27.2137e^{-\delta_1 T_0} - 10.4921} \tag{2.123}$$

이 방정식의 해는 $T_0 \approx 8.480502$. 이 값은 식 (2.122)에 대입하면

$$300 = (10X - 200) \times 1.63468$$

따라서 $X = 38.3522$. 이 식의 의미는 1단위당 가격이 38.3522 이상이 되어야 이익이 발생하기 시작한다는 것이다.

□

보기 2.50 *공장을 운영하는데 $t = 0$에 1,000, $t = 10$에 300이 들어간다. $0 \le t \le 10$에 t에 10의 비율로 연속으로 제품을 생산할 수 있고, 200의 비율로 운영비가 들어간다. 이 공장의 자본조달 이율이 년 12%, 제품 1당 가격 X, 1,000을 12%로 대출하여 중도상환 없이 공장 운영에서 나오는 수익을 10년간 연속으로 저축하여 $t = 10$에 한꺼번에 갚기로 할 때, 손익분기점이 되는 X 값은? (단, 예금이자는 10%로 한다)*

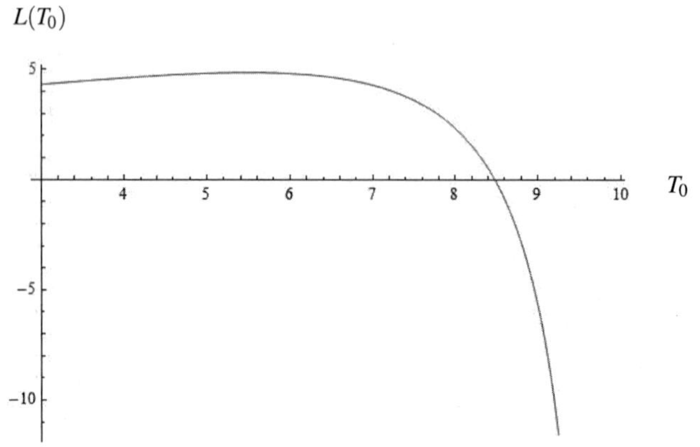

그림. 2.5: 상환시간함수 $L(T_0) = \frac{1000(1+0.12)^{T_0}}{300} - \frac{8.82389\times(e^{\delta T_0}-1)}{27.2137e^{-\delta_1 T_0}-10.4921}$. $\delta_1 = \ln(1+0.1) = 0.0953102$

풀이 2.50 $t = 10$에 갚아야 할 돈은 $1000(1+0.12)^{10}+300 = 3405.85$. t에 저축할 수 있는 비율은 $10X-200$이므로 이것을 $[0,10]$동안 저축하면, $\delta = \ln(1+0.1) = 0.0953102$로 계산하면

$$(10X-200)\int_{t=0}^{10}\frac{\exp(10\delta)}{\exp(\delta t)}dt = (10X-200)\frac{e^{10\delta}-1}{\delta} = 16.7216\times(10X-200)$$

따라서 $16.7216\times(10X-200) = 1000(1+0.12)^{10}+300 = 3405.85$가 성립하는 X를 구하면, $X = 40.3679$. 이 값은 보기 2.49에서처럼 되도록 빨리 중도상환하는 경우 38.3522보다 높기 때문에 불리하다. □

2.10 Sage, Julia, Jupyter, Python

보험계산은 생존모델과 확률이 중심역할을 하기 때문에 현실적은 문제는 손으로 계산할 수 있는 것이 거의 없다. 때문에 컴퓨터 활용일 필수적이다. 여기서는 개념 이해를 위한 계산을 위해서 Google colab의 Python3를 주로 활용할 계획이다.

□ *Python*

Python은 `https://www.python.org/downloads/` *에서 무료로 PC에 설치할 수 있다. 설치단계에서 작업공간이 정해진다. 이 작업공간을 깊은 곳에 있어 사용하기 불편한 경우가 있다. 현재 작업공간을 확인하려면*

```
import os
os.getcwd()
```

자신이 편한 작업공간이 필요한 때가 오는데, 작업공간을 자신이 정한 곳으로 바꾸려면(예들 들어 `E:/PyWorks` *)*

```
import os
os.chdir('E://PyWorks')
```

여기에 아래 화일을 만들어 실해하자.

```
exec(  open('int-tbl.py').read()  )
```

Python 화일은 다른 블럭은 나타내는 { 같은 것이 없는 대신에, 들여쓰기가 중요하다. 식이 길어 다음 줄로 넘겨야 할 때는 끝에 \를 넣는 것도 주의하자. 아래 화일에는 2개의 \ 가 있다. `Windows`*를 쓰고 있다면, Python 화일은 notepad를 이용해서 작성해도 좋지만,* `Windows`*용* `Vim` *에디터도 사용해 보자.*

.... *화일int-tbl.py* ....

```
from  math import  *

def acu(n,i):
    ans=(1+i)**n
    return ans

def sn(n,i):
    ans=( (1+i)**n -1)/i
    return ans

for yr in range(10):
    print(str(yr) + "  "+ str( acu(yr, 0.05) )  )

intRate=0.05

for yr in range(1,10):
    print( '{0:d} {1:7.3f} {2:7.3f} {3:7.3f}'.format(yr, acu(yr,intRate),\
            acu(-yr, intRate),  sn(yr, intRate) )  )

outfile=open("int-tbl.txt", 'w')

for yr in range(1,10):
    outfile.write('{0:d}  {1:7.3f}  {2:7.3f}   {3:7.3f}'.format(yr, acu(yr,intRate),\
            acu(-yr,intRate),  sn(yr, intRate)  )   )
    outfile.write('\n')
```

.... *화일 tst-int-table.py 끝* ....

□ *SageMath, Julia*

PC를 쓸 수 있다면 단지 Python만을 설치하는 것보다 `SageMath`*나* `Julia`*를 설치하는 것이 아주 좋다.* `SageMath`*는* `http://www.sagemath.org/` *에서 무료로 설치하여 쓸 수 있는 수학을 위한 도구다. 줄리아는* `https://julialang.org`*에서 무료로 설치할 수 있다. 이 책에서는* `SageMath`*를 설치하는 것으로 설명하자.*

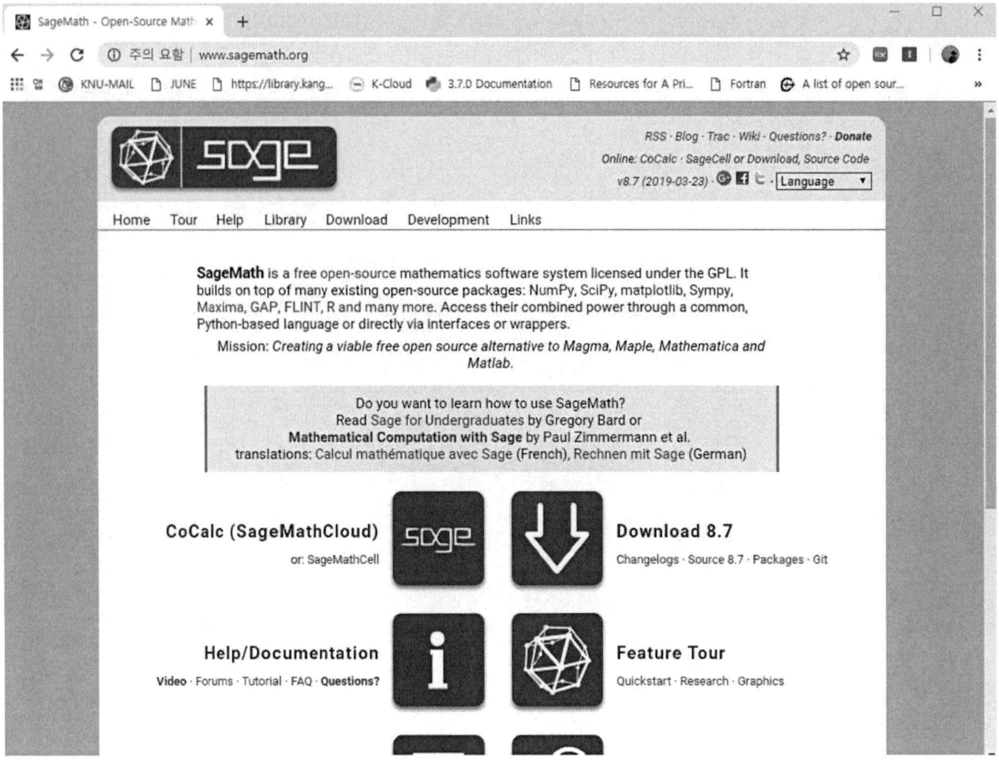

설치후 `SageMath 8.6 Notebook`*을 가동하면, 다음과 같은 화면이 jupyter IDE가 나타난다.*

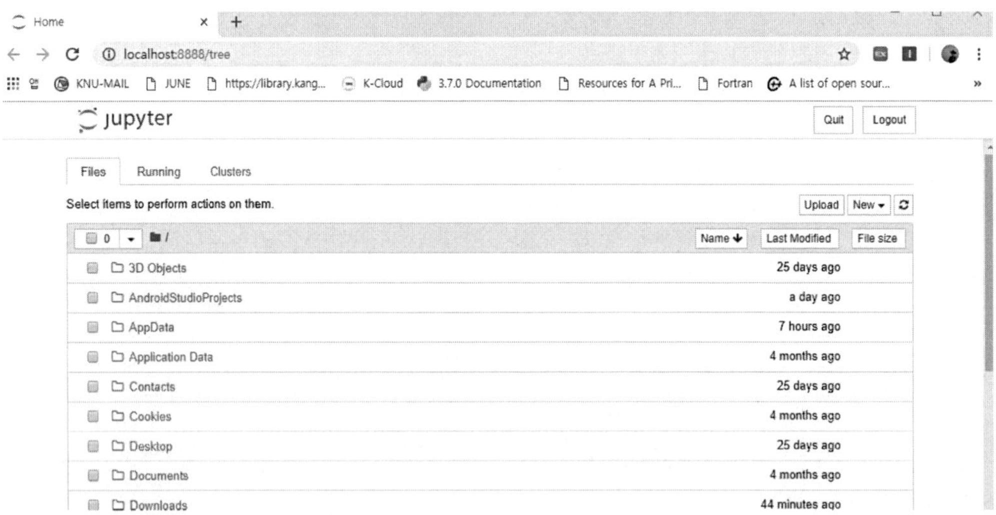

왼쪽에 jupyter 로고가 나타나고, 오른 쪽에 `Quit, Logout` *이 보이고, 그 아래에* `Upload, New`*가 보이는데,* `New`*를 클릭하면 다시 아래와 같은 형식의 메뉴가 펼쳐진다.*

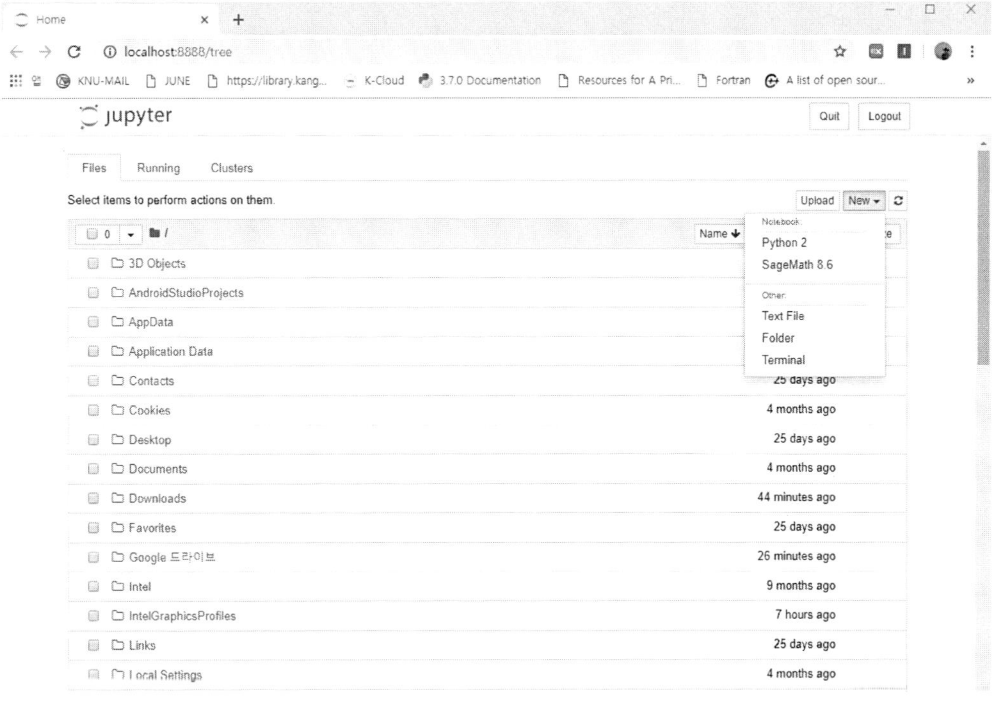

여기서 `Python2`*를 선택하면 IPython IDE가 나타나고,* `SageMath 8.6`*을 설치하면* `SageMath` *IDE가 나타난다. 다음은* `Python2`*를 선택했을 때이다. 오른쪽에 Python 로고와* `Python2`*가 보인다.*

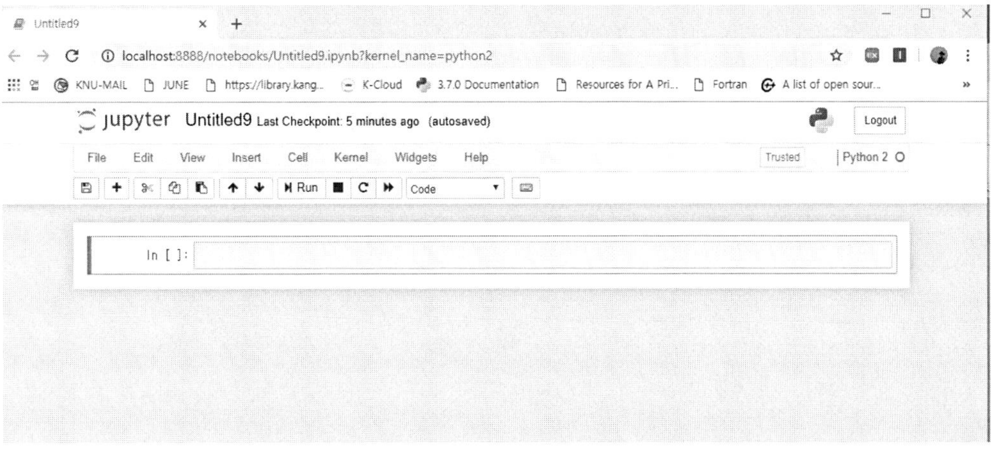

SageMath 8.6을 선택하면 다음과 같은 SageMath *IDE가 나타나는데, 얼핏 보기에 거이 차이가 없다. 왼쪽에 SageMath 로고와* SageMath 8.6*가 보인다.*

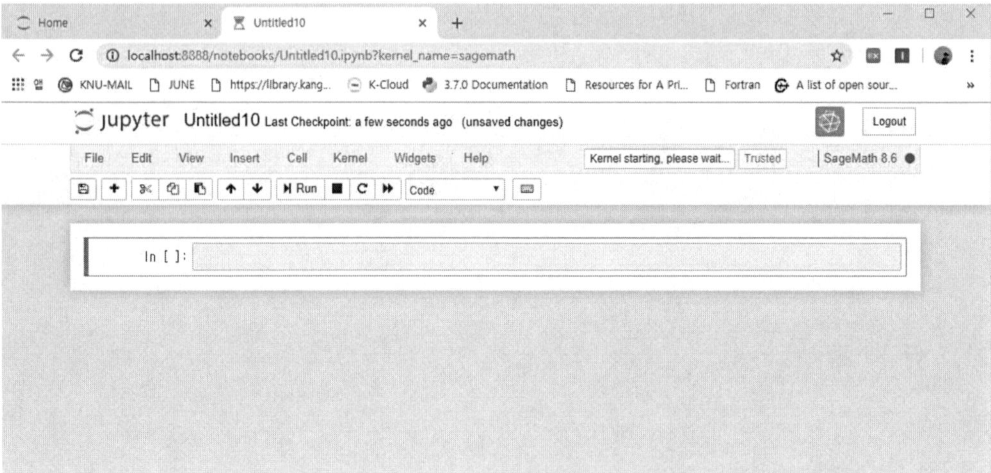

□ *휴대폰에서 Python 프로그래밍*

PC는 사용하기 편리하지만 이동성이 거의 없다. 노트북 컴퓨터도 들고 다니는 것이 불편하다. 그런데 휴대폰은 거의 모두가 들고 다닌다. 이런 이유로 성능이 좀 떨어지더라도 휴대폰에서 SageMath 같은 것을 사용할 수 있으면 더 바랄 것이 없겠다. 그러나 휴대폰은 이동성은 최상이지만, 자판을 사용하는 것이 상당히 불편하다. 그렇다고 휴대과 입력장치를 함께 가지고 다닌다는 것은 입력장치를 사용하지 않는 날이 많기 때문에 곧 불편하기만 해서 대부분 포기한다. 따라서 휴대폰에는 간단한 Python 프로그래밍을 할 수 있는 것이 가장 효과적이다. 이 책에서는 Google 계정을 만들고 https://colab.research.google.com/notebooks/welcome.ipynb *을 사용하자.*

□ *이자표 만들기*

돈을 투자할 때 이자가 어떤 방식으로 계산되는 지를 모르면, 서로를 신뢰할 수 없다. 그러나 이자를 계산하는 방식이 누가 계산해도 같은 결과가 나온다면 그 방식을 신뢰할 수 있다, 여기서는 다음 문제에 답을 주는 이자 표를 주는 함수를 만들어보자. 이 함수는 간단에서 휴대폰 Python 을 이용해서 할 수 있다. 표에 제시되는 내용은 다음이 포함되어야 한다. 이자율 i는 생각하는 기간 동안 변하지 않는 것으로 하자.

1. $t=0$*에 1을 투자하고, 중간에 아무런 거래가 없을 때* $t=n$*일 때 잔고*
2. $t=n$*일 때 잔고가 1이 되기 위하여* $t=0$*일 때 투자해야 할 돈*
3. $t=1,2,\cdots,n$ *모두 1식* n *회 투자한다면* $t=n$*일 때 잔고*
4. $t=n$*일 때 1을 갚기 위하여* $t=1,2,\cdots,n$*에 투자해야 할 돈* x
5. $t=0$*일 때 가격이 1인 되기 위한* $t=1,2,\cdots,n$*에 받는 일정한 연금* x
6. $t=1,2,\cdots,n$ *일 때 1 씩 받는 연금의* $t=0$*일 때 가격*
7. $t=1,2,\cdots,n$*일 때 1 식 투자했을 때,* $t=n$*일 때 지급할 이자를* $t=0$*일 때 가격을, 또 다른 계정에 있던* $t=-1$*일 때 있던* P*에 대한 이자로 해결하려 한다면* P*는 얼마가 되어야 하는가?*
8. *위에서 얻은* P*을* $t=1,2,\cdots,n$*에* x*씩 받는 연금으로 해결한다면* x.

요구하는 6가지 자료를 얻기 위한 함수를 만들어보자.

1. *Accumulation Functions* $a(t)=(1+i)^t$*를 만들면 된다. 함수이름은* a *대신에* acu*라 하자.*

```
def acu(n,i):
    ans=pow(1+i, n)
    return ans
```

모든 함수를 다 만들고 시험하지 말고, 함수를 하나 만들 때마다 시험하는 것이 중요하자.

2. *이것은 $t = n$일 때 가격 1을 알 때, $t = 0$의 가격을 알아내는 문제이므로 식*

$$1 \times \frac{a(0)}{a(0)} = \frac{1}{a(n)}$$

으로 부터 알 수 있다. 따라서 새로운 함수를 만들 필요가 없고, 앞에서 만든 acu*를 뒤집어서 쓰면 된다. 즉*

$$\frac{1}{acu(n,i)}$$

를 쓰면 된다.

3. $s_{\overline{n}|,i} = \frac{(1+i)^n-1}{i}$ *이다.*

```
def  sav(n,i):
        ans= pow(1+i,n)-1
        ans=ans/i
        return ans

def     ssav(n,i):
        return ( sav(n,i)*(1+i) )
```

4. $x \times s_{\overline{n}|,i} = 1$*에서* $x = \frac{1}{s_{\overline{n}|,i}}$. *따라서 새로운 함수를 만들 필요가 없이 앞에서 만든* $s_{\overline{n}|,i}$*을 계산하는* sav*를 그냥 쓰면 된다.*
5. $x \times a_{\overline{n}|,i} = 1$*에서* $x = \frac{1}{a_{\overline{n}|,i}}$ *이므로, 지금 경우도 새로운 함수를 만들 필요는 없다.*
6. *이것은* $a_{\overline{n}|,i} = \frac{1-v^n}{i}$, $v = \frac{1}{1+i}$*로 해결된다.*

```
def   anu(n,i):
       nu=1/(1+i)
       ans=1-pow(nu,n)
       return (ans/i)
```

7. $t = n$*에 지급해야 할 이자는* $s_{\overline{n}|,i} - n$. *따라서* $t = 0$*일 때 가격은* $\left(s_{\overline{n}|,i} - n\right)v^n$, $v = \frac{1}{1+i}$. *이것을 기존에 있던 자금* P*에 대한 이자로 해결하려 한다면* P*는*

$$Pi = \left(s_{\overline{n}|,i} - n\right)v^n$$

가 되어야 한다. 이 P*를 구하는 함수 이름은* unigrdu*라 하자.*

```
def   unigrdu(n,i):
      ans= sav(n,i) -n
      nu=1/(1+i)
      ans=ans*pow(nu,n)
      return (ans/i)
```

8. $x \times a_{\overline{n}|,i} = P$*이므로 새롭게 함수를 만들 필요는 없지만, 편리하게 만들자. 이함수 이름은* anugrd*라 하면*

```
def anugrd(n,i):
    return ( unigrdu(n,i)/anu(n,i))
```

이렇게 만든 모든 함수를 한 개의 화일에 저장하고, 표를 만들자.

int-tbl.py

```
def acu(n,i):
    ans=pow(1+i, n)
    return ans

def sav(n,i):
```

```
    ans= pow(1+i,n)-1
    ans=ans/i
    return ans

def ssav(n,i):
    return ( sav(n,i)*(1+i) )

def anu(n,i):
    nu=1/(1+i)
    ans=1-pow(nu,n)
    return (ans/i)

def unigrdu(n,i):
    ans= sav(n,i) -n
    nu=1/(1+i)
    ans=ans*pow(nu,n)
    return (ans/i)
def anugrd(n,i):
    return ( unigrdu(n,i)/anu(n,i))

intrate=0.05
numYr=30
rd=3

for yr in range(1, numYr):
    v1=round( acu(yr, intrate), rd)
    v2= round(1/acu(yr,intrate), rd)
    v3=  sav(yr,intrate)
    print(' {0:3d} {1}  {2} {3:7.3f}'.format(yr, v1,v2,v3))
```

.... *int-tbl.py 끝* ....

이것을 실행하면 다음과 같은 표의 일부가 얻어진다.

```
  1 1.05  0.952   1.000
  2 1.103  0.907   2.050
  3 1.158  0.864   3.153
  4 1.216  0.823   4.310
  5 1.276  0.784   5.526
  6 1.34  0.746   6.802
  7 1.407  0.711   8.142
  8 1.477  0.677   9.549
  9 1.551  0.645  11.027
 10 1.629  0.614  12.578
 11 1.71  0.585  14.207
 12 1.796  0.557  15.917
 13 1.886  0.53  17.713
 14 1.98  0.505  19.599
 15 2.079  0.481  21.579
 16 2.183  0.458  23.657
 17 2.292  0.436  25.840
 18 2.407  0.416  28.132
 19 2.527  0.396  30.539
 20 2.653  0.377  33.066
 21 2.786  0.359  35.719
 22 2.925  0.342  38.505
 23 3.072  0.326  41.430
 24 3.225  0.31  44.502
```

```
25 3.386  0.295  47.727
26 3.556  0.281  51.113
27 3.733  0.268  54.669
28 3.92  0.255  58.403
29 4.116  0.243  62.323
```

줄이 삐뚤빼뚤하다. 줄을 맞추고, 전체를 이자표를 만들어보자.

2.11 연습문제

문제 2.1 *일정한 기간 T 동안의 명목상 이자율을 $i^{(6)} = 0.06$라 하자.*

1. 기간 $2T$ 동안의 이자율은?
2. 기간 $3T$ 동안의 이자율은?
3. 기간 $\frac{T}{6}$ 동안의 이자율은?
4. 기간 $\frac{T}{3}$ 동안의 이자율은?
5. 기간 $\frac{T}{2}$ 동안의 이자율은?
6. 기간 $\frac{4}{5}T$ 동안의 이자율은?

문제 2.2 *연 할인율이 4% 일 때 10년 뒤에 받을 2000의 현재가격은?*

문제 2.3 *1. $i^{(2)} = 2\%$ 이다, 여기에 대응되는 $d^{(2)}$는 얼마인가?*
2. $i^{(12)} = 12\%$ 이다. 지금부터 2개월 뒤부터 2개월 마다 3 씩 12년간, 모두 $12 \times 6 = 72$ 번 받는 연금의 현재가격은?

문제 2.4 *년간 단순할인율이 5% 인 계정에 지금 $t = 0$에 5000을 투자했다. 7개월 뒤에는 얼마로 자랄까?*

문제 2.5 *2019년 10월 17일에 1000을 모으려 했다.*

1. 할인율 $d = 0.03$에 대응하는 i는 얼마인가?
2. 이를 위해서 2016년 10월 17일에 할인율 3%의 복리계정이 있었다면, 여기에 얼마를 투자했어야 했나?

문제 2.6 *계정 B의 accumulation function은 $b(t) = 1 - \frac{1}{64}t^2$ 이다.*
계정 B에 $t = 0, \frac{1}{2}, 1$ 일 때 각각 7140를 입금하고,
$t = 2, \frac{3}{2}$ 일 때, 각각 X을 출금했다.
$t = 4$ 일 때 잔고가 15543 이었다, X?

문제 2.7 *$t = 0$에 A와 B는 동시에 계정을 개설했다. 두 계정은 모두 년할인율이 d인 계정이다. $t = 0$에 A는 투자금은 100, B의 투자금은 50이다. A가 11년차에 이자도 X, B가 17차에 얻은 이자도 모두 X로 같다. X는 얼마인가?*

문제 2.8 *다음 값을 구하여라. 년이율 $i = 5\%$를 적용하자.*

1. $i^{(12)}$를 구하여라. $i^{(2)}$를 구하여라.
2. $50a^{(2)}_{\overline{10}|,i}$
3. $60\ddot{s}^{(12)}_{\overline{2}|,i}$
4. $Xa_{\overline{n}|,i} = 12$이고, $X\ddot{s}^{(2)}_{\overline{n}|,i} = 23.4729$일 때 n 값은?

문제 2.9 *신형 휴대전화를 구입하는데 $t = 0$에 600,000을 대출받았다. 이자율 년 3%다.*

1. 할부금을 월말에 한번씩 12번에 갚기로 했다면 할부금을 얼마인가?

2. 대리점에서 600,000의 3%는 18,000이므로 원금과 이자의 합은 $600,000+18,000=618,000$. 따라서 매월 $\frac{618000}{12}=51500$을 1년에 갚을 것을 권해서 받아들였다면 실질 대출이자는 얼마인가?
3. 매월 말에 일정한 금액 M을 내서 36회에 대출금을 다 갚으려 한다. 월 할부금 M은 10000원을 넘지 않도록 하려면 $t=0$에 얼마를 선불금으로 얼마 이상 내야 하는다.

문제 2.10 55세의 여성이 $t=0$에 1억을 넣으면, $t=1$ 부터 1년 간격으로 매년 그 날짜에 200만을 주는 영구연금(perpetuity)있다. 기타 영업비용을 없다 하자.

1. 이자율이 변하지 않고, 년 2%라 하면 이 영구연금의 현재가격 1억은 적절한가?
2. 이자율이 변하지 않고, 년 3%라 하면 이 영구연금의 현재가격 1억은 적절한가?
3. 이자율을 2%하자. 지금을 $t=0$이다. 15($t=15$) 년 후 부터 받기로 하면 매년 얼마씩 받는 것이 적절한가?

문제 2.11 1000을 년 5%로 6년간 대출했다. 다음 각각의 경우 이자를 구하여라.

1. 6년 후에 한꺼번에 원금과 이자를 갚는다.
2. 매월 발생하는 이자를 갚고, 마지막 달에는 원금과 이자를 갚는다.
3. 매월 일정한 금액으로 원금과 이자를 72회로 나누어 갚는다.

문제 2.12 $i^{(12)}=6\%$이인 계정에 $t=0$에 10000을 투자했자. 앞으로 10년간 매월 150씩 출금해서, 마지막 출금할 때 잔고를 0으로 하고싶다. 이자율이 변하지 않는다면 60회 출금할 때 얼마를 더 입금해야 하나?

문제 2.13 $i=0.08$이다. 매년 말 300 씩 20년간(20회) 지급되는 연금이 있다. 지금은 $t=0$이다. 단위기간은 1년이다.

1. $t=2,4,\cdots,20$ 에 지급되는 연금의 현재가격은?
2. $t=1,3,5,\cdots,19$에 지급되는 연금의 현재가격은?
3. 이 연금의 현재가격은?

문제 2.14 A를 투자했더니 1년 이자가 336이었다. A를 1년 빌릴 때 할인액은 300이다. A는 얼마인가?

문제 2.15 $t=0,1,2,\cdots,3n-1$ 까지 각각 2씩 모두 $3n$회 받게되는 연금의 현재가격은 29.3959이다. $\ddot{a}_{\overline{n}|,i}=6.11454$일 때 v^n을 구하여라. $v=\frac{1}{1+i}$.

문제 2.16 다음 식을 말로 설명하여라.

1. $s_{\overline{m+n}|}=s_{\overline{m}|}+(1+i)^m s_{\overline{n}|}$
2. $a_{\overline{m+n}|}=a_{\overline{m}|}+v^m a_{\overline{n}|}$

문제 2.17 년 이율은 $i=0.06$. 지금부터 3개월 뒤부터 3개월 마다 200 씩 12년간 총 48회 지급되는 연금의 현재가격은?

문제 2.18 10동안 10,000을 모으려 한다. 지금부터 1개월 뒤부터 1개월 마다 총 120회 납입하려 한다. 처음 5년간 50을 납입하고, 나중 5년은 50+ X를 납입할 계획이다. $i=5\%$라면 X는 얼마가 되어야 하는가?

문제 2.19 $a_{\overline{2n}|,i}=16$이고 $a_{\overline{n}|,i}=10$ 이다. v^n은 얼마인가?

문제 2.20 $a_{\overline{2n}|,i}=M$이고, $a_{\overline{n}|,i}=N$ 이다. 지금은 $t=0$이다. $2n$회 돈이 지급되는데, $t=1,2,\cdots,n$에는 1씩 지급되고, $t=n+1,n+2,\cdots,2n$ 에는 5 씩 지급된다. 이렇게 지급되는 돈의 현재가격을 M,N의 식으로 표현하라.

문제 2.21 정해진 기간 T 동안의 이자율은 $i=0.03$이다. 지금은 $t=0$이다. 시간 $T,2T,3T,\cdots,60T$ 동안 총 60회 $M=24$ 씩 들어오는 돈이 있다.

1. 시간 $T, 4T, 7T, \cdots, 58T$ 에 들어오는 돈의 현재가격은?
2. 시간 $2T, 5T, 8T, \cdots, 59T$ 에 들어오는 돈의 현재가격은?
3. 시간 $3T, 6T, 9T, \cdots, 60T$ 에 들어오는 돈의 현재가격은?
4. 전체 연금의 현재가격은?

문제 2.22 지금은 $t = 0$이다. $t = T, 2T, 3T, \cdots, 2nT$ 에 M 씩 들어오는 돈이 있다. 기간 T 동안의 이자율은 i라 하자.

1. $T, 3T, 5T, \cdots, (2n-1)T$ 에 들어오는 돈의 현재가격은?
2. $2T, 4T, 6T, \cdots, 2nT$ 에 들어오는 돈의 현재가격은?

문제 2.23 단위 기간은 1년이다. 1년 이율을 i이다. 자금 M이 있다.

1. 지금부터 1년 후부터 1년 간격으로 20회, 일정한 금액 X를 인출하여 마지막 회에 잔고를 0으로 하고 싶다. X의 값은?
2. 지금 부터 1개월 뒤부터 1개월 간격으로 20년 동안 일정금액 Y를 인출하여 마지막 인출에 잔고를 0으로 하고 싶다. Y 값을 얼마로 해야 하나?

문제 2.24 계정 A의 accumulation functions은 $a(t) = \frac{12+t}{12}$ 이다. 계정 A에 $t = 0$일 때 3800을 투자했다. $t = 4, 6, 8, 10$에 X를 입금하여 $t = 12$일 때 잔고를 9291을 하려 한다. X를 구하는 식을 쓰고 X를 구하라.

문제 2.25 $t = 2, 4, 6, 8, \cdots, 20$에 각각 1씩 10회 투자했다. 이 계정의 년 이율을 i이다. $t = 21$일 때 잔고의 8배와 $t = 11$일 때 잔고의 17배가 같다. 즉, $8A(21) = 17A(11)$. $1+i$를 구하여라.

문제 2.26 $0 \le t < 3$ 동안의 이자율은 5%이고, $3 \le t < 8$일 때의 이자율은 2%인 계정이 있다 이 계정에 $t = 0, 2, 4$에 각각 200, 300, 400을 투자했다. $t = 6$일 때 잔고는?

문제 2.27 년이율은 변하지 않고 $i^{(12)} = 3\%$라 하자. $t = 0, \frac{1}{2}, 1, \frac{3}{2}, 2, \frac{5}{2}, 3, \frac{7}{2}$에 각각 300 씩 대출받았다. $t = 6 + \frac{1}{12}$부터 시작해서 1달 간격으로, 즉 $\frac{1}{12}$ 간격으로, X씩 상환하여 120회에 모두 상환하려 한다. 즉, 마지막 120회차 X를 내는 순간 잔고를 0으로 하려 한다. X를 구하는 식을 쓰고, X를 구하여라.

문제 2.28 $a(t) = \alpha t^2 + \beta$이다. 이 상품에 $t = 0$에 100을 투자하면 $t = 3$에 172로 자란다. $t = 5$에 투자한 500은 다른 거래가 없다면 $t = 10$일 때 얼마로 자라는가?

문제 2.29 $a(t) = \alpha t^2 + \beta$인 상품이 있다. 이 상품에 $t = 0$에 X를 투자하면 $t = 10$에 1,000으로 자라고, $t = 20$에는 2,000으로 자란다. α, β, X는 얼마인가?

문제 2.30 연이율 2.5%로 계산할 때 지금으로부터 X년 후에 받게되는 4,000의 현재가격은 3282.99이다. X는 얼마인가?

문제 2.31 이자율은 $i = 3.6\%$이다. 1년 뒤에 1,000을 갚을 것이 있고, 3년 뒤에 3,000을 갚을 것이 있다. 지금 X를 넣어 예정된 금액을 모두 갚으려 한다. X는 얼마인가?

문제 2.32 500을 지금 투자하면 30년 후에 4,000으로 자라는 상품이 있다. 이 상품의 이자율로 계산할 때 20년 후에 받는 10,000의 현재가격은 얼마인가? 이자율은 상수이다.

문제 2.33 년이율 3.5%인 상품 M와 년이율 3.75%인 상품 N가 있다. 2000년 1월 1일 상품 M에 있는 돈이 상품 N에 있는 돈의 2배가 되었는데, 그 이후 두 상품에 더이상 추가 투자를 하지 않았다. 2015년 1월 1일에 두 상품에 있는 돈의 합은 100,000. 그렇다면 2000년 1월 1일에 상품 N이 있었던 돈은 얼마인가?

문제 2.34 년이율은 i이다. 다음 세 값이 같다:

- 8년 후에 받는 14,221의 현재가격
- t년 후에 받는 6494.67의 현재가격과, $4t$년 후에 받는 6494.67의 현재가격의 합
- 지금 현재의 10,000

$2t$년에 받게 되는 20,000의 현재가격은?

문제 2.35 5년 후에 자동차를 사려 한다. 현재 사려는 자동차 값은 20,000 이다. 그런데 인플레이션은 년 2%이다.

1. 인플레이션에 따른 5년 후의 자동차 가격 M 은 얼마인가?
2. 1개월 뒤 부터 5년동안 매월 일정한 금액 X를 투자해서 M을 모으려 한다. X는? (투자상품의 이율은 연 3.5%라 계산하자.)

문제 2.36 신형 휴대전화를 600을 3년간 대출받아 구입하려한다. 이자율은 3.7% 이다. 두가지 선택이 있다. 대리점에서 다음 두 가지 방법을 제시했다.

1. 600의 3년간 이자는 $600 \times (1+0.037)^3 = 669.095$이므로 매년 말에 $\frac{669.095}{3} = 223.032$를 갚는다.
2. 600의 3년간 이자는 $600 \times (1+0.037)^3 = 669.095$이므로 매년 초에 $\frac{669.095}{3} = 223.032$를 갚는다.
3. 600의 3년간 이자는 $600 \times (1+0.037)^3 = 669.095$이고, 기간은 $3 \times 12 = 36$개월이므로, 매월 $\frac{669.095}{3\times 12} = 18.586$를 1개월 뒤부터 갚는다.

각각의 경우 고객이 지불하는 실제이자는 얼마인가?

문제 2.37 이자율은 i이다. 1년 후부터 매년 100씩 n년 동안 받게 되는연금의 현재가격은 4,000이고, 1년 후부터 매년 100씩 $3n$년 동안 받게되는 연금의 현재가격은 7,000이라 하자. 1년후부터 $2n$년 동안 $2n$회, 매년 100씩 받게 되는 연금의 현재가격은?

문제 2.38 20만을 빌렸다. 30일 후에 40만원을 갚기로 했다. 생각하는 기간동안 이자율은 상수라 가정한다. 1년은 365일로 계산한다.

1. 30일 동안 이자는 얼마인가?
2. 30일 동안 이율은 얼마인가?
3. 하루 이율은 얼마인가?
4. 1년을 365일이라 하면, 지금 경우에 대응되는 1년 이율은 얼마인가?
5. 31일 째부터는 1일에 1만원 씩이라면 (예를 들어 40일째는 40만원 + 10만원 =50만원을 갚는다.) 1년 이율은 얼마인가?

문제 2.39 1억을 빌렸다. 다음 각각의 경우에 답하여라.

1. $i^{(12)} = 6\%$ 이다. 1개월 후부터 매월 일정한 금액 M으로 60회에 갚으려 한다면 M은 얼마인가?
2. $i^{(12)} = 7\%$ 이다. 1개월 후부터 매월 일정한 금액 M으로 60회에 갚으려 한다면 M은 얼마인가?
3. $i^{(12)} = 6\%$ 이다. 1개월 뒤부터 매월 50만원씩 갚으려 한다. 잔금이 50원 이하로 떨어지는데 몇개월이 걸리나?
4. $i^{(12)} = 6\%$일 때 1개월 뒤 부터 매월 100만원씩 갚기 시작했다. 잔금이 100만원 이하로 떨어지는데 몇 개월이 걸리나?

문제 2.40 매월 100만원씩 20년간 받는 증서가 있다.

1. 소유자가 이 증서를 팔기로 했다면 어떤 이유를 생각할 수 있나?
2. 이 증서를 사기로 했다면 어떤 이유를 생각할 수 있나?
3. 이 증서은 현재가격은 얼마가 적정한가? 이자율은 상수 3%로 변하지 않는다 하자.

문제 2.41 1. $d^{(3)} = \frac{1}{12}$이면 $i^{(6)}$는 얼마인가?

2. $d^{(3)} = \frac{1}{12}$이다. 이 율로 지금 1000을 대출했다면 1개월 뒤에 얼마를 갚아야 하는가?
3. $i = 12\%$이다. $\ddot{a}_{\overline{10}|}$와 $\ddot{s}_{\overline{2}|}^{(12)}$ 는 얼마인가?

문제 2.42 *단위 기간 1동안의 이자율은 i이다. $t = 0,1,2,\cdots,14$에 각각 X 씩 모두 15회 지급되는 돈의 현재가격은 처음 5회, 즉 $t = 0,1,2,4$에 받는 돈의 현재가격의 $\frac{5}{2}$ 배이다. v^5는 얼마인가?*

문제 2.43 *2000을 2년 동안 대출했다. $i^{(6)} = 24\%$이다. 1개월 뒤부터 1달 간격으로 일정한 금액 X로 상환하려 한다. X는 얼마인가?*

문제 2.44 *지금은 $t = 0$이다. 이자율은 6%라 하자. 오늘($t = 0$)부터 X를 1개월 간격으로 10년간 120회 투자한 후, 그로부터 10년간 기다린 뒤에 $t = 20$ 부터 1년 간격으로 600씩 20년간 출금해서 마지막 해에 계정을 0으로 만들려 한다. X는 얼마로 해야 하나?*

문제 2.45 $a_{\overline{2n}|;i} = 16$이고 $a_{\overline{n}|;i} = 10$ 이다. $a_{\overline{3n}|;i}$는 얼마인가?

문제 2.46 *잔고증가율함수(accumulation function)이 $a(t) = \frac{12}{12+t}$ 이 계정이 있다. $t = 0$일 때 3800을 투자했다. $t = 4,6,8,10$에 X를 출금하여 마지막 출금과 동시에 잔고를 0을 하려 한다. X를 구하여라.*

문제 2.47 *잔고증가율 함수(accumulation function)이 $b(t) = 1 + \frac{1}{72}t^2$ 인 계정이 있다. $t = 0,2,4$일 때 각각 X를 입급하고, $t = 6,9,12$일 때, 각각 170을 출금했더니 $t = 15$ 일 때 잔고가 1353 이었다, X는 얼마인가?*

문제 2.48 $\ddot{a}_{\overline{n}|;i} = \frac{1-v^n}{1-v}$ *을 나타낸다. $\ddot{a}_{\overline{2n}|,i} = M$이고, $\ddot{a}_{\overline{n}|,i} = N$ 이다. 지금은 $t = 0$이다.*
$2n$회 돈이 지급되는데, $t = 0,2,4,\cdots,2n-2$에는 2씩 지급되고, $t = 1,3,5,\cdots,2n-1$ 에는 1 씩 지급된다. 이렇게 지급되는 돈의 현재가격이 $\frac{25}{16}M$이다. v는 얼마인가?

문제 2.49 *이자의 세기(force of interest)가 $\delta_t = 1 - \frac{t}{8}, 0 \le t \le 8$로 주어졌다. 이 계정에 $t = 1$ 에 200을 투자하고, $t = 3$에 100을 출금했다. 다른 거래는 없다 하자.*

1. *100을 출금한 순간 $t = 3$일 때 계정에 있는 돈은 얼마인가?*
2. *$t = 5$일 때 계정에 있는 돈은?*
3. *이 계정에 $t = 0,1,2,3$에 2 씩 지급될 예정이 돈의 $t = 0$일 때 가격은?*
4. *이 계정에 $t = 0,1,2,3$에 2 씩 지급될 예정이 돈의 $t = 7$일 때 가격은?*
5. *$s_{\overline{4}|}$를 구하여라.*

문제 2.50 *이자율이 $0 \le t < 2$일 때는 5%이고, $2 \le t < 6$일 때는 3%이다.*

1. *이 투자계정이 잔고증가율함수(accumulation function) $a(t), 0 \le t < 6$을 구하여라.*
2. *이 계정에 $t = 0$에 5를 투자했다. $t = 4$일 때 잔고는 얼마인가?*
3. *$t = 5$일 때 100의 현재가격은?*
4. *시간구간 $[1,4]$ 동안 이 계정에 시간당 1 씩 돈이 유입된다 하자. 다른 거래가 없을 때 $t = 5$일 때의 잔고는?*
5. *이 계정에 시각 $t \in [1,4]$일 때 $2t$의 비율로 돈이 유입된다. 다른 거래가 없다면 $t = 0$일 때 가격은?*
6. *이 계정에 시각 $t \in [1,4]$일 때 $2t$의 비율로 돈이 유입된다. 다른 거래가 없다면 $t = 4$일 때 가격은?*

문제 2.51 *지금은 $t = 0$이다. $t = 1$부터 $t = 8$까지 시각 t에 t씩 지급받는 상품이 있다. $t = 0$에서 현재가격은 얼마인가? 년이율은 4%이다.*

문제 2.52 $\delta_t = \frac{2t}{10+t^2}$ 이다.

1. *잔고증가율함수(accumulation function) $a(t)$를 구하여라.*
2. *$\ddot{a}_{\overline{4}|}$를 구하여라. 즉 이 계정에 $t = 0,1,2,3$에 1 씩 지급될 예정인 돈의 현재가격을 구하여라.*
3. *$\bar{a}_{\overline{4}|}$를 구하여라. 즉 이 계정에 $[0,4)$ 동안 t일 때 1의 비율로 연속으로 지급될 예정인 돈의 현재가격을 구하여라.*
4. *$\bar{s}_{\overline{4}|}$를 구하여라. 즉 이 계정에 $[0,4)$ 동안 t일 때 1의 비율로, 연속으로 넣은 돈의 $t = 4$일 때 가격을 구하여라.*
5. *$\ddot{s}_{\overline{2}|}$를 구하여라. 즉 이 계정에 $t = 0,1$일 때 1씩 넣은 돈의 $t = 2$일 때의 가격을 구하여라.*

문제 2.53 $\delta_t = \frac{1}{8+t}, 0 \le t \le 4$*로 주어진 계정이 있다. 이 계정에 시간구간$[0,2]$일 때는, t일 때, $1 + \frac{t}{8}$의 비율로 돈이 입금될 예정이다. 시간구한 $[2,4]$일 때는 t일 때 $2 + \frac{t}{4}$의 비율로 돈이 입금될 예정이다.*

1. *임금될 돈의 현재가격은 얼마인가?*
2. *$t = 4$일 때 잔고는 얼마인가?*

3
주식가격, 채권, 선물, 옵션

이자 계산을 주식, 채권 ,선물, 옵션 가격에 활용해보자.

3.1 채권(bond)

채권은 회사에서 자금을 모으기 위해 즐겨 사용하는 방법이다. 그런데 자금을 모으는 것은 투자자의 입장에서 보면 회사가 투자할 가치가 있어야 한다. 예를 들어 위험이 없는 이자율이 i라면, 투자자는 채권을 발행하는 회사가 제시하는 이율은 i보다 높을 것을 기대한다.

1. *순수할인 율(zero rate)*
   채권 중에서 중간에 이자를 지급하지 않고, 만기에 원금과 이자를 한꺼번에 지급하는 것이 있다. 이것을 보통 n-year-zero rate-coupon bond(n-년 제로쿠본 채권, n-년 순수할인채권)라 한다. 이 제로쿠폰채권의 이자율은 보통 n-year-zero coupon interest rate 이라 부르는데, 예를 들어 n-year-zero coupon rate(간단히 zero rate)가 j 라는 것은 지금 P를 투자했다면 n년 후에, $P(1+j)^n$을 지급하는 방식이다. 예를 들어 5년 만기 순수할인채(5-year zero coupon bond)이 년 이율이 $j = 5\%$로 발행됐다면, 1000을 투자하면, 5년 뒤에

   $$1000(1+0.05)^5 = 1276.28$$

   을 얻을 수 있다.
2. *채권 가격 결정하기*
   만기에 M을 지급하는 순수할인채 가격을 얼마로 하는 것이 적절한가? 당연한 것은 M 보다 싸게 팔아야 한다. 즉 할인해서 팔아야 하는데, 연이율이 j로 고시된 순수할인채이 할인율이 d라 하면, 부수비용을 무시하면

   $$M(1-d)^n(1+j)^n = M$$

   이 되어야 한다. 따라서 $(1-d)^n(1+j)^n = 1$ 이 성립해야 하므로

   $$d = \frac{j}{1+j}, \quad j = \frac{d}{1-d} \tag{3.1}$$

   $M(1-d)^n, d = \frac{j}{1+j}$로 파는 것이 적적하다.
   그러나 채권이 고객에게 인기가 있으려면, 예를 들어 6개월마다 이자를 지급하는 방법이 있다. 이것을 쿠폰(coupon)이라 하는데, 예전에는 실제로 채권에 쿠폰이 붙어 있어 이것을 떼어가서 이자를 받던 시절이 있었다. 이런 쿠폰 본드의 가격을 결정해보자. 예를 들어 다음과 같은 채권이 있는데, 명목상 년이율 $j^{(2)} = 6\%$의 쿠폰을 6개월 마다 지급한다 하자. 투자자가 이 채권에 투자할지를 결정하는 판단 기준은 투자자의 자금운용 능력과 투자정책에 달려있다. 왜냐하면 채권에 투자한다는 것은 다른 금융상품에 투자할 기회를 버리는 것이기 때문에, 결국 기회비용의 문제다. 판단기준을 점검하기 위하여 안정된 국가에서 발행하는 채권의 이율이 다음과 같다 하자.

표 3.1: 가상의 국채 이율

만기	zero rate (%)
0.5	5.5
1	6.4
1.5	7.0
2	7.5

그러면 2년 만기 액면(par value)가 100인 쿠폰본드의 가격을 구해보자. 우선 $j^{(2)} = 6\%$이므로, 6개월 이율은 $\frac{i^{(6)}}{2} = 3\%$이다. 그러므로 6개월 마다 $100 \times 3\% = 3$의 쿠폰을 지급받는다. 만기가 되는 2년 차에는 $100+3$을 지급받는다.
즉 2년 만기 액면가 100인 쿠폰본드의 현재가격을 구하는 것인데, 이것은 결국 기회비용(opportunity cost)에 따라 결정된다. 이 채권을 사기로 한 돈은 다른 곳에 쓸 수 없기 때문이다. 따라서 국채 이율을 판단기준으로 할 때 적절한 채권가격은

$$\frac{3}{(1+0.055)^{0.5}} + \frac{3}{(1+0.064)^{1}} + \frac{3}{(1+0.070)^{1.5}} + \frac{100+3}{(1+0.075)^{2}} = 97.58 \tag{3.2}$$

식 (3.2)의 의미는, 지금 97.58이 있다면 국채에 다음과 같이 투자하면 6개월마다 쿠폰 3을 지급하고, 만기에 추가로 100을 지급할 수 있다는 것이다.

표 3.2: 가상의 국채에 97.58의 투자 배분

만기	zero rate (%)	투자금
0.5	5.5	$3(1+0.055)^{-0.5} = 2.92075$
1	6.4	$3(1+0.064)^{-1} = 2.81955$
1.5	7.0	$3(1+0.070)^{-1.5} = 2.71048$
2	7.5	$103(1+0.075)^{-2} = 89.1293$

보기 3.1 회사 A가 년이율 i로 발행한 채권에 투자하는 것은 투자자의 자금운용능력 j가 판단 기준이 된다. 회사 A가, 년이율 4%이고, 6개월 마다 15을 지급하는 5년 만기 채권을 액면가 1000에 발행했다 하자. 투자자 B의 기대수익율이 5%라 하자. 투자자 B가 볼 때 이 채권의 가격을 얼마로 평가할까?

풀이 3.1 투자자 B가 평가한 가격은

$$20a_{\overline{10}|,j} + 1000(1+0.05)^{-5} = 958.844, \quad j = (1+0.05)^{\frac{1}{2}} - 1 = 0.0246951$$

회사 A는 년 이율 4%로 이 채권을 발행했다. 따라사 회사가 생각한 가격은

$$20a_{\overline{10}|,i} + 1000(1+0.04)^{-5} = 1001.76, \quad i = (1+0.04)^{\frac{1}{2}} - 1 = 0.0198039$$

회사 A보다 높은 수익을 낼 수 있는 투자자는 회사 A가 제시한 가격을 비싸다 판단한다. □

3. 채권 수익율(bond yield rate)
채권 수익율이란 여러가지 이자율을 써서 복잡하게 계산한 것과 같은 효과를 나타내는 이율을 말한다. 앞에서 생각한 명목상 년이율 $j^{(2)} = 6\%$의 쿠폰을 6개월 마다 지급한다 하자. 지금 경우는 6개월 이율을 j라 하면

$$97.58 = 3a_{\overline{4}|,j} + \frac{100}{(1+j)^4} = 3\frac{1-v^4}{j} + 100v^4 \tag{3.3}$$

가 성립하는 j 값을 말한다. 이 값은 간단한 계산기로 구하기 어렵다. 컴퓨터를 쓰면 $j = 0.0380493$이고, 따라서

$$i^{(2)} = 2 \times 0.0380492 = 0.0761 = 7.6\%$$

수익율이 6% 보다 큰 이유는 액면가 100인 채권을 97.58에 사기 때문이다.

4. Par Yield
액면가 100인 채권이 연 6%의 쿠폰을 지급한다면, 이것은 1년 단위로 6씩 지급한다는 것이다. 그런데 이것을 6 개월 마다 지급한다면, 6 개월 이자율은 $(1+0.06)^{\frac{1}{2}} - 1 = 0.029563$이므로 $j = 0.029563$라 두면

$$c(1+j) + c = 6$$

이 성립하는 c 값을 주는 것이 정당하다. 이값은 $c = 2.9563$이 되어 3보다 작다. 그렇지만 이것이 정당하다 하더라고 채권을 사는 사람의 입장에서 생각하면 기분 좋은 일은 아니다. 때문에 년 이율 $i\%$ 쿠폰을 지급한다면, 6개월에는 $\frac{i}{2}\%$를 지급하는 것이 상도다.

Par Yield 란 채권가격이 액면가와 같아지는 그런 이자율이다. 식 (3.2)에서 생각하면

$$\frac{c}{2}\frac{1}{(1+0.055)^{0.5}}+\frac{c}{2}\frac{1}{(1+0.064)^{1}}+\frac{c}{2}\frac{1}{(1+0.070)^{1.5}}+\frac{100+\frac{c}{2}}{(1+0.075)^{2}}=100$$

이 식에서 c를 구하면 $c = 7.31439\%$. 즉 이 채권을 액면가 그대로 100에 판매하려면 년 7.3%의 쿠폰을 지급해야 한다는 말이다.

5. *제로 쿠폰 이율: 디폴트 위험이 없는 국채 가격을 이용해서 제로쿠폰 이율을 정해보자.*

표 3.3: 액면가 1000인 가상의 국채 가격

만기	매년 지급되는 쿠폰	가격
0.5	0	947.867
1	0	939.85
1.5	0	934.579
2	40	930

쿠폰을 6개월 마다 20씩 지급한다면 2년 제로쿠폰 이율은 얼마가 적절한가? 우선 0.5, 1, 1.5년짜리 순수 채권 이율은 각각 5.5%, 6.4%, 7.0%인 것을 계산할 수 있다. 따라서 2년 제로쿠폰 이율을 i라 하면

$$20(1+0.055)^{-0.5}+20(1+0.064)^{-1}+20(1+0.070)^{-1.5}+(1000+20)(1+i)^{-2}=930$$

위 식에서 i를 구하면 $i = 8\%$

6. *기대 수익율: 6개월 마다 10을 지급하고 만기가 5년인 액면가 1000인 채권을 900에 판매한다면 이것을 살 것인가? 이 채권읠 수익율을 계산해보자. 6개월 이율을 j라 두면*

$$\frac{10}{1+j}+\frac{10}{(1+j)^2}+\cdots+\frac{10}{(1+j)^{10}}+\frac{1000}{(1+j)^{10}}=10a_{\overline{10}|,j}+\frac{1000}{(1+j)^{10}}=900$$

계산기로 이 값을 구하니는 힘들다. 컴퓨터를 이용하면 $j = 0.0212028 \approx 2.12\%$. 년율은 $i = (1+j)^2-1 = 0.0428552 \approx 4.3\%$. 자신이 4.3% 보다 더 많은 수익을 낼 수 있으면, 이 채권을 살 경제적인 이유는 없다.

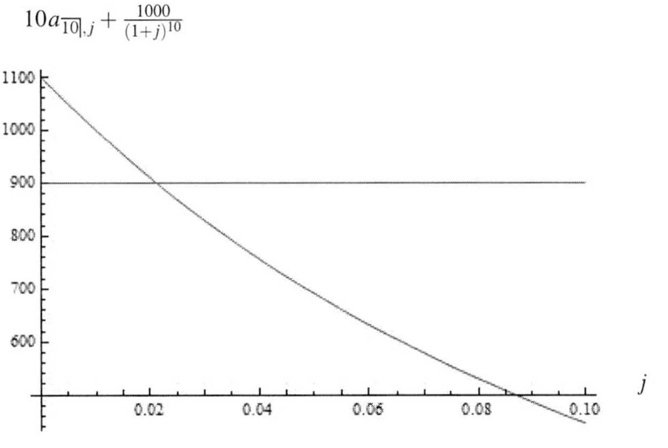

그림. 3.1: 6개월 이자율 j, $10a_{\overline{10}|,j}+\frac{1000}{(1+j)^{10}}=900$.

보통 계산기로 이 값을 구하려면 $10a_{\overline{10}|,j}+\frac{1000}{(1+j)^{10}}=900$ 을 좀 간단하게

$$a_{\overline{10}|,j}+\frac{100}{(1+j)^{10}}=90 \implies \frac{1-v^{10}}{j}+100v^{10}=90$$

$$\implies \frac{v(1-v^{10})}{1-v}+100v^{10}=90$$

이 단계에서 v 값을 시험해서 90이 되도록 조절한다.

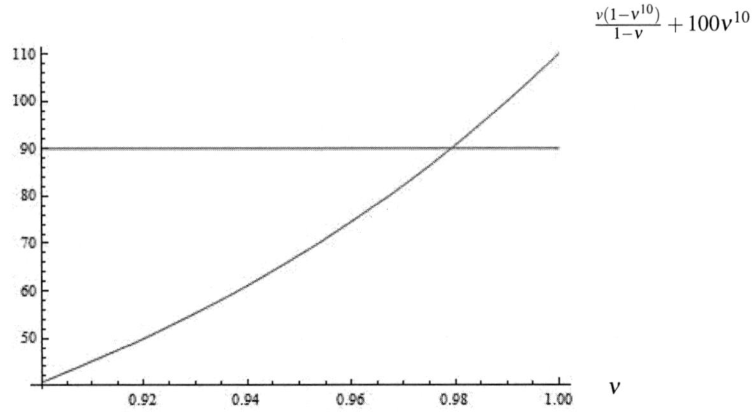

그림. 3.2: 6 개월 할인계수 v . $\frac{v(1-v^{10})}{1-v}+100v^{10}=90$

예를 들어 $v=0.99$로 잡으면 99.9044가 나온다. $v=0.98$ 로 잡으면 90.6707이 나온다. $v=0.97$ 로 잡으면 82.2324가 나온다. 따라서 근은 [0.97, 0.98] 사이에 있다. 그런데 0.98에 가깝다. $v=0.979$를 시험하면 89.7921가 나온다. 이것으로 근은 [0.979, 0.98] 사이에 있다. 예를 들어 중간에 있는 0.9795를 시험하면 90.2304 가 나온다. 이런 식으로 찾아가면 $v=0.979237$를 얻는다. 이때 값은 $89.9997\approx 90$이다. 그런데 기회비용은 사람마다 다르다. 예를 들어 5% 수익을 낼 수 있는 사람은 간단하게 $j=5\%$로 해서

$$10a_{\overline{10}|,j}+1000v^{10}=691.131$$

을 계산하고, 이 값이 900보다 작기 때문에 이 채권을 비싸다. 그러나 수익을 2% 정도 낼 수 있는 사람은 $j=2\%$로 해서

$$10a_{\overline{10}|,j}+1000v^{10}=910.174$$

이 되기 때문에, 이 채권은 비싸지 않다. 이 채권을 사는 것을 고려할 수 있다.

요약 3.1 $t=1,2,3,\cdots,n$에 쿠폰 c를 지급하고, 액면가 P이 채권이 있다. 이 채권의 기대수익률 i에 따른 $t=0$일 때 가격 PV는

$$PV=ca_{\overline{n}|,i}+Pv^n,\quad v=\frac{1}{1+v},\ a_{\overline{n}|,i}=\sum_{k=1}^{n}v^k=\frac{1-v^n}{i} \tag{3.4}$$

이 값 PV는 물론 다음 식도 만족시킨다.

$$PV(1+i)^n=cs_{\overline{n}|,i}+P \tag{3.5}$$

이 식은 잔고를 $t=n$일 때 계산한 것이다.

3.2 주식가격의 Dividend Discount Model

주식 가격을 결정하는 모형으로 배당금(dividend)의 현재가격을 계산하는 방법이 있다. 예를 들어 현재 어떤 주식 XYZ의 가격이 P_0이고, 1년 뒤 이 주식 1개에 대한 배당금이 DIV_1이라 하자. 1년 뒤 주식 가격은 알 수 없다. 그렇지만 이것을 P_1이라 하자. 그러면 이 주식 1주에 대한 기대수익율 r은

$$r = \frac{DIV_1 + P_1 - P_0}{P_0} \tag{3.6}$$

이 기대수익율 r은 은행 이율처럼 어디에 고시되는 것이 아니고, 투자자의 기대이다. 식 (3.6)에서 보듯이 수익율이 커지는 방법은 P_0를 지금 알고있기 때문에 P_1 이나 DIV_1 이 커지는 방법 뿐이다. 말로하면 1년 뒤 주식가격이 오르고, 배당금 DIV_1 이 커지면 좋다. 식 (3.6)을 P_0에 대해서 풀면

$$P_0 = \frac{DIV_1 + P_1}{1+r} \tag{3.7}$$

1년 뒤에도 이 방식을 똑 같이 적용하면, 기대 수익율도 r로 같게 잡으면,

$$P_1 = \frac{DIV_2 + P_2}{1+r} \tag{3.8}$$

따라서 식 식 (3.7), 식 (3.8)를 결합하면

$$P_0 = \frac{DIV_1}{1+r} + \frac{DIV_2}{(1+r)^2} + \frac{P_2}{(1+r)^2} \tag{3.9}$$

이런 방식을 계속 하면

$$P_0 = vDIV_1 + v^2DIV_2 + \cdots + v^nDIV_n + P_nDIV_n, \ v = \frac{1}{1+r} \tag{3.10}$$

이 방식을 무한히 계속하는 것을 생각하면

$$P_0 = vDIV_1 + v^2DIV_2 + v^3DIV_3 + \cdots = \sum_{k=1}^{\infty} v^k DIV_k$$

주식 가격을 이렇게 산출하는 방식을 DCF 모델, 또는 Dividend Discount Model이라 한다.

보기 3.2 *KNU 주식회사의 보통주(common stock) 1주당 배당금이 다음과 같다*

구분	2008	2009	2010	2011	2012	2013	2014	2015	2016	2017
배당금	2,500	3,500	4,000	4,000	4,000	4,000	4,000	4,500	5,000	6,000

배당금이 점점 증가하는 것을 알 수 있다. 2007년에 KNU 보통주 1주 가격이 $P_0 = 339,000$이라 하자. 계산의 편의를 위해서 배당금이 일정하게 4,000원이라 하자. 이것은 간단하게 $DIV_n = 4000, n = 1, 2, \cdots$ 으로 생각하자는 말이다. 주식각격의 Discounted Dividend Model에 따르면 주주가 KNU에 거는 기대수익율은 얼마인가?

풀이 3.2 *주식가격이 $P_0 = 339,000$일 될려면, 기대수익율 r은*

$$339,000 = \sum_{k=1}^{\infty} \frac{DIV_k}{(1+r)^k} = 4000 \sum_{k=1}^{\infty} \frac{1}{(1+r)^k} = \frac{4000}{r}$$

에서 $r = \frac{4000}{33900} = 0.011799 = 1.18\%$ □

보기 3.3 *KNU 주식회사 보통주 1주당 배당금은 4,000원이고, 배당금은 매년 1%씩 증가한다고 가정하자. 주주들이 이 회사에 거는 기대 수익이 11%라 하자. Dividend Discount Model에 따르면 1주당 가격은 얼마가 적절한가?*

풀이 3.3 *기대수익율 $r = 0.11$이므로* $P_0 = \sum_{k=1}^{\infty} \frac{4000(1+0.01)^k}{(1+0.11)^k} = 4000 \sum_{k=1}^{\infty} \left(\frac{1+0.01}{1+0.11}\right)^k = 40000.$ □

3.3 선물, 옵션

어떤 자산에 투자할 때 직접 그 자산을 사서 이익을 실현하는 경우도 있지만, 일정 기간이 지난 후 그 자산을 사거나 팔기로 한다든지, 아니면 그 자산을 사거나 팔 권리만을 사는 방법이 있다. 사거나 팔 권리만을 사는 것은 직접 그 자산을 사는 것보다 편리하고 많은 사람들에게 가능한 투자 방법이 될 수 있다. 왜냐하면 직접 자산을 사는 것은 많은 돈이 들어가고, 상황이 나빠지면 아주 큰 손해를 볼 수도 있지만, 권리만을 사는 것은 상황이 나빠지면 그 권리를 행사하지 않을 수 있기 때문에 손실을 크게 줄일 수 있기 때문이다.

보기 3.4 *S의 현재가격은 A이다. S로부터 시간 $t=2$ 뒤에 3이 생긴다. 이자의 세기는 $0 \le t < 2$일 때는 $\delta_1, e^{\delta_1} = 1+\frac{1}{2}$이고, $2 \le t < 5$일 때는 $\delta_2, e^{\delta_2} = 1+\frac{1}{3}$이다. 지금 $(t=0)$ S를 팔고, 시간 4에 S를 B에 사기로 했다. 손해가 나지 않는 B 값의 범위를 A를 이용하여 표현하여라. 만일 S를 보유할 의무가 없다면 무엇을 권하겠는가?*

풀이 3.4 *이자의 세기가 비현실적인 것은 계산을 간편하게 하기 위한 것이다. 지금 S를 팔면 A를 받는다. S를 팔았기 때문에 $t=2$에 생기는 수입 3은 없다. 이것을 대비하기 위하여 $3e^{-2\delta_1} = \frac{3}{(1+\frac{1}{2})^2}$를 떼어내 투자해야 한다. 남은 돈은 $A - \frac{3}{(1+\frac{1}{2})^2}$이다. 이것을 기간 4동안 투자하자. 주의해야 할 점은 기간에 따라 이자율이 달라지는 것이다. 따라서 기간 4 뒤에 투자로 부터 얻은 돈은*

$$\left(A - \frac{3}{(1+\frac{1}{2})^2}\right)(1+\frac{1}{2})^2 \cdot (1+\frac{1}{3})^2 = A(1+\frac{1}{2})^2(1+\frac{1}{3})^2 - 3(1+\frac{1}{3})^2 = 4A - \frac{16}{3}$$

따라서 S를 다시 사들여야만 한다면, $4A - \frac{16}{3} > B$인 경우에 이런 거래를 해야 한다. 만일 S를 보유할 의무가 없다면 $t=2$ 후의 3의 현재가격이 $3(1+\frac{1}{2})^{-2} = \frac{4}{3}$이고, $4A - \frac{16}{4}$를 0으로 하는 값도 $\frac{4}{3}$이므로, $A < \frac{4}{3}$인 경우만 S를 보유하고, 그렇지 않으면 파는 것이 좋다. □

주식 1개 가격이 30만원이 넘는 것도 많다. 이런 주식을 100개를 산다면 3천만원이나 들기 때문에 대부분의 개인 투자자들에게는 접근하기 어렵다. 이렇게 투자자 수가 줄어드는 것은 거래소 입장에서도 불리하다. 거래소는 투자자들에게 많은 투자 정보를 제공하기도 하지만, 본질적으로 투자자들의 거래를 중개하는수수료 수입으로 살기 때문이다. 거래를 수수료 수입을 늘리고, 또 그 과정에서 투자자들에게 더 많은 투자기회를 주는 방법은 주식을 직접 사는 것이 아니라 사거나 팔 권리만을 거래하는 것이다. 여기서 권리라 하는 것은 권리를 갖은 사람이 행사하지 않는 것도 포함하기 때문에 예를 들어 상황이 나빠지면 권리를 행사하지 않는 것을 보장된 그런 권리다. 예를 들어 어떤 것을 1000에 살 권리를 갖은 사람은 그것이 가격이 900이 되었다면, 그 권리를 행사하지 않으면 된다. 그러나 권리를 팔은 사람은 상대가 권리를 행사하면 이행할 의무가 있다. 예를 들어 어떤 것을 1000에 살 권리를 팔은 사람은 그것의 가격이 900이 되었다면, 상대가 권리를 행사하지 않을 것이기 때문에 의무가 자동적으로 해소되지만, 만일 그것의 가격이 1200이 되었다면, 상대가 권리를 행사하게 되고, 1200 짜리를 1000에 팔아야 할 의무가 있다. 우선 다음 용어를 알아두자.

1. *주식매수(Long Stock):*
   Long Stock 은 주식 가격 상승을 기대하는 투자자의 가장 일반적인 포지션(position)이다. Long Stock은 주식을 사는 것인데, 이론적으로는 사려는 회사를 잘 분석해서 건실하고 발전가능성이 있는 회사 주식을 사서, 다른 사람도 내가 산 후에 그렇게 생각해서 그 주식을 사려는 사람이 많아지고, 결국 그 주식 가격이 오를 것을 기대하고 투자하는 것이다. 보통 회사의 가치를 휜더멘털(fundamental)이라 하는데 이것을 아는 것은 쉬운 일이 아니다. 회사 쪽에서는 불리한 자료가 그대로 공시되는 것을 좋아할 이유가 없고, 심지어는 회계부정이 있는 것도 배재할 수 없다. 회사에서 의무적으로 공개해야 하는

   - *자산(assets)*
   - *부채(libilities)*
   - *수익(earnings)*

   말고도, 경쟁회사, 전체 시장 분위기, 요즘 신문에 나는 경영문제 등등을 고려해서 판단해야 하기에 수학 공식처럼 결정될 수도 없어 불안정하지만, 바로 이런 불안정한 점이 새로운 사람에게 새로운 기회를 주는 근원이다.
   예를 들어 XYZ 주식을 주당 50에 100주를 샀다면, 이 투자자는 XYZ 주식 100주 롱포지션을 취했다, 또는 100주 매수포지션을 취했다 한다. 이렇게 매수포지션(Long Position)을 취할 때 위험과 이익을 어떻게 될까?

   1-1. *이익은 이론적으로 무한한다. 이것은 오르면 오른만큼 이익이다는 뜻이다. 예를 들어 XYZ 주식이 주당 1이 오르면 투자자는 100씩 이익을 얻는 구조다.*
   1-2. *손실은 아무리 손해가 나도 주식 가격이 0 이하로 내려가는 경우는 없기 때문에 제한적이다. 최대 손실은 투자금 전체이다.*

2. *주식 매도(Short Stock):*
주식 가격이 떨어지는 추세라 생각해보자. 아니면 주식이 과대평가 되어서, 머지않아 주식가격이 떨어질 것이라 예측되는 것을 상상할 수 있다. 여러 이유로 주식가격이 하락할 것이라는 전망이 우세하면(이것을 behaving bearishly), 결국 투자자의 투자전망이 암울하게 되어 주식이 하락장에 들어서게 된다. 이렇게 투자 전망을 암울하게 보는 투자자(bearish investor)는 주실을 매도하고, 가격이 충분히 하락했을 때 다시 매수하여 이익을 실현할 수 있다. 심지어는 자신이 갖고 있지 않은 주식도 주식을 대여하여 매도(sell short)한 후, 가격이 충분히 하락했을 때 다시 사들여 대여한 주식은 갚고, 이익을 얻을 수 있다. 그러나 이렇게 주식을 대여하여 short sale하고, 나중에 낮은 가격으로 사서 대여 주식을 반납하려는 투자방식은 주식가격이 예상대로 움직이지 않는다면, 손실은 이론적을 무한히 클 수 있다. 왜냐하면 대여한 주식을 매도한 가격 이상으로 주식가격이 상승하는 경우에는 싸게 팔고 비싸게 사는 상황이 되기 때문이다. 이익은 제한 적이다, 왜냐하면 주식 가격이 떨어질 수로 이익인데, 아무리 떨어져도 0 아래로 떨어지지는 않기 때문이다.
예를 들어 XYX 주식 100주를 대여한 후, 주당 50에 팔았다 하자. 주식 가격이 50이하에서 1만큼 떨어지면 $100 \times 1 = 1000$ *씩 이익이다. 주식 가격이 주당 47이 되었다면* $50 \times 100 - 47 \times 100 = 300$*의 이익이 생기고, 여기에서 주식대여 수수수료를 뺀 것이 투자자의 이익이다. 그러나 예상과 반대로 주식 가격이 55가 되었다면, 대여주식을 갚으려 할 때 들어가는 돈은* $55 \times 100 = 5500$*이고, 따라서* $55 \times 100 - 50 \times 100 = 500$ *손실이 발생하고, 여기에 주식대여 수수료를 생각하면 실제로는 500 이상의 손실이 발생한다. 이론상 주식가격은 얼마든지 오를 수 있기 때문에 손실위험은 제한 없이 크다.*

3. *콜 옵션(Call Option):*
거래소는 사람들이 주식을 사고 파는 수수료가 주된 수입이다. 때문에 거래량을 늘릴 필요가 있다. 그러나 주식의 가격은 우량주의 경우 비싸다. 예를 들어 KNU의 현재 1주당 가격이 339,000이라 하자. KNU 주식 100주를 싸는데 3천만원 이상이 드니 보통 사람들이 쉽게 살 수가 없다. 거래소가 개별 회사의 주식가격을 결정할 수 없기 때문에 거래량을 늘리는 방법으로 주식을 직접 사거나 파는 것이 아니라, 일정 기간 뒤에 사가나 팔 ***권리****만을 사거나 팔 수 있는 상품을 개발했는데, 이것을 보통* ***옵션(option)****이라 부른다. 옵션 중에서 정해진 시기에 정해진 가격으로, 정해진 수의 주식을 사기로 계약할 수 있는데, 이것을* ***콜옵션****이라 한다. 콜옵션은 주식가격이 상승하리라 판단되면 쓸 수 있다. 예를들어 KNU주식 1주는 30만원 근방이지만, 옵션은 이 각격의* $\frac{1}{60}$ *정도인 5,000원 근방에서 거래된다.*

KNU 1주	현재가(201810)	339,000
KNU C 201812	행사가 360,000(10)	6,700.00
KNU C 201812	행사가 370,000(10)	4,250.00
KNU C 201812	행사가 380,000(10)	2,800.00

실제 주식가격은 333,900 이지만 콜옵션가격은 6700 , 2800처럼 싸다. 실제 주식 가격 $339000 \times 10 = 3,390,000$*을 예를 들어* $6700 \times 10 = 67,000$*으로 들었다 났다 하니 이 비율은* $\frac{3390000}{6700} = 50.597$*이다. 즉 50배 이상을 돈을 움직이다. 이 비율을 레버리지(leverage)라 한다. 레버리지가 크면 적은 돈으로 큰 돈을 벌수도 있지만, 반대로 작용하면 위험도 그만큼 크다. 예를 들어 KNU C 201812(10) 3600 을 10월에* $10 \times 6700 = 67,000$*에 샀다 하자. 다행이 12월에 주가가 365,000이 되었다면 이것을 투자자는 360,000에 사기 때문에 주당 5,000 이득이다. 총 수익은* $10 \times 5000 = 50,000$*. 67,000원 투자해서 2달만에 50,000원 벌었다. 콜 옵션을 사는 경우는 주가가 행사가격 이상으로 상승할 것이라 판단한 경우이다. 콜 옵션을 파는 것은 주가가 행사가격 이상으로 상승하지는 않을 것으로 판단한 때이다. 콜 옵션을 팔았을 때는 판 사람은 팔 때 약정된 대금을 받는다. 만일 예상대로 주식가격이 하락했다면, 콜 옵션을 판 사람은 판매 수익이 이익이다. 그러나 반대로 주식 가격이 상승하면, 콜옵션을 사간 사람은 콜옵션을 행사하게 되고, 주식가격과 행사가격 차이가 판 사람의 손실이 된다.*

4. *풋 옵션(Put Option):*
롱 풋은 보유주식이 가격이 하락할 것이라 믿어지면 취할 수 있는 포지션이다. 보유하지 않은 주식을 빌리는 경우에는 보증금이라 할 수 있는 돈이 필요한데, 이것을 마진(margine)이라 한다. 예를 들어 마진은 주식가격의 50%로 설정했을 때 주식가격의 등락으로 최초 설정 금액이 바뀐 주식가격을 50%보다 작아지면, 돈을 더 채워 넣으라는 요구를 받는데, 이것이 끔찍한 마진 콜(margin call)이다. 롱 풋 포지션은 마진 (margin requirement) 없다.
예를 들어 XYZ 주식을 50에 팔기로 풋 옵션 계약을 했는데, 다행이 만기 때 주식가격이 40이라면, 투자자는 시장에서 40에 주식을 사서 50에 팔아 즉시 10을 남기는 형태다. 사고 파는 일은 거래소에서 정리하기 때문에 번거롭게 주식을 사고, 다음에 팔 필요도 없다. 그런데 주식이 60 했다면, 그냥 풋 옵션을 행사하지 않으면 된다. 때문에 위험을 투자금 전체를 날리는 것이 최대 위험인 되는 제한적인 위험이다. 풋 옵션을 사는 경우는 주가가 행사가격 아래로 떨어질 것이라 판단될 때이다.
주식가격이 상승할 것이라 생각되면, 풋옵션을 파는 방법이 있다. 예를 들어 지금 주식가격이 150인데, 3개월 뒤에 주식사격이 200이 되리라 예상된다면, 행사가격 170짜리 풋 옵션을 팔 수 있다. 왜냐하면 풋 옵션을 사간 사람이 풋 옵션을 행사할 수 없기 때문이다. 풋 옵션을 파는 사람(writer)는 주식을 매입하는

포지션 만큼이나 손실을 볼 수 있다. 그러나 풋 옵션을 팔어 얻는 이득이란 주식가격이 올라가 풋 옵션을 산 사람이 옵션을 행사하지 않을 때이므로, 제한적이다. 그런데 예상과는 반대로 주 가격이 떨어져 풋 옵션을 산 사람이 옵션을 행사하면, 예를 들어 주식이 떨어져 시장 가격이 100 이 되었다면, 풋 옵션을 판 사람은 이것을 계약한 170에 사야하는 형국이라 주당 70을 손해보게 된다. 이런 상황이 생길 때 계약을 이행되지 못하는 경우를 대비해 마진(margin)를 설정한다. 예상대로 주식가격이 200이 되었다면, 풋옵션을 사간 사람은 풋옵션을 행사하지 않는다. 풋오션을 판 사람은 판매대금이 수익이 된다.

3.4 옵션에서 자주 사용되는 용어

옵션에서는 다음 용어가 자주 쓰인다.

1. 현재 주식 가격 S_0
2. 행사가격(exercise price, strike price) K
3. 만기 때까지 기간(The time to expiration) T
4. 주식가격의 변동성(The volatility of the stock price) σ
5. 위험이 없는 이자율(The risk-free interest rate) r
6. 예정된 배당금(The dividends that are expected to be paid)

1. 주식가격, 행사가격(Stock price and Strike price):
   콜 옵션을 행사하는 경우는 S_T(만기때 가격) 가 K 보다 큰 경우이다. 이익은 $S_T - K$이다. 때문에 주식이 오르면 오를 수로 이득이 크다. 풋 옵션의 경우는 행사가격 K가 S_T 보나 낮을 때 이득이 있다. 왜냐하면 시가보다 싼 것을 비싸게 파는 것에 해당하기 때문이다. 이득은 $K - S_T$이다. 콜 옵션, 풋 옵션을 산 사람은 위험(risk)은 제한 적이다. 살 때 들어간 돈 다 날리는 것이 최대 손실인데, 이것은 주식을 직접 산 비용보다는 훨씬 적다. 예를 들어 현재 주식 가격이 27.39라 하자. 옵션 계약 1건이 주식 100개를 단위로 한다면 모두 $23.79 \times 100 = 2379$가 걸려있다. 만일 행사가격이 27.50인 콜 옵션 가격이 1.23이라 하면 $100 \times 1.23 = 123$인데, 123정도의 작은 돈으로 2379라는 큰 돈을 들었다 놨다 한다 생각하면, 실제금액의 투자금에 대한 비율이 $\frac{2739}{123} = 22.2683$이 되는데, 이 값을 레버리지(leverage)라 한다. 당연히 위험이 크면 클 수록 레베리지가 큰 것은 당연한 일이다.

2. 만기 때까지 시간(Time to expration):
   옵션 중에서 기간 내에 어느 때이건 유리할 때 행사할 수 있는 옵션을 아메리칸(American)이라 하고, 오로지 만기 때만 행사할 수 있는 옵션을 유러피언(European)이라 한다. 당연히 계산은 유러피언이 편하지만, 투자자 쪽에서 보면 행사할 기회가 더 많은 아메리칸이 더 유리하다. 따라서 콜 옵션이건 풋 옵션이건 아메리칸이 더 가치가 있다. 오로지 기간만 다르고 나머지가 같은 아메리칸 옵션이라면 기간이 긴 것이 더 가치가 있다. 일반적으로 오로지 기간만 다르고 나머지가 같은 유러피언 옵션도 기간이 긴 것이 더 가치가 있다. 그렇지만 중간에 큰 배당금이 지급 예정이라면 꼭 그렇지도 않다. 기간만 다른 유러피언 콜 옵션이 있다 하자. 기간 내에 큰 배당금이 지급되고, 다른 하나는 배당금 지급이 없다 하자. 배당금이 지급되면 회사에서 큰 돈이 지출된 것이므로, 주식가격이 하락한다. 따라서 배당금이 지급되기 전이 주식가치가 더 있다. 이런 경우에는 기간 내에 배당금이 아직 지급되지 않는 기간이 짧은 콜 옵션이 더 가치가 있다. 배당금 정보가 반영되어 주식가격이 상승할 기회가 있고, 콜 옵션은 주식 가격이 상승하면 이익이기 때문이다.

3. 변동성(Volatility):
   주식의 volatility란 주식 가격이 앞으로 어떻게 변할지 알 수 없는 정도이다. Volatility가 커진다는 것은 가격이 크게 상승할 수도 있고, 반대로 가격이 아주 하락할 수도 있다. 주식을 보유하고 있는 사람은 장기적으로 보면 상승.하락이 서로 상쇄하는 효과가 있다. 그러나 콜 옵션, 폴 옵션을 갖고 있는 사람에게는 기간이 짧기 때문에 이익과 손실이 상쇄되는 그런 기회는 거의 없다. 가격 변화로 크게 이득을 보는 경우도 있고, 아주 큰 손실을 보는 수도 있다. 왜냐 하면 모든 것이 옵션 만기 기간 내에 어떻게 변화하는 가에 달려 있기 때문이다. 옵션 기간은 끝나면 옵션은 아무 역할도 할 수 없이 그냥 끝이기 때문이다. 그런데 변동성이 없으면 옵션으로 돈을 벌 기회도 없다. 지금 가격도 100, 3개월 뒤 가격도 그대로 100이 확실하다면, 누가 3개월 뒤에 105에 살 권리를 주는 곳에 투자하겠나. 때문에 변동성이 커야 돈을 벌 기회가 있다. 이런 이유로 변동성이 큰 주식은 옵션 가격도 높다.

4. 위험 없는 이자율 (Risk-free interest rate):
   이것은 확실하게 확정된 이율이다. 일반적으로 risk-free interest rate가 상승하면, 투자자가 주식 같은 위험 자산에 투자해서 얻는 기대 수익율도 높아진다. 왜냐하면 아무런 위험 없이 10%를 벌 수 있고, 위험을 감수 하면서 10%를 벌 수 있는 기회가 있다면, 위험을 감수하면서 10%를 버는 곳에 투자하는 사람은 거의 없다. 따라서 주식 투자로 벌 수 있는 기대 수익율은 risk-free interest rate보다는 높게 잡는다. 여기에 옵션을 행사해서 수익을 낼 수 있다 하다라도 risk-free interest rate가 높아지만, 수익의 현재가격은 낮아진다. 이런 두 요소가 복합적인 작용이 옵션 가격에 영향을 준다. 또 이자율이 상승하면, 주식 가격은 기대 수익율이 높아지는 추세 때문에 하락한다. 이자율이 떨어지면 반대로 주식으로 돈을 벌 생각을 하기 때문에 주식가격이 상승하는 경향이 있다. 보통 이자율이 상승과,주식가격 하락 현상이 콜 옵션 가격을 떨어뜨린다. 왜냐하면 콜 옵션은 주식가격이 상승해야 이득을 보는 구조이기 때문이다. 반대로 풋 옵션 가격은 올린다. 왜냐하면 풋 옵션은 가격이 떨어져야 이득을 보는 구조이기 때문이다.

5. 예상 배당금(Amount of Future Dividends):
배당금(dividend)은 주주에게 주당 지급되는 회사 수익이다. 때문에 배당금이 지급되면 회사 자산이 줄어든다. 이런 이유로 배당금이 지급 되기 전 주가와 배당금이 지급 된 후의 주가는 다르다. 당연히 큰 배당금이 지급되면 주가는 떨어진다. 따라서 옵션 기간 내에 배당금이 지급된다면 콜 옵션의 경우는 좋지 않은 일이고, 풋 옵션의 경우는 좋은 일이다. 때문에 콜 옵션 가격은 떨어지고, 풋 옵션 가격은 오른다. 배당금을 지급할지 지급하지 않을지는 미리 확정적으로 정해진 것이 아니기 때문에, 옵션으로 손해를 볼 수도 있고, 이익을 볼 수도 있다.

3.5 옵션 가격

옵션을 설명할 때 통상적으로 사용되는 기호

- S_0: 현재 주식 가격
- K : 행사 가격(strike price)
- T: 옵션 유효기간: Time to expiration of option
- S_T: 옵션 만기일 주식 가격
- $\delta = \ln(1+i)$: 기간 T 동안의 이자율(연속으로 계산)
- C: American Call option 가격
- P : American put option 가격
- c: European Call option 가격
- p : European Put option 가격

옵션은 크게 두 종류로 나뉘는데, 하나는 콜 옵션, 다른 하나는 풋 옵션이다. 모든 것을 자신을 중심으로 생각하자. 내가 콜 옵션(call option)을 살 수도 있고, 콜 옵션을 팔 수도 있다. 콜 옵션을 산 경우는 내 돈이 들어가고, 돈을 들이는 이유는 주식을 살 권리를 얻기 위함이다. 이 권리는 자신에게 유리하게 쓰는 것이기 때문에, 불리하면(예를 들어 시장가격보다 비싸게 사는 경우가 되면) 행사하지 않는다. 유리하면 (시장가격보다 싼 값에 살 수 있는 경우) 권리를 행사한다. 때문에 콜 옵션을 산 경우에는 돈을 들인 만큼 내게 유리한 쪽으로 일을 진행시킬 여지가 있다. 그러나 내가 콜 옵션을 다른 사람에게 판 경우에는, 나는 상대에게 상대가 옵션 기간 내에 원하면, 미리 약정한 가격에 주식을 넘겨야 한다. 내가 얻은 이익은 콜 옵션을 판매대금 밖에 없고, 유일한 희망은 주식 값이 미리 약정한 값보다 떨어져, 상대가 나에게 시장가격보다 비싸게 살 이유가 없어지는 것이다. 정리하면 콜 옵션을 산 경우에는 내가 능동적인 역할을 하는 것이고, 콜 옵션을 판 경에는 내는 실제로는 상대에게 권리를 판 것이므로, 유일한 희망은 상대가 옵션을 행사할 필요가 없도록 주식 가격이 떨어지는 것 뿐이다. 따라서 콜 옵션이건 풋 옵션이건 옵션을 팔았을 때는 항상 상대가 옵션을 행사할 것에 대비해야 한다.

1. 옵션 가격의 상한:
□ 콜 옵션의 경우
주식 XYZ의 옵션가격은 현재 XYZ의 가격 S_0보다 클 수는 없다. 예를 들어 아메리칸 콜 옵션을 생각하자. 아메리칸 옵션이므로 기간 내에 언제든 옵션을 행사할 수 있다. 때문에 옵션가격이 $c_0 > S_0$라면, 주식 가격에 비해 콜 가격이 좋은 것이다. 따라서 콜을 팔고, 혹시 상대가 콜을 행사할 것에 대비하여 주식을 확보하는 것이 좋다.
▷ 지금 해야 할 일:

- 지금 콜 옵션을 하나 팔아 c_0를 얻는다.
- 콜 옵션을 팔았기 때문에 나는 상대가 옵션을 행사하는 경우 K를 받고 주식을 넘겨줄 책임이 있다.
- 이 책임을 해소하기 위해서 c_0 중에서 S_0를 들여 주식이 하나 산다. 남은 돈은 $c_0 - S_0$이다. 이것은 기간 T 동안 투자한다.

▷ 만기 T가 되면

- 상대가 옵션을 행사하지 않으면 내게 남은 것은 돈 $(c_0 - S_0)e^{\delta T}$, 주식 1장
- 상대가 옵션을 행사하면 돈 $(c_0 - S_0)e^{\delta T}$, 주식을 넘겨주고 받은 K

어떤 경우에도 공돈을 벌 수 있는 구조이므로, 이런 일이 일어나지 않게 하려면 $c_0 \leq S_0$가 되어야 한다.
□ 풋 옵션의 경우
$p_0 \leq K$가 되어야 한다. 만일 $p_0 > K$ 라면, 풋 옵션의 가격이 행사가격에 비해 높은 것이다. 따라서 풋을 팔고, 상대가 풋을 행사할 것에 대비하여 자금 K를 마련하는 방식이 좋다.

▷ 지금 해야 할 일:

- 풋 옵션을 하나 p_0에 판다. $p_0 > K$인 것에 주의하자. p_0를 이자의 세기 δ로 투자하자.
- 옵션을 팔았기 때문에 옵션을 이행할 책임이 있다. 그 책임은 상대가 옵션을 행사하면 내가 주식을 K에 사주는 것이다.
- 옵션 기간에 있는 $t, t \leq T$에 내게서 풋 옵션을 사간 사람이 옵션을 행사하면 투자금을 찾는다. 이 투자금은 $p_0 e^{\delta t}$. 여기서 K를 주고, 상대가 내게 요구하는 주식을 산다. 이것으로 나의 옵션 이행의무는 해소된다. 남는 것은 $p_0 e^{\delta t} - K > 0$.
- 옵션 기간 내에 상대가 옵션을 행사하지 않으면, 나의 옵션 의무는 기간만료와 동시에 해소되고, 내게 남는 것은 $p_0 e^{\delta T}$.

이것을 다음 식으로 간단하게 정리하자. 콜 옵션과 풋 옵션 가격의 상한은

$$c_0 \leq S_0, \quad p_0 \leq K \tag{3.11}$$

2. 옵션 가격의 하한

□ 유러피언 콜 옵션
옵션이 가치가 있는 것이라면 가격이 0이라는 것은 있을 수 없다. 옵션 가격이 $c_0 > 0$라 하자. 지금 $c_0 \leq S_0$인 것은 알고 있다. 이 옵션을 사려면 돈이 c_0가 든다. 이 돈마저 들이지 않고, 돈을 벌 수 있는 기회가 있을가? 옵션 가격 c_0가 $S_0 > c_0 + Ke^{-\delta T}$ 라 하자. 이것은 주식 가격에 비하여 행사가격 K와 옵션 가격 c_0가 낮은 경우다. 이런 경우에는 주식을 팔고, 옵션을 사는 것이 좋은 방법이다.
□ 지금 해야 할 일:

- 주식 1개를 팔아 S_0를 받고 판다. 주식을 팔았기 때문에 나중에 이것을 보충할 생각을 해야 한다. 판 주식을 채워넣기 위하여
  - c_0를 주고 콜 옵션을 1개 산다.
  - 나머지 $S_0 - c_0$는 투자한다.

□ 만기 T가 되면

- $S_T \leq K$이면 옵션은 쓸모 없게 되었다. 그런데 투자금의 원리합계는 $(S_0 - c_0)e^{\delta T} > (Ke^{-\delta T})e^{\delta T} = K$이므로, 시장에서 S_T를 주고 1주를 사들인다. 그러고도 남은 돈은 $(S_0 - c_0)e^{\delta T} - S_T > K - S_T > 0$이다.
- $S_T > K$이면 콜 옵션을 행사한다. 투자금의 원리합계금 $(S_0 - c_0)e^{\delta T} > K$이므로 K를 주고 1주를 사들이괴, 남은 돈은 $(S_0 - c_0)e^{\delta T} - K > 0$이다.

어떤 경우에도 공돈이 생기기 때문에, 옵션가격 c_0는 $c_0 \geq S_0 - Ke^{-\delta T}$가 성립해야 한다. 그런데 가격이 음수가 될 수는 없기 때문에 더 형식적으로 표현하면

$$c_0 \geq \max\{S_0 - Ke^{-\delta T}, 0\} \tag{3.12}$$

보기 3.5 유러피언 콜 옵션을 생각하자. $S_0 = 51, K = 50, T = 0.5, \delta = 0.12$. 이 옵션의 하한가는 ?

풀이 3.5 3.91 □

□ 유러피언 풋 옵션의 하한가
풋 옵션을 샀을 때, 쓸모 없이 되는 경우는 주식 가격 S_T가 이 행사가격 K 보다 높아지는 경우다. 이런 경우 더 낮은 가격 K에 팔 이유가 없다. 손실은 풋옵션을 살 때 들어간 비용이다. 풋 옵션을 산 것이 다행인 때는 $S_T < K$인 경우다. 더 중요한 것은 풋 옵션을 행사하려면 주식이 있어야 한다. 이 문제가 문제가 되지 않는 경우는 풋 옵션 가격이 낮고, 행사가 K는 높아서

$$(S_0 + p_0)e^{\delta T} < K \tag{3.13}$$

가 성립하는 경우다. 이런 경우에는 $S_0 + p_0$를 대출하더라고, T 후에 행사가 K로 대출금을 갚고도 남는다. 이것이 가능한 이유는 식 (3.13)이 성립한다면

□ *지금 해야 할 일:*

- $S_0 + p_0$*를 대출하여*
  - *주식 1개를 사고,*
  - *풋 옵션 1개를 산다.*

□ *만기 T가 되었을 때*

- $S_T \geq K$*이며 옵션을 행사하지 않고, 보유한 주식을 시장에 시가 S_T로 판다. 갚아야 할 대출금은 $(S_0 + p_0)e^{\delta T}$ 이지만 K 보다 작다. 따라서 S_T보다도 작다. 대출금을 갚고 $S_T - (S_0 + p_0)e^{\delta T}$ 가 남는다.*
- $S_T < K$*이면, 옵션을 행사하여 보유 주식 1개를 K에 판다. 갚아야 할 대출금은 $(S_0 + p_0)e^{\delta T}$로 K 보다 작기 때문에 $S_T \geq K$인 경우보다는 작지만, $K - (S_0 + p_0)e^{\delta T}$ 만큼 수익이 난다.*

따라서 유러피언 풋옵션의 경우 옵션가격 p_0는

$$(S_0 + p_0)e^{\delta T} < K \iff p_0 \geq Ke^{-\delta T} - S_0 \tag{3.14}$$

가 성립해야 한다. 그런데 p_0가 음수는 될 수 없기 때문에 형식적으로 표현하면

$$p_0 \geq \max\{Ke^{-\delta T} - S_0, 0\} \tag{3.15}$$

보기 3.6 *유러피언 풋 옵션에서 $S_0 = 38, K = 40, T = 0.25, \delta = 0.10$이다. p의 하한가는 얼마인가?*

풀이 3.6 1.01 □

3. *콜 풋 패러티(Put-Call Parity)*
   콜 풋 패러티는 콜 옵션 가격과 풋 옵션 가격이 연결된 것을 보여주는 중요한 식이다. 유러피언 옵션을 생각하자.

- *포트폴리오 A: 만기 T에 행사가 K인 유러피언 콜 옵션 1개, 만기 T에 K를 보장하는 채권 1개*
- *포트폴리오 B : 만기 T에 행사가가 K의 유러피언 풋 옵션 1개, 해당 주식 1개*

두 포트폴리오 A, B의 만기 T일 때 가치를 계산해보자.

- $S_T > K$ *인 경우:*
  A 의 경우는 옵션을 행사해야 한다. 이득은 옵션을 행사해서 $S_T - K$, 채권으로 K.

$$(S_T - K) + K = S_T$$

  B의 경우는 옵션을 행사할 이유가 없다. 이득은 주식 가격 상승으로 S_T
- $S_T \leq K$*인 경우:*
  - *A 의 경우는 옵션을 행사할 이유가 없다. 채권으로 K.*
  - *B의 경우는 옵션을 행사해야 한다, 이득은 옵션을 행사해서 $K - S_T$, 주식 가격 S_T,*

$$(K - S_T) + S_T = K$$

어떤 경우에도 두 포트폴리오의 가치가 같다. 이 가치를 간단히 표시하면 $\max\{S_T, K\}$. 따라서 두 포트폴리오의 현재가격이 같아야 한다. 이것을 식을 표현하면

$$c + Ke^{-\delta T} = p + S_0 \tag{3.16}$$

이 식 (3.2)을 콜-풋 패러티(call-put parity)라 한다.

요약 3.2 [콜-풋 패러티(call-put parity)] 같은 주식에 대한 행사가격 K, 콜 옵션 가격 c_t와 풋 옵션가격 p_t는 위험부담이 없는 이자의 세기를 δ라 하면

$$c_t + Ke^{-\delta T} = p_t + S_t \tag{3.17}$$

이것을 Call-Put Parity라 한다.

보기 3.7 *어떤 주식에 대한, 만기 행사가격이 K인 콜 옵션 가격을 c라하고, 만기 행사가격이 K인 풋옵션 가격을 p라 하자. $c+Ke^{-\delta T}<p+S_0$ 인 경우 어떤 일이 생길 수 있는가?.*

풀이 3.7 *지금 행사가격이 K인 콜옵션과 주식을 갖고 있는 사람은 이것을 처분하여 자금 $p+S_0$를 확보한다. 이 중에서 $c+Ke^{-\delta T}$를 써 행사가격이 K인 콜옵션과 , 만기에 K를 지급하는 순수할인채를 구입한다. 나머지 자금 $(p+S_0)-(c+Ke^{-\delta T})$는 이자의 세기 δ로 투자한다. 만기에는 다음 일이 일어날 수 있다.*

1. $S_T \geq K$인 경우:
   - 이 경우에는 콜옵션을 행사하여 해당 주식을 확보한다. 주식가격 S_T와 행사가격 K와의 차이 S_T-K는 수입이다. 정리하면 만기에
     - 주식
     - $(S_T-K)+\big((p+S_0)-(c+Ke^{-\delta T})\big)e^{\delta T}$ 를 확보하게 된다.
   - 아무일을 하지 않았다면, 주식가격 S_T가 행사가격 K보다 높기 때문에 풋옵션을 무용지물이 됐고, 주식만 갖고 있게 된다.
2. $S_T < K$인 경우:
   - 이 경우는 행사가격 K가 주식가격 S_T보다 작기 때문메 콜옵션을 행사할 이유가 없다. 대신에 구매한 수순할인채를 팔아 K를 얻는다. 투자한 자금 $(p+S_0)-(c+Ke^{-\delta T})$는 기간 T가 흐른 후, $\big((p+S_0)-(c+Ke^{-\delta T})\big)e^{\delta T}$ 로 자랐다. 미리 사둔 순수할일채를 팔아 K를 얻는다. 여기서 S_T를 들여 시장에서 직접 주식 1개를 산다.
   - 정리하면 주식 처음에 팔았던 주식 1개를 확보할 수 있고, 추가이익 $(K-S_T)+\big((p+S_0)-(c+Ke^{-\delta T})\big)e^{\delta T}$를 실현할 수 있다.

지금 풋옵션과 그 풋옵션에 해당하는 주식을 갖고 있는 사람은, 만기 주식가격 S_T가 어떻게 되더라도, 이런 방식으로 아무런 일을 하지 않을 때보다 항상 위험부담이 없는 확정적인 수익을 낼 수 있다. □

3.6 옵션을 이용한 투자모형

유러피언 옵션을 이용한 투자모형을 알아보자. 먼저 상황은

- 콜 옵션을 살 때
- 콜 옵션을 팔 때
- 풋 옵션을 살 때
- 풋 옵션을 팔 때

4가지 경우에 대하여 이익 함수를 그래프로 표시하면 눈으로 볼 수 있어 만기 주가 S_T와 콜, 풋 옵션의 이익 관계를 쉽게 이해할 수 있다. 이것을 Google colab의 Python3 를 이용하여 만들어보자.

모두 4가지를 생각해야 한다. 먼저 콜 옵션의 사는 경우와, 파는 경우 수익 함수를 생각해보자. 행사가격 $K=30$, 콜 가격 $c_0=3$, 풋 가격 $p_0=1$이라 가정해보자. 이익은 다음 표로 표시된다.

표 3.4: 콜을 살 때와 팔 때의 S_T에 따른 이익

S_T	$S_T \leq K=30$	$K=30<S_T$
long call, $K=30$ 이익	0	S_T-K
이익	-3	$(S_T-K)-3=S_T-33$
short call , $K=30$ 이익	0	$-(S_T-K)$
이익	3	$-(S_T-K)+3=-S_T+33$

표 3.4을 보면 콜을 살 때의 이익을 나타내는 함수와, 콜을 팔 때의 이익을 나타내는 함수를 따로 만들 필요가 없고, 사는 것만 만들고, 파는 경우는 -1를 곱해서 사용하면 되는 것을 알 수 있다. 풋 옵션의 경우를 생각하면

표 3.5: 풋을 살 때와 팔 때의 S_T에 따른 이익

S_T	$S_T \le K = 30$	$K = 30 < S_T$
long put, $K = 30$ 이익	$K - S_T$	0
이익	$(K - S_T) - 1 = -S_T + 29$	-1
short put , $K = 30$ 이익	$-(K - S_T)$	0
이익	$-(K - S_T) + 1 = S_T - 29$	1

표 3.16을 보면 풋을 살 때의 이익을 나타내는 함수와, 풋을 팔 때의 이익을 나타내는 함수를 따로 만들 필요가 없고, 사는 것만 만들고, 파는 경우는 -1를 곱해서 사용하면 되는 것을 알 수 있다. 그러나 콜 함수와 풋 함수는 따로 만들어야 한다. 먼저 콜 함수를 만들어보자. 필요한 자료는 만기시 주가 S_T, 행사가격 K, 콜 가격 c. 모두 3개의 자료가 필요하다. 즉 콜 옵션의 이익을 계산하는 함수는 3변수 함수이다. 이 함수의 이름은 마음대로 질 수 있는데, 여기서는 `optVaCall`*이라 짓자. 구글* `https://colab.research.google.com` *에서 Python3 노트북을 열자.*

```
import numpy as np
import matplotlib  as mt

def  optVaCall(ST, K, pri):
  ans= max(ST-K, 0)
  ans=ans-pri
  return ans

K1=95
c1=7

numDiv=1000

stval= np.linspace(30, 120, numDiv)
optv=[ optVaCall(x, K1, c1) for x in stval ]

mt.pyplot.plot(stval, optv)
```

모든 것이 잘 되었다면 다음 그림이 보여야 한다.

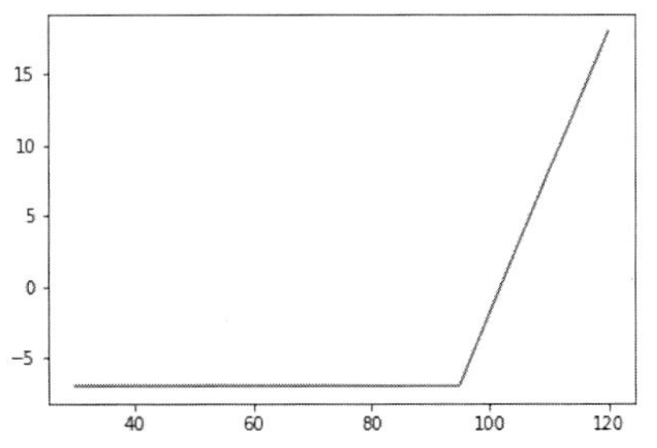

그림. 3.3: 콜 옵션에서 S_T에 따른 수익.

□ *주식시장이 상승세라 판단됐다 하자. 이런 경우에 다음 투자 방식을 생각해보자. 우선 행사가격 K_1, K_2가 다른 두 개의 콜 옵션을 보자. 모두다 주식시장이 상승세라 판단했다면, 주식을 이미 갖고 있는 사람은 더 오를 때까지 기다리겠고, 주식이 없는 사람은 상승세에 있는 주식을 사려 할 것이다. 수요보다 공급이 부족하기 때문에 주식가격은 상승하리라 기대된다. 콜 옵션의 경우에도 낮은 행사가격에 사려는 사람은 많고, 팔려는*

사람은 적으니 콜 옵션을 사는 가격은 오르리라 기대된다. 옵션기간은 T로 맞추고, 행사가격 $K_1 < K_2$라 하자. 행사가격이 K_1인 콜 옵션을 가격 c_1에 하나 산다. 위험은 콜 옵션을 살 때 들어간 비용을 다 날리는 것이다.

콜 옵션을 파는 경우는 아주 조심해야 한다. 왜냐하면 콜 옵션을 파는 것은 주가가 미리 정해둔 가격을 넘어서지 않을 것이라 생각하기 때문인데, 만일 주가가 이 가격을 넘어서면, 상대는 콜을 행사하게 되고, 따라서 아주 큰 손실을 보게 되기 때문이다. 때문에 콜 옵션을 파는 경우는 주식 확보 방안을 생각해야 하는데, 지금처럼 행사가격이 더 낮은 콜 옵션을 사는 것은 아주 효과적인 방법이다. 이런 이유로 주가가 K_2를 넘어서지는 않을 것이라 판단되면 행사가격이 K_2인 콜 옵션을 하나 판다. 행사가격 K_2인 콜 옵션이 가격이 낮다. 왜냐하면 콜 옵션의 경우 행사가격이 높으면 높을수록 그 옵션을 행사할 기회가 적어지기 때문이다. 이렇게 하면 만기일 T에 주식가격 S_T에 따라 다음과 같이 분류할 수 있다. K_1 콜 가격을 c_1, K_2 콜 가격을 c_2라 하자.

표 3.6: 콜 옵션을 살 때, 팔 때의 수익

S_T	$S_T \le K_1$	$K_1 < S_T \le K_2$	$S_T > K_2$
long call, K_1 이익	0	$S_T - K_1$	$S_T - 30$
순 이익	$-c_1$	$(S_T - K_1) - c_1$	$(S_T - K_1) - c_1$
short call , K_2 이익	0	0	$-(S_T - 35)$
순 이익	c_2	c_2	$-(S_T - K_2) + c_2$
총 이익	$-c_1 + c_2$	$(S_T - K_1) - c_1 + c_2$	$K_2 - K_1 - c_1 + c_2$

예를 들어 $K_1 = 5, c_1 = 3, K_2 = 9, c_2 = 0.5$인 경우, 위 표를 그림으로 그려보면

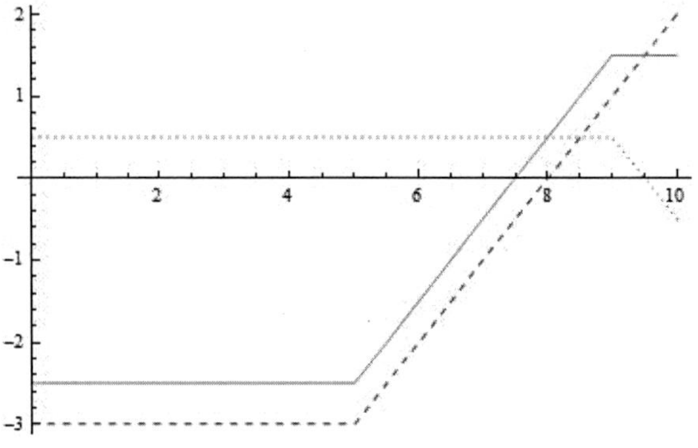

보기 3.8 다음 상황을 그래프로 그려보아라. 행사가격 $K_1 = 30$ 인 3개월 만기 유러피언 콜 옵션을 가격 $c_1 = 3$에 사고, 행사가격 $K_2 = 35$인 유러피언 콜 옵션을 $c_2 = 1$에 팔았다. 만기 때 주가 S_T에 대한 수익 그래프를 그려보자.

풀이 3.8 이 투자 방법은 주식가격이 30이상 상승하리라 생각하지만, 35이상 상승할 것 같지는 않다 생각했을 때 시도한다. 이익의 그래프를 보면, 손실도 줄이고, 대신에 이익도 제한된다.

S_T의 변화에 따른 표를 만들자. 비용을 생각하다. 표에서 총 이익은 두 개의 콜 옵션의 이익을 합한 것이다.

S_T	$S_T \le 30$	$K_1 < S_T \le K_2$	$S_T > K_2$
long call, $K_1 = 30$ 에서 이	0	$S_T - 30$	$S_T - 30$
short call , $K_2 = 35$ 에석 이익	0	0	$-(S_T - 35)$
총 이익	$-3 + 1 = -2$	$S_T - 30 - 3 + 1 = S_T - 32$	$35 - 30 - 3 + 1 = 3$

이것을 그래프로 그리면

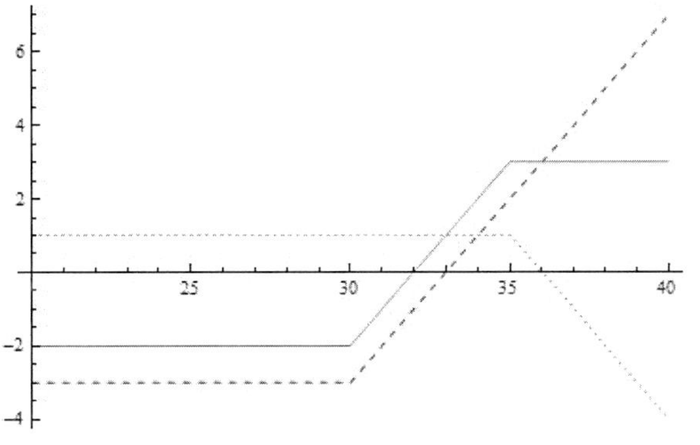

□

보기 3.9 *다음 상황에서 만기 때 주가 S_T에 대한 수익 그래프를 그려보자. 행사가격 $K_1 = 30$ 인 3개월 만기 유러피언 콜 옵션을 가격 $c_1 = 3$ 에 팔고, 행사가격 $K_2 = 35$인 유러피언 콜 옵션을 $c_2 = 1$에 샀다.*

풀이 3.9 *겉으로 보면 보기 3.8을 거꾸로 한 포지션이다. 콜 옵션을 판다는 것은 그것을 사간 사람이 콜 옵션을 행사하는 경우를 생각해야 한다. 때문에 콜 옵션을 행사할 기회가 없기를, 즉 주식 가격이 30이하로 떨어질 것을 기대하고 파는 것이다. 그런데 지금 상황은 더 높은 행사가격의 콜 옵션을 하나 샀다. 콜 옵션을 산다는 것은 주시 가격이 행사가격 이상으로 오를 것을 예상하는 것이다. 때문에 지금처럼 주식 가격이 30이하로 떨어질 것을 기대하고, 동시에 주식가격이 35 이상으로 오를 것을 기대하는 상황은 도저히 이해할 수 없는 비정상적인 포지션이다. S_T의 변화에 따른 표를 만들자. 비용을 생각하다. 표에서 총 이익은 두 개의 콜 옵션의 이익을 합한 것이다.*

표 3.7: S_T와 수익

S_T	$S_T \leq 30$	$K_1 < S_T \leq K_2$	$S_T > K_2$
long call, $K_1 = 30$ 에서 이	0	$-(S_T - 30)$	$-(S_T - 30)$
short call , $K_2 = 35$ 에석 이익	0	0	$S_T - 35$
총 이익	$3 - 1 = 2$	$-S_T + 30 + 3 - 1 = 32 - S_T$	$-35 + 30 + 3 - 1 = -3$

이것을 그래프로 그리면

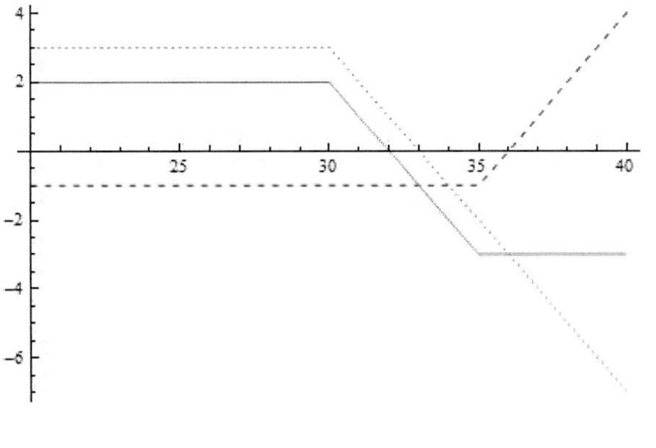

주식가격이 30 이하로 떨어져야 겨우 콜 사고 팔아 생긴 수입 뿐이고, 30 이상으로 올라가도 콜을 사서 생긴 이익이 없고, 오히려 손실이 발생한다. □

□ *원금 손실이 없는 투자모형:*
원금 손실 없는 투자 모형을 설명하기 위해서 먼저 채권(bond)을 간단히 설명하자. 채권이란 돈을 빌리는 자가

미리 정한 날자에 원금과 이자를 지불하기로 한 계약이다. 채권은 국가, 회사, 지방정부 등 여러 곳에서 발행할 수 있다.

- *Par Value(Face Value, 액면가)*
- *Coupon Interest Rate*
  예를 들어 액면가 1000 인 채권을 발행하면서, 매년 100을 이자로 지불하고, 만기가 되는 때는 이자 100+ 원금 1000을 상환하기로 했다면 $\frac{100}{1000} = 10\%$*를 Coupon interest rate(간단히 coupon rate , 쿠폰금리)라 한다.*
- *어떤 채권은 쿠폰을 발행하지 않고, 가격을 할인하여 판매한다. 예를 들어 액면가 1000을 800에 파는 방식이다. 만기가되면 1000을 준다. 이런 채권을 zero coupon bond[제로쿠폰채권(ZCB)]라 한다.*

□ *채권 가격*

1. *쿠폰을 제공하는 경우.*
   만기가 n*년, 매년 쿠폰* C*을 제공하고, 만기에* M*을 주는 채권의 가격은, 년이자율을* i, $v = \frac{1}{1+i}$*라 두면*

$$C(v+v^2+\cdots+v^n)+Mv^n = C\frac{v-v^{n+1}}{1-v}+Mv^n = C\frac{1-v^n}{i}+Mv^n \tag{3.18}$$

   이것을 간다하게 표현하면 $Ca_{\overline{n}|,i}+Mv^n$.
2. *쿠폰을 제공하지 않는 경우*
   액면가를 할인(discount)해서 판다. 할인율 d*는* $(1+i)(1-d)=1$*을 만족시키는 값이다. 이자율이* i*이고, 액면가* M*, 기간* n*인 할인채(discount bound, ZCB) 가격은*

$$M(1-d)^n = Mv^n = Me^{-n\delta},\ \delta = \ln(1+i) \tag{3.19}$$

그러면 원금 손실이 없는 투자 모형을 만들 수 있는가? 예를 들어 1000을 3년간 투자한다 하자. 이자율을 연 6%라 하자, 3년 뒤에 1000을 주는 채권의 현재가격은 부수적인 비용을 빼면 $1000e^{-3\delta}, \delta = \ln(1+0.06)$*이 적절하다. 지금 경우는* $1000e^{-3\delta} \approx 839.619$*. 이 채권을 사면 이자로 160.381를 버든 것이다. 3년 뒤에 고객에게 원금을 돌려주는 방법은 839.619를 주고 3년만기 액면가 1000인 할인채를 산다. 남은 돈 160.381으로 할 수 있는 일은 무엇인가?*

만일 행사가격이 1000인 주식과 같은 위험자산의 콜 옵션가격이 160.381보다 작다 하자. 예를 들어 150. 그렇다면 150을 들어 콜 옵션을 1개 산다. 나머지 10.381은 자신의 수입으로 잡는다. 3년 뒤에 두 가지 경우가 생긴다.

- *콜 옵션의 기초자산(underlying security) 가격* S_T*가 행사가 1000을 넘는 경우.*
  사둔 채권으로 1000을 받아 → 콜 옵션을 행사하여 시가 S_T*를 1000을 주고 사서 → 고객에게 준다. 이렇게 하면 고객의 입장에서는* $S_T = 1000 + (S_T - 1000)$*이므로, 원금을 보존하고,* $S_T - 1000$*을 더 벌은 것이다.*
- *콜 옵션의 기초자산 가격* S_T*가 행사가 1000 보다 낮은 경우.*
  이때는 콜 옵션을 행사할 이유가 없다. 그렇지만 사둔 채권으로 1000을 회수하여 고객에게 준다. 이 경우 고객을 최소한 원금 손실은 없다.

이 방식은 은행 같은 곳에서 쓸 수 있다.수입은 지금 경우처럼 콜 옵션 가격을 C*라 할 때,* C *와* $M - Me^{-\delta T} = M(1-e^{-\delta T}) = M(1-v^T)$ *의 차이가 수입이 된다.*

보기 3.10 $0 \le t < 3$*일 때는 년이자율은* $\delta_1, e^{\delta_1} = 1+\frac{1}{9}$*이다.* $t=0$*에 주식으로 구성된 포트폴리오* P*의 가치는 2500이고, 포트폴리오* P*로부터 년이율* δ_2*의 수익이 있다. 포트폴리오* P*를 구성하는 주식 각각에 대하여 2년 만기 행사가격의 합이 2500인 콜옵션 묶음* Q*를 일반인보다 싼 가격인 470에 살 수 있다. 투자회사 대박은 원금보장을 약속하고 고객에게 2500을 투자할 것을 권할 수 있다. 이 자료만으로 다음 질문에 답하여라. 기타 비용은 없는 것으로 한다.*

1. *투자금 2500을 운용하여 회사수익과 고객의 원금* $+\alpha$*을 보장할 수 있는 방법을 말하여라.*
2. $t=2$*일 때 주식으로 구성된 포트폴리오* P*의 가치가 2525 일 때, 콜옵션에서 얻을 수 있는 수익을 분석하라. 수익 500도 가능한가?*

풀이 3.10 *1. 2년 뒤에 보장한 원금을 돌려주기 위하여 지금 만기에 2500을 주는 채권에* $2500e^{-2\delta_1} = 2500(1+\frac{1}{9})^{-2} = 2025$*을 투자한다. 나머지 돈은* $2500-2025=475$*인데, 이중 470을 들여 일반인 보다 싸게 콜옵션* Q*에 투자한다. 여기서 투자회사는 5의 수익이 발생한다. 만기에 옵션을 행사할 수 없다 하더라도 투자회사 대박은 미리 사둔 채권에서 2025로부터 2500을 확보할 수 있다. 콜옵션을 행사할 수 있다면 추가로 이익이 발생한다.*

2. 콜옵션을 행사하여 추가 이익을 얻는다. 우선 최초의 이익 $475-470=5$, 그리고 콜 옵션으로부터 최소한 $2525-2500-25$의 이익이 있다. 콜옵션의 이익이 이렇게 되는 것은 콜옵션 Q를 구성하는 주식을 $S_1, S_2, \cdots, S_n$이라 하고, $t=0$일 때 각각의 주식의 콜옵션 행사가격을 $K_i, i=1,2,\cdots,n$이라 두면 $\sum_{i=1}^{n} K_i = 2500$으로 이것은 $t=0$일 때 포트폴리오 P의 가치다. $t=2$일 때 각각의 주식 가격은 S_i^T라 두면 $\sum_{i=1}^{n} S_i^T = 2525$이다. 어떤 주식을 오르고 어떤 주식을 떨어졌다. 때문에 $2525-2500=25=\sum_{i=1}^{n}(S_i^T - K_i)$에서 $S_i^T - K_i$ 중 어떤 것은 음수가 될 수 있다. 음수가 되는 것은 콜옵션을 행사할 수 없는 것이다. 따라서

$$25 = \sum_{i=1}^{n}(S_i^T - K_i) \le \sum_{i=1}^{n}(S_i^T - K_i)^+ = \text{콜 옵션 } Q\text{를 행사하여 얻을 수 있는 이익}$$

따라서 콜옵션을 통해서 얻을 수 있는 이익은 25 이상이다. 그러나 예를 들어 $S_i^T = 0, i=2,3,\cdots,n$이라면

$$\sum_{i=1}^{n} S_i^T = S_1^T = 2525, \quad \sum_{i=1}^{n}(S_i^T - K_i)^+ = S_1^T - K_1 = 2525 - K_1 \text{콜 옵션 } Q\text{를 행사하여 얻을 수 있는 이익}$$

이므로 이익 500도 가능하다. □

3.7 옵션 가격 Binomial Model(Single-Period Binomal Model)

□ 다른 조건이 같다면 콜옵션은 행사가격 K가 낮을 수로 비싸다. 왜냐하면 만기에 주식가격 S_T가 행사가격보다 높아질 가능성이 더 커지기 때문이다. 이 조건이 만족되지 않으면, 위험부담 없이 수익을 낼 수 있다. 다음 보기를 보자.

보기 3.11 다음과 같은 가상의 옵션이 있다. 어떤 문제가 생길 수 있나?

표 3.8: 행사가격이 낮은 콜옵션이 싼 잘못된 가격

	만기	행사가격	옵션가격
Call A	6 개월	100	20
Call B	6 개월	95	15

풀이 3.11 Call A 를 팔고, 받은 금액 20으로 Call B를 산다. 이 과정에서 수익 5가 발생한다. 다시 Call를 사는 이유는, 자신에게서 콜을 산 사람이 만기에 콜 옵션을 행사할 것에 대비하기 위한 것이다. 만기 상황을 보자.

1. $S_T \ge 100$인 경우.
   이 경우는 콜을 사간 사람이 콜 옵션을 행사한다. 즉 콜 판매자는 가격 S_T 짜리 주식에 100에 팔아야 한다. 이 문제는 미리 사둔 95-콜을 행사하여 S_T 짜리를 95에 사고, 이것을 100에 팔면된다. 이 관정에서 다시 5의 수익이 발생한다.
2. $S_T < 100$인 경우
   자신에게서 콜을 사간 사람은 콜을 행사할 이유가 없다, 만일 자신에 사둔 95-콜을 행사할 수 있으면, 이 과정에서 $S_T - 95$의 수익이 발생한다. $S_T < 95$가 되면 자신이 사둔 95-콜도 무용지물이 되지만, 그렇다고 하더라도 100-콜 가격과 95-콜 가격의 차이 5는 자신의 수익이 된다.

따라서 어떤 경우가 되더라도 위험부담이 없는 확정적인 수입을 내는 상황이 발생하기 때문에, 이러한 가격은 있을 수 없다. □

똑 같은 이유로 풋 옵션의 경우는 행가사격이 높을 수록 옵션가격이 비싸야 한다.

□ 만기가 같다면 콜옵션 가격차는 행사가격 차보다 커서는 않된다.

보기 3.12 다음과 같은 가상의 옵션이 있다. 어떤 문제가 생길 수 있나?

표 3.9: 행사가격 차보다 옵션가격 차가 큰 잘못된 가격

	만기	행사가격	옵션가격
Call A	6 개월	95	20
Call B	6 개월	100	14

풀이 3.12 Call A를 팔고 얻은 판매대금 20으로 100-콜을 14에 산다. 이 관정에서 6의 수익이 발생한다. 다시 콜을 산 것은 자신에게서 콜을 산 사람이 콜을 행사할 것에 대비하기 위한 것이다. 이제 만기 상황을 보자.

1. $S_T \geq 95$인 경우.
   이 경우는 95-콜을 사간 사람이 콜 옵션을 행사한다. 즉 콜 판매자는 가격 S_T 짜리 주식에 95에 팔아야 한다. 그러나
   - $S_T \geq 100$이면, 자신이 갖고 있는 100-콜을 행사하여 100을 주고 주식을 사고, 이것을 95-콜을 사간 사람에게 95에 판다. 전체적으로 수익은 $-100+95+6=1$이다.
   - $95 \leq S_T < 100$인 경우는, 자신이 보유하고 있는 100-콜은 쓸모가 없을 끝난다. 시장에서 S_T를 주고 주식을 사서, 이것을 95에 팔아야 한다. 전체적으로 수익은 $-S_T+95+6>1$.

따라서 어떤 경우가 되더라도 위험부담이 없는 확정적인 수입을 내는 상황이 발생하기 때문에, 이러한 가격은 있을 수 없다. □

이런 조건을 같은 주식에 대한 두 개의 Americal 풋 옵션의 경우에도 성립한다. 즉 두 풋 옵션의 가격 차이는 행사가격의 차이보다 커서는 않된다. 식으로 표시하면 행사가격이 K_1이 풋 옵션의 가격이 P_1, 행사격이 K_2인 풋 옵션의 가격이 K_2라면 $|P_1-P_2| \leq |K_1-K_2|$.

□ 콜옵션 가격은 $0 \leq t < T$일 때 $S_t - Ke^{-\delta(T-t)}$보다 작아서는 않된다.

보기 3.13 어떤 콜 옵션 가격 c_t가 $0 \leq t < T$인 어떤 때 t에 $c_t < S_t - Ke^{-\delta(T-t)}$가 되었다 하자. 어떤 문제가 생길수 있는가? 여기서 δ는 위험부담이 없는 년 이자의 세기이다.

풀이 3.13 만일 어떤 순간 $t, 0<t<T$에 이런 일이 발생했다 하자. 그러면 주식을 S_t에 팔고, $Ke^{-\delta(T-t)}$를 위험부담이 없는 이자의 세기(force of interest) δ로 $T-t$동안 투자한다, 나머지 $S_t - Ke^{-\delta(T-t)}$ 중에서 c_t를 주고, 행사가격 K, 만기 T인 콜 옵션을 산다. 남은 돈은 $S_t - Ke^{-\delta(T-t)} - c_t > 0$이다. 만기 상황를 보자.

1. $S_T \geq K$인 경우는 콜 옵션을 행사하여 $S_T - K$의 수익을 낼 수있다. 사둔 채권을 팔아 K을 얻는다. 전체적으로는 $(S_T-K)+K+\left(S_t - Ke^{-\delta(T-t)} - c_t\right)e^{\delta(T-t)} = S_T + \left(S_t - Ke^{-\delta(T-t)} - c_t\right)e^{\delta(T-t)}$의 수익이 발생한다.
   총 수익은 $S_T - K + (S_t - c_t)e^{\delta(T-t)}$이다.
2. $S_t < K$인 경우는 콜 옵션은 쓸모 없이 끝나지만, 최초에 남은 $S_t - Ke^{-\delta(T-t)} - c_t > 0$로부터 발생하는 수익 $\left(S_t - Ke^{-\delta(T-t)} - c_t\right)e^{\delta(T-t)}$와 최초 투자금 $Ke^{-\delta(T-t)}$로 부터 얻은 수익 K가 있다.
   총 수익은 $(S_t - c_t)e^{\delta(T-t)}$이다.

따라서 어떤 상황이 되더라도 수익을 낼 수 있는 구조가 되기 때문에, 이런 가격은 유지 될 수 없고, 언제나 $c_t \geq S_t - Ke^{-\delta(T-t)}$, $0<t<T$ 가 성립해야 한다. □

배당금이 없는 주식에 대한 American Call 옵션은 만기 정에 행사하지 않는 것이 좋다. 예를 들어 위험 없는 이자의 세기가 δ라 하자. 앞에서 살펴본 것처럼 시간 t일 때 콜옵션의 가격 c_t는 행사가격을 K라 할 $S_t - Ke^{-\delta(T-t)}$보다 작지 않다. 즉 $c_t \geq S_t - Ke^{-\delta(T-t)}$. 그런데 t일 때, 콜을 행사할 수 있는 조건이 만족되었다 해서, 즉 $S_t > K$라 해서, 콜을 행사하면, 얻는 수입은 $S_t - K$이다. 이것은 $K > Ke^{-\delta(T-t)}$이므로

$$S_t - K \leq S_t - Ke^{-\delta(T-t)} \leq c_t \tag{3.20}$$

가 되어 콜을 행사하지 않았을 때의 가격 c_t보다 크지 않다.

풋 옵션을 사는 것은 주식가격이 하락할 가능성이 더 큰 경우에 쓸 수 있는 투자 방법이다. 때문에 행사가격 K를 현재 주식가격보다 높게 잡는 것이 보통이다. 따라서 American 풋옵션의 경우, 기간 안에는 언제나 조건이 만족되면 풋 옵션을 행사할 수 있기 때문에, 풋 옵션의 가격은 $K - S_t$보다 작아서는 않된다. 다음 보기를 보기로 설명하자.

보기 3.14 만기 전 어떤 주식에 대한, 행사가격이 K인 American 풋 옵션 가격 P_t, 주식가격이 S_t가 다음 표와 같은 경우가 나타나면 어떤 일이 얼어날 수 있는가?

표 3.10: 풋 옵션가격이 $K - S_t$보다 작은 잘못된 가격

행사가격	주식가격 S_t	풋옵션 가격 P_t
100	95	3

풀이 3.14 표는 $P_t < K - S_t$인 경우를 말한다. 그러나 이런 현상이 나타나면, 3의 주고 풋옵션을 산다. 95로 주고 주식을 산다. 들어간 돈은 $3+95=98$이다. 그런데 이 풋을 행사한다는 것은 이 주식을 100에 판다는 것이다. 따라서 즉시 $100-(3+95)=2$의 이익이 발생한다. 그러므로 이런 현상을 지속될 수 없다. 따라서 언제나 $P_t \geq K - S_t$가 성립해야 한다. □

European 풋 옵션의 경우는, 만기 T에서만 옵션을 행사할 수 있기 때문에, 위험부담이 없는 이자의 세기 δ를 고려해야 한다. 즉 T일 때의 가격을 t일 때의 가격으로 환산한 $Ke^{-\delta(T-t)}$가 풋 옵션의 가격 P_t의 하한가를 결정한다. 즉 European 옵션의 경우는 $P_t \geq Ke^{-\delta(T-t)} - S_t$가 성립해야 한다.

□ 다른 조건이 같다면, 만기까지 시간이 많이 남은 American 콜옵션이 더 비싸다. 왜냐하면 행사할 기회가 많기 때문이다. 그렇지 않은 가격은 지속될 수 없는 것을 다음 보기로 알아보자.

보기 3.15 다음과 같이 만기까지 시간이 많이 남은 콜 옵션이 더 싸다면, 어떤 일이 생길 수 있는가?

표 3.11: 남은 시간이 많은 콜 옵션가격이 더 싼 잘못된 가격

	만기	행사가격	옵션가격
Call A	3 개월	100	6
Call B	6 개월	100	5

풀이 3.15 3 개월 만기 콜을 팔아 얻은 6으로 , 6개월 만기 콜을 5에 산다. 이 과정에서 수익 1을 얻는다. 콜을 팔았기 때문에 상대가 콜을 행사할 것에 대비해야 한다.

1. American 콜 옵션의 경우, 3개월 이내에 Call A를 행사할 조건이 되면, 언제나 Call B도 행사할 수 있는 조건이 된다. 따라서 상대가 콜을 행사하면, 자신도 콜을 행사하여 손실을 0으로 할 수 있다. 더구나 콜 옵션을 행사할 기회가 없이 3개월이 지나면 Call A는 쓸모 없이 끝나지만, Call B는 그 후 3개월을 더 기회를 볼 수 있다.
2. Eurepean 콜 옵션의 경우 3개월 콜 만기에 주식가격 S_T가 100보다 커서 상대가 콜을 행사하게 되면, $T=3$일 때, S_3-100 만큼 손실이 생긴다. 그런데 보유하고 있는 6개월 만기 콜 가격은 $T=3$일 때 $S_3-100e^{-\delta(6-3)/2}$ 보다 크것을 보기 3.13에서 보았다. 따라서 보유하고 있는 6개월 만기 콜을 이때 팔면 총 손익은
$$(-S_3+100)+(S_3-100e^{-\delta(6-3)/2}) = 100\big(1-e^{-\delta(6-3)/2}\big) \geq 0 \tag{3.21}$$
위 식에서 δ는 위험이 없는 확정된 이자의 세기다.

□

보기 3.16 S_0: 현재주가, δ 년 이율, T: 만기 때 까지 시간, S_T: 만기 주가, K: 행사가격, c 종류는 콜 가격, p 종류는 풋 가격을 나타낸다. 다음 상황이 적절한지 부적절한지 판단하여라. 모두 같은 주식, 같은 만기에 대한 것이다.

1. $K=110, p_0=120$
2. $K_{c1}=95, c_1=10, K_{c2}=100, c_2=4$
3. $K=110, S_0=94, p_0=5, e^{\delta T}=1+\frac{1}{11}$
4. $K_{c1}=85, c_1=3$인 콜을 1개 사고, $K_{p_1}=80, p_1=4$인 풋을 1개 샀다.

풀이 3.16
1. 풋을 120에 판다. 풋을 행사할 것에 대비하여 110을 떼어두어도 10이 남는다. 만기에 풋이 행사되게 되면 떼어둔 110을 주고 주식을 사들이면 된다. 만기에 풋이 행사되지 않으면 최소 $10+110=120$의 이익이 발생한다. 따라서 이런 상황은 부적절하다.
2. 행사가격의 차가 옵션가격의 차보다 작다. 따라서 95콜을 팔어 얻은 10으로 100콜을 4를 주고 사면, 이 거래에서 6의 이익이 발생한다. 최악의 상황을 팔은 95콜이 행사되는 것이다. 95콜이 행사되려면 $95 \leq S_T$인데, $95 \leq S_T < 100$이면 손익은 $-(S_T-95)+6 = 101-S_T \geq 101-100 = 1$. 만일 $100 \leq S_T$이면, 100콜도 행사할 수 있다. 손익은 $-(S_T-95)+(S_T-100)+6=1$. 따라서 어떤 경우에도 위험부담이 없는 수익 1이 발생하므로 이 가격은 부적절하다.
3. 행사가격의 현재가격은 $110e^{-\delta T} = 110\frac{11}{12} = 120$. 그런데 주식가격과 풋 가격의 합은 $94+5=99$. 때문에 행사가격이 상당히 높다. 따라서 99를 대출하여 주식 1개와 풋 1개를 사자. 만기에 갚아야 할 돈은 $99e^{\delta T} = 99\frac{12}{11} = 108$이다. 만기에 주가가 행사가 110보다 높으면 사둔 풋 옵션을 행사할 수 없지만, 주식을 팔아 대출금을 갚고도 $S_T-108 \geq 110-108 = 2$ 의 이익이 발생한다. 주가가 행사가 110 보다 낮으면 풋옵션을 행사하여 사둔 주식을 110에 팔아 대출금 108을 갚는다. 어떤 상황이어도 이익이 발생하기 때문에 이 가격은 부적절하다.

4. 85 콜을 샀다는 것은 주가가 85 이상 상승할 것으로 판단한 것이다. 그러나 주가가 85 이하로 하락하면 85 콜은 쓸모가 없다. 때문에 주가 하락에 대비하는 것은 의미가 있다. 80 풋을 샀다는 것은 주가가 80 이하로 떨어질 경우를 생각한 것이다. 때라서 이런 거래는 적절하다. 최대 손실은 콜과 풋을 모두 사기만 했기 때문에, 어느 것도 행사할 수 없는 구간 $80 \le S_T \le 85$ 이고, 최대손실을콜과 풋을 사는데 들어간 돈 $-c_1 - p_1 = -7$이다.

□

□ 배당금이 없는 주식에 대한 American 콜 옵션은, 조건이 만족되면, 만기 전 언제든지 옵션을 행사할 수 있기 때문에, 만기 전에는 행사하지 않는 것이 좋다. 예를 들어 위험 없는 이자의 세기가 δ라 하자. 앞에서 살펴본 것 처럼 시간 t일 때 콜옵션의 가격 c_t는 행사가격을 K라 할 $S_t - Ke^{-\delta(T-t)}$ 보다 작지 않다. 즉 $c_t \ge S_t - Ke^{-\delta(T-t)}$. 그런데 t일 때, 콜을 행사할 수 있는 조건이 만족되었다 해서 , 즉 $S_t > K$라 해서, 콜을 행사하면, 얻는 수입은 $S_t - K$이다. 이것은 $K > Ke^{-\delta(T-t)}$ 이므로

$$S_t - K \le S_t - Ke^{-\delta(T-t)} \le c_t \tag{3.22}$$

가 되어 콜을 행사하지 않았을 때의 가격 c_t보다 크지 않다. 이러 현상은 American 풋옵션의 경우도 그대로 성립한다.

만기에만 옵션을 행사할 수 있는 European 옵션의 가치를 생각해보자. 이 경우 옵션의 가치는 만기 T에 주식가격이 행사가격 K보다 높은 경우다. 한 기간동안 위험없는 이자의 세기가 $\delta = \ln(1+i) = 0.03$라 하자. 행사가격 100에 대한 콜 옵션가격 C_t와 풋 옵션가격 P_t 사이의 관계는 요약 3.2에 있는 콜-풋 패러티를 만족시켜야 한다.

$$C_t + Ke^{-\delta T} = P_t + S_t \tag{3.23}$$

따라서 $t = 0$일 때 $S_0 = 100$인 주식의, 행사가격 100에 대한 콜 옵션의 가격은 $100 - 100e^{-\delta} = 2.95545$ 보다 작아서는 않된다. 보기로 $C_0 = 4$라 하자. 그러면 풋-콜 패러티에 따라 $P_0 = 1.04455$. 이제 만기에 주식가격이 110이거나 95인 2가지 경우를 생각해보자.

1. $S_T = 110$인 경우는 이 콜 옵션으로 10의 수익이 난다.
2. $S_T = 95$인 경우는 콜 옵션은 행사가격이 100이므로 쓸모 없이 끝난다.

그런데 이 콜 옵션과 똑 같은 효과를 갖는 포트폴리오를 만들 수 있는가? 분명한 것은 주식을 보유하는 것 만으로는 할 수 없다. 다음 보기를 보자.

요약 3.3 만기 주식가격 S_T가 $K+A$이거나 $K-B$라 하자. 주식과 부채를 혼합한 포트폴리오

$$PORT_{a,b} := a \times S_t + b$$

가 행사가격 K인 콜 옵션과 똑 같은 효과를 내는 a, b는

$$a = \frac{A}{A+B}, \quad b = -\frac{A(K-B)e^{\delta(T-t)}}{A+B} \tag{3.24}$$

해설. 이렇게 구성된 $PORT_{a,b}$의 만기 가격은

$$\begin{cases} a(K+A) + be^{\delta(T-t)} = A, & S_T = K+A \\ a(K-B) + be^{\delta(T-t)} = 0, & S_T = K-B \end{cases}$$

이것을 풀면

$$a = \frac{A}{A+B}, \quad b = -\frac{A(K-B)e^{\delta(T-t)}}{A+B} \tag{3.25}$$

따라서 이런 콜 옵션의 $t = 0$일 때 가격은 $PORT_{a,b}$의 $t = 0$에서의 가격과 같아야 한다.

$$C_0 = Port_{a,b}(0) = a \times S_0 + b = \frac{A}{A+B}\left(S_0 - (K-B)e^{-\delta(T-t)}\right) \tag{3.26}$$

◁

요약 3.3에서 $S_0 = 100, K = 100, e^{\delta} = 1 + 0.06, A = 10, B = 10$인 경우를 생각하면

$$a = \frac{1}{2}, \quad b = -42.45283$$

이고, 따라서 $t=0$일 때 콜 옵션의 가격은 $C_0 = \frac{1}{2}\times 100 - 42.45283 = 7.54717$.

보기 3.17 만기 때 주식가격은 알 수 없다. 상승률 r_a, 하락률 r_b을 이용하여, 만기 때 주식가격 S_T를 $S_t(1+r_u)$ 아니면 $S_t(1-r_d)$ 라 하자. 자산배분 $PORT_t = a_t \times S_t + b_t$을 생각하자. 만기 $t=T$ 일 때의 포트폴리오의 가격을 이용하여 a, b를 표현하고, 이것을 이용하여 t일 때 옵션가격 C_t를 구하여라.

풀이 3.17 상승할 경우, 하락할 경우, 각각의 포트폴리오의 가격을 C_u, C_d라 두면

$$\begin{cases} PORT_T = a\times(1+r_u)S_t + be^{\delta(T-t)} := C_u \\ PORT_T = a\times(1+r_d)S_t + be^{\delta(T-t)} := C_d \end{cases}$$

위 식을 a, b에 대해서 표현하면 $a = \frac{C_u - D_d}{(r_u+r_d)S_t}$, $\quad b = -\frac{C_u(1-r_d)-C_d(1+r_u)}{(r_u+r_d)e^{\delta(T-t)}}$. 따라서

$$C_t = a\times S_t + b = \frac{C_u - C_d}{r_u + r_d} - \frac{C_u(1-r_d)-C_d(1+r_u)}{(r_u+r_d)e^{\delta(T-t)}}$$

□

$S_T = 110 = 100(1+0.1), S_T = 90 = 100(1-0.1), C_u = 10, C_d = 0, T-t = 1$인 경우를 생각하면 $r_d = r_u = 0.1$ 이므로, 앞에서 계산한 것과 같은 값을 얻는다. $C_t = 7.54717$.

요약 3.4 [옵션 가격 결정에서 확률의 역할] C_t를 더 정리하면

$$\begin{aligned} C_t &= \frac{C_u - C_d}{r_u + r_d} - \frac{C_u(1-r_d)-C_d(1+r_u)}{(r_u+r_d)e^{\delta(T-t)}} && (3.27)\\ &= \left(\frac{1}{r_u+r_d} - \frac{1-r_d}{(r_u+r_d)e^{\delta(T-t)}}\right)C_u + \left(\frac{1+r_u}{(r_u+r_d)e^{\delta(T-t)}} - \frac{1}{r_u+r_d}\right)C_d && (3.28)\\ &= \pi_u C_u + \pi_d C_d && (3.29)\end{aligned}$$

위 식에서

$$\pi_u := \frac{1}{r_u+r_d} - \frac{1-r_d}{(r_u+r_d)e^{\delta(T-t)}}, \quad \pi_d := \frac{1+r_u}{(r_u+r_d)e^{\delta(T-t)}} - \frac{1}{r_u+r_d}$$

π_u, π_d은 아주 복잡한 식처럼 보이지만 간단한 성질이 있다.

$$\pi_u + \pi_d = \frac{1}{e^{\delta(T-t)}}, 0 \le \pi_u \le \frac{1}{e^{\delta(T-t)}}, 0 \le \pi_d \le \frac{1}{e^{\delta(T-t)}} \tag{3.30}$$

$T-t=1$인 경우를 생각하고, $e^{\delta} = R$이라 두면, $R\pi_u$ 을 옵션 가격이 $\frac{C_u}{R}$가 될 확률, $R\pi_d$을 옵션 가격이 $\frac{C_d}{R}$가 될 확률로 이해하면 좋다. 특히 다음 두 식은 서로 동등한 것에 주의하자.

$$C_t = \pi C_u + \pi_d C_d, \quad C_t = R\pi_u \times \frac{C_u}{R} + R\pi_d \frac{C_d}{R} \tag{3.31}$$

만일 각각 단계에서 주식가격이 상승할 확률을 π_u, 하락할 확률을 π_d라 두면, 이런 방식이 n-단계 계속될 때, 주식가격이 $S_t(1+r_u)^j(1-r_d)^{n-j}$가 될 확률은 이항분포를 따르므로

$$R^n \binom{n}{j} \pi_u^j \pi_d^{n-j}, \quad j = 0, 1, 2, \cdots, n$$

따라서 행사가격이 K인 콜 옵션의 t일 때의 가격은 식 (3.31)에 주의하면

$$C_t = \sum_{j=0}^{n} \binom{n}{j} \pi_u^j \pi_d^{n-j} \max\{S_t(1+r_u)^j(1-r_d)^{n-j} - K, 0\} \tag{3.32}$$

예를 들어 $S_t = 100, K = 100, r_u = 0.1, r_d = 0.1, R = e^{\delta} = 1+0.06$인 경우, 2단계 Binomial Model에서 C_t의 값은 $C_t = 11.9616$인 것을 확인해보자. 이런 생각은 풋 옵션의 경우에도 그대로 적용할 수 있다.

요약 3.5 [n-단계 Binomial Model] n-단계 Binomial Model에서 콜 옵션과 풋 옵션의 가격은 각각 1 단계 위험부담이 없는 이자율의 세기를 δ라 할 때

$$C_t = \sum_{j=0}^{n} \binom{n}{j} \pi_u^j \pi_d^{n-j} \max\{S_t(1+r_u)^j(1-r_d)^{n-j} - K, 0\}, \tag{3.33}$$

$$P_t = \sum_{j=0}^{n} \binom{n}{j} \pi_u^j \pi_d^{n-j} \max\{K - S_t(1+r_u)^j(1-r_d)^{n-j}, 0\} \tag{3.34}$$

위 식에서

$$\pi_u := \frac{1}{r_u+r_d} - \frac{1-r_d}{(r_u+r_d)e^{\delta}}, \quad \pi_d := \frac{1+r_u}{(r_u+r_d)e^{\delta}} - \frac{1}{r_u+r_d}$$

특히 항상 $S_t(1+r_u)^j(1-r_d)^{n-j} - K \geq 0, j = 0,1,2,\cdots,n$인 경우에는 콜 옵션과 풋 옵션의 가격은 각각

$$C_t = S_t \sum_{j=0}^{n} \binom{n}{j} \pi_u^j \pi_d^{n-j} (1+r_u)^j (1-r_d)^{n-j} - K \sum_{j=0}^{n} \binom{n}{j} \pi_u^j \pi_d^{n-j}, \tag{3.35}$$

$$P_t = K \sum_{j=0}^{n} \binom{n}{j} \pi_u^j \pi_d^{n-j} - S_t \sum_{j=0}^{n} \binom{n}{j} \pi_u^j \pi_d^{n-j} (1+r_u)^j (1-r_d)^{n-j} \tag{3.36}$$

옵션 가격 결정 n-단계 Binomial Model에서 n을 크게 잡으면 더 현실적인 옵션 가격을 결정할 수 있는 것처럼 보인다. 이런 생각은 $n \to \infty$일 때 n-단계 Binomial Model 이 어떻게 행동하는지를 알고 싶게 한다. 그러나 이 과정은 미분적분학 만으로 이해할 수 없는 또 다른 수학적 개념을 필요로 하기 때문에 이 책에서 다루는 것은 적절하지 않다. 여기서는 이런 과정을 생략하고, 직접 Black-Scholes 옵션가격 모델을 소개하자.

3.8 주식 시장과 동전던지기 게임

옵션의 가치를 결정하는데 핵심적인 요소는 만기 T일 때 주가 S_T이다. 따라서 S_T을 예측하는 수학적 모델을 만들고 그 모델의 타당성을 조사하는 것은 아주 중요하자. 주가 변동 모델을 만들기 위해서 다음 사실을 참고하자.

1. *주식시장과 동전던기기 게임:*
   결정적인 함수를 생각하자. 예를 들얼 $f(t) = t^2 + 3t$. 시간이 Δt 만큼 흐를 때, 함수값의 변화는

   $$f(t+\Delta t) - f(t) = \Big((t+\Delta t)^2 + 3(t+\Delta t)\Big) - (t^2+3t) = (2t+3)\Delta t + \Delta t^2$$

   $\Delta f := f(t+\Delta t) - f(t)$라 두면 위 식은

   $$\Delta f = (2t+3)\Delta t + \Delta t^2 \tag{3.37}$$

   이것은 Δt를 알면 Δf가 완전히 결정된다. 그러나 주식가격은 이렇게 단순하지 않다. 아무리 많은 데이터를 모아도 미래 주식가격을 결정적으로 알 수는 없다. 지난 100년간의 주식시장의 수익율을 조사하면 평균 10, 분산 20.2정도의 정규분포를 이룬다. 황당하게도 앞면이 나오면 20을 받고, 뒷면이 나오면 10을 잃는 동전던기기 게임을 계속하면 수익은 평균 10, 분산이 21.21인 정규분포를 이룬다. 즉 복잡한 주시시작을 긴 시간동안 관찰하면, 아주 단순한 동전던기지 게임과 비슷하다.
2. *주가는 결정적으로 알 수 없고, 또 긴 시간 관찰하면 정규분포를 이루기 때문에 주가변동 수학적 모델을*

   $$\Delta S := S(t+\Delta t) - S(t) := S_t \times \nu \times \Delta t + S_t \times N(0,1) \times \sigma \times \sqrt{\Delta t} \tag{3.38}$$

   로 잡는 것은 고려할 점은 있다. $N(0,1)$은 평균이 0이고, 분산이 1인 정규분포를 나타낸다. 상식에 맞지 않는 이상한 점은 $\sqrt{\Delta t}$ 가 포함된 항이 있는 것이다. 이것은 확률변수 X가 평균 μ, 분산 σ^2인 정규분포를 이룰 때, 확률변수 $Y = aX+b$는 평균 $E[Y] = E[aX+b] = E[aX]+E[b] = aE[X]+b = a\mu+b$이고, 분산 $Var[Y] = Var[aX+b] = a^2Var[X] == a^2\sigma^2$인 것을 생각하면, $N(0,1)\times\sigma\sqrt{\Delta}$가 평균 0, 분산 $\sigma^2\Delta t$인 정규분포가 되게 하기 위한 것이다. 지금은 $t=0$이고, $t=T$일 때 주식가격 S_T을 예측해보자. 이것은 시간구간

$[0, T]$을 n-등분 하여

$$0 = t_0 < t_1 < t_2 < \cdots < t_k < t_{k+1} < \cdots < t_{n-1} < t_n = T, \Delta t = \frac{T-0}{n}, t_k = k\Delta t$$

를 만들면

$$S_T - S_0 = \sum_{k=0}^{n-1} \Delta S_k, \quad \Delta S_k = S(t_{k+1}) - S(t_k),\ k = 0, 1, 2, \cdots, n-1 \tag{3.39}$$

$$= \nu \sum_{k=0}^{n-1} S(t_k)\Delta t + \sigma \sum_{k=0}^{n-1} S(t_k) N(0,1)\sqrt{\Delta t} \tag{3.40}$$

이 식은 수학적으로는 맞지만, 오른 쪽 식에 모르는 값 $S(t_k)$가 있어 계산에 쓸 수는 없다. 대신에

$$\frac{\Delta S(t_k)}{S(t_k)} := \nu \Delta t + \sigma N(0,1)\sqrt{\Delta t} \tag{3.41}$$

를 생각하면, 오른 쪽 식의 합을 구할 수 있다. 대신에 왼쪽에 있는 $\frac{\Delta S(t_k)}{S(t_k)}$ 의 합을 구하기 어렵다. 그런데

$$\ln S(t + \Delta t) - \ln S(t) \approx \frac{\Delta S(t)}{S(t)}$$

인 것에 주의하면, 많은 수학적 도구를 쓰면, 다음 식을 도출할 수 있다.

$$\ln\left(\frac{S(t+\Delta t)}{S(t)}\right) \sim N\left[(\mu - 0.5\sigma^2)\Delta t, \sigma\sqrt{\Delta t}\right] \tag{3.42}$$

를 얻는다. 식 (3.42)의 중요성은

$$\sum_{k=0}^{n-1} \ln\left(\frac{S(t_k + \Delta t)}{S(t_k)}\right) = \ln S_T - \ln S_0 \tag{3.43}$$

정리하면 다음 식을 얻는다:

$$\ln S_T - \ln S_0 \sim N\left[(\mu - 0.5\sigma^2)\Delta t, \sigma\sqrt{\Delta t}\right] \tag{3.44}$$

3. *식 (3.44)과, 휴대폰을 이용하여 Python3로 주가 S_T를 예측하면*

주식 가격 예측

```
import numpy as np

S0=100
T=2.0
numDiv=1000
dt=T/numDiv

mu=0.08
sigma=0.2

m1=(mu -0.5* sigma**2)*dt
m2=sigma* np.sqrt(dt)

stv=np.random.normal(m1, m2, numDiv)
print( S0* np.exp( np.sum(stv) ) )
```

주가가 변해가는 과정을 그래프로 그려보자. 휴대폰에서 `https://colab.research.google.com/notebooks/welcome.ipynb`*을 열어 jupyter IDE에서 Python3를 열어 다음을 입력해보자.*

```
import numpy as np
import matplotlib as  mt

S0=100
T=2.0
numDiv=1000
dt=T/numDiv

mu=0.08
sigma=0.2

m1=(mu -0.5* sigma**2)*dt
m2=sigma* np.sqrt(dt)

stv=np.random.normal(m1, m2, numDiv)
custv=np.cumsum(stv)

cumSt=S0* np.exp( custv)

xl=range(numDiv)
mt.pyplot.plot(xl, cumSt)
```

....

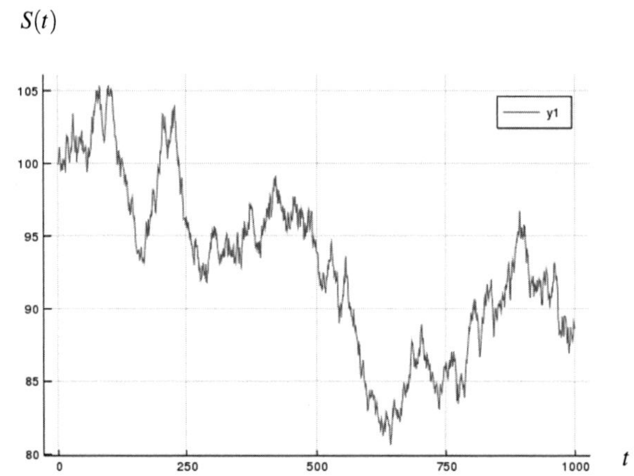

4 . *Black-Scholes 모델을 따른 European 콜 옵션의 이상적 가격:*
앞에서 콜 옵션의 가격은 $\left[\max\{S_0 - Ke^{-\delta T}, 0\}, S_0\right]$ *에 있는 것을 알았다. 그럴듯한 수학적 모델을 만들고, 복잡한 수학을 쓰면, 다음과 같은 결과를 얻는다.*

$$C(T, (S_T - K)^+) = S_0 \Phi(y_1) - Ke^{-\delta T}\Phi(y_2) \tag{3.45}$$

위 식에서

$$\Phi(y) := \frac{1}{\sqrt{2\pi}} \int_{-\infty}^{y} \exp(-\frac{z^2}{2}) dz$$

는 표준정규분포의 누적분포함수(standard cumulative distribution function)이고

$$y_1 = \frac{\ln(\frac{S_0}{K}) + T(\delta + 0.5\sigma^2)}{\sigma\sqrt{T}}, \quad y_2 = y_1 - \sigma\sqrt{T} \tag{3.46}$$

이것을 이용하여 $S_0 = 100, K = 100, T = 1.0, \delta = \ln(1+0.05), \sigma = 0.2$ *인 경우* `https://colab.research.google.com/notebooks/welcome.ipynb`*에서 Python3를 이용하여 콜 옵션 가격을 계산하기 위하여 Pyhon3 프로그램을 만들어보자.*

.... *Black-Scholes 모델에 따른 유러피언 콜 옵션의 이상적인 가격* ....

```
import numpy as np
import scipy.stats as stats

S0=100
K=100
T=1.0

sigma=0.15
ii=0.06
ir= np.log(1+ii)

y1= np.log(S0/K)+T*(ir+0.5*sigma**2)
y1=y1/(sigma* np.sqrt(T) )
y2=y1-sigma* np.sqrt(T)

stv=S0*stats.norm.cdf(y1)-K*np.exp(-ir*T)*stats.norm.cdf(y2)

print(stv)
```

....

똑 같은 주식, 똑 같은 기간, 똑 같은 행사가격 K를 갖는 주식에 대한 콜 옵션 가격과 풋 옵션 가격은 다음 식을 만족시켜야 한다. $Ke^{-\delta T} + c_0 = p_0 + S_0$. *따라서 콜 옵션 가격에 따라 풋 옵션 가격의 범위도 결정된다. 그런데 위험부담이 없는 이자의 세기* δ*는 본질적으로 자금운용 능력에 따라 결정되는 것이기 때문에 사람마다 풋 옵션의 가격이 약간 다르게 책정된다. 이것이 콜 거래가 일어날 수 있는 요소다.*

보기 3.18 *Black-Sholes 옵션 가격 모델에서* $S_0 = 100, K = 100, T = 1$*이고, 이자율이 6% 인 경우* $\sigma = 0.1, 0.15, 0.2$ *인 경우 옵션 가격을 계산하여라.*

풀이 3.18
- $\sigma = 0.1$ *인 경우:* 7.34415
- $\sigma = 0.15$ *인 경우:* 9.07144
- $\sigma = 0.2$ *인 경우:* 10.8953

이 모델에서는 옵션 가격은 변동성 σ*가 클 수록 커지는 것을 알 수 있다.* □

5. *다시 다음 2개의 표를 보자.*

표 3.12: 콜 옵션을 살 때, 팔 때의 수익

S_T	$S_T \le K_1$	$K_1 < S_T \le K_2$	$S_T > K_2$
long call, K_1 이익	0	$S_T - K_1$	$S_T - 30$
순 이익	$-c_1$	$(S_T - K_1) - c_1$	$(S_T - K_1) - c_1$
short call , K_2 이익	0	0	$-(S_T - 35)$
순 이익	c_2	c_2	$-(S_T - K_2) + c_2$
총 이익	$-c_1 + c_2$	$(S_T - K_1) - c_1 + c_2$	$K_2 - K_1 - c_1 + c_2$

표 3.13: 풋을 살 때와 팔 때의 S_T에 따른 이익

S_T	$S_T \le K = 30$	$K = 30 < S_T$
long put, $K = 30$ 이익	$K - S_T$	0
이익	$(K - S_T) - 1 = -S_T + 29$	-1
short put , $K = 30$ 이익	$-(K - S_T)$	0
이익	$-(K - S_T) + 1 = S_T - 29$	1

풋 옵션의 수익을 나타내는 함수를 다시 만들어야 할 것처럼 보이지만, 그렇지 않다. 풋 옵션의 수익을 나타내는 함수는 콜 옵션의 수익을 나태내는 함수로부터 쉽게 얻을 수 있다. 왜냐하면

$$\max\{K - S_T, 0\} = \max\{-(S_T - K), 0\}$$

이기 때문에 콜-옵션이건 풋-옵션이건 1개의 함수로 계산할 수 있다.

```
def optVa(cp,ST, K, price):
  ans=max( (-1)**(cp+2)*(ST-K), 0)
  ans= ans -price
  return ans
```

여기서 cp를 콜인지 풋인지를 표시한다. 콜은 $cp = 0$를 입력하고, 풋은 $cp = 1$을 입력하면 된다.

보기 3.19 *$K_1 = 85, c_1 = 3$인 콜을 사고, $K_2 = 80, p_2 = 4$인 풋을 샀을 때 수익을 나타내는 그래프를 그려라.*

풀이 3.19 *수익과 S_T에 대한 표를 만들자.*

표 3.14: S_T와 수익

S_T	$S_T \le 80$	$80 < S_T \le 85$	$85 < S_T$
long call, $K_1 = 85$ 에서 이	0	0	$S_T - 85$
비용	-3	-3	-3
long put , $K_2 = 80$ 에석 이익	$80 - S_T$	0	0
비용	-4	-4	-4
총 이익	$73 - S_T$	-7	$S_T - 92$

□

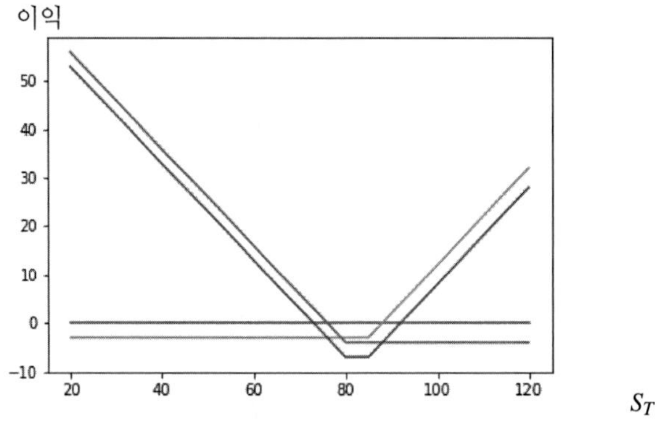

그림. 3.4: 85 콜, 80 풋의 이익

보기 3.20 *KNU 주식은 지금 50에 거래된다. $K_{p1} = 45, p_1 = 0.75$인 풋을 100개 샀다. $K_{p2} = 50, p_2 = 2.75$인 풋을 100개 팔았다. $K_{c1} = 50, c_1 = 2.75$에 100개 팔았다. $K_{c2} = 55, c_2 = 0.75$인 콜을 100개 샀다. 이런 거래의 수익을 나타내는 그래프를 그려라. 수익이 발생하는 주식가격 S_T의 구간을 구하여라. 최고 수익이 나는 S_T는 얼마인가?*

풀이 3.20 *수익이 나는 구간을 구하는 문제이므로 옵션의 개수 100 계산을 간단하게 하는 것 이외의 역할은 하지 않는다. 표를 만들면*

표 3.15: 45 롱 풋, 50 숏 풋, 50 롱 콜, 55 숏 콜의 이익

S_T	$S_T \le 45$	$45 < S_T \le 50$	$50 < S_T \le 55$	$55 < S_T$
short call K_{c1} 이익	c_1	c_1	$-(S_T-50)+c_1$	$-(S_T-50)+c_1$
long call K_{c2} 이익	$-c_2$	$-c_2$	$-c_2$	$(S_T-55)-c_2$
long put K_{p1} 이익	$(45-S_T)-p_1$	$-p_1$	$-p_1$	$-p_1$
short put K_{p2} 이익	$-(50-S_T)+p_2$	$-(50-S_T)+p_2$	p_2	p_2
총 이익	-1	S_T-46	$-S_T+54$	-1

$c1-c2-p1+p2=4$이다. 수익이 나는 구간은 $46 < S_T < 54$이고, 최고 이익이 나는 것은 $S_T=50$

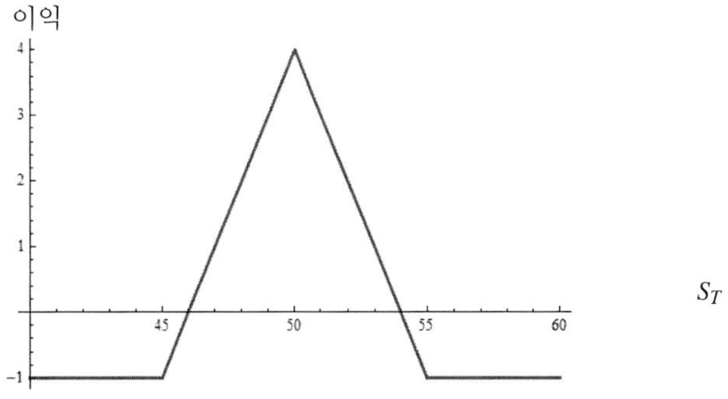

그림. 3.5: 45 롱 풋, 50 숏 풋, 50 롱 콜, 55 숏 콜의 이익

보기 3.21 *[개념을 말로 이해하기] 보통 사람들에게 수치적 계산보다는 개념이해가 더 중요하자. 다음 두 보기는 지금까지 내용을 정리하여 수치를 거의 사용하지 않고, 말로 설명해보자.*
현재는 $t=0$이다. 주식 A에 대한 행사가 1100에 대한 만기 $t=1$인 콜 옵션 가격은 10이고 풋옵션 가격은 15이다. 단위기간 1동안의 이자의 세기 δ는 $e^{\delta}=1+\frac{1}{10}$이다. 주식 A의 현재가격은 1000이다. 콜 옵션 가격과 풋 옵션 가격은 이성적인가? 이성적이지 않다면 그 이유를 말하여라.

풀이 3.21 *이성적이지 않다, 행사가격 1100의 현재가격은 $1100e^{-\delta}=\frac{1100}{1+\frac{1}{10}}=1000$이다. 따라서 콜 옵션과 주식 A의 행사가격의 현재가격의 합은 $1000+10=1010$이다. 그러나 주식의 현재가격과 풋 옵션의 가격은 $1000+15=1015$가 되어 풋-콜 패러티 $c_0+Ke^{-\delta T}=p_0+S_0$가 맞지 않는다. 때문에 이런 가격은 이성적이지 않다. 그 이유는 예를 들어 주식 A에 대한 풋 옵션 1개, 주식 1개로 구성된 자산배분을 콜 옵션 1개, 현금 1000으로 구성된 자산배분으로 옮겨보자. 이렇게 하는 방법은 풋 옵션을 15에 팔고, 주식 A를 처분하여 현금 1000을 확보하는 것이다. 현금 1015가 확보되었다. 여기서 10을 들여 콜 옵션을 산다. 왜냐하면 풋을 팔았기 때문에 시간 $T=1$에 풋이 행사될 것에 대비하기 위한 것이다. 현금 1000은 이자의 세기 δ로 투자한다. 이것은 사들인 콜 옵션을 행사할 때, 또는 풋 옵션이 행사될 때 필요한 자금을 확보하기 위함이다. 이렇게 자산배분을 변경하는 과정에서 $t=0$에 5의 이익을 얻는다. 만기 $T=1$에 주식 A의 가격이 행사가 1100보다 크면, 상대는 풋 옵션을 행사하지 못한다. 그러나 나는 콜 옵션을 행사하여 이익 S_T-1100을 실현할 수 있다. 미리 투자한 1000을 찾아 1100을 확보하여 콜 옵션을 행사한다. 결과적으로 $S_T-1100+\frac{11}{2}$의 이익과 주식 A 1개가 남든다.*
반대로 만기 $T=1$에 주식 A의 가격이 행사가 1100이하로 떨어진다면, 내가 사둔 콜 옵션을 쓸모없게 되고, 상대가 사간 풋 옵션은 행사된다. 미리 투자한 1000을 찾으면 1100이 되고, 이 돈으로 주식 1개를 사들인다. 결과는 주식 A 1개와, $t=0$에 남았던 돈으로터 $5(1+\frac{1}{10})=\frac{11}{2}$을 얻는다. 따라서 어떤 상황이 되어도 $t=0$에 주식 A가 있는 사람은 이런 거래를 통해 최소한 $\frac{11}{2}$의 위험이 없는 수익을 올릴 수 있기 때문에 지금과 같은 콜 가격, 행사각격, 풋 가격, 이자율을 이성적이지 않다. □

보기 3.22 *옵션은 주식 뿐아니고 환률에도 적용할 수 있다. 보통 사람들에게 수치적 계산보다는 개념이해가 더 중요하자. 다음 두 보기는 지금까지 내용을 정리하여 수치를 거의 사용하지 않고, 말로 설명해보자. 나라 A의 1단위 화폐를 나라 B의 120단위 화폐와 교환된다 하자. 90일 뒤에 행사환률 120/1 에 대한 콜 옵션 가격은 $\frac{1}{880}$이고, 풋 옵션 가격도 $\frac{1}{880}$이다. 이 투자자는 A나라 화폐가치가 100/1로 하락할 것이라 판단하고 있다. 나라 A의 투자자가 옵션 1개에 투자하려 한다.*

1. *이 투자자는 콜 옵션에 투자할까 아니면 풋 옵션에 투자할까?*
2. *환률에 따른 수익의 그패프를 그려라.*
3. *손실이 없는 환률의 범위는 어디인가?*
4. *만기 환률이 100/1이라하자. 내게는 1을 주면 120개를 준다, 이중 100을 내고, 다시 1을 회수하면, 남은 B 나라 돈을 A나라 돈으로 환전하면 이익은 $\frac{120-100}{100} - \frac{1}{880} = \frac{20}{100} - \frac{1}{880}$이 이익이다. 맞는 말인가?*

풀이 3.22 *1. 자신의 나라 돈의 가치가 하락하면 상대 나라 화폐를 갖는 것이 유리하다. 때문에 100/1을 예상한다면 120/1에 대한 콜 옵션을 사야 한다.*

2. *수익 그래프를 그리기 위하여 표를 만들자. 콜 옵션 1개을 샀기 때문에 들어간 돈은 $\frac{1}{880}$이다. 또 $S_T/1$ 에서 S_T가 커지는 것은 화폐가치가 상승하는 것이고, S_T가 작아 지는 것이 화폐가치가 하락하는 것에 주의하자.*

표 3.16: 콜 옵션 1개를 을 살 때의 S_T에 따른 이익

S_T	$S_T/1 < 120/1$	$120/1 < S_T/1$
long call $S_T = 120$ 이익	$\frac{1}{S_T} - \frac{1}{120}$	0
비용	$-\frac{1}{880}$	$-\frac{1}{880}$
이익	$\frac{1}{S_T} - \frac{1}{120} - \frac{1}{880}$	$-\frac{1}{880}$

3. $S_T \le \frac{528}{5}$
4. *표는 옵션 1개에 대한 것이다. 만일 옵션 120개를 샀다면 환률이 100/1일 때 이익은 표를 보면*

$$120 \times (\frac{1}{100} - \frac{1}{120} - \frac{1}{880}) = \frac{20}{880} - 120 \times \frac{1}{880}$$

문제의 계산에서 들어간 돈 $\frac{1}{880}$을 120배 한 것을 생각해주면, 본질적으로 맞는 계산이다. 이 옵션은 본질적으로 B나라 돈 1단위를 $\frac{1}{120}$에 사서 $\frac{1}{S_T}$에 팔아 이익을 실현하는 것이다.

□

3.9 연습문제

문제 3.1 *만기가 T 인 Call 가격의 범위는* $[\max\{S_0 - Ke^{-\delta T}, 0\}, S_0]$ *인 것을 설명하여라.*

문제 3.2 *다음과 같은 가상의 옵션이 있다. 어떤 문제가 생길 수 있나?*

표 3.17: 행사가격이 낮은 콜옵션이 싼 잘못된 가격

	만기	행사가격	옵션가격
Call A	6 개월	100	20
Call B	6 개월	95	15

문제 3.3 *다음과 같은 가상의 옵션이 있다. 어떤 문제가 생길 수 있나?*

표 3.18: 행사가격 차보다 옵션가격 차가 큰 잘못된 가격

	만기	행사가격	옵션가격
Call A	6 개월	95	20
Call B	6 개월	100	14

문제 3.4 $K = 100, S_T = 103$일 때 c_T는 얼마가 적절한가? 그 이유를 보기를 들어 설명하여라.

문제 3.5 다음 가상의 표를 보자.

현재가격 S_0	행사가격 K	옵션 가격
100	95	7
100	105	3

이런 거래를 하게된 이유는 무엇이라 생각하는가? 다음 각각의 경우 만기 수익과 S_T의 관계를 나타내는 그래프를 그려라.

1. 95 콜 옵션을 1개 사고, 105 콜 옵션을 1개 샀다.
2. 95 콜 옵션을 1개 사고, 105 콜 옵션을 1개 팔았다.
3. 95 콜 옵션을 1개 팔고, 105 콜 옵션을 1개 샀다.
4. 95 콜 옵션을 1개 팔고, 105 콜 옵션을 1개 팔았다.

어떤 거래가 가장 정상적인가?

문제 3.6 배당금(dividend)를 지급하지 않는 주식에 대한 풋 옵션(put option) 가격 범위를 설명하여라

문제 3.7 콜-풋 패러티(Call-Put Parity)를 설명하여라

문제 3.8 $S_0 = 31, K = 30, c_0 = 3, \delta = 0.1$이다. 3개월 만기 행사가격 30인 풋 가격이 (1) 2.25인 경우, (2) 1인 경우를 분석하여라.

문제 3.9 현재 주식가격은 $S_0 = 41$이고, 위험부담이 없는 이자의 세기는 $\delta = 0.03$이다. 행사가격이 $K = 40$인 콜-옵션과 풋 옵션을 생각하자.

1. 콜-옵션의 하한가를 구하여라.
2. 콜-옵션 가격이 $c_0 = 2$이고, 풋-옵션 가격이 $p_0 = 1$이라면 어떤 일을 할 수 있는가?

문제 3.10 지금은 2019년 05월이다. 코스피200 C 201908 280 의 가격은 1.99이고, 코스피200 C 201908 290 의 가격은 0.56이다. 코스피200 P 201908 280 의 가격은 15.60이고, 코스피200 P 201908 290 의 가격은 24.65 이다. 물론 C는 콜은 나타내고, P는 풋을 나타낸다.

1. 이 자료만으로 판단할 때, 투자자들은 코스피 200의 3개월 뒤를 어떻게 전망하는가?
2. 280 콜을 100개 사고, 290콜을 100개 판다. 290 풋을 50개 팔고, 280 풋을 50개 샀을 때 만기 수익을 나타내는 표를 만들고 그래프를 그려라.
3. 최고 수익이 나는 구간 어디인가?

문제 3.11 A나라 화폐를 1_A와 나라 B의 1_B 화폐 20개와 교환된다. 이것을 $20_B/1_A$로 표시하자. 투자자 M은 B 나라 화폐 1_B는 사거나 팔 권리를 갖는 옵션에 투자하려 한다. T 뒤에 행사환률 $20_B/1_A$에 대한 콜옵션 가격과, 풋옵션 가격은 $\frac{1}{180}{}_A$로 같다. 이 투자자 M은 만기 환률이 $15_B/1_A$가 될 것으로 판단하고 있다. 투자자 M은 만기 T 행사환률 $20_B/1_A$ 옵션 1개에 투자하려 한다.

- 투자자 M의 환률전망에 따르면 어떤 옵션에 투자해야 하는가?
- 환률에 따른 수익의 그패프를 그려라.
- 손실이 없는 환률의 범위는 어디인가?

문제 3.12 *A나라 화폐를* 1_A*와 나라 B의* 1_B *화폐 20개와 교환된다. 이것을* $20_B/1_A$*로 표시하자. B나라 화폐* 1_B*를 사거나 팔 수 있는 옵션에 투자하려 한다. 90일 뒤에 행사환률* $20_B/1_A$*에 대한 콜옵션 가격과, 풋옵션 가격은* $\frac{1}{500}$*로 같다. 이 투자자는 A나라 화폐가치가* $15_B/1_A$*가 될 것으로 판단하고 있다. 풋옵션 5000개에 투자한 A 나라 투자자를 생각하자. 만기 환률은* $25_B/1_A$ *이었다. 풋옵션을 사기로 한 것은 올바른 판단인가? 얼마의 수익이 있는가? 얼마의 손실이 있는가?*

해설. 행사가격 $K_{c1} = 30$인 주식 A에 대한 3개월 만기 유러피언 콜옵션을 가격 $c_1 = 3$ 에 팔고, 행사가격 $K_{c2} = 35$인 유러피언 콜옵션을 $c_2 = 1$에 사고, 행사가격 $K_p = 25$인 유러피언 풋옵션을 $p = 1$에 샀다. 주식 A의 만기 주가 S_T에 따른 수익의 그래프를 그려라. ◁

문제 3.13 $0 \le t < 3$*일 때는 년이자율은* $\delta_1, e^{\delta_1} = 1 + \frac{1}{9}$*이다.* $t = 0$*에 주식으로 구성된 포트폴리오 P의 가치는 2500이고, 포트폴리오 P로부터 년이율* δ_2*의 수익이 있다. 투자회사 대박은 포트폴리로 P를 구성하는 주식 각각에 대하여 2년 만기 행사가격의 합이 2500인 풋옵션 묶음 Q를 일반인 보다 싼 가격인 470에 살 수 있다. 투자회사 대박은 최소한 원금보장을 약속하고 2500을 투자받았다.*

1. *고객투자금 2500을 운용하여 회사수익과 고객의 원금* $+\alpha$*을 보장할 수 있는 방법을 말하라.*
2. $t = 2$*일 때 포트폴리오 P의 가치가 2000일 때, 풋옵션의 수익을 말하라. 수익 500도 가능한가?*

문제 3.14 *똑 같은 주식, 똑 같은 만기의 행사가격이 가각* K_{c1}, K_{c2}, K_{c3}*이 3개의 유러피언 콜옵션의 가격이 각각* c_1, c_2, c_3*이다.* $K_{c1} < K_{c2} < K_{c3}$, $K_{c3} - K_{c2} = K_{c2} - K_{c1}$*이다. 3개의 옵션을 만기까지 유지한다.* $2c_2$*와* $c_1 + c_3$*의 크기를 비교하라.*

문제 3.15 *주식 A가 있다. 이 주식에 대한 행사가격* $K_c = 60$ *만기 T 인 콜옵션의 가격은 6이고, 행사각격* $K_p = 60$ *만기 T 인 풋옵션의 가격은 4이다. 10을 대출하여 콜옵션 1개를 사고, 풋옵션 1개를 팔았다. 대출이율은* $\delta, e^{\delta T} = 1 + \frac{1}{10}$*이라 하자.*

1. *이 투자자는 기간 T일 때 주식 A의 가격을 어떻게 전망하고 있나? 이런 옵션거래를 어떻게 평가할 수 있나?*
2. *손익분기점이 되는 주식 A의 가격은 얼마인지 설명하라.*

III
보험료, 보험가치

4
생명표

보험수학을 이해하는 핵심은 데이터를 보고 생명모델을 만들고, 만들어진 생명모델에 따라 생명표를 만들 수 있어야 하는 것이다.

4.1 생명보험에서 중요한 수학적 개념

생명보험회사 입장에서 볼 때 중요한 표본공간은 당연히 자기 회사 생명보험에 가입한 고객이다. 그러나 여기서는 개념 이해를 위하여 우리나라에 사는 사람 전체를 생각하자:

$$\Omega = \{\omega \mid \ \omega\text{는 대한민국 국민}\}.$$

중요한 점은 고객의 생존, 죽음이고, 이것은 고객의 나이와 밀접한 관계가 있기 때문에, 사람을 나이로 분류하는 것은 의미가 있다. 이것을 졸업과 입학년도가 밀접한 관계가 있기 때문에, 대학생들을 학번으로 분류하는 것과 같은 생각이다. 태어난 후 나이가 t인 사람 전체를 간단하게 (t)로 나타내면

$$(t) = \{\omega \in \Omega \mid \ \omega\text{는 나이가 } t\ \}.$$

이렇게 사람을 나이에 따라 분류하면

$$\Omega = \bigcup_{t \geq 0} (t)$$

그런데 표현의 시각적인 효과를 위해서 $\Omega_x := (x)$. 즉 Ω_x는 나이가 x인 사람들의 집합이다. 정의로부터 당연히 $s \neq t$이면 $(s) \cap (t) = \emptyset$. 나이가 x인 사람은 나이가 x보다 많은 어떤 때에 죽는다. 이 생존기간을 알 수 없기 때문에 이것을 확률변수 T로 나타내자.

정의 4.1 [생존확률변수생존확률변수] $\omega \in \Omega$에 대하여 $T(\omega)$를 ω의 남은 수명이라 하자. ω에 남은 수명을 대응시키는 함수

$$T : \Omega \to [0, \infty) \subset \mathbb{R}$$

를 생존확률변수라 한다. 나이가 x인 사람의 생존기간에 특별한 관심이 있으면 함수 $T : \Omega \to [0, \infty)$를 나이가 x인 사람들의 집합을 제한한 함수

$$T_x := T\big|_{\Omega_x} : \Omega_x \to [0, \infty), T_x(\omega) := T(\omega), \quad \omega \in \Omega_x$$

는 나이가 x인 사람의 잔여 생존기간을 나타내는 확률변수이다. 즉 T_x는 나이가 x인 사람의 생존기간을 주는 확률변수(함수)이다.

보기 4.1 *$x + T_x$의 의미는 무엇인가?*

풀이 4.1 $x+T_x$는 함수

$$x+T_x : \Omega_x \to [0,\infty)$$

이고, 나이가 x인 사람 $\omega \in \Omega_x$가 사망할 때의 나이를 주는 함수이다. 즉

$$(x+T_x)(\omega) = x+T_x(\omega) = \text{ 나이가 } x \text{인 사람 } \omega \text{의 사망할 때 나이}$$

확률변수를 이해하는 방법은 사람의 체온을 재는 체온계라 생각하는 것이 도움이 된다. 체온계가 나타내는 값은 어떤 사람의 체온을 측정하는가에 달려있다. 체온 대신에 사람의 잔여수명을 생각하면 좋다. □

보험회사 입장에서 중요한 것은 확률변수 T의 함수값의 분포이다. 구체적으로 나이가 x인 사람들의 집합 Ω_x에 T를 제한할 때의 함수값 $\{T_x(\omega) \mid \omega \in \Omega_x\}$의 분포이다. 이것을 알아보기 위해서 새로운 함수 F_x를 정의하자.

정의 4.2 [생존분포함수(distribution function)] 함수 $F_x : [0,\infty) \to [0,1]$를 $F_x(t) := P\left[T_x \le t\right]$라 정의하자. 여기서

$$\{T_x \le t\} := \{\omega \in \Omega_x \mid T_x(\omega) \le t\}$$

는 나이가 x 인 사람들 중 잔여수명이 t와 같거나 작은 사람들의 집합이다.

$$F_x(t) := P[T_x \le t] := \frac{\#\{T_x \le t\}}{\#(\Omega_x)}. \tag{4.1}$$

다른 말로 표현하면 $P[T_x \le t]$은 나이가 x인 사람이, 나이가 $x+t$ 이내에 죽을 확률이다.

따라서 F_x는 나이가 x인 사람들의 생존분포(lifetime distribution)라 이해하면 좋다. 그러면 나이가 x이 사람이 적어도 t년 이상 생존할 확률은 무엇인가? 이것은

$$P[T_x > t] = 1 - F_x(t) \tag{4.2}$$

이다. 왜냐하면

$$\Omega_x = \{\omega \mid T_x(\omega) \le t\} \cup \{\omega \in \Omega \mid T_x(\omega) > t\} = \{T_x \le t\} \cup \{T_x > t\}, \quad \{T_x \le t\} \cap \{T_x > t\} = \emptyset$$

이므로

$$1 = \frac{\#(\Omega)}{\#(\Omega)} = \frac{\#\{T_x \le t\}}{\#(\Omega)} + \frac{\#\{T_x > t\}}{\#(\Omega)} = P[T_x \le t] + P[T_x > t] = F_x(t) + P[T_x > t]$$

이기 때문다.

요약 4.1 [생존함수(survival function)] 나이가 x인 사람이 t인 이상 생존할 확률을 $S_x(t)$로 나타내자. 그러면

$$S_x(t) := P[T_x > t] = 1 - F_x(t), \quad t \ge 0$$

따라서

$$S_x = 1 - F_x, \text{ 또는 } F_x = 1 - S_x, \text{ 또는 } S_x + F_x = 1 \tag{4.3}$$

로 상황에 맞게 표현한다.

즉 $S_x(t)$는 나이가 x이 사람이 적어도 t년 생존할 확률을 나타낸다. 이제 어떤 사람 ω의 생애를 생각하자.

- 태어나서 나이가 x가 되기 전에 죽을지도 모른다. 태어난 순간에 생존기간을 계산하는 것은 T_0의 역할이다. 따라서 태어나서 나이가 x를 넘지 않았다면

  $$T_0(\omega) \le x$$

  로 표현할 수 있다.
- 이제 이 사람 ω가 나이가 x 이상 살았다면 $T_0(\omega) > x$.
- 나이가 x가 된 ω의 남은 수명은 $T_x(\omega)$로 표현된다.
- 나이가 x가 된 이 사람 ω가 죽는 나이는 $x+T_x(\omega)$.
- ω가 타어나서 나이가 x가 되고, 이 사람 ω가 나이가 x가 된 후, t년 이내에 죽었다면

$$T_0(\omega) > x,\ T_x(\omega) \le t \tag{4.4}$$

이런 점에서 다음 두 사건 $\{T_x \le t\}$, $\{T_0 \le x+t\} \cap \{T_0 > x\}$*는 서로 동등한 사건으로 볼 수 있다. 따라서*

$$P[T_x \le t] = P[T_0 \le x+t \mid T_0 > x] \tag{4.5}$$

$$:= \frac{P\big[\{T_0 \le x+t\} \cap \{T_0 > x\}\big]}{P[T_0 > x]} \tag{4.6}$$

$$= \frac{P[x < T_0 \le x+t]}{P[T_0 > x]} \tag{4.7}$$

생존함수는 꼭 생명체에 한정해서 사용할 필요는 없다. 공장에서 생상된 제품의 수명을 나타내는 것으로 보는 것이 보통이다. 이런 이유를 "나이가 x*인 사람들 전체" 또는 "나이가* x*인 것들 전체의 집합" 이란 표현 모두를 자연스런 것으로 보자. 이제 나이가* x*인 것들 전체 수를* ℓ_x*로 나타내자. 이 방식은 같은 날에 생산된 제품 전체 수를* ℓ_0*로 나타내면 이 제품 중* x *이상 작동할 확률은 일단 나이* x*가 되는 것이 필요충분 조건이므로* $\frac{\ell_x}{\ell_0}$ *로 표현된다. 이 표현을 쓰면*

$$P[T_x \le t] = 1 - \frac{\ell_{x+t}}{\ell_x} \tag{4.8}$$

요약 4.2 보험수학에서는 다음 표현을 자주 쓴다.

- ${}_tp_x$: 나이 x이 것이 t년 이상 생존할 확률
- p_x : 나이 x인 것이 1년 이상 생존할 확률. 즉 $p_x \equiv {}_1p_x$
- q_x : 나이 x인 것이 1년 이내에 사망할 확률. 즉 $q_x \equiv {}_1q_x$
- ${}_tq_x$: 나이 x인 것이 t년 이내에 사망할 확률
- ${}_{u|t}q_x$: 나이 x인 것이 u년 이상 생존하고, 그로부터 t년 이내에 사망할 확률.

보기 4.2 *다음 표는 가상의 생명체 생명표 일부이다. 표를 주는 대신에 나이* x*에 대한 생명체 개수* ℓ_x*가 다음 식으로 주어졌다.*

$$\ell_x = \begin{cases} 100000\left(1 - \frac{x}{120}\right)^{\frac{1}{2}}, & 0 \le x \le 120, \\ 0, & x > 120 \end{cases}$$

1. *태어나 나이가 20 이상 생존할 확률은 얼마인가?*
2. *태어나 나이가 30 이상 생존할 확률은 얼마인가?*
3. *태어나 나이가 20이 된 것이, 그로부터 10이상 생존할 확률은 얼마인가?*
4. *나이 60인 된 것이, 그로부터 10 이내에 사망할 확률은?*

풀이 4.2 *지금 태어난 것은 20년 후에 나이 20이 된다. 20년 후에 나이 20이 되는 지금 태어난 것들은, 집합으로 보면, 지금 나이 20인 것들과 공통인 원소가 없다. 그러나 생명표를 이해하는 것은 나이를 제한된 넓이를 갖는 영역으로 보고, 시간이 지나 그 영역으로 들어가는 사람은 생존하는 것으로 보고, 그 영영으로 들어가지 못하는 것은 죽는 것으로 이해하면 편리하다. 이것은* $s \le t$*이면* $\Omega_s \subset \Omega_t$ *로 이해하는 것과 같다.*

1. $\ell_0 = 100000$*이다.* $\ell_{20} = 100000(1 - \frac{20}{120})^{\frac{1}{2}} = 91287.1$. *이것은 나이 20 인 영역이 나이 0인 영역보다 좁다. 이 좁은 영역에 들어가는 것들이 20년 이상 생존할 수 있다. 이 확률은* ${}_{20}p_0$*으로 표시하고, 지금 경우는*

$$_{20}p_0 = \frac{\ell_{0+20}}{\ell_0} = \frac{91287.1}{100000} \approx 0.912871$$

2. *같은 생각으로* ${}_{30}p_0 = \frac{\ell_{0+30}}{\ell_0} = 0.866025$
3. *이 경우는 나이가 20인 것들만 생각하면 충분하다. 이 확률은 기호로* ${}_{10}p_{20}$*으로 나타내고*

$$_{10}p_{20} = \frac{\ell_{20+10}}{\ell_{20}} = 0.948683$$

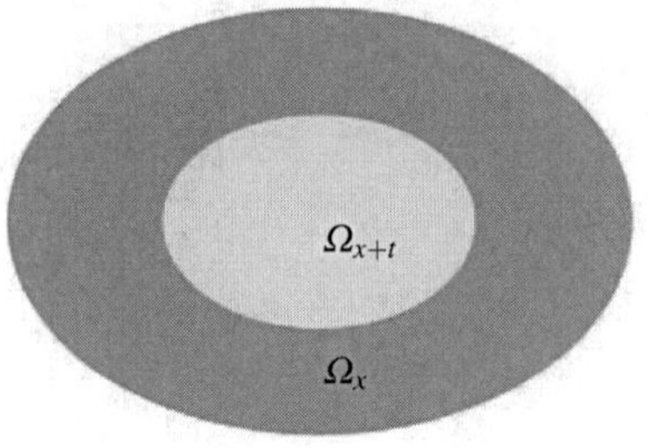

그림. 4.1: 나이 x인 사람들 Ω_x의 일부분이 나이가 $x+t$가 될 수 있다. 이것을 상징적으로 $\Omega_{x+t} \subset \Omega_x$로 표현하자.

4. ${}_{10}q_{60} = 1 - {}_{10}p_{60} = 0.0871291$

□

4.2 생존분포 $P[T_x \le t]$와 생존함수 $P[T_x > t]$

요약 4.3 [조건에 따른 확률(conditional probability)] 두 사건 A, B를 생각하자. 사건 B가 일어났을 때 사건 A가 일어날 확률을 $P[A \mid B]$ 로 표시한다. 따라서 $P[A \mid B]$의 값은

$$P[A \mid B] := \frac{P[A \cap B]}{P[B]}$$

만일 $P[A \mid B] = P[A]$ 라면 사건 A가 사건 B에 대해서 아무런 정보를 주지 못하는 것을 말한다. 이런 경우 두 사건 A, B는 서로 독립(independent)이라 한다.

보기 4.3 *두 개의 주사위를 던지는 시행에서 A를 눈 수 합이 7인 사건, B를 두 눈 수 중 6이 있는 사건이라 하자. 각각의 눈이 나올 확률이 같다고 할 때 $P[A \mid B]$와 $P[B \mid A]$를 구하여라.*

풀이 4.3 *주사위가 2개이므로 하나를 D_1 다른 하나를 D_2라 하자. D_1이 나온 눈의 수가 i, D_2가 나온 눈의 수를 j라 하면 $A = \{(1,6),(2,5),(3,4),(4,3),(5,2),(6,1)\}$*
$B = \{(1,6),(6,1),(2,6),(6,2),(3,6),(6,3),(4,6),(6,4),(5,6),(6,5),(6,6)\}$이다. 따라서

$$P[A \mid B] = \frac{P[AB]}{P[B]} = \frac{\#(AB)}{\#(B)} = \frac{2}{11}, \quad P[B \mid A] = \frac{2}{6} = \frac{1}{3}$$

□

생존분포함수 $F_x(t) := P[T_x \le t]$의 성질을 알아보자. 정의로부터

$$P[T_x \le t] = P[T_0 \le x+t \mid T_0 > x] = \frac{P\big[\{T_0 \le t+x\} \cap \{T_0 > x\}\big]}{P[T_0 > x]} \tag{4.9}$$

$$= \frac{P[x < T_0 \le x+t]}{P[T_0 > x]} \tag{4.10}$$

그런데 나이 x인 것들 전체의 수를 ℓ_x로 나타내면, 나이는 건너 뛸 수 있는 것이 아니기 때문에

$$P[T_x \le t] = \frac{\ell_{x+t}}{\ell_x} \tag{4.11}$$

이제 $P[T_x \le t]$를 정보가 주어진 확률로 이해하면

$$F_x(t) = P[T_x \le t] \tag{4.12}$$

$$= \frac{P[x < T_0 \le x+t]}{P[T_0 > x]} \tag{4.13}$$

$$= \frac{F_0(x+t) - F_0(x)}{S_0(x)} \tag{4.14}$$

$$= \frac{F_0(x+t) - 1 + 1 - F_0(x)}{S_0(x)} = \frac{S_0(x) - S_0(x+t)}{S_0(x)} \tag{4.15}$$

$$= 1 - \frac{S_0(x+t)}{S_0(x)} \tag{4.16}$$

특히 $S_x(t) = 1 - F_x(t)$인 것에 주의하면 $S_x(t) = \frac{S_0(x+t)}{S_0(x)} = \frac{\ell_{x+t}}{\ell_x}$.

요약 4.4 나이 x인 사람의 잔여 생존확률변수 T_x의 분포함수를 $F_x(t) := P[T_x \le t]$라 두자. 그러면 나이 x 인 사람이, 그로부터 t년 이상 생존할 확률은

$$S_x(t) := P[T_x > t] := 1 - P[T_x \le t] = 1 - F_x(t). \tag{4.17}$$

따라서 다음 중요한 관계가 성립한다.

$$S_x(t) = \frac{S_0(x+t)}{S_0(x)}, \qquad S_0(x+t) = S_0(x)S_x(t), \qquad F_x(t) + S_x(t) = 1,\ t \ge 0. \tag{4.18}$$

두 사건 A, B가 동시에 일어나는 사건은 $A \cap B$로 표현하는 것이 맞다. 그러나 표현을 간단하게 하기 위하여 $A \cap B \equiv AB$로 쓰는 것이 편리한 경우가 많다. 그러면

$$P[B \mid A] = \frac{P[AB]}{P[A]} \longleftrightarrow P[AB] = P[B]P[A \mid B] = P[A]P[B \mid A]$$

보기 4.4 *식 $S_0(x+t) = S_0(x)S_x(t)$을 말로 표현해보자.*

풀이 4.4 *$S_0(x+t)$는 지금 태어난 사람이 $x+t$년 생존할 확률이다. 만일 다음 세 사건*

- *$A :=$ 태어나서 x년 이상 생존한다*
- *$B :=$ 태어나 나이가 x가 된 후 t년 더 생존한다*
- *$C :=$ 태어나 $x+t$년 이상 생존한다*

를 생각하면 $C = A \cap B := AB$이다. $P[A] = S_0(x)$, $P[B] = S_x(t)$, $P[C] = S_0(x+t)$. 따라서 식 $S_0(x+t) = S_0(x)S_x(t)$은

$$S_0(x+t) = P[C] = P[AB] = \frac{P[AB]}{P[A]} \cdot P[A] = P[B \mid A] \cdot P[A] = S_x(t)S_0(x) \tag{4.19}$$

□

보기 4.5 *다음 식을 말해보자.*

1. $S_0(x+t+u) = S_0(x)S_x(t+u)$

2. $S_0(x+t+u) = S_0(x+t)S_{x+t}(u)$

3. $S_0(x)S_x(t+u) = S_0(x)S_x(t)S_{x+t}(u)$

풀이 4.5 *1. 태어나서 $x+t+u$년 이상 생존할 확률은, 태어나서 x년 이상 생존할 확률과, 태어나 x 년이 되었을 때, $t+u$년 이상 더 생존할 확률의 곱이다.*

2. 태어나서 $x+t+u$년 이상 생존할 확률은, 태어나서 $x+t$년 이상 생존할 확률과, 태어나서 $x+t$ 년이 되었을 때, u 이상 더 생존할 확률의 곱이다.
3. 태어나서 $x+t+u$년 이상 생존할 확률은, 태어나서 x년 이상 생존할 확률과, 태어나 x 년이 되었을 때, t년 이상 더 생존할 확률과, 태어나 $x+t$년이 되었을 때, u 이상 더 생존할 확률을 곱이다.

□

보기 4.6 *생존함수의 다음 성질을 설명하여라:* $S_x(t+u) = S_x(t)S_{x+t}(u) = S_x(u)S_{x+u}(t)$.

풀이 4.6 *나이 x에 따를 사람 수를 ℓ_x 라 두자.*

$$S_x(t+u) = \frac{\ell_{x+t+u}}{\ell_x} = \frac{\ell_{x+t+u}}{\ell_{x+t}} \cdot \frac{\ell_{x+t}}{\ell_x} = \frac{S_0(x+t+u)}{S_0(x)} = S_{x+t}(u)S_x(t)$$

같은 방식으로 $S_x(t+u) = S_x(u)S_{x+u}(t)$ 도 얻는다. 수식의 증명보다 더 중요한 것은 이 식의 의미다. 이 식 (??)을 말로 증명하면 x인 사람이 $t+u$ 이상 생존할 확률은 t이상 생존한 후, 다시 u 이상 생존하는 것이다. 따라서 $S_x(t+u) = S_x(t)S_{x+t}(u) = S_x(u)S_{x+u}(t)$ □

보기 4.7 *다음을 말로 표현해보자.*

1. $S_x(0) = 1$
2. $\lim_{t\to\infty} S_x(t) = 0$
3. $t_1 < t_2$ 이면 $S_x(t_1) \geq S_x(t_2)$

풀이 4.7
1. 지금 현재 나이 x인 사람이 살아있을 확률은 1이다.
2. 나이 x인 사람이 영원히 살아있을 확률은 0이다.
3. $t_1 < t_2$ 이면, 나이 x인 사람이 t_1 이상 생존할 확률은 t_2 이상 생존할 확률보다 작지 않다.

□

S_x는 수학적으로 다루기 편한 성질을 갖는 것으로 가정하자. 예를 들어

- S_x는 미분가능하다
- $\lim_{t\to\infty} tS_x(t) = 0$
- $\lim_{t\to\infty} t^2 S_x(t) = 0$

4.3 죽음의 힘(사력, Force of Mortality)

어떤 계정의 잔고함수(Amount function) $A(t)$를 알면 이자를 계산할 수 있다. 예를 들어 시간구간 $[t_1, t_2]$에서 벌은 이자는

$$A(t_2) - A(t_1) = \int_{t_1}^{t_2} A'(s)ds \int_{t_1}^{t_2} A(s)\frac{A'(s)}{A(s)}ds$$
$$= \int_{t_1}^{t_2} A(s)\delta_s ds, \quad \delta_s = \frac{A'(s)}{A(s)}$$

이 경우에 $\delta_s = \delta(s)$를 이력(force of interest)이라 한다.

이제 $t=0$에 있는 사람 전체의 수를 ℓ_0라 하자. 시간 t 일 때의 생존자 수를 $\ell(t)$로 나타내자. 시간이 흐름에 따라 사람이 죽는다. 따라서 $\ell(t)$는 t에 따른 감소함수다. 그러면 시간구간 $[t_1, t_2]$에 죽은 사람 수는

$$
\begin{aligned}
[t_1, t_2] \text{에 죽은 사람 수} &= -\Big(\ell(t_2) - \ell(t_1)\Big) \\
&= -\int_{s=t_1}^{t_2} \ell'(s)ds = -\int_{s=t_1}^{t_2} \ell(s)\frac{\ell'(s)}{\ell(s)}ds \\
&= \int_{s=t_1}^{t_2} \ell(s)\big(-\frac{\ell'(s)}{\ell(s)}ds \\
&= \int_{s=t_1}^{t_2} \ell(s)\mu_s ds, \quad \mu_s = -\frac{\ell'(s)}{\ell(s)}.
\end{aligned}
$$

수식을 보면 이자를 계산하는 것과 같다. 주어진 구간 $[t_1, t_2]$에 사망자가 주어진 구간 $[t_1, t_2]$에 벌은 이자에 대응된다. 사망자의 경우 $\mu_s \equiv \mu(s) := -\frac{\ell'(s)}{\ell(s)}$를 사력(force of mortality)라 한다. 정의에 – 기호가 있는 것은 $\ell'(s) \leq 0$ 이기 때문에, 음수가 아닌 수로 바꾸기 위한 것이다. Force of mortality 는 Force of interest에 그대로 대응된다. 정리하면

요약 4.5 잔고함수 $A(t)$, 개체의 수를 나타내는 함수 $\ell(t)$, ,이력(force of interest) δ_t, 사력(force of mortality) μ_t, 죽은 개체수와 이자는 서로 대응되는 개념이다.

- 잔고 $A(t) \iff$ 생존자 $\ell(t)$
- 이자 $\iff$ 사망자
- Force of interest $\delta_t = -\frac{A'(t)}{A(t)} \iff$ Force of mortality $\mu_t = -\frac{\ell'(t)}{\ell(t)}$
- 원금 $A_0 \equiv A(0) \iff t = 0$일 때의 사람 수 $\ell_0 \equiv \ell(0)$

돈 계산을 할 때 $t = 0$일 때의 돈 $A_0 \equiv A(0)$를 원금이라 했다. 따라서

$$
A(t) = A(0)\frac{A(t)}{A(0)} = A(0)a(t), \quad a(t) = \frac{A(t)}{A(0)}
$$

여기서 $a(t) = \frac{A(t)}{A(0)}$를 잔고증가율함수(accumulation function)이라 했다. 사람 수의 경우에는

$$
\ell(t) = \ell(0)\frac{\ell(t)}{\ell(0)} = \ell(0)S_0(t), \quad S_0(t) := \frac{\ell(t)}{\ell(0)}
$$

요약 4.6 사람의 경우에는 잔고함수 $A(t)$에 대응되는 것은 사람수 $\ell_t \equiv \ell(t)$이고, 잔고증가율 함수 $a(t) = \frac{A(t)}{A(0)}$에 대응되는 것은 생존함수 $S_0(t) = \frac{\ell(t)}{\ell(0)}$ 이다. 생존함수는 $t = 0$에 태어난 사람의 시간 t 이상 생존할 확률을 나타낸다.

요약 4.7 [생존함수(survival function)] 태어나서 t 이상 생존할 확률을 **생존함수**라 하고

$$
S_0(t) = \frac{\ell(t)}{\ell(0)}
$$

로 나타낸다. 여기서 $\ell(t)$는 $t = 0$에 태어난 사람이 시간 t에 생존한 사람 수를 나타낸다. 생존함수 $S_0(t)$를 이용하여 사력(force of mortality)를 표현하면

$$
\mu_t = -\frac{\ell'(t)}{\ell(t)} = -\frac{S_0'(t)}{S_0(t)}.
$$

이 식은 이력 δ_t가 $\delta_t = -\frac{A'(t)}{A(t)} = -\frac{a'(t)}{a(t)}$로 표시되는 것에 대응되는 식이다.

생존분포함수 $F_0(t) := P[T_0 \le t]$는 $t=0$에 태어난 사람이 시간 t와 같거나 작은 때에 사망할 확률을 나타낸다. 따라서 $F_0(t)+S_0(t) \equiv 1$. 따라서 사력(force of mortality)를 생존분포함수를 이용하여 표현하면 $\mu_t = -\frac{S_0'(t)}{S_0(t)} = \frac{F_0'(t)}{S_0(t)}$.

이제 사력(force of mortality) μ_x를 도함수의 정의를 써서 표현해보자,.

$$\mu_x := \frac{F_0'(x)}{S_0(x)} = \frac{1}{S_0(x)} \lim_{h\to 0} \frac{F_0(x+h)-F_0(x)}{h} \tag{4.20}$$

$$= \frac{1}{S_0(x)} \lim_{h\downarrow 0} \frac{P[x<T_0 \le x+h]}{h} \tag{4.21}$$

$$= \frac{1}{S_0(x)} \lim_{h\downarrow 0} \frac{\big(1-S_0(x+h)\big)-\big(1-S_0(x)\big)}{h} \tag{4.22}$$

$$= -\frac{1}{S_0(x)} \lim_{h\downarrow 0} \frac{S_0(x+h)-S_0(x)}{h} \tag{4.23}$$

$$= -\frac{S_0'(x)}{S_0(x)} \tag{4.24}$$

$$= -\Big(\log S_0(x)\Big)' \tag{4.25}$$

위 식에서 $\log'(x) = \frac{1}{x}$인 것을 썼다. 합성함수 미분법에 따라 $\phi(x) = \log\big(f(x)\big)$ 라면 $\phi'(x) = \frac{f'(x)}{f(x)}$ 인 것에 주의하자. 다시 정리하면

요약 4.8

$$\mu_x = \frac{F_0'(x)}{S_0(x)} = -\frac{S_0'(x)}{S_0(x)} = -\Big(\log S_0(x)\Big)'$$

요약 4.8으로부터

$$-\int_{t=0}^{t=x} \mu_t dt = \int_{t=0}^{t=x} \Big(\log S_0(t)\Big)' dt.$$

따라서 $-\int_{t=0}^{t=x} \mu_t dt = \Big[\log S_0(t)\Big|_{t=0}^{x} = \log S_0(x) - \log S_0(0)$.

그런데 $S_0(x)$의 의미는 무엇인가? $S_0(x) = 1-F_0(x) = 1-P[T_0 \le x]$ 이므로 $S_0(x)$의 의미는 어떤 사람이 태어나서 x년 생존할 확률이다. 따라서 $S_0(0)=1$이다. 정리하면

$$\log S_0(x) = -\int_{t=0}^{x} \mu_t dt \quad \text{또는} \quad S_0(x) = \exp\big(-\int_{t=0}^{x} \mu_t dt\big).$$

또한 $S_0(t+x) = S_0(x)S_x(t)$ 인 것에 주의하며

$$S_x(t) = \frac{\ell_{x+t}}{\ell_x} = \frac{\frac{\ell_{x+t}}{\ell_0}}{\frac{\ell_x}{\ell_0}} = \frac{S_0(x+t)}{S_0(x)}, \quad S_0(x+t) = \frac{\ell_{x+t}}{\ell_0},\ S_0(x) = \frac{\ell_x}{\ell_0} \tag{4.26}$$

$$= \frac{\exp(-\int_{u=0}^{x+t} \mu_u du)}{\exp(-\int_{u=0}^{x} \mu_u du)} \tag{4.27}$$

$$= \exp(-\int_{u=x}^{x+t} \mu_u du) = \exp(-\int_0^t \mu_{x+u} du). \tag{4.28}$$

요약 4.9 [사력(force of mortality)] 나이 x일 때 죽음의 힘(force of mortality)를 μ_x라 두면

$$\mu_x = -\frac{S_0'(x)}{S_0(x)} = -\frac{d}{dx}\log S_0(x).$$

따라서 $S_0(x) = \exp\big(-\int_{t=0}^{x}\mu_t dt\big)$. 생존함수의 성질 $S_0(x+t) = S_0(x)S_x(t)$를 이용하면

$$S_x(t) = \frac{S_0(x+t)}{S_0(x)} = \exp\Big(-\int_{u=0}^{x}\mu_{x+u}du\Big) \tag{4.29}$$

식 (4.29)의 가장 중요한 의미는 사력 모델이 주어지면, 생존확률을 계산할 수 있고, 따라서 생명표가 만들어지는 것이다.

다음과 같은 표현에도 익숙해지자.

$$\log S_0(x) = -\int_0^x \mu_t dt, \qquad \log S_x(t) = -\int_0^t \mu_{x+u}du.$$

보기 4.8 *잔여 생존년수분포함수가 다음과 같다.*

$$F_0(x) := P[T_0 \le x] = 1 - \big(1 - \frac{x}{120}\big)^{\frac{1}{6}}$$

1. *F_0의 그래프의 모양의 의미를 말해보자.*
2. *S_0의 그래프의 모양을 그려라.*
3. *사력(force of mortality) μ_x를 구해보자.*
4. *$S_{40}(t)$의 그래프를 그려보자.*

풀이 4.8 1. *생존분포함수 $F_0(x)$*

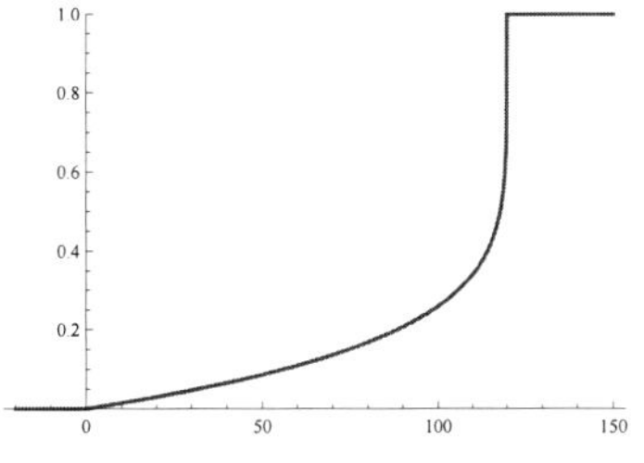

그림. 4.2: $F_0(x)$

2. $S_0(x) = 1 - F_0(x) = \big(1 - \frac{x}{120}\big)^{\frac{1}{6}}$
3. 사력 $\mu(x) = -\frac{S_0'(x)}{S_0(x)} = \frac{1}{720-6x}$
4. $S_{40}(t) = \frac{S_0(40+t)}{S_0(40)} = 2^{-\frac{2}{3}}\big(16 - \frac{t}{5}\big)^{\frac{1}{6}}$

□

4.4 기대수명

나이가 x인 사람들의 집합 Ω_x를 생각하자.

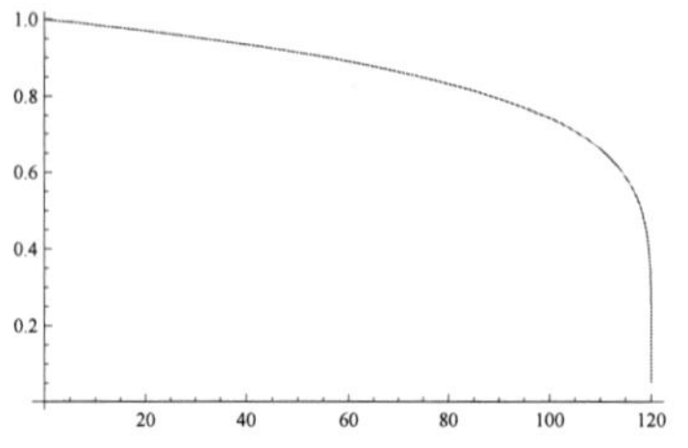

그림. 4.3: $S_0(x)$

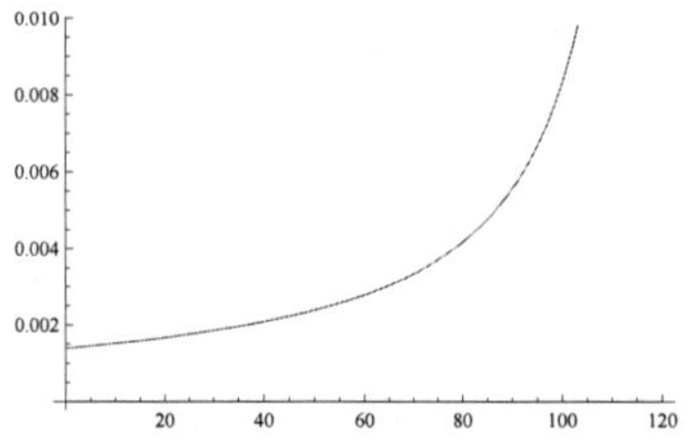

그림. 4.4: Force of mortality μ_x

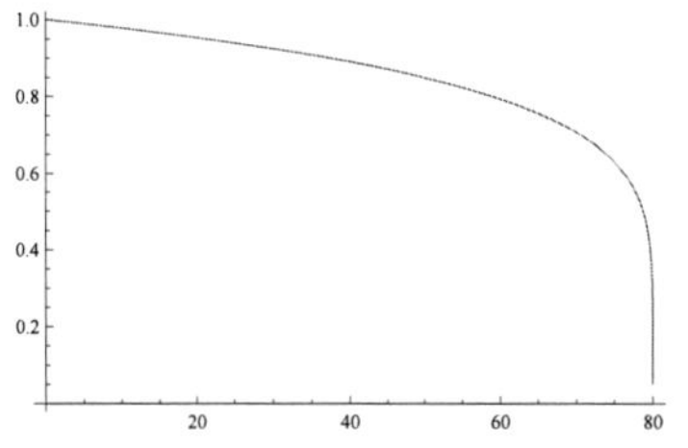

그림. 4.5: 생존함수 $S_{40}(t)$

> **정의 4.3** [확률변수 T_x] 확률변수 $T_x : \Omega_x \to [0,\infty)$ 는 나이가 x인 사람의 잔여 수명을 나타낸다.

예를 들어 $T_x(\omega)$는 나이가 x인 사람 $\omega \in \Omega_x$의 남은 수명을 나타낸다. 이렇게 해석하면

$$\{T_x \le t\} := \{\omega \in \Omega_x \mid T_x(\omega) \le t\}$$

는 나이가 x인 사람 중에서 기대수명이 t년 이내인 사람들이다. 즉 태어나서 x년 산 사람 중에서 $x+t$년 이내에 죽는 사람들의 집합이다. 그런데 $T_x = 3$, 즉 태어나서 x년 산 사람중에서 정확하게 $x+3$년에 죽은 사람들을 생각하는 것은 큰 의미가 없다. 이런 이유로 $T_x \le u$ 와 같은 부등식이 즐겨 사용된다. 그럼에도 이론적인 면에서 임의의 양수 h에 대해서

$$\{t < T_x \le t+h\}$$

를 생각하고 싶다. 말로하면 태어나서 x년 산 사람 중에서 t와 $t+h$ 사이에 어떤 시점에 죽는 사람들의 집합이다. 더 중요한 것은 $\{t < T_x \le t+h\}$의 확률 $P[t < T_x \le t+h]$을 표현하는 일이다.

정의 4.4 [분포함수(distribution function)] 함수 $F : \mathbb{R} \to \mathbb{R}$가

1. F는 증가함수, 즉

$$x, y, \in \mathbb{R}, x \le y \implies F(x) \le F(y)$$

2. F는 오른쪽에서 연속, 즉

$$F(x) = \lim_{h \downarrow 0} F(x+h)$$

를 만족시키면 F를 분포함수라 한다.

가장 중요한 분포함수는 확률변수로부터 얻어지는 분포함수이다. 지금 우리의 경우는 확률변수 $T_x : \Omega_x \to [0,\infty)$로부터 얻어지는 분포함수

$$F_x(t) := P[T_x \le t] = P\big[\{\omega \in \Omega_x \mid T_x(\omega) \le t\}\big]$$

는 분포함수이다. F_x의 특징을 보면

- $t \le 0$*이면* $F_x(t) = 0$
- $t \ge 200$*이면* $F_x(t) = 1$. *태어나서 200년 이상 사는 사람 없다.*

이 분포함수 F_x를 이용하면

$$\{T_x \le t+h\} = \{T_x \le t\} \cup \{t < T_x \le t+h\}$$

이고, $\{T_x \le t\} \cap \{t < T_x \le t+h\} = \emptyset$ *인 것에 주의하면*

$$\begin{aligned} P[t < T_x \le t+h] &= P[T_x \le t+h] - P[T_x \le t] \\ &= F_x(t+h) - F_x(t) \end{aligned}$$

그러면 $F_x(t+h) - F_x(t)$를 보면 즉시 떠오르는 생각이 있다. 아주 좋은 경우를 생각하자.

정의 4.5 [확률밀도함수(probability density function)] 확률변수 $X : \Omega \to \mathbb{R}$에 대응되는 분포함수

$$F_X : \mathbb{R} \to [0,1], \quad F_X(t) := P[X \le t]$$

를 생각하자. 만일

$$F_X(t) := P[X \le t] = \int_{-\infty}^{t} f(x)dx$$

가 되는 함수 $f : \mathbb{R} \to [0,\infty)$이 있으면, 이 함수 f를 확률변수 X의 확률밀도함수라 한다.

사람들은 하나 하나 독립된 삶이 있기 때문에 미분적분을 적용할 수 있는 그런 것은 아니다. 그러나 사람들의 생존기간들은 실수집합의 부분집합이고 더욱 사람 수가 많기 때문에 실수집합의 어떤 구간으로 이해하는 것이 이론을 풍성하게 한다. 이런 이유로 T_x의 분포함수 F_x가 확률밀도함수 f_x를 갖는다 하자. 따라서 $F_x(t) = \int_{-\infty}^{t} f_x(s)ds$.

요약 4.10 [미분적분학의 기본정리(Fundamental Theorem of Calculus)] 적분가능한 함수 $f : [a,b] \to \mathbb{R}$ 를 생각하자. 예를 들어 연속함수는 적분가능하다. 연속함수가 아니더라도 증가함수(감소함수)는 다 적분가능하다. 사실 불연속점들이 유한개이거나 가산인 무한(countably infinite)이면 적분가능하다. 적분을 이용해서 함수 $F : [a,b] \to \mathbb{R}$를

$$F(x) := \int_{t=a}^{x} f(t)dt$$

로 정의하면

1. F는 연속함수이다.
2. f가 연속인 점 $c \in [a,b]$에서는 F는 미분가능하고 $F'(c) = f(c)$.

우리는 나이가 x인 사람들의 생존기간 T_x가 어떻게 생겼는지 모른다. 그러나 통계자료를 해석하면 f_x가 연속함수라 생각해도 통계자료와 맞지 않는 큰 오류가 없고, 더욱 f_x를 연속이라 생각하는 것이 재료 해석에 다양한 방법이 가능하기 때문에 f_x가 연속이라 가정하자. 그러면

$$\frac{d}{dt}F_x(t) = f_x(t)$$

특히

$$\begin{aligned} P[t < T_x \le t+h] &= P[T_x \le t+h] - P[T_x \le t] && (4.30)\\ &= F_x(t+h) - F_x(t) && (4.31)\\ &= \frac{F_x(t+h) - F_x(t)}{h}h && (4.32)\\ &\approx f_x(t)h && (4.33) \end{aligned}$$

이 식으로부터 $f_x(t)$를 해석하면,

$f_x(t)$는 나이가 x인 사람이 $x+t$ 년에 사망할 확률밀도(density)를 나타낸다.

f_x는 증가함수 F_x의 도함수이기 때문에 항상 0과 같거나 크다. 그러나 그 값은 아주 큰 양수도 될 수 있다.

정의 4.6 [기대수명(Expectation of Life)] 나이가 x인 사람들의 기대수명을 아는 것은 중요하다. 이것은 통계자료를 보고 계산해야 할 일이다. 이론적인 면에서 나이가 x인 사람의 기대수명을 $E[T_x]$로 나타내면

$$E[T_x] := \mathring{e}_x = \int_{t=0}^{\infty} t dF_x(t) = \int_{t=0}^{\infty} t f_x(t) dt = \int_{t=0}^{\infty} {}_t p_x dt \tag{4.34}$$

$E[T_x]$는 확률변수 $T_x : \Omega_x \to [0,\infty)$의 평균값이다.

글자 그대로 $E[T_x]$는 나이가 x인 사람들의 평균생존기간이다. 그런데 실제에서는 기대수명은 생명표를 보고 계산하기 때문에 적분이 불편한다. 생명표를 이용할 때는 기대수명에 대한 다음 식이 편리하자. 즉 사람의 생존기간을 $[0,150]$중 어떤 수라 생각해도 충분하기 때문에 식 (4.34)에 부분적분법을 적용하면

$$\begin{aligned} E[T_x] &= \int_0^{150} t dF_x(t) = \big[tF_x(t)\big]_0^{150} - \int_0^{150} F_x(t)dt && (4.35)\\ &= 150 - \int_0^{150} F_x(t)dt && (4.36)\\ &= \int_0^{150} \big(1-F_x(t)\big)dt = \int_0^{150} S_x(t)dt && (4.37)\\ &= \int_0^{\infty} {}_t p_x dt && (4.38) \end{aligned}$$

$T_x : \Omega \to [0,\infty)$의 분산(variance)를 계산하기 위하여 $E[T_x^2]$을 계산하여 보자. 이를 위해서 다음 부분적분 공식을 이용하자. $G'(x) = g(x)$라 두면

$$\int fg dx = \int f dG = fG - \int G df = fG - \int Gf' dx$$

이제 $F_x(t) + S_x(t) \equiv 1$인 것에 주의하면

$$\begin{aligned} E[T_x^2] &= = \int_{t=0}^{\infty} t^2 dF_x(t) = -\int_{t=0}^{\infty} t^2 dS_x(t)\\ &= -\big[t^2 S_x(t)\big|_{t=0}^{\infty} + \int_{t=0}^{\infty} S_x(t)dt^2\\ &= \lim_{t\to\infty} t^2 S_x(t) + \int_{t=0}^{\infty} 2tS_x(t)dt \end{aligned}$$

사람은 영원히 살지는 않기 때문에 $\lim_{t\to\infty} t^2 S_x(t) = 0$라 생각해도 무리가 없다. 따라서

> **요약 4.11** $T_x : \Omega_x \to [0,\infty)$의 분산 $Var[T_x]$는 $F_x(t)+S_x(t) \equiv 1$인 것에 주의하면
> $$Var[T_x] = E[T_x^2] - E[T_x]^2 = 2\int_{t=0}^{\infty} tS_x(t)dt - \Big(\int_{t=0}^{\infty} tdS_x(t)\Big)^2$$

보기 4.9 *어떤 제품의* ℓ_x*가 다음과 같다:* $\ell_x = (20-x)^2, 0 \le x \le 20,\ \ell_x = 0, x > 20.$

1. $F_x(t)$*를 구하여라.*
2. $S_x(t)$*를 구하여라.*
3. ${}_tp_x$*를 구하여라.*
4. ${}_5p_{10}$*을 구하여라.*
5. ${}_{u|t}q_x$
6. $E[T_{10}]$

풀이 4.9 1. $F_x(t) = 1 - \frac{\ell_{x+t}}{\ell_x} = 1 - \frac{(20-x-t)^2}{(20-x)^2} = 1 - \big(1 - \frac{t}{20-x}\big)^2, 0 \le t \le 20-x, F_x(t) \equiv 1, t > 20-x.$
2. $S_x(t) = \frac{\ell_{x+t}}{\ell_x} = 1 - F_x(t) = \big(1 - \frac{t}{20-x}\big)^2, 0 \le t \le 20-x, S_x(t) \equiv 0, t > 20-x.$
3. ${}_tp_x = \frac{\ell_{x+t}}{\ell_x}$. 정리하면

$$ {}_tp_x = \frac{\ell_{x+t}}{\ell_x} = S_x(t) = \begin{cases} \frac{(20-x-t)^2}{(20-x)^2} = \big(1 - \frac{t}{20-x}\big)^2, & 0 \le t \le 20-x \\ 0, & t > 20-x \end{cases} $$

4. ${}_5p_{10} = \frac{\ell_{15}}{\ell_{10}} = \frac{(20-15)^2}{(20-10)^2} = \frac{1}{4}$
5. ${}_{u|t}q_x = {}_up_x F_{x+u}(t) = \frac{\ell_{x+u}}{\ell_x} \times \big(1 - \frac{\ell_{x+u+t}}{\ell_{x+u}}\big), t < 20-x-u.$
6. $E[T_{10}] = \int_0^{10} {}_tp_{10}dt$. 계산하면

$$E[T_{10}] = \int_0^{10} \big(1 - \frac{t}{10}\big)^2 dt = -10 \cdot \frac{1}{3}\big[(1 - \frac{t}{10})^3\big|_{t=0}^{10} = \frac{10}{3} \approx 3.33$$

□

보기 4.10 *잔여수명 분포함수가 다음과 같이 주어졌다.*

$$F_0(t) := P[T_0 \le t] = \begin{cases} 1 - (1 - \frac{t}{120})^{\frac{1}{6}}, & 0 \le x \le 120, \\ 0, & x > 120 \end{cases}$$

1. $E[T_x]$*을 구하여라.* $E[T_{30}]$*을 구하여라.*
2. $Var[T_x]$*을 구하여라.*

풀이 4.10 *지금 경우는* ℓ_x*가 주어지는 대신에* $F_0(t)$*가 주어졌다.* 만일 ℓ_x를 알고있다면

$$F_x(t) = 1 - \frac{\ell_{x+t}}{\ell_x} = 1 - \frac{\frac{\ell_{x+t}}{\ell_0}}{\frac{\ell_x}{\ell_0}} \tag{4.39}$$

$$= 1 - \frac{S_0(x+t)}{S_0(x)} = 1 - \frac{1 - F_0(x+t)}{1 - F_0(x)} = 1 - \Big(\frac{1 - \frac{x+t}{120}}{1 - \frac{x}{120}}\Big)^{\frac{1}{6}} \tag{4.40}$$

$$= 1 - \Big(\frac{120 - x - t}{120 - x}\Big)^{\frac{1}{6}}, \ 0 \le t \le 120 - x \tag{4.41}$$

따라서

$${}_tp_x = S_x(t) = 1 - F_x(t) = \Big(\frac{120 - x - t}{120 - x}\Big)^{\frac{1}{6}} = \Big(1 - \frac{t}{120 - x}\Big)^{\frac{1}{6}}, \ 0 \le t \le 120 - x$$

1. $E[T_x]$ 를 부분적분법을 써서 계산해보자.

$$E[T_x] = \int_{t=0}^{120-x} t dF_x(t) = \int_{t=0}^{120-x} {}_tp_x dt \tag{4.42}$$
$$= \int_{t=0}^{120-x} (1 - \frac{t}{120-x})^{\frac{1}{6}} dt \tag{4.43}$$
$$= -(120-x)[\frac{6}{7}(1 - \frac{t}{120-x})^{\frac{7}{6}}|_{t=0}^{120-x} \tag{4.44}$$
$$= \frac{6}{7}(120-x). \tag{4.45}$$

특별히 $E[T_{30}] = \frac{6}{7}(120-30) = 77.1429$.

2. $Var[T_x]$ 도 부분적분법을 이용하여 계산하자. 우선 $F_x(t) = 1 - \big(\frac{120-x-t}{120-x}\big)^{\frac{1}{6}}$, $0 \le t \le 120-x$ 이므로

$$dF_x(t) = \frac{1}{6(120-x)}(1 - \frac{t}{120-x})^{-\frac{5}{6}} dt \tag{4.46}$$

다음으로 $Var[T_x] = E[T_x^2] - E[T_x]^2$. 그런데 $E[T_x]$는 이미 계산했기 때문에 $E[T_x^2]$을 계산하자.

$$E[T_x^2] = \int_{t=0}^{120-x} t^2 dF_x(t) \tag{4.47}$$
$$= \frac{1}{6(120-x)} \int_{t=0}^{120-x} t^2 (1 - \frac{t}{120-x})^{-\frac{5}{6}} dt \tag{4.48}$$
$$= \frac{(120-x)^2}{6} \int_{s=0}^{1} s^2 (1-s)^{-\frac{5}{6}} ds, \quad t = (120-x)s \tag{4.49}$$
$$= \frac{(120-x)^2}{6} \int_0^1 (-1+1-s)^2 (1-s)^{-\frac{5}{6}} ds \tag{4.50}$$
$$= \frac{(120-x)^2}{6} \int_0^1 \big(1 - 2(1-s) + (1-s)^2\big)(1-s)^{-\frac{5}{6}} ds \tag{4.51}$$
$$= \frac{72}{91}(120-x)^2. \tag{4.52}$$

따라서

$$Var[T_x] = E[T_x^2] - E[T_x]^2 = \frac{72}{91}(120-x)^2 - \big(\frac{6}{7}(120-x)\big)^2 = \frac{36}{637}(120-x)^2.$$

특별히

$$Var[T_{30}] = \frac{36}{637}(120-30)^2 = \frac{291600}{637} \approx 457.771$$

□

위 보기처럼 실제 상황과 비슷한 문제는 계산이 복잡하다. 다음과 같은 개념 익히는 문제를 풀어보자.

보기 4.11 $F_0(t)$가 다음과 같다.

$$F_0(t) = \begin{cases} 0, & t \le 0 \\ \frac{1}{4}t^2, & 0 \le t \le 2 \\ 1, & t \ge 2 \end{cases}$$

1. $E[T_x]$를 구하여라.
2. $Var[T_x]$를 구하여라.

풀이 4.11 $F_x(t)$를 구해야 한다.

$$F_x(t) = 1 - S_x(t) = 1 - \frac{S_0(x+t)}{S_0(x)} = 1 - \frac{\ell_{x+t}}{\ell_x} \tag{4.53}$$

$$= 1 - \frac{1 - F_0(x+t)}{1 - F_0(x)} \tag{4.54}$$

$$= 1 - \big(1 - \frac{t}{2-x}\big)\big(1 + \frac{t}{2+x}\big), \quad 0 \le t \le 2 - x \tag{4.55}$$

따라서 ${}_tp_x = 1 - F_x(t) = \big(1 - \frac{t}{2-x}\big)\big(1 + \frac{t}{2+x}\big), 0 \le t \le 2 - x.$

1\. $E[T_x]$

$$E[T_x] = \int_{t=0}^{2} t dF_x(t) = \int_{t=0}^{2-x} {}_tp_x dt \tag{4.56}$$

$$= \int_{t=0}^{2-x} \big(1 - \frac{t}{2-x}\big)\big(1 + \frac{t}{2+x}\big) dt \tag{4.57}$$

$$= (2-x) \int_{s=0}^{1} (1-s)\big(1 + \frac{2-x}{2+x}s\big) ds \tag{4.58}$$

$$= \frac{(2-x)(4+x)}{3(2+x)} \tag{4.59}$$

2\. $Var[T_x] = E[T_x^2] - E[T_x]^2.$
우선 $F_x(t) = 1 - \big(1 - \frac{t}{2-x}\big)\big(1 + \frac{t}{2+x}\big), \quad 0 \le t \le 2 - x$ 에서 $dF_x(t) = \frac{2(x+t)}{4-x^2} dt.$

$$E[T_x^2] = \int_{t=0}^{2} t^2 dF_x(t) = \frac{2}{4-x^2} \int_{t=0}^{2-x} t^2(x+t) dt$$

$$= \frac{(2-x)^2(6+x)}{6(2+x)}$$

그러므로

$$Var[T_x] = \frac{(2-x)^2(6+x)}{6(2+x)} - \big(\frac{(2-x)(4+x)}{3(2+x)}\big)^2 = \frac{(2-x)^2(4+8x+x^2)}{18(2+x)^2}$$

□

4.5 익숙해져야 할 기호

$t = 0$에 태어난 사람 수를 ℓ_0로 나타내고, 이 사람들 중 시간 t에 살아있는 사람 수를 ℓ_t 로 나타내기로 한 것을 기억하자. 최대 생존기간을 ω로 나타내자. ω는 이미 표본공간 Ω의 일반적인 원소를 표현하는 기호로 사용했지만, 의미를 바꾸어 사용해도 오해가 없다. 또한 사람의 생존기간 뿐 아니라 물건의 수명도 똑 같은 방식으로 생각할 수 있기 때문에 대상을 물건으로 이해하자.

정의 4.7

- ${}_tp_x$: 나이 x이 것이 t년 이상 생존할 확률
- p_x : 나이 x인 것이 1년 이상 생존할 확률. 즉 $p_x \equiv {}_1p_x$
- q_x : 나이 x인 것이 1년 이내에 사망할 확률. 즉 $q_x \equiv {}_1q_x$
- ${}_tq_x$: 나이 x인 것이 t년 이내에 사망할 확률
- ${}_{u|t}q_x$: 나이 x인 것이 u년 이상 생존하고, 그로부터 t년 이내에 사망할 확률.

함수 ℓ과 생존모델과의 관계는

$$\frac{\ell_{x_0+t}}{\ell_{x_0}} := {}_tp_{x_0} \tag{4.60}$$

이 식의 의미는 나이가 x_0 인 것이 t 년 이상 생존할 확률은 ${}_tp_{x_0}$ 로 표시하기로 하자는 것이다. 이 약속에 따르면

요약 4.12 최대 생존수명을 ω라 하다. 임의의 $x_0 \le x \le x+t \le \omega$에 대해서 ${}_tp_x = \frac{\ell_{x+t}}{\ell_x}$.

식의 계산보다 수식의 이해가 더 중요하다. 이 수식의 의미는 나이가 x인 것이, t년 이상 생존할 확률은 ${}_tp_x$로 표시되는데, 이 값은 나이 x인 것들의 개수를 ℓ_x라 하고, 나이가 $x+t$인 것들의 개수를 ℓ_{x+t}라 하면 ${}_tp_x = \frac{\ell_{x+t}}{\ell_x}$. 이 식은 이렇게 쓸 수도 있다:

$$\ell_{x+t} = \ell_x \times {}_tp_x = \ell_x\,{}_tp_x \tag{4.61}$$

이 식은 "나이 $x+t$인 것의 개수 = (나이 x이 것의 개수) × (나이 x인 것이 t 년 이상 생존할 확률"을 나타낸다.

요약 4.13 1. 나이 x인 것이 1년 이내에 사망할 확률은 q_x로 나타내고

$$q_x := 1 - p_x = 1 - \frac{\ell_{x+1}}{\ell_x} = \frac{\ell_x - \ell_{x+1}}{\ell_x} \tag{4.62}$$

2. $d_x := \ell_{x+1} - \ell_x$는 나이가 x인 것 중에서 1년 이내에 사망하는 것들의 개수를 나타낸다. 따라서 $q_x = \frac{d_x}{\ell_x}$. 이 약속에 따라 $d_x = \ell_x q_x$

요약 4.14 ${}_{u|t}q_x$는 다음과 같이도 표현되는 것을 이해하자.

$${}_{u|t}q_x = {}_up_x\,{}_tq_{x+u} = \frac{\ell_{x+u}}{\ell_x} \times \frac{\ell_{x+u} - \ell_{x+u+t}}{\ell_{x+u}} = \frac{\ell_{x+u} - \ell_{x+u+t}}{\ell_x} = \frac{\ell_{x+u}}{\ell_x} - \frac{\ell_{x+u+t}}{\ell_x} \tag{4.63}$$

$$= {}_up_x - {}_{u+t}p_x \tag{4.64}$$

이 식을 순수한 수식으로 이해하는 것은 생명표의 이해에 도움이 되지 않는다. 수식을 모르더라도 차라리 다음과 같은 방식의 말로 이해하는 것이 중요하다.

요약 4.15 1. ${}_{u|t}q_x = {}_up_x - {}_{u+t}p_x$
나이 x인 것이 u년을 더 생존하고, 그로부터 t년 이내에 사망할 확률은, 나이 x인 것이 u년 이상 생존할 확률에서 $u+t$년 이상 생존할 확률을 뺀것이다.

2. ${}_{u|t}q_x + {}_{u+t}p_x = {}_up_x$
나이 x인 것이 u년 이상 생존하고 그로부터 t년 이내에 사망할 확률과 (나이 $[x+u, x+u+t]$에 사망할 확률과), 나이 x 인 것이 $u+t$년 이상 생존할 확률(즉 $[x+u+t, \infty)$에 사망할 확률)의 합은 나이 x인 것이 u 년 이상 생존할 확률과 같다.

보기 4.12 *다음은 모의 생명표의 일부다.*

x	ℓ_x	d_x
30	10000.00	34.78
31	9965.22	38.10
32	9927.12	41.76
33	9885.35	45.18
34	9839.55	50.26
35	9789.29	55.17
36	9734.12	60.56
37	9673.56	66.49
38	9607.07	72.99
39	9534.08	80.11

1. ℓ_{40}
2. ${}_{10}p_{30}$
3. q_{35}
4. ${}_{5}q_{30}$
5. *현재 나이 30인 사람이 나이 35에서 36에 사망할 확률.*

풀이 4.12 *먼저 표를 읽는 방법을 정하자. 이 표에서* $x = 32$*가 되는 행을 보면* `32 9927.12 41.76`*이다. 이것의 의미는 다음과 같다. 32는 나이* x*가* $32 \le x < 33$*을 나타낸다. 9927.12는 나이* x*가* $32 \le x < 33$*인 사람 수이다. 사람 수가 어떻게 소수점이 되는가라고 생각할 수 있지만, 이것은 예를 들어서 사람 수를 0에서 10000 사이의 수로 표현하기 위한 방법이라 생각하면 좋다. 41.76은 나이* x*가* $32 \le x < 33$*인 사람 수에서 나이* x*가* $33 \le x < 34$*인 사람 수를 뺀 것을 나타낸다. 즉 나이 구간 [32,33)에서 죽은 사람 수를 나타낸다.*

1. ℓ_{40}*은 나이* x*가* $40 \le x < 41$*인 사람 수를 나타낸다. 그런데* $x = 40$*은 표에 없다. 그러나 표의 의미에 따라*

$$\ell_{40} = \ell_{39} - d_{39} = 9534.08 - 80.11 = 9453.97$$

2. ${}_{10}p_{30}$ *은 현재 나이 30인 사람이 10년 이상 생존할 확률이다. 현재 나이 30인 사람은 나이구간 [30,31)에 있는 사람 수를 말한다. 이 중에서 일부가 나이구간 [40,41)에 들어간다. 따라서 앞에서 구한* ℓ_{40}*을 이용하면,*

$${}_{10}p_{30} = \frac{\text{나이구간 [40,41)에 있는 사람 수}}{\text{나이 구간 [30,31)에 있는 사람 수}} = \frac{\ell_{40}}{\ell_{30}} = \frac{9453.97}{10000} = 0.9454$$

3. q_{35}*는 나이구간 [35,36)에 있는 사람 중에서 나이구간 [36,37)에 들어가지 못하는 사람의 비율이다. 즉 나이구간 [35,36)에 사망하는 사람의 비율이다.*

$$q_{35} = \frac{\text{나이구간 [35,36)에 사망하는 사람 수}}{\text{나이 구간 [35,36)에 있는 사람 수}} = \frac{d_{35}}{\ell_{35}} = \frac{55.17}{9789.29} = 0.00564$$

4. ${}_{5}q_{30}$
이것은 현재나이 30인 사람이 5년이내에 사망할 확률이다. 이것은 나이구간 [30,31)에 있는 사람 중에서 나이구간 [35,36)으로 들어가지 못하는 사람의 비율이다.

$${}_{5}q_{30} = \frac{\ell_{30} - \ell_{35}}{\ell_{30}} = 0.02107$$

여기서 나이 30인 사람은 5년 이상 생존하거나, 아니면 5년 이내에 사망하거나 둘 중 어느 한 경우이므로 $1 = {}_{5}p_{30} + {}_{5}q_{30}$*. 따라서 이렇게 생각할 수도 있다.*

$${}_{5}q_{30} = 1 - {}_{5}p_{30} = 1 - \frac{\ell_{35}}{\ell_{30}} = \frac{\ell_{30} - \ell_{35}}{\ell_{30}} = 0.02107$$

5. *주어진 말을 기호로 표시하면* ${}_{5|1}q_{30}$*. 여기서 중요한 점은 5년 이상 생존할 것이 필요한 것이다. 따라서*

$$\begin{aligned}{}_{5|1}q_{30} &= {}_{5}p_{30} \times q_{35} \\ &= \frac{\ell_{35}}{\ell_{30}} \times \frac{d_{35}}{\ell_{35}} = \frac{d_{35}}{\ell_{30}} \\ &= \frac{55.17}{10000} \\ &= 0.005517\end{aligned}$$

□

요약 4.16

1. ${}_{1}p_x$ 대신에 간단히 p_x로 표시한다.
2. ${}_{1}q_x$ 대신에 간단히 q_x로 표시한다.
3. ${}_{k|1}q_x$, 즉 나이 x인 사람이 k년을 생존하고, 나이가 $x+k$가 되어 1년 이내에 사망할 확률은 표현에 혼동을 줄이기 위하여 ${}_{k|}q_x$로 표시한다.

4.6 생존모델

이 절에서는 계산을 통한 이해를 위해서 계산하기 편한 생존모델을 생각한다. 대표적인 것이

- ${}_tp_x = 1 - \frac{t-x}{\omega-x}$ 로 주어지는 De Moivre 모델
- 제한된 구간에서 사력(force of mortality)를 상수로 가정하는 CFM(Constant Force of Mortality)
- 제한된 구간에서 ℓ_x가 1차함수라 가정하는 UDD(Uniform Distribution of Death)

사람들을 나이로 분류하자. Ω_x를 나이가 x와 같거나 $x+1$ 보나 작은 사람들의 집합이라 하자. 예를 들어 Ω_{x+t}는 나이가 $x+t$와 같거나 작은 사람들의 집합이다.

요약 4.17

1. $t>0$일 때 집합으로 보면 Ω_{x+t} 는 Ω_x는 공통부분이 없다. 그러나 Ω_x 집합으로 보지 말고, 어떤 영역으로 보자. 그 영역이 있는 것은 모두 나이가 x인 것으로 본다.
2. $t>0$ 이면 Ω_{x+t}는 Ω_x에 있는 것들이 시간 t 가 지나서 가야 할 영역이라 하자. 이 영역 Ω_{x+t}는 영역 Ω_x 보다 작아서, Ω_x에 있었지만, Ω_{x+t}에 들어가지 못한 것들은 죽은 거으로 이해하면 좋다. 이 방법으로 Ω_{x+t}을 Ω_x의 부분집합으로 이해하는 것이 생명표 이해에 아주 편리하다. 이것은 나이가 x인 사람이 t년 후에 나이가 $x+t$가 된다 생각하자는 말이다.

따라서 $D_x := \Omega_x \setminus \Omega_{x+1}$는 나이가 x인 사람 중에서 나이가 $x+1$이 되기 전에 죽은 사람들이다.

요약 4.18

1. ℓ_x는 나이가 x인 사람들의 수 = $\#(\Omega_x)$
2. ℓ_{x+t}는 나이가 $x+t$인 사람들의 수 = $\#(\Omega_{x+t})$
3. $d_x = \ell_x - \ell_{x+1}$는 나이 x인 사람 중에서 1년이내에 사망한 사람들의 수 = $\#(D_x)$

다음은 사람 수 모델이다.

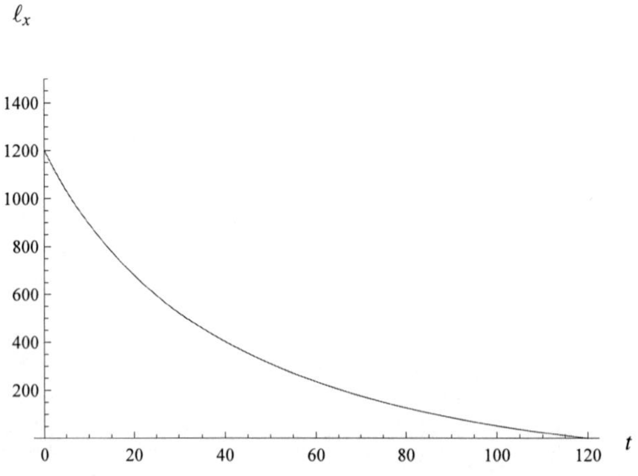

그림. 4.6: ℓ_x

각각의 해에 태어나는 사람 수가 다르기 때문에, 이 그패프를 표준화 할 필요가 있다. 이것을 표준화하는 방법은 예를 들어 나이가 x 이상인 사람에 관심 있을 때, 나이 $x+t$인 사람들을 나이 x인 사람들의 비율로 표시하는 것이다. 즉 ${}_tp_x := \frac{\ell_{x+t}}{\ell_x}$.

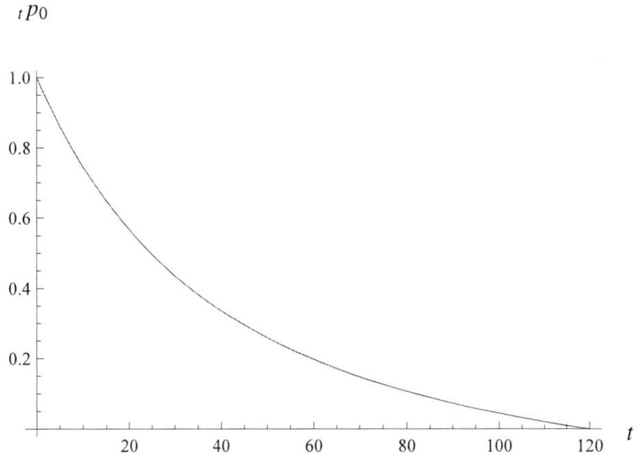

그림. 4.7: ${}_tp_0$

${}_tp_0 = \frac{\ell_t}{\ell_0}$ 이기 때문에 두 개의 그래프 그림. 4.6과 그림. 4.7는 닮았다. ${}_tp_x$는 단위가 없는 순수한 수이다. 수순한 수란 의미는 예를 들어 "속력이란 단위 시간단 이동한 거리"로 정의하기 때문에

$$\text{속력} = \frac{\text{이동한 거리}}{\text{시간}} = \text{순수한 수m/s}$$

여기서 m/s는 속력의 단위다. 그러나 ${}_tp_x$는

$${}_tp_x := \frac{\ell_{x+t}\ \text{명}}{\ell_x\ \text{명}} = \frac{\ell_{x+t}}{\ell_x}$$

로 분모, 분자에 있는 단위 명이 소거 되기 때문에 순순한 수이다.

${}_tp_x, {}_tq_x$의 의미를 이해하는 것이 무엇보다도 중요하다. 가장 중요한 일을 ${}_tp_x$를 수식으로 이해하는 것이 아니라 그림과 느낌으로 이해하는 것이다.

요약 4.19

1. ${}_tp_x$는 나이가 x인 사람이 t년 이상 생존할 확률을 나타낸다.
2. ${}_tp_x = \frac{\ell_{x+t}}{\ell_x}$
3. ${}_tq_x$는 나이가 x인 사람이 t년 이내에 사망할 확률을 나타낸다.
4. $d_x = \ell_x - \ell_{x+1}$는 나이 x인 사람 중에서 1년 이내에 사망한 사람들의 수
5. ${}_tq_x = \frac{\ell_x - \ell_{x+t}}{\ell_x} = 1 - {}_tp_x = \frac{d_x}{\ell_x}$
6. 모든 x, t에 대하여 ${}_tp_x + {}_tq_x \equiv 1$
7. ${}_{u|t}q_x$는 나이 x인 사람이 u년 을 생존해서, 나이가 $x+u$가 되고, 그로부터 t년 이내에 사망할 확률.

수식이 복잡해지는 것을 피하기 위해서 $t=1$인 경우는

$${}_1p_x \equiv p_x, \quad {}_1q_x \equiv q_x, \quad {}_{t|1}q_x \equiv {}_{t|}q_x$$

즉

- p_x는 나이가 x인 사람이 1년 이상 생존할 확률을 나타내고,
- q_x는 나이가 x인 사람이 1년 이내에 사망할 확률을 나타낸다.
- ${}_{t|}q_x$는 나이가 x인 사람이 t년 이상 생존하고, 나이가 $x+t$가 되어 1년 이내에 사망할 확률

보기 4.13 ${}_tp_x$의 다음 성질을 말로 표현하고, 수식으로 확인하여라. 말로 이해하는 것이 수식으로 이해하는 것 만큼 중요하다.

1. ${}_{u|t}q_x = {}_up_x - {}_{u+t}p_x$
2. ${}_{u+t}p_x = {}_tp_x\ {}_up_{x+t} = {}_up_x\ {}_tp_{x+u}$

풀이 4.13 1. 나이 x인 사람이 u년 이상 생존하고, 나이가 $x+u$가 되어 그로부터 t년 이내에 사망할 확률은, 나이가 x인 사람이 u년 이상 생존할 확률에서 나이가 x인 사람이 $u+t$년 이상 생존할 확률을 뺀 것과 같다. 수식으로 쓰면

$$ {}_{u|t}q_x = \frac{\ell_{x+u} - \ell_{x+u+t}}{\ell_x} = \frac{\ell_{x+u}}{\ell_x} - \frac{\ell_{x+u+t}}{\ell_x} = {}_up_x - {}_{u+t}p_x $$

2. 나이가 x인 사람이 $u+t$ 년 이상 생존할 확률은, 먼저 u년 이상 생존하고, 나이가 $x+u$가 되어 t년 이상 생존하면 된다. 또는 먼저 t년 이상 생존하고, 나이가 $x+t$가 되어 u년 이상 생존하면 된다.

$$ {}_{u+t}p_x = \frac{\ell_{x+u+t}}{\ell_x} = \frac{\ell_{x+u}}{\ell_x}\frac{\ell_{x+u+t}}{\ell_{x+u}} = {}_up_x\ {}_tp_{x+u} $$

같은 방법으로

$$ {}_{u+t}p_x = \frac{\ell_{x+u+t}}{\ell_x} = \frac{\ell_{x+t}}{\ell_x}\frac{\ell_{x+t+u}}{\ell_{x+t}} = {}_tp_x\ {}_up_{x+t} $$

□

중요한 문제 중 하나는 지금 나이가 x인 사람이 몇 년을 더 살 수 있는 가이다. 몇 년을 더 살 수 있는가라는 잔여생명 문제는 사람마다 다르기 때문에, 실제 데이터에 기반을 둔 확률에 의존할 수 밖에 없다. 그런데 개념적으로 보면 ${}_tp_x$는 나이 x인 사람이 t년 이상 생존할 확률이므로 당연한 것은

- ${}_0p_x = \frac{\ell_{x+0}}{\ell_x} = 1$
- $t \mapsto {}_tp_x$는 $[x,\infty)$에서 감소함수
- 어떤 한계 수명 ω가 있어

$$ {}_tp_x \equiv 0, \quad t \geq \omega - x $$

${}_tp_x$의 모형을 그려보면 다음 모양이다.

t의 단위는 년이다. 그러나 ${}_tp_x = \frac{\ell_{x+t}\text{명}}{\ell_x\text{명}} = \frac{\ell_{x+t}}{\ell_x}$는 단위가 없다. 따라서 그림자 진 영역의 넓이의 단위는 년이다.

> **요약 4.20 [기대수명]** ${}_tp_x$의 그래프와 좌표축으로 둘어싸인 그림자진 영역의 넓이는, 나이가 x인 사람의 기대수명 $\mathring{e}_x := E[T_x]$를 나타낸다.

모형

$$ \ell_x = \begin{cases} 1200(1-\frac{x}{120})^2, & 0 \leq x \leq 120 \\ 0, & x > 0 \end{cases} \tag{4.65} $$

을 써서 계산하면, 그림. 4.8에서는 그림자진 영영의 넓이는

$$ \mathring{e}_{40} := \int_{t=0}^{\infty} {}_tp_{40}dt = \int_0^{80} {}_tp_{40}dt = \frac{80}{3} \approx 26.6667 $$

복잡한 적분이나 합은 휴대폰으로 Google colab 을 접속하여 Python3를 이용하여 하면 좋다. 지금 경우 ${}_tp_{40} = \frac{\ell_{40+t}}{\ell_{40}} = \frac{(80-t)^2}{80^2}$이고 ....

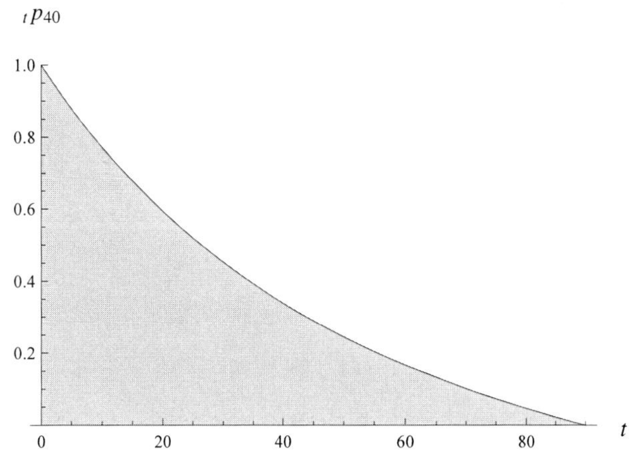

그림. 4.8: $_tp_{40}$

```
from sympy import *

t=symbols('t', real=True)
va=integrate(  (80-t)**2/80**2, (t,0,80) )
print(va)
```

를 실행하면 $\frac{80}{3}$을 얻는다. 나이 40인 사람의 남은 기대수명이 $\frac{80}{3}$이라는 것을 그림으로 표현하면

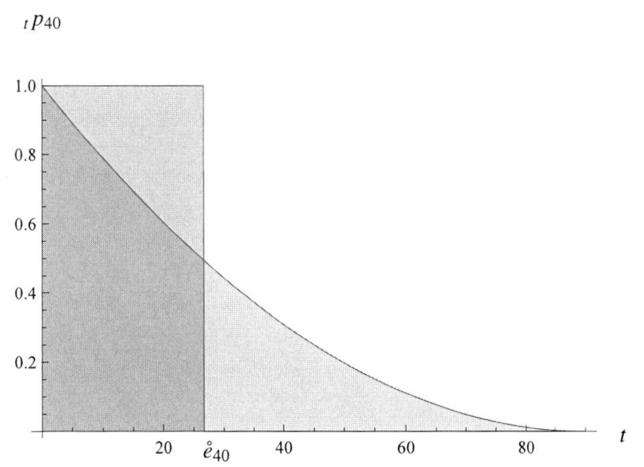

그림. 4.9: $_tp_{40}$와 기대수명 $\mathring{e}_{40}$. 곡선 $t \mapsto {}_tp_{40}$과 좌표축으로 둘러싸인 도형의 넓이가 기대수명 $\mathring{e}_{40}$이다. 이 넓이는 가로가 $\mathring{e}_{40}$이고 높이가 1인 사각형의 넓이와 같다.

기대수명은 좌표축과 곡선 $_tp_x$로 둘러싸인 영역을 밑변의 길이가 1인 사각형과 같은 넓이가 되도록 할 때 높이를 말한다. 이것을 그림. 4.9을 보고 이해하자. 생존한 완전한 년수의 기대값을 생각할 필요가 있다. 즉 T_x의 정수부분을 K_x라 둘 때, $E[K_x]$의 값을 알고 싶다. 합의 출발점을 바꾸는 방식을 생각하면

$$E[K_x] = \sum_{k=0}^{\infty} kP[K_x = k] = \sum_{k=1}^{\infty} kP[K_x = k] = \sum_{k=1}^{\infty} k\left({}_kp_x - {}_{k+1}p_x\right) \tag{4.66}$$

$$= \sum_{k=1}^{\infty} k\,{}_kp_x - \sum_{k=1}^{\infty} k\,{}_{k+1}p_x = \sum_{k=1}^{\infty} k\,{}_kp_x - \sum_{k=2}^{\infty} (k-1)\,{}_kp_x \tag{4.67}$$

$$= {}_1p_x + \sum_{k=2}^{\infty} {}_kp_x = \sum_{k=1}^{\infty} {}_kp_x \tag{4.68}$$

이 모형에서 나이 40인 사람의 완전한 생존년수의 기대값을 계산하면

$$E[K_{40}] = \sum_{k=1}^{80} {}_kp_{40} = \frac{4187}{160} \approx 26.1688$$

지금 경우 ${}_tp_{40} = \frac{\ell_{40+t}}{\ell_{40}} = \frac{(80-t)^2}{80^2}$ *이므로*

```
sum([ (80-k)**2/80**2 for k in range(1,80) ]
```

으로 계산할 수 있다. Python3 에서 `range(m, n +1)` *은* $m, m+1, m+2, \cdots, n$ *까지의 정수로 이루어진다.*

요약 4.21 [$\mathring{e}_x, e_x$]

1. $\mathring{e}_x := E[T_x]$: 나이가 x인 사람이 t 와 $t+dt$ 년 후에 죽을 확률은

$$\frac{\ell_{x+t} - \ell_{x+t+dt}}{\ell_x} = {}_tp_x - {}_{t+dt}p_x = -\frac{{}_{t+dt}p_x - {}_tp_x}{dt}dt \approx -\left(\frac{d}{dt}{}_tp_{dt}\right)dt \tag{4.69}$$

따라서 나이가 x인 사람의 기대수명은

$$\mathring{e}_x = \int_{t=0}^{\infty} t\left(-\frac{d}{dt}{}_tp_x\right)dt = \int_{t=0}^{\infty} {}_tp_x dt \tag{4.70}$$

2. $e_x = E[K_x]$: T_x의 정수부분을 K_x라 하자. 생존한 완전한 년수의 기댓값은 $E[K_x]$는 e_x로 나타내고,

$$e_x := E[K_x] = \sum_{k=0}^{\infty} kP[K_x = k] = \sum_{k=1}^{\infty} {}_kp_x \tag{4.71}$$

보기 4.14 *생존모델 (4.65) 에서*

1. *지금 나이 30인 사람이 60에서 70 사이에 죽을 확률을 구하여라.*
2. *지금 나이 30인 사람의 기대수명은 몇년인가?*

풀이 4.14 1. ${}_{30}p_{30} - {}_{40}p_{30} = \frac{11}{81}$ 2. $\mathring{e}_{30} = \int_0^\infty {}_tp_{30}dt = \frac{1}{90^2}\int_0^{90}(90-t)^2dt = 30.$

□

${}_tp_x$는 나이가 x인 사람이 t년 이상 생존할 확률을 나타낸다. 따라서 ${}_tp_x$는 t에 대한 감소함수다. 그림. 4.9 에서 눈으로 확인하자. 그러면 ${}_tp_x$의 그래프의 접선의 기울기 $\frac{d}{dt}{}_tp_x$는 어떤 의미를 갖는가? 표현을 분명하게 하기 위해서

- *먼저 나이가 x인 사람들의 집합을 Ω_x로 표시하자.*
- *확률변수 $T_x : \Omega_x \to [0,\infty)$는 각각의 사람에 남은 수명을 대응시키는 함수이다.*

따라서 $\ell_x = \#(\Omega_x) =$ 나이가 x인 사람들의 수. 그러므로 ${}_tp_x = \frac{\#(\Omega_{x+t})}{\#(\Omega_x)} = \frac{\ell_{x+t}}{\ell_x}$.

요약 4.22 확률변수 $T_x : \Omega \to [0,\infty)$의 정의에 따라

$$\{T_x \le t\} := \{\omega \mid T_x(\omega) \le t\} = \{\omega \mid \omega\text{의 남은 수명은 } t \text{ 년 이내 }\}.$$

따라서 나이가 x인 사람이 t년 이내에 사망할 확률 ${}_tq_x$와 , t 년 이상 생존할 확률 ${}_tp_x$는

$$ {}_tq_x = \frac{\#(\{T_x \le t\})}{\#(\Omega_x)}, \qquad {}_tp_x = \frac{\#(\{T_x > t\})}{\#(\Omega_x)}$$

예를 들어 나이 x인 사람이 $x+t$와 $x+t+dt$에 죽으려면 다음 2가지 조건이 만족되어야 한다.

- *나이가 x인 사람은 먼저 t년 이상 생존해야 한다.*
  이 사건은 $\{T_x > t\}$.
- *t 년을 생존해서 나이가 $x+t$가 되었을 때, $t+dt$년 이상 생존해서는 않된다.*
  이 사건은 $\{t < T_x \le t+dt\} := \{\omega \in \Omega_x \mid t < T_x(\omega) \le t+dt\}$.

무엇보다도 먼저

$$\{t < T_x \le t+dt\} \subset \{T_x > t\}$$

인 것에 주의하자. 따라서

요약 4.23 나이가 x인 사람이 나이가 $x+t$가 된 후, $x+t$와 $x+t+dt$ 사이에 죽을 확률은

$$\frac{\#(\{t < T_x \le t+dt\})}{\#(\{T_x > t\})} = \frac{{}_tp_x - {}_{t+dt}p_x}{{}_tp_x} = -\frac{1}{{}_tp_x}\,\frac{{}_{t+dt}p_x - {}_tp_x}{dt}dt \approx -\frac{\frac{d}{dt}{}_tp_x}{{}_tp_x}dt := \mu_{x+t}$$

Force of mortality *에서 중요한 점은* $\frac{d}{dt}\ln\left({}_tp_x\right) = \frac{\frac{d}{dt}{}_tp_x}{{}_tp_x} = -\mu_{x+t}$.

요약 4.24 [사력(Force of Mortality)] μ_{x+t}는 나이가 x인 사람이 t년을 더 살고, 나이 $x+t$에 죽을 확률을 표시하는 죽음의 힘이라 기억하자.

1. $\mu_{x+t} := -\frac{\frac{d}{dt}{}_tp_x}{{}_tp_x}$ 를 **사력(죽음의 힘, force of mortality)**라 한다. 그러므로 나이 x인 사람이 나이가 $x+t$가 된 후, $x+t$와 $x+t+dt$에 죽을 확률은 $\mu_{x+t}dt$.
2. 따라서 dt가 아주 작을 때, 나이가 x인 사람이 t년을 더 살아 나이가 $x+t$가 되고, 나이가 $x+t$가 된 후 $x+t+dt$가 되기 전에 죽을 확률은 ${}_tp_x\ \mu_{x+t}dt$.
3. 사력 μ_{x+t}을 알면 ${}_tp_x$를 구할 수 있다.

$$\ln\left({}_tp_x\right) = -\int_{s=0}^{t}\mu_{x+s}dx \quad \text{또는} \quad {}_tp_x = \exp\left(-\int_{s=0}^{t}\mu_{x+s}ds\right) \tag{4.72}$$

요약 4.24 의 중요성은 일반적으로 μ_{x+t}에 대해서는 인구자료를 보고 많는 가설을 세울 수 있기 때문이다. 더구나 ${}_tp_x = \frac{\ell_{x+t}}{\ell_x}$ 이므로 사력에 대한 가설은 실제 인구 자료와 비교하여 가설의 정당성을 검증할 수 있고, 이렇게 검증된 사력은 보험수학과 보험개발에 핵심적인 역할을 하기 때문이다. 자주 쓰이는 사력으로 다음과 같은 것들이 있다.

요약 4.25 **[UDD(Uniform Distribution of Death)**] UDD는 1년 정도의 짧은 나이구간 $[x, x+1]$에서

$$\ell_{x+t} = \ell_x - d_xt,\ 0 \le t \le 1 \tag{4.73}$$

이라 가정하는 것이다.

- 여기서 $d_x = \ell_x - \ell_{x+1}$ 는 나이 x인 사람 중에서 1년 이내에 죽은 사람들이 수다.
- UDD 에서 사람 수는
$$\ell_{x+t} = \ell_x - d_xt = \ell_x\left(1 - \frac{d_x}{\ell_x}t\right),\ 0 \le t \le 1$$
이므로, 이자 계산에서 할인율이 $\frac{d_x}{\ell_x}$인 단리(simplie interest)와 같은 개념이다.
- UDD 에서는
$${}_tp_x = \frac{\ell_{x+t}}{\ell_x} = 1 - \frac{d_x}{\ell_x}t, 0 \le t \le 1$$
위 식은 나이가 x이 사람을 대상으로 하고 있기 때문에 $\frac{d_x}{\ell_x}$는 x 가 결정되면 결정된 수이고, t가 변해가는 것에 주의하자.
- UDD 에서는 ℓ_{x+t}는 1차함수이고, 그래프는 직선이다. 그러나 μ_{x+t}는 1차 함수가 아니다. 실제로
$$\mu_{x+t} = -\frac{\frac{d}{dt}\ell_{x+t}}{\ell_{x+t}} = \frac{d_x}{\ell_x - d_xt},\ 0 \le t \le 1$$

CFM(Constant Force of Mortality)는 이자율로 보면 복리(constant force of interest)에 해당한다. 조심할 점은 이자는 늘어나지만, 사람 수는 점점 줄어든다. 죽은 사람은 이자에 해당한다.

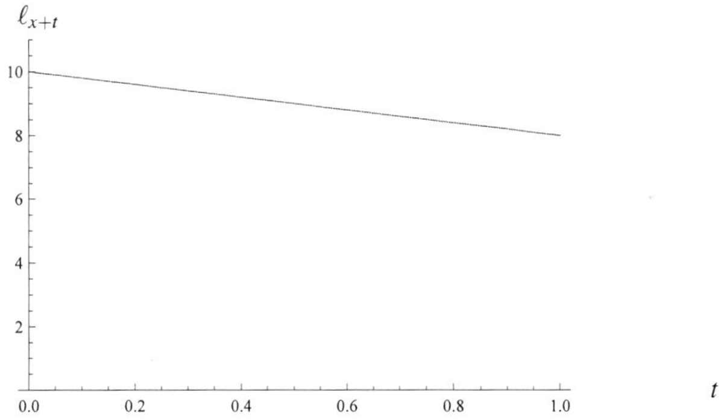

그림. 4.10: UDD

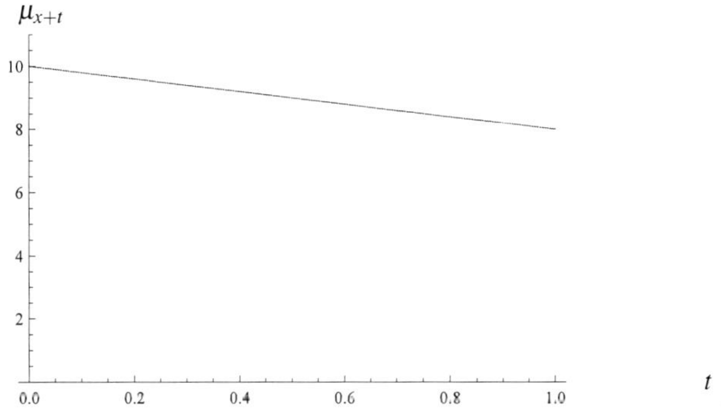

그림. 4.11: UDD 일 때 $\mu_{x+t} = \frac{d_x}{\ell_x - d - x\,t}$. t에 대한 분수함수이지만 짧은 구간이라 직선처럼 보인다.

요약 4.26 [**상수 사력(CFM, Constant Force of Mortality)**] 상수 사력이란 constant force of interest 에 해당하고, 사람 수는 점점 줄어드는 것을 생각하면, 사력이 상수 μ 라면

$$\ell_{x+t} = \ell_x e^{-\mu t}.$$

양변을 ℓ_x로 나누어

$${}_tp_x = \frac{\ell_{x+t}}{\ell_x} = e^{-\mu t}.$$

이력이 상수(constant force of interest) δ인 경우, 잔고함수는 $A_{x+t} = A_x e^{\delta t}$ 이 경우와 비교하면, 상수 사력 μ의 경우는, 지수에 음의부호 $-$ 가 붙은 것에 지나지 않는다.

요약 4.27 [**de Moivre 모델**] de Moivre 모델은 한계연령 ω가 있어

$$\mu_{x+t} = -\frac{\frac{d}{dt}\ell_{x+t}}{\ell_{x+t}} = \frac{1}{\omega - x - t}, 0 \le t < \omega - x$$

라 생각하는 것이다. 특히 $\ell_{x+t} = \omega - x - t, 0 \le t < \omega - x$..

UDD 처럼 de Moivre 모델에서도 ℓ_{x+t}는 일차함수다. UDD와 다른 점은 t 의 범위가 전 $\omega - x$로 UDD 보다 큰 것이다. ℓ_{x+t}를 계산 없이 눈으로 보고 알 수 있기 때문에

$$ {}_tp_x = \frac{\ell_{x+t}}{\ell_x} = \frac{\omega - x - t}{\omega - x} = 1 - \frac{1}{\omega - x}t,\ 0 \le t < \omega - x. $$

물론 적분을 계산해도 된다:

$$ \ln({}_tp_x) = -\int_0^t \mu_{x+s} ds = \ln\frac{\omega - x - t}{\omega - x} \iff {}_tp_x = \frac{\omega - x - t}{\omega - x}. = 1 - \frac{t}{\omega - x} $$

보기 4.15 *생존함수가 de Moivre 법칙을 따른다고 가정하자. 한계연령 ω가 100에서 120으로 늘어났다면, 나이가 30인 사람의 잔여수명은 얼마나 증가할까?*

풀이 4.15 de Moiver *법칙을 따르므로* ${}_tp_x = 1 - \frac{t}{\omega - x}$. *지금 경우는* ${}_tp_{30}$*을 생각하면 된다. 즉* ${}_tp_{30} = 1 - \frac{t}{70}$ *과* ${}_tp_{30} = 1 - \frac{t}{90}$*과 비교하는 문제다.*

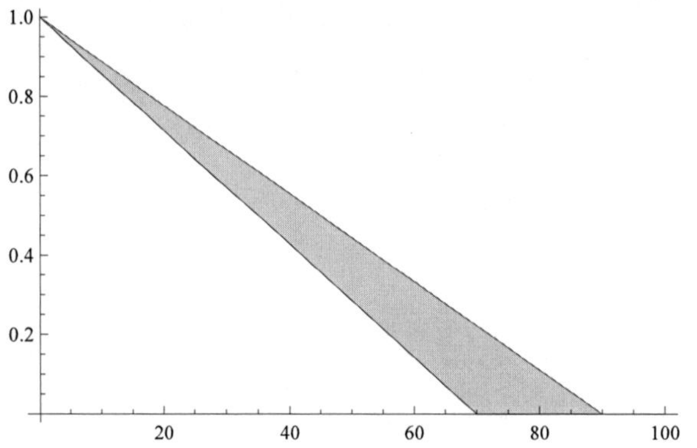

그림. 4.12: De Moivre 모델: $\omega = 120$

잔여수명 차이는 그림자진 영역의 넓이다. 따라서 $\frac{1}{2} \times (90 - 70) \times 1 = 10.$ □

보기 4.16 *무한급수* $q_x + p_x(1 + q_{x+1}) + {}_2p_x(1 + q_{x+2}) + \cdots = q_x + \sum_{k=1}^{\infty} {}_kp_x(1 + q_{x+k})$*의 합을 구하라.*

풀이 4.16 *이 무한급수를 합의기호를 써서 표현하면* $q_x + \sum_{k=1}^{\infty} {}_kp_x(1 + q_{x+k})$. *이제*

$$ \begin{aligned} q_x + \sum_{k=1}^{\infty} {}_kp_x(1 + q_{x+k}) &= q_x + \sum_{k=1}^{\infty} \left({}_kp_x + {}_kp_x q_{x+k}\right) = q_x + \sum_{k=1}^{\infty} \left({}_kp_x + {}_{k|}q_x\right) \\ &= q_x + \sum_{k=1}^{\infty} \left(2{}_kp_x - {}_{k+1}p_x\right) = q_x + 2\sum_{k=1}^{\infty} {}_kp_x - \sum_{k=1}^{\infty} {}_{k+1}p_x \\ &= q_x + 2\sum_{k=1}^{\infty} {}_kp_x - \sum_{k=2}^{\infty} {}_kp_x = q_x + {}_1p_x + \sum_{k=1}^{\infty} {}_kp_x \\ &= 1 + \sum_{k=1}^{\infty} {}_kp_x = 1 + E[K_x] \\ &= 1 + e_x. \end{aligned} $$

□

위 식에서 e_x는 확률변수 K_x의 평균값을 말한다.

$$\begin{aligned} E[K_x] &:= e_x \\ &= \sum_{k=0}^{\infty} kP[K_x = k] = \sum_{k=1}^{\infty} k\left({}_kp_x - {}_{k+1}p_x\right) \\ &= \sum_{k=1}^{\infty} k\,{}_kp_x - \sum_{k=1}^{\infty} k\,{}_{k+1}p_x = \sum_{k=1}^{\infty} k\,{}_kp_x - \sum_{k=2}^{\infty} (k-1)\,{}_kp_x \\ &= \sum_{k=1}^{\infty} {}_kp_x. \end{aligned}$$

보기 4.17 *$\ell_{60} = 14400, \ell_{61} = 3600$이라 하자. UDD 가정 하에서 $\ell_{60.5}$와 CFM 가정 하에서 $\ell_{60.5}$ 값의 차이는?*

풀이 4.17 *UDD에서는 $\ell_t = \ell_{60} - t(\ell_{60} - \ell_{61})$. 특히 $\ell_{60.5} = 9000$. CFM 가정에서는 $\ell_t = 14400e^{-\mu t}$. 특히 $\ell_1 = 14400e^{-\mu} = 3600$인 것에 주의하면 $e^{-\mu} = \frac{36}{144}$. 따라서 $\ell_{0.5} = 14400e^{-\frac{1}{2}\mu} = 14400\frac{6}{12} = 7200$. 따라서 두 값의 차이는 $9000 - 7200 = 1800$* □

보기 4.18 *사력(force of mortality)이*

$$\mu_x = \begin{cases} 0.1, & 0 < x \le 60, \\ 0.2, & x > 60 \end{cases}$$

일 때, $\mathring{e}_{40:\overline{30}|}$의 값을 구하여라.

풀이 4.18 *${}_tp_{40}$을 구해야 한다. 주어진 조건에서*

$${}_tp_{40} = \begin{cases} \exp\left(-\frac{1}{10}t\right), & 0 \le t \le 20, \\ \exp(-2)\exp\left(-\frac{1}{5}(t-20)\right), & 20 < t \end{cases}$$

따라서 $\mathring{e}_{40:\overline{30}|} = \int_{t=0}^{30} {}_tp_{40} = 10 - \frac{5}{e^2} - \frac{5}{e^4}$. □

4.7 Makeham's Law of Mortality

인구모델을 보험 뿐 아니라 나라를 운영하는데 필수적인 요소다. 그러나 정확한 연령별 사람 수를 아는 것은 거의 불가능하다. 또 다른 문제는 예를 들어 보험회사에서 중요한 사람들은 모든 사람들이 아니라 보험을 산 사람들이다. 그러므로 보험의 종류에 따라 사람들이 달라진다. 더구나 사람 뿐 아니라 물건도 보험을 들 수 있기 때문에 모든 경우에 적용되는 현실에 가까운 수학적 모형이 필요하다. 여기서는 대표적인 Makeham's Model를 소개하고, 앞으로 나타나는 문제들이 이 모델을 바탕으로 설명한다.

요약 4.28 [Makeham's Model] Makeham's Model를 사력(Force of Mortality)를

$$\mu_x = A + Bc^x$$

꼴을 이용하는 모델이다. 여기서 상수 A, B, c의 값은 대상에 따라 조절하는데, 여기서는

$$A = 0.00022,\ B = 2.7 \times 10^{-6},\ c = 1.124$$

을 쓰기로 하자.

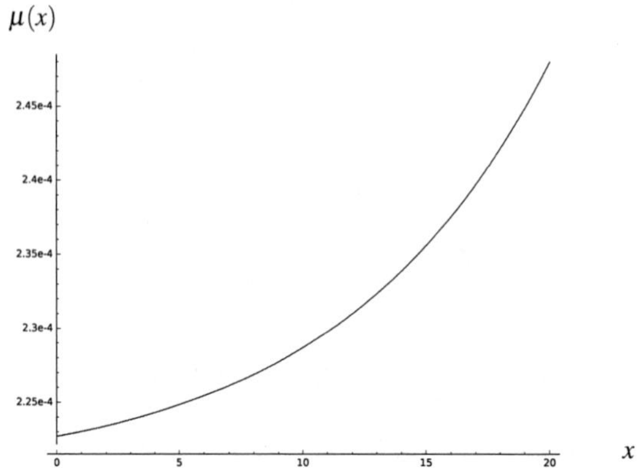

그림. 4.13: $\mu_x = A + Bc^x$. 여기서 $A = 0.00022$, $B = 2.7 \times 10^{-6}$, $c = 1.124$

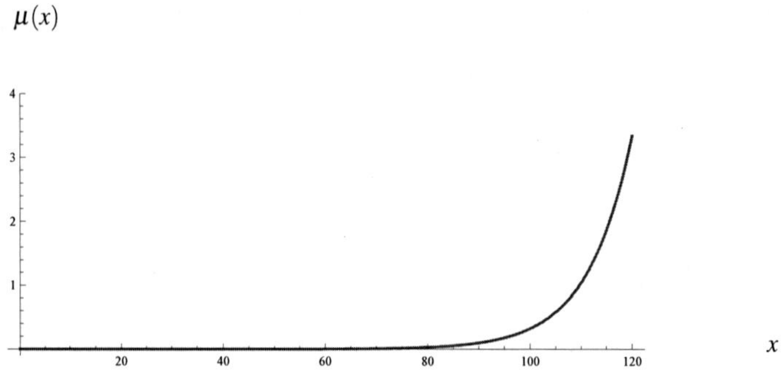

그림. 4.14: $\mu_x = A + Bc^x$. 여기서 $A = 0.00022$, $B = 2.7 \times 10^{-6}$, $c = 1.124$

지금 나이 x인 사람의 t년 이상 생존할 확률을 $_tp_x$로 표시하면, $a, b, a < b$에 대해서 나이 x인 사람이 a년 이상 생존하지만, b년 이상을 생존하지 못할 확률은

$$-\left({}_bp_x - {}_ap_x\right)$$

이다. 여기서 음의 부호 −를 쓴 이유는 $_tp_x$가 t에 대한 감소함수이기 때문이다. 만일 $_tp_x$가 t에 대해 미분가능하고, 또 그 도함수 $\frac{d}{dt}{}_tp_x$가 다시 적분가능하다면 미분적분학의 기본정리는

$$\begin{aligned}
-\left({}_bp_x - {}_ap_x\right) &= -\int_{t=a}^{b} \frac{d}{dt}{}_tp_x\, dt \\
&= -\int_{t=a}^{b} {}_tp_x \left(\frac{\frac{d}{dt}{}_tp_x}{{}_tp_x} \right) dt \\
&= \int_{t=a}^{b} {}_tp_x \left(-\frac{\frac{d}{dt}{}_tp_x}{{}_tp_x} \right) dt \\
&= \int_{t=a}^{b} {}_tp_x \mu_{x+t} dt, \quad \mu_{x+t} = -\frac{\frac{d}{dt}{}_tp_x}{{}_tp_x}.
\end{aligned}$$

요약 4.29 [Force of Mortality] 나이 x이 사람이 t년 이상 생존할 확률을 ${}_tp_x$라 두면

$$-\frac{\frac{d}{dt}{}_tp_x}{{}_tp_x} = \mu_{x+t} \quad \text{또는} \quad \frac{d}{dt}\ln{}_tp_x = -\mu_{x+t}$$

무엇보다 중요한 점은 ${}_tp_x$을 어렵게 보지 말고, 이자계산에서 잔고증가율함수(accumulation function) $a(t)$와 같은 것으로 보는 것이 중요하다. 이자의 세기 δ_t 대신에 μ_t를 쓰는 것으로 생각하자. 음의 부호가 붙은 것은 ${}_tp_x$가 t에 대한 감소함수이기 때문에 $\frac{d}{dt}{}_tp_x \le 0$가 되기 때문에, 이것을 음이 아닌 수로 바꾸기 위한 것이다.

Makeham's Model 의 장점은 많은 보험 모델에 적합한 점도 있지만, ${}_tp_x$를 더 손볼 필요 없는 닫힌 형태로 표현되는 것이다. 실제로

$$\ln\left({}_tp_x\right) = -\int_{s=0}^{t} \mu_{x+s}ds \tag{4.74}$$

$$= -\int_{s=0}^{t} \left(A + Bc^{x+s}\right)ds \tag{4.75}$$

$$= -At - \frac{Bc^x}{\ln c}\left(c^t - 1\right) \tag{4.76}$$

따라서 ${}_tp_x$는 다음과 같이 더 손볼 필요 없는 닫힌 형태로 표현된다.

요약 4.30 Makeham's Model에서 ${}_tp_x$는 다음과 같이 겉으로 들어나게 표현된다.

$${}_tp_x = \exp\left(-At - \frac{Bc^x}{\ln c}\left(c^t - 1\right)\right), \quad A = 0.00022,\ B = 2.7\times10^{-6},\ c = 1.124 \tag{4.77}$$

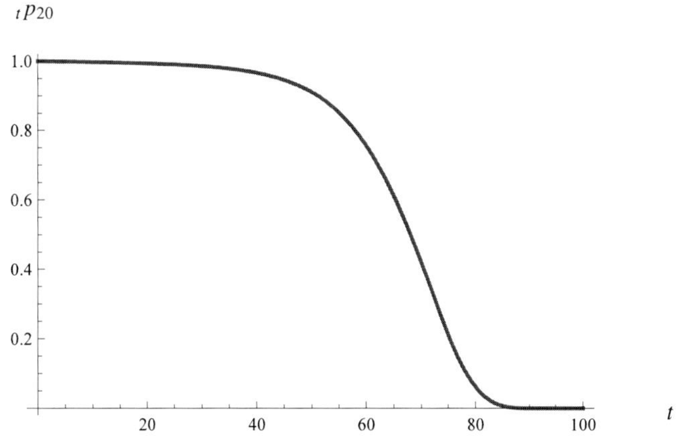

그림. 4.15: ${}_tp_{20} = \exp\left(At - \frac{Bc^{20}}{\ln c}(c^t - 1)\right)$. 여기서 $A = 0.00022$, $B = 2.7\times10^{-6}$, $c = 1.124$

4.8 생명표 만들기

요약 6.1에서 주어진 $_tp_x$의 함수값을 계산하는 것은 손으로 할 수 있는 것은 아니고, 컴퓨터를 쓰는 것이 보통이다. 때문에 보험수학을 익히기 위해서는 각 나이 별 사람 수를 표로 표시하는 것이 도움이 된다. 이것을 생명표라 하는데, 직접 생명표를 만드는 것은 보험수학 전체를
이해하는데 중요한 단계이므로 독자 스스로 생명표를 만들 것을 권한다. 다음과 같은 방법으로 생명표를 만들어보자.

1. 보험회사는 처음 보험을 사는 사람은 수년간 특별히 관리한다. 이런 특별 관리기간이 지나면, 통상적인 그룹으로 넣는다. 특별히 관리하는 이유는 건강보험을 예를 들면, 보험회사는 손해를 줄이기 위하여 최초 가입자에게 건강검진을 요구할 수도 있지만, 모든 위험을 대비할 수는 없다. 당연히 건강에 이상을 느껴 보험을 사는 사람은 그렇지 않는 사람보다 보험금을 청구할 가능성이 크다. 이런 문제를 다루기 위해서 나이 x에 처음 보험을 사는 사람의 force of mortality를

$$\mu_{[x]+s} := \left(\frac{9}{10}\right)^{2-s}\mu_{x+s}$$

   여기서 $[x]$는 x의 정수분을 나타내는 것이 아니고, 아이 x에 처음 보험을 산 사람을 나타낸다. 예를 들어 $[x+1]$는 나이 $x+1$에 처음 보험을 사는 사람이고, $[x]+1$는 나이 x에 보험을 사고, 1년이 경과한 것을 나타낸다.

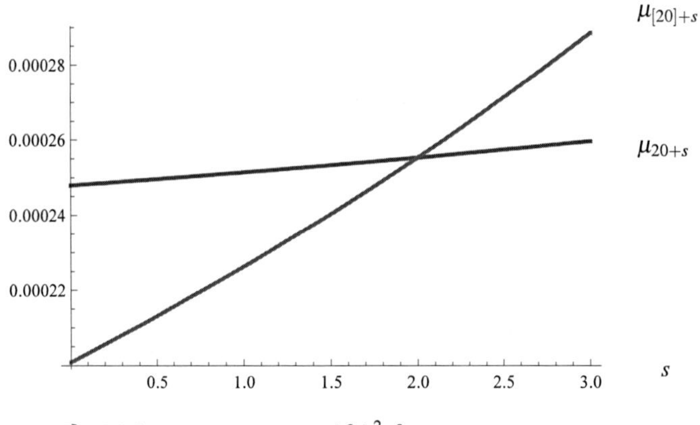

그림. 4.16: μ_{20+s}와 $\mu_{[20]+s} = \left(\frac{9}{10}\right)^{2-s}\mu_{20+s}$

2. 20세 인구를 100,000을 표준화하자.
3. 나이의 정수부분이 x인 특별관리가 필요하지 않은 사람 수를 ℓ_x로 표현한다.
4. $\ell_{[x]}$는 나이 x인 사람 중에서 보험 가입 후 1년이 경과하지 않은 사람들 수

먼저 특별관리가 필요하지 않은 일반적인 나이가 x인 사람 수를 생성하자. 이것은

$$_tp_{20} = \frac{\ell_{20+t}}{\ell_{20}}$$

로부터, $\ell_{20} = 100,000$으로 표준화하면

$$\ell_{20+t} = \ell_{20}\,{}_tp_{20} = 100,000 \times \exp\left(-At - \frac{Bc^{20}}{\ln c}(c^t - 1)\right)$$

여기서 $A = 0.00022$, $B = 2.7 \times 10^{-6}$, $c = 1.124$. 따라서 `SageMath` 등을 써서 20세 이상의 사람 수를 생성할 수 있다. 처음 몇 개를 생성하면

x	ℓ_x
20	100000
21	99975.
22	99949.7
23	99924.
24	99897.8
25	99871.1

다음으로 특별관리가 필요한 사람 수를 생성하기 위하여 ${}_tp_{[x]}, 0 \le t \le 2$*를 계산하면*

요약 4.31 [Standard Select Survival Model(SSSM)] $\mu_{[x]+s} := \left(\frac{9}{10}\right)^{2-s}\mu_{x+s}$를 적용하여 계산하면

$$ {}_tp_{[x]} = \exp\Big(-\int_{s=0}^{t}\mu_{[x]+s}ds\Big) \tag{4.78}$$

$$ = \exp\Big(-(\frac{9}{10})^2(\frac{-1+(\frac{10}{9})^t}{\ln\frac{10}{9}}A + \frac{-1+c^t(\frac{10}{9})^t}{\ln(\frac{10}{9}c)}Bc^x)\Big) \tag{4.79}$$

특히 ${}_2p_{[x]} = {}_1p_{[x]+1} \times {}_1p_{[x]}$로부터 ${}_1p_{[x]+1} = \frac{{}_2p_{[x]}}{{}_1p_{[x]}}$.

이것을 바탕으로 다음과 같은 방법으로 $\ell_x, \ell_{[x]}$*를 생성할 수 있다.*

$$ {}_2p_{[x]} = \frac{\ell_{x+2}}{\ell_{[x]}} \tag{4.80}$$

$$ \ell_{[x]} = \frac{\ell_{x+2}}{{}_2p_{[x]}} \tag{4.81}$$

$$ {}_2p_{[x]} = {}_1p_{[x]} \times {}_1p_{[x]+1} \tag{4.82}$$

$$ {}_1p_{[x]+1} \equiv p_{[x]+1} = \frac{{}_2p_{[x]}}{{}_1p_{[x]}} \tag{4.83}$$

보기로 ℓ_{22}*에서 시작하면*, $A = 0.00022,\ B = 2.7\times10^{-6},\ c = 1.124$ *를 적용하여,*

$$ {}_1p_{[20]} = 0.99978673 \tag{4.84}$$

$$ {}_2p_{[20]} = 0.99954631 \tag{4.85}$$

$$ {}_1p_{[20]+1} = \frac{{}_2p_{[20]}}{{}_1p_{[20]}} = \frac{0.99954631}{0.99978673} = 0.99975954 \tag{4.86}$$

$$ \ell_{22} = 100,000\times\exp\Big(-2A - \frac{Bc^{20}}{\ln c}(c^2-1)\Big) = 99949.7 \tag{4.87}$$

$$ \ell_{[20]+1} = \frac{\ell_{22}}{{}_1p_{[20]+1}} = \frac{99949.7}{0.999823} = 99973.7 \tag{4.88}$$

$$ \ell_{[20]} = \frac{\ell_{22}}{{}_2p_{[20]}} = \frac{99949.7}{0.99954631} = 99995.1 \tag{4.89}$$

`SageMath`*를 이용해서 가상의 생명표를 만들자.*

1. *작업 공간 정하기:*
   작업을 하는 곳이 `C:/Works`*라 하자. 먼저 현재* `SageMath`*의 작업공간을 알고싶으면* `pwd()` *를 실행해보면 된다. 이곳은* `SageMath`*가 설치될 때 자동으로 정해진 곳인데, 보통 자신이 즐겨 쓰는 장소가 아니다. 이 작업공간을 자신이 작업을 하는* `C:\Works`*로 바꾸려면*

   ```
   os.chdir('' C:/Works'')
   ```

를 실행한다. 실행후 다시 pwd() 를 실행하여 원한는 대로 작업공간이 바꾸었는지를 확인한다.

2. 이 작업공간에 다음을 notepad 같은 문서 작성 앱을 이용하여 다음 내용의 활일을 만든다. 예를 들어 이화일 이름을 lieftbl.sage라 하자.

```
aA=2.2*10^(-4)
bB=2.7 * 10^(-6)
cC=1.124

def ellx(x):
val=exp(-aA*(x-20)-bB*cC^(20) *(cC^(x-20)-1 )/log(cC)  )
return 10^5 * val.n(digits=7)


def pxt(t,x):
val= (9/10)^2 *( (-1. +(10/9)^t )/log(10/9) *aA
        + (-1+cC^t*(10/9)^t )/log(10/9 *cC) *bB*cC^x)
return exp(-val).n(digits=7)

for ag in range(22, 31):
print(ag-2,ellx(ag)/pxt(2,ag-2),ellx(ag)*pxt(1,ag-2)/pxt(2,ag-2),ellx(ag), ag )
```

3. 이 화일을 실행하는 것은

```
load(''lifetbl.sage'')
```

실행 결과는 나이 22부터 30까지의 생명표이다.

```
(20, 99995.08, 99973.75, 99949.71, 22)
(21, 99970.04, 99948.41, 99923.98, 23)
(22, 99944.63, 99922.65, 99897.79, 24)
(23, 99918.81, 99896.43, 99871.08, 25)
(24, 99892.52, 99869.70, 99843.80, 26)
(25, 99865.69, 99842.38, 99815.86, 27)
(26, 99838.28, 99814.41, 99787.20, 28)
(27, 99810.20, 99785.70, 99757.71, 29)
(28, 99781.36, 99756.16, 99727.29, 30)
```

4. SageMath를 처음으로 사용한다면, 이 결과를 얻기까지 어려운 일이 많이 생길 것이다. 이런 어려움은 서서히 사라질 것이고, 중요한 것은 사력(force of mortality) 함수를 만들면 이 사력을 구체화하는 생명표가 만들어지는 것을 이해하는 것이다.

이런 방식을 생명표를 만들면 다음과 같다.

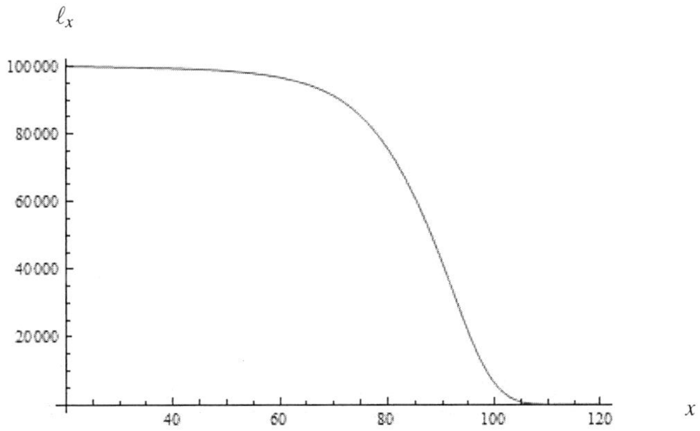

그림. 4.17: $\mu_x = A + Bc^x$, $\mu_{[x]+s} = (0.9)^{2-s}\mu_{x+s}$, $A = 0.00022, B = 2.7 \times 10^{-6}$, $c = 1.124$

표 4.1: **Makeham's Model 에 따른 생명표**

x	$\ell_{[x]}$	$\ell_{[x]+1}$	ℓ_{x+2}	$x+2$	x	$\ell_{[x]}$	$\ell_{[x]+1}$	ℓ_{x+2}	$x+2$
18			100000	20	54	97987.03	97836.44	97651.21	56
19			99975.0	21	55	97807.07	97640.40	97435.17	57
20	99995.08	99973.75	99949.71	22	56	97607.84	97423.18	97195.56	58
21	99970.04	99948.40	99923.98	23	57	97387.05	97182.25	96929.59	59
22	99944.63	99922.65	99897.79	24	58	97142.13	96914.80	96634.14	60
23	99918.81	99896.43	99871.08	25	59	96870.22	96617.70	96305.75	61
24	99892.52	99869.70	99843.80	26	60	96568.13	96287.48	95940.60	62
25	99865.69	99842.38	99815.86	27	61	96232.34	95920.27	95531.43	63
26	99838.28	99814.41	99787.20	28	62	95858.91	95511.80	95082.53	64
27	99810.20	99785.70	99757.71	29	63	95443.51	95057.36	94579.73	65
28	99781.36	99756.17	99727.29	30	64	94981.34	94551.72	94020.33	66
29	99751.69	99725.70	99695.83	31	65	94467.11	93989.16	93398.05	67
30	99721.06	99694.18	99663.20	32	66	93895.00	93363.38	92706.06	68
31	99689.36	99661.48	99629.26	33	67	93258.63	92667.50	91936.88	69
32	99656.47	99627.47	99593.83	34	68	92551.02	91894.03	91082.43	70
33	99622.23	99591.96	99556.75	35	69	91764.58	91034.84	90133.96	71
34	99586.47	99554.78	99517.80	36	70	90891.07	90081.15	89082.09	72
35	99549.01	99515.73	99476.75	37	71	89921.62	89023.56	87916.84	73
36	99509.64	99474.56	99433.34	38	72	88846.72	87852.03	86627.64	74
37	99468.12	99431.02	99387.29	39	73	87656.25	86555.99	85203.46	75
38	99424.18	99384.82	99338.26	40	74	86339.55	85124.37	83632.89	76
39	99377.52	99335.62	99285.88	41	75	84885.49	83545.75	81904.34	77
40	99327.82	99283.06	99229.76	42	76	83282.61	81808.54	80006.23	78
41	99274.69	99226.72	99169.41	43	77	81519.30	79901.17	77927.35	79
42	99217.72	99166.14	99104.33	44	78	79584.04	77812.44	75657.16	80
43	99156.42	99100.80	99033.94	45	79	77465.70	75531.88	73186.31	81
44	99090.27	99030.10	98957.57	46	80	75153.97	73050.22	70507.19	82
45	99018.67	98953.40	98874.50	47	81	72639.81	70359.94	67614.60	83
46	98940.96	98869.96	98783.91	48	82	69916.06	67455.99	64506.50	84
47	98856.38	98778.94	98684.88	49	83	66978.12	64336.53	61184.88	85
48	98764.09	98679.44	98576.37	50	84	63824.72	61003.79	57656.68	86
49	98663.15	98570.40	98457.24	51	85	60458.83	57464.98	53934.73	87
50	98552.51	98450.67	98326.19	52	86	56888.53	53733.29	50038.65	88
51	98430.98	98318.95	98181.77	53	87	53128.02	49828.70	45995.64	89
52	98297.24	98173.79	98022.38	54	88	49198.45	45778.84	41841.05	90
53	98149.81	98013.56	97846.20	55	89	45128.71	41619.51	37618.56	91

요약 4.32 예를 들어 $x = 30$인 경우를 보면

- $p_{[30]} = \frac{\ell_{[30]+1}}{\ell_{[30]}} = \frac{99694.18}{99721.06} = 0.99973, \quad p_{30} = \frac{\ell_{31}}{\ell_{30}} = \frac{99695.83}{99727.29} = 0.999685$
- $p_{[30]+1} = \frac{\ell_{32}}{\ell_{[30]+1}} = \frac{99663.20}{99694.18} = 0.999689, \quad p_{31} = \frac{\ell_{32}}{\ell 31} = \frac{99663.20}{99695.83} = 0.999673$
- $p_{[30]+2} = \frac{\ell_{33}}{\ell_{32}} = \frac{99629.32}{99663.20} = 0.99966$
- ${}_2p_{[30]} = \frac{\ell_{32}}{\ell_{[30]}} = \frac{99663.20}{99721.06} = 0.99942$
- ${}_3p_{[30]} = {}_2p_{[30]}\, p_{[30]+2} = \frac{\ell_{[30]+2}}{\ell_{[30]}} \frac{\ell_{33}}{\ell_{[30]+2}} = \frac{\ell_{33}}{\ell_{[30]}} = \frac{99629.26}{99721.06} = 0.999079$
- $t \geq 3$이면
$$ {}_tp_{[30]} = {}_2p_{[30]}\, {}_{t-2}p_{[30]+2} = \frac{\ell_{[30]+2}}{\ell_{[30]}} \frac{\ell_t}{\ell_{[30]+2}} = \frac{\ell_{30+t}}{\ell_{[30]}} $$
- ${}_2p_{[30]+1} = {}_1p_{[30]+1}\, {}_1p_{[30]+2} = \frac{\ell_{[30]+2}}{\ell_{[30]+1}} \frac{\ell_{33}}{\ell_{[30]+2}} = \frac{\ell_{33}}{\ell_{[30]+1}} = \frac{99629.26}{99694.18} = 0.999349$
- $t \geq 2$이면
$$ {}_tp_{[30]+1} = {}_1p_{[30]+1}\, {}_{t-1}p_{[30]+2} = \frac{\ell_{[30]+2}}{\ell_{[30]+1}} \frac{\ell_{31+t}}{\ell_{[30]+2}} = \frac{\ell_{31+t}}{\ell_{[30]+1}} $$

4.9 연금표 만들기

나이 x인 사람이 지금 1을 받고, 살아있는 동안 1년 간격으로 1을 받는 영구연금의 현재가격을 계산할 때, 문제가 되는 것은 연금이 정확하게 얼마동안 지급되는지를 알 수 없는 것이다. 연금이 각각의 기간의 시작에 지급된다면, 현재가격은

$$ 1 + v + v^2 + \cdots + v^{K_x} \tag{4.90} $$

위 식에서 K_x는 T_x의 정수부분을 나타낸다. 예를 들어 $T_x = 0.7$이면 $K_x = 0$이고, $T_x = 24.7$이면 $K_x = 24$이다. 식 (4.90)은 등비급수이므로 합을 계산할 수 있다. 이 합은 $\ddot{a}_{\overline{K_x+1}|}$로 표현되고,

$$ \ddot{a}_{\overline{K_x+1}|} := \frac{1 - v^{K_x+1}}{1 - v} \tag{4.91} $$

확률변수 (4.90), (4.91)는 표현만 다른 똑 같은 확률변수다. 이 확률변수의 평균은 $\ddot{a}_x$로 나타낸다. 따라서

$$ \ddot{a}_x := E\left[1 + v + v^2 + \cdots + v^{K_x}\right] \equiv E\left[\frac{1 - v^{K_x+1}}{1 - v}\right] = \frac{1 - E[v^{K_x+1}]}{1 - v} \tag{4.92} $$

요약 4.33 각각의 기간의 시작에 1을 살아있는 동안 지급하는 종신연금의 현재가격을 나타내는 확률변수는 $\ddot{a}_{\overline{K_x+1}|}$로 나타내고,

$$ \ddot{a}_{\overline{K_x+1}|} := 1 + v + v^2 + \cdots + v^{K_x} $$

이다. 등비급수의 합을 계산하면 $\ddot{a}_{\overline{K_x+1}|} = \frac{1-v^{K_x+1}}{1-v}$.

이제 확률변수 v^{K_x+1}의 평균값을 계산하자. 무엇보다 중요한 것은

요약 4.34 $K_x = k$일 확률은 x가 k년 이상 살고, $k+1$년 이상 살지는 않는 것이다. 따라서

$$ P[K_x = k] = {}_kp_x - {}_{k+1}p_x = {}_{k|}q_x $$

요약 4.35 확률변수 v^{K_x+1}의 평균값 $E[v^{K_x+1}]$의 값은

$$A_x := E[v^{K_x+1}] = \sum_{k=0}^{\infty} v^{k+1}{}_{k|}q_x = \sum_{k=0}^{\infty} v^{k+1}\left({}_kp_x - {}_{k+1}p_x\right) = 1-(1-v)\sum_{k=0}^{\infty} v^k{}_kp_x \tag{4.93}$$

처음 2개의 등식은 평균값의 정의이므로, 3번째 등식을 증명하면 된다. 이것을 합의기호를 조작하여 할 수 있다.

$$\sum_{k=0}^{\infty} v^{k+1}\left({}_kp_x - {}_{k+1}p_x\right) = \sum_{k=0}^{\infty} v^{k+1}{}_kp_x - \sum_{k=0}^{\infty} v^{k+1}{}_{k+1}p_x \tag{4.94}$$

$$= v\sum_{k=0}^{\infty} v^k{}_kp_x - \sum_{k=1}^{\infty} v^k{}_kp_x \tag{4.95}$$

$$= 1-(1-v)\sum_{k=0}^{\infty} v^k{}_kp_x \tag{4.96}$$

요약 4.36 각각의 기간의 시작에 1이 살아있는 동안 지급되는 연금의 현재가격을 나타내는 확률변수

$$\ddot{a}_{\overline{K_x+1|}} := 1+v+v^2+\cdots+v^{K_x} \equiv \frac{1-v^{K_x+1}}{1-v} \tag{4.97}$$

의 평균값은 $\ddot{a}_x$로 나타내고, $\ddot{a}_x = \sum_{k=0}^{\infty} v^k{}_kp_x$.

요약 4.35에 따라

$$\ddot{a}_x = E\left[\ddot{a}_{K_x+1}\right] = E\left[1+v+v^2+\cdots+v^{K_x}\right] \tag{4.98}$$

$$= E\left[\frac{1-v^{K_x+1}}{1-v}\right] = \frac{1-E[v^{K_x+1}]}{1-v} \tag{4.99}$$

$$= \frac{1-\left(1-(1-v)\sum_{k=0}^{\infty} v^k{}_kp_x\right)}{1-v} = \sum_{k=0}^{\infty} v^k{}_kp_x \tag{4.100}$$

$\ddot{a}_x$의 값 $\sum_{k=0}^{\infty} v^k{}_kp_x$를 정의에 따라 논리적으로 계산하는 것도 중요하다. 그런데 더 중요한 일은 수식을 써서 계산하지 않고, 무엇을 해야 하는 지를 아는 것이다. 즉 연금을 연금 지금 시기에 살아있으면 받는 것이기 때문에 $K_x = k$일 때 연금을 받을 확률은 ${}_kp_x$이다. 따라서

$$\ddot{a}_x := 1+v\,p_x+v^2{}_2p_x+v^3{}_3p_x+\cdots = \sum_{k=0}^{\infty} v^k{}_kp_x \tag{4.101}$$

가 되는 것은 계산 이전에 자연스럽게 이해할 수 있도록 노력하는 것이 중요하다. 또 형식적으로 $\ddot{a}_x$를 무한급수로 표현한 것은 수학적으로 다루기 편리하게 하기 위한 것이고, 실제 계산에서는 수명은 길게 잡아도 200년도 되지 않기 때문에, 무한급수가 되는 일은 없다.

요약 4.37 $\ddot{a}_x$는 생명표를 이용하여 컴퓨터를 써서 계산한다.

$$\ddot{a}_x = \sum_{k=0}^{\infty} v^k \frac{\ell_{x+k}}{\ell_x}, \quad v = \frac{1}{1+i} \tag{4.102}$$

우리 경우는 앞에서 $A = 0.00022$, $B = 2.7 \times 10^{-6}$, $c = 1.124, \ell_{20} = 100,000$로 해서 Makeham's Model 에 따른

$$_tp_x = \exp\Big(-At - \frac{Bc^x}{\ln c}(c^t - 1)\Big)$$
$$\ell_{20+t} = 100,000 \times \exp\big(-At - \frac{Bc^{20}}{\ln c}(c^t - 1)\big)$$

를 만들었기 때문에, 필요한 값을 쉽게 계산할 수 있다. 예를 들어 $\ddot{a}_{30}$을 계산하면

$$\ddot{a}_{30} = \sum_{k=0}^{90} v^k \frac{\ell_{k+30}}{\ell_{30}} = 19.38336, \quad v = \frac{1}{1+0.05}$$

지수함수는 아주 빠르게 증가하는 함수이기 때문에 합을 90까지만 계산해도 충분하다. 실제로 $30 + 90 = 120$이 되어 사람의 최대 생존기간이라 생각되기 때문이다.

다음으로

$$\begin{aligned} \ddot{a}_x &= 1 + v p_x + v^2 {}_2p_x + v^3 {}_3p_x + \cdots && (4.103)\\ &= 1 + v p_x + v^2 p_x p_{x+1} + v^3 p_{x2} p_{x+1} + \cdots && (4.104)\\ &= 1 + v p_x\Big(1 + v p_{x+1} + v^2 {}_2p_{x+1} + \cdots\Big) && (4.105)\\ &= 1 + v p_x \ddot{a}_{x+1} && (4.106) \end{aligned}$$

위 결과를 다음과 같이 요약하자.

요약 4.38 먼저 식 (4.102)을 이용하여 $\ddot{a}_x$를 생성한다. 다음으로 도미노 관계식

$$\begin{aligned} \ddot{a}_x &= 1 + v p_x \ddot{a}_{x+1} && (4.107)\\ \ddot{a}_{[x]+1} &= 1 + v p_{[x]+1} \ddot{a}_{x+2} && (4.108)\\ \ddot{a}_{[x]} &= 1 + v p_{[x]} \ddot{a}_{[x]+1} && (4.109)\\ {}_tp_{[x]} &= \exp\Big(-\int_{s=0}^{t} \mu_{[x]+s} ds\Big) && (4.110)\\ &= \exp\Big(-(\frac{9}{10})^2\big(\frac{-1+(\frac{10}{9})^t}{\ln\frac{10}{9}}A + \frac{-1+c^t(\frac{10}{9})^t}{\ln(\frac{10}{9}c)}Bc^x\big)\Big) && (4.111)\\ p_{[x]} &\equiv {}_1p_{[x]} && (4.112)\\ {}_1p_{[x]+1} &\equiv p_{[x]+1} = \frac{{}_2p_{[x]}}{{}_1p_{[x]}} && (4.113) \end{aligned}$$

을 적용하면 연금표를 만들 수 있다.

지금까지 만든 함수를 하나의 `SageMath` *화일로 만들어 생명표와 연금표를 만들어보자. 지금 화일에서는 22세에서 30세 사람들의 생명표와 연금표를 만드는 연습이다.*

```
aA=2.2*10^(-4)
bB=2.7 * 10^(-6)
```

```
cC=1.124

def ellx(x):
val=exp(-aA*(x-20)-bB*cC^(20) *(cC^(x-20)-1 )/log(cC)  )
return 10^5 * val.n(digits=7)


def pxt(t,x):
val= (9/10)^2 *( (-1. +(10/9)^t )/log(10/9) *aA
        + (-1+cC^t*(10/9)^t )/log(10/9 *cC) *bB*cC^x)
return exp(-val).n(digits=7)

def annu(x, ii):
nu=1/(1+ii)
ans=sum( [ nu^k * ellx(x+k)/ellx(x)  for k in range(120-x)] )
return ans.n(digits=7)

def annu1(x,ii):
nu=1/(1+ii)
ans=1+nu*pxt(2,x)/pxt(1,x) *annu(x+2,ii)
return ans.n(digits=7)

def annu0(x,ii):
nu=1/(1+ii)
ans=1+nu*pxt(1,x)*annu1(x,ii)
return ans.n(digits=7)



print("life table")

for ag in range(22, 31):
print(ag-2, ellx(ag)/pxt(2,ag-2), ellx(ag)*pxt(1,ag-2)/pxt(2,ag-2), ellx(ag), ag  )

print("annuity table")

intrate=0.05

for ag in range(22,31):
print(ag, annu0(ag, intrate), annu1(ag, intrate), annu(ag+2, intrate) , ag+2)
```

이 함수들은 휴대폰에서 각자의 Google 계정에 로그인 한 후 https://colab.research.google.com *에서 다음과 같은 함수를 만들어 실험해보자.*

.... 휴대폰 Google colab 시작 ....

```
import numpy as np

aA=22.0/100000
bB=27.0*10**(-7)
cC=1124.0/1000

def mu(x):
    ans=aA+bB*cC*x
    return ans

def ellx(x):
    ans=100000* np.exp(-aA*(x-20) -bB*(cC**(20))/np.log(cC) *( cC**(x-20) -1 ))
    return ans
```

```
def pff(t,x):
    va1=(9.0/10)**2
    va2= aA* (-1.0 +(10.0/9)**t)/np.log(10.0/9)
    va3= bB*cC**x *( -1+cC**t * (10/9)**t)/np.log(10.0/9 * cC)
    ans= np.exp( -va1 *( va2+va3))
    return ans

def anu(x, i):
    nu=1.0/(1+i)
    ans=sum([ nu**k * ellx(x+k)/ellx(x) for k in range(0,121-x)])
    return ans

def anu1(x,i):
    nu=1.0/(1+i)
    ans=1+nu*pff(2,x)/pff(1,x) *anu(x+2,i)
    return ans

def anu0(x,i):
    nu=1.0/(1+i)
    ans=1+nu*pff(1,x)*anu1(x,i)
    return ans

intrate=0.05
for ag in range(20,31):
    v1=anu0(ag, intrate)
    v2=anu1(ag, intrate)
    v3=anu(ag+2, intrate)
    print( ' %d %7.5f   %7.5f  %7.5f  %d' %( ag, v1,v2,v3, ag+2) )
```

.... *휴대폰 Google colab 끝* ....

이 화일을 실행하면 20세에서 90세 까지 연금표를 출력한다.

표 4.2: 특별관리기간이 2년인 Makeham's Model 에 따른 연금표. 이자율 $i = 5\%$

x	$\ddot{a}_{[x]}$	$\ddot{a}_{[x]+1}$	$\ddot{a}_{x+2}$	$x+2$	x	$\ddot{a}_{[x]}$	$\ddot{a}_{[x]+1}$	$\ddot{a}_{x+2}$	$x+2$
20	19.9673	19.9199	19.8707	22	55	16.0658	15.8461	15.6212	57
21	19.9206	19.871	19.8193	23	56	15.8509	15.623	15.3901	58
22	19.8717	19.8196	19.7655	24	57	15.6283	15.3921	15.1511	59
23	19.8203	19.7657	19.709	25	58	15.3979	15.1532	14.9041	60
24	19.7665	19.7093	19.6499	26	59	15.1596	14.9064	14.6491	61
25	19.71	19.6501	19.5878	27	60	14.9134	14.6516	14.3861	62
26	19.6509	19.5881	19.5228	28	61	14.6593	14.3889	14.1151	63
27	19.5889	19.5231	19.4547	29	62	14.3972	14.1182	13.8363	64
28	19.5239	19.455	19.3834	30	63	14.1274	13.8397	13.5498	65
29	19.4558	19.3837	19.3086	31	64	13.8497	13.5535	13.2557	66
30	19.3845	19.3089	19.2303	32	65	13.5644	13.2597	12.9542	67
31	19.3098	19.2307	19.1484	33	66	13.2717	12.9586	12.6456	68
32	19.2316	19.1487	19.0626	34	67	12.9717	12.6505	12.3302	69
33	19.1496	19.0629	18.9728	35	68	12.6647	12.3355	12.0083	70
34	19.0639	18.9731	18.8788	36	69	12.351	12.0141	11.6803	71
35	18.9742	18.8792	18.7805	37	70	12.0309	11.6866	11.3468	72
36	18.8802	18.7809	18.6777	38	71	11.705	11.3536	11.0081	73
37	18.782	18.6781	18.5701	39	72	11.3735	11.0155	10.6649	74
38	18.6793	18.5706	18.4578	40	73	11.0371	10.6729	10.3178	75
39	18.5718	18.4582	18.3403	41	74	10.6963	10.3264	9.9674	76
40	18.4596	18.3408	18.2176	42	75	10.3517	9.97676	9.61449	77
41	18.3422	18.2182	18.0895	43	76	10.004	9.62458	9.25981	78
42	18.2197	18.0901	17.9558	44	77	9.65395	9.27067	8.90416	79
43	18.0917	17.9564	17.8162	45	78	9.30225	8.91584	8.54841	80
44	17.9581	17.8169	17.6706	46	79	8.94973	8.56093	8.19341	81
45	17.8188	17.6714	17.5189	47	80	8.59722	8.20681	7.84008	82
46	17.6734	17.5196	17.3607	48	81	8.2456	7.8544	7.48934	83
47	17.5219	17.3616	17.196	49	82	7.89575	7.5046	7.14211	84
48	17.364	17.1969	17.0245	50	83	7.54859	7.15834	6.79934	85
49	17.1995	17.0255	16.8461	51	84	7.20502	6.81655	6.46193	86
50	17.0284	16.8472	16.6606	52	85	6.86596	6.48015	6.13079	87
51	16.8503	16.6618	16.4678	53	86	6.53231	6.15002	5.80679	88
52	16.6651	16.4691	16.2676	54	87	6.20493	5.82705	5.49077	89
53	16.4728	16.269	16.0599	55	88	5.88469	5.51204	5.18352	90
54	16.273	16.0614	15.8444	56	89	5.57237	5.20579	4.88575	91

4.10 연습문제

문제 4.1 *생산된 시간* t *이내에 작동불능이 되는 확률이* $F_0(t) := 1 - \max\{1 - \frac{t^2}{100^2}, 0\}$ *이 되는 제품의 생각하자.*

1. 60 *이내에 작동불능이 될 확률은?*
2. 30 *까지 작동한 제품이* 70 *이상 작동할 확률은?*
3. 20*까지 작동한 제품이* 70*에서* 80 *사이에 작동불능이 될 확률은?*

문제 4.2 *생산된 시간* t *이내에 작동불능이 되는 확률이* $F_0(t) := 1 - \max\{1 - \frac{t^2}{100^2}, 0\}$ *이 되는 제품의 생각하자.*

1. 30*에서 사력(force of mortality) 은 얼마인가?*
2. *이 제품의 기대수명은 얼마인가?*
3. 20*까지 작동한 제품의 기대수명은?*
4. 20*까지 작동한 제품의 년단위 기대수명(curtate expectation of life)는 얼마인가?*

문제 4.3 $\mu_x \equiv \lambda$*가 상수라 하자.*

1. ${}_tp_x$*를 구하여라.*
2. $\mathring{e}_x$*를 구하여라.*
3. e_x*를 구하여라.*
4. $\bar{a}_{20}$*을 구하여라.*

문제 4.4 $p_x = 0.90, p_{x+1} = 0.85, {}_3p_{x+1} = 0.80, q_{x+3} = 0.02$*라 하자. 다음 값을 구하여라.*

1. p_{x+3}
2. ${}_2p_x$
3. ${}_2p_{x+1}$
4. ${}_3p_x$
5. ${}_1p_{x+2}$
6. ${}_{1|2}q_x$

문제 4.5 $p_{40} = 0.95$*일 때 다음 가정 아래서* ${}_{0.4}q_{40.2}$*를 구하여라.*

1. $40 \le t < 50$*일 때 UDD*
2. $40 \le t < 50$*일 때 상수사력* $\mu = 0.0512933$
3. $40 \le t < 50$*일 때,* $\omega = 60$*인 De Moivre Model*

문제 4.6 *다음 관계를 확인하여라.*

1. ${}_tp_x = p_x \times {}_{t-1}p_{x+1}$
2. ${}_{t|u}q_x = {}_tp_x \times {}_uq_{x+t}$
3. $\frac{d}{dx}{}_tp_x = {}_tp_x(\mu_x - \mu_{x+t})$

문제 4.7 *사망 원인을 서로 중복되지 않는 몇가지 원인으로 분류했다 하자. 예를 들어* $1, 2, 3, \cdots, m$*가지로 분류했다면*

$$\{\omega \mid T_x \le t\} = \{\omega \mid T_x(\omega) \le t, J(\omega) = 1\} \cup \{\omega \mid T_x(\omega) \le t, J(\omega) = 2\} \cup \cdots \cup \{\omega \mid T_x(\omega), J(\omega) = m\}$$

표현을 간단하게 하기 위하여

$${}_tq_x^{(j)} := Pr\big[\{\omega \mid T_x(\omega) \le t, J(\omega) = j\}\big] = Pr\big[T_x \le t, J = j\big]$$

로 표시하면

$${}_tq_x = {}_tq_x^{(1)} + {}_tq_x^{(2)} + \cdots + \cdots + {}_tq_x^{(j)} + \cdots + {}_tq_x^{(m)} \tag{4.114}$$

여기서 $\mu_x(t) = -\frac{1}{{}_tp_x} \times \frac{d}{dt}{}_tp_x = \frac{1}{{}_tp_x}\frac{d}{dt}{}_tq_x$*인 것에 주의하자. 그러면*

$$\mu_x(t)=\sum_{j=1}^{m}\frac{1}{{}_tp_x}\frac{d}{dt}{}_tq_x^{(j)}=\sum_{j=1}^{m}\mu_x^{(j)}(t),\quad \mu_x^{(j)}(t):=\frac{1}{{}_tp_x}\times\frac{d}{dt}{}_tq_x^{(j)}$$

구체적으로 $m=2$이고, $\mu_x^{(1)}(t)=2t,\mu_x^{(2)}(t)=3t^2$이라 하자. 이것은 사람들의 남자와 여자 둘로 분류한 것으로 이해하면 좋다.

1. ${}_tp_x$
2. $P[J=1],P[J=2]$를 구하여라.
3. $E[T_0]$를 구하여라.
4. $E[T_0\mid J=1]$을 구하여라.

적분계산은 Google colab Python3를 이용한다.

문제 4.8 *상수사력 $\mu_x=0.2$와 선별구간의 사력이 $\mu_{[x]+s}=0.9^{2-s}\mu_{x+s},0\le s\le 2,$로 주어진 SSM(Select Surval Model)을 생각하자. 계산이 필요하면 Google colab의 Python3를 사용한다.*

1. ${}_tp_{[x]+s}$를 구하여라.
2. $\ell_{20}=100,000$으로 할 때, 이 모델을 따르는 $\ell_{[20]},\ell_{[20]+1}$을 계산하여라.

문제 4.9 *표 4.1을 써서 다음을 계산하여라.*

1. ${}_4p_{40}$
2. ${}_4p_{[38]+2}$
3. ${}_4p_{[40]}$
4. ${}_4p_{[39]+1}$
5. ${}_3q_{[50]+1}$
6. ${}_{2|}q_{[33]}$

문제 4.10 $x\ge 50$*일 때* $p_{[x]}=0.998,\quad p_{[x-1]+1}=0.997,\quad p_{[x-2]+2}=0.996$*이고*

ℓ_{55}	ℓ_{56}	ℓ_{57}	ℓ_{58}	ℓ_{59}	ℓ_{60}
97846.20	97651.21	97435.17	97195.56	96929.59	96634.14

가 성립하는 가상의 선별 생존모델을 생각하자. 다음 각각의 조건 아래서 나이 55인 사람이 나인 60 이상 생존할 확률을 구하여라.

1. 나이 52에 선별구간에 들어왔을 때
2. 나이 53에 선별구간에 들어왔을 때
3. 나이 54에 선별구간에 들어왔을 때
4. 나이 55에 선별구간에 들어왔을 때

5
보험금과 연금의 현재가격

지금 1을 받고, 정해진 간격으로 각 회차의 시작에 1을 받는 상품을 생각하자. 정해진 간격은 보통 1년이거나, 1달, 3개월, 4개월, 6개월 등등으로 계약에 따라 정해진다. 때문에 기본을 1년으로 하고, 기간이 달라지면 1년으로 환산하여 계산하는 것이 보통이다.

5.1 보험료 산출을 위한 중요한 확률변수

먼저 확실하게 n회 지급받는 경우를 생각하자. 이 경우는 확률변수 개념이 필요없다.

요약 5.1 단위기간의 이자율을 i라 하자. 지금 1을 받고, 각각의 기간의 시작에 1을 받는 상품을 생각하자. 총 n 회를 받는다면 이 상품의 현재가격은 $a_{\overline{n}|,i}$으로 표시하고,

$$\ddot{a}_{\overline{n}|,i} = 1 + v + v^2 + \cdots + v^{n-1} = \frac{1-v^n}{1-v} = \frac{1-v^n}{d}, \quad d = 1 - v$$

위 식에서 이자율 i는 보통 문맥에 따라 판단할 수 있기 때문에 오해가 없으면 표시하지 않는 경우도 많다. 보험에 가입한 사람들의 집합을 Ω라 하자. 사람은 영원히 살 수 있는 생물이 이니기 때문에 보험에는 나이가 중요하다. 때문에 사람들을 나이로 분류하는 것을 편리한 일이다. 예를 들어

$$\Omega = \Omega_0 \cup \Omega_1 \cup \cdots \cup \Omega_{120}$$

위 식에서

$$\Omega_x := \{u \in \Omega \mid u \text{ 의 나이는 구간 } [x, x+1) \text{ 에 있다}\}$$

궁금한 것은 나이가 x인 사람의 남은 생존기간이다. 나이가 x인 사람도 많고, 또 각 사람마다 생존기간이 다르다. 때문에 생존기간을 정확하게 알 수는 없다. 그렇지만 나이가 x인 사람의 생존기간을 표현하는 것은 이해를 위해서도, 보험설계를 위해서도 필요하다. 이것을 T_x로 나타내자:

$$T_x : \Omega_x \to [0, \infty), \quad T_x(u) = u\text{의 남은 생존기간}$$

요약 5.2 [생존모델] 자주 사용되는 생존모델로 다음과 같은 것들이 있다. 모두 사력(force of mortiality)을 수학적으로 다루기 편리하고, 실제 모델에 적합한 것들을 선택한 것이다. 사력은 이자계산에서 이력(force of interest)와 같은 역할을 한다. 다만 음의 부호 −가 있는 것에 주의하자.

$$\mu_t = -\frac{S_0'(t)}{S_0(t)}, \quad S_0(t) := Pr\big[T_0 > t\big] \tag{5.1}$$

1. Makeham 모델: $\mu_t = A + Bc^t$
2. De Moivre Model: $\mu_t = \frac{1}{\omega - t}$
3. CFM(Constant for of Moatality): $\mu_t = \mu$, 상수
4. Gompertz: $\mu_t = Bc^t$
5. Weibull: $\mu_t = kt^n$
6. UDD(Uniform Distribution of Death)

해설. 생존모델이 주어지면, 각 시간 t에서 개체수 ℓ_t에 대한 모델이 결정된다. 왜냐하면 식 (5.1)에서 $S_0(t) := Pr[T_0 > t]$를 계산할 수 있기 때문이다.

$$\Big(\ln S_0(t)\Big)' = -\mu_t \implies S_0(t) = \exp\big(-\int_{u=0}^{t} \mu_u dt\big)$$

각 생존모델에 따른 $S_0(t)$를 구해보자.

1. Makeham Model: $S_0(t) = \exp\big(-At - \frac{B}{\ln c}(c^t - 1)\big)$
2. De Moivre Model: $S_0(t) = 1 - \frac{t}{\omega}$
3. CFM Model: $S_0(t) = \exp(-\mu t)$
4. Gompertz Model: $S_0(t) = \exp\big(-\frac{B}{\ln c}(c^t - 1)\big)$
5. Weibel Model: $S_0(t) = \exp\big(-\frac{k}{n+1}t^{n+1}\big)$
6. UDD(Uniform Distribution of Death)는 이자계산에서 단리와 같은 개념으로 예를 들어 나이구간 $[n, n+1]$는

$$\ell_{n+t} = \ell_n - \big(\ell_n - \ell_{n+1}\big)t, \; 0 \le t \le 1 \tag{5.2}$$

로 계산하자는 말이다.

T_x를 나이가 x인 사람의 남은 수명을 나타내는 확률변수라 하자.

$$T_x : \Omega_x \to [0, \infty), \quad T_x(u) = u\text{의 남은 생존기간}$$

◁

보험료 산출을 위해서는 구체적인 생명모델이 필요하다. 여기서는 요약 4.28에서 다뤘던, Makehma's Model 에서 선별기간이 2인 생명모델을 써서 보험료를 산출하자.

요약 5.3 [USSM] Makeham's Model에서 사력(force of mortality) $\mu_x = A + Bc^x$ 에 있는 상수 A, B, c의 값은 대상에 따라 조절하는데

1. $A = 0.00022$, $B = 2.7 \times 10^{-6}$, $c = 1.124$를 사용하는 모델을 Standard Ultimate Survival Model(SUSM) 이라 한다.
2. 선별기간은 2년이고, 선별기간에서 사력 $\mu_{[x]+s} := \big(\frac{9}{10}\big)^{2-s}\mu_{x+s}$, $\quad 0 \le s < 2$을 적용한 것을 Standard Select Survival Model(SSSM)이라 한다.

확률변수 T_x의 분포함수(distribution function)에 대해서는 다음과 같은 표현을 사용했다.

$$F_x(t) := Pr[T_x \le t], \quad S_x(t) = 1 - F_x(t) = 1 - Pr[T_x \le t] = Pr[T_x > t], \quad {}_tp_x = S_x(t) \tag{5.3}$$

그런데 실제 상황에서는 T_x는 어떤 수식으로 주어지는 것이 아니라, 표로 주어지는 경우가 대부분이다. 때문에 표를 보고 T_x를 계산해야 한다. 확률변수 T_x와 관련된 또다른 확률변수는

$$\min\{T_x, n\} : \Omega_x \to [0, n]$$

이다. 이런 확률변수가 필요한 이유는 보장기간이 n으로 한정된 경우는 보험금은 $(x, x+n)$에 일어난 지급사유에 해당하는 사건에 대해서만 지급된다. 예를 들어 $T_x(u) = n+2$이면 보험금 지급사유에 해당되지 않는다. 즉 $T_x < n$인지, 아니면 $T_x \geq n$인지가 중요하기 때문이다. 보험기간 동안 보험회사가 자금을 운용하여 얻을 수 있는 수익율을 i라 하며면, 보험금 1인 보험가입자에게 지급해야 할 보험금의 현재가격은

$$\left(\frac{1}{1+i}\right)^{T_x} \equiv v^{T_x}, \quad v = \frac{1}{1+i} \tag{5.4}$$

가 된다. T_x가 확률변수이기 때문에, 보험금의 현재가격을 나타내는 v^{T_x}도 확률변수다, 보험의 안정적인 운용을 위해서는 각각의 경우보다는, 예를 들어 확률변수 v^{T_x}의 **평균**과 **분산**이 중요한 역할을 한다.

요약 5.4 [**사망과 동시에 보험금을 지급하는 경우**] 나이 x인 사람의 잔여수명은 T_x로 두자. 보험기간 동안 이자율을 변하지 않고 i라 하자. $\delta = \ln(1+i)$, $v = \frac{1}{1+i}$이다. 보험금은 1이라 하자.

1. **종신보험의 경우**: 보장기간의 제한이 없는 종신보험의 경우, 사망과 동시에 1이 지급되는 보험금의 현재가격을 나타내는 확률변수는

$$Z := v^{T_x} = e^{-\delta T_x} : \Omega_x \to \mathbb{R} \tag{5.5}$$

2. **보장기간이 n으로 정해진 경우**:

2-1. **축하금이 없는 경우**: 보장기간 동안 보험금 지급사유가 발생하지 않은 경우, 보장기간이 끝나면 아무런 혜택이 없는 순수보장성 보험의 경우는

$$Z_{x,n} = \begin{cases} v^{T_x}, & T_x < n \\ 0, & T_x \geq n \end{cases} \tag{5.6}$$

2-2. **축하금이 있는 경우**: 보장기간 동안 보험금 지급사유가 발생하지 않은 경우, 보장기간이 끝나는 $x+n$에 축하금(endowment) 1을 지급하는 축하금이 있는 보험인 경우는

$$W_{x,n} = v^{\min\{T_x,n\}} = \begin{cases} v^{T_x}, & T_x < n \\ v^n, & T_x \geq n \end{cases} \tag{5.7}$$

해설. 사망과 동시에 보험금을 지급하는 것은 당연히 현실적이지 않다. 왜냐하면 보험금 지급을 위해서 준비할 사무적인 일이 따르기 때문이다. 보험을 이해하기 위하여 확률변수 개념을 확고하게 이해하는 것이 중요하다. 식 (5.53)에서 $\min\{T_x, n\}$은 T_x와 n 중 크지 않은 것을 나타내는 기호이다. 예를 들어 $n = 20$이고, 어떤 보험가입자가 ω_1가 $T_x(\omega_1) = 17.3$ 인 경우에는

$$\min\{T_x, 20\}(\omega_1) = \min\{T_x(\omega_1), 20\} = \min\{17.3, 20\} = 17.3$$

이 되고, 다른 보험가입자 ω_2에 대해서 $T_x(\omega_2) = 25.7$ 이라면

$$\min\{T_x, 20\}(\omega_2) = \min\{T_x(\omega_2), 20\} = \min\{25.7, 20\} = 20$$

보험금의 현재가격을 나타내는 확률변수는 사람에 따라 값이 달라지기 때문에, 보험회사에게 중요한 정보는 확률변수의 평균값, 변동성을 나타내는 확률변수의 분산이다. ◁

5.2 종신보험, 종신연금(영구연금)

요약 5.5 [종신보험] 년실질이율을 i라 하자. 나이 x인 사람이, 보장기간의 제한이 없는 종신보험이, 사망과 동시에 보험금 1이 지급될 때, 이 보험금을 현재가격을 나타내는 확률변수 $Z = v^{T_x} = e^{-\delta T_x}$의 평균값 $E[Z]$는

$$\bar{A}_x = E[Z] := E\left[e^{-\delta T_x}\right] = \int_{t=0}^{\infty} e^{-\delta t} dF_x(t)dt = -\int_{t=0}^{\infty} e^{-\delta t} d_t p_x \tag{5.8}$$

보험금의 현재가격 $\bar{A}_x$를 계산하려 할 때 가장 문제가 되는 점은 $dF_x(t)$를 결정하는 일이다. 앞에서 나이 x인 사람의 생존시간을 나타내는 확률변수를 $T_x : \Omega_x \to [0,\infty)$로 쓰기로 했다. 이 확률변수 T_x를 이용하여 다음과 같은 기호를 정의했다.

$$F_x(t) := Pr[T_x \le t], \quad S_x(t) = 1 - F_x(t) = 1 - Pr[T_x \le t] = Pr[T_x > t], \quad {}_t p_x = S_x(t) \tag{5.9}$$

그런데 실제 상황에서는 T_x는 어떤 수식으로 주어지는 것이 아니라, 표로 주어지는 경우가 대부분이다. 때문에 표를 보고 T_x를 계산해야 한다. 개념을 이해하기 위하여, 보기에서는 나인 x인 가입자 수 ℓ_x가 x의 수식으로 주어진 경우를 생각해보자.

요약 5.6 [보험금을 K_x+1에 지급하는 종신보험] 년실질이율을 i라 하자. 보험지급사유 발생과 동시에 보험금을 지급하는 경우는 수학적으로는 계산하기가 편리하지만, 현실적이지는 않다. 따라서 보험기급사유가 T_x에 발생했을 때, 보험금 1을 K_x+1에 지급하는 경우를 생각하자. 여기서 K_x는 T_x의 정수부분 $[T_x]$를 나타낸다. 이 경우 지급되는 보험금의 현재가격을 나타내는 확률변수는

$$Z = v^{K_x+1} \tag{5.10}$$

이고, Z 의 평균값 $E[Z]$는 A_x 로 나타낸다:

$$A_x = E[v^{K_x+1}] = \sum_{k=0}^{\infty} v^{k+1}{}_{k|}q_x = 1-(1-v)\sum_{k=0}^{\infty} v^k{}_k p_x \tag{5.11}$$

해설. 먼저 ${}_{k|}q_x \equiv {}_{k|1}q_x = {}_k p_x - {}_{k+1}p_x$ 인 것에 주의하면, $Z = v^{K_x+1}$이므로

$$E[Z] = A_x = \sum_{k=0}^{\infty} v^{k+1}{}_{k|}q_x \sum_{k=0}^{\infty} v^{k+1}\left({}_k p_x - {}_{k+1}p_x\right) \tag{5.12}$$

$$= v\sum_{k=0}^{\infty} v^k{}_k p_x - \sum_{k=0}^{\infty} v^{k+1}{}_{k+1}p_x \tag{5.13}$$

$$= v\sum_{k=0}^{\infty} v^k{}_k p_x - \sum_{k=1}^{\infty} v^k{}_k p_x \tag{5.14}$$

$$= 1-(1-v)\sum_{k=0}^{\infty} v^k{}_k p_x \tag{5.15}$$

식 (5.15)에서 나타나는 $\sum_{k=0}^{\infty} v^k{}_k p_x$의 의미를 생각해보자. 우선 $v^k{}_k p_x$는 나이 x인 개체가 나이 $x+k$에 받게되는 1의 현재가격이다. 이것을 모두 더한다는 의미는 나이 x인 개체가 $x+k, k = 0,1,2,3,\cdots$에 받게되는 연금 1의 현재가격의 평균값을 계산하는 것이다. 또는 $x+k, k = 0,1,2,3,\cdots$에 내야 하는 할부보험료의 현재가격의 평균값을 계산하는 것으로 이해할 수도 있다. ◁

보험료는 가입과 동시에 한꺼번에 내야 하는 것도 있지만, 많은 가입자를 모으기 위해서는 일정한 간격으로 내게 하는 것이 유리하다. 그런데 일정한 간격으로 보험료를 내는 것을 , 일정한 간격으로 돈을 받는 것을 생각하면, 연금과 보험료는 같은 방식으로 다룰 수 있다. 우선 일정한 간격으로 1씩 , 총 n회 받게되는 돈의 현재가격은 이미

$$\ddot{a}_{\overline{n}|;i} := 1+v+v+\cdots+v^{n-1} = \frac{1-v^n}{1-v} = \frac{1-v^n}{d}, \quad d = 1-v,\ v = \frac{1}{1+i} \tag{5.16}$$

로 표현했던 것을 기억하자. i는 돈이 지급되는 간격동안 이자율이다.

요약 5.7 [**종신연금(Whole Life Insurace)**] 연금이 지급되는 단위간격의 이자율을 i라 두자.

1. 나이 x인 개체가 $x+k, k=0,1,2,3\cdots$에 살아있는 동안 받게되는 종신연금을 생각하자. 이 종신연금의 현재가격을 나타내는 확률변수는

$$\ddot{a}_{\overline{K_x+1}|} := 1+v+v^2+\cdots+v^{K_x} = \frac{1-v^{K_x+1}}{1-v} \tag{5.17}$$

식이 이렇게 되는 이유는 연금은 살아있는 동안 받기 때문에 마지막 연금은 $x+K_x$에 받기 때문이다.

2. 확률변수 $\ddot{a}_{\overline{K_x+1}|}$의 평균값은 $\ddot{a}_x$로 나타낸다. 따라서

$$\ddot{a}_x = E[\ddot{a}_{\overline{K_x+1}|}] = \frac{1-E[v^{K_x+1}]}{d} = \frac{1-A_x}{d} = \sum_{k=0}^{\infty} v^k {}_kp_x \tag{5.18}$$

여기서 $A_x = E[v^{K_x+1}] = \sum_{k=0}^{\infty} v^{k+1} {}_{k|}q_x$

해설. 식 (5.18)는 이미 요약 5.6, 요약 5.7, 요약 5.9에서 다루었다. 그럼에도 식 (5.18)을 기억해두는 것이 편리하다. 식 (5.11)에 주의하자.

$$\ddot{a}_x := E\left[\ddot{a}_{\overline{K_x+1}|}\right] = E\left[\frac{1-v^{K_x+1}}{1-v}\right] = \frac{1-E\left[v^{K_x+1}\right]}{1-v} \tag{5.19}$$

$$= \frac{1-\left(1-(1-v)\sum_{k=0}^{\infty} v^k {}_kp_x\right)}{1-v} \tag{5.20}$$

$$= \sum_{k=0}^{\infty} v^k {}_kp_x \tag{5.21}$$

◁

요약 5.8 지금($t=0$)부터 각 기간 시작마다 1씩, 생존기간 동안 지급되는 연금의 현재가격을 나타내는 확률변수 $\ddot{a}_{\overline{K_x+1}|}$의 분산은

$$Var\left[\ddot{a}_{\overline{K_x+1}|}\right] = \frac{{}^2A_x - A_x^2}{d^2} \tag{5.22}$$

여기서 ${}^2A_x = \sum_{k=0}^{\infty} v^{2(k+1)} {}_{k|}q_x$이고, $A_x = E[v^{K_x+1}] = \sum_{k=0}^{\infty} v^{k+1} {}_{k|}q_x$.

해설. 일반적으로 확률변수 X가 주어지면, 임의의 실수 α, β에 대해서

$$Var[\alpha X+\beta] = \alpha^2 Var[X] \tag{5.23}$$

이고, $Var[X] = E\left[(X-E[X])^2\right] = E[X^2]-E[X]^2$. 따라서 $\ddot{a}_{\overline{K_x+1}|} = \frac{1-v^{K_x+1}}{d}$인 것을 생각하면

$$Var[\ddot{a}_{\overline{K_x+1}|}] = \frac{Var[v^{K_x+1}]}{d^2}$$

$$= Var\left[\frac{1-v^{K_x+1}}{d}\right] = \frac{Var[v^{K_x+1}]}{d^2} = \frac{{}^2A_x - A_x^2}{d^2}.$$

보기 5.1 *30세인 A씨는 종신보험에 가입했다. 보험료는 보험이 유지되는 동안 낸다. 다음과 같은 경우 매년 초에 납입하게 될 연납보험료를 구하라. 년이자율은 8%로 하자. 계산의 편의를 위하여 요약 5.3의 Ultimate Select Sirvival Model에서 선별구간을 적용하지 않고, 영업비용도 무시한다.*

1. 보험금 1을 사망과 동시에 지급할 때
2. 보험금 1을 사망한 해 말에 지급할 때

풀이 5.1 보험료 납입기간이 30회인 것에 주의하자.

1. 보험금의 현재가격을 나타내는 확률변수는 $Z = v^{T_x}$. 선별구간을 적용하지 않으므로 보험금의 현재가격을 A_{30}라 두고, 매년 납입하게 되는 보험료를 P_{30}이라 두면

$$\bar{A}_{30} = E[Z] = E[v^{T_x}] = \int_{t=0}^{\infty} v^t dF_x(t) = -\int_{t=0}^{\infty} e^{-\delta t} d_t\, {}_tp_{30}$$

이 적분을 계산하려면 ${}_tp_{30}$을 알아야 한다. ${}_tp_x$는 요약 4.31에서 다음과 같에 계산했다.

$$ {}_tp_{[x]} = \exp\Big(-\int_{s=0}^{t} \mu_{[x]+s} ds\Big) \tag{5.24}$$

$$ = \exp\Big(-(\frac{9}{10})^2(\frac{-1+(\frac{10}{9})^t}{\ln\frac{10}{9}}A + \frac{-1+c^t(\frac{10}{9})^t}{\ln(\frac{10}{9}c)}Bc^x)\Big), \tag{5.25}$$

$$ {}_tp_x = \exp\Big(-At - \frac{Bc^x}{\ln c}(c^t-1)\Big) \tag{5.26}$$

SageMath 나 Julia를 이용하여 적분을 계산하면 $\bar{A}_{30} = 0.0236425$. 이 적분을 손으로 계산하는 것은 의미가 없기 때문에 자격시험 같은 곳에서는 지료로 주어진다. 다음으로 매년 초에 납입하게 될 보험료 1의 현재가격을 나타내는 확률변수는, 보험료는 생존하는 동안만 내기 때문에

$$\ddot{a}_{\overline{K_{30}+1|}} := 1 + v + v^2 + \cdots + v^{K_x} = \frac{1-v^{K_{30}+1}}{1-v} \tag{5.27}$$

이 확률변수의 평균값은 $\ddot{a}_{30}$으로 나타낸다. 따라서 보험료를 P_{30}으로 두면 P_{30}은 다음 식을 만족시켜야 한다.

$$\bar{A}_{30} = P_{30}\ddot{a}_{30}, \quad \ddot{a}_{30} = \sum_{k=0}^{\infty} v^k\, {}_kp_{30}, \quad v = \frac{1}{1+0.08} \tag{5.28}$$

다시 SageMath나 Julia를 이용하여 $\ddot{a}_{30}$을 계산하면 $\ddot{a}_{30} = 13.1928$. 자격시험 같은 곳에서는 식 (5.27)에서 $\ddot{a}_{30} = \frac{1-A_{30}}{1-v}$ 로부터 A_{30}이 주어지는 경우가 많다. 따라서 연납보험료는 $P_{30} = \frac{\bar{A}_{30}}{\ddot{a}_{30}} = 0.00179207$.

보험금을 1을 사망한 해 말에 지급한다면, 현재가격을 나타내는 확률변수는 $Z - v^{K_x+1}$. 이 확률변수의 평균값은 A_x로 나타내고

$$A_{30} = E[Z^{K_{30}+1}] = \sum_{k=0}^{\infty} v^{k+1}\, {}_{k|}q_{30} = 0.0227537$$

앞에서 $\ddot{a}_{30}$을 계산했기 때문에 $P_{30} = \frac{A_{30}}{\ddot{a}_{30}} = 0.0017247$. 그런데 관계식 $\ddot{a}_{30} = \frac{1-A_{30}}{1-v}$ 을 활용하면

$$P_{30} = \frac{A_{30}}{\ddot{a}_{30}} = (1-v)\frac{A_{30}}{1-A_{30}} = 0.0017247$$

□

요약 5.9 A_x와 $\ddot{a}_x$의 관계는 보험금과 보험료의 관계로

$$\ddot{a}_x = \frac{1-A_x}{d}, \quad d = 1-v \tag{5.29}$$

해설. 식 (5.11)와 식 (5.18)에서 $A_x = 1-(1-v)\sum_{k=0}^{\infty} v^k\, {}_kp_x = 1 - d\sum_{k=0}^{\infty} v^k\, {}_kp_x = 1 - d\ddot{a}_x$. ◁

보기 5.2 *어떤 제품의 수명 ℓ_x가 다음과 같이 주어졌다 하자. x의 단위는 년이다.*

$$\ell_x = \begin{cases} 1000(1-\frac{x}{120}), & 0 \le x \le 120, \\ 0, & x > 120 \end{cases}$$

제품이 고장났을 때 즉시 보험금 1을 지급하는 보험이 있다. 이자율은 $i = 3\%$로 한다.

1. *출고 후 40년 된 제품의 기대수명을 구하여라.*
2. *$x = 40$일 때 종신보험에 가입했다. 이 보험금의 현재가격을 나타내는 확률변수를 쓰고, 기대값을 구하여라.*
3. *$K_x = [T_x]$라 하자. 즉 K_x는 T_x의 정수부분이다. $t = 0$ 부터 K_{40}까지 보험료 p를 낼 때, 낸 총 보험료의 현재가격을 표현하는 확률변수를 쓰고, 기대값을 구하여라.*
4. *이 종신보험의 보험료는 다른 영업비용이 없다면 얼마가 이상적인가?*

풀이 5.2 *지금 경우는 계산을 위한 ℓ_x가 주어졌다. 따라서*

$$ {}_tp_{40} = \frac{\ell_{40+t}}{\ell_{40}} = 1 - \frac{t}{80}, \quad dF_{40}(t) = \frac{1}{80}dt, \quad 0 \le t < 80 \tag{5.30}$$

1. $E[T_{40}] = \int_{t=0}^{80} t\,dF_{40}(t) = 40$
2. $Z_{40} = e^{-\delta T_{40}}$ 이고, $\bar{A}_{40} = E\left[Z_{40}\right] = E\left[e^{-\delta T_{40}}\right] = \int_{t=0}^{80} e^{-\delta t} dF_{40}(t) = \frac{1}{80}\int_0^{80} e^{-\delta t}dt \approx 0.383144$
3. 구하는 확률변수는 $p\left(1 + v + \cdots + v^{K_{40}}\right) = p\frac{1-v^{K_{40}+1}}{1-v} = p\ddot{a}_{\overline{K_{40}+1|}}$. 이 확률변수의 평균값은

$$p\ddot{a}_{40} := pE\left[\ddot{a}_{\overline{K_{40}+1|}}\right] = p\sum_{k=0}^{79} v^k {}_kp_{40} = p\sum_{k=0}^{79} v^k(1-\frac{k}{80}) \approx (21.3722)p$$

4. 보험료와 보험금의 평균값이 같아야 한다. $0.383144 = (21.3722)p$에서 $p = 0.0179272$.

위 계산에서 $\sum_{k=0}^n kv^k$의 값을 계산하는 것이 컴퓨터가 없다면 참 번거롭다. 여기서는 컴퓨터 활용의 필요성을 강조하는 뜻에서 직접 계산해보자. $S = \sum_{k=0}^n kv^k$라 두고, 합의 출발점을 변경해보자.

$$vS = \sum_{k=0}^{n} kv^{k+1} = \sum_{k-1=0}^{k-1=n} (k-1)v^k \tag{5.31}$$

$$= \sum_{k=1}^{n+1} (k-1)v^k = (n+1)v^{n+1} + S - \sum_{k=1}^{n+1} v^k \tag{5.32}$$

$$= (n+1)v^{n+1} + S - \frac{v - v^{n+2}}{1-v} \tag{5.33}$$

$$\tag{5.34}$$

따라서 $S = \sum_{k=0}^n kv^k = \frac{1}{1-v}\left(\frac{v-v^{n+2}}{1-v} - (n+1)v^{n+1}\right) = 778.769$ *그러므로*

$$\ddot{a}_{40} = \sum_{k=0}^{79} v^k(1-\frac{k}{80}) = \sum_{k=0}^{79} v^k - \frac{1}{80}\sum_{k=0}^{79} kv^k = 31.1068 - \frac{778.769}{80} = 21.3722$$

□

보기 5.3 *정해진 기간의 이자율을 $i = 5\%$라 하자. $t = 0, 1, 2, \cdots, 19$에 1을 지급받는 연금이 있다. 따라서 총 20회 1씩 받는다.*

1. *이 상품의 현재가격은 얼마인가?*
2. *짝수번째 받는 연금의 현개가격은 얼마인가?*
3. *홀수번째 받는 연금의 현재가격은 얼마인가?*

풀이 5.3 $i = 0.05$이므로 $d = \frac{i}{1+i} = 0.047619, v = \frac{1}{1+i} = 0.952381$.

1. $\ddot{a}_{\overline{20}|} = \frac{1-v^{20}}{d} = 13.0853$
2. 짝수번째 받는 연금의 현개가격은

$$1 + v^2 + v^4 + \cdots + v^{18} = \frac{1-(v^2)^{10}}{1-v^2} = 6.70224$$

3. 홀수번째 받는 연금의 현재가격은

$$v + v^3 + \cdots + v^{19} = \frac{v - v^{21}}{1-v^2} = 6.38308$$

짝수 번재 받는 연금의 현재가격과 홀수번째 받는 연금의 현재가격의 합은 전체 연금의 현재가격과 같아야 한다. 물론 계산과정의 작은 오차는 무시한다.

$$6.70224 + 6.38308 = 13.0853$$

□

요약 5.10 $A_x = E\left[v^{K_x+1}\right]$는 다음과 같은 도미노 성질이 있다.

$$A_x = v q_x + v p_x A_{x+1} = v\Big(q_x + p_x A_{x+1}\Big) \tag{5.35}$$

이 식의 의미는 현재가격은 계약 후 1년 후에 받는 보험금의 기대값과, 1년 이상 살고 받는 보험금의 기대값의 합을 1년 할인한 것이다.

해설. $A_x = E[v^{K_x+1}] = \sum_{k=0}^{\infty} v^{k+1}{}_{k|}q_x$로부터

$$A_x = \sum_{k=0}^{\infty} v^{k+1}{}_{k|}q_x = \sum_{k=0}^{\infty} v^{k+1}{}_k p_x q_{x+k} = v q_x + \sum_{k=1}^{\infty} v^{k+1} p_x {}_{k-1}p_{x+1} q_{x+1+k-1} \tag{5.36}$$

$$= v q_x + v p_x \sum_{k=0}^{\infty} v^k {}_k p_{x+1} q_{x+1+k} \tag{5.37}$$

$$= v q_x + v p_x A_{x+1} \tag{5.38}$$

A_x를 계산할 때, 무한급수의 합을 계산하는 것처럼 보이지만, 실제로는 그렇지 않다. 왜냐하면 사람의 수명은 길게 봐도 120을 넘지 않기 때문에,예를 들어 $k \geq 120$이면 ${}_{k|}q_x = 0$. ◁

사망과 동시에 1을 지급하는 보험의 지불준비금 $\bar{A}_x$는 확률변수

$$Z := e^{-\delta T_x} : \Omega_x \to [0, \infty)$$

의 평균값(기대값)이다. 좀 더 안정적인 경영을 위해서는 지불준비금의 분산을 아는 것이 중요하다. 정확한 표현은 확률변수 $e^{-\delta T_x}$의 분산이지만, 오해가 없으면 지불준비금의 분산이라 부르자.

요약 5.11 종신보험에서 보험금의 현재가격을 나타내는 확률변수의 분산은 연속으로 계산하는 경우

$$Var[Z] = E\left[\left(E - E[Z]\right)^2\right] = E[Z^2] - E[Z]^2 = {}^2\bar{A}_x - \left(\bar{A}_x\right)^2 \tag{5.39}$$

여기서 ${}^2\bar{A}_x = E[(e^{-\delta T_x})^2] = E[e^{-(2\delta)T_x}] = \int_{t=0}^{\infty} e^{-(2\delta)t} dF_x(t)$.

해설. $Var[Z]=E\left[\left(Z-E[Z]\right)^2\right]=E[Z^2]-E[Z]^2=\int_{t=0}^{\infty}e^{-(2\delta)t}dF_x(t)-\left(\bar{A}_x\right)^2={}^2\bar{A}_x-\left(\bar{A}_x\right)^2$ ◁

기호 ${}^2\bar{A}_x$*를 쓰는 것을 정당화 하면* $Z^2=\left(e^{-\delta T_x}\right)^2=e^{-(2\delta)T_x}$ *이므로 평균값* $E[Z^2]$*을 계산할 때,* $E[Z]:=\bar{A}_x=\int_{t=0}^{\infty}e^{-\delta t}dF_x(t)$*를 계산할 때와 다른 점은* δ*가* 2δ*로 바뀐 것 밖에 없다. 때문에*

$$E[Z^2]=\int_{t=0}^{\infty}e^{-(2\delta)t}dF_x(t):={}^2\bar{A}_x \tag{5.40}$$

로 표현하는 것이 자연스럽다.

요약 5.12 보험금을 사망년도 말에 지급하는 경우] 년실질이율을 i로 할 때,

1. 종신보험일 때 보험금의 현재가격을 나타내는 확률변수 $Z_x=v^{K_x+1}$의 평균값은

$$A_x:=E\left[v^{K_x+1}\right]=\sum_{k=0}^{\infty}v^{k+1}{}_{k|}q_x=vq_x+v^2{}_{1|}q_x+v^3{}_{2|}q_x+\cdots$$

이 식에서 q_x는 나이가 x인 사람이 1년 이내 사망할 확률을 나타내고, ${}_{k|}q_x$는 나이가 x인 사람의 k년을 더 살고, 그로부터 1년 이내에 사망할 확률을 나타낸다.

2. 보험금의 현재가격을 나타내는 확률변수 $Z_x=v^{K_x+1}$의 분산은

$$Var[Z_x]=E\left[(Z_x-E[Z_x])^2\right]=E\left[\left(v^{K_x+1}\right)^2\right]-\left(A_x\right)^2 \tag{5.41}$$

$$=\sum_{k=0}^{\infty}v^{2(k+1)}{}_{k|}q_x-\left(A_x\right)^2 \tag{5.42}$$

$$={}^2A_x-\left(A_x\right)^2 \tag{5.43}$$

위 식에서 ${}^2A_x:=E\left[\left(v^{K_x+1}\right)^2\right]=\sum_{k=0}^{\infty}v^{2(k+1)}{}_{k|}q_x$.

5.3 보험금, 연금표 만들기

보험금의 현재가격, 연금의 현재가격에 대한 확실한 개념 정립을 위해서는 독자 스스로 보험금 표와 연금표를 만들어보는 것이 무엇보다도 중요하자. 이 절에서는 연습을 위한 표준생존모델을 이용해서 표를 만들어보자. `SageMath`*나 휴태폰에서 Google colab에 접속한 후 Python3를 이용하자. 그러나 항상 PC를 상요할 수 있는 상황도 아니고, 노트북을 들고다니는 것도 거추장스러운 일이기 때문에 휴대폰을 쓸 것을 권한다.*

Makeham's Model

$$\mu_t=A+Bc^t,\quad A=0.00022, B=2.7\times10^{-6},\quad c=1.124 \tag{5.44}$$

을 이용하여 보험료 표를 만어보자. 이 모델은 통계표로 주어지는 생명표와 근사하게 잡아서, 보험금, 보험료 등 보험과 관련된 계산을 컴퓨터를 이용하여 편리하게 계산할 수 있어 보험수학을 이해하는데 도움이 된다. 먼저 $S_0(t)$*를 계산하면*

$$\left(\ln S_0(t)\right)'=\frac{S_0'(t)}{S_0(t)}=-\mu_t=A+Bc^t$$

로부터

$$S_0(t)=Pr[T_0>t]=\exp\left(-At-\frac{B}{\ln c}\left(c^t-1\right)\right) \tag{5.45}$$

이 식 (5.45)에 따라 표를 만들면

표 5.1: Makeham's Model을 따른 사망한 기간의 끝에 1을 지급하는 종신보험의 현재가격의 평균값

n	$\bar{A}_n$	A_n	$A_n^{(12)}$	n	$\bar{A}_n$	A_n	$A_n^{(12)}$
20	0.0504308	0.0492193	0.0503284	61	0.309878	0.302426	0.309249
21	0.0527097	0.0514435	0.0526027	62	0.322712	0.31495	0.322056
22	0.0550996	0.053776	0.0549877	63	0.335933	0.327852	0.335251
23	0.0576056	0.0562218	0.0574886	64	0.349537	0.341127	0.348828
24	0.060233	0.0587862	0.0601108	65	0.36352	0.354772	0.362782
25	0.0629876	0.0614746	0.0628597	66	0.377872	0.368777	0.377105
26	0.065875	0.0642927	0.0657413	67	0.392584	0.383133	0.391787
27	0.0689014	0.0672464	0.0687615	68	0.407644	0.397828	0.406816
28	0.0720729	0.0703417	0.0719265	69	0.423037	0.412848	0.422178
29	0.0753959	0.073585	0.0752429	70	0.438747	0.428176	0.437856
30	0.0788774	0.0769828	0.0787172	71	0.454752	0.443793	0.453829
31	0.082524	0.0805419	0.0823565	72	0.471032	0.459677	0.470076
32	0.0863431	0.0842693	0.0861678	73	0.487562	0.475804	0.486572
33	0.0903421	0.0881722	0.0901587	74	0.504314	0.492147	0.50329
34	0.0945285	0.0922581	0.0943366	75	0.521258	0.508677	0.5202
35	0.0989103	0.0965346	0.0987094	76	0.538362	0.525362	0.537269
36	0.103495	0.10101	0.103285	77	0.555591	0.542167	0.554462
37	0.108292	0.105691	0.108072	78	0.572907	0.559057	0.571743
38	0.113309	0.110588	0.113079	79	0.590271	0.575992	0.589072
39	0.118555	0.115707	0.118314	80	0.607643	0.592933	0.606408
40	0.124039	0.121059	0.123787	81	0.624979	0.609838	0.623709
41	0.129769	0.126652	0.129505	82	0.642235	0.626663	0.64093
42	0.135755	0.132494	0.135479	83	0.659368	0.643365	0.658028
43	0.142006	0.138595	0.141718	84	0.676331	0.659899	0.674957
44	0.148531	0.144963	0.14823	85	0.69308	0.676222	0.691672
45	0.15534	0.151609	0.155025	86	0.709571	0.692289	0.708128
46	0.162443	0.15854	0.162113	87	0.725759	0.708058	0.724283
47	0.169848	0.165767	0.169503	88	0.741602	0.723486	0.740094
48	0.177564	0.173298	0.177204	89	0.757061	0.738535	0.755521
49	0.185601	0.181142	0.185224	90	0.772097	0.753166	0.770526
50	0.193968	0.189308	0.193574	91	0.786675	0.767345	0.785075
51	0.202674	0.197804	0.202262	92	0.800765	0.781041	0.799135
52	0.211726	0.206638	0.211296	93	0.814337	0.794226	0.81268
53	0.221132	0.215818	0.220683	94	0.827369	0.806875	0.825685
54	0.230901	0.225351	0.230432	95	0.839841	0.818968	0.83813
55	0.241038	0.235244	0.240548	96	0.851736	0.83049	0.850001
56	0.251549	0.245503	0.251039	97	0.863045	0.841428	0.861286
57	0.262441	0.256133	0.261908	98	0.87376	0.851775	0.871979
58	0.273717	0.267137	0.273162	99	0.88388	0.861527	0.882077
59	0.285381	0.278519	0.284802	100	0.893407	0.870684	0.891584
60	0.297434	0.290282	0.29683	101	0.902347	0.879252	0.900505

보기 5.4 *표준한계생존모델(USSM)을 이용하여 $x = 20, 40, 60$ 일 때 다음 값을 구하여라.*

1. $\bar{A}_x$ *2.* A_x

풀이 5.4 *무엇보다도 먼저 주어진 사력 함수 μ_x를 이용하여 ${}_tp_x$를 구하는 것이 중요하다. $\mu_{x+t} = -\frac{\frac{d_tp_x}{dt}}{{}_tp_x}$ 로 부터*

$$ {}_tp_x = \exp\big(-\int_0^t \mu_{x+s} ds\big) \tag{5.46} $$

$\mu_x = A + Bc^x$ 꼴 이므로 이 적분을 x의 식으로 깔끔하게 표현되지 않는다.

1.

$$\begin{aligned}\bar{A}_x = E[e^{-\delta T_x}] &= \int_0^\infty e^{-\delta t} dF_x(t)dt \\ &= -\int_0^\infty e^{-\delta t} d_t p_x \\ &= -\left[e^{-\delta t}{}_t p_x\right|_{t=0}^\infty - \delta \int_0^\infty e^{-\delta t}{}_t p_x dt \\ &= 1 - \delta \int_0^\infty e^{-\delta t}{}_t p_x dt\end{aligned}$$

이 적분을 ${}_t p_x = \exp\left(-\int_0^t \mu_{x+s} ds\right)$을 이용하여 정확하게 계산하는 것은 큰 의미가 없다. 컴퓨터를 이용하여 근사값을 계산하면 다음과 같다.

x	$\bar{A}_x$
20	0.0504308
40	0.124039
60	0.297434

2. *먼저 ${}_{k|}q_x \equiv {}_{k|1}q_x = {}_k p_x - {}_{k+1}p_x$ 인 것에 주의하면, $Z = v^{K_x+1}$ 이므로*

$$E[Z] = A_x = \sum_{k=0}^\infty v^{k+1}{}_{k|}q_x = \sum_{k=0}^\infty v^{k+1}\left({}_k p_x - {}_{k+1}p_x\right) \tag{5.47}$$

$$= v\sum_{k=0}^\infty v^k{}_k p_x - \sum_{k=0}^\infty v^{k+1}{}_{k+1}p_x = v\sum_{k=0}^\infty v^k{}_k p_x - \sum_{k=1}^\infty v^k{}_k p_x \tag{5.48}$$

$$= 1-(1-v)\sum_{k=0}^\infty v^k{}_k p_x \tag{5.49}$$

$$= 1-(1-v)\ddot{a}_x \tag{5.50}$$

컴퓨터를 이용하여 근사값을 계산하면

x	A_x
20	0.0492193
40	0.121059
60	0.290282

□

5.4 보장기간이 정해진 보험(Term Insurance) , 연금

종신보험과 달리 보장기간이 정해진 보험을 생각하자. 보장기간이 n으로 정해졌다는 뜻은 예를 들어 보험을 산 시점으로부터 n 년 이내에 죽었을 때에만 보험금을 지급하는 것이다.

보장기간이 n으로 정해진 보험의 경우는 , 보험지급 사유가 보장기간 $(x, x+n)$에 발생 했는지, 아니면 $[x+n, \infty)$에 발생했는지가 중요하자. 따라서 이 보험금의 현재가격을 나타내는 확률변수는

1. **축하금이 없는 경우**: *보장기간 동안 보험금 지급사유가 발생하지 않은 경우, 보장기간이 끝나면 아무런 혜택이 없는 순수보장성 보험의 경우는*

$$Z_{x,n}^c = \begin{cases} v^{T_x}, & T_x < n \\ 0, & T_x \geq n \end{cases}, \quad \text{보험금을 사망과 동시에 지급할 때} \tag{5.51}$$

$$Z_{x,n}^d = \begin{cases} v^{K_x+1}, & K_x \leq n-1 \\ 0, & K_x \geq n \end{cases}, \quad \text{보험금을 사망한 해 말에 지급할 때} \tag{5.52}$$

2. **축하금이 있는 경우**: *보장기간 동안 보험금 지급사유가 발생하지 않은 경우, 보장기간이 끝나는* $x+n$*에 축하금(endowment) 1을 지급하는 축하금이 있는 보험인 경우는*

$$W_{x,n} = v^{\min\{T_x,n\}} = \begin{cases} v^{T_x}, & T_x < n \\ v^n, & T_x \geq n \end{cases} \tag{5.53}$$

확률변수 $Z^c_{x,n}$*의 평균은 연속으로 계산하는 경우* $\bar{A}^1_{x:\overline{n}|}$*로 나타내고, 일정한 간격으로 계산하는 경우는* $A^1_{x:\overline{n}|}$ *로 나타낸다. 확률변수* $Z^c_{x,n}$*의 분산은* $T_x < n$*이면* $Z_{x,n} = e^{-\delta T_x}$ *이고,* $T_x \geq n$*이면* $Z_{x,n} \equiv 0$*이므로*

$$Var[Z^c_{x,n}] = E[{Z^c_{x,n}}^2] - E[Z^c_{x,n}]^2 = E[{Z^c_{x,n}}^2] - \left(\bar{A}^1_{x:\overline{n}|}\right)^2 = {}^2\bar{A}^1_{x:\overline{n}|} - \left(\bar{A}^1_{x:\overline{n}|}\right)^2 \tag{5.54}$$

위 식에서

$$\bar{A}^1_{x:\overline{n}|} := \int_{t=0}^{n} e^{-\delta t} dF_x(t), \qquad {}^2\bar{A}^1_{x:\overline{n}|} := \int_{t=0}^{n} e^{-(2\delta)t} dF_x(t) \tag{5.55}$$

요약 5.13 [보장기간이 n인 보험, 사망과 동시에 보험금을 지급하는 경우] 년실질이율을 i라 하자. 보장기간이 n인 경우, 사망과 동시에 보험금 1이 지급될 때, 이 보험금을 현재가격을 나타내는 확률변수의 평균값은

1. 보험금 지급 사유가 없을 때, 아무런 혜택이 없는 순수보장성 보험의 경우 $T_x < n$일 때에만 보험금을 지급하기 때문에

$$\bar{A}^1_{x:\overline{n}|} = E[Z^c_{x,n}] = \int_{t=0}^{n} e^{-\delta t} dF_x(t) \tag{5.56}$$

2. 보험금 지급 사유가 없을 때, $x+n$에 축하금 1을 지급하는 축하금이 있는 보험의 경우

$$\bar{A}_{x:\overline{n}|} = E[W_{x,n}] = \int_{t=0}^{n} e^{-\delta t} dF_x(t) + v^n {}_n p_x = \bar{A}^1_{x:\overline{n}|} + A_{x:\overline{n}|}^{\;\;1} \tag{5.57}$$

3. 나이 x, 보장기간 n, 축하금이 없고, 보험금을 사유방생과 동시에 지급하는 경우

$$Var[Z^c_{x,n}] = {}^2\bar{A}^1_{x:\overline{n}|} - \left(\bar{A}^1_{x:\overline{n}|}\right)^2. \tag{5.58}$$

이 식에서

$$\bar{A}^1_{x:\overline{n}|} := \int_{t=0}^{n} e^{-\delta t} dF_x(t), \qquad {}^2\bar{A}^1_{x:\overline{n}|} := \int_{t=0}^{n} e^{-(2\delta)t} dF_x(t) \tag{5.59}$$

해설. 각각의 경우 사망보험금의 현재가격의 평균은

1. 보험금을 사망과 동시에 지급하는 경우 평균값을 $\bar{A}^1_{x:\overline{n}|}$로 나타내고,

$$\begin{aligned} \bar{A}^1_{x:\overline{n}|} &= \int_{t=0}^{n} v^t {}_t p_x \mu_{x+t} dt = \int_{t=0}^{n} e^{-\delta t} {}_t p_x \mu_{x+t} dt \\ &= -\int_{t=0}^{n} e^{-\delta t} \frac{d}{dt} {}_t p_x \, dt \\ &= 1 - \delta \int_{t=0}^{n} e^{-\delta t} {}_t p_x dt - v^n {}_n p_x, \quad v = \frac{1}{1+i} = e^{-\delta} \end{aligned}$$

위 식에 나타나는 값 $v^n {}_n p_x$를 특별한 이름이 있다. 보통 축하금(endowment)이라 부르고 $A_{x:\overline{n}|}^{\;\;1}$ 또는 ${}_nE_x$ 등으로 표시한다. 즉

$$A_{x:\overline{n}|}^{\;\;1} := v^n {}_n p_x := {}_nE_x. \tag{5.60}$$

여기에 더해서 새로운 기호 $\bar{A}_{x:\overline{n}|}$을

$$\bar{A}_{x:\overline{n}|} := \bar{A}^1_{x:\overline{n}|} + A_{x:\overline{n}|}^{\;\;1} = 1 - \delta \int_{t=0}^{n} e^{-\delta t} {}_t p_x dt.$$

위 식에 나타나는 적분도 자주 나타나는 것이어서 이름이 있다:

$$\bar{a}_{x:\overline{n}|} = \int_{t=0}^{n} e^{-\delta t}\,{}_t p_x dt. \tag{5.61}$$

이 기호를 쓰면

$$\bar{A}^{1}_{x:\overline{n}|} = 1 - \delta\,\bar{a}_{x:\overline{n}|} - A_{x:\overline{n}|}^{\ \ 1}, \tag{5.62}$$

$$\bar{A}_{x:\overline{n}|} = \bar{A}^{1}_{x:\overline{n}|} + \bar{A}_{x:\overline{n}|}^{\ \ 1}, \tag{5.63}$$

$$\bar{A}_{x:\overline{n}|} = 1 - \delta\,\bar{a}_{x:\overline{n}|}. \tag{5.64}$$

요약 5.14 [보장기간이 n인 보험, 사망한 해 말에 보험금을 지급하는 경우]

1. 기간이 n인 보험 (Term insurance)이고, 만기 축하금이 없고, 보험금은 사유발생 기간 말에 지급하는 경우

$$A^{1}_{x:\overline{n}|} := E[Z^{d}_{x,n}]$$

2. 기간이 n인 보험 (Term insurance)이고, 만기 축하금 있고, 보험금은 사유발생 기간 말에 지급하는 경우

$$A_{x:\overline{n}|} := E[W_{x,n}]$$

3. 기간이 n인 보험 (Term insurance)이고, 만기 축하금이 없고, 보험금은 사유발생 기간 말에 지급하는 경우

$$Var[Z^{d}_{x,n}] = E\left[\left(Z^{d}_{x,n} - E[Z^{d}_{x,n}]\right)^2\right] = {}^2A^{1}_{x:\overline{n}|} - \left(A^{1}_{x:\overline{n}|}\right)^2 \tag{5.65}$$

위 식에서

$$A^{1}_{x:\overline{n}|} = \sum_{k=0}^{n-1} v^{k+1}\,{}_{k|}q_x = v\,q_x + v^2\,{}_{1|}q_x + v^3\,{}_{2|}q_x + \cdots + v^n\,{}_{n-1|}q_x \tag{5.66}$$

$${}^2A^{1}_{x:\overline{n}|} = \sum_{k=0}^{n-1} (v^2)^{k+1}\,{}_{k|}q_x = (v^2)\,q_x + (v^2)^2\,{}_{1|}q_x + (v^2)^3\,{}_{2|}q_x + \cdots + (v^2)^n\,{}_{n-1|}q_x \tag{5.67}$$

해설.

1. 보험금을 사망한 해 말에 지급하는 경우는 그 평균값은 $A^{1}_{x:\overline{n}|}$으로 표시하고,

$$A^{1}_{x:\overline{n}|} = \sum_{k=0}^{n-1} v^{k+1}\,{}_{k|}q_x. \tag{5.68}$$

이제 ${}_{k|}q_x = {}_k p_x - {}_{k+1}p_x$ 인 것을 이용하여 더 계산하면

$$A^{1}_{x:\overline{n}|} = \sum_{k=0}^{n-1} v^{k+1}\,{}_{k|}q_x = \sum_{k=0}^{n-1} v^{k+1}\left({}_k p_x - {}_{k+1}p_x\right) \tag{5.69}$$

$$= \sum_{k=0}^{n-1} v^{k+1}\,{}_k p_x - \sum_{k=0}^{n-1} v^{k+1}\,{}_{k+1}p_x \tag{5.70}$$

$$= v\sum_{k=0}^{n-1} v^{k}\,{}_k p_x - \sum_{k=1}^{n} v^{k}\,{}_k p_x \tag{5.71}$$

$$= v\sum_{k=0}^{n-1} v^{k}\,{}_k p_x - \sum_{k=0}^{n-1} v^{k}\,{}_k p_x + 1 - v^n\,{}_n p_x \tag{5.72}$$

$$= 1 - v^n\,{}_n p_x - (1-v)\sum_{k=0}^{n-1} v^{k}\,{}_k p_x \tag{5.73}$$

$$= 1 - A_{x:\overline{n}|}^{\ \ 1} - d\sum_{k=0}^{n-1} v^{k}\,{}_k p_x, \quad d = 1 - v = \frac{i}{1+i} \tag{5.74}$$

여기에서 새로운 기호 $\ddot{a}_{x:\overline{n}|}$을 도입하자:

$$\ddot{a}_{x:\overline{n}|} := \sum_{k=0}^{n-1} v^k {}_kp_x = 1 + v p_x + v^2 {}_2p_x + v^3 {}_3p_x + \cdots + v^{n-1} {}_{n-1}p_x. \tag{5.75}$$

새로운 기호를 쓰면 $A^1_{x:\overline{n}|} = 1 - A_{x:\overline{n}|}^{\ \ 1} - d\ddot{a}_{x:\overline{n}|}$

2. $A_{x:\overline{n}|} = \sum_{k=0}^{n-1} v^{k+1} {}_{k|}q_x + v^n {}_np_x = A^1_{x:\overline{n}|} + A_{x:\overline{n}|}^{\ \ 1}$ 다른 표현과의 관계는

$$A_{x:\overline{n}|} := A^1_{x:\overline{n}|} + A_{x:\overline{n}|}^{\ \ 1}, \quad A_{x:\overline{n}|} = 1 - d\ddot{a}_{x:\overline{n}|}$$

요약 5.15 [기간이 정해진 연금] 생존하는 동안, $t = 0, 1, 2, \cdots, n-1$에 1을 지급하는 연금의 현재가격을 나타내는 확률변수는

$$\ddot{a}_{\overline{\min\{K_x+1,n\}}|} := \begin{cases} 1 + v + \cdots + v^{K_x}, & K_x < n \\ 1 + v + \cdots + v^{n-1}, & K_x \geq n \end{cases} = \frac{1 - v^{\min\{K_x+1,n\}}}{1 - v} \tag{5.76}$$

로 나타낸다. 확률변수 $\ddot{a}_{\overline{\min\{K_x+1,n\}}|}$의 평균값은 $\ddot{a}_{x:\overline{n}|}$으로 나타낸다. 따라서

$$\ddot{a}_{x:\overline{n}|} = E\left[\frac{1 - v^{\min\{K_x+1,n\}}}{1 - v}\right] = \frac{1 - E\left[v^{\min\{K_x+1,n\}}\right]}{1 - v} = \frac{1 - A_{x:\overline{n}|}}{1 - v} \tag{5.77}$$

보기 5.5 *나이 x인 사람이 $t = 0, 1, 2, \cdots, 9$까지는 u 을 납입하고, $t = 10, 11, \cdots$ 에는 w를 납입한다.*

1. *납입기간이 생존기간이 경우 납입금의 현재가격을 나타내는 확률변수의 평균값을 구하여라.*
2. *납입기간이 생존하는 동안 최대 $n > 10$회인 경우 납입금의 현재가격을 나타내는 확률변수의 평균값을 구하여라.*

풀이 5.5 *납입금의 현재가격을 나타내는 확률변수를 분면히 하는 것이 중요하다.*

1. *납입기간의 제한이 없는 경우는*

$$Y := \begin{cases} u(1 + v + \cdots + v^{\min\{K_x,9\}}) = u\frac{1-v^{\min\{K_x+1,10\}}}{1-v}, & K_x \leq 9 \\ u(1 + v + \cdots + v^9) + w\left(v^{10} + v^{11} + \cdots + v^{K_x}\right), & K_x \geq 10 \end{cases} \tag{5.78}$$

$K_x \geq 10$인 경우 확률변수를 정리하면

$$u(1 + v + \cdots + v^9) + w\left(v^{10} + v^{11} + \cdots + v^{K_x}\right) = w\sum_{k=0}^{K_x} v^k + (u - w)\sum_{k=0}^{9} v^k \tag{5.79}$$

$$= w\frac{1 - v^{K_x+1}}{1 - v} + (u - w)\frac{1 - v^{10}}{1 - v} \tag{5.80}$$

따라서 납입보험료의 현재가을 나타내는 확률변수 Y 의 평균값은

$$u\sum_{k=0}^{9} \frac{1 - v^{k+1}}{1 - v} {}_{k|}q_x + w\sum_{k=10}^{\infty} \frac{1 - v^{k+1}}{1 - v} {}_{k|}q_x + (u - w)\frac{1 - v^{10}}{1 - v}\sum_{k=10}^{\infty} {}_{k|}q_x \tag{5.81}$$

$$= w\sum_{k=0}^{\infty} \frac{1 - v^{k+1}}{1 - v} {}_{k|}q_x + (u - w)\sum_{k=0}^{9} \frac{1 - v^{k+1}}{1 - v} {}_{k|}q_x + (u - w)\frac{1 - v^{10}}{1 - v} {}_{10}p_x \tag{5.82}$$

$$= w\frac{1 - A_x}{1 - v} + (u - w)\frac{1 - {}_{10}p_x - A^1_{x:\overline{10}|}}{1 - v} + (u - w)\frac{{}_{10}p_x - v^{10}{}_{10}p_x}{1 - v} \tag{5.83}$$

$$= w\ddot{a}_x + (u - w)\frac{1 - A_{x:\overline{10}|}}{1 - v} = w\ddot{a}_x + (u - w)\ddot{a}_{x:\overline{10}|} \tag{5.84}$$

확률변수 (5.78)을 다시 이해해보자. 이 확률변수 Y는 2개의 확률변수의 합으로 표현할 수 있다.

$$Y_1 = \begin{cases} u(1+v+\cdots+v^{K_x}), & K_x \le 9 \\ 0, & K_x > 9 \end{cases} \tag{5.85}$$

$$Y_2 := \begin{cases} 0, & K_x \le 9 \\ u(1+v+\cdots+v^9)+w\big(v^{10}+v^{11}+\cdots+v^{K_x}\big), & K_x \ge 10 \end{cases} \tag{5.86}$$

$$Y = Y_1 + Y_2 \tag{5.87}$$

특히 요약 5.7의 표현

- $\ddot{a}_{\overline{K_x+1}|} = 1+v+\cdots+v^{K_x}$
- $\ddot{a}_x := E[\ddot{a}_{\overline{K_x+1}|}]$
- $A_x = E[v^{K_x+1}] = \sum_{k=0}^{\infty} v^{k+1}{}_{k|}q_x$
- $\ddot{a}_{x:\overline{n}|} := E\big[\ddot{a}_{\overline{\min\{K_x+1,n\}}|}\big]$

을 쓰면 확률변수 Y는 다음과 같이 표현된다:

$$Y = Y_1 + Y_2 = \begin{cases} u\ddot{a}_{\overline{K_x+1}|}, & K_x \le 9 \\ 0, & K_x > 9 \end{cases} + \begin{cases} 0, & K_x \le 9 \\ w\ddot{a}_{\overline{K_x+1}|} + (u-w)a_{\overline{10}|,i}, & K_x > 9 \end{cases} \tag{5.88}$$

$$= w\ddot{a}_{\overline{K_x+1}|} + (u-w)\ddot{a}_{\overline{\min\{K_x+1,10\}}|} \tag{5.89}$$

따라서 확률변수 Y의 평균값은 $w\ddot{a}_x + (u-w)\ddot{a}_{x:\overline{10}|}$.

요약 5.16 [기간별로 수급금액이 다른 연금의 현재가격]

1. $t = 0,1,\cdots,n-1$ 까지는 매회 u를 받고, $t = n, n+1, \cdots$ 에는 w를 받는 연금의 현재가격을 나타내는 확률변수와 그 평균값은

$$\text{확률변수: } w\ddot{a}_{\overline{K_x+1}|} + (u-w)\ddot{a}_{\overline{\min\{K_x+1,n\}}|}, \quad \text{평균값: } w\ddot{a}_x + (u-w)\ddot{a}_{x:\overline{n}|} \tag{5.90}$$

2. $t = 0,1,\cdots,n-1$ 까지는 매회 u를 받고, $t = n, n+1,\cdots,.M-1$에는 w를 받는 연금의 현재가격을 나타내는 확률변수와 그 평균값은

$$\text{확률변수: } w\begin{cases} \ddot{a}_{\overline{\min\{K_x+1,M\}}|}, & K_x < M \\ \ddot{a}_{\overline{M}|,i}, & K_x \ge M \end{cases} + (u-w)\begin{cases} \ddot{a}_{\overline{\min\{K_x+1,n\}}|}, & K_x < n \\ \ddot{a}_{\overline{n}|,i}, & K_x \ge n \end{cases} \tag{5.91}$$

$$\text{평균값: } w\ddot{a}_{x:\overline{M}|} + (u-w)\ddot{a}_{x:\overline{n}|} \tag{5.92}$$

해설. 연금 받는 기간에 정해진 2번만 살펴보자. 확률변수는

$$Y = \begin{cases} u(1+v+\cdots+v^{K_x}), & K_x < n \\ u(1+v+\cdots+v^{n-1}) + w(v^n+v^{n+1}+\cdots+v^{\min\{K_x,M-1\}}), & n \le K_x < M \end{cases} \tag{5.93}$$

$$= \begin{cases} u\ddot{a}_{\overline{\min\{K_x+1,n\}}|}, & K_x < n \\ (u-w)a_{\overline{n}|,i} + w\ddot{a}_{\overline{\min\{K_x+1,M\}}|}, & n \le K_x < M \\ u(1+v+\cdots+v^{n-1}) + w(v^n+v^{n+1}+\cdots+v^{M-1}), & K_x \ge M \end{cases} \tag{5.94}$$

$$= w\begin{cases} \ddot{a}_{\overline{\min\{K_x+1,M\}}|}, & K_x < M \\ \ddot{a}_{\overline{M}|,i}, & K_x \ge M \end{cases} + (u-w)\begin{cases} \ddot{a}_{\overline{\min\{K_x+1,n\}}|}, & K_x < n \\ \ddot{a}_{\overline{n}|,i}, & K_x \ge n \end{cases} \tag{5.95}$$

따라서 평균값은 $E[Y] = w\ddot{a}_{x:\overline{M}|} + (u-w)\ddot{a}_{x:\overline{n}|}$ ◁

보기 5.6 *30세인 A씨는 30년 납 종신보험에 가입했다. 다음과 같은 조건 아래서 최초에 납입하게 될 연납보험료를 구하라. 이자율은 8%로 하고, Standard Ultimate Sirvival Model(SUSM)을 쓴다.*

- *보험금은 사망연도 말에 지급한다.*
- *사망 시점이 10년 이내이면 사망보험금을 1을, 10년 초과이면 사망보험금 5를 지급.*
- *처음 10년 동안 매년 초에 납입하는연납보험료는, 그 후 20년 동안 매년 초에 납입하는 연납보험료의 $\frac{1}{2}$.*

풀이 5.6 *지급해야 할 보험금의 현재가격을 나타내는 확률변수는*

$$Z = \begin{cases} v^{K_x+1}, & K_x \le 9 \\ 5v^{K_x+1}, & K_x \ge 10 \end{cases}$$

따라서 지급해야 할 보험금의 현재가격의 평균값은

$$5A_{30} - 4A^{1}_{30:\overline{10}|}. \tag{5.96}$$

$x = 30$에 가입한 이 보험계약자로부터 보험회사가 받는 보험료의 현재가격을 나타내는 확률변수는, 연납보험료를 P라 두고 요약 5.16을 활용하면 $x = 30, u = \frac{1}{2}P, w = P, n = 10, M = 30$ 에 해당하므로

$$P\ddot{a}_{30:\overline{30}|} - \frac{1}{2}P\ddot{a}_{30:\overline{10}|}$$

따라서 구하는 보험료는

$$P = \frac{5A_{30} - 4A^{1}_{30:\overline{10}|}}{\ddot{a}_{30:\overline{30}|} - \frac{1}{2}\ddot{a}_{30:\overline{10}|}}$$

그런데 $A_{30:\overline{10}|} = 1 - d\ddot{a}_{30:\overline{10}|}$, $A_{30} = A^{1}_{30:\overline{10}|} + v^{10}{}_{10}p_{30}A_{40}$ 을 생각하면, $A_{30}, A_{30:\overline{10}|}, \ddot{a}_{30:\overline{30}|}$ 을 계산하면 되지만, 여기서는 모두 계산하자.

- $A_{30} = 0.0226984$
- $\ddot{a}_{30:\overline{10}|} = 7.2374$
- $A^{1}_{30:\overline{10}|} = 0.00289433$
- $\ddot{a}_{30:\overline{30}|} = 12.1005$
- ${}_{10}p_{30} = 0.996099$

이 값을 대입하면 보험료 P는

$$P = \frac{5A_{30} - 4A^{1}_{30:\overline{10}|}}{\ddot{a}_{30:\overline{30}|} - \frac{1}{2}\ddot{a}_{30:\overline{10}|}} = 0.0120157$$

□

보기 5.7 *나이 x인 개체 수가 $\ell_x = 255\left(1 - \frac{x}{20}\right)$, $0 \le x \le 20$으로 주어졌다. $x > 20$ 인 경우는 $\ell_x = 0$이다. 이자율이 5%일 때 $\bar{A}_{10}, \bar{A}^{1}_{10:\overline{5}|}, A_{10:\overset{1}{\overline{5}|}}, \bar{A}_{10:\overline{5}|}$을 구하여라.*

풀이 5.7 *기호가 대문자 A인 것을 보면 지급되는 보험금의 현재격의 평균값을 계산하는 문제인 것을 알 수 있다. 또 A의 머리에 $^-$가 있는 것은 이자가 연속으로 계산되는 것을 알 수 있다. 지금 경우는 ${}_tp_x = \frac{\ell_{x+t}}{\ell_x} = 1 - \frac{t}{20-x}$로 쉬운 수식으로 표현된다. 따라서 적분변수가 x가 아니라 t인 것에 주의하면, $F_x(t) = 1 - S_x(t) = 1 - {}_tp_x$이므로*

$$dF_x(t) = d\left(1 - {}_tp_x\right) = -d_tp_x = -d\left(1 - \frac{t}{20-x}\right) = \frac{1}{20-x}dt \tag{5.97}$$

- *$\bar{A}_{10}$의 계산: 이것은 나이 10인 개체가, 보장기간이 가입후 생존하는 동안인 종신보험에서 보험지급 사유 발생과 동시에 지급되는 보험금 1의 현재가격을 나타내는 확률변수 Z의 평균값을 나타낸다. 우선 확률변수 Z는 $Z = v^{T_{10}} = e^{-\delta T_{10}}$. 이제 $\delta = \ln(1+i) = \ln(1+0.05)$와 $dF_{10}(t) = \frac{1}{20-10}dt = \frac{1}{10}dt$ 인 것을 이용하면,*

$$\bar{A}_{10} = E[Z] = E[e^{-\delta T_{10}}] = \int_{t=0}^{\infty} e^{-\delta t} dF_{10}(t) \tag{5.98}$$

$$= \int_{t=0}^{20-10} e^{-\delta t} \frac{1}{10} dt = \frac{1}{10} \int_{0}^{10} e^{-\delta t} dt \tag{5.99}$$

$$= \frac{1 - e^{-10\delta}}{10\delta} \approx 0.791321 \tag{5.100}$$

이식에서 적분의 위끝 ∞가 갑자기 $20-10=10$으로 바뀐 것은 $x > 20$이면 $\ell_x = 0$이므로, $t > 10$이면 $F_{10}(t) \equiv 1$이고, 따라서 $dF_{10}(t) = 0dt$가 되기 때문이다.

- *$\bar{A}^{\,1}_{10:\overline{5|}}$의 계산: 이것은 나이 10인 개체가 보장기간이 5년으로 제한된, 기간이 정해진 보험에서 보험지급사유 발생과 동시에 지급되는 보험금 1의 현재가격의 평균을 나타낸다. 예를 들어 나이가 x인 개체가 보장기간이 n인 보험에 가입했다면, 보장되는 기간은 $[x, x+n)$이다. 먼저 지급되는 보험금의 현재가격을 나타내는 확률변수 Z는*

$$Z_{x,n} = \begin{cases} v^{T_x}, & T_x < n \\ 0, & T_x \geq n \end{cases} = \begin{cases} e^{-\delta T_x}, & T_x < n \\ 0, & T_x \geq n \end{cases} \tag{5.101}$$

이 확률변수의 의미는 $T_x \geq n$이면 보험금을 지급하지 않는다, 즉 보험금이 0이라는 의미다. 지금 경우는 $x = 10, n = 5$인 경우다.

$$\bar{A}^{\,1}_{10:\overline{5|}} = E[Z_{10,5}] = \int_{t=0}^{5} e^{-\delta t} dF_{10}(t) + \int_{5}^{\infty} 0 dF_{10}(t) \tag{5.102}$$

$$= \int_{0}^{5} e^{-\delta t} dF_{10}(t) = \int_{0}^{5} e^{-\delta t} \frac{1}{10} dt \tag{5.103}$$

$$= \frac{1 - e^{-5\delta}}{10\delta} \approx 0.443683 \tag{5.104}$$

- *$A_{10:\overline{5|}}^{\;\;\;\;1}$의 계산: 이것은 나이 10인 개체가 보장기간이 5이고, 보장기간 $[10, 10+5)$ 동안 보험지급사유가 발생하지 않았을 때 보장기간 종료시점인 $10+5$에 지급되는 축하금 1의 현재가격의 평균값을 나타낸다. 축하금 1의 현재가격을 나타내는 확률변수는*

$$U_{10,5} = \begin{cases} 0, & T_{10} < 5 \\ v^5, & T_{10} \geq 5 \end{cases} \tag{5.105}$$

확률변수 U는 값이 2개 밖에 없는 것을 알아채자. 따라서

$$A_{10:\overline{5|}}^{\;\;\;\;1} = E[U_{10,5}] = 0 \times Pr[T_x < 5] + v^5 \times Pr[T_x \geq 5] = v^5 {}_5p_{10} \approx 0.391763 \tag{5.106}$$

- *$\bar{A}_{10:\overline{5|}}$ 의 계산: $\bar{A}_{10:\overline{5|}} = \bar{A}^{\,1}_{10:\overline{5|}} + A_{10:\overline{5|}}^{\;\;\;\;1}$이다. 이것은 보장기간이 5로 정해진 보험에서 보험금은 보험사유 발생과 동시에 1이 지급되고, 보장기간 안에 보험지급사유가 발생하지 않았으면 보장기간 끝인 $10+5$에 축하금 1을 지급되는 보험금의 현재가격을 나타내는 확률변수의 평균값을 나타낸다. 우선 현재가격을 나타내는 확률변수는*

$$W_{x,n} = \begin{cases} v^{T_x}, & T_x < n \\ v^n, & T_x \geq n\} \end{cases} = \begin{cases} v^{T_x}, & T_x < n \\ 0, & T_x \geq n\} \end{cases} + \begin{cases} 0, & T_x < n \\ v^n, & T_x \geq n\} \end{cases} = Z_{x,n} + U_{x,n} \tag{5.107}$$

에서 $x = 10, n = 5$인 경우다. 따라서

$$\bar{A}_{10:\overline{5|}} = E[W_{10,5}] = E\left[Z_{10,5} + U_{10,5}\right] = E[Z_{10,5}] + E[U_{10,5}] = \bar{A}^{\,1}_{10:\overline{5|}} + A_{10:\overline{5|}}^{\;\;\;\;1} \tag{5.108}$$

따라서 $\bar{A}_{10:\overline{5|}} \approx 0.443683 + 0.391763 = 0.835446$

□

보험금 계산에 자주 사용되는 기호 사이의 관계에 익숙해지는 것이 좋다. 단순히 기억하는 것이 아니라 식을 이끌어 내는 것이 중요하자.

요약 5.17 1. $A_x := \sum_{k=0}^{\infty} v^{k+1}{}_{k|}q_x = \sum_{k=0}^{n-1} v^{k+1}{}_{k|}q_x + \sum_{k=n}^{\infty} v^{k+1}{}_{k|}q_x = A^1_{x:\overline{n}|} + v^n{}_np_xA_{x+n}$
2. $\ddot{a}_x := \sum_{k=0}^{\infty} v^k{}_kp_x = \sum_{k=0}^{n-1} v^k{}_kp_x + \sum_{k=n}^{\infty} = \ddot{a}_{x:\overline{n}|} + v^n{}_np_x\ddot{a}_{x+n}$
3. $\ddot{a}_{x:\overline{n}|} = \sum_{k=0}^{n-1} v^k{}_kp_x + \sum_{k=0}^{m-1} + \sum_{k=m}^{n-1}{}_kp_x = \ddot{a}_{x:\overline{m}|} + v^m{}_mp_x\ddot{a}_{x+m,\overline{n-m}|}$
4. ${}_nE_x := v^n{}_np_x$, $A^1_{x:\overline{n}|} := \sum_{k=0}^{n-1} v^{k+1}{}_{k|}q_x$, $\ddot{a}_{x:\overline{n}|} := \sum_{k=0}^{n-1} v^k{}_kp_x$
5. $A_{x:\overline{n}|} = A^1_{x:\overline{n}|} + A_{x:\overline{n}|}^{\ \ 1}$, $A_{x:\overline{n}|}^{\ \ 1} = {}_nE_x = v^n{}_np_x$
6. $\ddot{a}_x = \frac{1-A_x}{d}$, $\ddot{a}_{x:\overline{n}|} = \frac{1-A_{x:\overline{n}|}}{d}$

보기 5.8 *나이 30인 사람이 종신보험을 들었다. 보험료는 $t = 0,1,2,\cdots,29$에 P 씩 30회 납입한다(30년 납). 보험금은 사망년도 말에 지급한다. 문제에서 요구하는 것을 다음을 써서 표현하여라.*

- i
- A_{30}
- ${}_{10}E_{30}$
- A_{40}
- $A_{30:\overline{10}|}$
- $\ddot{a}_{30:\overline{30}|}$

1. ${}_{10}p_{30}, A^1_{30:\overline{10}|}, \ddot{a}_{30:\overline{10}|}, \ddot{a}_{\overline{10}|,i}$*을 구하여라.*
2. *보험금, 보험료가 일정할 때, 보험료 P를 주어진 자료을 이용하여 표현하여라.*
3. *보험금이 10년 이내에 사망하면 1, 10년 이후에 사망하면 보험금은 5이다. 이에 따라 보험료가 처음 10회는 P, 그후는 $5P$일 때 P를 주어진 자료로 표현하여라.*

풀이 5.8 *1.*

- ${}_{10}p_{30} = \frac{v^{10}{}_{10}p_{30}}{v^n} = \frac{{}_{10}E_{30}}{v^n}$.
- $A^1_{30:\overline{10}|} = A_{30:\overline{10}|} - A_{30:\overline{10}|}^{\ \ \ \ 1} = A^1_{30:\overline{10}|} - {}_{10}E_{30}$.
- $\ddot{a}_{30:\overline{10}|} = \frac{1-A_{30:\overline{10}|}}{d}, d = \frac{i}{1+i}$.
- $\ddot{a}_{\overline{10}|,i} = \frac{1-v^{10}}{i}$

2. *보험금의 현재가격을 나나태는 확률변수는 $Z = v^{K_{30}+1}$이고, 평균값은 $E[Z] = E[v^{K_{30}+1}] = A_{30}$. 30회 납입하는 보험료의 현재가격을 나타내는 확률변수는, 보험료 P를 일정하게 동안만 내기 때문에*

$$P\left(1+v+v^2+\cdots+v^{\min\{K_{30}+1,30\}}\right) = P\ddot{a}_{\min\{K_{30}+1,30\}}$$

따라서 평균값은 $PE\left[\ddot{a}_{\min\{K_{30}+1,30\}}\right] = P\ddot{a}_{30:\overline{30}|}$. 이 식으로부터 보험료는 $P = \frac{A_{30}}{\ddot{a}_{30:\overline{30}|}}$.

3. *보험금의 현재가격을 나나태는 확률변수는*

$$Z = \begin{cases} v^{K_{30}+1}, & K_{30} < 10 \\ 5v^{K_{30}+1}, & K_{30} \geq 10 \end{cases} \tag{5.109}$$

따라서 보험금의 현재가격을 나타내는 확률변수의 평균값은

$$E[Z] = \sum_{k=0}^{9} v^{k+1}{}_{k|}q_{30} + 5\sum_{k=10}^{\infty} v^{k+1}{}_{k|}q_{30} = 5\sum_{k=0}^{\infty} v^{k+1}{}_kq_{30} - 4\sum_{k=0}^{9} v^{k+1}{}_kq_{30} \tag{5.110}$$
$$= 5A_{30} - A^1_{30:\overline{10}|} \tag{5.111}$$

$x = 30$에 가입한 이 보험계약자로부터 보험회사가 받는 보험료의 현재가격을 나타내는 확률변수는, 연납 보험료를 P라 두고 요약 5.16을 활용하면 $x = 30, u = P, w = 5P, n = 10$ 에 해당하므로

$$5P\ddot{a}_{30} - 4P\ddot{a}_{30:\overline{10}|}$$

따라서 구하는 보험료는

$$P = \frac{5A_{30} - 4A^1_{30:\overline{10}|}}{5\ddot{a}_{30} - 4\ddot{a}_{30:\overline{10}|}}$$

□

5.5 축하금이 있는 보험(endowment)

보험은 위험을 분산시키는 것이다. 보장기간 안에 아무 일 없이 지나가는 것이 최상의 상태지만, 이 경우 보험을 산 사람은 웬지 돈을 낭비한 느낌을 갖는다. 보험 가입자를 끌기 위해서 보장기간이 아무 일 없이 지나가면, 기간의 끝에 선물처럼 돈을 주는 그런 보험을 개발할 필요가 있다. 이렇게 주는 축하금을 endowment라 한다. 이것은 보험기능과 저축기능의 장점을 모은 상품이라 생각할 수 있다. 물론 이렇게 축하금을 주는 보험은 보험료가 축하금을 마련하기 위하여 비싸진다. Endowment에서 보험금의 현재가격을 나타내는 확률변수의 평균값은 순수보장성 보험에 축하금의 평균값을 추가하면 된다.

축하금을 받기 위해서는 n년 이상 생존하는 것이 필요충분조건이므로, 축하금의 1의 현재가격을 나타내는 확률변수의 평균값은

$$v^n{}_np_x \equiv A_{x:\overline{n|}}^{\;\;1} \equiv {}_nE_x \tag{5.112}$$

요약 5.18 [축하금이 있는 보험(endowment insurance)]

1 . 기간 n 이내에 사망하면 사망과 동시에 1을 지급하고, 기간 n는 넘으면 n 년째 말에 1을 지급하는 보험의 현재가격은 확률변수는

$$W_{x,n} = \begin{cases} v^{T_x}, & T_x < n \\ v^n, & T_x \geq n \end{cases} \tag{5.113}$$

으로 표시하고, $W_{x,n}$의 기대값(평균값)을 $\bar{A}_{x:\overline{n|}}$으로 나타낸다. 따라서

$$\bar{A}_{x:\overline{n|}} = E[W_{x,n}] = \bar{A}_{x:\overline{n|}}^1 + A_{x:\overline{n|}}^{\;\;1} \tag{5.114}$$

2 . $E[W_{x,n}^2] = {}^2\bar{A}_{x:\overline{n|}} = \int_0^n e^{-2\delta t} dF_x(t) + v^{2n}{}_np_x$

해설. 모든 것을 정의로부터 쉽게 이해할 수 있다. 식 (5.113)와 (5.119)에서 서로 다른 확률변수를 보두 $W_{x,n}$으로 표시했지만, 어떤 것을 써야 하는지는 문맥에 따라 판단할 일이다. 이렇게 하는 것이 무수히 많은 새로운 기호를 도입하는 것보다 이해하기 편리하다. 먼저

$$\bar{A}_{x:\overline{n|}} = E[W_{x,n}] = \int_{t=0}^n e^{-\delta t} dF_x(t) + \int_{t=n}^\infty v^n dF_x(t) \tag{5.115}$$

$$= \bar{A}_{x:\overline{n|}}^1 + v^n \int_{t=n}^\infty dF_x(t) = \bar{A}_{x:\overline{n|}}^1 + v^n Pr\left[T_x \geq n\right] \tag{5.116}$$

$$= \bar{A}_{x:\overline{n|}}^1 + v^n{}_np_x \tag{5.117}$$

$$= \bar{A}_{x:\overline{n|}}^1 + A_{x:\overline{n|}}^{\;\;1} \tag{5.118}$$

요약 5.19 1 . 보험금을 보험금 지급사유가 발생한 해 말에 지급한다면, 현재가격을 나타내는 확률변수는

$$W_{x,n} = \begin{cases} v^{K_x+1}, & K_x < n \\ v^n, & K_x \geq n \end{cases} \tag{5.119}$$

로 나타내고, 이 경우 기대값은 $A_{x:\overline{n|}}$으로 표시한다:

$$A_{x:\overline{n|}} = E[W_{x,n}] = A_{x:\overline{n|}}^1 + A_{x:\overline{n|}}^{\;\;1} \tag{5.120}$$

2 . $E\left[W_{x,n}^2\right]$는 ${}^2A_{x:\overline{n|}}$으로 나타낸다: $E[W_{x,n}^2] := {}^2A_{x:\overline{n|}} = \sum_{k=0}^{n-1} v^{2(k+1)}{}_{k|}q_x + v^{2n}{}_np_x$

해설. 지금 경우는 합을 계산해야 하는 것에 주의하면

$$A_{x:\overline{n}|} = E[W_{x,n}] = \sum_{k=0}^{n-1} v^{k+1}{}_{k|}q_x + v^n Pr[T_x \geq n] \tag{5.121}$$

$$= \sum_{k=0}^{n-1} v^{k+1}{}_{k|}q_x + v^n{}_n p_x \tag{5.122}$$

$$= A^1_{x:\overline{n}|} + A_{x:\overline{n}|}^{\;\;1} \tag{5.123}$$

보기 5.9 A_{x+n}을 $A_{x:\overline{n}|}$, $A^1_{x:\overline{n}|}$, a_x, i로 표현하여라.

풀이 5.9 *기간이 n으로 정해진 보험(term insurance) 보험금을 사망년도 말에 지급한다면, 현재가격 은 확률변수*

$$W_{x,n} = \begin{cases} v^{K_x+1}, & K_x \leq n-1 \\ v^n, & K_x \geq n \end{cases}$$

의 기대값이다. 이 기대값은 $A_{x:\overline{n}|}$으로 나타내고,

$$A_{x:\overline{n}|} = E[W_{x,n}] = \sum_{k=0}^{n-1} v^{k+1}{}_{k|}q_x + v^n{}_n p_x = A^1_{x:\overline{n}|} + A_{x:\overline{n}|}^{\;\;1} \tag{1}$$

기간이 정해지지 않은 종신보험(whole lief insurance) 에서는

$$A_x = E[v^{K_x+1}] = \sum_{k=0}^{\infty} v^{k+1}{}_{k|}q_x = \sum_{k=0}^{n-1} v^{k+1}{}_{k|}q_x + \sum_{k=n}^{\infty} v^k{}_{k|}q_x$$

$$= A^1_{x:\overline{n}|} + \sum_{k=n}^{\infty} v^k{}_n p_x{}_{k-n|}q_{x+n}$$

$$= A^1_{x:\overline{n}|} + v^n{}_n p_x \sum_{k=n}^{\infty} v^{k-n}{}_{k-n|}q_{x+n}$$

$$= A^1_{x:\overline{n}|} + A_{x:\overline{n}|}^{\;\;1} \times A_{x+n}, \quad A_{x:\overline{n}|}^{\;\;1} = v^n{}_n p_x$$

요약하면

$$A_x = A^1_{x:\overline{n}|} + A_{x:\overline{n}|}^{\;\;1} \times A_{x+n} \tag{5.124}$$

다음으로 살아있는 동안 년 말에 1씩 받는 연금은 x에 보험에 가입한 사람의 남은 수명을 T_x는 얼마인지 알 수 없고, 남은 수명의 정수부분을 K_x라 하면

$$v + v^2 + \cdots + v^{K_x} = \frac{v - v^{K_x+1}}{v}.$$

이 확률변수의 기대값을 a_x로 나타낸다. 따라서

$$a_x = \frac{v - A_x}{v}, \quad v = \frac{1}{1+i}$$

따라서 $A_x = v - (1-v)a_x$ 이고 $A_{x:\overline{n}|}^{\;\;1} = A_{x:\overline{n}|} - A^1_{x:\overline{n}|}$ 이므로 식 (5.124)에서

$$A_{x+n} = \frac{A_x - A^1_{x:\overline{n}|}}{A_{x:\overline{n}|}^{\;\;1}}, \quad A_x = v - (1-v)a_x, \quad A_{x:\overline{n}|}^{\;\;1} = A_{x:\overline{n}|} - A^1_{x:\overline{n}|}$$

□

보장기간이 n회로 정해지고, 생존기간 동안만 지급하는 연금을 생각하자. 따라서 구입과 동시에 지급되는 최초의 연금을 0회차라 하면

- *T_x가 보장기간 n 보다 작으면 연금은 $0, 1, 2, \cdots, K_x$회차에 지급된다.*
- *$T_x \geq n$이면 연금은 $0, 1, 2, \cdots, n-1$ 회차까지 지급된다.*

따라서 이 연금의 현재가격을 나타내는 확률변수를 $Z_{x,n}$으로 표시하자. 그러면

$$Y_{x,n} := \begin{cases} 1 + v + v^2 + \cdots + v^{K_x}, & K_x < n \\ 1 + v + v^2 + \cdots + v^{n-1}, & T_x \geq n \end{cases}$$

이미 익숙한 기호 $\ddot{a}_{\overline{n}|} = 1 + v + v^2 + \cdots + v^{n-1}$*을 써서 표현하면*

$$Y_{x,n} = \begin{cases} \ddot{a}_{\overline{K_x+1}|}, & K_x < n \\ \ddot{a}_{\overline{n}|}, & K_x \geq n \end{cases} \tag{5.125}$$

식 5.125에서 보면, 연금이 지급되는 회수는 $K_x + 1$*과* n *중에서 크지 않은 것 까지다. 이 값을*

$$\min\{K_x + 1, n\} \tag{5.126}$$

으로 표시하자. 예를 들어 $n = 10$*이고* $T_x = 12.3$*이면* $K_x = 12$*이고, 이 사람은 연금을 10회 다 받는다. 연금을 받는 회수는* $10 = \min\{K_x + 1, 10\} = \min\{12, 10\}$. *만일* $T_x = 7.1$*이라면* K_x*는 7이고, 이 사람은* $0, 1, 2, \cdots, 7$*회차 연금까지만 받는다. 연금을 받는 회수는 8회다. 따라서* $8 = \min\{K_x + 1, 10\} = \min\{7 + 1, 10\} = \min\{8, 10\}$. *이제 확률변수* $Z_{x,n}$*은 더 간단하게 표현할 수 있다. 물론 더 어렵게 보이기도 한다:*

$$Y_{x,n} = \ddot{a}_{\overline{\min\{K_x+1,n\}}|} = \frac{1 - v^{\min\{K_x+1,n\}}}{d}, \ d = 1 - v \tag{5.127}$$

요약 5.20 $Z_{x,n}$의 평균값을 $\ddot{a}_{x:\overline{n}|}$으로 표현한다:

$$\ddot{a}_{x:\overline{n}|} := E[Y_{x,n}] = \frac{1 - E\left[v^{\min\{K_x+1,n\}}\right]}{d} = \frac{1 - A_{x:\overline{n}|}}{d}$$

위 식에서 $A_{x:\overline{n}|} = E\left[v^{\min\{K_x+1,n\}}\right]$.

여기서 식 (5.69)을 생각하면 $A^1_{x:\overline{n}|} = 1 - A_{x:\overline{n}|}^{\ \ 1} = d\sum_{k=0}^{n-1} v^k {}_kp_x$, $\quad d = 1 - v = \frac{i}{1+i}$. *따라서 기간이 정해진, 축하금이 있는 보험(endowment)의 현재가격의 평균값* $A_{x:\overline{n}|}$*을 생각하면*

$$A_{x:\overline{n}|} := A^1_{x:\overline{n}|} + A_{x:\overline{n}|}^{\ \ 1} = 1 - d\sum_{k=0}^{n-1} v^k {}_kp_x \tag{5.128}$$

요약 5.21

$$\ddot{a}_{x:\overline{n}|} = \frac{1 - A_{x:\overline{n}|}}{d} = \sum_{k=0}^{n-1} v^k {}_kp_x = 1 + v\, p_x + v^2 {}_2p_x + v^3 {}_3p_x + \cdots + v^{n-1} {}_{n-1}p_x \tag{5.129}$$

나이 x*인 사람이 보장기간이* $[x, x+n)$*을 제한되고, 그러나 보장기간동안 연금을 일정한 비율 1로 연속적으로 지급한다면, 즉 continuous compounding으로 계산한다면, 시간구간* $[t, t+dt]$*에 지급된 연금은*

$$1 \times dt = dt$$

이다. 지급되는 연금의 현재가격을 나타내는 확률변수는

$$\int_{t=0}^{\min\{T_x,n\}} v^t\, dt = \int_{t=0}^{\min\{T_x,n\}} e^{-\delta t}\, dt = \frac{1 - v^{\min\{T_x,n\}}}{\delta} \tag{5.130}$$

이 식을 보면

$$\ddot{a}_{\overline{n}|} := 1 + v + v^2 + \cdots + v^{n-1} = \frac{1 - v^n}{1 - v} = \frac{1 - v^n}{d}$$

가 생각난다. 다른 점은 적분을 써서 계산하는 점이다. 이런 점을 고려하여 이 확률변수를 $\bar{a}_{\overline{\min\{T_x,n\}}|}$으로 나타낸다. a의 머리에 있는 $^-$는 적분을 쓰는 것을 표시한다.

$$\bar{a}_{\overline{\min\{T_x,n\}}|} := \int_{t=0}^{\min\{T_x,n\}} v^t\,dt = \int_{t=0}^{\min\{T_x,n\}} e^{-\delta t}\,dt = \frac{1-v^{\min\{T_x,n\}}}{\delta} \tag{5.131}$$

확률변수 $\bar{a}_{\overline{\min\{T_x,n\}}|}$의 평균값은 $\bar{a}_{x:\overline{n}|}$으로 나타낸다. 따라서

$$\bar{a}_{x:\overline{n}|} = E\Big[\frac{1-v^{\min\{T_x,n\}}}{\delta}\Big] \tag{5.132}$$

$$= \frac{1-E[v^{\min\{T_x,n\}}]}{\delta}. \tag{5.133}$$

여기서 확률변수 $v^{\min\{T_x,n\}}$ 보장기간이 n 축하금이 있는 보험에서 사망과 동시에 1을 지급하는 경우의 현재가격을 나타내는 확률변수다. 평균값 $E[v^{\min\{T_x,n\}}]$를 $\bar{A}_{x:\overline{n}|}$으로 나타냈다:

$$E[v^{\min\{T_x,n\}}] = \bar{A}_{x:\overline{n}|} \tag{5.134}$$

$$= \int_{t=0}^{n} v^{\min\{T_x,n\}}dF_x(t) + \int_{t=n}^{\infty} v^{\min\{T_x,n\}}dF_x(t) \tag{5.135}$$

$$= \int_{t=0}^{n} v^{\min\{T_x,n\}}dF_x(t) + v^n\int_{t=n}^{\infty} dF_x(t) \tag{5.136}$$

$$= \int_{t=0}^{n} v^{\min\{T_x,n\}}dF_x(t) + v^n Pr[T_x \geq n] \tag{5.137}$$

$$= A^{1}_{x:\overline{n}|} + v^n{}_np_x \tag{5.138}$$

$$= A^{1}_{x:\overline{n}|} + A_{x:\overset{\;1}{\overline{n}|}} \tag{5.139}$$

정리하면

$$\bar{a}_{x:\overline{n}|} = \frac{1-A_{x:\overline{n}|}}{\delta} \tag{5.140}$$

이것을 다음과 같이 요약하자.

요약 5.22 보장기간이 n인 연금에서, $\min\{T_x,n\}$ 동안 연속적으로 1은 지급하는 연금을 생각하자.

1. 연금의 현재가격을 나타내는 확률변수는

$$\bar{a}_{\overline{\min\{T_x,n\}}|} := \int_{t=0}^{\min\{T_x,n\}} v^t\,dt = \int_{t=0}^{\min\{T_x,n\}} e^{-\delta t}\,dt = \frac{1-v^{\min\{T_x,n\}}}{\delta} \tag{5.141}$$

2. 확률변수 5.141의 현재가격은 $\bar{a}_{x:\overline{n}|}$으로 나타낸다.
3. 보장기간이 n 축하금이 있는 보험에서 사망과 동시에 1을 지급하는 축하금이 있는 보험의 현재가격을 나타내는 확률변수는 $v^{\min\{T_x,n\}}$로 나타내고, 그 평균값은 $\bar{A}_{x:\overline{n}|}$으로 나타낸다.
4. 따라서

$$\bar{a}_{x:\overline{n}|} = E\big[\bar{a}_{\overline{\min\{T_x,n\}}|}\big] = E\Big[\frac{1-v^{\min\{T_x,n\}}}{\delta}\Big] = \frac{1-E[v^{\min\{T_x,n\}}]}{\delta} = \frac{1-\bar{A}_{x:\overline{n}|}}{\delta} \tag{5.142}$$

5.6 연금 현재가격의 평균값에 자주 나타나는 기호들

연금과 보험의 현재가격과, 보험금을 지급하기 위한 책임준비금을 구하는 식에 익숙해는 것이 목적이다. 여러가지 기호가 많이 나타나 복잡하게 보이지만, 내용은 단순하다. 앞에서 배운 것을 되풀이 하는 방법으로 기호에 익숙해지자. 다음을 이용하여 기억하면 편리하다.

- 대문자 A, 소문자 a: 대문자는 큰 돈에 해당하는 보험금, 소문자는 조금씩 내는 보험료, 또는 조금씩 받는 연금을 생각하면 좋다.
- 머리에 $^-$가 있는 것은 연속으로 계산하는, 즉 continuous compounding을 쓰는 것으로 적분이 나타난다. 머리에 $^-$가 없는 것은 일정한 간격으로 계산하는 것으로 합이 나타난다.
- 머리에 $^{..}$가 있는 것은 지금(t=0)부터 계산하는 것, 머리에 $^{..}$가 없는 지금(t=0)부터 한 기간 뒤부터 계산하는 것
- $A_{x:\overline{n}|}$에서 아래 첨자 x는 가입 당시 나이, n는 보험기간을 나타낸다.
- $a_{x:\overline{n}|}$에서 x는 가입 나이, n 보험금을 내는 또는 연금을 받는 회수를 생각하면 좋다.

요약 5.23 다음 기호의 의미를 기억해보자.

1. $\ddot{a}_x = E\left[\ddot{a}_{\overline{K_x+1}|}\right] = \sum_{k=0}^{\infty} v^k {}_kp_x$: 가입과 동시에 1을 지급하고, 그 후 각각의 기간의 시작에 1을 지급하는 종신연금(whole life annuity-due)의 현재가격을 나타내는 확률변수의 평균값.
2. $A_x = E\left[v^{K_x+1}\right] = \sum_{k=0}^{\infty} v^{k+1} {}_{k|}q_x$: 보험지급사유가 T_x에 발생했을 때 K_x+1에 지급되는 보험금 1의 현재가격을 나타내는 확률변수 v^{K_x+1}의 평균값.
3. $\ddot{a}_x = \frac{1-A_x}{d}$
4. $\ddot{a}_{x:\overline{n}|} = 1 + v p_x + v^2 {}_2p_x + \cdots + v^{n-1} {}_{n-1}p_x = \sum_{k=0}^{n-1} v^k {}_kp_x$: 가입과 동시에 1을 지급하고, 그 후 각각의 기간의 시작에 1을 총 n회 지급하는 기간이 정해진 연금(Term annuity-due)의 현재가격을 나타내는 확률변수

$$Y_{x,n} = \begin{cases} 1 + v + v^2 + \cdots + v^{K_x}, & K_x < n \\ 1 + v + v^2 + \cdots + v^{n-1}, & K_x \geq n \end{cases} = \begin{cases} \frac{1-v^{K_x+1}}{1-v}, & K_x < n \\ \frac{1-v^n}{1-v}, & K_x \geq n \end{cases} \tag{5.143}$$

의 평균값. 확률변수 $Y_{x,n}$을 더 간단하게 표현하면

$$Y_{x,n} = \ddot{a}_{\overline{\min\{K_x+1,n\}}|} \tag{5.144}$$

이 되고, 따라서 $\ddot{a}_{x:\overline{n}|} = E\left[\ddot{a}_{\overline{\min\{K_x+1,n\}}|}\right]$.

5. $\ddot{a}_{x:\overline{n}|} = \frac{1-A_{x:\overline{n}|}}{d}$
6. $a_x = \ddot{a}_x - 1$: 연금을 각각의 기간의 말에 지급하는 종신연금(whole lief immediate annuity) 의 현재가격을 나타내는 확률변수 $v + v^2 + \cdots + \cdots + v^{K_x}$의 평균값. 이것을 가입과 동시에 지급하는 종신연금에서 첫 번째 연금 1을 뺀 것과 같다.
7. $a_{x:\overline{n}|} = v p_x + v^2 {}_2p_x + \cdots + v^{n-1} {}_{n-1}p_x + v^n {}_np_x = \sum_{k=1}^{n} v^k {}_kp_x = \ddot{a}_{x:\overline{n}|} + v^n {}_np_x - 1$.
연금을 각각의 기간의 말에 1씩 총 n회 지급하는 경우(term annuity immediate) 연금의 현재가격을 나타내는 확률변수의 평균값.

해설. 여기서는 확률변수$v + v^2 + \cdots + \cdots + v^{K_x}$의 평균값을 구해보자.

$$v + v^2 + \cdots + \cdots + v^{K_x} = \frac{v - v^{K_x+1}}{1-v}$$

따라서 $a_x = E\left[v + v^2 + \cdots + \cdots + v^{K_x}\right] = \frac{v - E\left[v^{K_x+1}\right]}{1-v} = \frac{v-A_x}{d} = \ddot{a}_x - 1$ ◁

요약 5.24 연속으로 계산하는 경우, 즉 continuous compounding 을 쓰면

1. 연금 1을 연속으로 지급한다는 것은 시간구간 $[t,t+dt]$ 동안에 $1 \times dt$를 지급한다는 것이다. 이것을 수도꼭지에서 물이 초당 20ml가 나올 때 시간구간 $[t,t+dt]$동안에 $20 \times dt$가 나온 것과 비교하여 이해하면 좋다. 따라서 연금 1이 생존기간 동안 연속으로 지급될 때, 받은 연금의 현재가격을 나타내는 확률변수는
$$Z_x^c := \int_{t=0}^{T_x} e^{-\delta t} dt = \frac{1-e^{-\delta T_x}}{\delta} \tag{5.145}$$
2. 확률변수 Z_x^c의 평균값은 $\bar{a}_x$로 나타내고, $\bar{a}_x = \int_{t=0}^{\infty} v^t {}_tp_x dt = \int_{t=0}^{\infty} e^{-\delta t} {}_tp_x dt = \frac{1-\bar{A}_x}{\delta}$.
3. 연금1을 연속으로, 생존기간과 n 중 작을 것까지 지급할 때, 현재가격을 나타내는 확률변수는
$$Z_{x,n}^c := \int_{t=0}^{\min\{T_x,n\}} e^{-\delta t} dt = \frac{1-e^{-\delta \min\{T_x,n\}}}{\delta} \tag{5.146}$$
로 나타내고, $\bar{a}_{x:\overline{n|}} = \int_{t=0}^{n} v^t {}_tp_x dt = \int_{t=0}^{n} e^{-\delta t} {}_tp_x dt = \frac{1-\bar{A}_{x:\overline{n|}}}{\delta}$. 위 식에서
$$\bar{A}^1_{x:\overline{n|}} := \int_{t=0}^{n} e^{-\delta t} dF_x(t), \quad \bar{A}_{x:\overline{n|}} = \bar{A}^1_{x:\overline{n|}} + v^n {}_np_x = \bar{A}^1_{x:\overline{n|}} + A_{x:\overline{n|}}^{\ \ 1}, \quad A_{x:\overline{n|}}^{\ \ 1} = v^n {}_np_x \tag{5.147}$$
4. $\bar{A}_{x:\overline{n|}} := E\left[e^{-\delta \min\{T_x,n\}}\right] = E\left[v^{\min\{T_x,n\}}\right]$

해설. 확률변수 Z_x^c와 $Z_{x,n}^c$의 평균값을 구해보는 것으로 충분하다. 우선 $Z_x^c = \frac{1-e^{-\delta T_x}}{\delta}$인 것을 적분으로 즉시 확인된다. 다음으로
$$\bar{a}_x = E[Z_x^c] = E\left[\frac{1-e^{-\delta T_x}}{\delta}\right] = \frac{1-\bar{A}_x}{\delta} \tag{5.148}$$
그런데 부분적분법을 생각하면
$$\bar{A}_x = E\left[e^{-\delta T_x}\right] = \int_{t=0}^{\infty} e^{-\delta t} dF_x(t) \tag{5.149}$$
$$= -\int_{t=0}^{\infty} e^{-\delta t} d\, {}_tp_x \tag{5.150}$$
$$= -\left[e^{-\delta t} {}_tp_x\right|_{t=0}^{\infty} + \int_{t=0}^{\infty} {}_tp_x de^{-\delta t} \tag{5.151}$$
$$= 1 + \delta \int_{t=0}^{\infty} e^{-\delta t} {}_tp_x dt \tag{5.152}$$
이것으로부터
$$\bar{a}_x = \int_{t=0}^{\infty} e^{-\delta t} {}_tp_x dt = \int_{t=0}^{\infty} v^t {}_tp_x dt \tag{5.153}$$
이제 확률변수 $Z_{x,n}^c = \frac{1-e^{-\delta \min\{T_x,n\}}}{\delta}$의 평균값을 구해보자. 그런데
$$E\left[e^{-\delta \min\{T_x,n\}}\right] = \int_{t=0}^{n} e^{-\delta \min\{t,n\}} dF_x(t) + \int_{t=n}^{\infty} e^{-\delta \min\{t,n\}} dF_x(t) \tag{5.154}$$
$$= \int_{t=0}^{n} e^{-\delta t} dF_x(t) + \int_{t=n}^{\infty} e^{-\delta n} dF_x(t) \tag{5.155}$$
$$= \bar{A}^1_{x:\overline{n|}} + v^n Pr[T_x \geq n] \tag{5.156}$$
$$= \bar{A}^1_{x:\overline{n|}} + v^n {}_np_x \tag{5.157}$$
$$= \bar{A}^1_{x:\overline{n|}} + A_{x:\overline{n|}}^{\ \ 1} \tag{5.158}$$
여기서 $\bar{A}_{x:\overline{n|}} := E\left[e^{-\delta \min\{T_x,n\}}\right] = E\left[v^{\min\{T_x,n\}}\right]$를 쓰면 필요한 결과를 얻는다. ◁

요약 5.25 기간이 n으로 정해진 축하금이 있는 보험(endowment)에서 , 보험금의 현재가격의 평균값은 다음 관계가 성립한다.

$$\bar{A}_{x:\overline{n}|} = \bar{A}^{1}_{x:\overline{n}|} + \bar{A}_{x:\overline{n}|}^{\ \ 1}, \qquad \bar{A}_{x:\overline{n}|} = 1 - \delta\,\bar{a}_{x:\overline{n}|} \tag{5.159}$$

$$A_{x:\overline{n}|} := A^{1}_{x:\overline{n}|} + A_{x:\overline{n}|}^{\ \ 1}, \qquad A_{x:\overline{n}|} = 1 - d\,\ddot{a}_{x:\overline{n}|} \tag{5.160}$$

5.7 즉석 종신연금(Whole Life Annuity Due)

지금 1을 받고, 일정한 간격으로 1을 살아있는 동안 받는 상품을 즉석종신연금(Whole Life Annuity-Due)라 한다. 즉석연금에서 즉석은 구입과 동시에 연금을 받고 시작하는 것이다. 문제는 살아있는 동안 연금을 받을 수 있기 때문에, 연금을 몇 번 받을 수 있는지를 결정적으로 알 수는 없다.

나이 x이 가입자가 $x+T_x$에 죽었다면, 연금은 K_x+1번 받을 수 있다. 여기서 K_x는 T_x의 정수부분 $[T_x]$를 나타낸다. 가입자가 받게 될 연금의 현재가격을 나타내는 확률변수는 $\ddot{a}_{\overline{K_x+1}|}$로 표시하고, 따라서

$$\ddot{a}_{\overline{K_x+1}|} := 1 + v + v^2 + \cdots + v^{K_x} = \frac{1-v^{K_x+1}}{1-v} = \frac{1-v^{K_x+1}}{d}, \quad d = 1-v \tag{5.161}$$

식 5.161에서 복잡해 보이는 기호 $\ddot{a}_{\overline{K_x+1}|}$은 n회 확정연금의 현재가격

$$\ddot{a}_{\overline{n}|} := 1 + v + v^2 + \cdots + v^{n-1}$$

에서 n 대신에 K_x+1는 대입한 것이다. 예를 들어 나이 x인 가입자 ω_x가 $T_x(\omega_x) = 15.7$ 년 뒤에 죽었다면

- $T_x(\omega_x) = 15.7$
- $K_x(\omega_x) = 15$
- $\ddot{a}_{\overline{K_x+1}|}(\omega_x) = \ddot{a}_{\overline{K_x(\omega_x)+1}|} = \ddot{a}_{\overline{15+1}|} = \ddot{a}_{\overline{16}|}$

예를 들어 나이 x이 가입자 ω_x가 $T_x(\omega_x) = 12.3$ 년 뒤에 죽었다면

- $T_x(\omega_x) = 12.3$
- $K_x(\omega_x) = 12$
- $\ddot{a}_{\overline{K_x+1}|}(\omega_x) = \ddot{a}_{\overline{K_x(\omega_x)+1}|} = \ddot{a}_{\overline{12+1}|} = \ddot{a}_{\overline{13}|}$

즉 확률변수 $\ddot{a}_{\overline{K_x+1}|} : \Omega_x \to \mathbb{R}$의 값은 가입자의 생존기간에 따라 그 값이 결정되기 때문에, 보험회사 입장에서 보면, 평균값과 표준편차를 아는 것이 회사를 운영하는데 필수적이 요소다. 확률변수

$$\ddot{a}_{\overline{K_x+1}|} = 1 + v + v^2 + \cdots + v^{K_x} = \frac{1-v^{K_x+1}}{1-v} = \frac{1-v^{K_x+1}}{d}$$

에서 결정적이지 않은 것은 v^{K_x+1} 뿐이다. 확률변수 $\ddot{a}_{\overline{K_x+1}|}$의 평균값은 $\ddot{a}_x$로 나타낸다. 따라서

$$\ddot{a}_x = E\left[\frac{1-v^{K_x+1}}{d}\right] = \frac{1-E[v^{K_x+1}]}{d} \tag{5.162}$$

그런데 여기서 확률변수 v^{K_x+1}는 사망하는 해 말에 1을 받는 보험의 현재가격을 나타내는 확률변수이고, 이 확률변수의 평균값을 A_x로 나타낸다.

$$\ddot{a}_x = \frac{1-A_x}{d}, \; d = \frac{i}{1+i} \tag{5.163}$$

이것을 다음과 같이 요약하자.

요약 5.26 지금 1을 받고, 일정한 간격으로 1을 살아있는 동안 받는 상품을 즉석종신연금(Whole Life Annuity-Due)라 한다.

1. 즉석종신연금의 현재가격을 나타내는 확률변수는

$$\ddot{a}_{\overline{K_x+1}|} := 1+v+v^2+\cdots+v^{K_x} = \frac{1-v^{K_x+1}}{1-v} = \frac{1-v^{K_x+1}}{d}, \quad d=1-v$$

2. 즉석종신연금의 현재가격을 나타내는 확률변수 $\ddot{a}_{\overline{K_x+1}|}$의 평균값은 $\ddot{a}_x$로 나타내고

$$\ddot{a}_x := E\left[\ddot{a}_{\overline{K_x+1}|}\right] = \frac{1-A_x}{d}$$

여기서 A_x는 사망하는 해 말에 1을 받는 종신보험의 현재가격의 평균값 $E\left[v^{K_x+1}\right]$이다.

즉석종신연금에서 수학적으로는 연금 1을 연속적으로 지급하는 것을 상상할 수 있다. 예를 들어 나이 x인 가입자가 $x+T_x$에 죽었다면 지급된 연금의 현재가격을 표시하는 확률변수는

$$\int_{t=0}^{T_x} v^t dt = \int_0^{T_x} e^{-\delta t} dt, \quad v = e^{-\delta}.$$

여기서 적분은 간단하게 계산된다:

$$\int_0^{T_x} e^{-\delta t} dt = \frac{1-e^{-\delta T_x}}{\delta} = \frac{1-v^{T_x}}{\delta}$$

이것을 다음과 같이 정리하자.

요약 5.27 생존하는 동안 연속적으로 1을 지급하는 종신연금을 생각하자.

1. 생존하는 동안 연속적으로 1을 지급하는 종신연금의 현재가격을 나타내는 확률변수는 $\bar{a}_{\overline{T_x}|}$로 표시하고

$$\bar{a}_{\overline{T_x}|} = \int_0^{T_x} v^t dt = \int_{t=0}^{T_x} e^{-\delta t} dt = \frac{1-e^{-\delta T_x}}{\delta} = \frac{1-v^{T_x}}{\delta}$$

2. 확률변수 $\bar{a}_{\overline{T_x}|}$의 평균값은 $\bar{a}_x$로 나태낸다.

$$\bar{a}_x := E\left[\bar{a}_{\overline{T_x}|}\right] = \frac{1-\bar{A}_x}{\delta} = \int_{t=0}^{\infty} e^{-\delta t}\,{}_tp_x dt = \int_{t=0}^{\infty} v^t\,{}_tp_x dt \quad \bar{A}_x := E[v^{T_x}] \tag{5.164}$$

해설. 부분적분법을 쓰자.

$$\bar{A}_x = E[v^{T_x}] = \int_0^{\infty} v^t dF_x(t)dt = -\int_{t=0}^{\infty} e^{-\delta t} d\,{}_tp_x \tag{5.165}$$

$$= -\left[e^{-\delta t}\,{}_tp_x\right|_{t=0}^{\infty} + \int_{t=0}^{\infty} {}_tp_x de^{-\delta t} \tag{5.166}$$

$$= 1-\delta\int_{t=0}^{\infty} e^{-\delta t}\,{}_tp_x dt \tag{5.167}$$

(5.168)

인 것에 주의하면 $\bar{a}_x = \frac{1-\bar{A}_x}{\delta} = \int_{t=0}^{\infty} e^{-\delta t}\,{}_tp_x dt = \int_{t=0}^{\infty} v^t\,{}_tp_x dt$ ◁

5.8 단위기간에 m 번을 지급하는 경우

단위기간에 같은 간격으로 m 번을, 생존하는 기간동안만 지급하는 경우를 생각하자. 예를 들어 $m = 12$ 면 한 달에 한 번 지급하는 경우가 된다. 주의해야 할 점은 한 기간에 1을 지급할 것을, 한 기간에 m회 지급하기 때문에, m 번 지급하는 경우는 각각의 회차에 지급되는 금액은 $\frac{1}{m}$이다.

연금을 받는 사람의 입장에서 보면, 연금을 1년에 1번 받는 것은 대단히 불리하다. 예를 들어 매년 1월 1일에 연금을 받기로 했다면, 연금을 받고, 그해 12월 31에 죽으면 더이상 연금을 받지 못한다. 그러나 1년에 지급되는 연금 1을 $\frac{1}{12}$ 씩 매월 초에 지급받기로 하면 이 경우도 1년치 연금 1을 다 받을 수 있다. 이런 이유로 1년 연금 1을 $\frac{1}{m}$ 씩 1년에 m 회 지급받는 경우를 생각할 필요가 있다.

요약 5.28 1년에 1씩 지급하는 종신연금을 $\frac{1}{m}$ 간격으로 $\frac{1}{m}$ 씩 1년에 $m \times \frac{1}{m} = 1$을 지급할 때,

1. 연금의 현재가격을 나타내는 확률변수는

$$Z_x^m = \frac{1}{m}\frac{1 - v_m^{K_x^{(m)}+1}}{1 - v_m}, \quad v_m = v^{\frac{1}{m}} \tag{5.169}$$

여기서 $K_x^{(m)} = \frac{1}{m}[mT_x]$이고, $[mT_x]$는 mT_x의 정수부분을 나타낸다.

2. 확률변수 Z_x^m의 평균값은 $\ddot{a}_x^{(m)} = \sum_{k=0}^{\infty} \frac{1}{m} v^{\frac{k}{m}} \ {}_{\frac{k}{m}}p_x = \frac{1-A_x^{(m)}}{d^{(m)}}$

해설. 종신연금 지급 시기를 1년에 m회로 한 것이다. 즉 1을 $\frac{1}{m}$ 씩 m회로 나누어 지급하는 것이다. 따라서 계산 과정은 달라지는 것이 없고, 짧아진 기간동안의 이자율이 $j_m = (1+i)^{\frac{1}{m}} - 1 = e^{-\frac{\delta}{m}} - 1$과, 각 기간에 지급되는 연금이 $\frac{1}{m}$인 것에 주의하면 된다. 표현을 간단히 하기 다음 기호를 쓰자.

$$v_m := \frac{1}{1+j_m} = \left(\frac{1}{1+i}\right)^{\frac{1}{m}} = v^{\frac{1}{m}}, \quad v = \frac{1}{1+i} \tag{5.170}$$

우선 이 경우 연금의 현재가격을 나타내는 확률변수는 $v_m = \frac{1}{1+j_m}$ 으로 해서

$$Z_x^m = \frac{1}{m} + \frac{1}{m}v_m + \frac{1}{m}v_m^2 + \cdots + \frac{1}{m}v_m^{[mT_x]} = \frac{1}{m}\frac{1 - v_m^{[mT_x]+1}}{1 - v_m} \tag{5.171}$$

확률변수 Z_x^m의 평균값은

$$E\left[Z_x^m\right] = E\left[\frac{1}{m}\frac{1 - v_m^{[mT_x]+1}}{1 - v_m}\right] = \frac{1}{m(1-v_m)}E\left[1 - v_m^{[mT_x]+1}\right] = \frac{1}{m(1-v_m)}\left[1 - E[v_m^{[mT_x]+1}]\right] \tag{5.172}$$

여기서 확률변수 $v_m^{[mT_x]+1}$의 평균값 $E[v_m^{[mT_x]+1}]$을 $A_x^{(m)}$으로 나타내자. 그러면 $\frac{k}{m} + 1$에 보험금 1을 받기 위해서는 구간 $[\frac{k}{m}, \frac{k+1}{m})$에 죽어야 하는 것에 주의하자. 이 기간에 죽을 확률은 나이 x로부터 $\frac{k}{m}$를 생존한 후에, $\frac{1}{m}$ 이내에 죽는 확률이므로 ${}_{\frac{k}{m}|\frac{1}{m}}q_x$로 표시한다. 따라서

$$A_x^{(m)} = E[v_m^{[mT_x]+1}] = E[v^{\frac{1}{m}[mT_x]+\frac{1}{m}}] = \sum_{k=0}^{\infty} v^{\frac{k+1}{m}} \ {}_{\frac{k}{m}|\frac{1}{m}}q_x \tag{5.173}$$

한 기간에 지급되는 금액 1을 $\frac{1}{m}$ 씩 m회 지급하는 경우를 다루기 위해서

$$K_x^{(m)} := \frac{1}{m}[mT_x]$$

을 잘 이해할 필요가 있다. 예를 들어 $m = 4, T_x = 2.5$일 때 $K_x^{(m)} = 2.5$이고, 돈이 지급되는시기는

$$0,\ \frac{1}{4},\ \frac{2}{4},\ \frac{3}{4},\ 1,\ \frac{5}{4},\ \frac{6}{4},\ \frac{7}{4},\ 2,\ \frac{9}{4},\ \frac{10}{4}=K_x^{(m)}$$

$m=4, T_x=2.1$ 일 때 $K_x^{(m)}=2$이고, 돈이 지급되는시기는

$$0,\ \frac{1}{4},\ \frac{2}{4},\ \frac{3}{4},\ 1,\ \frac{5}{4},\ \frac{6}{4},\ \frac{7}{4},\ 2=K_x^{(m)}$$

요약 5.29 돈이 $K_x^{(m)}+\frac{1}{m}$에 1이 지급되는 종신보험에서

1. 현재가격을 나타내는 확률변수는 $v^{K_x^{(m)}+\frac{1}{m}}$
2. 이 확률변수의 평균값을 $A_x^{(m)}$로 나타낸다. 따라서

$$A_x^{(m)}=v^{\frac{1}{m}}q_x+v^{\frac{2}{m}}\,{}_{\frac{1}{m}|\frac{1}{m}}q_x+v^{\frac{3}{m}}\,{}_{\frac{2}{m}|\frac{1}{m}}q_x+\cdots=\sum_{k=0}^{\infty}v^{\frac{k+1}{m}}\,{}_{\frac{k}{m}|\frac{1}{m}}q_x$$

해설. A_x와 $A_x^{(m)}$의 차이는 $A_x^{(m)}$에서 계산을 $\frac{1}{m}$간격으로 하고, 따라서 $\frac{1}{m}$의 할인율은 $v^{\frac{1}{m}}$이 되고, 단위기간에 m번이 계산되는 것이다. $A_x^{(m)}$에서 지수 부분에 있는 (m)은 지수와 아무런 관련이 없고, 단지 계산간격, 할인률, 단위기간의 계산회수를 m에 따라 달라지는 것을 표시한다. 같은 생각으로 지금 $\frac{1}{m}$을 지급하고, $\frac{1}{m}$ 간격으로 생존하는 동안 1 씩 지급하는 연금의 현재가격을 나타내는 확률변수는

$$1+v^{\frac{1}{m}}+v^{\frac{2}{m}}+\cdots v^{K_x^{(m)}} \tag{5.174}$$

여기서 조심해야 할 점은 계산간격이 $\frac{1}{m}$인 것이다. 따라서

$$v^{K_x^{(m)}}=v^{\frac{mK_x^{(m)}}{m}}=v^{\frac{[mT_x]}{m}} \tag{5.175}$$

이 더 적절한 표현이다. 이런 점에서 식 (5.174)를 $\ddot{a}_{\overline{K_x^{(m)}+1}|}$로 표현하는 것은 부적절하다. 왜냐하면 간격 $\frac{1}{m}$으로 계산한다는 점을 표시하지 않았기 때문이다. 간격 $\frac{1}{m}$으로 계산하는 것을 강조하여 다음 표현을 쓴다.

$$\ddot{a}^{(m)}_{\overline{K_x^{(m)}+\frac{1}{m}}|}:=1+v^{\frac{1}{m}}+v^{\frac{2}{m}}+\cdots v^{K_x^{(m)}}=\frac{1-v^{K_x^{(m)}+\frac{1}{m}}}{1-v^{\frac{1}{m}}} \tag{5.176}$$

이 확률변수를 $v_m=v^{\frac{1}{m}}$를 써서 표시하면

$$\ddot{a}^{(m)}_{\overline{K_x^{(m)}+\frac{1}{m}}|}:=\frac{1-v^{K_x^{(m)}+\frac{1}{m}}}{1-v^{\frac{1}{m}}}=\frac{1-v_m^{[mT_x]+1}}{1-v_m} \tag{5.177}$$

확률변수 5.177의 평균값은 $\ddot{a}_x^{(m)}$으로 표시한다.

$$\ddot{a}_x^{(m)}=E\left[\ddot{a}^{(m)}_{\overline{K_x^{(m)}+\frac{1}{m}}|}\right]=\frac{1-E\left[v^{K_x^{(m)}+\frac{1}{m}}\right]}{1-v^{\frac{1}{m}}}$$

여기서 확률변수 $v^{K_x^{(m)}+\frac{1}{m}}$의 평균값은 $A_x^{(m)}$으로 표시하고, 계산이 $\frac{1}{m}$ 간격으로 하는 것에 특별히 주의하면

$$
\begin{aligned}
A_x^{(m)} &:= E\left[v^{K_x^{(m)}+\frac{1}{m}}\right] && (5.178)\\
&= E\left[v_m^{[mT_x]+1}\right] && (5.179)\\
&= v_m + v_m^2 {}_{\frac{1}{m}|\frac{1}{m}}q_x + v_m^3 {}_{\frac{2}{m}|\frac{1}{m}}q_x + \cdots && (5.180)\\
&= v^{\frac{1}{m}} {}_{\frac{1}{m}}q_x + v^{\frac{2}{m}} {}_{\frac{1}{m}}p_x \, {}_{\frac{1}{m}|}q_{x+\frac{1}{m}} + v^{\frac{3}{m}} {}_{\frac{2}{m}}p_x \, {}_{\frac{1}{m}}q_{x+\frac{2}{m}} + \cdots && (5.181)\\
&= \sum_{k=0}^{\infty} v^{\frac{k+1}{m}} {}_{\frac{k}{m}|\frac{1}{m}}q_x && (5.182)\\
&= \sum_{k=0}^{\infty} v^{\frac{k+1}{m}} {}_{\frac{k}{m}}p_x \, {}_{\frac{1}{m}}q_{x+\frac{k}{m}}, \quad {}_{\frac{k}{m}|\frac{1}{m}}q_x = {}_{\frac{k}{m}}p_x \, {}_{\frac{1}{m}}q_{x+\frac{k}{m}} && (5.183)
\end{aligned}
$$

◁

요약 5.30 식 (5.183)을 보면 다음 도미노 현상이 성립하는 것을 알 수 있다.

$$A_x^{(m)} = v^{\frac{1}{m}} {}_{\frac{1}{m}}q_x + v^{\frac{1}{m}} {}_{\frac{1}{m}}p_x \, A_{x+\frac{1}{m}}^{(m)} \tag{5.184}$$

$$\ddot{a}_x^{(m)} = \sum_{k=0}^{\infty} \frac{1}{m} v^{\frac{k}{m}} {}_{\frac{k}{m}}p_x = \frac{1-A_x^{(m)}}{d^{(m)}} \tag{5.185}$$

해설. $\ddot{a}_x^{(m)} = \sum_{k=0}^{\infty} \frac{1}{m} v^{\frac{k}{m}} {}_{\frac{k}{m}}p_x = \frac{1-A_x^{(m)}}{d^{(m)}}$.
종신연금 지급 시기를 1년에 m회로 한 것이다. 즉 1년에 1을 지급하는 것이 아니라 $\frac{1}{m}$ 간격으로 $\frac{1}{m}$ 씩 1년에 $m \times \frac{1}{m} = 1$을 지금하는 방식이다. 달라지는 것은 짧아진 기간동안의 이자율과, 연금지급 회수가 많아지는 것이다. 나뉘어진 기간 동안의 할인율은

$$\left(\frac{1}{1+i}\right)^{\frac{1}{m}} = v^{\frac{1}{m}}$$

또 연금을 살아있는 동안만 지급되기 때문에

$$\ddot{a}_x^{(m)} = \sum_{k=0}^{\infty} \frac{1}{m} v^{\frac{k}{m}} {}_{\frac{k}{m}}p_x = \frac{1}{m} \sum_{k=0}^{\infty} v^{\frac{k}{m}} {}_{\frac{k}{m}}p_x$$

여기서 ${}_{\frac{k}{m}}p_x = {}_{\frac{k}{m}|\frac{1}{m}}q_x + {}_{\frac{k+1}{m}}p_x$ 인 것에 주의하면

$$
\begin{aligned}
\ddot{a}_x^{(m)} &= \sum_{k=0}^{\infty} \frac{1}{m} v^{\frac{k}{m}} {}_{\frac{k}{m}}p_x = \frac{1}{m} \sum_{k=0}^{\infty} v^{\frac{k}{m}} {}_{\frac{k}{m}}p_x\\
&= \frac{1}{m} \sum_{k=0}^{\infty} v^{\frac{k}{m}} \left({}_{\frac{k}{m}|\frac{1}{m}}q_x + {}_{\frac{k+1}{m}}p_x\right)\\
&= \frac{1}{m} \left(v^{-\frac{1}{m}} \sum_{k=0}^{\infty} v^{\frac{k+1}{m}} {}_{\frac{k}{m}|\frac{1}{m}}q_x + \sum_{k=0}^{\infty} v^{\frac{k}{m}} {}_{\frac{k+1}{m}}p_x\right)\\
&= v^{-\frac{1}{m}} A_x^{(m)} + v^{-\frac{1}{m}} \left(\ddot{a}_x^{(m)} - 1\right)
\end{aligned}
$$

위 식에서 m에 조심하자. 이제

$$v^{-\frac{1}{m}} = (1+i)^{\frac{1}{m}} = \left(1 - \frac{d^{(m)}}{m}\right)^{-1}$$

인 것에 주의하면 $v^{\frac{1}{m}} = 1 - \frac{d^{(m)}}{m}$. 정리하면

$$\left(1 - \frac{d^{(m)}}{m}\right) \ddot{a}_x^{(m)} = A_x^{(m)} + \ddot{a}_x^{(m)} - 1 = A_x^{(m)} - 1 + \ddot{a}_x^{(m)}$$

따라서 $\ddot{a}_x^{(m)} = \frac{1-A_x^{(m)}}{d^{(m)}}$ ◁

요약 5.31 1. $\ddot{a}_{x:\overline{n}|}^{(m)} = \frac{1-A_{x:\overline{n}|}^{(m)}}{d^{(m)}} = \sum_{k=0}^{mn-1} \frac{1}{m} v^{\frac{k}{m}} \; {}_{\frac{k}{m}}p_x.$

2. $A_{x:\overline{n}|}^{(m)} = \sum_{k=0}^{mn-1} v^{\frac{k+1}{m}} \; {}_{\frac{k}{m}|\frac{1}{m}}q_x + v^n {}_np_x = A_{x:\overline{n}|}^{1(m)} + A_{x:\overline{n}|}^{\;\;1}$
3. $A_{x:\overline{n}|}$은 보험금이 1이고, 보장기간이 n인 보험에서 보장기간에 보험지급 사유가 없을 때 만기에 축하금 1을 지급하는 보험에서 보험금의 현재가격의 평균값을 나타낸다.
4. $A_{x:\overline{n}|}^{(m)}$은 보험금이 1이고, 보장기간이 n인 보험에서 보장기간에 보험지급 사유가 없을 때, 만기에 축하금 1을 지급하는 보험에서, 보험금 지급을 $\frac{1}{m}$의 자연수 배가 되는 때에 하기로 했을 때, 보험금의 현재가격의 평균값을 나타낸다.
5. ${}_{u|}\ddot{a}_x = \ddot{a}_x - \ddot{a}_{x:\overline{u}|}$은 거치기간 u가 있는 종신연금의 현재가격의 평균이다. 식의 의미는 거치기간이 없는 종신연금에서, 보장기간 u가 있는 연금의 현재가격의 평균을 빼면 된다.

요약 5.32 단위기간에 1을 지급하는 종신연금을 , 한 기간에 m 등분해서, 등분된 기간에 $\frac{1}{m}$을 지급하는 경우를 생각하자

1. 단위기간에 1을 지급할 것을 단위기간을 m 등분하여, 각각의 등분된 구간의 시작에 $\frac{1}{m}$을 지급하는 종신연금의 현재가격을 나타내는 확률변수는

$$\frac{1}{m}\ddot{a}^{(m)}_{\overline{K_x^{(m)}+\frac{1}{m}}|} := \frac{1}{m}\left(1+ v^{\frac{1}{m}} + v^{\frac{2}{m}} + \cdots v^{K_x^{(m)}}\right) = \frac{1}{m}\frac{1-v^{K_x^{(m)}+\frac{1}{m}}}{1-v^{\frac{1}{m}}}$$

2. 이 확률변수의 평균값은 $\ddot{a}_x^{(m)}$으로 표시한다. $\ddot{a}_x^{(m)}$의 값은

$$\ddot{a}_x^{(m)} = \frac{1}{m}\sum_{k=0}^{\infty} v^{\frac{k}{m}} \; {}_{\frac{k}{m}}p_x \tag{5.186}$$

단위기간에 1을 지급하는 것을 $\frac{1}{m}$마다 $\frac{1}{m}$씩 m회에 $m \times \frac{1}{m} = 1$을 지급하는 것에 주의하자.

여기서 식 5.186 를 점검해보자.

$$A_x^{(m)} = \sum_{k=0}^{\infty} v^{\frac{k+1}{m}} \; {}_{\frac{k}{m}|\frac{1}{m}}q_x \tag{5.187}$$

$$= \sum_{k=0}^{\infty} v^{\frac{k+1}{m}} \left({}_{\frac{k}{m}}p_x - {}_{\frac{k}{m}+\frac{1}{m}}p_x\right) \tag{5.188}$$

$$= \sum_{k=0}^{\infty} v^{\frac{k+1}{m}} \; {}_{\frac{k}{m}}p_x - \sum_{k=0}^{\infty} v^{\frac{k+1}{m}} \; {}_{\frac{k}{m}+\frac{1}{m}}p_x \tag{5.189}$$

$$= v^{\frac{1}{m}} \sum_{k=0}^{\infty} v^{\frac{k}{m}} \; {}_{\frac{k}{m}}p_x - \sum_{k=1}^{\infty} v^{\frac{k}{m}} \; {}_{\frac{k}{m}}p_x \tag{5.190}$$

$$= 1 - (1 - v^{\frac{1}{m}}) \sum_{k=0}^{\infty} v^{\frac{k}{m}} \; {}_{\frac{k}{m}}p_x. \tag{5.191}$$

따라서

$$\ddot{a}_x^{(m)} = \frac{1}{m}\frac{1-E[v^{K_x^{(m)}+\frac{1}{m}}]}{1-v^{\frac{1}{m}}} = \frac{1}{m}\sum_{k=0}^{\infty} v^{\frac{k}{m}} \; {}_{\frac{k}{m}}p_x. \tag{5.192}$$

이제 $(1+\frac{i^{(m)}}{m})^m = (1-\frac{d^{(m)}}{m})^{-m} = 1+i, \quad v = \frac{1}{1+i}$*으로부터*

$$d^{(m)} = \frac{\frac{i^{(m)}}{m}}{1+\frac{i^{(m)}}{m}}, \qquad v^{\frac{1}{m}} = 1 - \frac{d^{(m)}}{m}.$$

따라서

$$A_x^{(m)} = 1 - (1 - v^{\frac{1}{m}}) \sum_{k=0}^{\infty} v^{\frac{k}{m}} {}_{\frac{k}{m}}p_x = 1 - \frac{d^{(m)}}{m} \sum_{k=0}^{\infty} v^{\frac{k}{m}} {}_{\frac{k}{m}}p_x = 1 - d^{(m)} \ddot{a}_x^{(m)}.$$

요약 5.33 두 식 5.187, 5.192를 결합하여 다음 관계식을 얻는다:

$$A_x^{(m)} = 1 - d^{(m)} \ddot{a}_x^{(m)}, \quad \ddot{a}_x^{(m)} = \frac{1 - A_x^{(m)}}{d^{(m)}}, \quad \frac{d^{(m)}}{m} = 1 - v^{\frac{1}{m}}$$

돈이 $K_x^{(m)} + \frac{1}{m}$에 지급되고, 계산간격이 $\frac{1}{m}$, 보장기간이 n인 보험을 생각하자. 보장기간이 n으로 정해질 때 현재가격을 나타내는 확률변수는

$$Z_{x,n}^{(m)} := \begin{cases} v^{K_x + \frac{1}{m}}, & K_x^{(m)} < n \\ 0, & K_x^{(m)} \geq n \end{cases} \tag{5.193}$$

이 확률변수의 평균값은 $A_{x:\overline{n}|}^{1(m)}$ 으로 나타낸다. 따라서 기간 안에 $m \times n = mn$회가 지급될 수 있는 것에 주의하면

$$A_{x:\overline{n}|}^{1(m)} := E\left[Z_{x,n}^{(m)}\right] = \sum_{k=0}^{mn-1} v^{\frac{k+1}{m}} {}_{\frac{k}{m}|\frac{1}{m}}q_x \tag{5.194}$$

기간 n 종료후 축하금(endowment) 1의 현재가격을 나타내는 확률변수는

$$E_{x,n} := \begin{cases} 0, & T_x < n \\ v^n, & T_x \geq n \end{cases}$$

이 확률변수의 평균값은 $A_{x:\overline{n}|}^{\ \ 1}$으로 나타내고, 따라서

$$A_{x:\overline{n}|}^{\ \ 1} := E\left[E_{x,n}\right] = v^n {}_np_x := {}_nE_x$$

보장기간이 끝나는 $x+n$에 지급되는 축하금은 기간 안에 지급시기를 계산하는 간격 $\frac{1}{m}$에 관계가 없다. 다음과 같이 요약하자.

요약 5.34 단위기간을 m 등분한 기간에 보험금을 계산하는 경우, 즉 계산간격이 $\frac{1}{m}$인 경우

1. 만기 축하금이 없는 경우, 현재가격을 나타내는 확률변수는

$$Z_{x,n}^{(m)} := \begin{cases} v^{K_x+\frac{1}{m}}, & K_x^{(m)} < n \\ 0, & K_x^{(m)} \geq n \end{cases} \tag{5.195}$$

이 확률변수의 평균값은 $A_{x:\overline{n}|}^{1(m)}$으로 나태낸다

2. 보장기간 동안 보험금 청구가 없는 경우, 기간종료 후 주는 축하금(endowment)의 현재가격을 나타내는 확률변수는

$$E_{x,n} := \begin{cases} 0, & T_x < n \\ v^n, & T_x \geq n \end{cases} \tag{5.196}$$

이 확률변수의 평균값은 $A_{x:\overline{n}|}^{\ \ 1}$으로 나타내고, 따라서

$$A_{x:\overline{n}|}^{\ \ 1} = v^n{}_np_x := {}_nE_x \tag{5.197}$$

3. 따라서 만기 축하금(endowment)이 있는 보험에서, 계산간격이 $\frac{1}{m}$ 경우 현재가격을 나타내는 확률변수는

$$E_{x,n}^{(m)} := \begin{cases} v^{K_x+\frac{1}{m}}, & K_x^{(m)} < n \\ v^n, & K_x \geq n \end{cases} \tag{5.198}$$

이것을 간단하게 표현하면

$$E_{x,n}^{(m)} := v^{\min\{K_x^{(m)}+\frac{1}{m},n\}} \tag{5.199}$$

4. 확률변수 5.198의 평균값은 $A_{x:\overline{n}|}$으로 타내내고

$$A_{x:\overline{n}|}^{(m)} = A_{x:\overline{n}|}^{1(m)} + A_{x:\overline{n}|}^{\ \ 1} \tag{5.200}$$

단위기간의 시작에 1을 지금하는 연금을 단위기간을 m등분하여, 각각의 등분된 구간의 시작에 $\frac{1}{m}$을 지급하는 경우, 시작할 때 $\frac{1}{m}$을 받는 종신연금의 경우, 현재가격을 나타내는 확률변수는, 연금은 생존기기간 동안만 지급되기 때문에

$$\frac{1}{m} + \frac{1}{m}v^{\frac{1}{m}} + \frac{1}{m}v^{\frac{2}{m}}{}_{\frac{1}{m}}p_xq_{x+\frac{1}{m}} + \cdots + \frac{1}{m}v^{K_x^{(m)}} = \frac{1}{m}\frac{1-v^{K_x+\frac{1}{m}}}{1-v^{\frac{1}{m}}}$$

이 확률변수의 평균값은 $\ddot{a}_x^{(m)}$ 으로 나타냈다.

$$\ddot{a}_x^{(m)} = \frac{1}{m}\frac{1-E[v^{K_x^{(m)}+\frac{1}{m}}]}{1-v^{\frac{1}{m}}}.$$

요약 5.29에서 $A_x^{(m)} = E\left[v^{K_x^{(m)}+\frac{1}{m}}\right]$으로 정한 것을 생각하면

$$\ddot{a}_x^{(m)} = \frac{1}{m}\frac{1-A_x^{(m)}}{1-v^{\frac{1}{m}}}.$$

여기서

$$(1-\frac{d^{(m)}}{m})^{-m} = 1+i = v^{-1}$$

인 것에 주의하면

$$v^{\frac{1}{m}} = 1-\frac{d^{(m)}}{m}.$$

따라서

$$\ddot{a}_x^{(m)} = \frac{1}{m}\frac{1-A_x^{(m)}}{1-v^{\frac{1}{m}}} = \frac{1-A_x^{(m)}}{d^{(m)}}. \tag{5.201}$$

다른 각도에서 보면 연금을 살아있으면 받는 것이기 때문에

$$\ddot{a}_x^{(m)} = \frac{1}{m} + \frac{1}{m} v^{\frac{1}{m}}\ {}_{\frac{1}{m}}p_x + \frac{1}{m} v^{\frac{2}{m}}\ {}_{\frac{2}{m}}p_x + \cdots = \sum_{k=0}^{\infty} \frac{1}{m} v^{\frac{k}{m}}\ {}_{\frac{k}{m}}p_x. \tag{5.202}$$

다음과 같이 요약하자.

요약 5.35 1. $\ddot{a}_x^{(m)} = \frac{1}{m}\frac{1-A_x^{(m)}}{1-v^{\frac{1}{m}}} = \frac{1-A_x^{(m)}}{d^{(m)}}$

2. $\ddot{a}_x^{(m)} = \frac{1}{m} + \frac{1}{m} v^{\frac{1}{m}}\ {}_{\frac{1}{m}}p_x + \frac{1}{m} v^{\frac{2}{m}}\ {}_{\frac{2}{m}}p_x + \cdots$

3. $\ddot{a}_x^{(m)} = \sum_{k=0}^{\infty} \frac{1}{m} v^{\frac{k}{m}}\ {}_{\frac{k}{m}}p_x.$

기간이 n으로 정해진 연금은 $\min\{K_x^{(m)}, n\}$ 회 까지 받을 수 있기 때문에, 현재가격을 나타내는 확률변수는

$$\ddot{a}_{\overline{\min\{K_x^{(m)}+\frac{1}{m},\, n\}}|} = \frac{1}{m} + \frac{1}{m} v^{\frac{1}{m}} + \frac{1}{m} v^{\frac{2}{m}} + \cdots + \frac{1}{m} v^{\min\{K_x^{(m)}, n-\frac{1}{m}\}} = \frac{1}{m}\frac{1-v^{\min\{K_x^{(m)}+\frac{1}{m}, n\}}}{1-v^{\frac{1}{m}}}$$

이 확률변수의 평균값은 $\ddot{a}_{x:\overline{n}|}^{(m)}$으로 나타내는데,

$$\ddot{a}_{x:\overline{n}|}^{(m)} = \frac{1}{m}\frac{1-A_{x:\overline{n}|}^{(m)}}{1-v^{\frac{1}{m}}} = \frac{1-A_{x:\overline{n}|}^{(m)}}{d^{(m)}}, \quad 1-v^{\frac{1}{m}} = \frac{d^{(m)}}{m}. \tag{5.203}$$

다음과 같이 요약하자.

요약 5.36 $\ddot{a}_{x:\overline{n}|}^{(m)}$과 $A_{x:\overline{n}|}^{(m)}$의 관계는

$$\ddot{a}_{x.\overline{n}|}^{(m)} = \frac{1}{m}\frac{1-A_{x:\overline{n}|}^{(m)}}{1-v^{\frac{1}{m}}} = \frac{1-A_{x:\overline{n}|}^{(m)}}{d^{(m)}}, \quad 1-v^{\frac{1}{m}} = \frac{d^{(m)}}{m} \tag{5.204}$$

5.9 연문제

문제 5.1 $S_0(t) = \left(1-\frac{t}{120}\right)^2, 0 \le t \le 120$*일 때 다음 값을 구하여라.*

1. ${}_{60}p_{20}$
2. ${}_{20|}q_{30}$
3. ${}_{10|5}q_{20}$
4. μ_{50}
5. $\mathring{e}_{50}$
6. e_{50}

문제 5.2 *1.* ${}_{t|u}q_x = q_x, {}_{t|u}q_x = {}_{20}p_{30} - {}_{45}p_{30}$ *일 때, t, x, u의 값은?*
2. ${}_{20}p_{40} = 0.8, {}_{15}p_{45} = 0.85$*일 때* ${}_5p_{40}$*은?*

문제 5.3 *년이율은 변하지 않고 $i = 0.05$라 하자.* ${}_{35}p_{30} = 0.85, A_{30} = 0.17, A_{65} = 0.5$*라 하자. 다음 값의 근사값을 구하여라.*

1. $\ddot{a}_{30}$
2. $\ddot{a}_{65}$
3. $A^{\ 1}_{30:\overline{35}|}$
4. $A_{30:\overline{35}|}$
5. $\ddot{a}_{30:\overline{35}|}$

문제 5.4 $v = 0.95, {}_{10}p_{25} = 0.996853, \ddot{a}_{25:\overline{15}|} = 10.7139, \ddot{a}_{35:\overline{5}|} = 4.52084$를 이용하여 $A^{\ 1}_{25:\overline{10}|}$을 구하여라.

문제 5.5 나이 70인 사람이 사망 즉시 보험금 1이 지급되는 종신보험에 가입했다. 다음 조건에서 보험금의 현재가격을 구하여라.

1. 가입후 t 후에 사망했을 때 보험금은 $b_t = 10,000 - 4t^2$
2. 이자율은 단리 2%
3. 사망은 $\omega = 120$인 De Moivre의 법칙을 따른다.

문제 5.6 나이 50인 사람이 사망 즉시 보험금 10이 지급되는 종신보험에 가입했다. 보험금의 현재가격을 나타내는 확률변수를 Z 라 할 때, $E[Z] = 5$라 두자. $V[Z]$를 구하여라. 이 계산에서 이력 δ와 사력 μ는 상수이다

문제 5.7 다음 조건을 적용하여 $\bar{A}_{x:\overline{3}|}$를 구하여라.

1. 이자율은 $i = 0.03$
2. $q_x = 0.1, q_{x+1} = 0.2, q_{x+2} = 0.3$
3. 각각의 연령 구간에서는 UDD(Uniform Distribution of Death)를 적용한다.

문제 5.8 나이 20인 사람이 보험료를 나이 20이 한꺼번에 내고, 20년 지난 후 나이 40부터 매년 초에 1씩 받는 연금에 가입했다.

- 이자율 $i = 0$
- $\ell_x = 80 - x$

다음 각각에 답하여라.

1. 첫 번째 연금을 받을 확률은 얼마인가?
2. 받게 될 연금의 현재가격의 총 합을 나타내는 확률변수를 구하여라.
3. 보험금을 받게될 연금 총합을 나타내는 확률변수의 평균값으로 정하면, 가입과 동시에 한꺼번에 내야 할 보험료는 얼마인가?
4. 받은 연금의 총 합이 한꺼번에 낸 보험료보다 클 확률은 얼마인가?

문제 5.9 나이 x인 사람이 보장기간이 30년인 연금을 가입했다. 연금은 지금부터 지급된다. 따라서 연금은 1이 $x, x+1, x+2, x+2, \cdots$에 지급된다. 연금은 물론 생존했을 경우에만 지급된다. 이자율은 i로 일정하다.

1. 이 연금의 현재가격을 나타내는 확률변수 Z를 표현하여라.
2. 연금의 현재가격을 나타내는 확률변수 Z의 평균값 $E[Z]$를 구하여라.
3. $E[Z^2]$을 구하여라.
4. 연금의 현재가격을 나타내는 확률변수 Z의 분산 $Var[Z]$를 구하여라.
5. 이 상품의 보험금을 가입할 때 한꺼번에 낸다. 다른 비용을 무시하면 보험금을 얼마가 절절한가?

문제 5.10 어떤 제품의 수명을 다음과 같다 하자. x의 단위는 년이다.

$$\ell_x = \begin{cases} 1000(1 - \frac{x^2}{400}), & 0 \le x \le 20 \\ 0, & x \ge 20 \end{cases}$$

제품이 고장났을 때 즉시 보험금 1을 지금하는 보험이 있다. 이자율은 $i = 3\%$로 한다.

1. 출고 후 5년 된 제품의 기대수명을 구하여라.
2. $x = 5$일 때 종신보험에 가입했다. 이 보험금의 현재가격을 나타내는 확률변수를 쓰고, 기대값을 구하여라.
3. $K_x = [T_x]$라 하자. 즉 K_x는 T_x의 정수부분이다. $t = 0$ 부터 K_5 까지 보험료 p를 낼 때, 낸 총 보험료의 현재 각격을 표현하는 확률변수를 쓰고, 기대값을 구하여라.

4. 이 종신보험의 보험료는 다른 영업비용이 없다면 얼마가 이상적인가?

문제 5.11 *나이 40인 사람이 종신보험에 가입한 경우와, 기간 20년짜리 보험에 가입한 경우를 가정하여 다음 조건 아래서 보험금의 현재가격을 나타내는 확률변수의 평균값을 계산하여라. 표준한계생존모델(USSM)을 써서 계산하자.*

- *보험금은 처음 10년 이내에 사망하면 1을 지급하고,*
- *그 이후에 사망하면 5를 지급하는 것으로 한다.*
- *보험금은 사망 후 1년에 되는 때에 지급한다.*
- *년이자율은 $i = 5\%$로 한다.*

6
보험료, 보험가치 계산

6.1 보험료 계산을 위한 생존모델

정의 6.1 [Makeham's Model] Makeham's Model를 사력(Force of Mortality)를

$$\mu_x = A + Bc^x$$

꼴을 이용하는 모델이다. 여기서 상수 A, B, c의 값은 대상에 따라 조절하는데, 여기서는

$$A = 0.00022,\ B = 2.7 \times 10^{-6},\ c = 1.124$$

을 쓰기로 하자. 이 모델을 Standard Ultimate Survival Model(SUSM)이라 부르자.

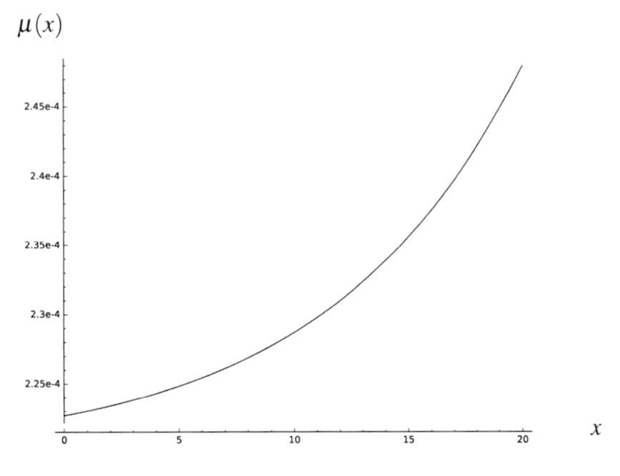

그림. 6.1: $\mu_x = A + Bc^x$. 여기서 $A = 0.00022,\ B = 2.7 \times 10^{-6},\ c = 1.124,\ 0 \le x \le 20$

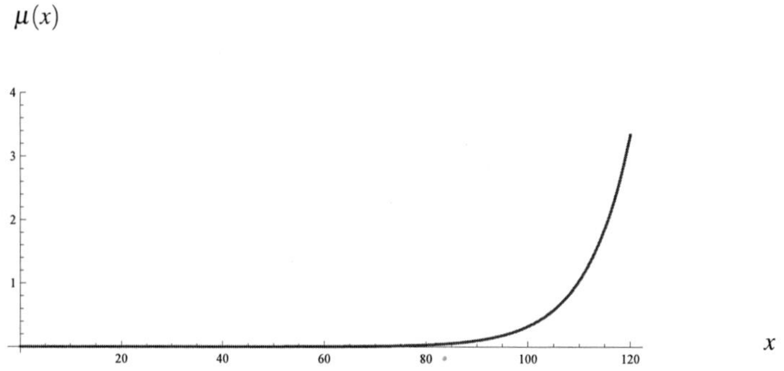

그림. 6.2: $\mu_x = A + Bc^x$. 여기서 $A = 0.00022$, $B = 2.7 \times 10^{-6}$, $c = 1.124$, $0 \le x \le 120$

요약 6.1 SUSM에서 ℓ_x 와 ${}_tp_x$는 다음과 같이 겉으로 들어나게 표현된다. 이 모델에 따라 20세 인구는 100,000으로 표준화하에 인구 수를 주는 함수 ℓ_x를 만들었다.

$$ {}_tp_x = \exp\Big(-At - \frac{Bc^x}{\ln c}(c^t - 1)\Big), \quad A = 0.00022,\ B = 2.7 \times 10^{-6},\ c = 1.124 \tag{6.1} $$

$$ \ell_{20+t} = \ell_{20}\,{}_tp_{20} = 100,000 \times \exp\big(-At - \frac{Bc^{20}}{\ln c}(c^t - 1)\big) \tag{6.2} $$

ℓ_x로 표현하면

$$ \ell_x = 1000000 \exp\Big(A(x-20) - \frac{Bc^{20}}{\ln c}(c^{x-20} - 1)\Big) \tag{6.3} $$

보험금, 연금에 관련된 계산을 모두 타당한 인구모델에 근거를 둬야 한다. 이 책에서는 개념 이해를 위해서 가상의 Makehams Model을 쓰기로 하자.

6.2 보험료(Premium)와 관련된 기호

보험수학에서는 손으로 하기 어려운 계산량이 많은 문제가 즐비하다. 때문에 계산 때문에 개념을 놓치는 일이 없도록 복잡한 계산을 간단한 기호로 표시하는 방법을 쓴다. 다음 기호에 익숙해지자.

요약 6.2 나인 x인 가입자 전체의 수를 ℓ_x라 하자. $d_x = \ell_x - \ell_{x+1}$이다. 따라서 d_x는 나이 x인 사람이 나이 $x+1$이 되기 전에 죽은 수이다. 다음 D_x, M_x, N_x, R_x는 보험계산을 이해하기 위하여 자주 쓰인다.

1. $D_x := v^x \ell_x$라 정의하면 $A_{x:\overline{n|}}^{\ \ 1} := {}_nE_x := \frac{D_{x+n}}{D_x}$
2. $M_x := \sum_{k=0}^{\infty} v^{x+k+1} d_{x+k}$라 정의하면 $A_{x:\overline{n|}}^1 = \frac{M_x - M_{x+n}}{D_x}$
3. $R_x := \sum_{k=0}^{\infty} v^{x+k+1}(k+1)d_{x+k}$라 두면 $\frac{R_x}{D_x} := (IA)_x = \frac{\sum_{k=0}^{\infty} v^{x+1+k}(k+1)d_{x+k}}{D_x}$
4. $N_x := \sum_{k=0}^{\infty} D_{x+k} = \sum_{k=0}^{\infty} v^{x+k}\ell_{x+k}$라 두면 $N_x = D_x \ddot{a}_{x:\overline{n|}} + N_{x+n}$
5. ${}_nP_x = \frac{A_x}{\ddot{a}_{x:\overline{n|}}} = \frac{M_x}{D_x \ddot{a}_{x:\overline{n|}}}$. 이 기호는 특히 소문자로 표시된 ${}_np_x$와 혼동해서는 않된다.

해설.

1. D_x: 이자율이 i이면 $v = \frac{1}{1+i}$이다. 나이 x인 가입자 전체의 수를 ℓ_x라 할 때

$$D_x := v^x \ell_x$$

라는 기호를 쓰면 식이 간단해지는 경우가 많다. 예를 들어

$$A_{x:\overline{n}|}^{\;\;1} := {}_nE_x := v^n{}_np_x = \frac{v^n\ell_{x+n}}{\ell_x} = \frac{v^{x+n}\ell_{x+n}}{v^x\ell_x} = \frac{D_{x+n}}{D_x} \tag{6.4}$$

2. M_x: 나이 x에 보험을 산 사람이 받게되는 보험금 1의 현재가격의 평균값을 A_x로 나타낸다. 그런데 나이 x이 가입자수를 ℓ_x, 나이 x인 사람 중에서 $x+1$이 되기 전에 죽는 사람 수를 d_x로 나타내면

$$A_x = v\,q_x + v^2{}_{1|}q_x + v^2{}_{2|}q_x + \cdots \tag{6.5}$$

$$= v\frac{d_x}{\ell_x} + v^2\frac{\ell_{x+1}}{\ell_x}\frac{d_{x+1}}{\ell_{x+1}} + v^3\frac{\ell_{x+2}}{\ell_x}\frac{d_{x+2}}{\ell_{x+2}} + \cdots \tag{6.6}$$

$$= \frac{vd_x + v^2d_{x+1} + v^3d_{x+2} + \cdots}{\ell_x} \tag{6.7}$$

$$= \frac{v^x\left(vd_x + v^2d_{x+1} + v^3d_{x+2} + \cdots\right)}{v^x\ell_x} \tag{6.8}$$

$$= \frac{\sum_{k=0}^{\infty} v^{x+k+1}d_{x+k}}{D_x} \tag{6.9}$$

따라서 $M_x := \sum_{k=0}^{\infty} v^{x+k+1}d_{x+k}$ 라 정의하면

$$A_x = \frac{M_x}{D_x}, \quad A^1_{x:\overline{n}|} = \frac{M_x - M_{x+n}}{D_x}. \tag{6.10}$$

왜냐하면 합의기호 출발점을 바꾸면

$$M_x := \sum_{k=0}^{\infty} v^{x+1+k}d_{x+k} = \sum_{k=0}^{n-1} v^{x+n+1}d_{x+k} + \sum_{k=n}^{\infty} v^{x+1+k}d_{x+k} \tag{6.11}$$

$$= \sum_{k=0}^{n-1} v^{x+1+k}d_{x+k} + \sum_{k=0}^{\infty} v^{x+n+1+k}d_{x+n+k} \tag{6.12}$$

$$= \sum_{k=0}^{n-1} v^{x+1+k}d_{x+k} + M_{x+n} \tag{6.13}$$

따라서

$$\frac{M_x - M_{x+n}}{D_x} = \frac{M_x}{D_x} - \frac{M_{x+n}}{D_x} = A_x - A_{x:\overline{n}|}^{\;\;1} = A^1_{x:\overline{n}|}. \tag{6.14}$$

3. R_x: 보험금이 1로 시작해서, 단위기간이 지날 때마다 1씩 증가하는 경우를 상상할 수 있다. 이 경우 현재 가격을 나타내는 확률변수는 $v^{K_x+1}(K_x+1)$이고, 그 평균값은 $(IA)_x$로 나타낸다. 따라서

$$(IA)_x = v\,q_+2v^2{}_{1|}q_x + 3v^3{}_2q_x + \cdots = \sum_{k=0}^{\infty} v^{k+1}(k+1)_{k|}q_x$$

여기서

$${}_{k|}q_x = {}_kp_xq_{x+k} = \frac{\ell_{x+k}}{\ell_x}\frac{d_{x+k}}{\ell_{x+k}} = \frac{d_{x+k}}{\ell_x} = \frac{v^xd_{x+k}}{v^x\ell_x} = \frac{v^xd_{x+k}}{D_x}$$

따라서

$$(IA)_x = \frac{\sum_{k=0}^{\infty} v^{x+1+k}(k+1)d_{x+k}}{D_x} := \frac{R_x}{D_x}. \tag{6.15}$$

여기서 물론 $R_x := \sum_{k=0}^{\infty} v^{x+1+k}(k+1)d_{x+k}$.

4. N_x: $A_x = \frac{M_x}{D_x}$이 것을 생각하면

$${}_nP_x = \frac{A_x}{\ddot{a}_{x:\overline{n}|}} = \frac{M_x}{D_x\ddot{a}_{x:\overline{n}|}}. \tag{6.16}$$

여기서 $D_x = v^x \ell_x$인 것에 주의하여 $D_x \ddot{a}_{x:\overline{n}|}$를 더 계산하면

$$D_x \ddot{a}_{x:\overline{n}|} = v^x \ell_x \sum_{k=0}^{n-1} v^k {}_k p_x = v^x \ell_x \sum_{k=0}^{n-1} v^k \frac{\ell_{x+k}}{\ell_x} = \sum_{k=0}^{n-1} v^{x+k} \ell_{x+k} \tag{6.17}$$

따라서 $N_x := \sum_{k=0}^{\infty} v^{x+k} \ell_{x+k}$ 편리하고, 라 정의하면, 합의기호의 출발점을 바꾸어

$$N_x = \sum_{k=0}^{\infty} v^{x+k} \ell_{x+k} = \sum_{k=0}^{n-1} v^{x+k} \ell_{x+k} + \sum_{k=n}^{\infty} v^{x+k} \ell_{x+k} \tag{6.18}$$

$$= D_x \ddot{a}_{x:\overline{n}|} + \sum_{k=0}^{\infty} v^{x+n+k} \ell_{x+n+k} \tag{6.19}$$

$$= D_x \ddot{a}_{x:\overline{n}|} + N_{x+n}. \tag{6.20}$$

5. 식 ((6.16)에서 살펴보았다.

요약 6.3 다시 간단하게 요약하면

- $A_{x:\overline{n}|}^{\;\;1} = v^n {}_n p_x = \frac{D_{x+n}}{D_x}$
- $D_x = v^x \ell_x$
- $M_x := \sum_{k=0}^{\infty} v^{x+k+1} d_{x+k}$
- $A_x = \frac{M_x}{D_x}$
- $A_{x:\overline{n}|}^{1} = \frac{M_x - M_{x+n}}{D_x}$
- $A_{x:\overline{n}|} = A_{x:\overline{n}|}^{1} + A_{x:\overline{n}|}^{\;\;1} = \frac{M_x - M_{x+n}}{D_x} + \frac{D_{x+n}}{D_x}$
- ${}_n P_x = \frac{A_x}{\ddot{a}_{x:\overline{n}|}} = \frac{M_x}{N_x - N_{x+n}}$
- $A_x = \frac{M_x}{D_x}$
- $D_x \ddot{a}_{x:\overline{n}|} = N_x - N_{x+n}$
- $N_x = \sum_{k=0}^{\infty} v^{x+k} \ell_{x+k}$

${}_t p_x$ 는 나이 x이 가입자가 앞으로 t년 이상 생존할 확률을 나타낸다. 예를 들어 나이 x인 가입자 전체의 수를 ℓ_x, 나이 x인 사람이 나이 $x+1$이 되기 전에 죽는 사람 수를 $d_x := \ell_x - \ell_{x+1}$ 라 두면

$${}_t p_x = \frac{\ell_{x+t}}{\ell_x}, \quad {}_t q_x = 1 - {}_t p_x = \frac{\ell_x - \ell_{x+t}}{\ell_x}, \quad {}_{t|} q_x = {}_t p_x - {}_{t+1} p_x = \frac{\ell_{x+t} - \ell_{x+t+1}}{\ell_x}$$

요약 6.4 ${}_t p_x$ 는 나이 x이 가입자가 앞으로 t년 이상 생존할 확률을 나타낸다. 예를 들어 나이 x인 가입자 전체의 수를 ℓ_x, 나이 x인 사람이 나이 $x+1$이 되기 전에 죽는 사람 수를 $d_x := \ell_x - \ell_{x+1}$라 두면 D_x, M_x, N_x, R_x를

$$D_x := v^x \ell_x, \quad M_x := \sum_{k=0}^{\infty} v^{x+k+1} d_{x+k}, \quad N_x = \sum_{k=0}^{\infty} v^{x+k} \ell_{x+k}, \quad R_x := \sum_{k=0}^{\infty} v^{x+1+k} (k+1) d_{x+k}$$

라 두면, 많은 식들을 간편하게 표현할 수 있다.

1. ${}_t p_x = \frac{\ell_{x+t}}{\ell_x} = \frac{D_{x+t}}{D_x v^t}$
2. ${}_{t|} q_x = {}_t p_x - {}_{t+1} p_x = \frac{\ell_{x+t} - \ell_{x+t+1}}{\ell_x} = \frac{v D_{x+t} - D_{x+t+1}}{D_x v^{t+1}} = \frac{v^x d_{x+t}}{D_x}$
3. $A_{x:\overline{n}|}^{\;\;1} = v^n {}_n p_x = v^n \frac{D_{x+n}}{D_x v^n} = \frac{D_{x+n}}{D_x}$
4. $A_{x:\overline{n}|} = \frac{M_x - M_{x+n}}{D_x} + \frac{D_{x+n}}{D_x} = \frac{M_x - M_{x+n} + D_{x+n}}{D_x}$
5. ${}_{m|} A_{x:\overline{n}|}^{1} = v^m {}_m p_x A_{x+m:\overline{n}|}^{1}$, ${}_{m|} A_{x:\overline{n}|}^{1} = \frac{D_{x+m}}{D_x} \times \frac{M_{x+m} - M_{x+m+n}}{D_{x+m}} = A_{x:\overline{m}|}^{\;\;1} A_{x+m:\overline{n}|}^{1}$
6. $(IA)_x = \frac{R_x}{D_x}$

해설. 1., 2.은 즉시 알 수 있기 때문에 다른 것들을 보자.

3. $A_{x:\overline{n}|}$은 확률변수 $v^{\min\{K_x+1,n\}}$의 평균값을 나타낸다. 따라서

$$A_{x:\overline{n}|} = E\left[v^{\min\{K_x,n\}}\right] = \sum_{k=0}^{n-1} v^{k+1}{}_{k|}q_x + v^n Pr[K_x \geq n] \tag{6.21}$$

$$= \sum_{k=0}^{n-1} v^{k+1}{}_{k|}q_x + v^n{}_np_x = \sum_{k=0}^{n-1} v^{k+1}{}_{k|}q_x + A_{x:\overset{1}{\overline{n}|}} \tag{6.22}$$

$$= \sum_{k=0}^{n-1} v^{k+1}\frac{v^x d_{x+k}}{D_x} + A_{x:\overset{1}{\overline{n}|}} = \frac{\sum_{k=0}^{n-1} v^{x+1+k}d_{x+k}}{D_x} + A_{x:\overset{1}{\overline{n}|}} \tag{6.23}$$

$$= \frac{M_x - M_{x+n}}{D_x} + A_{x:\overset{1}{\overline{n}|}} \tag{6.24}$$

특히 $A^1_{x:\overline{n}|} = \frac{M_x - M_{x+n}}{D_x}$, $A_{x:\overset{1}{\overline{n}|}} = \frac{D_{x+n}}{D_x}$ 이고 $A_{x:\overline{n}|} = \frac{M_x-M_{x+n}}{D_x} + \frac{D_{x+n}}{D_x}$.

4. 이것은 3 . 에서 살펴보았다.
5. 우선 ${}_{m|}A^1_{x:\overline{n}|}$에서 앞의 ${}_{m|}$은 보험금 지급시기가 m년 후부터, 즉 $x+m$부터 개시되는 것을 말한다. 따라서 보통의 $A^1_{x:\overline{n}|}$의 계산과 다른 점은 할인율에 v^m이 곱해지는 것과, ${}_{k|}q_x$대신에 ${}_{m+k|}q_x$을 쓰는 것 뿐이다. 말로 하면 ${}_{m+k|}q_x$는 나이 x인 사람이 $m+k$년 생존하고, 그 후 1년 이내에 사망할 확률이다. 일단 나이 x인 사람이 $m+k$년 생존하면 나이가 $x+m+k$이 된다. 그러므로 ${}_{m+k|}q_x = {}_mp_x\,{}_{k|}q_{x+m}$.

$${}_{m|}A^1_{x:\overline{n}|} = \sum_{k=0}^{n-1} v^{m+k+1}{}_{m+k|}q_x = \sum_{k=0}^{n-1} v^{m+k+1}{}_mp_x\ {}_{k|}q_{x+m} \tag{6.25}$$

$$= v^m{}_mp_x \sum_{k=0}^{n-1} v^{k+1}{}_{k|}q_{x+m} = v^m{}_mp_x\ A^1_{x+m:\overline{n}|} \tag{6.26}$$

다른 한편으로

$${}_{m|}A^1_{x:\overline{n}|} = A^1_{x:\overline{m+n}|} - A^1_{x:\overline{m}|} = \frac{M_x - M_{x+m+n}}{D_x} - \frac{M_x - M_{x+m}}{D_x} = \frac{M_{x+m} - M_{x+m+n}}{D_x} \tag{6.27}$$

$$= \frac{D_{x+m}}{D_x} \times \frac{M_{x+m} - M_{x+m+n}}{D_{x+m}} \tag{6.28}$$

$$= A_{x:\overset{1}{\overline{m}|}}\ A^1_{x+m:\overline{n}|} \tag{6.29}$$

6. $(IA)_x$는 지급기간이 늘어나면, 지급액도 늘려서, 인플레이션을 보정해주는 보험으로 이해하면 좋다. 여기서는 k번째 지급액이 k가 되는 것을 생각한 것이다. 따라서

$$(IA)_x = vq_+ 2v^2{}_{1|}q_x + 3v^3{}_2q_x + \cdots \tag{6.30}$$

$$= \sum_{k=0}^{\infty} v^{k+1}(k+1)_{k|}q_x = \sum_{k=0}^{\infty} v^{k+1}(k+1)\frac{v^x d_{x+k}}{D_x} \tag{6.31}$$

$$= \frac{\sum_{k=0}^{\infty} v^{x+k+1}(k+1)d_{x+k}}{D_x} \tag{6.32}$$

$$= \frac{R_x}{D_x} \tag{6.33}$$

◁

요약 6.5 나이 x이 가입자 전체 수를 ℓ_x, $d_{x+k} = \ell_{x+k} - \ell_{x+k+1}$이라 두자.

- $D_x := v^x \ell_x$
- $M_x := \sum_{k=0}^{\infty} v^{x+k+1}d_{x+k}$
- $N_x = \sum_{k=0}^{\infty} v^{x+k}\ell_{x+k}$
- $R_x := \sum_{k=0}^{\infty} v^{x+1+k}(k+1)d_{x+k}$

를 쓰면 $\ddot{a}_x = \sum_{k=0}^{\infty} v^k{}_kp_x = \sum_{k=0}^{\infty} v^k \frac{\ell_{x+k}}{\ell_x} = \sum_{k=0}^{\infty}\frac{D_{x+k}}{D_x} = \frac{\sum_{k=0}^{\infty} D_{x+k}}{D_x} = \frac{N_x}{D_x}$이고,

1 . $A_{x:\overline{n}|} = A^1_{x:\overline{n}|} + \frac{D_{x+n}}{D_x}$
2 . $A^1_{x:\overline{n}|} = \frac{M_x}{D_x} - \frac{D_{x+n}}{D_x} = \frac{M_x - D_{x+n}}{D_x}$
3 . $D_x\ddot{a}_{x:\overline{n}|} = N_x - N_{x+n}$
4 . $\ddot{a}_{x:\overline{n}|} = \frac{N_x - N_{x+n}}{D_x}$.

해설.

1. $A_x = \frac{M_x}{D_x}$, $A^1_{x:\overline{n}|} = \frac{M_x - M_{x+n}}{D_x}$ 와 $A_{x:\overline{n}|} = A^1_{x:\overline{n}|} + A_{x:\overline{n}|}^{\ \ 1}$으로부터

$$A_{x:\overline{n}|} = A^1_{x:\overline{n}|} + \frac{D_{x+n}}{D_x}, \qquad A^1_{x:\overline{n}|} = \frac{M_x}{D_x} - \frac{D_{x+n}}{D_x}$$

2. $\ddot{a}_{x:\overline{n}|} = 1 + v\,p_x + v^2\,{}_2p_x + \cdots + v^{n-1}\,{}_{n-1}p_x = \sum_{k=0}^{n-1} v^k\,{}_kp_x$. 따라서

$$\begin{aligned} D_x\ddot{a}_{x:\overline{n}|} &= D_x \sum_{k=0}^{n-1} v^k\,{}_kp_x = D_x \sum_{k=0}^{n-1} v^k \frac{\ell_{x+k}}{\ell_x} \\ &= v^x \ell_x \sum_{k=0}^{n-1} v^k \frac{\ell_{x+k}}{\ell_x} = \sum_{k=0}^{n-1} v^{x+k}\ell_{x+k} \\ &= N_x - N_{x+n} \end{aligned}$$

3. $\ddot{a}_x = \sum_{k=0}^{\infty} v^k\,{}_kp_x = \sum_{k=0}^{\infty} v^k \frac{\ell_{x+k}}{\ell_x} = \sum_{k=0}^{\infty} \frac{D_{x+k}}{D_x}$

6.3 보험료의 현재가격

보험료 계산은 전통적으로 톡특한 기호를 썼다. 여기서는 우선 자주 사용되는 기호를 나열하고, 보기에서 익숙해지도록 하자. 보험료는 손실확률변수의 평균값을 0으로 하는 값으로 결정한다.

요약 6.6 보험료가 공평하게 결정될 때 보험가입자가 증가한다. 보험료가 공평하다는 것은, 다른 비용을 무시하면, 받게 될 보험금의 현재가격을 나타내는 확률변수의 평균값과, 내야할 보험료의 현재가격을 나타내는 확률변수의 평균값이 같은 것이다.

1. 보험 가입 순간($t = 0$)의 **순손실함수(net future loss)**는 보통 L_0^n으로 표시하고

$$L_0^n = \text{보험금 지출의 현재가격의 평균} - \text{보험료 수입의 현재가격 의 평균}$$

2. 보험 가입 순간($t = 0$)의 **총손실함**(gross future loss)는 보통 L_0^n으로 표시하고

$$L_0^g = \text{보험금 지출} + \text{유지비용의 현재가격 평균} - \text{보험료 수입의 현재가격 의 평균}$$

요약 6.7 나이 x인 사람에게 판매한 종신보험이 , 보험금 1은 사유가 발생한 해 말인 $K_x + 1$에 받기로 했다. 특별한 말이 없으면 순손실함수(net future loss)를 생각한다.

1. 보험료는 보험기간 내내 각각의 기간의 시작에 납부하기로 할 때, 보험료 P_x는,

$$P_x = \frac{A_x}{\ddot{a}_x} = \frac{M_x}{N_x} \tag{6.34}$$

2. 보험료 납입기간 n 경우, 년 보험료 ${}_nP_x$는

$${}_nP_x = \frac{A_x}{\ddot{a}_{x:\overline{n}|}} = \frac{M_x}{N_x - N_{x+n}} \tag{6.35}$$

해설.

1. 지출되는 보험금을 현재가격을 나타내는 확률변수는, 보험금이 $K_x + 1$에 지급되는 경우 v^{K_x+1}이고, 기간 시작마다 P_x 씩 들어오는 보험료의 수입의 현재가격을 나타내는 확률변수는

$$P_x(1+v+v+\cdots+v^{K_x}) = P_x\ddot{a}_{\overline{K_x+1}|}$$

이다. 따라서 $A_x = \frac{M_x}{D_x}$, $\ddot{a}_x = \frac{N_x}{D_x}$ 인 것에 주의하면

$$L_0^n := E\left[v^{K_x+1} - P_x\ddot{a}_{\overline{K_x+1}|}\right] = A_x - P_x\ddot{a}_x = 0 \iff P_x = \frac{A_x}{\ddot{a}_x} = \frac{M_x}{N_x} \tag{6.36}$$

2. 무엇보다도 먼저 ${}_nP_x$과 ${}_np_x$와 혼동하지 말아야 한다. 대문자인 경우 ${}_nP_x$는

   - 보험금은 1,
   - 보험금은 해당 연도 말에 지급,
   - 납인기간이 n인 종신보험

   에서 일정한 년보험료(Premium)를 나타낸다. 따라서 보험료가 적절하려면, 보험금의 현재가격을 나타내는 확률변수의 현재가격의 평균과, 내게되는 총 보험료를 나타내는 확률변수의 평균값이 같아야 한다. 따라서 다음 확률변수

$$v^{K_x+1} - {}_nP_x(1+v+v^2+\cdots+v^{K_x}) = v^{\min\{K_x,n-1\}} - {}_nP_x\frac{1-v^{\min\{K_x,n\}}}{1-v} \tag{6.37}$$

$$= v^{\min\{K_x,n-1\}} - {}_nP_x\ddot{a}_{\overline{\min\{K_x,n\}}|} \tag{6.38}$$

   의 평균값을 0으로 하는 값이다. 따라서

$$0 = L_0^n \tag{6.39}$$

$$= E\left[v^{\min\{K_x,n-1\}} - {}_nP_x\ddot{a}_{\overline{\min\{K_x,n\}}|}\right] \tag{6.40}$$

$$= E\left[v^{\min\{K_x,n-1\}}\right] - {}_nP_xE\left[\ddot{a}_{\overline{\min\{K_x,n\}}|}\right] \tag{6.41}$$

$$= A_x - {}_nP_x\ddot{a}_{x:\overline{n}|} \tag{6.42}$$

   따라서 ${}_nP_x = \frac{A_x}{\ddot{a}_{x:\overline{n}|}}$. 여기에 더해서 $D_x\ddot{a}_{x:\overline{n}|} = N_x - N_{x+n}$이므로 모든 것이 증명되었다.

요약 6.8 나이 x인 사람이 보장기간이 n년이 보험에 가입했다. 보험료는 처음 m년차까지 낸다. 보험지급사유가 없을 때 지급되는 축하금(endowment)가 있는 경우와 없는 경우를 생각하자.

1. 축하금(endowment)이 없는 경우에 년보험료 ${}_mP^1_{x:\overline{n}|}$라 하면

$${}_mP^1_{x:\overline{n}|} = \frac{A^1_{x:\overline{n}|}}{\ddot{a}_{x:\overline{m}|}} = \frac{D_xA^1_{x:\overline{n}|}}{D_x\ddot{a}_{x:\overline{m}|}} = \frac{M_x - M_{x+n}}{N_x - N_{x+m}} \tag{6.43}$$

2. 축하금(endowment)이 있는 년보험료 ${}_mP_{x:\overline{n}|}$라 하면

$${}_mP_{x:\overline{n}|} = \frac{A_{x:\overline{n}|}}{\ddot{a}_{x:\overline{m}|}} = \frac{D_xA_{x:\overline{n}|}}{D_x\ddot{a}_{x:\overline{m}|}} = \frac{M_x - M_{x+n} + D_{x+n}}{N_x - N_{x+m}} \tag{6.44}$$

3. 축하금이 있는 보험에서 축하금 $v^n{}_np_x = A_{x:\overline{n}|}^{\ \ 1}$에 해당하는 보험료 ${}_mP_{x:\overline{n}|}^{\ \ 1}$는

$${}_mP_{x:\overline{n}|}^{\ \ 1} = \frac{D_{x+n}}{N_x - N_{x+m}} \tag{6.45}$$

4. ${}_mP_{x:\overline{n}|} = {}_mP^1_{x:\overline{n}|} + {}_mP_{x:\overline{n}|}^{\ \ 1}$.

해설.

1. 축하금이 없는 경우 지출되는 보험금의 현재가격을 나타내는 확률변수 $Z_{x,n}$은 는, 보험금을 K_x+1에 지급하는 경우, $K_x < n$이면 $Z_{x,n} = v^{K_x+1}$이고, $K_x \geq n$이면 $Z_{x,n} = 0$이다. 보험료 수입을 타나내는 확률변수는, 보험료를 기껏해야 m회 받기때문에

$$ {}_mP^1_{x:\overline{n}|} \times \begin{cases} 1+v+\cdots+v^{K_x}, & K_x < m-1 \\ 1+v+\cdots+v^{m-1}, & K_x \ge m-1 \end{cases} = {}_mP^1_{x:\overline{n}|} \times \ddot{a}_{\overline{\min\{K_x+1,m\}}|} \tag{6.46} $$

보험료 수입의 현재각격을 나타내는 확률변수를 간단하게 표현하면 ${}_mP_{x:\overline{n}|}^{\,1} \times \ddot{a}_{\overline{\min\{K_x+1,m\}}|}$. 따라서 다음 식이 성립해야 한다:

$$ 0 = L_0^n = E\left[Z_{x,n} - {}_mP_{x:\overline{n}|}^{\,1}\ddot{a}_{\overline{\min\{K_x+1,m\}}|}\right] = A^1_{x:\overline{n}|} - {}_mP_{x:\overline{n}|}^{\,1} \times \ddot{a}_{x:\overline{m}|} \tag{6.47} $$

정리하면 ${}_mP_{x:\overline{n}|}^{\,1} = \frac{A^1_{x:\overline{n}|}}{\ddot{a}_{x:\overline{n}|}}$. 요약 6.5를 참고하면 $A^1_{x:\overline{n}|} = \frac{M_x - D_{x+n}}{D_x}$, $\ddot{a}_{x:\overline{n}|} = \frac{N_x - N_{x+n}}{D_x}$이므로 모든 것이 증명되었다.

2. 축하금(endowment)이 있는 경우 보험금 지출의 현재가격을 나타내는 확률변수는 $W_{x,n}$은 $K_x < n$이면 $W_{x,n} = v^{K_x+1}$이고, $K_x \ge n$이면 $W_{x,n} = v^n$이다. 보험료 수입을 나타내는 확률변수는 달라지지 않는다. 따라서

$$ 0 = L_0^n = E\left[W_{x,n} - {}_mP_{x:\overline{n}|} \times \ddot{a}_{\overline{\min\{K_x+1,m\}}|}\right] = A_{x:\overline{n}|} - {}_mP_{x:\overline{n}|}\,\ddot{a}_{x:\overline{n}|} \tag{6.48} $$

따라서 년보험료는 ${}_mP_{x:\overline{n}|} = \frac{A_{x:\overline{n}|}}{\ddot{a}_{x:\overline{n}|}}$. 요약 6.4, 요약 6.5를 참고하면

$$ {}_mP_{x:\overline{n}|} = \frac{A_{x:\overline{n}|}}{\ddot{a}_{x:\overline{m}|}} = \frac{D_x A_{x:\overline{n}|}}{D_x \ddot{a}_{x:\overline{m}|}} = \frac{M_x - M_{x+n} + D_{x+n}}{N_x - N_{x+m}} \tag{6.49} $$

3. 식 (6.49)를 보면

$$ {}_mP_{x:\overline{n}|} = \frac{M_x - M_{x+n} + D_{x+n}}{N_x - N_{x+m}} = {}_mP^1_{x:\overline{n}|} + \frac{D_{x+n}}{N_x - N_{x+m}} \tag{6.50} $$

따라서 ${}_mP_{x:\overline{n}|}^{\,1} = {}_mP_{x:\overline{n}|} - {}_mP^1_{x:\overline{n}|} = \frac{D_{x+n}}{N_x - N_{x+m}}$. 이것을 공부를 위해서 다른 관점에서 계산해보자. 우선 받게되는 축하금의 현재가격은

$$ v^n{}_np_x = A_{x:\overline{n}|}^{\,1} = v^n \frac{\ell_{x+n}}{\ell_x} = \frac{v^n \ell_{x+n}}{\ell_x} = \frac{D_{x+n}}{D_x} \tag{6.51} $$

이 축하금은 m회에 거쳐 받을 예정인 보험료로 충당해야 한다. 이 축하금을 위한 보험료를 ${}_mP_{x:\overline{n}|}^{\,1}$라 하면 다음 식이 성립해야 한다.

$$ E\left[{}_mP_{x:\overline{n}|}^{\,1} \times \ddot{a}_{\overline{\min\{K_x+1,m\}}|} - \frac{D_{x+n}}{D_x}\right] = {}_mP_{x:\overline{n}|}^{\,1}\ddot{a}_{x:\overline{m}|} - \frac{D_{x+n}}{D_x} = 0 \tag{6.52} $$

이렇게 계산해도

$$ {}_mP_{x:\overline{n}|}^{\,1} = \frac{D_{x+n}}{\ddot{a}_{x:\overline{m}|}D_x} = \frac{D_{x+n}}{N_x - N_{x+m}} \tag{6.53} $$

보기 6.1 *$t = n$ 부터 $\frac{1}{12}$ 간격으로 생존기간 동안 X 씩 받는 연금이 있다. 보험료는 x부터 $\frac{1}{12}$간격을 $12n$회 P씩 낸다. 나이 x인 사람이 이 연금을 샀을 때 P와 X와의 관계를 구하여라.*

풀이 6.1 *보험료를 $\frac{1}{12}$ 간격으로 낸다는 말은 1개월 간격으로 낸다는 말이다. 확률변수 $K_x^{(m)} = \frac{1}{m}\lfloor mT_x \rfloor$를 기억해보자. $T_x = 3 + \frac{3}{12}$ 라 면 $K_x^{(12)} = 12\lfloor 12T_x \rfloor] = \frac{1}{12}\lfloor 36+3 \rfloor = 3 + \frac{3}{12}$. 즉 $K_x^{(12)}$는 잔여수명을 월 단위로 표현한다.*

먼저 보험료 수입의 현재가격을 나타내는 확률변수는

$$ P \begin{cases} 1 + v^{\frac{1}{12}} + v^{\frac{2}{12}} + \cdots + v^{K_x^{(12)}} = \frac{1 - v^{K_x^{(12)} + \frac{1}{12}}}{1 - v^{\frac{1}{12}}} := 12\ddot{a}^{(12)}_{\overline{K_x^{(12)} + \frac{1}{12}}|}, & T_x < n \\ \frac{1 - v^n}{1 - v^{\frac{1}{12}}} := 12\ddot{a}^{(12)}_{\overline{n}|}, & T_x > n \end{cases} = 12P\ddot{a}^{(12)}_{\overline{\min\{K_x^{(m)} + \frac{1}{12}, n\}}|} $$

이 확률변수의 평균값은 $12P\ddot{a}^{(12)}_{x:\overline{n}|} = P\sum_{k=0}^{12n-1} v^{\frac{k}{12}}\,{}_{\frac{k}{12}}p_x$. 여기서 다음 기호에 익숙해지자:

$$ 1 + v^{\frac{1}{m}} + v^{\frac{2}{m}} + \cdots + v^{K_x^{(m)}} = \frac{1 - v^{K_x^{(m)} + \frac{1}{m}}}{1 - v^{\frac{1}{m}}} = m\frac{1 - v^{K_x^{(m)} + \frac{1}{m}}}{m(1 - v^{\frac{1}{m}})} = m\frac{1 - v^{K_x^{(m)} + \frac{1}{m}}}{d^{(m)}} = m\ddot{a}_{\overline{K_x^{(m)} + \frac{1}{m}}|} $$

$x=n$ 부터 생존하는 동안 매월 지급되는 보험금의 현재가격을 나타내는 확률변수는 $K_x^{(12)} \geq n$인 경우 $K_x^{(12)} = n + K_{x+n}^{(12)}$ 인 것에 주의하면

$$X\left(v^n + v^{n+\frac{1}{12}} + v^{n+\frac{2}{12}} + \cdots + v^{K_x^{(12)}}\right) = X\frac{v^n - v^{K_x^{(12)}+\frac{1}{12}}}{1-v^{\frac{1}{12}}} = Xv^n\frac{1-v^{K_{x+n}^{(12)}+\frac{1}{12}}}{1-v^{\frac{1}{12}}} = 12Xv^n \ddot{a}_{\overline{K_{x+n}^{(12)}+\frac{1}{12}}|}$$

이 확률변수의 평균값은 $12Xv^n{}_np_x\ddot{a}_{x+n}^{(12)} = 12Xv^n{}_np_x\sum_{k=0}^{\infty}\frac{1}{12}v^{\frac{k}{12}}{}_{\frac{k}{12}}p_{x+n}$. 보험표 수입의 현재가격을 나타내는 확률변수의 평균값과 보험금 지출의 현재가격을 나타내는 확률변수의 평균값이 같아야 하므로

$$P = \frac{12Xv^n{}_np_x\ddot{a}_{x+n}^{(12)}}{12\ddot{a}_{x:\overline{n}|}^{(12)}} = X\frac{v^n{}_np_x\ddot{a}_{x+n}^{(12)}}{\ddot{a}_{x:\overline{n}|}^{(12)}} = X\frac{A_{x:\overline{n}|}^{\;\;\,1}\ddot{a}_{x+n}^{(12)}}{\ddot{a}_{x:\overline{n}|}^{(12)}}$$

□

요약 6.9 나이 x인 사람이 보험료는 $x+\frac{k}{12}, k=0,2,\cdots,12n-1$에 P씩 납입하고, $x+n$부터 $\frac{1}{12}$ 간격으로 X씩 생존기간 동안 받는 연금에서 P와 X의 관계는

$$P = X\frac{A_{x:\overline{n}|}^{\;\;\,1}\ddot{a}_{x+n}^{(12)}}{\ddot{a}_{x:\overline{n}|}^{(12)}}, \quad A_{x:\overline{n}|}^{\;\;\,1} = v^n{}_np_x$$

여기서 $\ddot{a}_{x:\overline{n}|}^{(12)} = E\left[\ddot{a}_{\overline{\min\{K_x^{(m)}+\frac{1}{12},n\}}|}\right] = \sum_{k=0}^{12n-1}\frac{1}{12}v^{\frac{k}{12}}{}_{\frac{k}{12}}p_x$, $\ddot{a}_{x:\overline{n}|}^{(12)} = E\left[\ddot{a}_{\overline{K_x^{(m)}+\frac{1}{m}}|}\right] = \sum_{k=0}^{\infty}\frac{1}{12}v^{\frac{k}{12}}{}_{\frac{k}{12}}p_{x+n}$.

요약 6.10 보장기간이 n이고, 보험료 납입기간이 m인 보험을 생각하자.

1. **보험금 1로 출발해서, 단위기간마다 1씩 증가하는 경우**, 즉 K_x에 받는 보험료가 K_x+1인 경들 생각하자. 만기축하금이 없는 경우, 보험료 P는

$$P = \frac{(IA)_{x:\overline{n}|}^{1}}{\ddot{a}_{x:\overline{m}|}} \tag{6.54}$$

2. $(IA)_{x:\overline{n}|}^{1} = \frac{R_x - nM_{x+n} - R_{x+n}}{D_x}$, $\quad (IA)_x = \sum_{k=0}^{\infty}(k+1)v^{k+1}{}_{k|}q_x = \frac{R_x}{D_x}$
3. n년 거치 m년 납인 단위기간당 연금 1에 대한 종신연금 보험료를 ${}_mP({}_{n|}\ddot{a}_x)$라 하면

$${}_mP({}_{n|}\ddot{a}_x) = \frac{v^n{}_np_x\ddot{a}_{x+n}}{\ddot{a}_{x:\overline{m}|}} = \frac{v^n\frac{D_{x+n}}{D_xv^n}\ddot{a}_{x+n}}{\ddot{a}_{x:\overline{m}|}} = \frac{N_{x+n}}{N_x - N_{x+m}} \tag{6.55}$$

4. 단위기간당 연금 1, 보장기간 n, 거치기간 m, 보험료 납부기간 m 일 때 보험료를 $P({}_{m|}\ddot{a}_{x:\overline{n}|})$라 하면

$$P({}_{m|}\ddot{a}_{x:\overline{n}|}) = \frac{v^m{}_mp_x\ddot{a}_{x+m:\overline{n}|}}{\ddot{a}_{x:\overline{m}|}} = \frac{D_{x+m}\ddot{a}_{x+m:\overline{n}|}}{N_x - N_{x+m}} = \frac{N_{x+m} - N_{x+m+n}}{N_x - N_{x+m}} \tag{6.56}$$

해설. 보험금이나 보험료가 일정하지 않고 변해가는 경우는 손으로 계산하기는 힘든일이다. 당연히 컴퓨터가 활용되지만, 개념 이해를 위해서는 간단한 경우 손으로 계산해보는 것이 중요하다.

1. 보험금 1로 출발해서, 단위기간마다 1씩 증가하는 보험금. 만기 n년, 납입기간 m일 때. 축하금이 없는 경우 보험금 지출의 현재가격을 나타내는 확률변수 $Y_{x,n}$은 $K_x < n$인 경우 $Y_{x,n} = (K_x+1)v^{K_x+1}$이고, $K_x \geq n$인 경우 $Y_{x,n} = 0$이다. 확률변수 $Y_{x,n}$의 평균값을 $(IA)_{x:\overline{n}|}^{1}$으로 나타내자. 따라서

$$(IA)^1_{x:\overline{n}|} = E[Y_{x,n}] = \sum_{k=0}^{n-1}(k+1)v^{k+1}{}_{k|}q_x, \quad Y_{x,n} := \begin{cases}(K_x+1)v^{K+x+1}, & K_x < n \\ 0, & K_x \geq n\end{cases} \tag{6.57}$$

보험금 수입의 현재가격을 나타내는 확률변수는, 보험료를 살아있으면 m회 까지만 받기 때문에

$$\begin{cases}1+v+v^2+\cdots+v^{K_x}, & K_x < m \\ 1+v+\cdots+v^{m-1}, & K_x \geq m\end{cases} = \begin{cases}\frac{1-v^{K_x+1}}{1-v}, & K_x < m \\ \frac{1-v^m}{1-v}, & K_x \geq m\end{cases} = \ddot{a}_{\overline{\min\{K_x+1,m\}}|} \tag{6.58}$$

보험료 P는 다음 식을 만족시켜야 한다:

$$0 = L_0^n = E\left[Y_{x,n} - P\ddot{a}_{\overline{\min\{K_x+1,m\}}|}\right] = (IA)^1_{x:\overline{n}|} - P\ddot{a}_{x:\overline{n}|} \tag{6.59}$$

따라서 $P = \frac{(IA)^1_{x:\overline{n}|}}{\ddot{a}_{x:\overline{m}|}}$. 이제

$$_{k|}q_x = {}_kp_x q_{x+k} = \frac{\ell_{x+k}}{\ell_x} \times \frac{\ell_{x+k}-\ell_{x+k+1}}{\ell_{x+k}} = \frac{d_{x+k}}{\ell_x} \tag{6.60}$$

여기서 $(IA)^1_{x:\overline{n}|}$을 더 계산해보자. 합의 출발점을 바꾸는 방법을 쓰면

$$\begin{aligned}
(IA)^1_{x:\overline{n}|} &= \sum_{k=0}^{n-1}(k+1)v^{k+1}{}_{k|}q_x && (6.61)\\
&= \sum_{k=0}^{\infty}(k+1)v^{k+1}{}_{k|}q_x - \sum_{k=n}^{\infty}(k+1)v^{k+1}{}_{k|}q_x && (6.62)\\
&= \sum_{k=0}^{\infty}(k+1)v^{k+1}{}_{k|}q_x - \sum_{k=0}^{\infty}(k+n+1)v^{k+n+1}{}_{k+n|}q_x && (6.63)\\
&= \sum_{k=0}^{\infty}(k+1)v^{k+1}{}_{k|}q_x - \sum_{k=0}^{\infty}(k+n+1)v^{k+n+1}{}_{k+n|}q_x && (6.64)\\
&= \frac{R_x}{D_x} - \sum_{k=0}^{\infty}v^{k+n+1}(k+n+1)\frac{d_{x+n+k}}{\ell_x} && (6.65)\\
&= \frac{R_x}{D_x} - \frac{nM_{x+n}+R_{x+n}}{D_x} && (6.66)\\
&= \frac{R_x - nM_{x+n} - R_{x+n}}{D_x} && (6.67)
\end{aligned}$$

위 식에서

$$(IA)_x = \sum_{k=0}^{\infty}(k+1)v^{k+1}{}_{k|}q_x = \frac{R_x}{D_x}, \quad M_x := \sum_{k=0}^{\infty}v^{x+k+1}d_{x+k}, \quad R_x := \sum_{k=0}^{\infty}v^{x+k+1}(k+1)d_{x+k} \tag{6.68}$$

2. 1.에서 살펴보았다.
3. n년 거치 m년 납인 단위기간당 연금 1에 대한 종신연금인 경우 연금 지급시기가 $x+n$부터 시작되기 때문에 할인율에 v^n이 공통으로 곱해지는 것에 주의하자. 또 $[x, x+n)$에 죽으면 연금을 한번도 받지 못한다.
   - 연금의 현재가격을 나타내는 확률변수는, $K_x \geq n$일 때 $K_x = n + K_{x+n}$인 것에 주의하면

$$v^n + v^{n+1} + \cdots + v^{K_x} = \frac{v^n - v^{K_x+1}}{1-v} = \frac{v^n - v^{n+K_{x+n}+1}}{1-v} = v^n\frac{1-v^{K_{x+n}+1}}{1-v} = v^n\ddot{a}_{\overline{K_{x+n}}|} \tag{6.69}$$

   - 이 확률변수의 평균값: $v^n{}_np_xE\left[\ddot{a}_{\overline{K_{x+n}}|}\right] = v^n{}_np_x\ddot{a}_{x+n}$
   - 보험료 수입의 현재가격을 나타내는 확률변수는 1회 보험료를 $_mP(_{n|}\ddot{a}_x)$라 두면

$$_mP(_{n|}\ddot{a}_x)\left(1+v+\cdots+v^{\min\{K_x,m-1\}}\right) = {}_mP(_{n|}\ddot{a}_x)\frac{1-v^{\min\{K_x+1,m\}}}{1-v} = {}_mP(_{n|}\ddot{a}_x)\ddot{a}_{\overline{\min\{K_x,m\}}|} \tag{6.70}$$

   - $L_0^n = 0$가 되려면 평균값이 같아야 하므로 $v^n{}_np_x\ddot{a}_{x+n} = {}_mP(_{n|}\ddot{a}_x)\ddot{a}_{x:\overline{m}|}$. 따라서

$$_mP(_{n|}\ddot{a}_x) = \frac{v^n{}_np_x\ddot{a}_{x+n}}{\ddot{a}_{x:\overline{m}|}} = \frac{v^n\frac{D_{x+n}}{D_xv^n}\ddot{a}_{x+n}}{\ddot{a}_{x:\overline{m}|}} = \frac{N_{x+n}}{N_x - N_{x+m}}$$

4. 단위기간당 연금 1, 보장기간 n, 거치기간 m, 보험료 납부기간 m 일 때 보험료 $P({}_{m|}\ddot{a}_{x:\overline{n}|})$에서 3.과 다른 점은 연금지출을 나타내는 확률변수가 달라지는 것 뿐이다. 보험료 수입을 나타내는 확률변수는 같다. 이 경우 연금지출을 나타내는 확률변수는, 거치기간 n에 주의하면

$$ {}_mp_x \times \begin{cases} v^m + v^{m+1} + v^{m+2} + \cdots + v^{K_{x+m}+n}, & K_{x+m} < n \\ v^m + v^{m+1} + \cdots + v^{m+n-1}, & K_{x+m} \geq n \end{cases} = v^m {}_mp_x\, \ddot{a}_{\overline{\min\{K_{x+m},n\}}|} \tag{6.71} $$

평균값이 같아야 하는 것에 주의하면

$$ P({}_{m|}\ddot{a}_{x:\overline{n}|}) = \frac{v^m {}_mp_x\, \ddot{a}_{x+m:\overline{n}|}}{\ddot{a}_{x:\overline{m}|}} = \frac{D_{x+m}\ddot{a}_{x+m:\overline{n}|}}{N_x - N_{x+m}} = \frac{N_{x+m} - N_{x+m+n}}{N_x - N_{x+m}} \tag{6.72} $$

보기 6.2 *나이 x인 사람이 종신보험(Whole-Life insurance)을 샀다. 다음 각각의 경우 보험료와 보험금 사이의 관계를 구하여라. 과정에서 확률변수를 분명히 하라. 이자율은 $i = 5\%$이고, 요약4.31에서 만든 SSSM(Standard Select Survival Model)을 적용한다.*

1. *보험금 S는 사유 발생한 해 말에 지급하고, 보험료 P 는 일정하고 보험기간 내내 납입한다. 보험료 P는 얼마가 적절한가?*
2. *보험금 S는 사유 발생한 해 말에 지급하고, 보험료 P 는 일정하고 20년차까지 납입한다. 보험료 P는 얼마가 적절한가?*
3. *보험료는 보험기간 내내, 살아있는 동안 매년 100일 때 보험금 S는 얼마가 적절한가?*

풀이과정에서

$$ D_x := v^x\ell_x, \quad M_x := \sum_{k=0}^{\infty} v^{x+k+1} d_{x+k}, \quad N_x = \sum_{k=0}^{\infty} v^{x+k}\ell_{x+k}, \quad R_x := \sum_{k=0}^{\infty} v^{x+k+1}(k+1)d_{x+k} $$

을 활용하여라. 식에서 $d_{x+k} := \ell_{x+k} - \ell_{x+k+1}$.

풀이 6.2 1. *종신보험이고 보험금은 K_x+1에 지급하기 때문에, 지출되는 보험금의 현재가격을 나태내는 확률변수는 Sv^{K_x+1}. 보험료를 보험기간 내내 내고, 또 살아있는 동안만 내기 때문에, 보험료 수입이 현재가격을 나타내는 확률변수는*

$$ P(1 + v + v^2 + \cdots + v^{K_x}) = P\frac{1 - v^{K_x+1}}{1 - v} = P\ddot{a}_{\overline{K_x+1}|} \tag{6.73} $$

따라서 순 손실함수(net futuer loss function)는

$$ L_0^n = E\left[Sv^{K_x+1} - P\ddot{a}_{\overline{K_x+1}|}\right] = SA_x - P\ddot{a}_x $$

보험료는 확률변수 L_0^n를 0으로 하는 값이다. 따라서 $A_x = \frac{M_x}{D_x}, D_x\ddot{a}_x = N_x$인 것에 주의하면

$$ P = S\frac{A_x}{\ddot{a}_x} = S\frac{D_xA_x}{D_x\ddot{a}_x} = S\frac{M_x}{N_x} $$

2. *종신보험이고, 보험금은 K_x+1 에 지급되므로, 보험금의 현재가격을 나타내는 확률변수는 Sv^{K_x+1} . 그러나 보험료 수입의 현재가격을 나타내는 확률변수는 납입기간이 최대 20년차까지이고, 또 살아있어야 하기 때문에*

$$ P(1 + v + v^2 + \cdots + v^{\min\{K_x,20-1\}}) = P\frac{1 - v^{\min\{K_x+1,20\}}}{1 - v} = P\,\ddot{a}_{\overline{\min\{K_x+1,20\}}|} \tag{6.74} $$

따라서 순 손실함수(net futuer loss function)는

$$ L_0^n = E\left[Sv^{K_x+1} - P\ddot{a}_{\overline{\min\{K_x+1,20\}}|}\right] = SA_x - P\ddot{a}_{x:\overline{20}|} \tag{6.75} $$

보험료 P는 L_0^n을 0으로 하는 값이다. 따라서

$$ D_x = v^x\ell_x,\ A_x = \frac{M_x}{D_x}, \quad D_x\,\ddot{a}_{x:\overline{n}|} = N_x - N_{x+n} $$

을 적용하면 $P = S\frac{A_x}{\ddot{a}_{x:\overline{20|}}} = S\frac{D_xA_x}{D_x\ddot{a}_{x:\overline{20|}}} = S\,\frac{M_x}{N_x - N_{x+20}}$.

3. 보험료가 100으로 결정되었다. 따라서 보험금 S를 결정하는 문제다. 보험금의 현재가격을 나타내는 확률변수는, 종신보험, 사유 발생 년도 말에 지급하는 것을 생각하면 Sv^{K_x+1}. 보험료 수입의 현재가격을 나타내는 확률변수는, 보험료를 보험기간 내내, 살아있는 동안 내기 때문에

$$100\left(1+v+v^2+\cdots+v^{K_x}\right) = 100\frac{1-v^{K_x+1}}{1-v} = 100\ddot{a}_{\overline{K_x+1|}} \tag{6.76}$$

따라서 다른 비용이 없다 가정할 때 순손실함수는

$$L_0^n = E\left[Sv^{K_x+1} - 100\ddot{a}_{\overline{K_x+1|}}\right] = SA_x - 100\ddot{a}_x$$

보험금 S는 확률변수 L_0^n의 현재가격을 0으로 하는 값이다. 따라서

$$S = \frac{100\ddot{a}_x}{A_x} = 100\frac{D_x\ddot{a}_x}{D_xA_x} = 100\frac{N_x}{M_x}$$

□

6.4 보험료가 증가하는 경우

보험료가 또는 보험금이 기간마다 바뀌는 경우를 생각해보자. 당연히 계산은 복잡하다. 그러나 요즘은 모든 계산을 컴퓨터가 하기 때문에 수학적으로 깨끗한 식을 쓸 필요는 없다. 중요한 것은 개념 이해다.

먼저 보험료가 기간마다 증가하는 경우를 생각하자. 보험료가 첫번째 보험료 1로 시작해서, 단위기간이 지날 때마다 1씩 증가하는 경우를 생각하자. 보험료는 n회차까지 내는 경우를 생각한다. 이때 이런 경우에 해당하는 보험금 S를 계산해보자. 보험료는 계약과 동시에 첫번째 보험금을 내는 것이므로, 보험료 수입의 현재가격은

$$1+2v+3v^2+\cdots+(K_x+1)v^{\min\{K_x,n-1\}} = \sum_{k=0}^{\min\{K_x,n-1\}} v^k(k+1) \tag{6.77}$$

여기서 $\sum_{k=0}^{n-1} v^k(k+1)$ 꼴의 합을 계산할 필요가 나타나다. 표현을 간단하게 하기 위하여 이 합을 $(I\ddot{a})_{\overline{n|}}$으로 나타내면

$$(I\ddot{a})_{\overline{n|}} := \sum_{k=0}^{n-1} v^k(k+1) = \sum_{k=0}^{n-1} v^k k + \sum_{k=0}^{n-1} v^k \tag{6.78}$$

$$= \sum_{k=0}^{n-1} v^k k + \ddot{a}_{\overline{n|}}, \quad \ddot{a}_{\overline{n|}} = \frac{1-v^n}{1-v}. \tag{6.79}$$

$$\tag{6.80}$$

$$v(I\ddot{a})_{\overline{n|}} = v\sum_{k=0}^{n-1} v^k(k+1) = \sum_{k=0}^{n-1} v^{k+1}k \tag{6.81}$$

$$= \sum_{k=1}^{n} v^k k \tag{6.82}$$

$$= \sum_{k=0}^{n-1} v^k k + nv^n \tag{6.83}$$

따라서

$$(1-v)(I\ddot{a})_{\overline{n|}} = \ddot{a}_{\overline{n|}} - nv^n, \quad (I\ddot{a})_{\overline{n|}} = \frac{\ddot{a}_{\overline{n|}} - nv^n}{1-v} \tag{6.84}$$

이것을 확률변수 6.77 에 적용하면, 보험료 수입의 현재가격을 나타내는 확률변수는

$$\begin{aligned}1+2v+3v^2+\cdots+(K_x+1)v^{\min\{K_x,20-1\}} &= \sum_{k=0}^{\min\{K_x,20-1\}} v^k(k+1)\\ &= \sum_{k=0}^{\min\{K_x+1,20\}-1} v^k(k+1)\\ &= (I\ddot{a})_{\overline{\min\{K_x+1,20\}}|}\\ &= \frac{\ddot{a}_{\overline{\min\{K_x+1,20\}}|}-\min\{K_x+1,20\}v^{\min\{K_x+1,20\}}}{1-v}\end{aligned}$$

정리하면

$$1+2v+3v^2+4v^3+\cdots+(K_x+1)v^{\min\{K_x,20-1\}} \tag{6.85}$$

$$=\frac{\ddot{a}_{\overline{\min\{K_x+1,20\}}|}-\min\{K_x+1,20\}v^{\min\{K_x+1,20\}}}{1-v} \tag{6.86}$$

따라서 보험금을 S라 할 때, 순손실함수 L_0^n은

$$L_0^n = E\Big[Sv^{K_x+1}-\frac{\ddot{a}_{\overline{\min\{K_x+1,n\}}|}-\min\{K_x+1,n\}v^{\min\{K_x+1,20\}}}{1-v}\Big]$$

확률변수 $\ddot{a}_{\overline{\min\{K_x+1,n\}}|}$ 의 평균값은 $\ddot{a}_{x:\overline{n}|}$으로 나타낸다. 즉

$$\ddot{a}_{x:\overline{n}|} := E\big[\ddot{a}_{\overline{\min\{K_x+1,n\}}|}\big] \tag{6.87}$$

다음으로 확률변수 $\min\{K_x+1,n\}v^{\min\{K_x+1,20\}}$ 의 평균값을 구해보자. 이것은 좀 복잡하다. 먼저

$${}_{k|}q_x = {}_kp_x q_{x+k} = \frac{\ell_{x+k}}{\ell_x}\times\frac{\ell_{x+k}-\ell_{x+k+1}}{\ell_{x+k}} = \frac{d_{x+k}}{\ell_x} \tag{6.88}$$

를 생각하여 합의기호의 출발점을 변경하는 방법을 쓰면

$$E\big[\min\{K_x+1,n\}v^{\min\{K_x+1,n\}}\big] = \sum_{k=0}^{n-1}(k+1)v^{k+1}{}_{k|}q_x + nv^n{}_np_x \tag{6.89}$$

$$= \sum_{k=0}^{n-1}(k+1)v^{k+1}\frac{d_{x+k}}{\ell_x} + nv^n\frac{D_{x+n}}{D_xv^n} \tag{6.90}$$

$$= \frac{1}{D_x}\Big(\sum_{k=0}^{n-1}(k+1)v^{x+k+1}d_{x+k}+nD_{x+n}\Big) \tag{6.91}$$

$$= \frac{1}{D_x}\Big(\sum_{k=0}^{n-1}v^{x+k+1}(k+1)d_{x+k}+nD_{x+n}\Big) \tag{6.92}$$

여기서 $\sum_{k=0}^{n-1}v^{x+k+1}(k+1)d_{x+k}$을 주목하자.

$$\begin{aligned}R_x &:= \sum_{k=0}^{\infty}v^{x+k+1}(k+1)d_{x+k}\\ &= \sum_{k=0}^{n-1}v^{x+k+1}(k+1)d_{x+k}+\sum_{k=n}^{\infty}v^{x+k+1}(k+1)d_{x+k}.\end{aligned}$$

합의 순서를 변경하면

$$\sum_{k=n}^{\infty} v^{x+k+1}(k+1)d_{x+k} = \sum_{k=0}^{\infty} v^{x+k+n+1}(k+n+1)d_{x+k+n} \tag{6.93}$$

$$= \sum_{k=0}^{\infty} v^{x+n+k+1}(k+1)d_{x+n+k} + n\sum_{k=0}^{\infty} v^{x+n+k+1}d_{x+n+k} \tag{6.94}$$

$$= R_{x+n} + nM_{x+n}. \tag{6.95}$$

이렇게 다음 중요한 관계식을 얻었다.

$$\sum_{k=0}^{n-1} v^{x+k+1}(k+1)d_{x+k} = R_x - R_{x+n} - nM_{x+n} \tag{6.96}$$

정리하면

$$E\left[\min\{K_x+1,n\}v^{\min\{K_x+1,n\}}\right] = \frac{1}{D_x}\Big(\sum_{k=0}^{n-1} v^{x+k+1}(k+1)d_{x+k} + nD_{x+n}\Big) \tag{6.97}$$

$$= \frac{1}{D_x}\Big(R_x - R_{x+n} - nM_{x+n} + nD_{x+n}\Big) \tag{6.98}$$

이제

$$L_0^n = SA_x - \frac{D_x\ddot{a}_{x:\overline{n}|} - \big(R_x - R_{x+n} - nM_{x+n} + nD_{x+n}\big)}{dD_x} \tag{6.99}$$

따라서

$$S = \frac{N_x - N_{x+n} - \big(R_x - R_{x+n} - nM_{x+n} + nD_{x+n}\big)}{dM_x} \tag{6.100}$$

6.5 축하금을 생각한 보험의 보험료 계산

축하금이 없는 순수보장성 n년을 보장하는 보험을 생각하자. 보험금 S는 가입자가 죽은 해 말에 지급한다. 보장기간 n년 동안 가입자가 살아있으면, 보장기간이 끝나는 n년째 해 말에 축하금은 없다. 보험료 P는 매년 초에 1회 모두 n회 지불한다. 이때 보험금 S, 보험금 P, 보험기간 n과의 관계는 다음과 같다. 모두 현재가격을 나타내는 확률변수의 평균값으로 이해한다. 가입 연령을 x라 하자.

1. *보험료 수입의 현재가격을 나타내는 확률변수는, 보험료는 기껏해야 n회 받기 때문에*

$$P\big(1+v+v^2+\cdots+v^{\min\{K_x,n-1\}}\big) = P\ddot{a}_{\overline{\min\{K_x+1,n\}}|} \tag{6.101}$$

$$P\ddot{a}_{x:\overline{n}|} = P\Big(1+v_1p_x+v^2{}_2p_x+\cdots+v^{n-1}{}_{n-1}p_x\Big) = P\,E\left[\ddot{a}_{\overline{\min\{K_x+1,n\}}|}\right]$$

2. *보장기간 끝인 $x+n$에 축하금이 없는 보험의 보험금 1의 현재가격을 나타내는 확률변수는*

$$Z_{x,n}^d = \begin{cases} v^{K_x+1}, & K_x < n \\ 0, & K_x \geq n \end{cases} \tag{6.102}$$

확률변수 $Z_{x,n}^d$의 평균값은 $A^1_{x:\overline{n}|}$으로 나타낸다. 따라서 받게 되는 보험금 S의 현재가격의 평균은 $SA^1_{x:\overline{n}|}$, $A^1_{x:\overline{n}|} = A_{x:\overline{n}|} - v^n{}_np_x$.

3. *따라서 만기축하금이 없고, 보장기간이 n인 보험에서 보험금 S와 매년 초 총 n회 납입하는 보험료 P와의 관계는 $L_0^n := SA^1_{x:\overline{n}|} - P\ddot{a}_{x:\overline{n}|} = 0$로부터 $A^1_{x:\overline{n}|} = 1 - v^n{}_np_x - d\ddot{a}_{x:\overline{n}|}$인 것에 주의하면*

$$SA^1_{x:\overline{n}|} = P\ddot{a}_{x:\overline{n}|} \text{ 또는 } P = S\frac{A^1_{x:\overline{n}|}}{\ddot{a}_{x:\overline{n}|}} = S\Big(\frac{1-v^n{}_np_x}{\ddot{a}_{x:\overline{n}|}} - d\Big) \tag{6.103}$$

보기 6.3 *[순수 보장성] 나이 x이 사람이 보험을 들었다. 부수적인 비용을 무시하면 보험금 S와 보험료 P의 관계를 다음 조건 아래서 구하여라.*

- *보험료는 단위기간 초에 낸다*
- *보험료는 n회, 아니면 생존기간 중 빠른 것을 내고,*
- *순수 보장성 보험으로 보장기간이 끝나면 돌려받는 돈은 없다.*

풀이 6.3 *보험금 S가 지급되는 때는 K_x+1이다. 그런데 K_x+1 보험금 1이 지급되는 경우 받게 될 보험금의 현재가격을 나타내는 확률변수는*

$$Z^d_{x,n} = \times \begin{cases} v^{K_x+1}, & K_x < n \\ 0, & K_x \geq n \end{cases} \tag{6.104}$$

확률변수 $Z^d_{x,n}$의 평균값은 $A^1_{x:\overline{n}|}$으로 나타낸다: $A_{x:\overline{n}|} := E\left[v^{\min\{K_x+1,n\}}\right]$. 따라서 축하금이 없고, 보험금이 S일 때, 보험금의 현재가격을 나타내는 확률변수 $SZ^d_{x,n}$의 평균값은 $SA^1_{x:\overline{n}|}$.
보험료 P는 n 회 까지 내던지, n 회를 내지 못하는 경우는 기간 n 이내에 죽는 경우다. 보험을 가입할 당시는 살아있었기 때문에 첫회 P는 무조건 내게 된다. 따라서 $K_x \leq n-1$이라면 총 보험료 납입 회수는 K_x+1. 그러므로 보험료 납입회수는 $\min\{K_x+1,\ n\}$ 이고, 총 납입 보험료의 현재가격을 나타내는 확률변수는

$$\ddot{a}_{\overline{\min\{K_x+1,n\}}|} := 1+v+v^2+\cdots+v^{\min\{K_x,n-1\}} = \frac{1-v^{\min\{K_x+1,n\}}}{1-v} = \frac{1-v^{\min\{K_x+1,n\}}}{d} \tag{6.105}$$

확률변수 6.105 의 평균값은 $\ddot{a}_{x:\overline{n}|}$으로 나타낸다. $A^1_{x:\overline{n}|}$을 더 계산해보면

$$A^1_{x:\overline{n}|} = \sum_{k=0}^{n-1} v^{k+1}{}_{k|}q_x = \sum_{k=0}^{n-1} v^{k+1}{}_kp_x q_{x+k} = \sum_{k=0}^{n-1} v^{k+1}{}_kp_x\left(1-p_{x+k}\right) \tag{6.106}$$

$$= \sum_{k=0}^{n-1} v^{k+1}{}_kp_x - \sum_{k=0}^{n-1} v^{k+1}{}_kp_x p_{x+k} = v\sum_{k=0}^{n-1} v^k{}_kp_x - \sum_{k=0}^{n-1} v^{k+1}{}_{k+1}p_x \tag{6.107}$$

$$= v\sum_{k=0}^{n-1} v^k{}_kp_x - \sum_{k=0}^{n-1} v^k{}_kp_x + 1 - v^n{}_np_x \tag{6.108}$$

$$= (1-v)\sum_{k=0}^{n-1} v^k{}_kp_x + 1 - v^n{}_np_x \tag{6.109}$$

$$= 1-(1-v)\ddot{a}_{x:\overline{n}|} - A_{x:\overline{n}|}^{\ \ 1} = 1 - d\ddot{a}_{x:\overline{n}|} - A_{x:\overline{n}|}^{\ \ 1} \tag{6.110}$$

확률변수 $1+v{}_1p_x+v^2{}_2p_x+\cdots+v^{n-1}{}_{n-1}p_x = \frac{1-v^{\min\{K_x+1,n\}}}{d}$의 평균값을 $\ddot{a}_{x:\overline{n}|}$으로 나타낸다. 따라서

$$\ddot{a}_{x:\overline{n}|} = E\Big[\frac{1-v^{\min\{K_x+1,n\}}}{d}\Big] = \frac{1-E\left[v^{\min\{K_x+1,n\}}\right]}{d} = \frac{1-A_{x:\overline{n}|}}{d} \tag{6.111}$$

따라서 만기에 선물처럼 돌려주는 돈(축하금, endowment)이 없는 순수 보장성 보험의 경우 보험료와 보험금의 관계는

$$SA^1_{x:\overline{n}|} = P\ddot{a}_{x:\overline{n}|} \text{ 또는 } P = S\frac{A^1_{x:\overline{n}|}}{\ddot{a}_{x:\overline{n}|}} = S\Big(\frac{1-v^n{}_np_x}{\ddot{a}_{x:\overline{n}|}} - d\Big) \tag{6.112}$$

□

요약 6.11 $\ddot{a}_{x:\overline{n}|}$, $A_{x:\overline{n}|}$ 에 익숙해져야 한다. $\ddot{a}_{x:\overline{n}|} = E\left[\ddot{a}_{\overline{\min\{K_x+1,n\}}|}\right]$, $A_{x:\overline{n}|} := E\left[v^{\min\{K_x+1,n\}}\right]$ 에 익숙해져야 한다. 다음 기호에 익숙해지자.

$$A^1_{x:\overline{n}|} = \sum_{k=0}^{n-1} v^{k+1}{}_{k|}q_x = vq_x + v^2{}_1p_xq_{x+1} + v^3{}_2p_xq_{x+2} + \cdots + v^n{}_{n-1}p_xq_{x+n-1} \tag{6.113}$$

$$A_{x:\overline{n}|}^{\ \ 1} = v^n{}_np_x \tag{6.114}$$

$$A_{x:\overline{n}|} = A^1_{x:\overline{n}|} + A_{x:\overline{n}|}^{\ \ 1} \tag{6.115}$$

보장기간이 n년인 보험이 있다. 보험금 S는 가입자가 죽은 해 말에 지급한다. 예를 들어 나이 x인 가입자가 보장기간 n년 동안 가입자가 살아있으면, 보장기간이 끝나는 $x+n$ 에 축하금 S를 지급한다. 보험료 P 는 매년 초에 1회 모두 n회 지불한다. 이때 보험금 S, 보험금 P, 보험기간 n과의 관계는 다음과 같다. 모두 현재가격을 나타내는 확률변수의 평균값으로 이해한다.

요약 6.12 [축하금(Endowment)이 있는 보험]

1. 지불하는 보험료 현재가격의 평균

$$P\ddot{a}_{x:\overline{n}|} = P \times E\left[\ddot{a}_{\overline{\min\{K_x+1,n\}}|}\right] = P\Big(1 + v\,{}_1p_x + v^2\,{}_2p_x + \cdots + v^{n-1}\,{}_{n-1}p_x\Big) \tag{6.116}$$

2. 받게 되는 보험금 현재가격의 평균

$$S \times A_{x:\overline{n}|} = SE\left[v^{\min\{K_x+1,n\}}\right] \tag{6.117}$$

$$= S\Big(vq_x + v^2\,{}_1p_xq_{x+1} + v^3\,{}_2p_xq_{x+2} + \cdots + v^n\,{}_{n-1}p_xq_{x+n-1} + v^n\,{}_np_x\Big) \tag{6.118}$$

$$= S\Big(1 - d\ddot{a}_{x:\overline{n}|}\Big) \tag{6.119}$$

3. 순손실함수를 0으로 하는 보험료 P와 보험금 S사이의 관계는 $P\ddot{a}_{x:\overline{n}|} = S\Big(1 - d\ddot{a}_{x:\overline{n}|}\Big)$. 그러므로

$$P = S\Big(\frac{1}{\ddot{a}_{x:\overline{n}|}} - d\Big) \tag{6.120}$$

보기 6.4 *나이 50인 사람이*

- *보장기간 20년*
- *보험금은 S이고, 죽을 해 말 $K_{50}+1$에 지급한다.*
- *보장기간 내에 보험금 청구가 없으면, 기간이 끝나는 20년 째인 $50+20=70$에 축하금 S를 지급한다.*
- *보험료는 일정액 P를 매년 초에 총 20회 납입한다.*

다른 비용이 없다 가정하고 보험료 P와 보험금 S 사이의 관계를 구하라. 요약 4.31에서 만든 Standard Select Survival Model을 쓰고, 단위기간 1년동안 이자율은 변하지 않고 5%라 하자.

풀이 6.4
먼저 납입하는 보험료의 현재가격의 평균을 계산하자. 중요한 점은 첫회는 살아있을 때 보험에 가입하기 때문에 무조건 납입하게 된다. 다음부터는 살아 있으면 보험료를 납입한다. 그러므로 납입회수는

$$\min\{K_x+1,n\}, \quad x=50,\ n=20$$

여기서 K_x는 남은 수명 T_x의 정수부분이다. 따라서 납입된 보험료의 현재가격을 나타내는 확률변수는

$$P\big(1 + v + v^2 + \cdots + v^{\min\{K_x,n-1\}}\big) = P\frac{1 - v^{\min\{K_x+1,n\}}}{1-v} = P\ddot{a}_{\overline{\min\{K_x+1,n\}}|},\ x=50, n=20 \tag{6.121}$$

확률변수

$$\ddot{a}_{\overline{\min\{K_x+1,n\}}|} := \frac{1 - v^{\min\{K_x+1,n\}}}{1-v} \tag{6.122}$$

의 평균값을 $\ddot{a}_{x:\overline{n}|}$으로 나타낸다. 따라서 납입 보험료의 현재가격의 평균값은 $P\ddot{a}_{50:\overline{20}|}$.

이제 평균값 $\ddot{a}_{x:\overline{n}|}$을 살아있어야 받는 돈이라는 것에 주의하여 다른 식으로 표현하면

$$\ddot{a}_{x:\overline{n}|} = 1 + v\,p_x + v^2\,{}_2p_x + \cdots + v^{n-1}\,{}_{n-1}p_x = \sum_{k=0}^{n-1} v^{k+1}\,{}_kp_x$$

따라서 $\ddot{a}_{x:\overline{n}|}$은 다음과 같은 도미노 현상을 갖는다: 합의 출발점을 바꾸는 것에 주의하자.

$$\ddot{a}_{x:\overline{n}|} = \sum_{k=0}^{n-1} v^{k+1}{}_k p_x = \sum_{k=0}^{\infty} v^{k+1}{}_k p_x - \sum_{k=n}^{\infty} v^{k+1}{}_k p_x \tag{6.123}$$

$$= \ddot{a}_x - \sum_{k+n=n}^{\infty} v^{k+n+1}{}_{k+n} p_x = \ddot{a}_x - v^n \sum_{k=0}^{\infty} v^{k+1}{}_n p_{xk} p_{x+n} \tag{6.124}$$

$$= \ddot{a}_x - v^n {}_n p_x \sum_{k=0}^{\infty} v^{k+1}{}_k p_{x+n} \tag{6.125}$$

$$= \ddot{a}_x - v^n {}_n p_x \ddot{a}_{x+n} \tag{6.126}$$

지금 경우 $x = 50, n = 20, i = 5\%$를 적용하고, Standard Select Survival Model을 쓰면

$$\ddot{a}_{[50]:\overline{20}|} = \ddot{a}_{[50]} - \frac{\ell_{70}}{\ell_{[50]}} v^{20} \ddot{a}_{70}$$

에서 표 4.1, 4.2을 활용하면

$$\ddot{a}_{[50]} = 17.02835,\ \ddot{a}_{[70]} = 12.00830,\ \ell_{70} = 91082.43,\ \ell_{[50]} = 98552.51,\ v = \frac{1}{1+0.05}$$

이므로 $\ddot{a}_{[50]:\overline{20}|} = 12.8456$.

다음으로 보험금의 현재가격 평균을 구해보자. 보험금은 죽어야 받는 것이고, 지급 시기는 죽은 해 말이고, 축하금이 있는 경우이므로 보험금의 현재가격을 나타내는 확률변수는, 보험금을 1이라 할 때

$$x = 50, n = 20, \quad W^d_{x,n} = S \times \begin{cases} v^{K_x+1}, & K_x < n \\ v^n, & K_x \geq n \end{cases} \tag{6.127}$$

간단히 표현하면

$$W^d_{x,n} = v^{\min\{K_x+1,n\}},\ x = 50, n = 20 \tag{6.128}$$

확률변수 $W_{x,n}$의 평균값은 $A_{x:\overline{n}|}$으로 표시한다. 지금 경우는 보험금이 S이므로, 보허금의 현재가격의 평균값은

$$E\left[S \times W^d_{50,20}\right] = S \times A_{[50]:\overline{20}|} \tag{6.129}$$

두 확률변수 6.122, 6.128 를 비교하면 다음 중요한 관계를 얻는다:

$$\ddot{a}_{x:\overline{n}|} = \frac{1 - A_{x:\overline{n}|}}{1 - v}, \quad v = \frac{1}{1+i} \tag{6.130}$$

따라서 $x = 50, n = 20$인 경우에 적용하면

$$A_{[50]:\overline{20}|} = 1 - (1 - v)\ddot{a}_{[50]:\overline{20}|} = 1 - d\ddot{a}_{[50]:\overline{20}|} \tag{6.131}$$

따라서 순손실함수 L^n_0을 0으로 하는 보험료 P와 보험금 S의 관계 $P\ddot{a}_{50:\overline{20}|} = SA_{50:\overline{20}|}$로부터 보험료 P는

$$P = S\frac{A_{50:\overline{20}|}}{\ddot{a}_{50:\overline{20}|}} = S\left(\frac{1}{\ddot{a}_{50:\overline{20}|}} - d\right) = (0.0302286)S \tag{6.132}$$

□

보기 6.5 *[환급형(Endowment)] 45세인 사람이 보장기간이 20년인 보험에 가입했다. 보험금 3억원은 죽은 해 말에 지급된다. 20년동안 생존한 경우는 20년째 되는 때 선물처럼 보험금 3억을 지급한다. 보험료 P를 매월 초에 내기로 했다면, 보험료는 다른 부수 비용을 무시하면 얼마가 적절한가? (계산은 Standard Select Survival Model을 쓴다. 단위 기간은 1년이고, 단위기간 동안의 이율을 5%로 한다.)*

풀이 6.5 *보험료 P를 1개월 간격으로 내는 것에 주의하자. 때문에 1년동안 내게될 보험료는 $12P$이다. 1개월 이자율을 j라 두자. 보험료는 20년 동안 내거나, 아니면 살아있는 동안만 낸다. 따라서 보험료를 내는 회수는, 첫 회는 무조건 받게 되기 때문에, 최대 $\lfloor 12T_x \rfloor + 1$회이고, 마지막 보험료를 받는 시점은 $T_x < 20$인 경우*

$$\frac{1}{m}\lfloor mT_x \rfloor, \quad m=12, x=45 \tag{6.133}$$

위 식에서 $\frac{1}{m}\lfloor mT_x \rfloor := K_x^{(m)}$로 표시한다. 예를 들어 $T_x = 17.2$이고 $m = 12$이면 $K_x^{(12)} = 17 + \frac{2}{12}$. 그러면 납입기간이 20년인 것을 생각하면, 마지막 보험료를 받는 시점은

$$\min\{K_x^{(m)},\ n-\frac{1}{m}\}, \quad x=45, n=20, m=12 \tag{6.134}$$

따라서 보험료의 현재가격을 나타내는 확률변수는

$$P\big(1+v^{\frac{1}{m}}+v^{\frac{2}{m}}+\cdots+v^{\min\{K_x^{(m)},n-\frac{1}{m}\}}\big) = P\frac{1-v^{\min\{K_x^{(m)}+\frac{1}{m},n\}}}{1-v^{\frac{1}{m}}}, \quad x=45, n=20, m=12 \tag{6.135}$$

여기서 $(1-\frac{d^{(m)}}{m})^{-m} = 1+i = v^{-1}$인 것에 주의하면, , 보험료 수입의 현재가격을 나타내는 확률변수는

$$P\frac{1-v^{\min\{K_x^{(m}+\frac{1}{m},n\}}}{1-v^{\frac{1}{m}}} = mP\frac{1-v^{\min\{K_x^{(m}+\frac{1}{m},n\}}}{m(1-v^{\frac{1}{m}})} = mP\frac{1-v^{\min\{K_x^{(m}+\frac{1}{m},n\}}}{d^{(m)}} = mP\ddot{a}^{(m)}_{\overline{\min\{K_x^{(m)}+\frac{1}{m},n\}}|} \tag{6.136}$$

으로 표시하고, 이 확률변수 $\ddot{a}^{(m)}_{\overline{\min\{K_x^{(m)}+\frac{1}{m},n\}}|}$의 평균값은 $\ddot{a}^{(m)}_{x:\overline{n}|}$로 타나낸다. 식 (6.136)에서 쓴 확률변수 표시방법을 잘 이해하자. 예를 들어 $T_x = 17.2$이고 $m = 12$이면 $K_x^{(12)} = 17 + \frac{2}{12}$이고, 이 경우 확률변수는

$$\ddot{a}^{(12)}_{\overline{\min\{17+\frac{3}{12},n\}}|} := \frac{1}{12}\frac{1-v^{\min\{17+\frac{3}{12},n\}}}{1-v^{\frac{1}{12}}} = \frac{1-v^{\min\{17+\frac{3}{12},n\}}}{d^{(12)}} \tag{6.137}$$

특히 $m = 12, n = 10$ 경우는

$$\ddot{a}^{(12)}_{\overline{10}|} := \frac{1}{12}\frac{1-v^{10}}{1-v^{\frac{1}{12}}} = \frac{1-v^{10}}{d^{(12)}} \tag{6.138}$$

그러므로 계산간격을 표시하는 지수부분의 (m)이 중요하다. 따라서 보험료 수입의 현재가격의 평균값은

$$12P\ddot{a}^{(12)}_{[45]:\overline{20}|} = P\sum_{k=0}^{12n-1} v^{\frac{k}{12}}\,{}_{\frac{k}{12}}p_{[45]}, \quad n=20$$

지급될 보험금 1의 현재가격을 나타내는 확률변수는, 보험금이 사망한 해 말에 지급되므로 $W_{x,n} := v^{\min\{K_x+1,n\}}$이고, 확률변수 $W_{x,n}$의 평균값은 의 평균값은 $A_{x:\overline{n}|}$으로 나타낸다.

따라서 지급될 보험금이 $S = 3$억이므로, 지급될 보험금의 현재가격을 나타내는 확률변수의 평균값은

$$SA_{[45]:\overline{20}|}, \quad S = 3\times 10^8 \tag{6.139}$$

그런데

$$A_{x:\overline{n}|} = \sum_{k=0}^{n-1} v^{k+1}{}_kq_x + v^n{}_np_x = 1-d\ddot{a}_{x:\overline{n}|} \tag{6.140}$$

인 것과, 보험료 P와 보험금 S는 순손실함수 L_0^n을 0으로 하는 값으로 정해야 하므로

$$12P\ddot{a}^{(12)}_{[45]:\overline{20}|} = SA_{[45]:\overline{20}|} = S\big(1-d\ddot{a}_{[45]:\overline{20}|}\big) \tag{6.141}$$

따라서 $P = S\frac{1-d\ddot{a}_{[45]:\overline{20}|}}{12\ddot{a}^{(12)}_{[45]:\overline{20}|}} = S\frac{0.383766}{151.741} = S\times 0.00252907 \approx 758,722.$ □

6.6 보험 가격(지불 준비금) ${}_tV^g$

가입후 10년이 자나면 보험금 1을 받는 보험이 있다 하자. 이 보험의 가입 순간의 가치와, 9년이 지난 시점의 가치를 생각하면, 9년 지난 시점의 가치가 크다. 보험회사의 입장에서도 9년이 지난 시점에는 보험금이 지급될 가능성이 가입 시점보다 크다. 이런 점에서 가입후 시간이 t만 큼 지난 후의 손실함수 L_t^n, L_t^g를 생각할 필요가 있다.

요약 6.13 가입 나이 x, 가입 후 t 년이 지난 시점에서 보험의 가치를 평가할 때 다음 기호가 자주 사용된다. 여기서 n 은 보장기간을 표시한다. 이때 가장 중요한 점은 남은 생명을 나타내는 함수가 T_x에서 T_{x+t}로 바뀌는 것이다.

1. ${}_tL_x^{net} = v^{K_{x+t}} - P\ddot{a}_{\overline{K_{x+t}+1|}}$, ${}_tL_x^{gross} = v^{K_{x+t}} +$ 기타 부수 비용 $- P\ddot{a}_{\overline{K_{x+t}+1|}}$ ${}_tL_x$
2. ${}_tV_x^{net} = E\left[{}_tL_x^{net}\right] = A_{x+t} - P^{net}\ddot{a}_{x+t}$
3. ${}_tV_x^{gross} = E\left[{}_tL_x^{gross}\right] = A_{x+t} + E[$기타 부수 비용$] - P^{gross}\ddot{a}_{x+t}$
4. ${}_tV_x = E\left[{}_tL_x\right] = A_{+t} - P\ddot{a}_x$
5. ${}_tV^1_{x:\overline{n|}} = E\left[Z_{x+t,n-t} - P^1_{x:\overline{n|}}\ddot{a}_{\overline{\min\{K_{x+t},n-t-1\}}|}\right] = A^{\ 1}_{x+t:\overline{n-t|}} - P^1_{x:\overline{n|}}\ddot{a}_{x+t:\overline{n-t|}}$
6. ${}_tV_{x:\overline{n|}}^{\ \ 1} = E\left[Z^e_{x+t,n-t} - P_{x:\overline{n|}}^{\ \ 1}\ddot{a}_{\overline{\min\{K_{x+t},n-t-1\}}|}\right] = A_{x+t:\overline{n-t|}}^{\ \ \ \ 1} - P_{x:\overline{n|}}^{\ \ 1}\ddot{a}_{x+t:\overline{n-t|}}$
7. ${}_tV_{x:\overline{n|}} = {}_tV^1_{x:\overline{n|}} + {}_tV_{x:\overline{n|}}^{\ \ 1} = A_{x+t:\overline{n-t|}} - P_{x:\overline{n|}}\ddot{a}_{x+t:\overline{n-t|}}$

해설. 가입후 시간 t가 지났다면, 보험지급 사유가 발생할 가능성이 높아질 수도 있고, 또 만기 축하금이 있는 보험이라면 축하금을 지급해야 할 시간이 가까워진다. 때문에 보험계약을 이행하기 위한 책임이 증가한다. 따라서 $x+t$일 때 예상되는 지출을 나타내는 확률변수의 평균값고, 예상되는 수입을 나타내는 수입의 평균값을 계산해 볼 필요가 있다.

1. 나이 x에 보험에 가입해서, t년이 흐르면, 나이가 $x+t$가 된다. 때사서 생존함수가 T_x에서 T_{x+t}로 바뀐다. 따라서 종신보험이고, 보험료를 보험기간 내내 내는 경우
   - 지출되는 보험금의 $x+t$ 시섬에서 가격을 나타내는 확률변수: $v^{K_{x+t}+1}$
   - $x+t$ 시점에서 보험료 수입 가격을 나나내는 학률변수는, 가입당시 보 험료를 P라 하면 보험료는 생존기간에만 낼 수 있기 때문에

   $$P\left(1+v+v^2+\cdots+v^{K_{x+t}}\right) = P\frac{1-v^{K_{x+t}+1}}{1-v} = P\ddot{a}_{\overline{K_{x+1}+1|}} \tag{6.142}$$

   따라서 $x+t$ 시점에서 보험 유지에 필요한 부수적인 비용을 무시한 순손실확률변수(net future loss function)는, 보험금을 S라 하면,

   $${}_tL_x^{net} = Sv^{K_{x+t}} - P\ddot{a}_{\overline{K_{x+t}+1|}} \tag{6.143}$$

   여기에 보험 유지에 필요한 기타 비용을 고려한 것을 총손실확률변수(gross future loss function)이라 한다:

   $${}_tL_x^{gross} = Sv^{K_{x+t}} + \text{기타 부수 비용} - P\ddot{a}_{\overline{K_{x+t}+1|}} \tag{6.144}$$

   그러나 어떤 손실활률변수를 의미하는지는 문맥을 통해서 판단할 수 있기 때문에, 표현을 간결하게 하기 위하여 종신보험이고, 보혐료 납입기간이 계약기간 내내인 보험인 경우, 손실확률변수는 가입 당시 나이 x, 가입 후 지난시간 t 만을 표시하여 ${}_tL_x$로 표시한다.
2. 의미가 분명하다.
3. 의미가 분명하다.
4. 의미가 분명하다.
5. 5, 6, 7은 한꺼번에 다루자. 보장기간이 n으로 한정된 경우를 생각하자. 당연히 보험료 납입기간도 보장기간을 넘을 수 없다. 따라서 보장기간이 n인 경우 보험료 납입기간도 n이라면 이것을 특별히 표시할 것을 없고, x,t,n을 써서 표시하면 충분하다. 보장기간도 n이고, 보험료 납부 회수도 n이 보험을 생각하자.

   5-1. 보장기간 n이 끝나면 아무런 혜택이 없는 순수 보장성 보험을 생각하자. 이 경우 가입할 때 x 시점에서 K_x+1에 지급될 보험금 S의 현재가격을 나타내는 확률변수는

   $$S\times Z^d_{x,n} := S\times\begin{cases} v^{K_x+1}, & K_x<n \\ 0, & K_x\ge n\end{cases} \tag{6.145}$$

보험료 수입의 현재가격을 나타내는 확률변수는 기간에 일정하게 P를 납부하는 경우를 생각하면

$$P(1+v+v^2+\cdots+v^{\min\{K_x,n-1\}}) = P\ddot{a}_{\overline{\min\{K_x+1,n\}|}} \tag{6.146}$$

이 경우 보장기간이 끝나면 아무런 혜택이 없는 경우의 보험료 인것을 강조하기 위하여 보험금 1에 대한 보험료를 $P^1_{x:\overline{n|}}$이란 기호를 쓴다. 그러면 보험금 1에 대한 손실확률변수를 ${}_0L^1_{x:\overline{n|}}$라 두면

$$S\times {}_0L^1_{x:\overline{n|}} := S\times\left(Z^d_{n,x} - P^1_{x:\overline{n|}}\ddot{a}_{\overline{\min\{K_x+1,n\}|}}\right) \tag{6.147}$$

따라서 보험금 1에 대한 손할함수를 ${}_0V^1_{x:\overline{n|}}$라 두면, 보험금이 S일 때는

$$S\times {}_0V^1_{x:\overline{n|}} = E[S\times {}_0L^1_{x:\overline{n|}}] = S\times\left(E[Z^d_{n,x}] - E\left[P^1_{x:\overline{n|}}\left[\ddot{a}_{\overline{\min\{K_x+1,n\}|}}\right]\right]\right) = S\times\left(A^1_{x:\overline{n|}} - P^1_{x:\overline{n|}}\ddot{a}_{x:\overline{n|}}\right)$$

최초 보험료는 다른 비용을 생각하지 않으면 ${}_0V^1_{x:\overline{n|}} = 0$가 되어야 하므로

$$P^1_{x:\overline{n|}} = \frac{A^1_{x:\overline{n|}}}{\ddot{a}_{x:\overline{n|}}} \tag{6.148}$$

5-2 . 이제 시간이 t 만큼 흘러 나이가 $x+t$가 된 시점에서 손실확률변수는 계산하면, 지급될 보험금의 $x+t$ 시점에서 가격을 나타내는 확률변수는, 나이가 x에서 $x+t$가 된 것에 주의하면

$$S\times Z^d_{x+t,n-t} = S\times\begin{cases} v^{K_{x+t}+1}, & K_{x+t} < n-t \\ 0, & K_{x+t} \ge n-t \end{cases} \tag{6.149}$$

보험료 수입의 $x+t$에서 가격을 나타내는 확률변수는

$$S\times P^1_{x:\overline{n|}}\left(1+v+\cdots+v^{\min\{K_{x+1},n-t-1\}}\right) = S\times P^1_{x:\overline{n|}}\ddot{a}_{\min\{K_{x+t}+1,n-t\}} \tag{6.150}$$

따라서 보험금 S에 대한 $x+t$ 시점에서 손실확률변수는

$$S\times {}_tL^1_{x:\overline{n|}} = S\times\left(Z^d_{x+t,n-t} - P^1_{x:\overline{n|}}\ddot{a}_{\min\{K_{x+t}+1,n-t\}}\right) \tag{6.151}$$

이고, 손실확률변수 ${}_tL^1_{x:\overline{n|}}$의 평균값 ${}_tV^1_{x:\overline{n|}}$은 $S\times {}_tV^1_{x:\overline{n|}} = S\left(A^{\ 1}_{x+t:\overline{n-t|}} - P^1_{x:\overline{n|}}\ddot{a}_{x+t:\overline{n-t|}}\right)$. 이 식으로부터

$${}_tV^1_{x:\overline{n|}} = A^{\ 1}_{x+t:\overline{n-t|}} - P^1_{x:\overline{n|}}\ddot{a}_{x+t:\overline{n-t|}} \tag{6.152}$$

5-3 . 나이 x인 사람이 보장기간 n, 보험료 납입기간 n인 보험금 S_1인 보험에 가입했다. 그런데 보장기간 안에 보험금 지급사유가 없을 때, 보장기간이 끝나는 $x+n$에 축하금처럼 S_2를 지급하는 보험을 생각하자. 이 경우 보험료는 당연히 $S_2=0$인 순수보장성 보험보다 올라간다. 축하금 1을 지급하기 위한 보험료를 $P_{x:\overline{n|}}^{\ \ 1}$이라 두고, 식 (6.147)을 참고하면 축하금 S_2를 지급하기 위한 보험료 $S_2\times P_{x:\overline{n|}}^{\ \ 1}$은 다음 확률변수의 평균값을 0으로 하는 값이다.

$$S_2\times {}_0L_{x:\overline{n|}}^{\ \ 1} = S_2\times\left(Z^e_{n,x} - P_{x:\overline{n|}}^{\ \ 1}\ddot{a}_{\overline{\min\{K_x+1,n\}|}}\right) \tag{6.153}$$

위 식에서

$$Z^e_{n,x} = \begin{cases} v^n, & K_x \ge n \\ 0, & K_x < n \end{cases} \tag{6.154}$$

확률변수 ${}_0L_{x:\overline{n|}}^{\ \ 1}$의 평균값을 ${}_0V_{x:\overline{n|}}^{\ \ 1}$으로 표시하고, 확률변수 $Z^e_{n,x}$의 평균값은 $A_{x:\overline{n|}}^{\ \ 1}$으로 표시하면,

$$S_2\times {}_0V_{x:\overline{n|}}^{\ \ 1} = S_2\left(A_{x:\overline{n|}}^{\ \ 1} - P_{x:\overline{n|}}^{\ \ 1}\ddot{a}_{x:\overline{n|}}\right) \tag{6.155}$$

따라서 ${}_0V_{x:\overline{n|}}^{\ \ 1}$을 0으로 하는 값은

$$P_{x:\overline{n|}}^{\ \ 1} = \frac{A_{x:\overline{n|}}^{\ \ 1}}{\ddot{a}_{x:\overline{n|}}} \tag{6.156}$$

그러므로 보험금이 S_1이고, 축하금인 S_2이 경우 총 보험료는 식 (6.148), (6.156)을 참고하면

$$S_1P^1_{x:\overline{n|}} + S_2P_{x:\overline{n|}}^{\ \ 1} = S_1\frac{A^1_{x:\overline{n|}}}{\ddot{a}_{x:\overline{n|}}} + S_2\frac{A_{x:\overline{n|}}^{\ \ 1}}{\ddot{a}_{x:\overline{n|}}} \tag{6.157}$$

특히 $S_1 = S_2 = S$로 같은 경우의 보험료는

$$S\big(P^{1}_{x:\overline{n}|} + P_{x:\overline{n}|}^{\ \ 1}\big) = S\big(\frac{A^{1}_{x:\overline{n}|}}{\ddot{a}_{x:\overline{n}|}} + \frac{A_{x:\overline{n}|}^{\ \ 1}}{\ddot{a}_{x:\overline{n}|}}\big) \tag{6.158}$$

여기서 $P_{x:\overline{n}|} := P^{1}_{x:\overline{n}|} + P_{x:\overline{n}|}^{\ \ 1}$, $\quad A_{x:\overline{n}|} := A^{1}_{x:\overline{n}|} + A_{x:\overline{n}|}^{\ \ 1}$으로 정의하면 보험금 S, 축하금 S인 경우 보험료는

$$P_{x:\overline{n}|} = P^{1}_{x:\overline{n}|} + P_{x:\overline{n}|}^{\ \ 1} = \frac{A^{1}_{x:\overline{n}|} + A_{x:\overline{n}|}^{\ \ 1}}{\ddot{a}_{x:\overline{n}|}} = \frac{A_{x:\overline{n}|}}{\ddot{a}_{x:\overline{n}|}} \tag{6.159}$$

5-4 . 시각 $x+t$ 시점에서 순손실확률변수는 보험금이 S_1, 축하금이 S_2인 경우, 이제 나이가 $x+t$가 된 것을 주의하고, 보험료는 가입당시 결정된 것을 주의하면

$$S_1 \times Z_{x+t,n-t} + S_2 \times Z^{e}_{x+t,n-t} - S_1 \times P^{1}_{x:\overline{n}|}\ddot{a}_{\overline{\min\{K_{x+t},n-t-1\}}|} - S_2 \times P_{x:\overline{n}|}^{\ \ 1}\ddot{a}_{\overline{\min\{K_{x+t},n-t-1\}}|} \tag{6.160}$$

이 확률변수의 평균값은

$$S_1 A^{1}_{x:\overline{n}|} + S_2 A_{x:\overline{n}|}^{\ \ 1} - S_1 P^{1}_{x:\overline{n}|}\ddot{a}_{x+t:\overline{n-t}|} - S_2 P_{x:\overline{n}|}^{\ \ 1}\ddot{a}_{x+t:\overline{n-t}|} \tag{6.161}$$

특히 $S_1 = S_2 = S$로 같은 경우 위 값은

$$S\Big(A_{x+t:\overline{n-t}|} - P_{x:\overline{n}|}\ddot{a}_{x+t:\overline{n-t}|}\Big) \tag{6.162}$$

여기서 다음 기호를 도입하자:

$${}_tV^{1}_{x:\overline{n}|} = E\big[Z_{x+t,n-t} - P^{1}_{x:\overline{n}|}\ddot{a}_{\overline{\min\{K_{x+t},n-t-1\}}|}\big] \tag{6.163}$$

$$= A^{\ \ 1}_{x+t:\overline{n-t}|} - P^{1}_{x:\overline{n}|}\ddot{a}_{x+t:\overline{n-t}|} \tag{6.164}$$

$${}_tV_{x:\overline{n}|}^{\ \ 1} = E\big[Z^{e}_{x+t,n-t} - P_{x:\overline{n}|}^{\ \ 1}\ddot{a}_{\overline{\min\{K_{x+t},n-t-1\}}|}\big] \tag{6.165}$$

$$= A_{x+t:\overline{n-t}|}^{\ \ \ \ 1} - P_{x:\overline{n}|}^{\ \ 1}\ddot{a}_{x+t:\overline{n-t}|} \tag{6.166}$$

이 표현을 쓰면 식 (6.161)는

$$S_1 \times {}_tV^{1}_{x:\overline{n}|} + S_2 \times {}_tV_{x:\overline{n}|}^{\ \ 1} \tag{6.167}$$

가 되고, 특히 $S_1 = S_2 = S$이 경우의 식 (6.162)는

$$S \times \Big(A_{x+t:\overline{n-t}|} - P_{x:\overline{n}|}\ddot{a}_{x+t:\overline{n-t}|}\Big) = S \times {}_tV_{x:\overline{n}|}, \quad {}_tV_{x:\overline{n}|} := {}_tV^{1}_{x:\overline{n}|} + {}_tV_{x:\overline{n}|}^{\ \ 1} \tag{6.168}$$

보험료 납입기간이 h인 경우, 달라지는 것은 보험료 수입의 흐름이다. 이렇게 생각하면 다음 식의 의미는 분명하다. 4, 5, 6, 7과 다른 곳을 찾아보면 쉽게 이해된다. 특히 $t \geq h$이면 보험료 수입이 없는 것에 주의하자.

요약 6.14 n은 보장기간, h는 보험료 납입기간을

1 .
- $t < h$인 경우는 ${}^h_tV_x = A_{x+t} - {}_hP_x\ddot{a}_{x+t:\overline{h-t}|}$.
- 그러나 $t \geq h$인 경우는 보험료 수입이 없기 때문에 ${}^h_tV_x = A_{x+t}$

2 .
- $t < h$인 경우 ${}^h_tV^{1}_{x:\overline{n}|} = A^{\ \ 1}_{x+t:\overline{n-t}|} - {}_hP^{1}_{x:\overline{n}|}\ddot{a}_{x+t:\overline{h-t}|}$
- $t \geq h$인 경우는 보험료 수입이 없기 때문에 ${}^h_tV^{1}_{x:\overline{n}|} = A^{\ \ 1}_{x+t:\overline{n-t}|}$

3 .
- $t < h$ 이면 ${}^h_tV_{x:\overline{n}|}^{\ \ 1} = A_{x+t:\overline{n-t}|}^{\ \ \ \ 1} - {}_hP_{x:\overline{n}|}^{\ \ 1}\ddot{a}_{x+t:\overline{h-t}|}$
- $t \geq h$이면 보험료 수입이 없기 때문에 ${}^h_tV_{x:\overline{n}|}^{\ \ 1} = A_{x+t:\overline{n-t}|}^{\ \ \ \ 1}$

4 . ${}^h_tV_{x:\overline{n}|} = {}^h_tV^{1}_{x:\overline{n}|} + {}^h_tV_{x:\overline{n}|}^{\ \ 1}$. 따라서

- $t < h$이면 ${}^h_tV_{x:\overline{n}|} = A_{x+t:\overline{n-t}|} - {}_hP_{x:\overline{n}|}\ddot{a}_{x+t:\overline{h-t}|}$
- $t \geq h$이면 보험료 수입이 없기 때문에 ${}^h_tV_{x:\overline{n}|} = A_{x+t:\overline{n-t}|}$

보기 6.6 *나이 50인 사람에게 종신보험(whole life insurance)을 판매했다. 보험금은 100,000 이다. 보험금은 사망한 해 말에 지급된다. 보험구입자는 구입할 때 1,300 을 내고, 계약이 유지되려면 매년 초에 1,300을 내야 한다. 계산은 모두 Standard Ultimate Survival Model을 적용한다.*

1. *판매 후 5년차가 시작되는 순간에 보험의 가치를 이자율은 년 5%, 각각의 보험료의 12.5%는 보험관리비로 하여 계산하여라.*
2. *판매후 5년차가 시작되는 순간에 보험의 가치를, 비용을 무시한 보험료를 이자율 $i = 4\%$를 적용하여 계산하여라.*

풀이 6.6 *주어진 상황을 확률변수로 표시하는 것부터 시작하는 것이 중요하다.*

1. *먼저 주어진 가정 아래서 총 손실확률변수를 구하자. 보험회사에서 나가는 돈은 보험금과, 보험료의 12.5%에 해당하는 관리비용이다. 따라서 총 손실확률변수는, 판매 후 5년이 지난 시점($t = 5$)에서 생각하면,*

   - *지출되는 보험금 S의 t일 때 가격을 나타내는 확률변수는 가입 당시 나이 x가 t가 흘러 $x+t$가 된 것에 주의하자. 보험금 지급 시기가 $K_{x+t}+1$이기 때문에 지급되는 보험금을 1이라 하면 $v^{K_{x+t}+1}$. 따라서 $x = 50, t = 5$인 경우에 적용하면 $v^{K_{55}+1}$*
   - *보험 관리비용으로 납입된 보험료의 12.5%가 든다. 따라서 보험료 수입 1에 대한 현재가격을 나타내는 확률변수는, t년이 흘러 가입자의 나이가 $x+t$가 된 것에 주의하면*

   $$(1-0.125)P\left(1+v+v^2+\cdots+v^{K_{x+t}}\right) = (1-0.125)P\frac{1-v^{K_{x+t}+1}}{1-v} = (1-0.125)P\ddot{a}_{\overline{K_{x+t}+1}|} \quad (6.169)$$

   위 식에서 $x = 50, t = 5, P = 1300$이다.

   이것을 종합하면 가입후 t년이 지난 $x+t$ 시점에서 순손실확률변수 L_t^n은 보험금이 S, 보험료가 $P = 1,300$인 것을 고려하면

   $$ {}_tL_x^g = Sv^{K_{x+t}+1} - (1-0.125)P\ddot{a}_{\overline{K_{x+t}+1}|} \quad (6.170)$$
   $$ = Sv^{K_{x+t}+1} - (0.875)P\ddot{a}_{\overline{K_{x+t}+1}|}, \quad x = 50, t = 5, S = 10^6, P = 1300 \quad (6.171)$$

   따라서 $t = 5$일 때 총손실함수 ${}_5V_{50}^g$는

   $$ {}_5V_{50}^g = E\left[{}_5L_{50}^g\right] = 10^6A_{55} - (0.875)\times 1300\ddot{a}_{55}. \quad (6.172)$$

   표 4.2을 참고하면 $A_{55} = 0.235244, \ddot{a}_{55} = 16.0599$이고,

   $$ {}_5V_{50}^g = E[{}_5L_{50}^g] = 10^6\times 0.235244 - (0.875)\times 1300\times 16.0599 \approx 5256.35$$

2. *비용을 무시하고 보험료만으로 보험 가치를 계산하자는 것은 이자율을 낮추어 비용을 충당하겠다는 것이다. 때문에 제일 먼저 보험료를 계산해야 한다. 지금 계산에서는 이자율이 $i = 4\%$인 것에 주의하자. 보험을 판매하는 순간 손실확률변수는 $x = 50, t = 5$, 보험료를 P라 하면*

   $$ {}_0L_{50}^n := 100000v^{K_x+1} - P(1+v+v^2+\cdots+v^{K_x}) \quad (6.173)$$
   $$ = 10^6v^{K_x+1} - P\frac{1-v^{K_{x+1}}}{1-v} \quad (6.174)$$
   $$ = 10^6v^{K_x+1} - P\ddot{a}_{\overline{K_x+1}|} \quad (6.175)$$

   보험료 P는 ${}_0L_{50}^n$의 평균값 $E[{}_0L_{50}^n] = 0$가 되는 값으로 정하는 것이다. 따라서

   $$ {}_0V_{50}^n = E\left[{}_0L_{50}^n\right] = 10^6E\left[v^{K_{50}+1}\right] - PE\left[\ddot{a}_{\overline{K_{50}+1}|}\right] = 100,000A_{50} - P\ddot{a}_{50} = 0$$

   여기서 Standard Select Survival Model과 $i = 4\%$를 써서 계산하면, 보험가입 당시 나이가 50이고, $A_{50} = 0.255866, \ddot{a}_{50} = 19.3475$ 이므로 보험료는

   $$P = 100,000\frac{A_{50}}{\ddot{a}_{50}} = 1322.48$$

   이제 판매후 5년차 되는 순간의 손실확률변수는 , 5년이 흘러 나이가 55가 된 것에 주의하면

$${}_5L^n_{50} = 100000v^{K_{55}+1} - P\ddot{a}_{\overline{K_{55}+1}|} = 100000v^{K_{55}+1} - 1322.48\ddot{a}_{\overline{K_{55}+1}|}$$

확률변수 ${}_5L^n_{50}$의 평균값은 ${}_5V^n_{50}$로 나타낸다. 확률변수 $v^{K_{55}+1}$의 평균값은 $A_{55} = 0.305602$, 확률변수 $\ddot{a}_{\overline{K_{55}+1}|}$의 평균값은 $\ddot{a}_{55} = 18.0544$. 따라서

$${}_5V^n_{50} = E\left[{}_5L^n_{50}\right] = 100000 \times (0.305602) - 1322.48 \times (18.0544) = 6683.63$$

□

보기 6.7 *나이 60인 사람이 20년 만기 축하금이 있는 보험(endowment)을 샀다. 보험금은 100,000이다. 보장기간은 20년이고, 보험금은 보장기간 안에는 사망하는 해 말에 지급된다. 보장기간 끝까지 살아있는 경우는 20년차 되는 해에 축하금으로 100,000을 지급한다. 년 보험료는 5,200이고, 10년간 단위 기간이 시작할 때 납입한다. Standard Select Survival Model, 이자율은 년 5%, 비용은 최초 보험료의 10%, 2번째 부터 보험료의 5%, 보험금을 지급할 때 200을 적용하여, ${}^{10}_{0}V_{60:\overline{20}|}$, ${}^{10}_{5}V_{60:\overline{20}|}$, ${}^{10}_{6}V_{60:\overline{20}|}$를 구하여라.*

풀이 6.7 *보험금과 축하금이 같기 때문에 계산이 간결해진다. 보험금 납입기간이 10년인 것에 주의하자. 먼저 기호의 의미를 살펴보자. ${}^h_tV_{x:\overline{n}|}$에서 h 는 보험료 납입기간, t는 가입후 지난 시간, x는 가입연령, n은 보장기간이다.*

1. ${}^{10}_{0}V_{60:\overline{20}|}$*을 구해보자.*

   - *나가는 돈: 보험금을 지급할 때 , 추가로 200이 나가는 것을 조심하면,*
     가입과 동시에 $(0.1)P$, 두번째 보험료부터 $(0.050)P$, 보험금 $S+200, S=10^5$.
   - *들어오는 돈: 보험료이다. 이것을 살아있는 동안 받는다.*

   손실확률변수는 보장기간 20년에 조심하면

$$\begin{aligned}{}_0L_{60} &= (S+200)v^{\min\{K_{60}+1,20\}} - P\big((1-0.1)+(1-0.05)v+(1-0.05)v^2+\cdots+(1-0.05)v^{\min\{K_{60},10-1\}}\big)\\ &= (S+200)v^{\min\{K_{60}+1,20\}} + (0.05)P - (0.95)P\ddot{a}_{\overline{\min\{K_{60}+1,10\}}|}\end{aligned}$$

   확률변수 $v^{\min\{K_{[60]}+1,20\}}$의 평균값은 $A_{[60]:\overline{20}|} = 0.410398$, 확률변수 $\ddot{a}_{\min\{K_{60}+1,10\}}$의 평균값은 $a_{60:\overline{10}|} = 7.9555$. 이제 $P = 5,200$인 것을 적용하면

$${}^{10}_{0}V_{[60]:\overline{20}|} = E[{}_0L_{60}] = 2081.45$$

2. ${}^{10}_{5}V_{60:\overline{20}|}$*를 구해보자. 보험판매후 5년이 지났다. 보험금을 지금할 가능성을 커졌고, 나이가 $60+5=65$가 되었고, 보험료 수입을 줄어든다. 보험료 수입의 $1-0.05=95\%$가 수입이고, 보험료도 5회 더 받을 수 있다.*
   보장기간도 이제 $20-5=15$ 년이 남았다. 따라사 손실을 커진다. 이점을 고려하여 손실확률변수를 구해보자.

$${}_5L_{60} = (S+200)v^{\min\{K_{65}+1,15\}} - (0.95)P\ddot{a}_{\overline{\min\{K_{65}+1,5\}}|},\ S=10^5$$

   따라서

$${}^{10}_{5}V_{60:\overline{20}|} = E[5_L50] = 100,200A_{65:\overline{15}|} - (0.95)P\ddot{a}_{65:\overline{5}|}$$

   이 값을 구체적으로 계산하는 것은 $A_{65:\overline{15}|}$, $\ddot{a}_{65:\overline{5}|}$ 값을 계산하는 것인데, 예를 들어 Standard Select Survival Model과 이자율 5%로 계산하면 $A_{65:\overline{15}|} = 0.511403$, $\ddot{a}_{65:\overline{5}|} = 4.48888$. 따라서 $P = 5,200$을 적용하면

$${}^{10}_{5}V_{60:\overline{20}|} = E[{}_5L_{50}] = 29067.5$$

3. *같은 생각으로 손실 확률변수를 구하면*

$${}_6L_{60} = (S+200)v^{\min\{K_{66}+1,14\}} - (0.95)P\ddot{a}_{\overline{\min\{K_{66}+1,4\}}|}, \quad S=10^5$$

   Standard Select Survival Model과 이자율 5%로 계산하면 $A_{66:\overline{14}|} = 0.534218$, $\ddot{a}_{66:\overline{4}|} = 3.68512$ 이고 $P = 5,200$을 적용하면 ${}^{10}_{6}V_{60:\overline{20}|} = E[L_6] = 35324.2$.

□

6.7 보험료를 돌려주는 경우

보험 판매를 늘리기 위해서, 예를 들어 연금을 받기 전에 사망하는 경우 이미 납입된 보험료의 원금을 돌려주는 경우를 생각할 수 있다. 돌려줘야 할 보험료는 결정적인 것이 아니고, 가입자의 생존에 의존하는 확률변수이다. 보험료를 1이라 하자. 보험료를 n회 내는 경우, 보험료를 $t=0,1,2,3,\cdots,n-1$에 낸다 하자. 돌려주는 보험료는 예를 들어

- $0<t<1$에 사망했다면 1
- $1<t<2$에 사망했다면 2
- $2<t<3$에 사망했다면 3

나이 x인 가입자의 남은 수명을 T_x, T_x의 정수부분을 K_x라 하면, $t=K_x+1$에 K_x+1을 돌려주는 보험을 생각해보자. 이 돈을 돌려주기 위하여 보험료가 올라가는데, 올라가는 보험료를 계산하기 위하여 먼저 돌려줘야 하는 보험료의 현재가격을 나타내는 확률변수를 구해보자. 가입 나이 x, 보장기간 n인 경우를 생각하면

$$Y^1_{x,n} := \begin{cases} v^{K_x+1}(K_x+1), & K_x<n \\ 0, & K_x\geq n \end{cases} \tag{6.176}$$

위 식에서 $\min\{K_x+1,n\}$은 매회 보험료를 1이라 할 때, 가입자가 낸 총 보험료인 것에 주의하자. 이 확률변수 $Y^1_{x,n}$의 평균값은 $(IA)^1_{x:\overline{n}|}$으로 나타낸다. 따라서

$$(IA)^1_{x:\overline{n}|} = E\left[Y^1_{x,n}\right] = vq_x + 2v^2\,{}_{1|}q_x + 3v^3\,{}_{2|}q_x + \cdots + nv^n\,{}_{n-1|}q_x = \sum_{k=0}^{n-1}(k+1)v^{k+1}\,{}_{k|}q_x \tag{6.177}$$

요약 6.15 판매 후 부턴 기간 n까지, 각 기간의 시작에 1을 내고, $t=n$ 부터 연금을 받는 보험에서, 보험료 납입기간 안에 가입자가 사망하는 경우, 그동안 납입한 보험료의 원금을 돌려주는 상품을 생각하자. 따라서 기간 n 이상 생존하면, 보험료는 n 회 완납했지만, 돌려받는 보험료는 없고, 단지 보험 혜택이 있을 뿐이다.

1. 기간 n 이전에 사망했을 때 돌려받는 보험료의 현재가격을 나타내는 확률변수는

$$Y^1_{x,n} := \begin{cases} v^{K_x+1}(K_x+1), & K_x<n \\ 0, & K_x\geq n \end{cases}$$

2. 이 확률변수 $Y^1_{x,n}$의 평균값은 $(IA)^1_{x:\overline{n}|}$으로 나타내고

$$(IA)^1_{x:\overline{n}|} = vq_x + 2v^2\,{}_{1|}q_x + 3v^3\,{}_{2|}q_x + \cdots + nv^n\,{}_{n-1|}q_x = \sum_{k=0}^{n-1}(k+1)v^{k+1}\,{}_{k|}q_x$$

보기 6.8 *보험료를 20회 내야 한다. 20회를 내기 전에 가입자가 사망하면, 그때까지 낸 보험료 원금을 돌려준다. $t=0$에서 계산할 때, $t=5$에서 계산할 때, $t=12$에서 계산할 때, 보험료 원금의 현재가격을 나태내는 확률변수와 그 평균값을 구하여라. 보험료는 P이고, 각각의 기간 시작에 낸다.*

풀이 6.8 *가입자의 나이를 x라 하고, 잔여 수명을 T_x, T_x의 정수부분을 K_x라 두자.*

1. *돌려줘야 하는 보험료의 현재가격을 나타내는 확률변수는, 보험료가 P이므로*

$$Z_0 := P\begin{cases} v^{k_x+1}(K_x+1), & K_x<20 \\ 0, & K_x\geq 20 \end{cases}$$

확률변수 Z_0의 평균값은 $P\,(IA)^1_{x:\overline{20}|}$이고

$$(IA)^1_{x:\overline{n}|} = vq_x + 2v^2\,{}_{1|}q_x + 3v^3\,{}_{2|}q_x + \cdots + nv^n\,{}_{n-1|}q_x = \sum_{k=0}^{n-1}(k+1)v^{k+1}\,{}_{k|}q_x$$

2. $t=5$에서 계산하는 경우는 $t=5$ 직전에 이미 보험료를 5회 냈다. 따라서 $5<t<6$에 사망한다면 $6P$, $6<t<7$에 사망한다면 $7P$를 돌려줘야 하는 상황이다. 따라서 $t=5$에서 계산할 때 돌려줘야 하는 보험료의 현재가격을 나타내는 확률변수의 현재가격을 나타내는 확률변수는

$$\begin{aligned}
Z_5 &:= P\begin{cases} v^{K_{x+5}+1}(K_{x+5}+5+1), & K_{x+5}<15\\ 0, & K_{x+5}\geq 15\end{cases}\\
&= P\begin{cases} 5v^{K_{x+5}+1}+v^{K_{x+5}+1}(K_{x+5}+1), & K_{x+5}<15\\ 0, & K_{x+5}\geq 15\end{cases}\\
&= 5P\begin{cases} v^{K_{x+5}+1}, & K_{x+5}<15\\ 0, & K_{x+5}\geq 15\end{cases} + P\begin{cases} v^{K_{x+5}+1}(K_{x+5}+1), & K_{x+5}<15\\ 0, & K_{x+5}\geq 15\end{cases}
\end{aligned}$$

이 확률변수의 평균값은 $P\big(5A^{\ 1}_{x+5:\overline{15}|}+(IA)^{\ 1}_{x+5:\overline{15}|}\big)$.

3. 같은 생각으로 $t=12$일 때, 돌려줘야 할 보험료의 현재가격을 나타내는 확률변수는

$$\begin{aligned}
Z_{12} &:= P\begin{cases} 12v^{K_{x+12}+1}+v^{K_{x+12}+1}(K_{x+12}+1), & K_{x+12}\leq 7\\ 0, & K_{x+12}\geq 8\end{cases}\\
&= 12P\begin{cases} 12v^{K_{x+12}+1}, & K_{x+12}\leq 7\\ 0, & K_{x+12}\geq 8\end{cases} + P\begin{cases} v^{K_{x+12}+1}(K_{x+12}+1), & K_{x+12}\leq 7\\ 0, & K_{x+12}\geq 8\end{cases}
\end{aligned}$$

이 확률변수의 평균값은 $P\big(12A^{\ 1}_{x+12:\overline{8}|}+(IA)^{\ 1}_{x+12:\overline{8}|}\big)$.

보기 6.9 *나이 50인 사람이 거치기간이 10년인 종신연금을 샀다. 따라서 연금은 60부터 지급된다. 매년 지급되는 연금은 10,000이다. 구매자는 첫번째 연금을 받기까지 매년 11,900씩 10년간 보험료를 내야한다. 만일 60이 되기 전에 사망하면, 낸 보험료 원금만 사망한 해 말에 돌려준다. 다음 가정 아래서 $t=0$일 때, 연금 지급 직전, 연금지급 직후 이 연금의 가치를 계산하여라: Standard Select Survival Model, 이자율은 년 5%, 연금관리비용은 첫번째 보험료의 10%, 두번째 보험료부터는 보험료의 5%, 연금지급할 때마다 비용 25, 10년 이내에 사망하는 경우 원금을 돌려줄 때 비용 100을 적용한다.*

풀이 6.9 1. 먼저 10년 이내에 사망하여 돌려주는 원금의 현재가격을 나타내는 확률변수를 구해보자. 1년 이내에 죽었다면 P, 2년 이내에 죽었다면 $2P$를 돌려주는 식이다. 따라서 나이 x인 사람이 n 년이내에 죽는 경우를 생각하면 돌려주는 원금을 나타내는 확률변수는 $P(K_x+1)v^{K_x+1}$. 여기서 확률변수 $(K_x+1)v^{K_x+1}$의 평균값을 구하는 문제가 나타난다. 다음 기호를 사용한다.

- $(I\ddot{a})x := E[(K_x+1)v^{K_x+1}] = vq_x+2v^2{}_{1|}q_x+3v^3{}_{2|}q_x+\cdots=\sum_{k=0}^{\infty}(k+1)v^{k+1}{}_{k|}q_x$
- 기간 n 이내에 사망하는 경우, 돌려주는 원금의 현재가격을 나타내는 확률변수는

$$Y=\begin{cases} Zv^Z, & K_x\leq n-1\\ 0, & K_x\geq n\end{cases},\quad Z:=\min\{K_x+1,n\}$$

확률변수 Y의 평균값은 $(IA)^{1}_{x:\overline{n}|}$으로 나타낸다.

$$(IA)^{1}_{x:\overline{n}|} := v+2v^2{}_{1|}q_x+3v^3{}_2q_x+\cdots+nv^n{}_{n-1|}q_x=\sum_{k=0}^{n-1}(k+1)v^{k+1}{}_{k|}q_x$$

따라서 10년 이내에 사망할 경우 돌려줘야 할 납입 보험금의 현재가격의 평균은 $P(IA)^{\ 1}_{[50]:\overline{10}|}$. Standard Select Survival Model과 이자율 5%를 적용하면 $(IA)^{\ 1}_{[55]:\overline{10}|}=0.0863889$.

2. 10년 안에 사망한 경우 보험금을 지급하는데 드는 비용은 $100A^{\ 1}_{[50]:\overline{10}|}$.

3. 보험료 수입에서 관리 비용을 빼면

$$P\ddot{a}_{[50]:\overline{10}|}-(0.05)P\ddot{a}_{[50]:\overline{10}|}-(0.05)P=(0.95)P\ddot{a}_{[50]:\overline{10}|}-(0.05)P$$

4. *60세부터 연금을 받기 시작한다. 따라서 연금을 받기 위한 필요조건은 60까지, 즉 50세에 구매했다면 10년 이상 생존해야 하는 것이다. 따라서 보험구매자에게 지급되는 연금의 현재가격의 평균은, 각각의 경우 25의 추가비용의 들어가는 것을 고려하면*

$$(10,000+25)v^{10}\,{}_{10}p_{[50]}\,\ddot{a}_{60}$$

따라서

$${}_0V_{[50]} = P(IA)^{\,1}_{[50]:\overline{10}|} + 100A^{\,1}_{[50]:\overline{10}|} + 10,025v^{10}\,{}_{10}p_{[50]}\ddot{a}_{60} - \big((0.95)\ddot{a}_{[50]:\overline{10}|} - 0.05\big)P$$

$P = 11,900$인 것은 주어졌다. 이제 Standard Select Survival Model과 이자율 5%를 적용하여 필요한 값을 계산하면

- $P = 11,900$
- $(IA)^{\,1}_{[55]:\overline{10}|} = 0.0863889.$
- $A^{\,1}_{[50]:\overline{10}|} = 0.0143869.$
- ${}_{10}p_{[50]} = 0.980535$
- $v^{10} = 0.613913$
- $\ddot{a}_{60} = 14.9041$
- $\ddot{a}_{[50]:\overline{10}|} = 8.05665$

그러므로 ${}_0V_{[50]} = 485.387.$

요약 6.16 [거치기간이 있는 경우] 보험금을 일정한 기간이 지나서 지급하는 경우가 있다.

1. 나이 x인 사람이 종신보험을 샀다. 보험금 M_1은 각각의 기간 끝에 지급된다. 그런데 기간 u가 지나면 M_1+M_2를 지급한다. 이 경우 보험금의 현재가격을 나타내는 확률변수는

$$Z = \begin{cases} M_1v^{K_x+1}, & K_x < u \\ M_1v^{K_x+1}+M_2v^{K_{x+u}+1}, & K_x \ge u \end{cases} = M_1v^{K_x+1} + M_2\begin{cases} 0, & K_x < u \\ v^{K_{x+u}+1}, & K_x \ge u \end{cases}$$

2. 확률변수 E_{x+u}와 그 평균값은

$$E_{x+u} := \begin{cases} 0, & K_x < u \\ v^{K_{x+u}+1}, & K_x \ge u \end{cases}$$

$$\begin{aligned} v\,{}_up_xq_{x+u} + v^2\,{}_up_xq_{x+u+1} + v^3\,{}_up_xq_{x+u+2} + \cdots \\ = {}_up_x\big(vq_{x+u} + v^2q_{x+u+1} + v^3q_{x+u+2} + \cdots\big) \\ = {}_up_xA_{x+u} \end{aligned}$$

따라서 확률변수 Z의 평균값은 $M_1A_x + M_2\,{}_up_xA_{x+u}$

보기 6.10 *나이 40인 사람이 종신보험을 샀다. 보험금은 처음 10년까지는 50,000, 10년 이후는 100,000이다. 이자율은 4%이고, Standard Select Survival Model 을 적용한다. 보험료는 보험기간 내내 낸다.*

1. *년 보험료를 구하라.*
2. *$t = 5$일 때 보험의 가치를 구하여라.*
3. *$t = 15$일 때 보험의 가치를 구하여라.*

풀이과정에서 확률변수를 분명히 하여라.

풀이 6.10 1. *보험판매 단계에서 손실확률변수의 현재가격을 구하자. 들어오는 돈은 보험료이고, 나가는 돈은 보험금이다. 보험금이 $t = 10$을 기점으로 2배가 되는 것에 주의하자. 중요한 점은 $t = 10$을 기점으로 50,000이 추가되는 것으로 생각하는 것이다. 따라서 보험금의 현재가격을 표시하는 확률변수는*

$$50,000v^{K_{[40]}+1} + 50,000\begin{cases} 0, & K_{[40]} < 10, \\ v^{K_{[40]+1}}, & K_{[40]} \ge 10 \end{cases}$$

보험료를 P라 할 때, 보험료 수입의 현재각격을 나타내는 확률변수는

$$P\left(1+v+\cdots+v^{K_{[40]}}\right)=P\frac{1-v^{K_{[40]}+1}}{1-v}$$

그러므로 손실확률변수의 현재가격은

$$L_0^n=50,000v^{K_{[40]}+1}+50,000\begin{cases}0, & K_{[40]}<10,\\ v^{K_{[40]+1}}, & K_{[40]}\geq 10\end{cases}-P\ddot{a}_{\overline{K_{[40]}+1}|}$$

따라서 손실확률변수의 평균값은 $50000A_{[40]}+5000v^{10}{}_{10}p_{[40]}A_{50}-P\ddot{a}_{[40]}$. 이것으로부터 보험료 P는

$$P=50,000\frac{A_{[40]}+v^{10}{}_{10}p_{[40]}A_{50}}{\ddot{a}_{[40]}}=640.144$$

2. 손실확률변수의 현재가격은

$$L_5^n=50,000v^{K_{45}+1}+50,000\begin{cases}0, & K_{45}<5,\\ v^{K_{45}+1}, & K_{45}\geq 5\end{cases}-P\left(1+v+v^2+\cdots+v^{K_{45}}\right)$$

따라서 L_5^n의 평균값은

$${}_5V_{[40]}=E[L_5^n]=50000A_{45}+50000v^5{}_5p_{45}A_{50}-P\ddot{a}_{45}=3557.62$$

3. 15년이 지났기 때문에, 보험금은 100,000이다. 따라서 손실확률변수의 현재가격은

$$100,000v^{K_{55}+1}-P\left(1+v+v^2+\cdots+v^{K_{55}}\right)$$

이고, 평균값은

$${}_{15}V_{[40]}=100,000A_{55}-P\ddot{a}_{55}=13243.8$$

보기 6.11 나이 40인 사람이 종신보험을 샀다. 보험금은 처음 10년까지는 50,000, 10년 이후는 100,000이다. 이자율은 4%이고, Standard Select Survival Model 을 적용한다. 보험료는 처음 10년차까지만 각각의 기간의 시작에 낸다. 풀이과정에서 확률변수를 분명히 하여라.

1. 년 보험료를 구하라.
2. $t=5$일 때 보험의 가치를 구하여라.
3. $t=15$일 때 보험의 가치를 구하여라.

풀이 6.11 보기 6.10와 다른 점은 보험료를 처음 10년차까지 내는 점이다. 때문에 보험료는 올라간다.

1. 보험판매 단계에서 손실확률변수의 현재가격을 구하자. 들어오는 돈은 보험료이고, 나가는 돈은 보험금이다. 보험금이 $t=10$을 기점으로 2배가 되는 것에 주의하자. 중요한 점은 $t=10$을 기점으로 50,000이 추가되는 것으로 생각하는 것이다. 따라서 보험금의 현재가격을 표시하는 확률변수는 바뀌지 않는다.

$$50,000v^{K_{[40]}+1}+50,000\begin{cases}0, & K_{[40]}<10\\ v^{K_{[40]}+1}, & K_{[40]}\geq 10\end{cases}$$

보험료를 P라 할 때, 보험료 수입의 현재가격을 나타내는 확률변수는 보험료을 10차까지 받기 때문에 달라진다.

$$P\left(1+v+\cdots+v^{\min\{K_{[40]},10-1\}}\right)=P\frac{1-v^{\min\{K_{[40]}+1,10\}}}{1-v}=P\ddot{a}_{\overline{\min\{K_{[40]}+1,10\}}|}$$

이 확률변수의 평균값은 $P\ddot{a}_{[40]:\overline{10}|}$. 그러므로 손실확률변수의 현재가격은

$$L_0^n=50,000v^{K_{[40]}+1}+50,000\begin{cases}0, & K_{[40]}<10\\ v^{K_{[40]}+1}, & K_{[40]}\geq 10\end{cases}-P\ddot{a}_{\overline{\min\{K_{[40]}+1,10\}}|}$$

따라서 손실확률변수의 평균값은

$$ {}_0V_{[40]} = E[L_0^n] = 50000A_{[40]} + 5000v^{10}{}_{10}p_{[40]}A_{50} - P\ddot{a}_{[40]:\overline{10}|} = 0 $$

이것으로부터 보험료 P는, $i = 4\%$로 계산하면

$$ P = 50,000\frac{A_{[40]} + v^{10}{}_{10}p_{[40]}A_{50}}{\ddot{a}_{[40]:\overline{10}|}} = 779.597 $$

2. $t = 5$ *부터 받을 수 있는 보험료는 최대 5회까지다. 따라서 손실확률변수의 현재가격은*

$$ L_5^n = 50,000v^{K_{45}+1} + 50,000\begin{cases} 0, & K_{45} < 5 \\ v^{K_{45}+1}, & K_{[40]} \ge 5 \end{cases} - P\left(1 + v + v^2 + \cdots + v^{\min\{K_{45},5-1\}}\right) $$

따라서 L_5^n의 평균값은 ${}_5V_{[40]} = E[L_5^n] = 50,000\left(A_{45} + v^5{}_5p_{45}A_{50}\right) - P\ddot{a}_{45:\overline{5}|} = 6758.99$. *보험회사의 책임준비금도 보험기간 내내 보험료를 받는 경우보다 크게 증가했다.*
3. *15년이 지났기 때문에, 보험금은 100,000이다. 더구나 보험료 수입은 없다. 따라서 손실확률변수의 현재가격은* $100000v^{K_{55}+1}$ *이고,* $i = 4\%$*로 계산할 때 평균값은* ${}_{15}V_{[40]} = 100000A_{55} = 30560.2$

요약 6.17 [보험료가 증가하는 경우, 감소하는 경우] 보험료가 증가하거나, 감소하는 경우를 생각할 수 있다. 보험 판매 당시 구매자의 나이를 x라 하자.

1. 보험료가 처음 P_1에서 u 년차부터 P_2로 증가하는 경우, 보험료 수입의 현재가격을 나타내는 확률변수는 , 보험료는 기간의 시작에, 생존하는 동안만 내는 것에 주의하면

$$ \begin{cases} P_1\left(1 + v + \cdots + v^{K_x}\right), & K_x < u, \\ P_1\left(1 + v + v^2 + \cdots + v^{u-1}\right) + P_2\left(v^u + v^{u+1} + \cdots + v^{K_x}\right), & K_x \ge u \end{cases} \tag{6.178} $$

2. 확률변수 (6.178)은 $P_2\ddot{a}_{\overline{K_x}|} + (P_1 - P_2)\ddot{a}_{\overline{\min\{K_x,u\}}|}$로 간결하게 표현할 수 있고, 평균값은

$$ P_2\ddot{a}_x + (P_1 - P_2)\ddot{a}_{x:\overline{u}|} $$

3. 특히 확률변수 $v^{K_x+1}(K_x + 1)$의 평균값은 $(IA)_x$로 나타낸다. 따라서

$$ (IA)_x = \sum_{k=0}^{\infty}(k+1)v^{k+1}{}_{k|}q_x $$

해설. 확률변수 $P_1(1 + v + v^2 + \cdots + v^{u-1}) + P_2\left(v^u + v^{u+1} + \cdots + v^{K_x}\right)$를 잘 이해하자. 이 확률변수를 다음과 같이 다듬자.

$$ P_1(1 + v + v^2 + \cdots + v^{u-1}) + P_2\left(v^u + v^{u+1} + \cdots + v^{K_x}\right) \tag{6.179} $$

$$ = P_1\frac{1 - v^u}{1 - v} + P_2\frac{v^n - v^{K_x+1}}{1 - v} \tag{6.180} $$

$$ = P_1\frac{1 - v^u}{1 - v} + P_2\frac{v^n - 1 + 1 - v^{K_x+1}}{1 - v} \tag{6.181} $$

$$ = (P_1 - P_2)\ddot{a}_{\overline{u}|,i} + P_2\frac{1 - v^{K_x+1}}{1 - v} \tag{6.182} $$

따라서 이 확률변수 $P_1(1 + v + v^2 + \cdots + v^{u-1}) + P_2\left(v^u + v^{u+1} + \cdots + v^{K_x}\right)$의 평균값은

$$
\begin{aligned}
&P_1 \sum_{k=0}^{u-1} \frac{1-v^{k+1}}{1-v}\,{}_{k|}q_x + \sum_{k=u}^{\infty} \Big((P_1-P_2)\frac{1-v^n}{1-v} + P_2 \frac{1-v^{k+1}}{1-v} \Big)\,{}_{k|}q_x \\
&= (P_1-P_2)\Big(\frac{1-{}_up_x - A^{1}_{x:\overline{u}|}}{1-v} + {}_up_x \frac{1-v^n}{1-v}\Big) + P_2 \frac{1-A_x}{1-v} \\
&= (P_1-P_2)\frac{1-A_{x:\overline{n}|}}{1-v} + P_2 \frac{1-A_x}{1-v} \\
&= P_2 \ddot{a}_x + (P_1-P_2)\ddot{a}_{x:\overline{u}|}
\end{aligned}
$$

◁

보기 6.12 *나이 40인 사람이 종신보험을 샀다. 보험금은 1000이고, 보험금은 매년 5 씩 증가한다. 이자율은 년 5%이고, Standard Select Survival Model을 적용하고, 이자율은 5%로 하자. 보험금은 보험금 지급 사유가 발생한 년 말에 지급한다.*

1. *보험기간 동안 일정한 보험료 P를 내기로 할 때 P 값을 구하여라.*
2. *처음 10년차 까지는 보험료가 P, 그 다음부터는 2P라 할 때, P 값을 구하여라.*
3. *$t=5$일 때 보험의 가치를 구하여라.*
4. *$t=10$일 때 보험의 가치을 구하여라.*

풀이 6.12 *보험금이 매년 5 씩 증가하는 것에 주의하자.*

1. *지금해야 할 보험금의 현재가격을 나타내는 확률변수는 $v^{K_x+1}(1000+5K_x)$. 이 확률변수의 평균값은*

$$
\begin{aligned}
\sum_{k=0}^{\infty}(1000+5k)v^{k+1}\,{}_{k|}q_{40} &= 1000\sum_{k=0}^{\infty}{}_{k|}q_x + 5\sum_{k=0}^{\infty} k v^{k+1}\,{}_{k|}q_{40} = 995\sum_{k=0}^{\infty} v^{k+1}\,{}_{k|}q_{40} + 5\sum_{k=0}^{\infty}(k+1)v^{k+1}\,{}_{k}q_{40} \\
&= 995A_{[40]} + 5(IA)_{[40]}
\end{aligned}
$$

   보험기간 내내 일정한 보험료 P를 내기로 한다면, 보험료 수입의 현재가격을 나타내는 확률변수는

$$P\big(1+v+v^2+\cdots+v^{K_{[40]}}\big) = P\frac{1-v^{K_x+1}}{1-v} = P\ddot{a}_{\overline{K_{[40]}+1}|}$$

   따라서 보험료 수입의 현재가격을 나타내는 확률변수의 평균값은 $P\ddot{a}_{[40]}$. 따라서 보험료는

$$995A_{[40]} + 5(IA)_{[40]} = P\ddot{a}_{[40]}$$

   가 성립해야 하므로, $x=40$, 이자율 5%, Standard Select Survival Model를 적용하면

$$A_{[40]} = 0.120973, \quad (IA)_{[40]} = 4.97241, \quad \ddot{a}_{[40]} = 18.4596$$

   이므로

$$P = \frac{995A_{[x]} + 5(IA)_{[x]}}{\ddot{a}_{[x]}} = 7.86749, \quad x = 40$$

2. *지금 경우는 보험금을 지출되는 비용의 평균값은 같다. 보험료 수입의 현재가격을 나타내는 확률변수와 $P_1 = P, P_2 = 2P, x = 40, u = 10$를 적용한 평균값은*

$$E\big[P_2\ddot{a}_{\overline{K_x}|} + (P_1-P_2)\ddot{a}_{\overline{\min\{K_x,u\}}|}\big] = 2P\ddot{a}_{[40]} - P\ddot{a}_{[40]:\overline{10}|}$$

   식 $995A_{[40]} + 5(IA)_{[40]} = P\big(2\ddot{a}_{[40]} - \ddot{a}_{[40]:\overline{10}|}\big)$가 성립해야 하므로, 이자율 5%, Standard Select Survival Model를 적용하면 $A_{[40]} = 0.120973$, $(IA)_{[40]} = 4.97241$, $\ddot{a}_{[40]} = 18.4596$, $\ddot{a}_{[40]:\overline{10}|} = 8.08705$. 따라서 $P = \frac{995A_{[40]}+5(IA)_{[40]}}{2\ddot{a}_{[40]}-\ddot{a}_{[40]:\overline{10}|}} = 5.03711$.

3. *$t=5$에 나이가 45가 됐다. 처음 가입자에게 적용하는 선별관리기간도 지났다. 지급해야 할 보험금의 현재가격을 나타내는 확률변수는*

$$v^{K_{45}+1}(1025+5K_{45}) = 1020v^{K_{45}+1} + 5v^{K_{45}+1}(K_{45}+1)$$

이 확률변수의 평균값은

$$E[1025v^{K_{45}+1}+5v^{K_{45}+1}(K_{45}+1)] = 1025A_{45}+5(IA)_{45}$$

보험료 수입의 현재가격을 나타내는 확률변수는 $2P\ddot{a}_{\overline{K_{45}|}} - P\ddot{a}_{\overline{\min\{K_{45},5\}|}}$이고, 평균값은 $P\big(2\ddot{a}_{45}-\ddot{a}_{45:\overline{5|}}\big)$ 앞에서 계산한 보험료 $P=5.03711$를 적용하고, Standard Select Survival Model과, 이자율 5%를 적용하면

$$A_{45}=0.151609,\quad (IA)_{45}=5.29376,\quad \ddot{a}_{45}=17.8162,\quad \ddot{a}_{45:\overline{5|}}=4.53868$$

따라서 ${}_5V_{40}=1025A_{45}+5(IA)_{45}-P\big(2\ddot{a}_{45}-\ddot{a}_{45:\overline{5|}}\big)=26.5687.$

4. $t=10$일 때는 보험료는 $2P$가 된다. 나이는 50이 되었다. 보험금은 1050에서 시작해서 매년 5씩 오른다. 지급해야 할 보험금의 현재가격을 나타내는 확률변수는

$$(1050+5K_{50})v^{K_{50}+1}=1045v^{K_{50}+1}+5(1+K_{50})v^{K_{50}+1}$$

이 확률변수의 평균값은 $1045A_{50}+5(IA)_{50}$. 보험료 수입을 나타내는 확률변수는

$$2P\big(1+v+v^2+\cdots+v^{K_{50}}\big)=2P\ddot{a}_{\overline{K_{50}+1|}}$$

이 확률변수의 평균값은 $2P\ddot{a}_{50}$. 이제 Standard Select Survival Model과 이자율 $i=5\%$를 적용하면 $A_{50}=0.189308$, $(IA)_{50}=5.8255$, $\ddot{a}_{50}=17.0245$이고, 보험료 $P=5.03711$를 적용하면, $t=10$일 때 보험의 가치는 ${}_{10}V_{[40]}=1045A_{50}+5(IA)_{50}-2P\ddot{a}_{50}=56.9017.$

□

6.8 다중 상태 모델

많은 경우 사고로 사망할 수도 있지만, 장애를 입고 살다가 사망하는 경우가 많다. 부부를 생각하면 남편의 생존,사망과 아내의 사망, 생존을 생각할 수 있다. 이런 점에서 단순한 생존, 사망이 아니라 좀 더 다양한 상태를 생각하는 것이 자연스럽다.

1. 살아있는 상태를 0, 사망한 상태를 1로 나타내자. 확률과정 $Y_t:\Omega_x\to\{0,1\}$를
   - 시간 $x+t$에 $\omega\in\Omega_x$가 살아있으면 $Y_t(\omega)=0$
   - 시간구간 $[x,x+t)$에 $\omega\in\Omega_x$가 사망했으면 $Y_t(\omega)=1$

   이 약속에 따르면 나이 x인 사람의 남은 수명을 나타내는 확률변수 $T_x:\Omega_x\to[0,\infty)$는 다음과 같이 확률과정 Y_t를 이용하여 표현할 수 있다:

   $$T_x=\max\{t\mid Y_t=0\} \tag{6.183}$$

   이렇게 살아있는 상태 0, 사망한 상태 1로 구별하면 $0\to0, 0\to1$로 상태가 변하는 것은 가능하지만, $1\to0$, $1\to1$로 상태가 변하는 것은 의미가 없다. 따라서

   - ${}_tp_x^{00}\equiv{}_tp_x$: 나이 x인 사람이 t년 이상 생존할 확률.

     $${}_tp_x^{00}:=Pr[Y_s=0,0\le s\le t]=Pr[T_x>t]=S_x(t)={}_tp_x$$

   - ${}_tp_x^{10}\equiv0$: 이것을 죽었다 살아나는 것에 해당된다.
   - ${}_tp_x^{01}\equiv{}_tq_x$: 나이 x인 사람이 t년 이내에 사망할 확률.

     $${}_tp_x^{01}=Pr[Y_t=1\mid Y_0=0]=Pr[T_x\le t]=1-{}_tp_x={}_tq_x$$

   - $\mu_x^{01}\equiv\mu_x$

2. 보통 상태를 0, 장애를 입은 상태를 1, 사망한 상태를 2로 나타내자. 여기서 장애는 일시적인 장애를 생각할 수도 있지만, 보통 상태로 돌아갈 수 없는 장애를 생각하자. 확률과정 $Y_t:\Omega_x\to\{0,1,2\}$는 3개의 상태를 갖는다. 상태가 변하는 것은 다음이 의미가 있다.

   $$0\to0, 0\to1, 0\to2, 1\to1, 1\to2$$

   상태의 변화가 제한된 이 모델에서는

- ${}_tp_x^{00} = Pr[Y_t = 0 \mid Y_0 = 0]$: 나이 x인 보통 상태 사람이 t년 이상 보통 상태일 확률. 따라서 ${}_tp_x^{00}$는 t에 대한 감소함수이다.
- ${}_tp_x^{01} = Pr[Y_t = 1 \mid Y_0 = 0]$: 나이 x인 보통 상태 사람이 t년 이내에 장애를 입은 상태일 확률. 따라서 ${}_tp_x^{01}$는 t에 대한 증가함수이다.
- ${}_tp_x^{12} = Pr[Y_t = 2 \mid Y_0 = 1]$: 나이 x인 장애를 입은 상태 사람이 t년 이내에 사망할 확률. ${}_tp_x^{12}$도 t에 대한 증가함수이다.
- ${}_tp_x^{02} = Pr[Y_t = 2 \mid Y_0 = 0]$: 나이 x인 보통 상태 사람이 t년 이내에 사망할 확률. ${}_tp_x^{02}$도 t에 대한 증가함수이다.
- ${}_tp_x^{\overline{ii}} := Pr[Y_s = i \mid 0 \le s \le t]$: 나이 x인 상태 i인 사람이 시간구간 $[0,t]$ 동안에 상태 i일 확률. 따라서 ${}_tp_x^{\overline{ii}}$는 t에 대한 감소함수다. 상태가 i에서 j로, 다시 j에서 i로 변할 수 있는 모델도 생각할 수 있기 때문에, 일반적으로 ${}_tp_x^{ii}$와 ${}_tp_x^{\overline{ii}}$는 같지 않다.
- $\mu_x^{ij} = \lim_{h\downarrow 0} \frac{{}_hp_x^{ij}}{h}$, $i \neq j$. 따라서 ${}_hp_x^{ij} = h\mu_x^{ij} + o(h)$, $i \neq j$.

3. 남편과 아내가 함께 보험을 들은 경우를 생각하자. 남편, 아내 생존을 0, 남편 생존, 아내 사망 1, 남편 사망, 아내 생존 2, 남편, 아내 모두 사망 3으로 나타낼 수 있다. 남편의 잔여 수명을 나타내는 확률변수를 T_1, 아내의 잔여 수명을 나타내는 확률변수를 T_2라 하자.

$$T = \min\{T_1, T_2\}, \quad \overline{T} = \max\{T_1, T_2\}$$

라 두면

- 두 확률변수 T_1, T_2가 독립이면

$$\begin{aligned} Pr[T > t] &= Pr[\min\{T_1, T_2\} > t] = Pr[(T_1 > t) \cap (T_2 > t)] = Pr[T_1 > t] \times Pr[T_2 > t] \\ &= S_{T_1}(t) S_{T_2}(t) \end{aligned}$$

- 두 확률변수 T_1, T_2가 독립이면

$$\begin{aligned} Pr[\overline{T} \le t] &= Pr[\max\{T_1, T_2\} \le t] = Pr[(T_1 \le t) \cap (T_2 \le t)] = Pr[T_1 \le t] \times Pr[T_2 \le t] \\ &= F_{T_1}(t) F_{T_2}(t) \end{aligned}$$

표현을 더 알아보기 쉽게 하기 위하여, 확률변수 T_1에 해당하는 남편의 나이를 x, ,확률변수 T_2에 해당하는 아내의 나이를 y라 하자.

- ${}_tp_{x:y} := Pr[T > t]$: 이것은 남편과 아내가 모두 t년 이상 생존할 확률을 나타낸다. ${}_tq_{x:y} = 1 - {}_tp_{x:y}$는 둘 중 어는 하나가 t년 이내에 사망할 확률을 나타낸다.
- ${}_tp_{\overline{x:y}} = Pr[\overline{T} > t]$: 이것은 둘 중 어느 하나가 t년 이상 생존할 확률을 나타낸다. 따라서 ${}_tq_{\overline{x:y}} = 1 - {}_tp_{\overline{x:y}}$는 둘 모두가 t년 이내에 사망할 확률을 나타낸다.
- T_1, T_2가 독립이면 ${}_tp_{x:y} = {}_tp_x \times {}_tp_y$
- T_1, T_2가 독립이면 ${}_tq_{\overline{x:y}} = {}_tq_x \times {}_tq_y$

요약 6.18 1. ${}_tq_{x:y} + {}_tq_{\overline{x:y}} = {}_tq_x + {}_tq_y$ 2. ${}_tp_{x:y} + {}_tp_{\overline{x:y}} = {}_tp_x + {}_tp_y$

요약 6.19 다중 상태 모델에서

$${}_tp_x^{\overline{ii}} = \exp\Big(-\int_{s=0}^{t} \sum_{j=0, j\neq i}^{n} \mu_{x+s}^{ij} ds\Big) \tag{6.184}$$

상태가 0, 1, 2인 경우를 생각하면, 예를 들어 ${}_tp_x^{\overline{00}} = \exp\Big(-\int_{s=0}^{1} (\mu_{x+s}^{01} + \mu_{x+s}^{02}) ds\Big)$.

해설. 아주 작은 h를 생각하자. 나이 x에 상태 i에 있다가, 나이 $x+t+h$에도 상태 i에 있는 것은

- $[x, x+t+h]$ 동안 상태 i에서 머무르는 경우와

- 중간에 다른 상태로 갔다 $x+t$에 상태 i로 돌아와 $[x+t, x+t+h]$동안 상태 i에 머무르는 것.

이제 ${}_{t+h}p_x^{\overline{ii}} = {}_tp_x^{\overline{ii}} \times {}_hp_{x+t}^{\overline{ii}}$이고

$$\mu_x^{ij} = \lim_{h\downarrow 0} \frac{{}_hp_x^{ij}}{h}, \ i \neq j. \qquad {}_hp_x^{ij} = h\mu_x^{ij} + o(h), \ i \neq j$$

인 것에 주의하면, ${}_tp_{x+t}^{\overline{ii}} = 1 - 1 - h\sum_{j=0,j\neq i}^{n} \mu_{x+t}^{ij} + o(h)$. 따라서

$$ {}_{t+h}p_x^{\overline{ii}} = {}_tp_x^{\overline{ii}}\left(1 - h\sum_{j=0,j\neq i}^{n} \mu_{x+t}^{ij} + o(h)\right) \tag{6.185}$$

이 식으로부터

$$\frac{d}{dt}{}_tp_x^{\overline{ii}} = \lim_{h\downarrow 0} \frac{{}_{t+h}p_x^{\overline{ii}} - {}_tp_x^{\overline{ii}}}{h} = -{}_tp_x^{\overline{ii}} \sum_{j=0,j\neq i}^{n} \mu_{x+t}^{ij}$$

특히 ${}_0p_x^{\overline{ii}} = 1$이므로 바라던 식이 증명되었다. ◁

예를 들어 보통 상태 0, 장애 상태 1, 사망 상태 2를 생각하자. ${}_tp_x^{10} = {}_tp_x^{20} = {}_tp_x^{21} = 0$ *이라 하면, 즉 상태변화* $1 \to 0, 2 \to 0, 2 \to 1$ *이 불가능하다 가정하면* x*일 때 상태 0에서* $x+t$*일 때 상태 1로 가는 방법은* $x+s, 0 \leq s < t$ *의 어느 때에 상태 1로 갔다가, 그 후 계속 상태 1에 머무르는 것이다. 따라서 따라서*

$$ {}_tp_x^{01} = \int_{s=0}^{t} {}_sp_x^{\overline{00}} \mu_{x+s}^{01} \times {}_{t-s}p_{x+s}^{\overline{11}} ds \tag{6.186}$$

특히 다시 상태 0으로 돌아올 수 없기 때문에 ${}_tp_x^{\overline{00}} = {}_tp_x^{00}$*가 성립하고, 따라서*

$$\frac{d}{dt}{}_tp_x^{01} = {}_tp_x^{\overline{00}} \mu_{x+t}^{01} = {}_tp_x^{00} \mu_{x+t}^{01} \tag{6.187}$$

식 (6.187)은 다음과 같이 확장할 수 있다.

요약 6.20 [Kolmogorov's Forward equations] $n+1$개의 상태 $0,1,2,\cdots,n$를 생각하자. 임의의 i, j에 대하여 상태 i에서 상태 j로 바뀔 수 있다 가정하자. 그러면

$$\frac{d}{dt}{}_tp_x^{ij} = \sum_{k=0,k\neq j}^{n} {}_tp_x^{ik} \times \mu_{x+t}^{kj} - {}_tp_x^{ij} \sum_{k=0,k\neq j}^{n} \mu_{x+t}^{jk} \tag{6.188}$$

보기 6.13 *3가 상태 0, 1, 2를 생각하자. 가능한 상태변화는* $0 \to 1, 0 \to 2, 1 \to 2$ *뿐이다.* $\mu_x^{01} = 0.028$, $\mu_x^{02} = 0.022$, $\mu_x^{02} = \mu_x^{12}$*라 하자. 다음 값을 구하여라.*

1. ${}_{10}p_{40}^{00}$ *2.* ${}_{10}p_{40}^{01}$

풀이 6.13 *우선 상태변화가 불가능한 것이 있기 때문에* ${}_tp_x^{ii} \equiv {}_tp_x^{\overline{ii}}, i = 0,1,2$*인 것에 주의하자.*

1. ${}_tp_{40}^{00} = {}_tp_{40}^{\overline{00}} = \exp\left(-\int_0^t (\mu_{40+s}^{01} + \mu_{40+s}^{02})ds\right) = \exp(-0.05t)$.

2. 같은 방법으로 계산하면 ${}_tp_{40}^{11} = {}_tp_{40}^{\overline{11}} = \exp\left(-\int_0^t \mu_{40+s}^{12} ds\right) = \exp\left(-0.022(10-t)\right)$. *이것을 이용하면*

$$\begin{aligned} {}_{10}p_{40}^{01} &= \int_{t=0}^{10} {}_tp_{40}^{00} \mu_{40+t}^{01} {}_{10-t}p_{40+t}^{11} dt \\ &= \int_{t=0}^{10} \exp(-0.05t) \times (0.028) \times \exp\left(-0.022(10-t)\right) dt \\ &= 0.0816492 \end{aligned}$$

□

많은 경우 부부는 경제생활을 함께한다. 이런 이유로 부부가 함께 보험을 사는 경우가 많다. 다음과 같은 상태를 생각하자.

- 부부 모두 생존: 0
- 남편 생존, 아내 사망: 1
- 남편 사망, 아내 생존: 2
- 부부 모두 사망: 3

이 경우 가능한 상태변화는

$$0 \to 1, \quad 0 \to 2, \quad 0 \to 3, \quad 1 \to 3, \quad 2 \to 3$$

이에 따라 다음 확률이 의미가 있다. 표현을 분명하게 하기 위하여 남편의 나이를 x, 아내의 나이을 y, 남편의 잔여 생명의 나타내는 확률변수를 T_x, 아내의 잔여 생명을 나타내는 확률변수를 T_y,

$$T := \min\{T_x, T_y\}, \quad \overline{T} := \max\{T_x, T_y\}$$

라 두자.

1. ${}_tp_{xy} \equiv {}_tp_{xy}^{00} = Pr[T > t]$: 부부가 모두 t년 이상 생존할 확률
2. ${}_tq_{xy} = 1 - {}_tp_{xy}$. t년 이내에 둘 모두 살아있지 않은 확률을 타나낸다. 따라서
$$ {}_tq_{xy} = Pr[T_x \geq t, T_y < t] + Pr[T_y \geq t, T_x < t] + Pr[\overline{T} < t] = {}_tp_{xy}^{02} + {}_tp_{xy}^{01} + {}_tp_{xy}^{03}$$
3. ${}_tq_{xy}^1 = Pr[T_x < T_y, T_x < t]$: t년 이내에 남편이 먼저 사망하는 확률
4. ${}_tq_{xy}^2 = Pr[T_y < T_x, T_y < t]$: t년 이내에 아내가 먼저 사망하는 확률
5. ${}_tp_{\overline{xy}} = Pr[\overline{T} > t]$: 둘 중 어느 한사람이 t년 이상 생존할 확률. 따라서
$$ {}_tp_{\overline{xy}} = Pr[T > t] + Pr[T_x > t, T_y \leq t] + Pr[T_x \geq t, T_y < t] = {}_tp_x^{00} + {}_tp_{xy}^{01} + {}_tp_{xy}^{02}$$
6. ${}_tq_{\overline{xy}} = Pr[\overline{T} \leq t] = {}_tp_{xy}^{03}$: t년 이내에 부부가 모두 사망할 확률.

부부 결합 상품의 연금과 보험금을 계산해보자. 늘 사용하던대로 대문자는 보험금, 소문자는 연금, 머리에 $^-$ 기호가 있는 것은 연속적으로 계산하는 것을 기억하자.

1. $\bar{a}_{xy}$: 이것은 상태 0일 동안, 즉 남편과 아내가 모두 생존해 있는 동안 매년 1의 비율로 연속적으로 지급되는 연금의 현재가격이다. 연속으로 지급되는 것은 머리에 $^-$ 기호로 표시되었다. 이자의 세기(force of interest)를 δ라 두면
$$\bar{a}_{xy} = \int_{t=0}^{\infty} e^{-\delta t} {}_tp_{xy}^{00} dt \tag{6.189}$$
지금 시기가 연속이 아닌 경우는 다음과 같은 기호를 사용한다.
    - $\ddot{a}_{xy} = \sum_{k=0}^{\infty} v^k {}_kp_{xy}^{00}$
    - $a_{xy} = \sum_{k=1}^{\infty} v^k {}_kp_{xy}^{00}$
    - $\bar{a}_{xy:\overline{n|}} = \int_{t=0}^{n} e^{-\delta t} {}_tp_{xy}^{00} dt$
    - $\ddot{a}_{xy:\overline{n|}} = \sum_{k=0}^{n-1} v^k {}_kp_{xy}^{00}$
    - $a_{xy:\overline{n|}} = \sum_{k=1}^{n} v^k {}_kp_{xy}^{00}$
    - $\ddot{a}_{xy:\overline{n|}}^{(m)}$: 이것은 기간 $\frac{1}{m}$ 마다 $\frac{1}{m}$을 지급하는 경우를 타나낸다. 따라서 이자의 세기를 δ라 두고, n년 동안 mn회가 지급되는 것에 주의하면
$$\ddot{a}_{xy:\overline{n|}}^{(m)} = \frac{1}{m} \sum_{k=0}^{mn-1} e^{-\frac{k}{m}\delta} {}_{\frac{k}{m}}p_{xy}^{00}$$
2. $\bar{A}_{xy}$: 남편, 아내 둘 정 어느 한 사람의 사망과 동시에 1이 지급되는 보험금을 나타낸다. 따라서
$$\bar{A}_{xy} = \int_{t=0}^{\infty} e^{-\delta t} {}_tp_{xy}^{00} \left(\mu_{x+t;y+t}^{01} + \mu_{x+t;y+t}^{02}\right) dt \tag{6.190}$$

3. $\bar{A}_x$: 남편의 사망과 동시에 보험금 1이 지급되는 경우. 상태 변화는 다음과 같은 2가지 경우가 생긴다. $0 \longrightarrow 2$, $\quad 0 \longrightarrow 1 \longrightarrow 3$. 따라서

$$\bar{A}_x = \int_{t=0}^{\infty} e^{-\delta t}\left({}_tp_{xy}^{00}\mu_{x+t;y+t}^{02} + {}_tp_{xy}^{01}\mu_{x+t;y+t}^{13}\right)dt \tag{6.191}$$

4. $\bar{A}_y$: 아내의 사망과 동시에 보험금 1이 지급되는 경우. 상태 변화는 다음과 같은 2가지 경우가 생긴다. $0 \longrightarrow 1$, $\quad 0 \longrightarrow 2 \longrightarrow 3$. 따라서

$$\bar{A}_y = \int_{t=0}^{\infty} e^{-\delta t}\left({}_tp_{xy}^{00}\mu_{x+t;y+t}^{01} + {}_tp_{xy}^{02}\mu_{x+t;y+t}^{23}\right)dt \tag{6.192}$$

5. $T := \min\{T_x, T_y\}$, $\overline{T} := \max\{T_x, T_y\}$로 정의한 것을 생각하면 , 위와 같은 생각으로 다음 기호의 의미도 분명하다.

$$\bar{A}_{\overline{xy}} = \int_{t=0}^{\infty} e^{-\delta t}\left({}_tp_{xy}^{01}\mu_{x+t}^{13} + {}_tp_{xy}^{02}\mu_{y+t}^{23}\right)dt \tag{6.193}$$

$$\bar{A}_{xy}^{1} = \int_{t=0}^{\infty} e^{-\delta t}\,{}_tp_{xy}^{00}\mu_{x+t;y+t}^{02}dt \tag{6.194}$$

$$\bar{A}_{xy}^{2} = \int_{t=0}^{\infty} e^{-\delta t}\,{}_tp_{xy}^{00}\mu_{x+t;y+t}^{01}dt \tag{6.195}$$

$$\bar{A}_{xy:\overline{n}|}^{1} = \int_{t=0}^{n} e^{-\delta t}\,{}_tp_{xy}^{00}\mu_{x+t;y+t}^{02}dt \tag{6.196}$$

$$\bar{A}_{xy:\overline{n}|}^{2} = \int_{t=0}^{n} e^{-\delta t}\,{}_tp_{xy}^{00}\mu_{x+t;y+t}^{01}dt \tag{6.197}$$

(6.198)

6. 연금에 대해서도

$$\bar{a}_x = \int_{t=0}^{\infty} e^{-\delta t}\left({}_tp_{xy}^{00} + {}_tp_{xy}^{01}\right)dt \tag{6.199}$$

$$\bar{a}_y = \int_{t=0}^{\infty} e^{-\delta t}\left({}_tp_{xy}^{00} + {}_tp_{xy}^{02}\right)dt \tag{6.200}$$

$$\bar{a}_{xy} = \int_{t=0}^{\infty} e^{-\delta t}\,{}_tp_{xy}^{00}dt \tag{6.201}$$

$$\bar{a}_{\overline{xy}} = \int_{t=0}^{\infty} e^{-\delta t}\left({}_tp_{xy}^{00} + {}_tp_{xy}^{01} + {}_tp_{y}^{02}\right)dt \tag{6.202}$$

$$\bar{a}_{x|y} = \int_{t=0}^{\infty} e^{-\delta t}\,{}_tp_{xy}^{02}dt \tag{6.203}$$

$$\bar{a}_{y|x} = \int_{t=0}^{\infty} e^{-\delta t}\,{}_tp_{xy}^{01}dt \tag{6.204}$$

(6.205)

요약 6.21 다음 관계를 정의로부터 즉시 알 수 있다:

1. $\bar{a}_{\overline{xy}} = \bar{a}_x + \bar{a}_y - \bar{a}_{xy}$
2. $\bar{a}_{x|y} = \bar{a}_y - \bar{a}_{xy}$
3. $\bar{A}_{\overline{xy}} = \bar{A}_x + \bar{A}_y - \bar{A}_{xy}$
4. $\bar{a}_{xy} = \frac{1-\bar{A}_{xy}}{\delta}$
5. $\ddot{a}_{\overline{xy}} = \ddot{a}_x + \ddot{a}_y - \ddot{a}_{xy}$
6. $\ddot{a}_{x|y} = \ddot{a}_y - \ddot{a}_{xy}$
7. $A_{\overline{xy}} = A_x + A_y - A_{xy}$
8. $\ddot{a}_{xy} = \frac{1-A_{xy}}{\delta}$

보기 6.14 남편과 아내가 연금보험에 가입한 경우를 생각하자. 둘의 생명은 실생활에서는 연결되어 있지만, 문제를 간단하게 하기 위하여 독립이라 하자. 다음 조건을 생각하자.

1. 보험은 남편 나이 55, 아내 나이 50에 가입했다.
2. 매월 내는 보험료 P는 일정하며, 최대 10년, 부부가 동시에 생존한 동안 낸다.
3. 보험금은 200000이고, 사망한 해 말에 지급한다.
4. 부부가 모두 10년을 생존한 때부터 (따라서 10년 이내에 보험금이 지급되지 않은 경우) 년 50000을 소급하여 12개월로 나누어 지급하기 시작하고, 둘 중 어느 하나가 사망하면 년 30000을 소급하여 12개월로 나누어 지급한다.
5. 부부가 모두 사망한 경우 연금은 끝난다.
6. 년 이율을 5%로 하고 표 4.2을 활용한다.

풀이 6.14 *부부의 생명이 독립이라 가정하면, 남편의 잔여생명을 T_1, 아내의 잔여 생명을 T_2라 할 때, 보험 가입 후 t년 이상 부부가 동시에 생존할 확률은 $T = \min\{T_1, T_2\}$라 두면*

$$\Pr[T > t] = Pr[T_1 > t]Pr[T_2 > T_2] = {}_tp_{55}\ {}_tp_{50}$$

보험료 수입의 현재가격을 나타내는 확률변수는, 보험료를 1개월 간격으로 내는 것을 생각하면,

$$P\left(1 + v^{\frac{1}{12}} + v^{\frac{2}{12}} + \cdots + v^{\frac{1}{12}\lfloor 12T \rfloor}\right) = P\frac{1 - v^{\frac{1}{2}\lfloor 12T \rfloor + \frac{1}{12}}}{1 - v^{\frac{1}{12}}} = P\sum_{k=0}^{120-1} v^{\frac{k}{12}}\ {}_{\frac{k}{12}}p_{55}\ {}_{\frac{k}{12}}p_{50} = P \times 93.2889$$

보험금의 현재가격을 나타내는 확률변수는 $200000v^{K+1}, K = \lfloor T \rfloor$이고, 평균값은 둘 모두 k년 이상 생존하고, 그로부터 1년 이내에 사망할 확률이 ${}_tp_{55}\ {}_tp_{50}(1 - p_{55+t}\, p_{50+t})$인 것에 주의하면

$$200000\sum_{k=0}^{9} v^{k+1}\ {}_tp_{55}\ {}_tp_{50}(1 - p_{55+t}\, p_{50+t}) = 7775.64$$

연금의 현재가격은, 최대 생존기간을 120이라 가정하고 우선 다음 값을 계산하면

$$\begin{aligned}
&\sum_{k=0}^{12(120-65)} \frac{5}{12} v^{\frac{k}{12}}\ {}_{\frac{k}{12}}p_{65}\ {}_{\frac{k}{12}}p_{60} + \sum_{k=0}^{12(120-65)} \frac{3}{12} v^{\frac{k}{12}}\ {}_{\frac{k}{12}}p_{60}\left(1 - {}_{\frac{k}{12}}p_{65}\right) + \sum_{k=0}^{12(120-65)} \frac{3}{12} v^{\frac{k}{12}}\ {}_{\frac{k}{12}}p_{65}\left(1 - {}_{\frac{k}{12}}p_{60}\right) \\
&= \frac{1}{12}\sum_{k=0}^{12(120-65)} v^{\frac{k}{12}}\left(3({}_{\frac{k}{12}}p_{65} + {}_{\frac{k}{12}}p_{60}) - {}_{\frac{k}{12}}p_{65}\ {}_{\frac{k}{12}}p_{60}\right) \\
&= 70.6745
\end{aligned}$$

따라서 연금의 현재가격의 평균값은 $10000v^{10}\ {}_{10}p_{55}\ {}_{10}p_{50} \times 70.6745 = 411132$.. 따라서 매월 내야하는 보험료 P의 값은 $P \times 93.2889 = 411132$로부터 $P = 4407.09$. □

6.9 연습문제

문제 6.1 *나이 40인 사람이 20년 보험료를 납입하는 종신보험을 샀다. 이자율을 4%로 한다. 보험금은 1로 하자. 표 4.2의 Standard Ultimate Survival Model를 쓰자. 보험금은 죽은 해 말에 지급한다. 년이자율은 $i = 5\%$로 한다.*

1. 년 보험료 ${}_{20}P_{40}$을 구하여라.
2. ${}^{20}_{19}V_{40}$을 구하라.
3. q_{40+19}를 구하라.
4. ${}_{20}P_{40}$을 구하라.
5. P_{40+20}을 구하라.

문제 6.2 *나이 x인 사람이 20년 보험료를 납입하는 종신보험을 샀다. . 보험금은 1로 하자. Standard Ultimate Survival Model를 쓰자. 보험금은 죽은 해 말에 지급한다. 다음 상황이 주어졌다.*

1. $i = 5\%$
2. $q_{x+19} = 0.00528801$
3. ${}_{20}P_x = 0.0117171$
4. ${}^{20}_{19}V_x = 0.32941$

이 상황에서 P_{x+20}을 구하라.

문제 6.3 *[보장성 + endowment] 나이 50이 사람이 보험을 들었다. 부수적인 비용을 무시하고 보험금 1000에 대한 보험료 P를 구하라. $t = 10, 11$일 때 보험료를 내기 직전의 순수손실 확률변수의 평균값을 구하여라. 이자율은 $i = 5\%$ (보험료는 선물처럼 주는 돈 때문에 올라간다.)*

- 보장기간은 20년이다.
- 보험료는 단위기간 초에 낸다
- 보험금은 사망한 해 말에 지급한다.
- 보험료는 생존기간 안에 최대 20회 낸다.
- 보장기간 동안 생존하는 경우 20 년 되는 때에 선물처럼 1000를 지급한다.

문제 6.4 *보장기간은 10년이고, 보장기간동안 보험료는 매월 초에 낸다. 보험금은 50,000이고, 보험금은 사망과 동시에 지급된다. 55세 가입자가 있다. 생존모델 SSSM(Standard Select Survival Model) 과 UDD(Uniform Distribution of Death), $i = 5\%$를 적용하고, 유지비용은 최초 500과, 첫째 해의 월 보험료의 10%, 두 번째 해부터는 월 보험료의 1%로 하여 조건에서 보험료를 계산하여라.*

문제 6.5 *[보험관리비] 25년간 보장하는 보험이 있다. 보험료는 매년 초에 낸다. 보험료는 내게 되는 것은 25년을 생존했으면 25회, 그 이전에 죽었으면 그때까지 낸 회수다. 가입자는 30세이고, 보험 관리비는 최초에 2000, 첫 납입 보험료의 $\frac{1}{2}$, 그 다음부터 납입되는 보험료의 2.5%이다. 보험금이 100,000이고, 보험금은 사망과 동시에 지급된다. 25년 이상 생존하게 되면 25년차 말에 축하금으로 100,000을 지급한다.*

1. 총 예상손실 확률변수를 써라
2. Standard Select Survival Model에 따라 5% 이자율을 적용하여 보험료를 산출하라.

문제 6.6 *[거치기간이 있는 연금] 나이 50세인 사람이 65세부터 년 120,000을 12개월로 나누어 주는 연금이 있다. 연금 관리비는 최초 1000이 들어간다. 이것에 더해서 판매후 1년 뒤부터 첫번째 들어가는 비용은 20이고, 이후부터는 비용이 년 1%의 복리로 늘어난다. 다른 비용이 없다 가정하자. Standard Select Survival Model과 연 5% 이율로 이 연금상품의 가격을 구하라.*

문제 6.7 *나이 50인 사람이 거치기간이 10년인 종신연금을 샀다. 따라서 연금은 60부터 지급된다. 매년 지급되는 연금은 10,000이다. 구매자는 첫번째 연금을 받기까지 매년 11,900씩 10년간 보험료를 내야한다. 만일 60이 되기 전에 사망하면, 낸 보험료 원금만 사망한 해 말에 돌려준다. Standard Select Survival Model, 이자율은 년 5%를 적용하고, 연금관리비용은 첫번째 보험료의 10%, 두번째 보험료부터는 보험료의 5%, 연금지급할 때마다 25, 10년 이내에 사망하여 원금을 돌려줄 때 100으로 하여 $t = 15$일 때 , 연금 지급 지적, 연금지급 직후 이 연금의 가치를 계산하여라.*

문제 6.8 *나이 50인 사람이 거치기간이 10년인 종신연금을 샀다. 따라서 연금은 60부터 지급된다. 매년 지급되는 연금은 10,000이다. 첫번째 연금을 받기까지 생존하는 동안 매년 11,900씩 10년간 보험료를 내야한다. 만일 60이 되기 전에 사망하면, 낸 보험료 원금만 사망한 해 말에 돌려준다. Standard Select Survival Model, 이자율은 년 5%을 적용하고, 연금관리비용은 첫번째 보험료의 10%, 두번째 보험료부터는 보험료의 5%, 연금지급할 때마다 25, 10년 이내에 사망하여 원금을 돌려줄 때 100 을 적용한다. $t = 5$일 때 , 연금 지급 지적, 연금지급 직후 이 연금의 가치를 계산하여라.*

문제 6.9 *나이 40인 사람이 보험금 1,000인 보험을 샀다. 다음 각각의 경우 $t = 15$일 때, 보험가격을 구하여라. 이자율은 $i = 5\%$로 하고, Standard Select Survival Model을 적용한다. 각각의 풀이에서 확률변수를 분명히 하여라.*

1. 종신보험이고, 보험료를 10년차까지 매년 초에 낸다. 즉 $t = 0, 1, 2, \cdots, 8, 9$ 에 보험료를 낸다.
2. 보장기간이 20년인 만기 축하금(endowment)이 있는 보험이고, 보험료를 10년차까지 매년 초에 낸다. 즉 $t = 0, 1, 2, \cdots, 8, 9$ 에 보험료를 낸다.
3. 보장기간이 30년인 만기 축하금(endowment)이 있는 보험이고, 보험료를 20년차까지 매년 초에 낸다. 즉 $t = 0, 1, 2, \cdots, 18, 19$ 에 보험료를 낸다.

문제 6.10 *나이 40인 사람이 종신보험을 샀다. 보험금은 처음 10년까지는 50,000, 10년 이후는 100,000이다. 이자율은 4%이고, Standard Select Survival Model 을 적용한다. 보험료는 처음 10년차까지 총 10회 각각의 기간의 시작에 낸다. 풀이과정에서 확률변수를 분명히 하고 다음을 구하여라.*

1. 년 보험료
2. $t = 5$일 때 보험의 가치
3. $t = 15$일 때 보험의 가치

문제 6.11 *모든 것을 손으로 계산할 수 있는 경우로 상수사력이 있다. 사력이 상수 $\mu_x \equiv \mu$인 제품을 생각하자. 이자율도 상수 δ라 하자. 다음을 계산하여라.*

1. ${}_tp_x$
2. $\bar{A}_x$
3. $\bar{a}_x$
4. 보험금을 제품이 고장난 동시에 지급하고, 보험료를 연속으로 낼 때의 보험금 $\bar{P}(\bar{A}_x)$
5. 보험금을 제품이 고장난 동시에 지급하고, 보험료를 기간 시작마다 낼 때의 보험금 $P(\bar{A}_x)$
6. ${}_t\bar{V}(\bar{A}_x)$
7. 지금해야 할 보험금의 현재가격이 보험료 수입의 현재가격의 평균보다 클 확률
8. 지금해야 할 보험금의 현재가격이 보험료 수입의 현재가격의 평균보다 클 확률이 0.5 이상 때 μ와 δ의 관계

문제 6.12 *보험료를 1년 단위로 20회 낼 때, 즉 $t = 0, 1, 2, \cdots, 19$에 1식 낼 때 P_{x+20}을 p_{x+19}, ${}_{20}P_x$, ${}^{20}_{19}V_x$을 이용하여 표현하여라. 보험금은 사망한 해 말에 지급하고, 이자율은 i라 하자. 여기서 물론 ${}_{20}P_x$은 나이 x인 사람이 20년 납 보험에 들었을 때 보험료를 나타내고, ${}^{20}_{19}V_x$은 나이 x인 사람이 20년 납 보험에 들었을 때, 이 보험의 $t = 19$일 때 보험료 ${}_{20}P_x$를 내기 직전의 가치를 말한다.*

문제 6.13 *나이 x인 사람이 종신보험에 들었다. 보험료는 보험기간 내내 내는 것으로 하자. 보험금 S는 사망년도 말에 지급한다. 이자율은 i라 하자. 만일*

$${}_kV_x + P_x = M, \quad {}_{k+1}V_x = N$$

일 때 p_{x+k}는 얼마인가? 여기서 P_x는 물론 나이 x인 사람의 종신보험료이다. 그러므로 $P_x = \frac{A_x}{\ddot{a}_x}$.

IV
문제 해설

7
문제 해설

1장 문제 해설

해설 1.1 *다음 값을 구하여라.*

1. $\exp\big(\ln(45)\big)$
2. $\ln\big(\exp(-78)\big)$
3. $\ln_a 45 = 7.\ a = ?$
4. $3^x = 7.\ x = ?$

◁

해설 1.2

1. $d = 0.047619, 1.95238$
2. $b = \pm\frac{1}{2\sqrt{10}}$
3. 10.3797
4. $\frac{11}{2}$

◁

해설 1.3 *모두 $a^b = e^{b\ln a}$를 이용하여 계산한다.*

1. $x^x = e^{x\ln x}$. 로피탈 정리를 쓰면 $x\ln x = \frac{\ln x}{\frac{1}{x}} \rightrightarrows \frac{\frac{1}{x}}{-\frac{1}{x^2}} \to 0$. 따라서 $x^x = e^{x\ln x} \to e^0 = 1$
2. $(1+\cos x)^x = \exp\big(x\ln(1+\cos x)\big) \to \exp(\ln 1) = \exp(0) = e^0 = 1$
3. $(\sin x)^x = \exp\big(x\ln\sin x\big)$. 로피탈 정리를 쓰면

$$x\ln(\sin x) = \frac{\ln(\sin x)}{\frac{1}{x}} \rightrightarrows \frac{\frac{\cos x}{\sin x}}{-\frac{1}{x^2}} = -\frac{x^2\cos x}{\sin x} = -(\frac{x}{\sin x})x\cos x \to 1\cdot 0 = 0$$

   따라서 $(\sin x)^x \to \exp(0) = 1$.
4. $(1+x^2)^{x^2} = \exp\big(x^2\ln(1+x^2)\big) \to \exp(0\cdot 0) = \exp(0) = 1$.

◁

해설 1.4 *모두 지법칙 또는 $a^b = e^{b\ln a}$를 써서 계산하면 된다.*

1. $y' = 2xe^{x^2}$
2. $y = e^{x\ln 3}$이므로 $y' = \ln 3 e^{x\ln 3} = 3^x\ln 3$
3. $y = x^x = e^{x\ln x}$이므로 $y' = \big(1\cdot\ln x + x\cdot\frac{1}{x}\big)e^{x\ln x} = x^x + x^x\ln x$.
4. $y = (1+x+x^2)^{-\frac{1}{2}}$이므로 $y' = -\frac{1}{2}(1+x+x^2)^{-\frac{3}{2}}(1+2x) = -\frac{1+2x}{2(1+x+x^2)\sqrt{1+x+x^2}}$.

◁

해설 1.5 *합의 기호 표현에서 변해가는 것은 i, j, k, n, m 등 문제와 맞고 읽기 편한 것 어느 것을 써도 내용이 변하지 않는다. 다음 풀이에서 일부러 다른 문자를 썼다.*

1. $\sum_{k=1}^{\infty} \frac{2k-1}{(2k+(2k+1)^3}$
2. $\sum_{n=1}^{\infty} \frac{3n-2}{3n-1+(3n)^3}$
3. $-112+\sum_{n=1}^{110}\left(100+(-1)^n 2n\right)$
4. $\sum_{k=1}^{111}\left(100+(-1)^k 2k\right)$

◁

해설 1.6

1. $\sum_{k=0}^{96} \frac{x^{k+2}}{(k+3)^2}$
2. $\sum_{k=-4}^{95} k^2 x^k$
3. $\sum_{k=0}^{n} p^k q^{n-k} = \sum_{n-k=0}^{n-k=n} p^{n-(n-k)} q^{n-k}$ $= \sum_{k=n}^{0} p^{n-k} q^k = \sum_{k=0}^{n} p^{n-k} q^k$

◁

해설 1.7 $S=\sum_{n=1}^{\infty} \frac{n}{7^n}$라 두면

$$S=\frac{1}{7}+\sum_{n=2}^{\infty}\frac{n}{7^n}=\frac{1}{7}+\sum_{n=1}^{\infty}\frac{n+1}{7^{n+1}}=\frac{1}{7}+\frac{1}{7}\sum_{n=1}^{\infty}\frac{n}{7^n}+\frac{1}{7}\sum_{n=1}^{\infty}\frac{1}{7^n}=\frac{1}{7}+\frac{1}{7}S+\frac{1}{7}\cdot\frac{\frac{1}{7}}{1-\frac{1}{7}}$$

정리하면 $S=\frac{7}{36}$. ◁

해설 1.9

1. $S=\sum_{n=1}^{\infty}\frac{1}{n^2}$ *이라 두면*

$$\begin{aligned} S &= 1+\frac{1}{2^2}+\frac{1}{3^2}+\frac{1}{4^2}+\cdots \\ &= (1+\frac{1}{3^2}+\frac{1}{5^2}+\cdots)+(\frac{1}{2^2}+\frac{1}{4^2}+\frac{1}{6^2}+\cdots) \\ &= (1+\frac{1}{3^2}+\frac{1}{5^2}+\cdots)+\sum_{n=1}^{\infty}\frac{1}{(2n)^2} \\ &= (1+\frac{1}{3^2}+\frac{1}{5^2}+\cdots)+\frac{1}{4}\sum_{n=1}^{\infty}\frac{1}{n^2} \\ &= (1+\frac{1}{3^2}+\frac{1}{5^2}+\cdots)+\frac{1}{4}S \end{aligned}$$

따라서 $(1+\frac{1}{3^2}+\frac{1}{5^2}+\cdots)=\frac{3}{4}S=\frac{\pi^2}{8}$.

2. $\frac{\pi^4}{96}$.

◁

해설 1.9

1. $a=-4$ 또는 $a=2$
2. $a=-1$ 또는 $a=4$
3. $a=-1$ 또는 $a=-\frac{1}{2}$
4. $a=-1$ 또는 $a=-\frac{1}{3}$

◁

해설 1.10 *주어진 점보다 바로 왼쪽, 바로 오른쪽만 조사하면 충분하다.*

1. x*가* 0*보다 아주 조금 작을 때는* $x^2-1<0$*인 것에 주의하면*

$$f(x)=(x+1)\big|x+x|x^2-1|\,\big|=(x+1)\big|x+x(1-x^2)\big|=(x+1)|2x-x^3|=(x+1)(-2x+x^3):=g_1(x).$$

x*가* 0 *보다 아주 조금 클 때에는*

$$f(x)=(x+1)\big|x+x|x^2-1|\,\big|=(x+1)\big|x+x(1-x^2)\big|=(x+1)|2x-x^3|=(x+1)(2x-x^3):=g_2(x).$$

$g_1(0)=g_2(0)$*이므로* f*는* $x=0$*에서 연속이다. 그러나* $g_1'(0)=-2\neq g_2'(0)=2$*이므로* f*는* $x=0$*에서 미분불가능하다.*

2. $g_1(x)=2x-1, g_2(x)=x^2$*이라 두면* $g_1(1)=g_2(1), g_1'(1)=g_2'(1)$*이므로* f*는* $x=1$*에서 미분가능하다.*

3. x가 1보다 아주 조금 작을 때는 $x^2-1<0$인 것에 주의하면

$$f(x) = \left|x - x|x^2-1|\,\right| = \left|x + x(x^2-1)\right| = x + x(x^2-1) := g_1(x).$$

x가 1 보다 아주 조금 클 때에는 $x^2-1>0$인 것에 주의하면

$$f(x) = \left|x - x|x^2-1|\,\right| = \left|x - x(x^2-1)\right| = x - x(x^2-1) := g_2(x).$$

이제 $g_1(1)=1=g_2(1)$이므로 f는 $x=1$에서 연속함수다. 그러나 $g_1'(1)=3\neq-1=g_2'(1)$. 따라서 $f(x)$는 $x=1$에서 미분불가능하다.

◁

해설 1.11

1.

$$\begin{aligned}\int 2x^3(1+x^4)^5dx &= \int 2x^3t^5dx,\ t=1+x^4,\ dt=d(1+x^4)=4x^3dx\\ &= \frac{1}{2}\int t^5dt = \frac{1}{12}t^6\\ &= \frac{1}{12}(1+x^4)^6\end{aligned}$$

2.

$$\begin{aligned}\int x(1+x)^{10}dx &= \int xt^{10}dx,\ t=1+x, dt=d(1+x)=dx\\ &= \int(t-1)t^{10}dt = \int(t^{11}-t^{10})dt\\ &= \frac{1}{12}t^{12}-\frac{1}{11}t^{11}\\ &= \frac{1}{12}(1+x)^{12}-\frac{1}{11}(1+x)^{11}\end{aligned}$$

3. $\int \frac{2x}{\sqrt{1+x^2}}dx - \int(1+x^2)^{-\frac{1}{2}}dx^2 - \int(1+x^2)^{-\frac{1}{2}}d(1+x^2) = 2\sqrt{1+x^2}$
4. $\int \frac{1}{x\ln x}dx = \int \frac{1}{\ln x}d\ln x = \ln(\ln x)$
5. $\int \frac{2x}{(1+x^2)^2}dx = \int \frac{dx^2}{(1+x^2)^2} = \int \frac{d(1+x^2)}{(1+x^2)^2} = -\frac{1}{1+x^2}$

◁

해설 1.12

1. $\int v^t dt = \int e^{t\ln v}dt = \frac{1}{\ln v}e^{t\ln v} = \frac{v^t}{\ln v}$.
2. $\int 3^x dx = \int e^{x\ln 3}dx = \frac{1}{\ln 3}e^{x\ln 3} = \frac{3^x}{\ln 3}$
3. $\ln(1+x)$
4. $\ln(1+it)$
5. $\ln(1+x^2)$

◁

해설 1.13 $j\in\{1,2,3,4,5,6\}$ 일 때,

$$E[L(X,j)] = 0P[X=j]+1P[X\neq j] = P[X\neq j] = \frac{5}{6}$$

지금 경우는 $E[L(X,j)]$는 j 값에 관계없이 상수 $\frac{5}{6}$이다. j를 아무 것이나 잡아도 된다. ◁

해설 1.14 주사위 A의 눈의 수를 X, 주사위 B의 눈의 수를 Y라 하면, 구하는 확률은

$$P[X=2\mid X+Y=7]$$

로 표현된다. 다음으로 주사위 A,B를 동시에 던질 A의 눈이 i, B의 눈이 j라면 이것을 (i,j)로 정리하자. 그러면 표본공간 Ω는

$$\Omega = \{(i,j)\mid i,j=1,2,3,4,5,6\}$$

따라서 $\{X+Y=7\}=\{(1,6),(2,5),(3,4),(4,3),(5,2),(6,1)\}$. 따라서

$$P[X=2 \mid X+Y=7]=\frac{P[X=2,X+Y=7]}{P[X+Y=7]}=\frac{\frac{1}{36}}{\frac{6}{36}}=\frac{1}{6}$$

지금 경우는 집합 $\{X+Y=7\}$는 6개의 원소로 이루어져 있고, 그중 딱 1개만 X 좌표가 2이므로, $\frac{1}{6}$ 인 것을 즉시 알 수 있다. ◁

해설 1.15 먼저 함수 $E[X \mid X+Y]$의 의미는

$$E[X \mid X+Y](\omega)=E[X \mid X+Y=(X+Y)(\omega)], \omega \in \Omega$$

를 말한다. Ω를 $X+Y$의 값으로 분류하면

$$\Omega=\bigcup_{s=2}^{12}\{X+Y=s\}$$

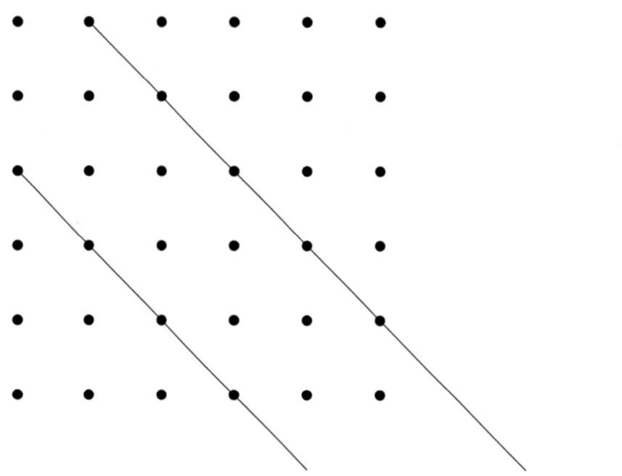

그림. 7.1: $\Omega=\{(i,j) \mid i,j=1,2,3,4,5,6\}$.

그림에서 $\{X+Y=5\}=\{(1,4),(2,3),(3,2),(4,1)\}$, $\{X+Y=8\}=\{(2,6),(3,5),(4,4),(5,3),(6,2)\}$. 함수 $E[X \mid X+Y]$는 집합 $\{X+Y=s\}$의 모든 원소에 집합 $\{X+Y=s\}$에서 X 값의 평균값을 대응시키는 함수다. 예를 들어

$$\begin{aligned}E[X \mid X+Y=5] &= 1P[X=1 \mid X+Y=5]+2P[X=2 \mid X+Y=5]+3P[X=3 \mid X+Y=5]+\\ &\quad +4P[X=4 \mid X+Y=5]\\ &= 1\frac{1}{4}+2\frac{1}{4}+3\frac{1}{4}+4\frac{1}{4}\\ &= \frac{10}{4}=\frac{5}{2}\end{aligned}$$

따라서 s 값에 따라 다음 값을 갖는다:

s	2	3	4	5	6	7	8	9	10	11	12
$E[X \mid X+Y=s]$	1	$\frac{3}{2}$	2	$\frac{5}{2}$	3	$\frac{7}{2}$	4	$\frac{9}{2}$	5	$\frac{11}{2}$	6

◁

해설 1.16 3개의 주사위를 A,B,C라 하자. 표본공간은

$$\Omega = \{(i,j,k) \mid i,j,k = 1,2,3,4,5,6\}$$

따라서 $\#(\Omega) = 6^3 = 216$. 확률변수 $Z : \Omega \to \mathbb{R}$은 6의 개수를 말하는 함수다. 예를 들어 $Z(1,3,5) = 0$, $Z(6,6,1) = 2$. 그러므로

$$E[Z] = 0P[Z=0] + 1P[Z=1] + 2P[Z=2] + 3P[Z=3] = P[Z=1] + 2P[Z=2] + 3P[Z=3]$$

- 집합 $\{Z=1\}$의 원소는 A,B,C 중 딱 1개가 눈이 6이고, 나머지는 눈이 6이 아니다. $\#(\{Z=6\}) = 1\times5\times5 + 5\times1\times5 + 5\times5\times1 = 75$이므로 $P[Z=1] = \frac{75}{216}$.
- $\#(\{Z=2\}) = 1\times1\times5 + 1\times5\times1 + 5\times1\times = 15$이므로 $P[Z=2] = \frac{15}{216}$.
- $\#(\{Z=3\}) = 1\times1\times1 = 1$ 이므로 $P[Z=3] = \frac{1}{216}$

그러므로

$$E[Z] = 1\times\frac{75}{216} + 2\times\frac{15}{216} + 3\times\frac{1}{216} = \frac{1}{2}$$

그런데 이문제를 이렇게 생각해보자. X_a는 주사위 A가 6의 눈이 나오면 1, 그렇지 않으면 0이라 하자. 같은 방법으로 X_b, X_c 를 정한다. 그러면

$$Z = X_a + X_b + X_c$$

이고, 따라서 $E[Z] = E[X_a + X_b + X_c] = E[X_a] + E[X_b] + E[X_c]$. 그런데

$$E[X_a] = 0\times P[X_a = 0] + 1\times P[X_a = 1] = P[X_a = 1] = \frac{1}{6}$$

같은 생각으로 $E[X_b] = E[X_c] = \frac{1}{6}$. 따라서

$$E[Z] = E[X_a + X_b + X_c] = E[X_a] + E[X_b] + E[X_c] = \frac{1}{6} + \frac{1}{6} + \frac{1}{6} = \frac{1}{2}$$

이 방법이 계산이 훨씬 간단하다. ◁

해설 1.17

1. 앞면을 H, 뒷면은 T라 두면 동전의 상태는 $\Omega = \{(H,H),(H,T),(T,H),(T,T)\}$로 정리할 수 있다. 예를 들어 (T,H) 는 A는 뒷면, B는 앞면이 나온 상태다. 균형잡힌 동전의 경우 각각의 경우가 나타날 확률이 같다. 이것은 임의의 $\omega \in \Omega$에 대해서 $P[\omega] = \frac{1}{\#(\Omega)} = \frac{1}{4}$로 표현된다.
2. 동전 A의 상태를 알려주는 확률변수를 X, 동전 B의 상태를 알려주는 확률변수를 Y라 하면, 주어진 문제는 $P[X=H, Y=H \mid X=H]$를 구하는 문제다. 그런데 이것은 $X=H$ 로 이미 결정되었기 때문에 $P[Y=H$와 같다. 따라서 $P[X=H,Y=H \mid X=H] = P[Y=H] = \frac{1}{2}$. 실제로 집합 $\{X=H,Y=H\} = \{(H,H)\}$이고, $\{X=H\} = \{(H,H),(H,T)\}$로 간단하므로

$$P[X=H,Y=H \mid X=H] = \frac{P[(H,H)]}{P[\{(H,H),(H,T)\}]} = \frac{\frac{1}{4}}{\frac{2}{4}} = \frac{1}{2}$$

3. 이 문제를 간단하게 표시하는 방법은 앞면을 0, 뒤면을 1으로 표시하는 일이다. 이에 따로 표본공간을 $\Omega = \{(0,0),(0,1),(1,0),(1,1)\}$로 정리하자. 그러면 구하는 확률은

$$P[X+Y=0 \mid XY=0]$$

이제 집합 $\{XY=0\} = \{(0,0),(0,1),(1,0)\}$, $\{X+Y=0\} = \{(0,0)\}$인 것에 주의하면 $P[X+Y=0 \mid XY=0] = \frac{1}{3}$인 것을 한 눈에 알 수 있다.
그런데 운 나쁘게 앞면을 1, 뒷면은 0으로 표시했다면, 표본공간은 $\Omega = \{(0,0),(0,1),(1,0),(1,1)\}$ 로 변함 없지만, 구하려는 확률은

$$P[X+Y=2 \mid X+Y \geq 1]$$

이 되어야 한다. 이 경우는 $\{X+Y \geq 1\} = \{(0,1),(1,0),(1,1)\}$, $\{X+Y=2\} = \{(1,1)\}$이 되고, 물론 $P[X+Y=2 \mid X+Y \geq 1] = \frac{1}{3}$.

◁

해설 1.18

1. 주머니 U_1의 공은 1개의 파란 공이 있고, 나머지 9개는 노란 공이다. 이것을

$$B_{11}, Y_{11}, Y_{12}, \cdots, Y_{19}$$

으로 표시하자. 따라서 주머니 U_i의 공은

$$B_{i1}, B_{i2}, \cdots, B_{ii}, Y_{i1}, Y_{i2}, \cdots, Y_{i,10-i}$$

로 표시된다. 따라서 표본공간 Ω는

$$\Omega = \{B_{ij}, Y_{ik} \mid i = 1,2,3,4,5;\ 1 \le j \le i;\ 1 \le k \le i-j\}$$

다음 그림을 보면 간단하다. $\#(\Omega) = 50$이다.

2. 확률변수 X는 꺼지진 공의 생각를 알려주고, 확률변수 U는 주머니 번호를 알려준다 하자. 예를 들어

$$X(B_{ij}) = \text{파랑},\ U(B_{ij}) = i$$

이 확률변수를 이용하여 구하려는 확률은 표현하면

$$P[X = \text{파랑}]$$

그런데 Ω의 원소는 주머니 별로 분할된다. 이것을 간단히 다음과 같이 표현하자. 즉 U_i를 꺼내진 공이 주머니 i 이면 1, 그렇지 않으면 0을 대응시키는 확률변수로 보자는 말이다.

$$\Omega = U_1 \cup U_2 \cup U_3 \cup U_3 \cup U_4 \cup U_5$$

그러면 합의 기호를 써서 간단히 표현하면

$$P[X = \text{파랑}] = \sum_{i=1}^{5} P[X = \text{파랑} \mid U_i] \times P[U_i = 1]$$

그런데 주머니 각각의 주머니에 들어 있는 공의 숫자가 10으로 같기 때문에

$$P[U_i] = \frac{\#(\{U_i = 1\}}{\#(\Omega)} = \frac{1}{5},\ i = 1,2,3,4,5.$$

따라서

$$\begin{aligned} P[X = \text{파랑}] &= \sum_{i=1}^{5} P[X = \text{파랑} \mid U_i] \times P[U_i = 1] \\ &= \sum_{i=1}^{5} \frac{i}{10} \times \frac{1}{5} \\ &= \frac{1}{50} \sum_{i=1}^{5} i \\ &= \frac{1}{50} \times \frac{5.6}{2} = \frac{3}{10} \end{aligned}$$

3. 구하려는 확률을 앞에서 말한 확률변수로 표현하면

$$P[U_5 = 1 \mid X = \text{파랑}]$$

복잡한 계산 없이 그림에서 보면 파란 공이 모두 $1+2+3+4+5 = 15$개이고, 이 중에서 주머니 U_5 있는 것은 5개 이므로, 구하려는 확률은

$$P[U_5 = 1 \mid X = \text{파랑}] = \frac{5}{15} = \frac{1}{3}$$

이것을 식으로 표현하면

$$P[U_5 = 1 \mid X = \text{파랑}] = \frac{P[\{U_5 = 1, X = \text{파랑}\}]}{P[\{X = \text{파랑}\}]} = \frac{\frac{5}{50}}{\frac{15}{50}} = \frac{5}{15} = \frac{1}{3}$$

◁

해설 1.19

1. $X((R,R,R)) = 3$. $X(G,G,R,G,B,B,R,B,R) = 9$. 함수 X의 값은 공이 꺼내지는 순서와 관계없이, 빨간 공이 모두 꺼내졌나로 완전히 결정되는 것에 주의하자.
2. $\Omega = \{3,4,5,\cdots,13\}$
3. 집합 $\{X = k\}$의 공통된 성질은 맨 마지막에 꺼내진 공은 R인 것이다. 따라서 앞 $k-1$ 개 중에 R이 2개 있고, 나머지 $k-3$은 B, G로 채워지는 것이다. 파란 공의 수를 b, 초록 공의 수를 g로 나타내면, $\{X = k\}$의 원소의 수를 합의기호 $\sum$을 이용해서 표현하면

$$\sum_{\substack{b+g=k-3,\\ 0\le b\le 4, 0\le g\le 6}} \frac{(k-1)!}{b!g!2!}$$

아주 복잡하게 보이는 값이다.

4. $\{X = 9\}$의 원소의 갯수는 아무 계획없이 세기에는 꽤 큰 수다:

$$\sum_{\substack{b+g=6,\\ 0\le b\le 4, 0\le g\le 6}} \frac{8!}{b!g!2!} = \frac{8\cdot 7}{2} \sum_{\substack{b+g=6,\\ 0\le b\le 4, 0\le g\le 6}} \frac{6!}{b!g!} = \frac{8\cdot 7}{2}\left(2^6 - 6 - 1\right) = 1596$$

5. 성립하지 않는다. 예를 들어 $\omega_1 = (R,R,R), \omega_2 = (B,R,R,R)$인 경우를 생각하면

$$P[\omega_1] = \frac{3}{13}\cdot\frac{2}{12}\cdot\frac{1}{11} \neq \frac{4}{13}\cdot\frac{3}{12}\cdot\frac{2}{11}\cdot\frac{1}{10} = P[\omega_2]$$

6. $\omega \in \{X = k\}$이면 $P[\omega]$는

$$P_{bg} := \frac{3!\cdot\left(4\cdot(4-1)\cdots(4-b)\right)\cdot\left(6\cdot(6-1)\cdots(6-g)\right)}{13\cdot 12\cdots(13-k+1)},\ b+g = k-3,\ 0\le b\le 4,\ 0\le g\le 6$$

여깃 b, g는 각각 ω에 있는 파란 공과 초록 공의 수이다. 이 식의 뜻은 b와 g의 값이 같으면, 나타나는 순서에 관계없이 확률이 같다는 의미다. 따라서

$$P[X = k] = \sum_{\substack{b+g=k-3,\\ 0\le b\le 4, 0\le g\le 6}} \frac{(k-1)!}{b!g!2!}P_{bg} = \sum_{\substack{b+g=k-3,\\ 0\le b\le 4, 0\le g\le 6}} \frac{3}{k}\frac{\binom{4}{b}\binom{6}{g}}{\binom{13}{k}} \tag{7.1}$$

$$= \frac{3}{k\binom{13}{k}} \sum_{\substack{b+g=k-3,\\ 0\le b\le 4, 0\le g\le 6}} \binom{4}{b}\binom{6}{g} \tag{7.2}$$

이 식은 대단히 복잡해 보인다. 생각을 바꾸자.

- 먼저 공이 나오는 순서에 관계없는 것에 주의하자.
- $\{X = k\} = \{X \le k\} - \{X \le k-1\}$
- 그런데 $X \le k$가 되는 경우는 파란 공, 초록 공에서 $k-3$개를 꺼내면 된다. 파란 공과 초록 공의 개수의 합이 10이므로

$$P[X \le k] = \frac{\binom{10}{k-3}}{\binom{13}{k}} = \frac{k(k-1)(k-2)}{13\cdot 12\cdot 11} \tag{7.3}$$

따라서

$$P[X = k] = P[X \le k] - P[X \le k-1] = \frac{\binom{10}{k-3}}{\binom{13}{k}} - \frac{\binom{10}{k-4}}{\binom{13}{k-1}} \tag{7.4}$$

식 (7.4)이 식 (7.3)보다 훨씬 다루기 편하다.

7. 식 (7.3)를 쓰면 $P[X \le 9] = \frac{\binom{10}{6}}{\binom{13}{9}} = \frac{42}{143}$. 그리고 $P[X \le 8] = \frac{\binom{10}{5}}{\binom{13}{8}} = \frac{28}{143}$이므로 $P[X = 9] = \frac{14}{143}$.

8. $P[X=2]=0$인 것에 주의하자. 합의 출발점을 변경하여 간단한 모양으로 바꾸어 계산하자.

$$\begin{aligned}
E[X] &= \sum_{k=3}^{13} kP[X=k] \\
&= \sum_{k=3}^{13} k\big(P[X\le k]-P[X\le k-1]\big) \\
&= \sum_{k=3}^{13} kP[X\le k]-\sum_{k=3}^{13} kP[X\le k-1] \\
&= \sum_{k=3}^{13} kP[X\le k]-\sum_{k=2}^{12} (k+1)P[X\le k] \\
&= 13P[X\le 13]-\sum_{k=3}^{12} P[X\le k]
\end{aligned}$$

$$\begin{aligned}
&= 14P[X\le 13]-\sum_{k=3}^{13} P[X\le k] \\
&= 14-\sum_{k=3}^{13} \frac{k(k-1)(k-2)}{13\cdot 12\cdot 11} \\
&= 14-\frac{1}{13\cdot 12\cdot 11}\sum_{k=2}^{12}(k+1)k(k-1)
\end{aligned}$$

$$\begin{aligned}
&= 14-\frac{1}{13\cdot 12\cdot 11}\sum_{k=2}^{12}(k^3-k) \\
&= 14-\frac{1}{13\cdot 12\cdot 11}\Big(\big(\frac{12\cdot 13}{2}\big)^2-\frac{12\cdot 13}{2}\Big) \\
&= \frac{21}{2}
\end{aligned}$$

◁

해설 1.20 앞면을 H, 뒤면을 T라 하자. 성공한 실험은 $(H),(T,T,T,H)$ 같은 꼴이다. 확률변수 X의 값은 $X(H)=1, X(T,T,T,H)=4$이다.

1. 표본공간은 $\Omega=\{1,2,3,4,5,\cdots\}$

2. 표본공간의 점 n은 T가 $n-1$개 계속되다, H가 나온 실험 $(T,T,\cdots,T,H)$를 나타낸다. 따라서 $P[n]=P[X=n]=\frac{1}{2^n}$. 따라서

$$P[X=\text{짝수}]=P[\{2,4,6,\cdots\}]=\sum_{n=1}^{\infty}P[2n]=\sum_{n=1}^{\infty}\frac{1}{2^{2n}}=\frac{1}{3}$$

3.

$$P[X=\text{ 홀수 }]=P[\{1,3,5,\cdots\}]=\sum_{n=1}^{\infty}P[2n-1]=\sum_{n=1}^{\infty}\frac{1}{2^{2n-1}}=2\sum_{n=1}^{\infty}\frac{1}{2^{2n}}=\frac{2}{3}$$

4.

$$P[X=4\mid X=\text{ 짝수}]=\frac{P[X=4]}{P[X=\text{ 짝수 }]}=\frac{\frac{1}{2^4}}{\frac{1}{3}}=\frac{3}{16}$$

5. $P[X=5\mid X=\text{ 홀수}]=\frac{P[X=5]}{P[X=\text{ 홀수 }]}=\frac{\frac{1}{2^5}}{\frac{2}{3}}=\frac{3}{64}$.

◁

해설 1.21 수식을 간편하게 하기 위하여 $A\cap B$와 AB를 같은 표현으로 보자.

1. $A\cap B=\emptyset$이란 말이다. 따라서 $b=P[A\cup B]=P[A]+P[B]=a+P[B]$에서 $P[B]=b-a$.

2. $P[A\cap B]=P[A]P[B]$라는 말이다. $P[B]=y$라 두면

$$b = P[A \cup B] = P[A] + P[B \setminus AB] = a + (y - ay)$$

따라서 $P[B] = y = \frac{b-a}{1-a}$.

3. $c = P[A \mid B] = \frac{P[AB]}{P[B]}$. 여기서

$$1 = \frac{P[B]}{P[B]} = \frac{P[B \setminus AB] + P[AB]}{P[B]} = \frac{P[B \setminus AB]}{P[B]} + c$$

따라서 다음으로 $b = P[A \cup B] = P[A] + P[B \setminus AB] = a + (1-c)P[B]$. 그러므로 $P[B] = \frac{b-a}{1-c}$.

◁

해설 1.22 *성공적인 실험의 보기로* $(5,1,2,1,1,4,3,6)$*이 있다.* $X(5,1,2,1,1,4,3,6) = 8$*이다.*

1. $\Omega = \{1,2,3,4,\cdots\}$
2. $E[X] = \sum_{k=1}^{\infty} kP[X=k]$이다. 여기서 $P[X=k] = (\frac{5}{6})^{k-1}\frac{1}{6}$인 것에 주의하면

$$E[X] = \sum_{k=1}^{\infty} k(\frac{5}{6})^{k-1}\frac{1}{6} = \frac{1}{6}\sum_{k=1}^{\infty} k(\frac{5}{6})^{k-1}$$

여기서 초항이 1이고, 공비가 $x, |x| < 1$인 등비급수를 생각하면

$$f(x) = 1 + x + x^2 + x^3 + \cdots = \frac{1}{1-x} = \sum_{k=0}^{\infty} x^k$$

따라서 합의 출발점에 조심하면, $f'(x) = \sum_{k=1}^{\infty} kx^{k-1} = \frac{1}{(1-x)^2}$. 이것을 이용하면

$$E[X] := \frac{1}{6}\sum_{k=1}^{\infty} k(\frac{5}{6})^{k-1} = \frac{1}{6}f'(\frac{5}{6}) = \frac{1}{6} \cdot 36 = 6$$

이 식을 한 번 던질 때 6의 눈이 나올 확률이 $\frac{1}{6}$이므로, 6번정도 던지면 1번은 6의 눈이 나올 것으로 기대된다는 의미다.

$E[X]$를 계한할 때 이런 방법도 있다. $E[X]$의 의미는 평균 몇번만에 6의 눈이 나오는가이다. X의 값이 1이 되지 않을 확률은 $\frac{5}{6}$이다. 따라서

$$E[X] = 1 \cdot \frac{1}{6} + \frac{5}{6}(1 + E[X])$$

이 식으로부터 $E[X] = 6$. ◁

해설 1.23

1. $\Omega = \{2,3,4,\cdots\}$
2. $P[X=k] = p_k$라 두자. 그러면 첫번째 시행에서 6이 나왔는지 , 나오지 않았는지를 중심으로 보면

$$p_2 = P[X=2] = \frac{1}{6} \times \frac{1}{6} = \frac{1}{6^2}$$
$$p_3 = \frac{5}{6}p_2$$
$$p_k = \frac{1}{6} \cdot \frac{5}{6}p_{k-2} + \frac{5}{6}p_{k-1}, k \geq 4$$

그런데 $p_1 = 0, p_2 = \frac{1}{6^2}$이므로

$$p_k = \frac{1}{6} \cdot \frac{5}{6}p_{k-2} + \frac{5}{6}p_{k-1}, k \geq 3 \tag{7.5}$$

3. $E[X] = \frac{1}{6}\left(\frac{1}{6} \cdot 2 + \frac{5}{6}(2 + E[X]\right) + \frac{5}{6}(1 + E[X])$으로부터 $E[X] = 42$. 이제 합의 기호의 출발점을 바꾸는 방법과 식 (7.5)를 이용하여 $E[X]$를 직접 계산해보자. $p_1 = 0, p_2 = \frac{1}{36}$에 주의하면

$$
\begin{aligned}
E[X] &= \sum_{k=2}^{\infty} kp_k = \frac{2}{36} + \sum_{k=3}^{\infty} kp_k \\
&= \frac{2}{26} + \sum_{k=3}^{\infty} \left(\frac{5}{36}kp_{k-2} + \frac{5}{6}kp_{k-1}\right) \\
&= \frac{2}{36} + \frac{5}{36}\sum_{k=3}^{\infty} kp_{k-2} + \frac{5}{6}\sum_{k=3}^{\infty} kp_{k-1} \\
&= \frac{2}{36} + \frac{5}{36}\sum_{k=2}^{\infty} (k+2)p_k + \frac{5}{6}\sum_{k=2}^{\infty} (k+1)p_k \\
&= \frac{2}{36} + \frac{35}{36}\sum_{k=2}^{\infty} kp_k + \frac{40}{36}\sum_{k=2}^{\infty} p_k \\
&= \frac{42}{36} + \frac{35}{36}E[X]
\end{aligned}
$$

따라서 $E[X] = 42$.

◁

해설 1.24 $A \cap B$와 AB는 같은 의미인 것에 주의하자. $P[AB] = P[A]P[B]$인 것을 확인하면 된다. 조건에서

$$\frac{1}{2} = P[B \mid A] = \frac{P[BA]}{P[A]}$$

이 식에서 $P[BA] = P[B \mid A]P[A] = \frac{1}{2} \cdot \frac{1}{2} = P[A]P[B]$가 성립하므로, 두 사건 A, B는 독립사건이다. ◁

해설 1.25 독립사건이므로 $P[AB] = P[A]P[B] = \frac{1}{2} \cdot \frac{1}{2} = \frac{1}{4}$. 따라서 $P[B \setminus AB] = \frac{1}{2} - \frac{1}{4} = \frac{1}{4}$이고, $P[A \cup B] = P[A] + P[B \setminus AB] = \frac{1}{2} + \frac{1}{4} = \frac{3}{4}$. ◁

2장 문제 해설

해설 2.1 $(1 + \frac{i^{(6)}}{6})^6 = 1 + i$에 주의하자. 따라서 $i = 0.0615202$.

1. $(1+i)^2 - 1 = 0.126825$
2. $(1+i)^3 - 1 = 0.196147$
3. $\frac{i^{(6)}}{6} = 0.01$
4. $\frac{T}{3} = 2 \times \frac{T}{6}$이므로 $\left(1 + \frac{i^{(6)}}{6}\right)^2 - 1 = 0.0201$
5. $\frac{T}{2} = 3 \times \frac{T}{6}$이므로 $\left(1 + \frac{i^{(6)}}{6}\right)^3 - 1 = 0.030301$
6. $\frac{4}{5}T = \frac{24}{5} \times \frac{T}{6}$이므로

$$\left(1 + \frac{i^{(6)}}{6}\right)^{\frac{24}{5}} = (1+i)^{\frac{4}{5}} - 1 = 0.0489206$$

◁

해설 2.2 $d = 0.04$이므로 $a(t) = (1 - 0.04)^{-t}$. 따라서

$$2000\frac{a(0)}{a(10)} = 2000 \times (1 - 0.04)^{10} = 1329.67$$

◁

해설 2.3

1. $(1 + \frac{i^{(2)}}{2})^2 = (1 - \frac{d^{(2)}}{2})^{-2}$로부터 $(1+i)(1-d) = 1$ 처럼

$$\left(1 + \frac{i^{(2)}}{2}\right)\left(1 - \frac{d^{(2)}}{2}\right) = 1$$

가 성립한다. 따라서 $d = \frac{i}{1+i}$ 처럼

$$\frac{d^{(2)}}{2} = \frac{\frac{i^{(2)}}{2}}{1+\frac{i^{(2)}}{2}} \iff d^{(2)} = \frac{2i^{(2)}}{2+i^{(2)}} = 0.019802$$

2. 2개월 이자율은 $j = (1+\frac{i^{(12)}}{12})^2 - 1 = 0.0201$. 따라서 구하는 값은

$$3a_{\overline{12\times 6}|,j} = 3 \times \frac{1-(1+j)^{-72}}{j} = 113.638 \tag{7.6}$$

만일 $a^{(p)}_{\overline{n}|,i}$를 이용하려 한다면 1년에 18을, 2개월 마다 3씩 지급하는 것에 해당한다. 따라서 $i^{(6)} = 6\big((1+\frac{0.12}{12})^2 - 1\big) = 0.1206$인 것을 이용하면

$$18a^{(6)}_{\overline{12}|,i} = 18\frac{1-v^{12}}{i^{(6)}} = 113.638$$

◁

해설 2.4 조심할 것은 년 이율이 주어졌으면, 기본 단위가 년인 것을 잊지 않는 것이다. 때문에 7개월은 $\frac{7}{12}$년으로 해석한다. 단순 할인율이 주어졌으므로, 이 계정의 잔고함수는

$$a(t) = \frac{1}{1-dt}$$

에서 $d = 0.05$이고, $t = \frac{7}{12}$인 경우이다. 따라서

$$5000\frac{a(\frac{7}{12})}{a(0)} = \frac{5000}{1-(0.05)\times\frac{7}{12}} = 5150.21$$

◁

해설 2.5

1. $i = \frac{d}{1-d} = 0.031$
2. $a(t) = (1-d)^{-t}$. 따라서 투자금액을 X라 하면, 3년에 1000을 모아야 한다. 따라서 $X\frac{a(3)}{a(0)} = 1000$. 이 식으로부터 $X = \frac{1000}{a(3)} = 1000\times(1-0.03)^3 = 912.67$.

◁

해설 2.6 $t = 4$일 때 가격을 계산하면

$$15543 = 7140\sum_{k=0}^{2}\frac{b(4)}{b(\frac{k}{2})} - X\sum_{k=0}^{2}\frac{b(4)}{b(2+\frac{k}{2})}$$

따라서 $X = 385$. ◁

해설 2.7 할인율을 d라 하면, 잔고증가율 함수 $a(t)$는 공통으로 같다: $a(t) = (1-d)^{-t}$.

$$100a(11) - 100a(10) = 100(1-d)^{-11} - 100(1-d)^{-10} = 50(1-d)^{-17} - 50(1-d)^{-16} = 50a(17) - 50a(16).$$

식이 복잡하므로 $x = 1-d > 0$으로 두고, 정리하면

$$2(x^6 - x^7) = 2x^6(1-x) = 1-x.$$

따라서 $x^6 = \frac{1}{2}$. 따라서 얻은 이자는

$$100(x^{-11} - x^{-10}) = \frac{100(1-x)}{x^{11}} = \frac{100}{\frac{1}{4}}x(1-x) = 400x(1-x) = 38.88$$

◁

해설 2.8

1. $i^{(12)} = 12\big((1+0.05)^{\frac{1}{12}} - 1\big) = 0.0488895$. $i^{(2)} = 2\big((1+0.05)^{\frac{1}{2}} - 1\big) = 0.0493902$.

2. $a^{(2)}_{\overline{10}|,i} = \frac{1-v^{10}}{i^{(2)}}$. 식 $\left(1+\frac{i^{(2)}}{2}\right)^2 = 1+i$로부터 $i^{(2)} = 2\left((1+i)^{\frac{1}{2}}-1\right) = 0.0493902$. 이제 $v = \frac{1}{1+i} = 0.952381$ 이고

$$50a^{(2)}_{\overline{10}|,i} = 50\frac{1-v^{10}}{i^{(2)}} = 50 \times 7.81708 = 390.854$$

이것을 이렇게 생각할 수도 있다. 1년에 2회 $\frac{50}{2} = 25$ 씩 지급받는 연금으로 생각하면 6개월 이자율은 $j_2 := \frac{i^{(2)}}{2} = 0.0246951$ 이고, 10년동안 모두 20회를 지급받기 때문에 $v = \frac{1}{1+i}$로 해서,

$$50a^{(2)}_{\overline{10}|,i} = 25a_{\overline{20}|,j_2} = 25\frac{1-v_2^{20}}{j_2} = 25\frac{1-v^{10}}{j_2} = 390.854, \quad v_2 = \frac{1}{1+j_2}$$

3. $\ddot{s}^{(12)}_{\overline{2}|,i} = \frac{(1+i)^2-1}{d^{(12)}}$. 식 $\left(1-\frac{d^{(12)}}{12}\right)^{-12} = 1+i$ 로부터

$$d^{(12)} = 12\left(1-(1+i)^{-\frac{1}{12}}\right) = 0.0486911$$

따라서 $60\ddot{s}^{(12)}_{\overline{2}|,i} = 60\frac{(1+i)^2-1}{d^{(12)}} = 60 \times 2.10511 = 126.306$.
이것을 이렇게 생각할 수도 있다. 1년에 12회, 1회에 5회 저축하는 것으로 생각하면, $j_{12} = (1+0.05)^{\frac{1}{12}} - 1$ 로 하여

$$60\ddot{s}^{(12)}_{\overline{2}|,i} = 5\ddot{s}_{\overline{24}|,j_{12}} = 5(1+j_{12})s_{\overline{24}|,j_{12}} = 5(1+j_{12})\frac{(1+j_{12})^{24}-1}{j_{12}} = 5(1+j_{12})\frac{(1+i)^2-1}{j_{12}} = 126.306$$

4. 조건에서 X를 소거하자.

$$\frac{\ddot{s}^{(2)}_{\overline{n}|,i}}{a_{\overline{n}|,i}} = \frac{23.4729}{12} = 1.95607$$

그런데 $v(1+i) = 1$ 에 주의하여 정리하면

$$1.95607 = \frac{\ddot{s}^{(2)}_{\overline{n}|,i}}{a_{\overline{n}|,i}} = \frac{(1+i)^n-1}{d^{(2)}}\frac{i}{1-v^n} = \frac{i(1+i)^n}{d^{(2)}} \tag{7.7}$$

여기서 $d^{(2)} = 2\left(1-(1+i)^{-\frac{1}{2}}\right) = 0.0481999$ 인 것에 주의하면

$$(1+i)^n = \frac{1.95607 \times d^{(2)}}{i} = 1.88565$$

따라서 $n = \frac{\ln(1.88565)}{\ln(1+0.05)} = 13$.

◁

해설 2.9

1. 1개월 동안의 이자를 알아야 한다. 1개월 동안의 이자를 j라 하면 $(1+j)^{12} = 1+0.03$ 에서 $j = 0.00246627$. 따라서 할부금을 X라 두면 $v = \frac{1}{1+j}$로 두면

$$600,000 = Xa_{\overline{12}|,j} = X\frac{1-v^{12}}{j} = 11.8098 \times X$$

그러므로 $X = 50,805.2$
2. 만일 매월 말에 51,500을 12회 저금했다면, 마지막 돈을 넣을 때 잔고는

$$51,500s_{\overline{12}|,j} = 51,500\frac{(1+j)^{12}-1}{j} = 51,500\frac{(1+i)-1}{j} = 626,452$$

따라서 실질이율은

$$\frac{626,452-600,000}{600,000} = 0.0440867 = 4.4\%$$

3. 1개월 이자율은 $j = (1+0.03)^{\frac{1}{12}} - 1 = 0.00246627$. 그런데 $M = 10000$이라면 할부금의 현재가격은 $10000a_{\overline{36}|,j} = 344076$. 따라서 $600000 - 344076 = 255924$ 이상을 선불금으로 내야한다.

◁

해설 2.10

1. 매년 1씩 받는 영구연금의 현재가격은

$$\lim_{n\to\infty} a_{\overline{n}|,i} = \lim_{n\to\infty}\frac{1-v^n}{i} = \frac{1}{i} = \frac{1}{0.02} = 50, \quad i = 0.02$$

따라서 매년 200을 받는 영구연금의 현재가격은 $200\times 50 = 1,000$만원=1억원. 적절하다.

2. 이자율이 년 3%이면,

$$\lim_{n\to\infty} a_{\overline{n}|,i} = \lim_{n\to\infty}\frac{1-v^n}{i} = \frac{1}{i} = \frac{1}{0.03} = 33.333, \quad i = 0.03$$

따라서 매년 200씩 받는 영구연금의 현재가격은 $200\times 33.3333 = 6,666.67$ 만원= 66,666,666원. 그러므로 이 영구연금 가격 1억은 지나치게 비싸다.

3. 받는 금액을 X라 하자. $t = 0$일 때 1억은 $t = 15$가 되면 $(1+0.02)^{15}$ 억이 된다. 따라서

$$(1+0.02)^{15} = \frac{X}{0.02}$$

가 성립해야 한다. 따라서 $X = 2,691,740$.

◁

해설 2.11 6년은 72개월이다. 잔고증가율 함수는 $a(t) = (1+0.05)^t$.

1. $1000(1+0.05)^6 = 1340.1$. 이 경우는 실제 지불한 이자는 340.1 이다.
2. 매원 발생하는 이자는 $1000\times\left[(1+0.05)^{\frac{1}{12}}-1\right] = 4.07412$. 따라서 총 이자는 $4.07412\times 72 = 293.337$
3. 1개월 이자는 $j = a(\frac{1}{12})-1$이다. 총 72회 납입으로 상환한다면, 월 상환금액 X는

$$1000 = Xa_{\overline{72}|,j} = X = \frac{1-v^{72}}{j}, \quad v = \frac{1}{1+j}$$

이것을 지금부터 1개월 뒤부터 1개월 간격으로 X씩 지급되는 돈의 현재가격이 1000이 되어야 한다는 뜻이다. 이제 $j = a(\frac{1}{12})-1 = 0.00407412$, $v = \frac{1}{1+j} = 0.995942$. 따라서 월 납입금은 $X = \frac{1000}{a_{\overline{72}|,j}} = 16.0535$. 그러므로 이자는

$$16.0535\times 72 - 1000 = 155.85$$

3가지 방법을 비교합면 매월 원금과 발생하는 이자를 상환하는 것이 이자를 가장 적게 낸다. ◁

해설 2.12 1개월마다 거래가 일어나므로, 1개월 이자율을 알아야 한다. $j = \frac{i^{(12)}}{12} = 0.005$.
60회 출금 때 계정에 남은 돈은 $t = 5$일 때의 가격이다.

$$1000\big(1+\frac{i^{(12)}}{12}\big)^{60} - 150\times s_{\overline{60}|,j} = 13488.5 - 10465.5 = 3023.$$

이제 남은 기간동안 매월 150씩 출금하는 돈의 $t = 5$에서 현재가격은

$$150a_{\overline{60}|,j} = 7758.83$$

이므로 더 입금해야 할 금액은 부족한 금액이다.

$$7758.83 - 3023. = 4755.83$$

◁

해설 2.13 $2\ddot{a}_{\overline{3n}|,i} = 29.3959$. 그러데

$$\ddot{a}_{\overline{3n}|,i} = 1+v+v^2+\cdots+v^{3n-1} = \ddot{a}_{\overline{n}|,i} + v^n\ddot{a}_{\overline{n}|,i} + v^{2n}\ddot{a}_{\overline{n}|,i}$$

여기서 $\ddot{a}_{\overline{3n}|,i}, \ddot{a}_{\overline{n}|,i}$의 값이 주어졌기 때문에 이것은 v^n에 대한 2차방정식이다. 따라서 $v^n = 0.78599$. ◁

해설 2.14 *아무 말이 없으면 복리로 한다. 다행인 것은 1 기간을 할 때에는 단리로 하던지 복리로 하던지 같다. 이자율, 할인율은 직접적으로 주어지지는 않았다. 주어진 조건은*

$$Ai = 336, \quad Ad = 300$$

여기서 $d = \frac{i}{1+i}$ *인 것에 주의하면* $Ad = \frac{Ai}{1+i} = \frac{336}{1+i} = 300$. *따라서*

$$1+i = \frac{336}{300} \implies i = \frac{336}{300} - 1 = \frac{36}{300}$$

그러므로

$$A = \frac{336}{i} = 336 \times \frac{300}{36} = 2800$$

◁

해설 2.15 $a_{\overline{2n}|} = a_{\overline{n}|} + v^n a_{\overline{n}|} = (1+v^n)a_{\overline{n}|}$*에서*

$$\frac{y}{x} = 1 + v^n$$

다음으로 $v = \frac{1}{1+i}$ *인 것에 주의하면* $(1+i)v = 1$*이므로*

$$a_{\overline{n}|} = \frac{1-v^n}{i} \iff ia_{\overline{n}|} = 1 - v^n \iff x\frac{d}{1-d} = 1 - v^n$$

따라서

$$\frac{y}{x} = 1 + v^n = 2 - x\frac{d}{1-d}$$

그러므로 $d = \frac{2x-y}{x^2+2x-y}$. ◁

해설 2.16

1. $s_{\overline{m+n}|}$*을 일정한 간격으로 1씩* $m+n$*이 저축했을 때, 마지막* $m+n$ *회 입금 후 계정에 있는 돈을 말한다.*
   - *입금한 돈을 처음* n*번째 입금한 돈과, 나머지* m *회 입금한 돈으로 구별하면*

     $$(1+i)^m s_{\overline{n}|} + s_{\overline{m}|}$$

   - *처음* m*회 입금한 돈과, 나머지* n *회 입금한 돈으로 나누면* $(1+i)^n s_{\overline{m}|} + s_{\overline{n}|}$.
2. $s_{\overline{m+n}|}$*과 같은 생각으로*
   - *처음* m*회 받는 돈과, 나머지* n*회 받는 돈으로 나누면* $a_{\overline{m}|} + v^m a_{\overline{n}|}$.
   - *처음* n*회 받는 돈과, 나머지* m*회 받는 돈으로 나누면* $a_{\overline{n}|} + v^n a_{\overline{m}|}$.

◁

해설 2.17 *기본단위를 3개월로 해야 한다. 3개월 간의 이자는*

$$j = (1+0.06)^{\frac{3}{12}} - 1 = 0.0146738 = 1.46783\%$$

따라서 현재가격은 $200a_{\overline{48}|,j} = 200 \times 34.2808 = 6856.15$. ◁

해설 2.18 *일정한 기간이 1개월 이므로 1개월 이자율을 계산해야 한다. 1개월 이자율을* j*라 하면*

$$j = (1+0.05)^{\frac{1}{12}} - 1 = 0.00407412 = 0.407412\%$$

따라서

$$10,000 = 50s_{\overline{60}|,j} \times (1+j)^{60} + (50+X)s_{\overline{60}|,j}$$

여기서 $(1+j)^{60} = (1+i)^5 = 1.27628$. *그러므로* $X = 33.6487$. ◁

해설 2.19

$$
\begin{aligned}
16 &= a_{\overline{2n}|,i} \\
&= v + v^2 + \cdots + nu^{10} + v^{11} + v^{12} + \cdots + v^{20} \\
&= a_{\overline{n}|,i} + v^{10}\left(v + v^2 + \cdots + v^{10}\right) \\
&= 10 + v^{10} a_{\overline{n}|,i} \\
&= 10 + 10v^{10}
\end{aligned}
$$

따라서 $v^n = \frac{3}{5}$. ◁

해설 2.20

$$
\begin{aligned}
v + v^2 &+ \cdots + v^n + 5v^{n+1} + 5v^{n+2} + \cdots + 5v^{2n} \\
&= 5a_{\overline{2n}|,i} - 4a_{\overline{n}|,i} \\
&= 5M - 4N.
\end{aligned}
$$

◁

해설 2.21

1. 돈이 들어오는 간격은 $3T$이다. 기간 $3T$ 동안의 이자를 i_3 하자 돈은 총 20회 들어온다. 따라서 $t=0$일 때 가격은 $(1+i)^2 M a_{\overline{20}|,i_3} = 227.98$
2. 돈이 들어오는 간격은 $3T$ 기간 $3T$ 동안의 이자는 i_3라 하자.
   따라서 $t=0$일 때 가격은
   $$(1+i)Ma_{\overline{20}|,i_3} = 221.34$$
3. 돈이 들어오는 간격은 $3T$, 기간 $3T$ 동안의 이자는 i_3라 하자. 돈은 총 20회 들어온다. $t=0$일 때 가격은
   $$Ma_{\overline{20}|,i_3} = 214.893$$
4. $Ma_{\overline{60}|,i} = 664.214$. 이 값은 물론 $227.98 + 221.34 + 214.893$와 같다.

◁

해설 2.22

1. 돈이 들어오는 간격이 $2T$. 기간 $2T$ 동안의 이자율을 i_2라 하면
   $$(1+i)Ma_{\overline{n}|,i_2} = (1+i)M\frac{1-v_2^n}{i_2}, \quad v_2 = \frac{1}{1+i_2},\ i_2 = (1+i)^2 - 1$$
2. 돈이 들어오는 간격이 $2T$. 기간 $2T$ 동안의 이자율을 i_2라 하면
   $$Ma_{\overline{n}|,i_2} = M\frac{1-v_2^n}{i_2}, \quad v_2 = \frac{1}{1+i_2}$$

◁

해설 2.23

1. $M(1+i)^{20} = Xs_{\overline{20}|}$. 또는 $M = Xa_{\overline{20}|,i}$. $X = \frac{M}{a_{\overline{20}|,i}}$.
2. 1개월 동안의 이자율을 계산해야 한다. 1개월은 $\frac{1}{12}$이므로 1개월 이자는
   $$i_{12} = (1+i)^{\frac{1}{12}} - 1$$
   $v_{12} = \frac{1}{1+i_{12}}$라 두자. 총 $12 \times 20 = 240$회 인출한다. 따라서
   $$M = Ya_{\overline{240}|,i_{12}}, \quad Y = \frac{M}{a_{\overline{240}|,i_{12}}} = \frac{M}{\frac{1-v^{20}}{i_{12}}}$$
   이것을 이렇게 해석할 수도 있다. 년 $12Y$을 1개월에 Y씩 지급한다. 이렇게 보면

$$M = 12Y a^{(12)}_{\overline{20}|,i}$$

물론

$$12a^{(12)}_{\overline{20}|,i} = 12\frac{1-v^{20}}{i^{(12)}} = \frac{1-v^{20}}{\frac{i^{(12)}}{12}} = \frac{1-v^{20}}{i_{12}} = a_{\overline{20\times 12}|,i_{12}} = a_{\overline{240}|,i_{12}}$$

당연히 어떤 방법을 쓰더라도 같은 값 Y를 얻는다.

◁

해설 2.24 $t = 12$*일 때 가격을 구하면* $9291 = 3800a(12) + X\sum_{k=0}^{3} \frac{a(12)}{a(4+2k)}$. *따라서* $X = 330$. ◁

해설 2.25 2 *동안의 이율을 j라 하면*

$$17s_{\overline{5}|,j}(1+i) = 8s_{\overline{10}|,j}(1+i)$$

따라서

$$17\frac{(1+j)^5-1}{j} = 8\frac{(1+j)^{10}-1}{j}, \tag{7.8}$$

$$17 = 8\big((1+j)^5+1\big), \tag{7.9}$$

$$(1+j)^5 = \frac{9}{8} \tag{7.10}$$

그런데 $1+i = (1+j)^{\frac{1}{2}}$ *이므로,* $1+i = \big((1+j)^5\big)^{\frac{1}{10}} = 1.01185$ ◁

해설 2.26 $200(1+0.05)^3(1+0.02)^3 + 300(1+0.05)(1+0.02)^3 + 400(1+0.02)^2 = 996.137$ ◁

해설 2.27 *6개월 동안, 즉* $\frac{1}{2}$*동안, 이율을 j, 1개월 동안 이율을 k라 두고,* $t = 6$*일 때 잔고를 계산하면 구하려는 X는*

$$300s_{\overline{8}|,j}(1+j)(1+j)^4 = Xa_{\overline{120}|,k}$$

이제 $i^{(12)} = 3\%$*이므로* $k = \frac{i^{(12)}}{12} = 0.0025$, $j = (1+\frac{i^{(12)}}{12})^6 - 1 = 0.0150941$. *따라서*

$$X = \frac{300s_{\overline{8}|,j}(1+j)(1+j)^4}{a_{\overline{120}|,k}} = \frac{2727.54}{103.562} = 26.3373$$

만일 마지막 X를 상환한 순간의 잔고를 계산한다면, 잔고증가율 함수를 $a(t) = (1+\frac{i^{(12)}}{12})^{12t}$ *를 하여*

$$-300\sum_{k=0}^{7}\frac{a(16)}{a(\frac{1}{2}k)} + X\sum_{k=1}^{120}\frac{a(16)}{a(6+\frac{1}{12}k)} = 0$$

에서 $X = 26.3373$. ◁

해설 2.28 *조건* $172 = 100a(3)$, $a(0) = \beta = 1$ *에서* $9\alpha + \beta = 172, \beta = 1$. *따라서* $\alpha = \frac{2}{25}, \beta = 1$.

$$A(10) = 500\frac{a(10)}{a(5)} = 500\frac{100a+b}{25a+b} = 1500$$

◁

해설 2.29 $1000 = Xa(10), 2000 = Xa(20), a(0) = 1$*로부터* $\alpha = \frac{1}{200}, \beta = 1, X = \frac{2{,}000}{3} = 666.67$ ◁

해설 2.30 $i = 0.025$*라 할 때 구하는 값 X는*

$$(3282.99)(1+i)^X = 4{,}000$$

따라서 $(1+i)^X = \frac{4{,}000}{3282.99} = 1.2184$. *그러므로*

$$X\,Log\,(1+i) = Log\,(1.2184)$$

따라서$X = \frac{Log(1.2184)}{Log(1+0.025)} = 7.999 = 8.$ ◁

해설 2.31 주어진 조건으로부터 $X = 1000v + 3000v^3 = 3663.25.$ ◁

해설 2.32 이자율 i을 알아내야 한다. 조건에서

$$4,000 = 500(1+i)^{30}$$

따라서 구하려는 현재가격은

$$\frac{10,000}{(1+i)^{20}} = 10,000\Big(\frac{1}{(1+i)^{30}}\Big)^{\frac{2}{3}} = 10,000\Big(\frac{500}{4,000}\Big)^{\frac{2}{3}} = 2,500.$$

◁

해설 2.33 상품 M의 잔고증가율함수를 $a(t) = (1+0.035)^t$, 상품 N의 잔고증가율함수는 $b(t) = (1+0.0375)^t$라 하자. 각각의 잔고함수를 $A(t), B(t)$라 하면, 주어진 조건은 2000년 1월 1일을 $t = t_0$라 두면 2000년 1월 1일에 상품 N에 있었던 돈을 B라 하면

$$2B\frac{a(t_0+15)}{a(t_0)} + B\frac{b(t_0+15)}{b(t_0)} = 2Ba(15) + Bb(15) = 100000$$

따라서 $B = 19654.9.$ ◁

해설 2.34 먼저 이자율 i을 구하자. $a(t) = (1+i)^t$라 두면 $10000a(8) = 14221$에서 $i = 0.045$. 다음에 t를 구하자.

$$6494.67a(-t) + 6494.67a(-4t) = 10000$$

에서 $t = 2.5$. 따라서 $2t = 5$년 뒤에 받게 되는 20,000의 현재 가격은 $2000(1+0.045)^{-5} = 16049.$ ◁

해설 2.35 $s^{(p)}_{\overline{n}|,i} = \frac{1}{p}s_{\overline{np}|,i_p}$, $i_p = \frac{i^{(p)}}{p} = (1+i)^{\frac{1}{p}} - 1$인 것도 이용해보자. 따라서

$$s^{(p)}_{\overline{n}|,i} = \frac{1}{p}s_{\overline{np}|,i_p} = \frac{1}{p}\frac{(1+i_p)^{pn}-1}{i_p} = \frac{(1+i)^n-1}{i^{(p)}}$$

$s^{(p)}_{\overline{n}|,i}$은 1년에 1을 저금하는 대신에, 1년을 p등분하여 $\frac{k}{p}, k = 1,2,\cdots,np$에 $\frac{1}{p}$ 씩 투자할 때 $t = n$ 일 때의 가격을 나타낸다.

1. $20000(1+0.02)^5 = 22,081.6$
2. 1개월 동안의 이자율은 $j = (1+0.035)^{\frac{1}{12}} - 1 = 0.0028709$. 따라서 $Xs_{\overline{60}|,j} = M = 22081.6$로부터 $X = 337.766$. 이것을 이렇게 생각할 수도 있다. 1개월에 X 씩, 매년 $12X$를 저금하면 $12Xs^{(12)}_{\overline{5}|,i} = M = 22081.6$에서 $X = 337.766$

◁

해설 2.36

1. 매년 223.032를 3년간 낸다면 $223.032s_{\overline{3}|,0.037} = 694.158$. 따라서 고객이 지불하는 실제이자율 i는 $600(1+i)^3 = 694.158$ 로부터 $i = 5\%$
2. $223.032(1+0.037)s_{\overline{3}|,0.037} = 719.842$. 따라서 고객이 지불하는 실제이자율 i는 $600(1+i)^3 = 719.842$ 로부터 $i = 6.3\%$
3. 매월 18.586을 36개월 동안 갚는 경우는, 1개월 동안의 이자를 계산해야 한다. 이것은

$$j_{12} = \big((1+0.037)^{\frac{1}{12}} - 1\big) = 0.00303225$$

따라서 이경우, 매월 18.586을 저금했다 생각하면 $18.586s_{\overline{36}|,j_{12}} = 705.852$ 이고, 년이율은 $600(1+i)^3 = 705.852$에서 $i = 0.0556523 \approx 5.6\%$.

◁

해설 2.37 주어진 조건에서

$$\begin{cases} 100a_{\overline{n}|,i} &= 4000 \\ 100a_{\overline{3n}|,i} &= 7000 \end{cases}$$

따라서 $\frac{a_{\overline{3n}|,i}}{a_{\overline{n}|,i}} = \frac{7}{4}$를 얻는다. 여기서

$$a_{\overline{3n}|,i} = v + v^2 + \cdots + v^{3n} = (v + \cdots + v^n) + v^n(v + \cdots + v^n) + v^2(v + \cdots + v^n) = a_{\overline{n}|,i} + v^n a_{\overline{n}|,i} + v^{2n} a_{\overline{n}|,i}$$

에 주의하면, $1 + v^n + v^{2n} = \frac{7}{4}$ 를 얻는다. 이것은 v^n에 대한 2차방정식이므로 $v^n = \frac{1}{2}$. 따라서

$$100a_{\overline{2n}|,i} = 100\big(a_{\overline{n}|,i} + v^n a_{\overline{n}|,i}\big) = 100a_{\overline{n}|,i}(1 + v^n) = 40000(1 + \frac{1}{2}) = 6000$$

◁

해설 2.38 *이율은 모두 상수라 가정한다.*

1. 20만원
2. $\frac{40-20}{20} = 1 = 100\%$
3. 이율이 상수라 가정한다. 하루 이율을 계산한다는 것은 이자를 매일 계산한다는 의미. 따라서 하루 이율을 i_{30}라 하고, 30일이면 $(1+i_{30})^{30} = 1+1$이 되어야 한다. $i_{30} = 0.02337 = 2.33\%$.
4. 이율은 상수라 하자. 1년을 365일이라 하면 $(1+i_{30})^{365} = 2^{\frac{365}{30}} = 4597.6$. 1 년 이율은 459660%.
5. 30일 째 이자가 20만원이다. 1년을 365일이라 하면, 1년에 내는 이자는 $20 + (365-30) = 355$ 만원 이율은 $\frac{355}{20} = 17.75 = 1775\%$. 이것은 물론 이자에 이자가 붙는 복리가 아니다.

◁

해설 2.39

1. $i^{(12)} = 6\%$이므로 한 달 이자율은 $i_{12} := \frac{i^{(12)}}{12} = 0.005$. 갚아야 할 돈을 M이라 하고, 저금하는 것으로 생각하면,

$$10000000 \times (1+0.005)^{60} = M s_{\overline{60}|,i_{12}} = M\frac{(1+0.005)^{60}-1}{0.005} = M \times 69.77$$

따라서 $M = 1,433,280$
이렇게 계산할 수도 있다.
60 개월은 5년이이고, $(1+0.005)^{12} = 1.06168$이므로 $i = 0.06168$ 이므로

$$10000000(1+0.06168)^5 = 12M s^{(12)}_{\overline{5}|,i} = 12M \times \frac{(1+0.06168)^5 - 1}{i^{(12)}} = M \times 69.77$$

조심해야 할 점은 한 달에 M을 내기 때문에 1년에는 $12M$을 내게 된다. 또는 1년에 내는 $12M$을 한 달에 M 씩 나누어 내는 것으로 생각한다.

2. 이자율만 달라졌다. 한 달 이자는 $j := \frac{0.07}{12} = 0.0058333$.

$$100000000(1+0.005833)^{60} = M s_{\overline{60}|,j} = M \times \frac{(1+0.005833)^{60}-1}{0.005833} = M \times 71.5929$$

$M = 1,980,120$. 이자율이 높아지면 할부금도 커진다.

3. 한 달이자는 $\frac{i^{(12)}}{12} = 0.005 = j$이다. 그런데 이 이율로 1억의 한 달 이자가 1억 × 0.005 =50만원 이므로, 겨우 이자만 갚은 상황. 언제나 1억이 남아있다.
4. 한 달이자는 $\frac{i^{(12)}}{12} = 0.005 = j$이다. 달 마다 잔고는

$$X \to X(1+j) - 100 \to X(1+j)^2 - 100(1+j) - 100 \to \cdots$$

따라서

$$X(1+j)^n - 100 s_{\overline{n}|,j} < 100$$

이 되는 n을 구하는 문제다. 단위를 만원으로 하면, $X = 10000$이므로

$$10000(1+0.005)^n - 100 < 100 s_{\overline{n}|} = 100\frac{(1+0.005)^n - 1}{0.005}$$

가 성립하는 가장 작은 n을 찾는 문제. $n = 137$ 개월 째 잔고가 96만 1120원 정도가 된다. 10년이 더 걸린다.

◁

해설 2.40

1. 지금 당장 목돈이 필요한 경우다. 예를 들어 건강상 이유로 5년 이상 살기 어렵다면 이 권리를 파는 것이 좋다.
2. 예를 들어 앞으로 이자율이 상당한 기간 거의 0에 가까워 질 것이 예상된다면, 현재 자금으로 안정적인 수입을 확보할 필요가 있다.
3. 돈을 1개월마다 받기 때문에 1개월 이자를 구할 필요가 있다. $i_{12} = (1+0.03)^{\frac{1}{12}} - 1 = 0.00246627$. 따라서 현재가격은 $100a_{\overline{240}|,i_{12}} = 18097.1$.

◁

해설 2.41

1. $(1-\frac{d^{(6)}}{6})(1+\frac{i^{(6)}}{6}=1$로부터 $d^{(6)}$를 구하면 편리하다. $d^{(3)} = \frac{1}{12}$이므로 $(1-\frac{d^{(6)}}{6})^2 = 1-\frac{d^{(3)}}{3} = \frac{35}{36}$. 따라서 $d^{(6)} = 1-\frac{\sqrt{35}}{6}$이고, 따라서 $i^{(6)} = 6(\frac{6}{\sqrt{35}}-1)$
2. 할인율 $d^{(12)}$를 알면 좋다. $(1-\frac{d^{(12)}}{12})^4 = 1-\frac{d^{(3)}}{3}$이므로 $1-\frac{d^{(12)}}{12} = (\frac{35}{36})^{\frac{1}{4}}$. 따라서 갚아야 할 돈은 $1000(\frac{35}{36})^{-\frac{1}{4}} = 1007.07$.
3. $\ddot{a}_{\overline{10}|} = 6.32825$. 다음으로 1개월 이자율을 j라 두면 $(1+j)^{12} = 1+0.12$에서 $j = (1+0.12)^{\frac{1}{12}} - 1 = 0.00948879$. 따라서 $\ddot{s}^{(12)}_{\overline{2}|} = \frac{1}{12}\ddot{s}_{\overline{24}|,j} = \frac{1}{12}\times 27.065 = 2.25541$

◁

해설 2.42 $X(\ddot{a}_{\overline{5}|}+v^5\ddot{a}_{\overline{5}|}+v^{10}\ddot{a}_{\overline{5}|}) = \frac{5}{2}X\ddot{a}_{\overline{5}|}$. 따라서 $1+v^5+v^{10} = \frac{5}{2}$. 이것은 v^5에 대한 2차방정식이므로 해를 구할 수 있다. $v^5 = \frac{1}{2}(-1+\sqrt{7})$. ◁

해설 2.43 총 $2\times 12 = 24$회 입금한다. 입급하는 돈을 1개월마다 받는 돈으로 생각하면 편하다. 1개월 이자를 j라 하면,

$$2000 = Xa_{\overline{24}|,j}$$

j는 $(1+j)^{12} = (1+\frac{i^{6)}}{6})^6$를 만족하는 값이다 따라서 $j = 0.0198039$. 따라서 $X = 105.507$. ◁

해설 2.44 투자하는 동안은 1개월 이자를 계산해야 한다. $j = (1+0.06)^{\frac{1}{12}} - 1 = 0.00486755$.
$t = 10$일 때 잔고는

$$X(1+i)+\cdots+(1+i)^{120}) = X\ddot{s}_{\overline{120}|;j}$$

$t = 20$ 일 때 잔고는 $X\ddot{s}_{\overline{120}|;j}(1+i)^{10}$.
그러므로 X는

$$X\ddot{s}_{\overline{120}|;j}(1+i)^{10} = 600\ddot{a}_{\overline{20}|;i}$$

여기서 $\ddot{s}_{\overline{120}|;j} = 163.264$, $(1+i)^{10} = 1.79085$, $\ddot{a}_{\overline{20}|;i} = 12.1581$ 이므로 $X = 24.9498$ ◁

해설 2.45

$$\begin{aligned}16 &= a_{\overline{2n}|,i}\\ &= v+v^2+\cdots+nu^{10}+v^{11}+v^{12}+\cdots+v^{20}\\ &= a_{\overline{n}|,i}+v^{10}(v+v^2+\cdots+v^{10})\\ &= 10+v^{10}a_{\overline{n}|,i} = 10+10v^{10}\end{aligned}$$

따라서 $v^n = \frac{3}{5}$. 이제 $a_{\overline{3n}|;i} = a_{\overline{n}|}+v^n a_{\overline{2n}|;i} = 10+\frac{3}{5}16 = \frac{98}{5}$. ◁

해설 2.46 $t = 0$에서 계산하면 $3800 = X\sum_{k=0}^{3}\frac{1}{a(4+2k)}$. 따라서 $X = 600$. ◁

해설 2.47 $t = 15$일 때 계산하면 $1353 = X(\frac{b(15)}{b(0)}+\frac{b(15)}{b(2)}+\frac{b(15)}{b(4)}) - 170(\frac{b(15)}{b(6)}+\frac{b(15)}{b(9)}+\frac{b(15)}{b(12)})$. 따라서 $X = 209$.
◁

해설 2.48

$$(1+v+v^2+\cdots v^{2n-1})+(1+v^2+v^4+\cdots+v^{2n-2})=\frac{25}{16}M$$

합을 계산하면

$$\frac{1-v^{2n}}{1-v}+\frac{1-v^{2n}}{1-v^2}=\frac{2+v}{1+v}\frac{1-v^{2n}}{1-v}=\frac{2+v}{1+v}M$$

따라서 $\frac{2+v}{1+v}=\frac{25}{16}$ *이고,* $v=\frac{7}{9}$ ◁

해설 2.49 *무엇보다도 먼저* $\frac{a'(t)}{a(t)}=\delta_t=1-\frac{t}{8}, a(0)=1$*로 부터* $a(t)=\exp(t-\frac{t^2}{16})$.

1. $A(3)=\frac{a(3)}{a(1)}200-100=200e^{\frac{3}{2}}-100$
2. $A(5)=\frac{a(5)}{a(3)}A(3)=200e^{\frac{5}{2}}-100e=2164.67$
3. *1씩 지급될 예정인 돈의 현재가격을* $\ddot{a}_{\overline{4}|}$*로 표시하면*,

$$2\ddot{a}_{\overline{4}|}=2\sum_{k=0}^{3}\frac{1}{a(k)}=3.30552$$

4. $2\sum_{k=0}^{3}\frac{a(7)}{a(k)}=169.541$. *이 가격은 물론* $3.30552\frac{a(7)}{a(0)}$*과 같다.*
5. $s_{\overline{4}|}=\sum_{k=1}^{4}\frac{a(4)}{a(k)}=14.111$.

◁

해설 2.50 $\delta_1=\ln(1+0.05)$, $\delta_2=\ln(1+0.03)$*라 하자.*

1.

$$\ln a(t)=\begin{cases}\int_{u=0}^{t}\delta_1 du=\delta_1 t, & 0\le t<2\\ \int_{u=0}^{2}\delta_1 du+\int_{u=2}^{t}\delta_2 du=2\delta_1+\delta_2(u-2), & 2\le u<6\end{cases}$$

따라서

$$a(t)=\begin{cases}e^{\delta_1 t}=(1+0.05)^t, & 0\le t<2\\ e^{2\delta_1}e^{\delta_2(t-2)}=(1+0.05)^2(1+0.03)^{t-2}, & 2\le t<6\end{cases} \tag{7.11}$$

이자의 세기(force of interest)가 구간별로 상수인 경우, 잔고증가율함수 $a(t)$*는 (7.11)과 같은 식으로 자연스럽게 쓸 수 있도록 준비하자.*

2. *앞에서 구한* $a(t)$*를 이용하면* $5\frac{a(4)}{a(0)}=5a(4)=5(1+0.05)^2(1+0.03)^2=5.84821$. *그러나 이렇게 이자율이 바뀌는 것은 일상생활에서 차를 갈아타는 것으로 이해하면 좋다. 즉 5를* $t=0$*에 4년간 투자하는 것은, 먼저 2년간 투자하고, 2년 후에 얻는 원금과 이자를 모두 새로운 이율로 투자하는 것으로 이해하면* $a(t)$*를 구하는 부담이 없다. 이렇게 생각하면*

$$5\longrightarrow 5(1+0.05)^2\longrightarrow 5(1+0.05)^2\times(1+0.03)^2=5.84821 \tag{7.12}$$

3. $100\frac{a(0)}{a(5)}=83.006$. 또는 $100\to 100(1+0.03)^{-3}\to 100(1+0.03)^{-3}\times(1+0.02)^{-2}=83.006$.
4. *연속이자계산이다. 이 경우는 항상 적분을 해야 하는 것을 준비하자.* dt*가 아주 작을 때 시간구간* $[t,t+dt]$*에 들어오는 돈은* $1\times dt=dt$. *이것을* dt*가 아주 작기 때문에 시각* t*일 때 입금된 돈으로 이해하는 것이 편리하다. 이 돈의 시각* $t=5$*일 때 가격은*

$$dt\frac{a(5)}{a(t)} \tag{7.13}$$

이제 $t=2$*를 중심으로 이자율이 바뀌는 것에 주의하면*

$$\int_{t=1}^{4}dt\frac{a(5)}{a(t)}=a(5)\int_{t=1}^{2}\frac{1}{a(t)}dt+a(5)\int_{t=2}^{4}\frac{1}{a(t)}dt \tag{7.14}$$

$$=a(5)\int_{t=1}^{2}e^{-\delta_1 t}dt+a(5)\int_{t=2}^{4}e^{-2\delta_1}e^{-\delta_2(t-2)}dt \tag{7.15}$$

$$=a(5)[-\frac{1}{\delta_1}e^{-\delta_1 t}|_{t=1}^{2}+a(5)e^{-2\delta_1}[-\frac{1}{\delta_2}e^{-\delta_2(t-2)}|_{t=2}^{4} \tag{7.16}$$

$$=3.24193 \tag{7.17}$$

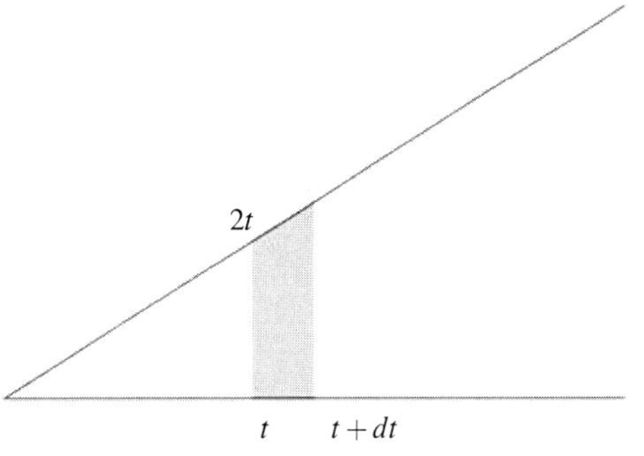

그림. 7.2: $2t$의 비율로 돈이 들어올 때, 시간구간 $[t.t+dt]$에 들어오는 돈은 그림자로 표현된 영역의 넓이인데, 이 넓이를 $2tdt$로 근사한다.

5. *앞에서 한 것과 같은 생각으로 계산하자, 달라지는 점은 시간구간 $[t,t+dt]$에 들어오는 돈은 $2tdt$로 근사하는 것이다.*

$$\int_{t=1}^{4} 2t\frac{a(0)}{a(t)}dt = 13.3152$$

6. *시간구간 $[t,t+dt]$에 들오는 돈은 $2tdt$이다. 이것을 시각 t일 때의 돈으로 생각하면 된다. 따라서 $t=4$일 때 가격은 $2tdt\frac{a(4)}{a(t)}$. 따라서 들온 돈 모두의 $t=4$일 때 가격은*

$$\int_{t=1}^{4} \frac{2ta(4)}{a(t)}dt = 15.574$$

여기서 5. 에서 계산한 이런 현금흐름의 현재가격이 13.3152인 것을 알았는데, 이런 현금흐름의 $t=4$일 때의 가격 15.574와 관계는 물론 $13.3152\times a(4) = 13.3152\times(1+0.05)^2(1+0.03)^4 = 15.574$ 인 것도 주의하자.

◁

해설 2.51 $\delta = \ln(1+0.04) = 0.0392207$. $\int_{t=1}^{8} te^{-\delta t}dt = 25.545$. ◁

해설 2.52 *주어진 조건에서* $\ln a(t) = \int_{s=0}^{t}\delta_s ds = 1+\frac{t^2}{10}$*이다.*

1. $a(t) = 1+\frac{t^2}{10}$
2. $\ddot{a}_{\overline{4}|} = \sum_{k=0}^{3}\frac{a(0)}{a(k)} = 3.14969$
3. $\bar{a}_{\overline{4}|} = \int_{t=0}^{4}\frac{a(0)}{a(t)}dt = 2.85184$
4. $\bar{s}_{\overline{4}|} = a(4)\bar{a}_{\overline{4}|} = (1+\frac{4^2}{10})\times 2.85184 = 7.41479$. 물론 직접 계산할 수도 있겠다. $\bar{s}_{\overline{4}|} = \int_{t=0}^{4}\frac{a(4)}{a(t)}dt = 7.41479$.
5. $\ddot{s}_{\overline{2}|} = \sum_{k=0}^{1}\frac{a(2)}{a(k)} = 2.67273$

◁

해설 2.53 $\ln a(t) = \int_{t=0}^{1}\delta_s ds = \ln(1+\frac{t}{8})$*에서* $a(t) = 1+\frac{t}{8}$. *시각 t에 입금되는 현금을 $f(t)$라 두자. 따라서*

$$f(t) = \begin{cases} 1+\frac{t}{8}, & 0\le t<2, \\ 2+\frac{t}{4}, & 2\le t<4 \end{cases}$$

1. $\int_{t=0}^{4} f(t)\frac{a(0)}{a(t)}dt = \int_{t=0}^{2}dt + \int_{t=2}^{4}2dt = 6$
2. $6\times a(4) = 9$. 물론 $\int_{t=0}^{4} f(t)\frac{a(4)}{a(t)}dt = 9$.

◁

3장 문제 해설

해설 3.1

1. 콜 옵션의 하한 $c_0 + Ke^{-\delta T} \geq S_0$
콜 옵션의 가격 c_0와 행사가격 K가 현재 주식가격 S_0와 비교하여 낮다 가정해보자 즉 $c_0 + Ke^{-\delta T} < S_0$ 라 가정해보자. **이런 상황이 발생하면 지금 주식을 갖고 있는 사람은 다음과 같은 일을 할 수 있다.**
   - 주식을 팔아 S_0를 얻는다.
   - c_0를 주고 만기 T, 행사가격 K인 콜 옵션을 산다. 나머지 금액 $S_0 - c_0$는 확정 이율을 주는 만기 T인 채권을 산다.
   - $t = T$ 일 때 생기는 일은
     - $S_T \leq K$일 때:
     콜 옵션은 쓸모 없이 끝난다. 그러나 채권을 팔아
     $(S_0 - c_0)e^{\delta T}(K \geq S_T)$를 얻는다. 이값은 주식을 그대로 가지고 있었을 때 가격 S_T 보다 크다.
     - $S_T > K$인 경우:
     콜 옵션을 행사하여 $(S_T - K)$를 얻는다. 사둔 채권을 팔어 $(S_0 - c_0)e^{\delta T}$을 얻는다. 총 수일은

$$(S_T - K) + (S_0 - c_0)e^{\delta T} = S_T + \left(S_0 - Ke^{-\delta T} - c_0\right)e^{\delta T} > S_T$$

   따라서 어떤 경우에도 이익이 발생한다. 따라서 다음 식이 성립해야 한다:

$$\max\{S_0 - Ke^{-\delta T}, 0\} \leq c_0 \tag{7.18}$$

2. 콜 옵션의 상한: S_0
당연한 일이지만, 콜 옵션의 가격은 아무리 높아도 당시 주식가격보다 높을 수는 없다. 만일 $c_0 > S_0$라 하자. **이 상황에서, 아무 일도 하지 않으면** $t = T$ **일 때 수익은 물론 0이다**. 그러나 다음 일을 생각해보자. 지금 콜 옵션을 팔아 c_0을 얻고, S_0를 주고 주식 1개를 사고, 나머지 금액 $c_0 - S_0$는 확정 이율을 주는 채권을 산다. $t = T$ 일 때 생기는 일은
   - $S_T > K$일 때:
   상대는 콜을 행사한다. 미리 사둔 주시기을 K를 받고, 넘긴다. 총 수익은

$$K + (c_0 - S_0)e^{\delta T}$$

   - $S_T \leq K$:
   이 때는 상대는 콜을 행사하지 않는다. 때문에 미리 사둔 주식은 내것이다. 총 수익은

$$S_T + (c_0 - S_0)e^{\delta T}$$

◁

해설 3.2 Call A 를 팔고, 받은 금액 20으로 Call B를 산다. 이 과정에서 수익 5가 발생한다. 다시 Call를 사는 이유는, 자신에게서 콜을 산 사람이 만기에 콜 옵션을 행사할 것에 대비하기 위한 것이다. 만기 상황을 보자.

- $S_T \geq 100$인 경우.
이 경우는 콜을 사간 사람이 콜 옵션을 행사한다. 즉 콜 판매자는 가격 S_T 짜리 주식에 100에 팔아야 한다. 이 문제는 미리 사둔 95-콜을 행사하여 S_T 짜리를 95에 사고, 이것을 100에 팔면된다. 이 관정에서 다시 5의 수익이 발생한다.
- $S_T < 100$인 경우
자신에게서 콜을 사간 사람은 콜을 행사할 이유가 없다, 만일 자신에 사둔 95-콜을 행사할 수 있으면, 이 과정에서 $S_T - 95$의 수익이 발생한다. $S_T < 95$가 되면 자신이 사둔 95-콜도 무용지물이 되지만, 그렇다고 하더라도 100-콜 가격과 95-콜 가격의 차이 5는 자신의 수익이 된다.

따라서 어떤 경우가 되더라도 위험부담이 없는 확정적인 수입을 내는 상황이 발생하기 때문에, 이러한 가격은 있을 수 없다. ◁

해설 3.3 Call A를 팔고 얻은 판매대금 20으로 100-콜을 14에 산다. 이 관정에서 6의 수익이 발생한다. 다시 콜을 산 것은 자신에게서 콜을 산 사람이 콜을 행사할 것에 대비하기 위한 것이다. 이제 만기 상황을 보자.

1. $S_T \geq 95$인 경우.
이 경우는 95-콜을 사간 사람이 콜 옵션을 행사한다. 즉 콜 판매자는 가격 S_T 짜리 주식에 95에 팔아야 한다. 그러나

- $S_T \geq 100$이면, 자신이 갖고 있는 100-콜을 행사하여 100을 주고 주식을 사고, 이것을 95-콜을 사간 사람에게 95에 판다. 전체적으로 수익은 $-100+95+6=1$이다.
- $95 \leq S_T < 100$인 경우는, 자신이 보유하고 있는 100-콜은 쓸모가 없을 끝난다. 시장에서 S_T를 주고 주식을 사서, 이것을 95에 팔아야 한다. 전체적으로 수익은 $-S_T+95+6>1$.

따라서 어떤 경우가 되더라도 위험부담이 없는 확정적인 수입을 내는 상황이 발생하기 때문에, 이러한 가격은 있을 수 없다. ◁

해설 3.4 만기가 되었다면, 콜 옵션을 산 경우 행사할 조건이 된다. 이익은 $S_T-K=103-100=3$. 따라서 3보다 더 많이 주고 살 이유도 없고, 3보자 적게 받고 팔 이유도 없다. 때문에 $C_T=3$. ◁

해설 3.5

1. 비정상적인 거래다. 차라리 95콜을 2개 사는 것이 좋다.

표 7.1: 95콜 매수, 105콜 매수 수익

S_T	$S_T \leq K_1 = 95$	$K_1 < S_T \leq K_2$	$S_T > K_2 = 105$
long call, $K_1 = 95$ 일 때 이익	0	$S_T - 95$	$S_T - 95$
short call , $K_2 = 105$일 때 이익	0	0	$S_T - 105$
총 이익	$-7-3=-10$	$S_T - 105$	$2S_T - 210$

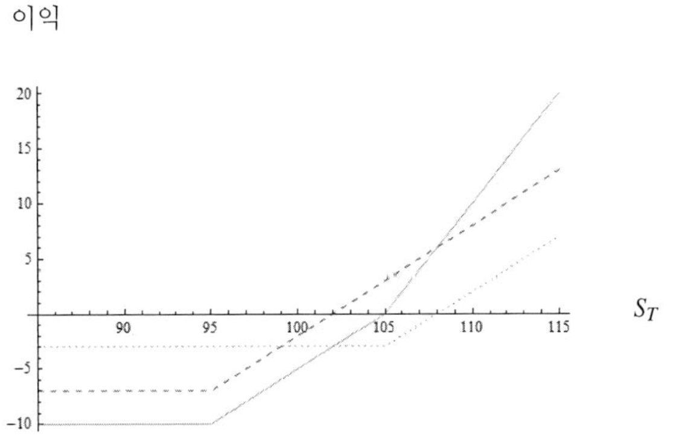

그림. 7.3: 95콜, 105콜 샀을 때 S_T와 이익

표 7.2: 95콜 2개 매수 수익

S_T	$S_T \leq K_1 = 95$	$K_1 < S_T$	
long call, $K_1 = 95$ 일 때 이익	0	$2(S_T - 95)$	
총 이익	-14	$2S_T - 204$	

2. 정상적인 거래다.

표 7.3: 95콜 매수, 105콜 매도 수익

S_T	$S_T \leq K_1 = 95$	$K_1 < S_T \leq K_2$	$S_T > K_2 = 105$
long call, $K_1 = 95$ 일 때 이익	0	$S_T - 95$	$S_T - 95$
short call , $K_2 = 105$일 때 이익	0	0	$-(S_T - 105)$
총 이익	$-7+3=-4$	$S_T - 99$	6

3. 95콜을 팔았다는 것은 주가가 95이상 올라가지 않을 것이라 생각할 때다. 그런데 105콜을 산다는 것은 주가가 105이상 상승하리라 생각할 때이다. 때문에 지금 거래는 도저히 이해할 수 없는 비정상적인 거래다.

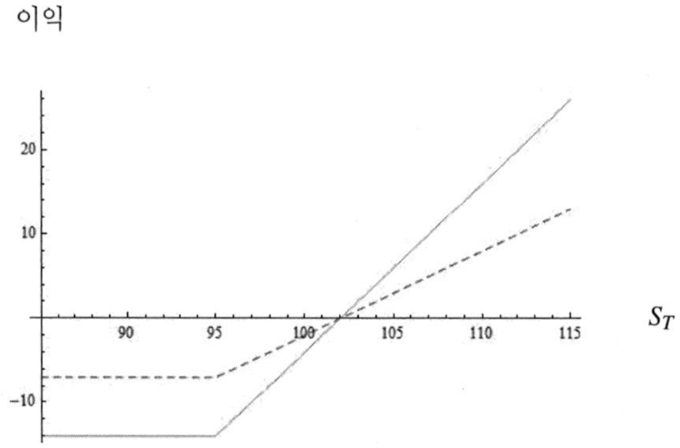

그림. 7.4: 95콜 2개를 샀을 때 S_T와 이익

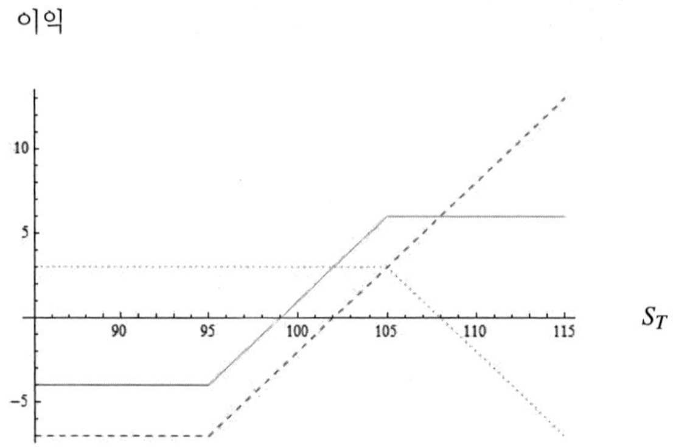

그림. 7.5: 95콜을 사고, 105콜을 팔았을 때 S_T와 이익

표 7.4: 95콜 매도, 105콜 매수 수익

S_T	$S_T \le K_1 = 95$	$K_1 < S_T \le K_2$	$S_T > K_2 = 105$
long call, $K_1 = 95$ *일 때 이익*	0	$-(S_T - 95)$	$-(S_T - 95)$
short call , $K_2 = 105$ *일 때 이익*	0	0	$S_T - 105$
총 이익	$7 - 3 = 4$	$-S_T + 99$	-6

4. *95콜을 팔았다는 것은 주가가 95 이상으로 오르지 않을 것으로 판단한 때이다. 때문에 105콜을 판다는 것은 좀 의아하다. 주가 변동에 따른 이익 그래프를 보자.*

표 7.5: 95콜 매도, 105콜 매도 수익

S_T	$S_T \le K_1 = 95$	$K_1 < S_T \le K_2$	$S_T > K_2 = 105$
long call, $K_1 = 95$ *일 때 이익*	0	$-(S_T - 95)$	$-(S_T - 95)$
short call , $K_2 = 105$ *일 때 이익*	0	0	$-(S_T - 105)$
총 이익	$7 + 3 = 10$	$-S_T + 105$	$-2S_T + 210$

◁

해설 3.6

1. *American Option 의 경우* $[\max\{K - S_t, 0\}, K]$

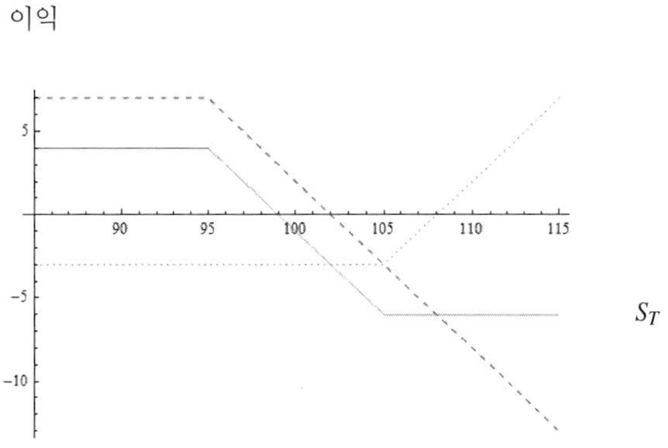

그림. 7.6: 95콜을 팔고, 105콜을 샀을 때 S_T와 이익

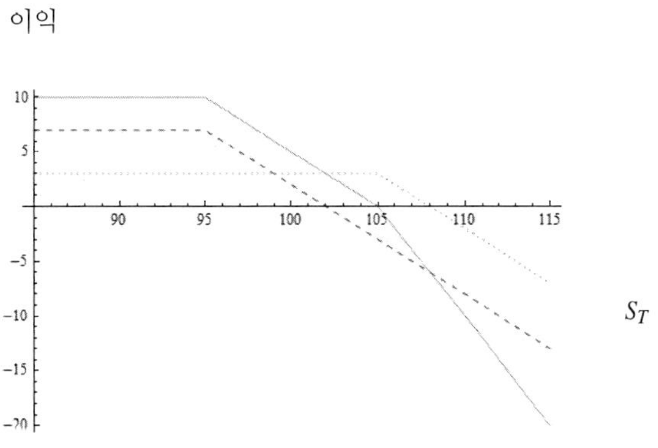

그림. 7.7: 95콜을 팔고, 105콜을 팔았을 때 S_T와 이익

- *주식 가격에 상관 없이 기간 내에,* $0 < t < T$*, 언제든 해당 주식을* K*에 팔 수 있다.* K *이상 받을 수 없다. 따라서 가격은* K*보다 클 수 없다.* $p_t \le K$.
- $0 < t < T$ *에 주식가격이* $S_t < K$*인 경우, 최소한* $K - S_t$*의 이익이 발생한다. 따라서* $p_t \ge \max\{K - S_t, 0\}$.

2. European Option*의 경우* $[\max\{Ke^{-\delta T} - S_0, 0\}, Ke^{-\delta T}]$
   - *만기* T*가 되어야* K*를 받고 팔 수 있다. 즉 지금 시간이* $t = 0$*라면 시간이* T *만큼 지난 뒤에* K*를 받는 구조다. 따라서* t*일 때 가격은* $Ke^{-\delta T}$*. 그러므로* European Put Option*의 가격은* $Ke^{-\delta T}$*를 넘어설 수 없다. 따라서* $p_0 \le Ke^{-\delta T}$.
   - *배당금을 지급하지 않는 주식에 대한* European Put Option*의 가격 하한:*
     지금 주식 1개를 갖고 있다 하자. $t = T$*에 이것을* K*를 받고 팔려고 한다면 지금(*$t = 0$*) 풋 옵션을 하나 사야 한다. 그 가격이* p_0*라 하자. 이것을 생각해서 지금 자산배분*

$$p_0 + S_0 \tag{7.19}$$

을 생각하자. 이 자산배분으로 시간이 T *만큼 지나서 얻을 수 있는 수익은*
     - $S_T < K$*일 때:* K
     - $S_T > K$*일 때: 주식을 팔아* K*보다 큰 수익* S_T*를 얻는다.*
     - *그런데 간단하게 지금(*$t = 0$*)를 위험부담이 없는 이자의 세기* δ*를 주는 곳에* $Ke^{-\delta T}$*를 투자해도 시간* T*가 지나면* K*를 얻는다.*
     - *따라서 자산배분* $p_0 + S_0$ *의 가치는* $Ke^{-\delta T}$ *보다 작을 수는 없다.*

$$p_0 + S_0 \ge Ke^{-\delta T} \iff p_0 \ge Ke^{-\delta T} - S_0 \tag{7.20}$$

그런데 어떤 경우에도 $p_0 > 0$이므로 $K^{-\delta T} - S_0 < 0$인 경우는 식 (7.20)는 허접하게 성립하기 때문에 이것을 다음과 같이 표현하자

$$p_0 \geq \max\{Ke^{-\delta T} - S_0, 0\} \tag{7.21}$$

◁

해설 3.7 누구나 안정적인 미래를 원한다. 미래 ($t = T$)에 안정적인 자금 K를 확보하기 위하여 지금 ($t = 0$)에 무엇을 할 수 있나? 이런 일은 공짜로 되지는 않는다. 다음 두 경우를 생각해보자.

1. 이자의 세기가 δ인 계정에 $t = 0$일 때 $Ke^{-\delta}$ 가 있는 경우
   주식 가격이 오를 것을 예상하여, 만기 T에 행사가격이 K인 유러피언 콜 옵션을 하나 산다.
   - $S_T \geq K$인 경우는 $t = T$일 때 자산은 $(Ke^{-\delta T})e^{\delta T} + (S_T - K) = S_T \geq K$
   - $S_T < K$인 경우는 사둔 콜 옵션을 쓸모 없게 됐다.
     따라서 $t = T$일 때 자산은 $(Ke^{-\delta T})e^{\delta T} = K$

   어떤 경우도 최소한 K를 확보하게 되고, 운이 좋으면 K보다 큰 S_T를 얻게된다.
2. $t = 0$에 주식 1개를 갖고 있는 경우:
   주식 가격이 K 이래로 떨어질 것에 대비하여, 행사가격이 K인 European Put Option을 하나 산다.
   - $S_T \geq K$인 경우는 사둔 옵션을 쓸모 없게 됐다. $t = T$일 때 자산은 $S_T \geq K$
   - $S_T < K$인 경우는 콜 옵션을 행사할 수 있다. 갖고 있던 주식을 K를 받고 넘겨주면 $t = T$일 때 자산은 K

   어떤 경우에도 최소한 K를 확보하게 되고, 운이 좋으면 S_T를 얻는다.

다음 결론을 얻는다.

- 위험부담이 없는 계정의 $Ke^{-\delta T}$와 유러피어 콜 옵션 1개로 이루어진 자산배분과
- 주식 1개와 유러피어 풋 옵션으로 이루어진 자산배분의 현재가격은 같다.

왜냐하면 $t = T$에 똑 같은 결과를 얻기 때문이다. 이것을 **콜-풋 패러티**라 한다. ◁

해설 3.8 $T = \frac{3}{12}$.

1. $p_0 = 2.25$인 경우. $Ke^{-\delta T} + c_0 = 32.2593 < 33.25 = p_0 + S_0$가 성립한다. K, S_0**는 지금 결정된 것이기 때문에, 이 경우는 콜 옵션 가격이 정상가격보다 싼 경우다. 때문에 풋을 팔고 콜을 사자**.

   □ 지금 해야할 일:
   - 3을 주고 콜을 산다.
   - 2.25를 받고 풋을 판다. 풋을 팔았기 때문에 $S_T < K$인 경우(풋이 행사돌 경우)를 대비해야 한다. 즉 자금을 확보해야 한다.
   - 31을 받고 주식을 판다.
   - 확보한 자금 $-c_0 + p_0 + S_0 = -3 + 2.25 + 31 = 30.25$를 3개월 간 이자의 세기 δ로 투자한다.

   □ 만기에 일어나는 일:
   - $S_T < K$인 경우:
     투자금은
     $$30.5e^{\delta T} = \big(-c_0 + p_0 + S_0\big)e^{\delta T} = 31.0158 \tag{7.22}$$
     내가 사둔 콜은 쓸모 없이 끝났다. 그러나 내서 풋을 사간 사람은 풋을 행사한다. K를 주고 주식을 사야한다. 따라서 순수하게 남은 것은 주식 1개와, $31.0518 - K = 1.0518$. 이것의 의미는 이미 주식을 보유하고 있는 사람은 아무런 일 하지 않는 것보다, 이렇게 하는 것이 1.0518 이익이란 말이다.
   - $S_T \geq K$인 경우:
     풋을 팔기 잘 했다. 상대는 풋을 행사하지 않는다. 대신 나는 콜을 행사할 수 있다. 우선 투자금을 회수한다: $\big(-c_0 + p_0 + S_0\big)e^{\delta T} = 31.0158$ 콜을 행사해서 주식을 $K = 30$에 산다. 남은 돈은 1.0518 이다. 순수하게 남은 것은 주식 1개와, $31.0518 - K = 1.0518$이다.

   따라서 어떤 경우가 오더라도 이미 주식을 보유한 사람은 위험부담이 없는 수익 1.0518가 생긴다.
2. $p_0 = 1$인 경우. $Ke^{-\delta T} + c_0 = 32.2593 > 32 = p_0 + S_0$가 성립한다. K, S_0**는 지금 결정된 것이기 때문에, 이 경우는 풋 옵션 가격이 정상가격보다 싼 경우다. 때문에 콜 을 팔고 풋을 사자**.

   □ 지금 해야할 일:

- 3을 주고 콜을 판다. 콜을 팔았기 때문에 $S_T > K$가 되는 경우(콜 옵션이 행사될 경우)를 대비해야 한다. 즉 주식을 확보할 방안을 생각해야 한다.
- 1을 주고 풋을 산다. 2가 남았다.
- 29를 3개월간 대출한다.
- 확보한 자금 $2+29=31$로 주식을 산다.

□ 만기에 일어나는 일:

- $S_T < K$인 경우:
  대출금은 $29e^{\delta T} = 29.7341$ 가 됐다.
  풋을사두기 잘했다. 미리 사둔 풋을 행사하여, 미리 사둔 주식을 팔아 $K = 30$을 확보한다.
  이 돈으로 대출금을 갚고 $30 - 29.7341 = 0.265862$ 을 얻는다.
- $S_T \geq K$인 경우:
  대출금은 $29e^{\delta T} = 29.7341$ 가 됐다.
  사둔 풋은 쓸모 없이 끝났다. 그러난 상대는 내게서 사간 콜을 행사한다.
  대출까지 해가며 미리 사둔 주식을 $K = 30$을 받고 넘긴다. 이 돈으로 대출금을 갚고 $30 - 29.7341 = 0.265862$ 을 얻는다.

따라서 어떤 경우가 오더라도 이미 주식을 보유한 사람은 위험부담이 없는 수익 $30 - 29.7341 = 0.265862$ 을 얻는다.

◁

해설 3.9 $T = \frac{6}{12}$이다.

1. $S_0 - Ke^{-\delta T} = 1.59552$
2. $Ke^{-\delta T} + c_0 = 41.4045 < 42 = p_0 + S_0$. 따라서 콜 가격이 싸다. 풋을 팔고, 만기에 풋이 행사될 것에 대비하여 콜을 사는 방식으로 이익을 얻을 수 있다.즉 지금 풋을 팔고, 주식의 팔아 자금 $1+41 = 42$를 확보한다. 2를 써 콜을 산다. 남은 자금은 40이다. 이것을 이자의 세기 $\delta = 0.03$으로 6개월 투자하면 $40e^{\delta T} = 40.6045$을 얻는다.

   - 만기 때 주식가격이 행사가격 K 이상으로 오르면 상대는 풋 옵션을 행사할 수 없다. 그러나 나는 미리 사둔 콜 옵션을 행사하여 $K = 40$을 주고 주식을 다시 산다. 결과는 주식 1장과, 수익 $40.6045 - K = 0.6045$이다.
   - 만기 때 주식 가격이 행사가격 K 아래로 떨어지면, 내가 사둔 콜 옵션은 쓸모없이 끝난다. 그러나 상대는 풋 옵션을 행사한다. 투자로 얻은 $40e^{\delta T} = 40.6045$에서 40을 들여 주식을 사들이면 남은 돈은 $40.6045 - K = 0.6045$이다.

   만기 때 주식가격이 어떻게 되더라도, 주식을 이미 보유하고 있는 사람은 이 방식으로 $40.6045 - K = 0.6045$의 이익을 낼 수 있다.

◁

해설 3.10

1. 같은 가격에 콜 가격보다 풋 가격이 크게 비싸다. 이것은 주식을 매도하려는 투자자가 많다는 것을 말한다. 투자자들은 주가가 하락할 것이라 판단한다. 이런 판단은 현재 진행되고 있는 미.중 무역분쟁으로 봐도 타당성이 있다.

표 7.6: 290 숏 풋, 280 롱 풋, 280 롱 콜, 290 숏 콜의 이익

2.

S_T	$S_T \leq 280$	$280 < S_T \leq 290$	$290 < S_T$
290 short call 이익	56	56	$-100(S_T - 290) + 56$
280 long call 이익	-199	$100(S_T - 280) - 199$	$100(S_T - 280) - 199$
280 long put 이익	$50(280 - S_T) - 780$	-780	-780
290 short put 이익	$-50(290 - S_T) + 1230$	$-50(290 - S_T) + 1230$	1230
총 이익	-193	$150S_T - 42193$	1307

3. $S_T \geq 290$

◁

해설 3.11

- 투자자는 환률을 $15_B/1_A$로 예측한다. 이것은 B 나라 화폐가치의 상승을 의미한다. 더구나 콜 옵션 가격과 풋옵션 가격이 같다. 따라서 이 투자자는 콜옵션에 투자해야 한다.

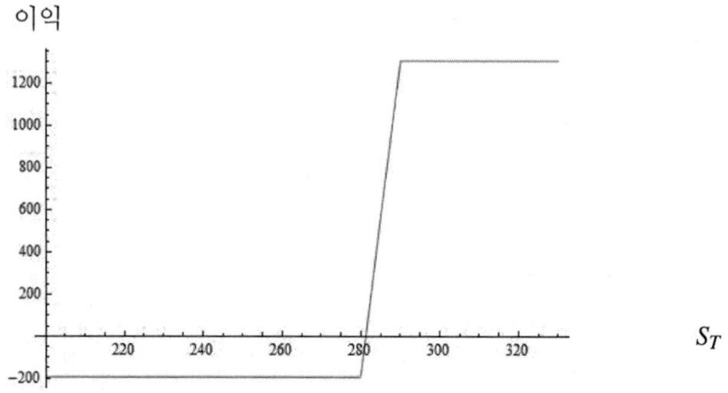

그림. 7.8: 290 숏 풋, 280 롱 풋, 280 롱 콜, 290 숏 콜의 이익

- *환률에 따른 수익 그래프와 손실없는 환률 범위를 구하기 위하여 표를 만들면*

$S_T/1$	$S_T/1 < 20/1$	$20/1 < S_T/1$
long call $S_T/1$ 이익	$\frac{1}{S_T} - \frac{1}{20}$	0
비용	$-\frac{1}{180}$	$-\frac{1}{180}$
이익	$\frac{1}{S_T} - \frac{1}{20} - \frac{1}{180}$	$-\frac{1}{180}$

따라서 손실이 없는 구간은 $\frac{1}{S_T} - \frac{1}{20} - \frac{1}{180} = \frac{1}{S_T} = \frac{1}{18} \geq 0$. *즉* $S_T \leq 18$

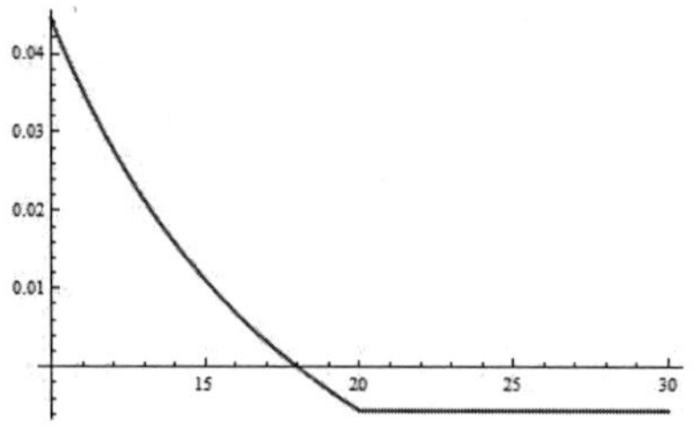

◁

해설 3.12

- *풋옵션을 산 것을 잘못된 판단이다. 최초 환률* $20_B/1_A$ *인데 만기환률을* $15_B/1_A$*로 예상한다는 것은 B 나라 돈의 가치가 상승할 것으로 예상한 것이다. 때문에 콜옵션을 사야 한다. 그런데 예상과는 달리 만기 환률이* $25_B/1_A$*가 되었다면 A나라 돈의 가치가 상승한 것이다. 때문에 콜 옵션을 행사할 수 없다. 왜냐하면 콜옵션을 행사한다는 것은 B나라 돈* 1_B*를 옵션에 따라* $\frac{1}{20_A}$ *에 사는 것인데, 옵션을 행사하지 않고 시장에서 사면 더 싸게* $\frac{1}{25_A}$*에 살 수 있기 때문이다. 올바른 판단을 해서 콜옵션을 샀다면 옵션을 사는데 들어간* $5000 \times \frac{1}{500} = 10$*의 손실이 발생한다.*
- *그런데 이 투자자는 환률을 잘못 이해해서 풋옵션을 샀다. 풋옵션을 산다는 것은 B나라 돈의 가치가 떨어질 것으로 예상할 때 하는 것이다. 그런데 만기 환률이* $25_B/1_A$*가 되었다는 것은 B 나라 돈의 가치가 떨어진 것이다. 따라서 풋옵션을 산 투자자는 옵션을 행사할 수 있다. 즉 B 나로 돈* 1_B*을 시장에서* $\frac{1}{25_A}$ *에 사서 옵션에 따라 더 비싸게* $\frac{1}{20_A}$ *에 팔 수 있기 때문이다. 옵션 5000개를 샀기 때문에 이익은 이익* $5000 \times \left(\frac{1}{20} - \frac{1}{25} - \frac{1}{500}\right) = 40$*이 발생한다.*

◁

해설 3.9

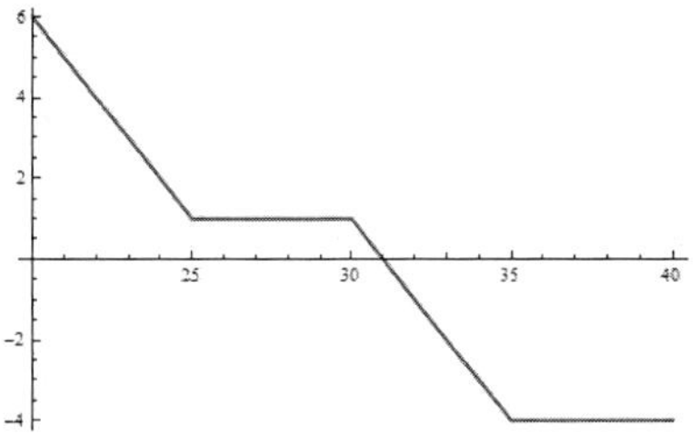

◁

해설 3.13

1. 2년 뒤에 보장한 원금을 돌려주기 위하여 지금 만기에 2500을 주는 채권에 $2500e^{-2\delta_1} = 2500(1+\frac{1}{9})^{-2} = 2025$ 을 투자한다. 나머지 돈은 $2500-2025=475$ 인데, 이중 일반인보다 싼 470을 들여 풋옵션 Q에 투자한다. 여기서 투자회사는 5의 수익이 발생한다. 만기에 옵션을 행사할 수 없다 하더라도 투자회사 대박은 미리 투자한 2025로부터 2500을 확보할 수 있다. 풋옵션을 행사할 수 있다면 추가로 이익이 발생한다.
2. 풋옵션을 행사하여 추가 이익을 얻는다. 우선 최초의 이익 $475-470=5$, 그리고 풋옵션으로부터 최소한 $2525-2500-25$의 이익이 있다. 풋옵션의 이익이 이렇게 되는 것은 풋옵션 Q를 구성하는 주식을 $S_1, S_2, \cdots, S_n$이라 하면, $t=0$일 때 각각의 주식의 콜옵션 행사가격을 $K_i, i=1,2,\cdots,n$이라 두면 $\sum_{i=1}^n K_i = 2500$으로 이것을 $t=0$일 때 포트폴리오 P의 가치다. $t=2$일 때 각각의 주식 가격은 S_i^T 라 두면 $\sum_{i=1}^n S_i^T = 2000$이다. 어떤 주식을 오르고 어떤 주식을 떨어졌다. 때문에 $2500-2000=500=\sum_{i=1}^n (K_i - S_i^T)$에서 $K_i - S_i^T$ 중 어떤 것은 음수가 될 수 있다. 음수가 되는 것은 풋옵션을 행사할 수 없는 것이다. 따라서

$$25 = \sum_{i=1}^n (K_i - S_i^T) \le \sum_{i=1}^n (K_i - S_i^T)^+ = \text{풋옵션 } Q\text{를 행사하여 얻을 수 있는 이익}$$

$S_1^T = 0, K_i - S_i^T < 0, i=2,3,\cdots,n$인 경우를 생각하면 $\sum_{i=1}^n (K_i - S_i^T)^+ = K_1 - S_1^T$가 되고, $\sum_{i=1}^n K_i = 2500$ 이므로 수익 500도 가능하다. ◁

해설 3.14 표현을 간단하게 하기 위하여 일정한 가격 차를 C라 하자. 즉 $C = K_{c3} - K_{c2} = K_{c2} - K_{c1}$. 만일 $2c_2 > c_1 + c_2$라 하면 행사가 K_{c2}인 콜옵션을 2개 팔아 행사가 K_{c1}, K_{c3} 인 콜을 각각 1개씩 산다. 여기서 $2c_2 - c_1 - c_3 > 0$의 이익이 발생한다.

- 만기 주가 S_T가 K_{c1} 보다 작으면 모든 콜이 행사되지 않는다. 손익은 $2c_2 - c_1 - c_3 > 0$.
- 만기 주가 S_T가 $K_{c1} < S_T < K_{c2}$이면 행사가 K_{c1}인 콜만 행사된다. 손익은 $(2c_2 - c_1 - c_3) + (S_T - K_{c1} > 0$.
- 만기 주가 S_T가 $K_{c2} < S_T < K_{c3}$이면 행사가 K_{c1}, K_{c2}인 콜만 행사된다. 손익은

$$(2c_2 - c_1 - c_3) + (S_T - K_{c1}) - 2(S_T - K_{c2}) = (2c_2 - c_1 - c_3) + C - (S_T - K_{c2}) > 0$$

- 만기 주가 S_T가 $K_{c3} < S_T$이면 모든 콜이 행사된다. 손익은

$$(2c_2 - c_1 - c_3) + (S_T - K_{c1}) + (S_T - K_{c3}) - 2(S_T - K_{c2}) = (2c_2 - c_1 - c_3) > 0$$

어떤 경우라도 이익이 나는 구조이므로 이 가격은 유지될 수 없다. 따라서 $2c_2 \le c_1 + c_3$가 성립해야 한다. ◁

해설 3.15

1. 콜옵션과 풋옵션의 행사가격이 모두 같다. 콜 옵션을 사건은 주식 가격이 60이상 상승하리라 전망하고 있다. 풋옵션을 판 것도 주식 가격이 60 아래로 하락하지 않은 것을 예상한 것이다. 따라서 지금 상황은 풋옵션을 팔지 말고 차라리 풋 옵션을 사서 혹시 모를 주가 하락에 대비하는 것이 더 좋은 방법이다.
2. 주가가 예상대로 60 이상 상승했다면, 콜 옵션을 행사할 수 있고, 풋 옵션을 행사하지 못한다. 따라서 손익은 대출 10을 생각하고, 만기 주가를 S_T라 두면

$$(S_T - 60) - 10e^{\delta T} = S_T - 71$$

따라서 만기에 주가가 71 이상 상승해야 한다. 손익분기점이 되는 주식 A의 가격은 71이다.

◁

4장 문제 해설

해설 4.1

1. $F_0(60) = 0.36$
2. ${}_{40}p_{30} = \frac{S_0(70)}{S_0(30)} = \frac{1-F_0(70)}{1-S_0(30)} = 0.56044$
3. ${}_{50|10}q_{20} = {}_{50}p_{20} - {}_{60}p_{20} = \frac{1-F_0(70)}{1-F_0(20)} - \frac{1-F_0(80)}{1-F_0(20)} = 0.15625$

◁

해설 4.2 우선 $S_0(t) = 1 - F_0(t) = \max\{1 - \frac{t^2}{100^2}, 0\}$ 인 것에 주의하자.

1. $\mu_t = -\frac{S_0'(t)}{S_0(t)}$ 로부터 $\mu_{30} = 0.00659341$
2. $\mathring{e}_x := \int_0^\infty t f_x(t)dt$ 인 것을 기억하자. 먼저 $f_x(t) = -\frac{d}{dt}{}_tp_x$ 인 것에 주의하자.

$$\begin{aligned}\mathring{e}_0 &= \int_0^{100} t f_0(t)dt = -\int_0^{100} t\frac{d}{dt}{}_tp_0 = \int_0^{100} {}_tp_0 dt = \int_0^{100} S_0(t)dt \\ &= \int_0^{100}(1 - \frac{t^2}{100^2})dt \\ &= \frac{200}{3}\end{aligned}$$

3.

$$\begin{aligned}\mathring{e}_{20} &= \int_0^{80} t f_{20}(t) = -\int_0^{80} t\frac{d}{dt}{}_tp_{20}dt = \int_0^{80} {}_tp_{20}dt = \int_0^{80} \frac{S_0(20+t)}{S_0(20)}dt \\ &= \frac{440}{9}\end{aligned}$$

4. $e_x := E[K_x] = \sum_{k=1}^\infty {}_kp_x$ 인 것에 주의하자.

$$e_{20} = \sum_{k=1}^{80} {}_kp_{20} = \sum_{k=1}^{80} \frac{S_0(20+k)}{S_0(20)} = \frac{3871}{80} = 48.3875$$

◁

복잡합 적분이나 합은 휴대폰으로 Google colab 을 접속하여 Python3를 이용하여 하면 좋다. 예를 들어 적분 $\int_0^{100}(1 - \frac{t^2}{100^2})dt$를 계산하는 것은

```
from sympy import *

t=symbols('t', real=True)
va=integrate( 1-t**2/100**2, (t,0,100) )
print(va)
```

이것을 실행하면 $\frac{200}{3}$을 얻는다.

해설 4.3 사력(force of mortality)이 상수이므로 $\mu_t = -\frac{S_0'(t)}{S_0(t)}$ 로부터 $S_0(t) = e^{-\lambda t}$.

1. ${}_tp_x = e^{-\lambda t}$. x에 관계 없다.
2. $\mathring{e}_x = -\int_{t=0}^\infty t\frac{d}{dt}{}_tp_x dt = \frac{1}{\lambda}$.
3. $e_x = E[K_x] := \sum_{k=0}^\infty kPr[K_x = k]$
   $= \sum_{k=1}^\infty {}_kp_x = \frac{1}{e^\lambda - 1}$.
4. $v = \frac{1}{1+i}$로 하여 $\ddot{a}_{20} = \sum_{k=0}^\infty v^k {}_kp_{20} = \frac{(1+i)e^\lambda}{(1+i)e^\lambda - 1}$

◁

해설 4.4

1. $p_{x+3} = 1 - q_{x+3} = 0.98$
2. ${}_2p_x = {}_1p_x\,{}_1p_{x+1} = p_x p_{x+1} = 0.765$
3. ${}_4p_x = {}_1p_x {}_3p_{x+1}, {}_4p_x = {}_1p_x {}_2p_{x+1} {}_1p_{x+3}$.
   따라서 ${}_2p_{x+1} = \frac{{}_3p_{x+1}}{{}_1p_{x+3}} = \frac{{}_3p_{x+1}}{1-q_{x+3}} = 0.816327$
4. ${}_4p_x = {}_3p_x {}_1p_{x+3} = {}_3p_x(1-q_{x+3})$. ${}_3p_x = 0.734694$.
5. ${}_3p_{x+1} = {}_1p_{x+1} {}_1p_{x+2}$에서
   ${}_1p_{x+2} = p_{x+2} = 0.941176$
6. ${}_{1|2}q_x = {}_1p_x {}_2q_{x+1} = {}_1p_x(1 - {}_2p_{x+1}) = 0.165306$

◁

해설 4.5

1. UDD 이므로 $\ell_t = (1-t)A + tB, 0 \le t < 1$,으로 두자. $p_{40} = \frac{B}{A} = 0.95$. 이제

$$ {}_{0.4}q_{40.2} = 1 - {}_{0.4}p_{40.2} = 1 - \frac{\ell_{0.6}}{\ell_{0.2}} = \frac{2(A-B)}{4A+B} = 0.020202 $$

2. 상수사력은 이자계산에서 복리를 생각하면 좋다. $\ell_{40} = A$라 두면, $\ell_{40+t} = Ae^{-\mu t}, 0 \le t < 1$.

$$ {}_{0.4}q_{40.2} = 1 - {}_{0.4}p_{40.2} = 1 - \frac{\ell_{40.6}}{\ell_{40.2}} = 1 - e^{0.4\times\mu} = 0.0203083 $$

3. $\omega = 60$인 De Moivre Model이므로 ${}_tp_x = 1 - \frac{t}{\omega - x} = 1 - \frac{t}{60-x}$.

$$ {}_{0.4}q_{40.2} = 1 - {}_{0.4}p_{40.2} = 1 - \left(1 - \frac{0.4}{60-40.2}\right) = 0.020202 $$

UDD Model 과 De Moivre Model이 같은 값을 준다. 이것을 De Moiver Model은 $\ell_t = \ell_0(1 - \frac{t}{\omega})$ 라 생각하는 것이기 때문이다. UDD Model은 생애 전체를 직선으로 보는 것이 아니라 일부분을 직선으로 본다. ◁

해설 4.6 수식을 증명하기 전에 의미를 아는 것이 더 중요하다. 특히 개체 모델 ℓ_t가 주어졌다 생각하면 쉽다.

- ${}_tp_x = \frac{\ell_{t+x}}{\ell_x}$는 나이 x인 사람이 t년 이상 생존할 확률을 나타낸다. t에 대한 감소함수이다.
- ${}_tq_x$는 나이 x인 사람이 t년 이내에 사망할 확률이다. 따라서 ${}_tp_x + {}_tq_x \equiv 1$. 특히 ${}_tq_x$는 t에 대한 증가함수이다. ${}_tq_x = 1 - \frac{\ell_{x+t}}{\ell_x}$
- ${}_{t|u}q_x$는 나이 x인 사람이 t년 이상 생존하고, 그로부터 u년 이내에 사망할 확률이다. ${}_{t|u}q_x = \frac{\ell_{x+t}}{\ell_x} \times \frac{\ell_{x+t} - \ell_{x+t+u}}{\ell_{x+t}}$.
- μ_x는 $-\frac{d}{dt}\big|_{t=0}{}_tp_x = \frac{d}{dt}\big|_{t=0}{}_tq_x$. 음의 부호 −를 무시하고 μ_x을 이자의 세기 δ_x와 연관지어 이해하면 좋다. $\mu_x = -\frac{d}{dt}\big|_{t=0}\frac{\ell_{t+x}}{\ell_x} = -\frac{\ell'(x)}{\ell(x)}$. 음의 부호를 무시하고, $\ell_x \equiv \ell(x)$를 잔고함수(amount function)으로 이해하면 쉽다. 물론 $\mu_{x+t} := \mu_x(t) = \frac{d}{dt}{}_tq_x$.

1. 말로 이해하자. 나이 x인 사람이 t년 이상 생존할 확률은 나이 x인 사람이 1년 생존하여 나이 ㄸ$x+1$이 되고, 그로부터 $t-1$년 생존할 확률과 같다. 이것을 쉽게 이해하는 방법은 개체수 모델 ℓ_t를 생각하는 것이다. 그려면 ${}_tp_x = \frac{\ell_{t+x}}{\ell_x}$. 따라서

$$ {}_tp_x = \frac{\ell_{x+t}}{\ell_x} = \frac{\ell_{x+1}}{\ell_x} \times \frac{\ell_{x+t}}{\ell_{x+1}} = \frac{\ell_{x+1}}{\ell_x} \times \frac{\ell_{x+1+t-1}}{\ell_{x+1}} = {}_1p_x \times {}_{t-1}p_{x+1} = p_x \times {}_{t-1}p_{x+1} $$

2. 앞에서 설명한대로 ${}_{t|u}q_x = \frac{\ell_{x+t}}{\ell_x} \times \frac{\ell_{x+t} - \ell_{x+t+u}}{\ell_{x+t}} = {}_tp_x \times {}_uq_{x+t}$.
3. t가 아닌 x에 대한 변화율을 계산하는 것에 주의하자.

$$ \frac{d}{dx}{}_tp_x = \frac{d}{dx}\frac{\ell_{t+x}}{\ell_x} = \frac{\ell'(x+t)\ell_x - \ell_{x+t}\ell'(x)}{\ell_x^2} = \frac{\ell_{x+t}}{\ell_x}\left(-\frac{\ell'(x)}{\ell_x} + \frac{\ell'(x+t)}{\ell_{x+t}}\right) = {}_tp_x(\mu_x - \mu_{x+t}) $$

◁

해설 4.7 무엇보다도 먼저 $\mu_x(t) = \mu_x^{(1)}(t) + \mu_x^{(2)}(t) = 2t + 3t^2$.

1. ${}_tp_x = \exp\left(-\int_0^t \mu_x(u)du\right) = \exp\left(-\int_0^t (2u+3u^2)du\right) = \exp(-t^2 - t^3)$.
2.

$$ Pr[J=1] := \int_{t=0}^{\infty} d_t q_x^{(1)} = \int_{t=0}^{\infty} {}_tp_x \mu_x^{(1)}(t)dt = \int_{t=0}^{\infty} 2t\exp(-t^2-t^3)dt \approx 0.52719 \quad (7.23) $$

$$ Pr[J=2] := \int_{t=0}^{\infty} d_t q_x^{(2)} = \int_{t=0}^{\infty} {}_tp_x \mu_x^{(2)}(t)dt = \int_{t=0}^{\infty} 3t^2\exp(-t^2-t^3)dt \approx 0.47281 \quad (7.24) $$

3. $E[T_0]=\int_{t=0}^{\infty}t d_t q_0=-\int_{t=0}^{\infty}t d_t p_0=\int_{t=0}^{\infty}t(2t+3t^2)e^{-t^2-t^3}dt\approx 0.663711$.
4. $E[T_0\,|\,J=1]$은 $J=1$인 곳에서 확률변수 T_0의 평균값을 말한다. 따라서 $E[T_0\,|\,J=1]=\frac{1}{Pr[J=1]}\int_{t=0}^{\infty}t d_t q_x^{(1)}=\frac{1}{Pr[J]}\int_{t=0}^{\infty}t\mu_x^{(1)}(t)_t p_x dt=\frac{1}{Pr[J]}\int_{t=0}^{\infty}2t^2e^{-t^2-t^3}dt=0.597899$

◁

적분은 Google colab에서 다음과 같이 계산할 수 있다. 예를 들어 적분 $\int_{t=0}^{\infty}2te^{-t^2-t^3}dt$의 계산은

```
import numpy as np
import scipy as sc

func=lambda t: 2*t *np.exp(-t**2 -t**3)

va= sc.integrate.quad(func, 0,  inf)

print(va)
```

해설 4.8 무엇보다도 먼저

$$\mu_{[x]+t}\equiv\mu_{x+t},\ t\geq 2 \tag{7.25}$$

인 것에 주의하자. 또 상수사력 $\mu_x=0.2$이므로 $\ell_t=\ell_0\exp(-0.2t)$. 예를 들어 $\ell_{20}=100{,}000$으로 맞춘다면 $\ell_{20+t}=100{,}000\exp\big(-0.2t)$가 된다. 따라서

$$\ell_{20+t}=100{,}000\exp\big(-0.2t),\qquad {}_tp_x=\frac{\ell_{x+t}}{\ell_x}=\exp(-0.2t) \tag{7.26}$$

1.

$$\int_{u=0}^{t}\mu_{[x]+s+u}du=\begin{cases}\mu\int_{u=0}^{t}(0.9)^{2-(s+u)}du=\frac{a^{2-s}}{\ln a}(1-a^{-t}),\ 0\leq t<2-s, a=0.9\\ \mu\int_{u=0}^{2-s}(0.9)^{2-(s+u)}du+\int_{u=2-s}^{t}\mu du=\frac{a^{2-s}-1}{\ln a}+\mu(t+s-2),\ t\geq 2-s\end{cases}$$

$$ {}_tp_{[x]+s}=\exp\big(-\int_{u=0}^{t}\mu_{[x]+s+u}du\big) \tag{7.27}$$

$$=\begin{cases}\exp\big(-\mu\frac{a^{2-s}}{\ln a}(1-a^{-t})\big),\ 0\leq t<2-s,\ a=0.9,\mu=0.2\\ \exp\big(-\mu\frac{a^{2-s}}{\ln a}-\mu(t+s-2)\big),\ 2-s\leq t,\ a=0.9,\ \mu=0.2\end{cases} \tag{7.28}$$

2. 선별기간이 2이므로 ${}_tp_{[x]+s}=\frac{\ell_{x+s+t}}{\ell_{[x]+s}},\ 2-s\leq t$인 것에 주의하자. $\ell_{[20]},\ell_{[20]+1}$을 구하기 위하여 ℓ_{22}가 필요하다. 식 (7.26)에서
   - ${}_2p_{[20]}=\frac{\ell_{22}}{\ell_{[20]}}$에서
   $$\ell_{[20]}=\frac{\ell_{22}}{{}_2p_{[20]}}=\frac{67032}{0.697212}=96143.$$
   - ${}_1p_{[x]+1}=\frac{\ell_{x+2}}{\ell_{[x]+1}}$로부터
   $$\ell_{[20]+1}=\frac{\ell_{22}}{{}_1p_{[20]+1}}=\frac{67032}{0.827104}=81044.2$$

◁

해설 4.9 표 4.1를 쓰면

1. ${}_4p_{40}=\frac{\ell_{44}}{\ell_{40}}=\frac{99104.33}{99338.26}=0.997645$
2. ${}_4p_{[38]+2}={}_4p_{40}=0.997645$
3. ${}_4p_{[40]}=\frac{\ell_{[40]+1}}{\ell_{[40]}}\frac{\ell_{42}}{\ell_{[40]+1}}\frac{\ell_{44}}{\ell_{42}}=\frac{\ell_{44}}{\ell_{[40]}}=0.997298$
4. ${}_4p_{[39]+1}=\frac{\ell_{41}}{\ell_{[39]+1}}\frac{\ell_{44}}{\ell_{41}}=\frac{\ell_{44}}{\ell_{[39]+1}}=0.997672$
5. ${}_3q_{[50]+1}=1-{}_3p_{[50]+1}=1-\frac{\ell_{54}}{\ell_{[50]+1}}=0.0043503$
6. ${}_{2|}q_{[33]}={}_2p_{[33]}q_{[33]+2}={}_2p_{[33]}q_{35}={}_2p_{[33]}(1-p_{35})=\frac{\ell_{35}}{\ell_{[33]}}(1-\frac{\ell_{36}}{\ell_{35}})=0.000390977$

◁

해설 4.10 *무엇보다도 지금 문제는 선별기간이 3년인 것에 주의하자.*

1. *3년 전에 선별구간에 들어왔기 때문에, 일반구간에 편입된다. 따라서* ${}_5p_{55} = \frac{\ell_{60}}{\ell_{55}} = 0.987613$
2. *2년 전에 선별구간에 들어왔기 때문에, 아직 선별구간 앞에 있는 부분이 있다. 따라서* ${}_5p_{[53]+2} = {}_1p_{[53]+2} \times {}_4p_{[53]+3} = 0.996 \times {}_4p_{56} = 0.996\frac{\ell_{60}}{\ell_{56}} = 0.996 \times 0.990498 = 0.986536$
3. *1년 전에 선별구간에 들어왔기 때문에, 아직 선별구간 앞에 있는 부분이 있다. 따라서* ${}_5p_{[54]+1} = {}_1p_{[54]+1} \times {}_1p_{[54]+2} \times {}_3p_{[54]+3} = {}_1p_{[54]+1} \times {}_1p_{[54]+2} \times {}_3p_{57} = 0.997 \times 0.996 \times {}_3p_{57} = 0.984849$
4. *선별구간에서 시작했기 때문에* ${}_5p_{[55]} = {}_1p_{[55]} \times {}_1p_{[55]+1} \times {}_1p_{[55]+2}] \times {}_2p_{[55]+3} = 0.998 \times 0.997 \times 0.996 \times \frac{\ell_{60}}{\ell_{58}} = 0.985302$

◁

5장 문제 해설

해설 5.1 ${}_tp_0 = S_0(t)$*인 것에 주의하자. 따라서* ${}_tp_x = \frac{S_0(x+t)}{S_0(x)}$.

1. ${}_{80}p_0 = {}_{20}p_0 {}_{60}p_{20} \cdot {}_{60}p_{20} = \frac{4}{25}$
2. ${}_{20|}q_{30} = {}_{20}p_{30} - {}_{21}p_{30} = \frac{S_0(50)}{S_0(30)} - \frac{S_0(51)}{S_0(30)} = \frac{139}{8100}$
3. ${}_{10|5}q_{20} = {}_{10}p_{20} - {}_{15}p_{20} = \frac{7}{80}$
4. $\mu_{50} = -\frac{S_0'(50)}{S_0(50)} = \frac{1}{35}$
5. $\mathring{e}_{50} = -\int_{t=0}^{70} t\, d_t p_x = \frac{70}{3} \approx 23.333$
6. $e_{50} = \sum_{k=1}^{70} {}_kp_x = \frac{3179}{140} \approx 22.8357$

◁

해설 5.2

1. ${}_{t|u}q_x = {}_tp_x - {}_{t+u}p_x$*에서* $x = 30, t = 20, u = 15$
2. ${}_{20}p_{40} = {}_5p_{40}\ {}_{15}p_{45}$*에서* ${}_5p_{40} = 0.941176$

◁

해설 5.3

1. $\ddot{a}_{30} = \frac{1-A_{30}}{1-v} = 17.43$
2. $\ddot{a}_{65} = \frac{1-A_{65}}{1-v} = 10.5$
3. $A_{30} = \sum_{k=0}^{\infty} v^{k+1} {}_{k|}q_{30} = \sum_{k=0}^{34} v^{k+1} {}_{k|}q_{30} + \sum_{k=35}^{\infty} v^{k+1} {}_{k|}q_{30} = A^{\ 1}_{30:\overline{35|}} + v^{35} {}_{35}p_{30} A_{65}$.
   따라서 $A^{\ 1}_{30:\overline{35|}} = 0.092$.
4. $A_{30:\overline{35|}} = A^{\ 1}_{30:\overline{35|}} + v^{35} {}_{35}p_{30} = 0.247048$.
5. $\ddot{a}_{30:\overline{35|}} = \frac{1-A_{30:\overline{35|}}}{1-v} = 15.812$.

◁

해설 5.4 $\ddot{a}_{25:\overline{10|}} = \frac{1-A_{25:\overline{10|}}}{1-v}$*로부터* $A_{25:\overline{10|}} = 1 - d\ddot{a}_{25:\overline{10|}}$. *여기서*

$$\ddot{a}_{25:\overline{15|}} = \sum_{k=0}^{14} v^k {}_kp_{25} = \sum_{k=0}^{9} v^k {}_kp_{30} + \sum_{k=10}^{14} v^k {}_kp_{30} = \ddot{a}_{25:\overline{10|}} + v^{10} {}_{10}p_{25} \ddot{a}_{35:\overline{5|}}$$

따라서 $\ddot{a}_{25:\overline{10|}} = \ddot{a}_{25:\overline{15|}} - v^{10} {}_{10}p_{25} \ddot{a}_{35:\overline{5|}} = 8.01839$. *그러므로* $A^{\ 1}_{25:\overline{10|}} = A_{25:\overline{10|}} - v^{10} {}_{10}p_{25} = 0.00223$ ◁

해설 5.5 *사망은* $\omega = 120$*인 De Moivre의 법칙을 따른다는 것은* $\ell_{x+t} = \omega - x - t$*라는 말이다. 따라서*

$${}_tp_{70} = \frac{\ell_{70+t}}{\ell_{70}} = 1 - \frac{t}{50}$$

구간 $[t, t+dt]$*에 사망할 확률은* $dF_{70}(t)$. *이때 받는 보험금* b_t*의 현재가격을 나타내는 확률변수는 단리 2%로 계산하는 것에 주의하면* $Z = \frac{b_t}{1+(0.02)T_{70}}$. *따라서 구하는 현재가격은*

$$E[Z] = E\Big[\frac{b_{T_{70}}}{1+(0.02)T_{70}}\Big] = \int_{t=0}^{50} \frac{b_t}{1+(0.02)t} dF_{70}(t) \tag{7.29}$$

$$= -\int_{t=0}^{50} \frac{b_t}{1+(0.02)t} d(1-\frac{t}{50}) = \int_{t=0}^{50} \frac{10000-4t^2}{50+t} dt \tag{7.30}$$

$$= 4\int_0^{50} (50-t)dt = 2\big[-(50-t)^2\big|_{t=0}^{50} \tag{7.31}$$

$$= 50,000 \tag{7.32}$$

◁

해설 5.6 *이력이 상수라는 것은* $\delta = \ln(1+i)$*가 상수라는 말이고, 결국 이자율이 변하지 않는 다는 말이다. 잔고함수를* $A(t)$*라 두면* $\delta = \frac{A'(t)}{A(t)}$*가 상수라는 말이어서* $A(t) = A(0)e^{\delta t}$ *꼴이 된다. 사력이 상수라는 것은 나이* x*인 사람 수를* $\ell_x \equiv \ell(x)$*라 두면* $\frac{\ell'(x)}{\ell(x)} \equiv -\mu$*, 상수. 여기서 기호 −를 붙인 이유는* ℓ_x*는 감소함수이기 때문에* $\ell'(x) \le 0$*이 되기 때문에, 사력* μ*을 양수로 잡으려면 부호를 바꾸어야 하기 때문이다. 따라서 사력이 상수인 경우*

$$\ell_x = \ell_0 e^{-\mu x} \tag{7.33}$$

이력과 사력이 상수인 경우 $A(x)$*와* $\ell(x)$*가 아주 비슷한 것에 주의하자. 이제 보험금의 현재가격을 나타내는 확률변수는* $Z = 10e^{-\delta T_{50}}$*이고, 조건에서*

$$E[Z] = E\big[10e^{-\delta T_{50}}\big] = 10E\big[e^{-\delta T_{50}}\big] = 10\int_{t=0}^{\infty} e^{-\delta t} dF_{50}(t) = 5 \tag{7.34}$$

다음으로

$$Var[Z] = E\big[(Z-E[Z])^2\big] = E\big[Z^2 - 2E[Z]Z + E[Z]^2\big] = E[Z^2] - E[Z]^2 = 100\int_{t=0}^{\infty} e^{-2\delta t} dF_{50}(t) - 25 \tag{7.35}$$

따라서 $Var[Z]$*를 구하는 핵심은 적분*

$$\int_{t=0}^{\infty} e^{-2\delta t} dF_{50}(t) = -\int_{t=0}^{\infty} e^{-2\delta t} d_t p_{50} \tag{7.36}$$

를 구하는 것이 핵심이다. 식 (7.33)에 주의하면

$${}_t p_{50} = \frac{\ell_{50+t}}{\ell_{50}} = \frac{\ell_0 e^{-\mu(50+t)}}{\ell_0 e^{-50\mu}} = e^{-\mu t} \tag{7.37}$$

따라서

$$\int_{t=0}^{\infty} e^{-2\delta t} dF_{50}(t) = -\int_{t=0}^{\infty} e^{-2\delta t} d_t p_{50} = \mu\int_{t=0}^{\infty} e^{-(2\delta+\mu)t} dt = \frac{\mu}{2\delta+\mu} \tag{7.38}$$

또한 식 (7.34)에서

$$5 = 10\int_{t=0}^{\infty} e^{-\delta t} dF_{50}(t) = -10\mu\int_{t=0}^{\infty} e^{-\delta t} e^{-\mu t} dt = 10\frac{\mu}{\mu+\delta} \tag{7.39}$$

따라서 $\mu + \delta = 2\mu$*를 얻는다. 이것으로부터*

$$\int_{t=0}^{\infty} e^{-2\delta t} dF_{50}(t) = \frac{\mu}{2\delta+\mu} = \frac{\mu}{2(\delta+\mu)-\mu} = \frac{\mu}{4\mu-\mu} = \frac{1}{3} \tag{7.40}$$

드디어 식 (7.35)를 보면

$$Var[Z] = 100\int_{t=0}^{\infty} e^{-\delta t} dF_{50}(t) - 25 = \frac{100}{3} - 25 = \frac{25}{3} \approx 8.3 \tag{7.41}$$

◁

해설 5.7 *각각의 연령구간에서 UDD를 적용한다는 말은 예를 들어 나이구간* $[n, n+1]$*는*

$$\ell_{n+t} = \ell_n - \big(\ell_n - \ell_{n+1}\big)t,\ 0 \le t \le 1 \tag{7.42}$$

로 계산하자는 말이다. 따라서 나이 x를 기준으로 생각하면, $n = n - x + x$로 써서

$${}_{n+t-x}p_x = \frac{\ell_{n+t}}{\ell_x} = \frac{\ell_n}{\ell_x}\big(1 - \frac{\ell_n - \ell_{n+1}}{\ell_n}t\big) = {}_{n-x}p_x(1 - q_n t) \tag{7.43}$$

이 식에서 $q_n = \frac{\ell_n - \ell_{n+1}}{\ell_n}$. 또한 $x < y < z$일 때 다음 관계에 주의하자.

$${}_{z-x}p_x = {}_{y-x}p_x\, {}_{z-y}p_y \tag{7.44}$$

이 식은 표현하려는 것보다 복잡하게 보인다. 그러나 y, z 대신에 $x < x+t < x+t+s$처럼 표시하면

$${}_{t+s}p_x = {}_t p_x\, {}_s p_{x+t} \tag{7.45}$$

$\bar{A}_{x:\overline{3}|}$는 사망과 동시에 보험금 1, 보장기간이 3이고, 보험지급사유가 없을 때 만기축하금 1을 지급하는 보험의 보험금의 현재가격이다. 보험금의 현재가격을 나타내는 확률변수는

$$Z = \begin{cases} e^{-\delta T_x}, & 0 \le T_x < 3 \\ e^{-3\delta}, & T_x \ge 3 \end{cases} \tag{7.46}$$

따라서

$$\bar{A}_{x:\overline{3}|} = E[Z] = \int_{t=0}^{3} e^{-\delta t} dF_x(t) + e^{-3\delta} Pr[T_x \ge 3] \tag{7.47}$$

$$= -\int_{t=0}^{3} e^{-\delta t} d\,{}_t p_x + e^{-3\delta}\,{}_3 p_x \tag{7.48}$$

이 적분을 계산하기 위하여 $0 \le t \le 3$일 때 ${}_t p_x$를 t의 식으로 표현할 수 있으면 참 편리하겠다. 이것은 식 (7.43)을 $n = x, x+1, x+2$인 경우에 적용하면

$${}_t p_x = \begin{cases} {}_0 p_x(1 - q_x t), & 0 \le t < 1 \\ {}_1 p_x(1 - q_{x+1} t), & 1 \le t < 2 \\ {}_2 p_x(1 - q_{x+2} t), & 2 \le t < 3 \end{cases} \tag{7.49}$$

여기서

$${}_0 p_x = 1, \quad {}_1 p_x = 1 - q_1, \quad {}_2 p_x = {}_1 p_x\, {}_1 p_{x+1} = (1 - q_1)(1 - q_2) \tag{7.50}$$

인 것에 주의하면 주어진 적분은

$$-\int_{t=0}^{3} e^{-\delta t} d\,{}_t p_x = q_x \int_{t=0}^{1} e^{-\delta t} dt + (1 - q_x) q_{x+1} \int_{t=1}^{2} e^{-\delta t} dt + (1 - q_x)(1 - q_{x+1}) q_{x+2} \int_{t=2}^{3} e^{-\delta t} dt \tag{7.51}$$

이제

$$\int_{t=n}^{n+1} e^{-\delta t} dt = e^{-n\delta} \frac{1 - e^{-\delta}}{\delta} \tag{7.52}$$

에 주의하면 주어진 적분값은

$$\frac{1 - e^{-\delta}}{\delta}\Big(q_x + e^{-\delta}(1 - q_x) q_{x+1} + e^{-2\delta}(1 - q_x)(1 - q_{x+1}) q_{x+2}\Big) \tag{7.53}$$

$$= 0.985365\Big(0.1 + 0.970874 \times 0.18 + 0.942596 \times 0.216\Big) \tag{7.54}$$

$$= 0.985365\Big(0.1 + 0.970874 \times 0.18 + 0.942596 \times 0.216\Big) \tag{7.55}$$

$$= 0.985365 \times 0.478358 \tag{7.56}$$

$$= 0.471357 \tag{7.57}$$

축하금의 현재가격 평균은

$$e^{-3\delta}\,{}_3 p_x = e^{-\delta}(1 - q_x)(1 - q_{x+1})(1 - q_{x+2}) = 0.915142 \times 0.504 = 0.461231 \tag{7.58}$$

드디어

$$\bar{A}_{x:\overline{3}|} = E[Z] = -\int_{t=0}^{3} e^{-\delta t} d\,{}_tp_x + e^{-3\delta}\,{}_3p_x = 0.471357 + 0.461231 = 0.932589 \tag{7.59}$$

◁

해설 5.8 *지금 경우는 ℓ_x가 주어져 있기 때문에*

$${}_tp_{20} = \frac{\ell_{20+t}}{\ell_{20}} = \frac{80-20-t}{80-20} = 1 - \frac{t}{60}, \quad 0 \le t \le 60 \tag{7.60}$$

1. 연금은 40부터 지급되기 때문에, 연금을 한 번이라도 받으려면 20년 이상 생존해야 한다. 따라서 구하는 확률은
$$Pr[T_{20} > 20] = {}_{20}p_{20} = 1 - \frac{20}{60} = \frac{2}{3}$$
2. 이자율이 0이므로 할인되지 않는다. 따라서 기간 시작에 1을 받는 연금의 현재가격을 나타내는 확률변수는
$$Z = \begin{cases} 0, & T_{20} \le 20 \\ K_{20} - 19, & T_{20} > 20 \end{cases} \tag{7.61}$$
이고, 평균값은
$$E[Z] = {}_{20}p_{20}q_{20+20} + {}_{21}p_{20}q_{20+21} + \cdots + {}_{59}p_{20}q_{20+59}$$
그런데
$$q_{20+20+k} = {}_{20+k}p_{20} - {}_{20+k+1}p_{20} = \frac{1}{60}, \text{ 상수} \tag{7.62}$$
이므로 $E[Z] = \frac{1}{60}\sum_{k=0}^{39} {}_{20+k}p_{20} = \frac{1}{60}\sum_{k=0}^{39}\left(\frac{2}{3} - \frac{k}{60}\right) = \frac{41}{180}$.
3. 이자율이 0이므로 가입할 때 한꺼번에 낼 보험료는 $E[Z] = \frac{41}{180} \approx 0.227778$.
4. 낸 보험료는 0.227778이고, 매년 초에 받는 연금은 1이기 때문에, 연금을 1번만 받아도, 낸 보험료보다 많이 받는다. 연금을 1회 이상받으려면 20년 이상 생존하는 것이 필요하므로 구하는 확률은
${}_{20}p_{20} = 1 - \frac{20}{60} = \frac{2}{3} \approx 0.67$

◁

해설 5.9

1. $K_x < 30$이면 $Z = 1 + v + v^2 + \cdots + v^{K_x} = \frac{1-v^{K_x+1}}{1-v} := \ddot{a}_{\overline{K_x+1}|}$이고, $K_x \ge 30$이면 보장기간을 넘기 때문에 $Z = \ddot{a}_{\overline{30}|}$이다. 정리하면
$$Z = \frac{1 - v^{\min\{K_x+1,30\}}}{1-v} = \ddot{a}_{\overline{\min\{K_x+1,30\}}|} \tag{7.63}$$
여기서 물론 $v = \frac{1}{1+i}$이고, 이런 기호를 쓰는 이유는 $\ddot{a}_{\overline{n}|} := 1 + v + v^2 + \cdots + v^{n-1}$이란 기호를 썼기 때문이다.
2. 확률변수 $v^{\min\{K_x+1,30\}}$의 평균값은 $A_{x:\overline{30}|}$으로 나타낸다. 따라서 확률변수 Z의 평균값은
$$E[Z] = E\left[\ddot{a}_{\overline{\min\{K_x+1,30\}}|}\right] = \frac{1 - E[v^{\min\{K_x+1,30\}}]}{1-v} = \frac{1 - A_{x:\overline{30}|}}{d}, \; d = 1 - v \tag{7.64}$$
여기서 $A_{x:\overline{30}|}$을 풀어쓰면
$$A_{x:\overline{30}|} = E\left[v^{\min\{K_x+1,30\}}\right] = \sum_{k=0}^{29} v^{k+1}\,{}_{k|}q_x + v^{30}\,{}_{30}p_x \tag{7.65}$$
$$= A^{1}_{x:\overline{30}|} + A_{x:\overline{30}|}^{\;\;1} \tag{7.66}$$
$$\tag{7.67}$$
$$A^{1}_{x:\overline{30}|} = \sum_{k=0}^{29} v^{k+1}\,{}_{k|}q_x \tag{7.68}$$
$$A_{x:\overline{30}|}^{\;\;1} = v^{30}\,{}_{30}p_x \tag{7.69}$$
3. $Z^2 = \frac{1-2v^{\min\{K_x+1,30\}} + \left(v^{\min\{K_x+1,30\}}\right)^2}{d^2}$. 표현을 간단하게 하기 위하여 다음 기호를 쓰는 것이 보통이다:

$$^2A_{x:\overline{30}|} := E\big[\big(v^{\min\{K_x+1,30\}}\big)^2\big] = {}^2A^1_{x:\overline{30}|} + (v^{30})^2{}_{30}p_x \tag{7.70}$$

여기서

$$^2A^1_{x:\overline{30}|} = \sum_{k=0}^{29} v^{2(k+1)}{}_{k|}q_x \tag{7.71}$$

이 결과를 정리하면

$$E[Z^2] = \frac{1-2A_{x:\overline{30}|} + {}^2A_{x:\overline{30}|}}{d^2}, \quad d = 1-v \tag{7.72}$$

◁

해설 5.10

1. $E[T_5]$를 구하는 문제다. $S_5(t) = \frac{\ell_{5+t}}{\ell_5} = \frac{16}{15}\big(1 - \frac{(5+t)^2}{400}\big)$에 주의하면

$$E[T_5] = \int_{t=0}^{15} t dF_5(t) = -\int_{t=0}^{15} t dS_5(t) = \frac{2}{375}\int_{t=0}^{15} t(5+t)dt = 9$$

2. 보험금 1을 받는 때는 확정적으로 정해지지 않고, 확률변수 T_5로 표시된다. 3%이므로 $\delta = \ln(1+0.03) = 0.0295588$. 따라서

   - 현재가격을 나타내는 확률변수는 $Z = v^{T_5} = \big(\frac{1}{1+i}\big)^{T_5} = e^{-\delta T_5}$. 예를 들어 보험에 가입한 어떤 제품 ω가 6년 뒤에 고장났다면 받는 보험금의 현재가격은 $e^{-\delta T_5(\omega)} = e^{-6\delta} = 0.837484$.
   - Z의 평균값은 $E[Z] = E[e^{-\delta T_5}]$. 주어진 조건을 이용해서 이 값을 구해보자. 부분적분법을 쓰자.

$$E[Z] = \int_{t=0}^{15} e^{-\delta t} dF_5(t) \tag{7.73}$$

$$= -\int_{t=0}^{15} e^{-\delta t} dS_5(t), \quad S_5(t) = \frac{\ell_{5+t}}{\ell_5} = \frac{16}{15}\big(1 - \frac{(5+t)^2}{400}\big) \tag{7.74}$$

$$= \frac{2}{375}\int_{t=0}^{15} e^{-\delta t}(5+t)dt \tag{7.75}$$

$$= \frac{2}{375}\Big(\frac{5-5e^{-15\delta}}{d} + \frac{1-(1-15\delta)e^{-15\delta}}{\delta^2}\Big) \tag{7.76}$$

$$= \frac{2}{375} \times 144.758 \tag{7.77}$$

$$= 0.772044 \tag{7.78}$$

3. 보험료는 물건이 고장 나지 않을 때까지 내기 때문에, 낸 보험료는

$$x + xv + xv^2 + \cdots + xv^{K_5} = x\frac{1-v^{K_5+1}}{1-v} = x\ddot{a}_{\overline{K_5+1}|}$$

확률변수 $\ddot{a}_{\overline{K_5+1}|}$의 평균값은 확률변수 v^{K_5+1}의 평균값을 구하면 된다. 따라서 보험료는 물건이 고장 나지 않았을 때까지 내는 것에 주의하면

$$E[v^{K_5+1}] = \sum_{k=0}^{14} v^{k+1}{}_{k|}q_5 = \sum_{k=0}^{14} v^{k+1}\big({}_kp_5 - {}_{k+1}p_5\big) \tag{7.79}$$

$$= \sum_{k=0}^{14} v^{k+1}\frac{1}{375}(11+2k) = 0.760847 \tag{7.80}$$

따라서

$$\ddot{a}_{\overline{K_5+1}|} = \frac{1-E[v^{K_5+1}]}{1-v} = 8.21091$$

4. 보험금의 현재가격과, 낸 보험료의 현재가격이 같아야 이상적이다. 따라서 $x = \frac{0.772044}{8.21091} = 0.0940266$가 이상적이다. 예를 들어 보험금이 1000만원이라면 년 보험료는 $0.0940266 \times 10,000,000 = 940,266$이 이상적이다.

◁

해설 5.11 많은 경우에 보험금의 현재가격을 나타내는 확률변수를 구체적으로 구하지 않고도 그 확률변수의 평균값은 자연스럽게 구할 수 있다. 그럼에도 여기서는 확률변수를 겉으로 들어나게 표현해보자.

1. 종신보험의 경우. 10년 이내는 지불금이 1이고, 10년 이후에는 지불금이 5인 것에 주의하면 보험금의 현재가격을 나타내는 확률변수는

$$Z = \begin{cases} v^{K_x+1}, & K_x < 10 \\ 5v^{K_x+1}, & K_x \geq 10 \end{cases} \tag{7.81}$$

$E[Z]$를 구할 때 기억해야 하는 것은 $K_x = k+1$에 보험금을 받으려면 k 년 이상 생존하고, 나이가 $x+k$가 되어 1년 이내에 사망하는 것이다. 따라서 $[x+k, x+k+1)$에 사망할 확률이 필요한데, 이 값은 ${}_{k|}q_x = {}_kp_x - {}_{k+1}p_x$로 표시한다. 그러면 평균값 $E[Z]$는

$$E[Z] = vq_{40} + v^2{}_{1|}q_{40} + \cdots v^{10}{}_{9|}q_{40} + 5v^{11}{}_{10|}q_{40} + 5v^{12}{}_{11|}q_{40} + \cdots \tag{7.82}$$

위 식을 다음과 같이 정리하자. ${}_{n|t}q_x = {}_np_x\,{}_{t|}q_{x+n}$ 인 것에 주의하면

$$\begin{aligned} E[Z] &= vq_{40} + v^2{}_{1|}q_{40} + \cdots v^{10}{}_{9|}q_{40} + 5v^{11}{}_{10|}q_{40} + 5v^{12}{}_{11|}q_{40} + \cdots && (7.83)\\ &= A^{1}_{40:\overline{10}|} + 5v^{11}{}_{10|}q_{40} + 5v^{12}{}_{11|}q_{40} + \cdots && (7.84)\\ &= A^{1}_{40:\overline{10}|} + 5v^{10}{}_{10}p_{40}\left(vq_{50} + v^2{}_{1|}q_{50} + v^2{}_{2|}q_{50} + \cdots\right) && (7.85)\\ &= A^{1}_{40:\overline{10}|} + 5v^{10}{}_{10}p_{40}A_{50} && (7.86) \end{aligned}$$

요약 **??**에 있는 표준한계생존모델(USSM)을 써서 계산하면

$$A^{1}_{40:\overline{10}|} = 0.00573196, \quad A_{50} = 0.189308, \quad {}_{10}p_{40} = 0.99233 \tag{7.87}$$

이고, 따라서 $E[Z] = 0.582368$.

2. 보장기간 20년인 축하금이 없는 보험의 경우를 생각하자. 현재가격을 나타내는 확률변수는

$$Z_{40,20} = \begin{cases} v^{K_x+1}, & K_x < 10 \\ 5v^{K_x+1}, & 10 \leq K_x < 20 \\ 0, & K_x \geq 20 \end{cases} \tag{7.88}$$

따라서

$$\begin{aligned} E[Z_{40,20}] &= vq_{40} + v^2{}_{1|}q_{40} + \cdots v^{10}{}_{9|}q_{40} + 5v^{11}{}_{10|}q_{40} + 5v^{12}{}_{11|}q_{40} + \cdots + 5v^{20}{}_{19|}q_{40} && (7.89)\\ &= 5\sum_{k=0}^{19} v^{k+1}{}_{k|}q_{40} - 4\sum_{k=0}^{9} v^{k+1}{}_{k|}q_{40} && (7.90)\\ &= 5A^{1}_{40:\overline{20}|} - 4A^{1}_{40:\overline{10}|} && (7.91) \end{aligned}$$

요약 **??**에 있는 표준한계생존모델(USSM)을 써서 계산하면

$$A^{1}_{40:\overline{20}|} = .014633, \quad A^{1}_{40:\overline{10}|} = 0.00573196 \tag{7.92}$$

이고, 따라서 $E[Z_{40,20}] = 0.0502374$. ◁

6장 문제 해설

해설 6.1

1. 보험료 ${}_nP_x$는 손실확률변수의 평균값을 0으로 하는 값이다. 손실확률변수는

$$L_0^n = v^{K_x+1} - {}_nP_x\left(1 + v + v^2 + \cdots + v^{\min\{K_x, n-1\}}\right) = v^{K_x+1} - {}_nP_x\frac{1 - v^{\min\{K_x+1, n\}}}{1-v}$$

이 확률변수의 평균값은 $E[L_0^n] = A_x - {}_nP_x\ddot{a}_{x:\overline{n}|}$. 이제 $x = 40, n = 20$과 Ultimate Survival Model을 적용하면

$$_{20}P_{40} = \frac{A_{40}}{\ddot{a}_{40:\overline{20}|}} = \frac{0.177588}{14.0298} = 0.0126579$$

2. $t = 19$일 때, 나가는 돈의 현재가격을 나타내는 확률변수는 v^{K_x+19+1}, 들어오는 돈의 현재가격을 나타내는 확률변수는 $t = 19$일 때 받는 마지막 보험료 P이다. 따라서 현재가격을 나타내는 손실확률변수는

$$L^n_{19} = v^{K_x+19+1} - P$$

따라서 ${}^{20}_{19}V_{40} = E\left[v^{K_x+19+1} - P\right] = A_{x+19} - P = 0.350903 - 0.0126579 = 0.338245.$

3. $q_{40+19} = 0.00297418$

4. $P_{40+20} = \frac{A_{60}}{\ddot{a}_{60}} = \frac{0.362997}{16.5621} = 0.0219174$

◁

해설 6.2 $t = 19$일 때, 보험금 1에대한 나가는 비용의 현재가격을 나타내는 확률변수는 v^{K_x+19+1}. 들어오는 돈은 $t = 19$일 때, 마지막 보험료 $_{20}P_x$ 뿐이다. 따라서 손실의 현재가격을 나타내는 확률변수는

$$L^n_{x+19} = v^{K_x+19+1} - {}_{20}P_x$$

여기서 보험금 1에 대한, 20년 납입하는 보험료는 $_{20}P_x = \frac{A_x}{\ddot{a}_{x:\overline{20}|}}$. 이 값은 가정에서 $_{20}P_x = 0.0117171$. 따라서

$${}^{20}_{19}V_x = E[L^n_{x+19}] = A_{x+19} - \frac{A_x}{\ddot{a}_{x:\overline{20}|}} = A_{x+19} - 0.0117171 = 0.32941$$

따라서 $A_{x+19} = 0.341128$. 여기서

$$A_{x+19} = v q_{x+19} + v p_{x+19} A_{x+20}, \quad P_{x+20} = \frac{A_{x+20}}{\ddot{a}_{x+20}} = \frac{A_{x+20}}{1 - A_{x+20}} d$$

따라서 A_{x+20}의 값을 구해야 한다. 가정에서 $i = 5\%$, $q_{x+19} = 0.00528801$ 이므로

$$A_{x+20} = \frac{A_{x+19} - v q_{x+19}}{v p_{x+19}} = 0.354772$$

따라서 $P_{x+20} = 0.0261828$. ◁

해설 6.3

1. 보험금 P는 축하금(endowment)가 있는 경우이다. 이자율을 $i = 5\%$로 하고, Standard Seledt Model을 쓰면 $\ddot{a}_{[50]:\overline{20}|} = 12.8428$. 따라서 $P = S\left(\frac{1}{\ddot{a}_{[50]:\overline{20}|}} - d\right) = 1000\left(0.0778647 - 0.047619\right) = 30.2456$.

2. 제일 먼저 순수손실 확률변수를 표현하는 일이다. 보험회사에서 입장에서 보든지, 가입자 입장에서 보든지 결과는 같다. 보험가입자의 입장에서 보자. 들어오는 돈은 보험금이고, 나가는 돈은 보험료이다. 따라서 $t = 10, 11$일 때의 손실은 $t = 10$일 때는 잔여기간이 $20 - 10 = 10$, $t = 11$일 때는 잔여기간이 $20 - 11 = 9$인 것에 주의하고, 이제 나이가 각각 60, 61이 되는 것을 고려하면,

$$L^n_{10} = 1000v^{\min\{K_{60}+1,10\}} - P\ddot{a}_{\overline{\min\{K_{60}+1,10\}}|} \tag{7.93}$$

$$L^n_{11} = 1000v^{\min\{K_{61}+1,9\}} - P\ddot{a}_{\overline{\min\{K_{61}+1,9\}}|} \tag{7.94}$$

3. 따라서 각각의 경우 손실확률변수의 평균값은

$$E[L^n_{10}] = 1000A_{60:\overline{10}|} - P\ddot{a}_{60:\overline{10}|} \tag{7.95}$$

$$E[L^n_{11}] = 1000A_{61:\overline{9}|} - P\ddot{a}_{61:\overline{9}|} \tag{7.96}$$

$$\tag{7.97}$$

4. $A_{x:\overline{n}|}$과 $\ddot{a}_{x:\overline{n}|}$과의 관계 $A_{x:\overline{n}|} = 1 - d\ddot{a}_{x:\overline{n}|}$, $d = \frac{i}{1+i}$ 와 Standard Select Survival Model을 써서 $\ddot{a}_{x:\overline{n}|}$의 값을 계산하면

$$\ddot{a}_{60:\overline{10}|} = 7.95555, \qquad \ddot{a}_{61:\overline{9}|} = 7.32823$$

$$A_{60:\overline{10}|} = 0.621164, \qquad A_{61:\overline{9}|} = 0.651037$$

따라서 $E[L^n_{10}] = 380.544, \quad E[L^n_{11}] = 429.39.$

◁

해설 6.4 보험금을 $S = 500,000$이라 두자. 월 보험료를 P라 두자.

1. 보험회사의 보험료 수입 평균값을 보자. 월 보험료가 P이므로 1년에 내는 보험료는 $12P$. 따라서 보험회사의 보험료 수입은 $12P\ddot{a}^{(12)}_{55:\overline{10}|}$. 여기서 $\ddot{a}^{(m)}_{x:\overline{n}|}$의 의미는 $\frac{1}{m}$ 간격으로 1씩 생존기간과 $n - \frac{1}{m}$ 중 짧은 기간 동안 받는 연금의 현재가격의 평균이다. 즉

$$\ddot{a}^{(m)}_{x:\overline{n}|} = \frac{1}{m} + \frac{1}{m}v^{\frac{1}{m}}\,{}_{\frac{1}{m}}p_x + \frac{1}{m}v^{\frac{2}{m}}\,{}_{\frac{2}{m}}p_x + \cdots + \frac{1}{m}v^{\frac{nm-1}{m}}\,{}_{\frac{mn-1}{m}}p_x = \frac{1}{m}\sum_{k=0}^{mn-1} v^{\frac{k}{m}}\,{}_{\frac{k}{m}}p_x, \quad m = 12$$

2. 보험회사의 유지 관리비 지출의 평균값을 보자.

$$500 + (0.1)\times(12P)\ddot{a}^{(12)}_{55:\overline{1}|} + \Big((0.01)\times 12P\ddot{a}^{(12)}_{55:\overline{10}|} - (0.01)\times(12P)\ddot{a}^{(12)}_{55:\overline{1}|}\Big)$$

정리하면 $500 + (0.09)12\ddot{a}^{(12)}_{55:\overline{1}|} + (0.01)12P\ddot{a}^{(12)}_{55:\overline{10}|}$.

3. 보험금의 현재가격을 나타내는 확률변수는 $S\bar{A}^{\,1}_{55:\overline{10}|}$. 여기서 보험금이 사망과 동시에 지급될 때, 보장기간 n인 보험의 보험금의 현재각격의 평균값은

$$\bar{A}_{x:\overline{n}|} := \int_{t=0}^{n} v^{T_x}\,{}_tp_x\mu_{x+t}\,dt$$

위 식에서 $T_x : \Omega_x \to [0,\infty)$는 나이 x인 사람의 잔여수명을 나타내는 확률변수다.

4. 따라서 보험금 지출의 평균값고, 보험료 수입의 평균값이 같아지는 P는

$$50,000\bar{A}_{55:\overline{10}|} + 500 + (0.09)12\ddot{a}^{(12)}_{55:\overline{1}|} + (0.01)12P\ddot{a}^{(12)}_{55:\overline{10}|} = 12P\ddot{a}^{(12)}_{55:\overline{10}|}$$

정리하면 $500 + 50,000\bar{A}^{\,1}_{55:\overline{10}|} = 12P\Big((0.99)\ddot{a}^{(12)}_{55:\overline{10}|} - (0.09)\ddot{a}^{(12)}_{55:\overline{1}|}\Big)$.

5. SSSM을 이용하여 필요한 값을 계산하자.

$$\bar{A}^{\,1}_{55:\overline{10}|} = 0.0253182, \qquad \ddot{a}^{(12)}_{55:\overline{10}|} = 7.83414, \qquad \ddot{a}^{(12)}_{55:\overline{1}|} = 0.977254$$

이 값을 이용하면 $P = 18.9871$.

◁

해설 6.5 보험관리비, 즉 사업비를 비용으로 추가하면 된다.

1. 보험회사에서 나가는 돈은 보험금과 관리비다. 년 보험료를 P라 두자. 보험금은 $S = 100,000$ 이라 두자. $n = 25$이다. 그러면 보험회사에서 나가는 돈을 나타내는 확률변수는

$$Sv^{\min\{T_{[x]},n\}} + 2000 + \frac{1}{2}P + (0.025)P\big(v + v^2 + \cdots + v^{\min\{K_{[x]}+1.n\}-1}\big)$$

이 식을 간단하게 정리하면

$$\begin{aligned}
&Sv^{\min\{T_{[x]},n\}} + 2000 + \frac{1}{2}P + (0.025)P\big(v + v^2 + \cdots + v^{\min\{K_{[x]}+1.n\}-1}\big)\\
&= Sv^{\min\{T_{[x]},n\}} + 2000 + \frac{1}{2}P - (0.025)P + (0.025)P\big(1 + v + v^2 + \cdots + v^{\min\{K_{[x]}+1.n\}-1}\big)\\
&= Sv^{\min\{T_{[x]},n\}} + 2000 + (0.475)P + (0.025)P\ddot{a}_{\overline{\min\{K_x+1,n\}}|}
\end{aligned}$$

위 식에서

$$\begin{aligned}
\ddot{a}_{\overline{\min\{K_x+1,n\}}|} &= 1 + v + v^2 + \cdots + v^{\min\{K_{[x]}+1.n\}-1}\\
&= \frac{1 - v^{\min\{K_x+1,n\}}}{d}, \quad d = 1 - v
\end{aligned}$$

그러므로 보험회사 손실을 나타내는 확률변수는

$$L_0^g = Sv^{\min\{T_{[x]},n\}} + 2000 + (0.475)P + (0.025)P\ddot{a}_{\overline{\min\{K_x+1,n\}}|}$$

1-1. 확률변수 $v^{\min\{T_{[x]},n\}}$의 평균은 $\bar{A}_{x:\overline{n}|}$으로 나타낸다. 보험료가 사망과 동시에 지급되는 것을 가정하기 때문에, $T_{[x]}$는 0과 같거나 큰 모든 실수가 될 수 있는 것을 가정하자. 그러면 t와 $t+dt$ 사이에 사망할 확률이 ${}_tp_x\mu_{x+t}dt$. 이 것에 주의하여, 연습을 위해 계산해보면

$$\begin{aligned}
\bar{A}_{x:\overline{n}|} &= E\left[v^{\min\{T_{[x]},n\}}\right] = \int_{t=0}^{n} v^t\,{}_tp_x\,\mu_{x+t}dt + v^n\,{}_np_x, \quad n=25,\ x=30 \\
&= -\int_{t=0}^{n} v^t \frac{d}{dt}{}_tp_x + v^n\,{}_np_x = 1 - v^n\,{}_np_x + \int_0^t {}_tp_x dv^t + v^n\,{}_np_x \\
&= 1 + \ln v \int_{t=0}^{n} v^t\,{}_tp_x dt = 1 + \ln v \int_{t=0}^{n} e^{-\delta t}\,{}_tp_x dx, \quad v = \frac{1}{1+i} = e^{-\delta} \\
&= 1 + \ln v\,\bar{a}_{x:\overline{n}|} \\
&= 1 - \delta\bar{a}_{x:\overline{n}|}
\end{aligned}$$

이것은 이미 알고 있는 $\bar{A}_{x:\overline{n}|} = 1 - \delta\bar{a}_{x:\overline{n}|}$이다. 따라서 보험금으로 나가는 비용 확률변수의 평균은 $S\bar{A}_{x:\overline{n}|}$ 이고, $A_{x:\overline{n}|} = 1 - \delta\bar{a}_{x:\overline{n}|}$

1-2. 확률변수 $\ddot{a}_{\overline{\min\{K_x+1,n\}}|}$의 평균은 $\ddot{a}_{x:\overline{n}|}$으로 나타낸다. 우선

$$\ddot{a}_{\overline{\min\{K_x+1,n\}}|} = 1 + v + v^2 + \cdots + v^{\min\{K_{[x]}+1,n\}-1} = \frac{1 - v^{\min\{K_x+1,n\}}}{d}$$

이므로

$$\ddot{a}_{x:\overline{n}|} = E\left[\ddot{a}_{\overline{\min\{K_x+1,n\}}|}\right] = \frac{1 - E\left[v^{\min\{K_x+1,n\}}\right]}{d} = \frac{1 - A_{x:\overline{n}|}}{d}$$

1-3. 보험회사의 수입을 나타내는 확률변수는

$$P\left(1 + v + v^2 + \cdots + v^{\min\{K_x+1,n\}-1}\right) = P\frac{1 - v^{\min\{K_x+1,n\}}}{d} = P\ddot{a}_{\overline{\min\{K_x+1,n\}}|}$$

따라서 총 손실 확률변수는

$$\begin{aligned}
L_0^g &= Sv^{\min\{T_{[x]},n\}} + Sv^n\,{}_np_x + 2000 + (0.475)P + (0.025)P\ddot{a}_{\overline{\min\{K_x+1,n\}}|} - P\ddot{a}_{\overline{\min\{K_x+1,n\}}|} \\
&= Sv^{\min\{T_{[x]},n\}} + Sv^n\,{}_np_x + 2000 + (0.475)P - (0.975)P\ddot{a}_{\overline{\min\{K_x+1,n\}}|}
\end{aligned}$$

2. 손실 확률변수 평균은 $E[L_0^g] = S\bar{A}_{x:\overline{n}|} + 2000 + (0.475)P - (0.975)P\ddot{a}_{x:\overline{n}|}$
여기서 구체적인 값 $x = 30, n = 25$를 대입하자. Standard Select Survival Model 와 5% 이자율을 적용하면

- $\ddot{a}_{[30]:\overline{25}|} = \ddot{a}_{[30]} - v^{25}\frac{\ell_{55}}{\ell_{[30]}}\ddot{a}_{55} = 19.38449 - \left(\frac{1}{1+0.05}\right)^{25} \times \frac{97846.20}{99721.06} \times 16.05987 = 14.7311$
- $\bar{A}_{30:\overline{25}|} \approx 1 - d\ddot{a}_{30:\overline{25}|} = 1 - \frac{0.05}{1+0.05} \times 14.7311 = 0.298519$
- 보험금은 $S = 100,000$. 따라서 보험료는

$$P = \frac{100000A_{30:\overline{25}|} + 2000}{0.975 \times 14.7311 - 0.475} = 2293.51$$

◁

해설 6.6

1. 먼저 매년 들어가는 관리비의 평균값을 계산해보자. 연금은 생존기간동안만 관리하기 때문에, 관리비를 나타내는 확률변수는 $20v + 20(1.01)v^2 + 20(1.01)^2v^3 + \cdots + 20(1.01)^{K_x-1}v^{K_x}$. 이 식은 다음처럼 변형하는 것이 편리하다. 즉 $(1+0.01)v = v_j$라 두면 위 식은 다음과 같이 표현된다:

$$\frac{20}{1.01}\left(1 + v_j + v_j^2 + \cdots + v_j^{K_x} - 1\right)$$

따라서 관리비를 나타내는 확률변수의 평균값은 $\frac{20}{1.01}\left(\ddot{a}_{[50];j} - 1\right)$. 여기서 $\ddot{a}_{x;j}$ 의 뜻은 이자율 j가

$$(1.01)v = \frac{1.01}{1+i} = \frac{1}{1+j}$$

를 만족시키는 값에 대한 평균값을 말한다. 물론 $v_j = \frac{1}{1+j}$이다. 지금 경우는 $j = \frac{1+i}{1.01} - 1 = 0.039604$이고, $v_j = 0.961905$. Standard Select Survival Model과 5% 이률로 계산하면 $\ddot{a}_{[50];j} = 19.455$.

2. 다음으로 판매후 15년부터 년 120,000을 매월 10,000씩 12개월로 나누어 주는 연금의 현재가격을 나타내는 확률변수를 구해보자. 예를 들어 판매후 15년 이내에 가입자가 죽는다면 지급할 것이 없다. 그러므로 가입자가 첫번째 연금을 받으려면 15년 이상 생존해야 한다. 따라서 구하려는 확률변수는 $120,000_{15|}\ddot{a}^{(12)}_{[50]}$.

여기서 ${}_{u|}\ddot{a}^{(m)}_{[x]}$ 의 의미를 살펴보자. 기호 [x]는 나이 x이 구매자를 표시한다. 이것을 [x]라 하는 것은 Standard Selected Survival Model을 쓰겠다는 뜻이다. 표현을 간단하게 하기 위해서 임시로 [x] 대신에 그냥 x로 쓰자. u는 거치기간을 나타낸다. 지금 보에서는 $x = 50, u = 15$이다. 끝으로 (m)은 1년에 m회 지급하는 것을 말한다. 예를 들어 1년에 P를 지급한다면 1회에 $\frac{P}{m}$ 씩 지급한다는 뜻이다. 따라서

- ${}_{u|}\ddot{a}^{(m)}_{x}$은 1년에 1을, m회로 나누어 $\frac{1}{m}$ 씩, 지금부터 u년 뒤부터, 생존하는 동안 지급하는 연금의 현재가격의 평균값이다.

이 평균값은 앞 절에서 이미 계산했지만, 여기서 다시 계산해보자. 방법은 거치기간이 없는 경우를 생각하는 것이다.

$$\ddot{a}^{(m)}_x = \frac{1}{m} + \frac{1}{m}v^{\frac{1}{m}}\,{}_{\frac{1}{m}}p_x + \frac{1}{m}v^{\frac{2}{m}}\,{}_{\frac{2}{m}}p_x + \cdots \tag{7.98}$$

$$= \frac{1}{m}\left(1 + v^{\frac{1}{m}}\,{}_{\frac{1}{m}}p_x + v^{\frac{2}{m}}\,{}_{\frac{2}{m}}p_x + \cdots + v^{\frac{um-1}{m}}\,{}_{\frac{um-1}{m}}p_x\right) + \frac{1}{m}v^{\frac{um}{m}}\,{}_{\frac{um}{m}}p_x + \frac{1}{m}v^{\frac{um+1}{m}}\,{}_{\frac{um+1}{m}}p_x + \cdots \tag{7.99}$$

$$= \ddot{a}^{(m)}_{x:\overline{u|}} + v^u\,{}_up_x\frac{1}{m}\left(1 + v^{\frac{1}{m}}\,{}_{\frac{1}{m}}p_{x+u} + v^{\frac{2}{m}}\,{}_{\frac{2}{m}}p_{x+u} + \cdots\right) \tag{7.100}$$

$$= \ddot{a}^{(m)}_{x:\overline{u|}} + v^u\,{}_up_x\ddot{a}^{(m)}_{x+u} \tag{7.101}$$

따라서 다음 아주 편리한 관계식을 얻는다: $\ddot{a}^{(m)}_x = \ddot{a}^{(m)}_{x:\overline{n|}} + v^n\,{}_up_x\ddot{a}^{(m)}_{x+u}$. 이 식에서 ${}_{u|}\ddot{a}^{(m)}_x = v^n\,{}_up_x\ddot{a}^{(m)}_{x+u}$. 지금 이 보기에서는 ${}_{15|}\ddot{a}^{(12)}_{[50]} = v^n\,{}_{15}p_{[50]}\ddot{a}^{(12)}_{65} = 6.04129$.

3. 종합하면 이 연금의 예상가격은

$$1000 + \frac{20}{1.01}(\ddot{a}_{[50];j} - 1) + 120,000_{15|}\ddot{a}^{(12)}_{[50]} = 1000 + \frac{20}{1.01}(19.455 - 1) + 120,000 \times 6.04129$$
$$= 726320.$$

◁

해설 6.7 보험료를 내는 기간 10년이 지나면, 보험료는 더이상 생각할 필요가 없다. 때문에 연금을 받기 직전의 ${}_{15^-1}V_{[50]}$은, 이제 나이가 65가 된 것을 생각하면 ${}_{15^-}V_{[50]} = 10,025\ddot{a}_{65} = 10,025 \times 13.5498 = 135837..$ 연금을 받은 직후의 가격은 ${}_{15^+}V_{[50]} = 10,025a_{65} = 10,025(\ddot{a}_{65} - 1) = 135837 - 10025 = 125812..$ ◁

해설 6.8 보기 6.9를 참고하면 시간이 5년 지났기 때문에, 나이가 55가 되었고, 따라서 5년을 더 생존하면 보험금을 받기 시작한다. 또한 구입 후 2년이 지났기 때문에 선별관리대상에서 제외된다. 55세에서 60세 사이에 사망했을 때 돌려줘야할 납입보험료는 예를 들어 55에서 56에 죽으면 6P, 56에서 57에 죽으면 7P 가 된다. 때문에 돌려줘야 할 보험금의 현재가격의 평균값은 $5PA^{1}_{55:\overline{5|}} + P(IA)^{1}_{55:\overline{5|}}$. 그러므로 보험의 가치는

$${}_5V_{[50]} = \left(5PA^{1}_{55:\overline{5|}} + P(IA)^{1}_{55:\overline{5|}}\right) + 100A^{1}_{55:\overline{5|}} + (10,000 + 25)v^5\,{}_5p_{55}\,\ddot{a}_{60} - (0.95)P\ddot{a}_{55:\overline{5|}}$$

Standard Select Survival Model과 이자율 5% 적용해서 필요한 값을 계산하면

- $A^{1}_{55:\overline{5|}} = 0.0106182$
- $(IA)^{1}_{55:\overline{5|}} = 0.0330242$
- $v^5 = 0.783526$
- ${}_5p_{55} = 0.987613$
- $\ddot{a}_{60} = 14.9041$
- $\ddot{a}_{55:\overline{5|}} = 4.52679$

이 값을 적용하면 ${}_5V_{[50]} = 65469.5$. 보험료 납입기간 10년을 강조하기 위하여 ${}_5V_{[50]}$ 대신에, ${}^{10}_{5}V_{[50]}$으로 표현할 수도 있다. ◁

해설 6.9

1. 보험료를 10년차까지 내는 것에 주의하자. 보험료의 현재가격을 나타내는 확률 변수는 나가는 돈은 보험금이고, 들어오는 돈은 보험료인데, $t = 15$에서는 들어오는 보험료는 없다. 따라서

$$L_{15}^n = 1000v^{K_{[40]+15}+1} = 1000v^{K_{55}+1}$$

그러므로 보험가격은, 15년 후에는 특별관리기간은 지났고, $E[v^{K_{55}+1}] := A_{55}$ 인 것에 주의하면

$${}_{15}V_{[40]} := E[L_{15}^n] = 1000A_{[40]+15} = 1000A_{55} = 235.244$$

2. 보장기간은 20년인데, 15년이 지났기 때문에, 보장기간은 5년 남았고, 보험료 수입은 없다. 따라서 $t = 15$에서 손실확률변수는 만기 축하금이 있는 보험이므로

$$Z_{15} := \begin{cases} v^{K_{55}+1}, & K_{55} < 5 \\ v^5, & K_{55} \geq 5 \end{cases} = v^{\min\{K_{55}+1,5\}}$$

따라서 현재가격의 평균값은, $E[Z_{15}] := A_{55:\overline{5}|}$로 나타내는 것에 주의하면,

$${}_{15}V_{40:\overline{20}|} = 1,000E[Z_{15}] = 1,000A_{55:\overline{5}|} = 784.439$$

3. 보장기간도 15년 남아있고, 보험료 수입도 $t = 15, 16, 17, 18, 19$ 가 남아있다. 나이는 55가 되었다. 손실을 나타내는 확률변수는

$$L_{15}^n = 1,000v^{K_{55}+1,15\}} - P\left(1+v+v^2+\cdots+v^{\min\{K_{55},4\}}\right) = 1,000v^{K_{55}+1,15\}} - P\frac{1-v^{\{K_{55}+1,5\}}}{1-v}$$

여기서 P는 년 보험료이고, 확률변수

$$L_{15}^n = 1,000v^{K_x+1} - P\left(1+v+v^2+\cdots+v^{\{K_x,15-1\}}\right) = 1,000v^{K_x+1} - P\frac{1-v^{\min\{K_1+1,15\}}}{1-v},\ x = 55$$

의 평균값을 0으로 하는 값이다. 따라서 $P = 1000\frac{A_{[40]:\overline{30}|}}{\ddot{a}_{[40]:\overline{20}|}}$. 그러므로

$${}_{15}V_{[40]} = E[L_{15}^n] = 1000\left(A_{55:\overline{15}|} - \frac{A_{[40]:\overline{30}|}}{\ddot{a}_{[40]:\overline{20}|}}\ddot{a}_{55:\overline{5}|}\right)$$

Standard Select Survival Model과 이자율 5%를 적용하여 계산하면

- $A_{55:\overline{15}|} = 0.491288$
- $A_{[40]:\overline{30}|} = 0.242297$
- $\ddot{a}_{[40]:\overline{20}|} = 12.9947$
- $\ddot{a}_{55:\overline{5}|} = 4.52679$

이 값을 적용하면 ${}_{15}V_{[40]} = 406.882$

◁

해설 6.10 보험료는 처음 10년차까지 낸다. 때문에 보험료는 올라간다.

1. 보험판매 단계에서 손실확률변수의 현재가격을 구하자. 들어오는 돈은 보험료이고, 나가는 도는 보험금이다. 보험금이 $t = 10$을 기점으로 2배가 되는 것에 주의하자. 중요한 점은 $t = 10$을 기점으로 50,000이 추가되는 것으로 생각하는 것이다. 따라서 보험금의 현재가격을 표시하는 확률변수는 바뀌지 않는다.

$$50,000v^{K_{[40]}+1} + 50,000\ {}_{10}p_{[40]}\, v^{K_{50}+1}$$

보험료를 P라 할 때, 보험료 수입의 현재가격을 나타내는 확률변수는 보험료을 10차까지 받기 때문에 달라진다.

$$P\left(1+v+\cdots+v^{\min\{K_{[40]},10-1\}}\right) = P\frac{1-v^{\min\{K_{[40]}+1,10\}}}{1-v} = P\ddot{a}_{\overline{\min\{K_{[40]}+1,10\}}|}$$

이 확률변수의 평균값은 $P\ddot{a}_{[40]:\overline{10}|}$. 그러므로 손실확률변수의 현재가격은

$$L_0^n = 50,000v^{K_{[40]}+1} + 50,000\ {}_{10}p_{[40]}\, v^{K_{50}+1} - P\ddot{a}_{\overline{\min\{K_{[40]}+1,10\}}|}$$

따라서 손실확률변수의 평균값은 $50.000(A_{[40]}+{}_{10}p_{[40]}A_{50})-P\ddot{a}_{[40]:\overline{10}|}$. 이것으로부터 보험료 P는

$$P=50,000\frac{A_{[40]}+{}_{10}p_{[40]}A_{50}}{\ddot{a}_{[40]:\overline{10}|}}=2,564.04$$

2. $t=5$ 부터 받을 수 있는 보험료는 최대 5회까지다. 따라서 손실확률변수의 현재가격은

$$L_5^n=50,000v^{K_{45}+1}+50,000{}_5p_{45}v^{K_{50}+1}-P\big(1+v+v^2+\cdots+v^{\min\{K_{45},5-1\}}\big)$$

따라서 L_5^n의 평균값은 ${}_5V_{[40]}=E[L_5^n]=50,000\big(A_{45}+{}_5p_{45}A_{50}\big)-P\ddot{a}_{45:\overline{5}|}=11,553..$

3. 15년이 지났기 때문에, 보험금은 100,000이다. 더구나 보험료 수입은 없다. 따라서 손실확률변수의 현재가격을 나타내는 확률변수는 $100,000v^{K_{55}+1}$ 이고, 평균값은 ${}_{15}V_{[40]}=100,000A_{55}=30,560.2$.

◁

해설 6.11

1. $-\frac{d}{{}_tp_x}{}_tp_x\equiv\mu$로부터 ${}_tp_x=e^{-\mu t}$. 상수사력의 경우 ${}_tp_x$는 x에 관계없는 것을 알 수 있다.
2. 고장과 동시에 지급하므로 적분을 해야한다. 보험금의 현재가격을 나타내는 확률변수는 $v^{-T_x}=e^{-\delta T_x}$. 따라서
$$\bar{A}_x:=\int_{t=0}^{\infty}v^t dF_x(t)=-\int_{t=0}^{\infty}e^{-\delta t}d_t p_x=\mu\int_{t=0}^{\infty}e^{-(\delta+\mu)t}dt=\frac{\mu}{\delta+\mu}$$
상수사력의 경우 $\bar{A}_x$도 x에 관계가 없고, μ,δ에 의해 완전히 결정된다.
3. 보험료를 연속으로 낸다면 적분을 써야 한다.
$$\bar{a}_x:=\int_{t=0}^{\infty}e^{-\delta t}{}_tp_x dt=\int_{t=0}^{\infty}e^{-(\delta+\mu)t}dt=\frac{1}{\mu+\delta}$$
상수사력의 경우 $\bar{a}_x$도 x에 관계가 없다. 특히 관계 $\bar{a}_x=\frac{1-\bar{A}_x}{\delta}$가 성립하는 것을 확인할 수 있다.
4. $\bar{P}(x)$는 지급해야 할 보험금의 현재가격을 나타내는 확률변수와 보험료 수입의 현재가격을 나타내는 확률변수의 평균이 같아지도록 하는 값이다. 따라서
$$\bar{A}_x=\bar{P}(\bar{A}_x)\times\bar{a}_x$$
따라서 $\bar{P}(\bar{A}_x)=\frac{\bar{A}_x}{\bar{a}_x}=\mu$. 상수사력, 상수 이력의 경우 보험료 $\bar{P}(\bar{A}_x)$도 x에 의존하지 않는 것을 볼 수 있다.
5. 보험료를 기간의 시작마다 낸다면 이것을 $\ddot{a}_x$로 표시하고
$$\ddot{a}_x:=\sum_{k=0}^{\infty}v^k{}_kp_x=\sum_{k=0}^{\infty}v^ke^{-\mu k}=\frac{1}{1-ve^{-\mu}}=\frac{e^{\mu}}{e^{\mu}-v}$$
따라서 $P(\bar{A}_x)=\frac{\bar{A}_x}{\ddot{a}_x}=\frac{\mu}{\delta+\mu}\frac{e^{\mu}-v}{e^{\mu}}$.
6. ${}_t\bar{V}(\bar{A}_x)$는 나이 x일 때 보험에 가입 후 k년이 흘렀을 때 보험의 가치다. 그런데 $\bar{A}_x,\bar{a}_x$가 x에 관계없기 때문에 모든 x,t에 대하여 ${}_t\bar{V}(\bar{A}_x)=0$.
7. 지급해야 할 보험금의 현재가격이 보험료 수입의 현재가격을 나타내는 확률변수의 평균값보다 큰 경우는 보험료를 얼마 내지 않고 보험지급사유가 발생하는 경우다. 보험회사의 손실이 발생하는 것으로 이해하면 된다. 지급해야 할 보험금의 현재가격은 v^{T_x}. 따라서 구하려는 확률은
$$Pr\big[v^{T_x}>\bar{a}_x\big]=Pr\big[v^{T_x}>\frac{1}{\delta+\mu}\big]=Pr[e^{-\delta T_x}>\frac{\mu}{1+\mu}]=Pr[T_x<\frac{1}{\delta}\ln\big(\frac{\mu}{\delta+\mu}\big)]$$
여기서 ${}_tp_x=e^{-\mu t}$ 인 것에 주의하면, 구하려는 확률은 $Pr[v^{T_x}>\bar{a}_x]=1-\exp\big(\frac{\mu}{\delta}\ln(\frac{\mu}{\delta+\mu})\big)$.
8. 앞의 계산에서 $\exp\big(\frac{\mu}{\delta}\ln(\frac{\mu}{\delta+\mu})\big)\le0.5$가 성립하면 된다. 따라서 $\frac{\mu}{\delta}\ln(\frac{\mu}{\delta+\mu})\le\ln(0.5)$.

◁

해설 6.12 우선 P_{x+20}는 나이 $x+20$인 사람의 보험료를 나타낸다. 이것은

$$A_{x+20}-P_{x+20}\ddot{a}_{x+20}$$

의 값을 0으로 하는 값이므로 $P_{x+20}=\frac{A_{x+20}}{\ddot{a}_{x+20}}$. 더구나

$$\ddot{a}_x = \frac{1-A_x}{d}, d = \frac{i}{1+i}$$

인 것에 주의하면 A_{x+20}의 다른 표현에 집중하면 된다. 다음으로 보험 가입후 19년차인 $t = 19$를 생각하자. 이 순간은 지급해야 할 보험금의 가격에서 보험료 수입을 뺀 손실확률변수는 보험료 수입이 $t = 19$의 $_{20}P_x$ 뿐이므로

$$v^{K_{x+19}+1} - {}_{20}P_x$$

이 확률변수의 평균값은 $^{20}_{19}V_x$로 나타낸다. 따라서

$$^{20}_{19}V_x = E\left[v^{K_{x+19}+1} - {}_{20}P_x\right] = A_{x+19} - {}_{20}P_x = \left(v q_{x+19} + v p_{x+19} A_{x+20}\right) - {}_{20}P_x$$

위 식을 A_{x+20}에 대해서 정리하면

$$A_{x+20} = \frac{^{20}_{19}V_x + {}_{20}P_x - v q_{x+19}}{v p_{x+19}} = \frac{^{20}_{19}V_x + {}_{20}P_x - v(1-p_{x+19})}{v p_{x+19}}$$

그러므로 $P_{x+20} = \frac{A_{x+20}}{\ddot{a}_{x+20}} = \frac{A_{x+20}}{1-A_{x+20}}d$, $d = \frac{i}{1+i}$를 주어진 자료로 표시하였다. ◁

해설 6.13 가입후 $k+1$년이 지난 후 보험 가치를 계산해보자. 손실확률변수는, 나이가 $x+k$가 된 것에 주의하면

$$v^{K_{x+k}+1} - P_x(1 + v + v^2 + \cdots + v^{K_{x+k}}) = v^{K_{x+k}+1} - P_x \ddot{a}_{\overline{K_{x+k}+1}|}$$

이 확률변수의 평균값을 $_kV_x$로 나타내고, 따라서

$$_kV_x = E\left[v^{K_{x+k}+1} - P_x \ddot{a}_{\overline{K_{x+k}+1}|}\right] = A_{x+k} - P_x \ddot{a}_{x+k} = A_{x+k} - P_x\left(1 + v p_{x+k} \ddot{a}_{x+k+1}\right)$$

따라서 $_kV_x + P_x = A_{x+k} - P_x v p_{x+k} \ddot{a}_{x+k+1}$. 같은 생각으로 $_{k+1}V_x = A_{x+k+1} - P_x \ddot{a}_{x+k+1}$. 여기서

$$A_{x+k} = \sum_{m=0}^{\infty} v^{m+1} {}_{m|}q_{x+k} = v q_{x+k} + v p_{x+k} A_{x+k+1}, \quad \ddot{a}_{x+k} = \sum_{m=0}^{\infty} v^m {}_m p_{x+k} = 1 + v p_{x+k+1} \ddot{a}_{x+k+1}$$

정리하면

$$\begin{aligned} M = {}_kV_x + P_x &= A_{x+k} - P_x v p_{x+k} \ddot{a}_{x+k+1} \\ &= \left(v q_{x+k} + v p_{x+k} A_{x+k+1}\right) - P_x v p_{x+k} \ddot{a}_{x+k+1} \\ &= v q_{x+k} + v p_{x+k}\left(A_{x+k+1} - P_x \ddot{a}_{x+k+1}\right) \\ N = {}_{k+1}V_x &= A_{x+k+1} - P_x \ddot{a}_{x+k+1} \end{aligned}$$

그러므로

$$M - v p_{x+k} N = v q_{x+k} = v(1 - p_{x+k})$$

따라서 $p_{x+k} = \frac{M-v}{v(N-1)}$, $v = \frac{1}{1+i}$. ◁

더 읽어 보기

이 책에서는 미분적분학, 확률과 통계 부분을 최소한으로 다루었다. 기초적인 지식에 해당하지만 보험계리사 시험을 준비한다면 미분적분학, 확률과 통계 부분을 따로 공부해야 한다.

참고문헌

1. *Jonh A. Rice, Mathematical Statistics and Data Analysis, Third Edition, Duxbury, an imprint of Thomson Books/Cole, 2007.*
   이 책은 확률변수와 기초적인 통계 개념이 잘 설명했다.
2. *David C. M. Dickson, Mary R. Hardy & Howard R. Waters, Accurial Mathematics for Life Contingent Risks, Cambridge University Press, Cambridge, New York, 2009*
   이 책은 생명보험을 중심으로 확률변수를 잘 이해하고 있다면, 보험수학을 시작하기 위한 가장 적합한 책이다.
3. *Vladimir I, Rotar, Acturial Models, The Mathematics of Insurace, Chapman & Hall/CRC, 2007*
   이 책은 많은 확률변수 개념이 필요하다. 보험수학 전반을 설명하고 있다.
4. *Richard A. Brealey, Stewart C. Myers & Franklin Allen, Principles of Corporate Finance, McGraw-Hill Education, 2014.*
   이 책을 고등학교 수학에서 배운 수학적 표현만 익숙하면 누구나 쉽게 읽을 수 있다. 기업에서 어떤 금융적 사고가 필요한지를 편안하게 설명한다. 금융에서 중요한 것은 복잡한 수식이 아니라, 복잡한 수식을 말로 설명할 수 있는 능력이기 때문에, 이 책은 금융 수식 해석을 풍부한 자료를 준다.

찾아보기

저자소개

김 준 기

- 1977 ~ 1981
  공주대학교 사범대학 수학교육과, 학사
- 1981 ~ 1988
  서울대학교 자연과학대학 수학과, 석사, 박사
- 1988 ~ 2019
  현 강원대학교 자연과학대학 수학과 교수

보험수학

초판발행 2019년 8월 5일

지은이 김준기
펴낸이 오판근
펴낸곳 (주) 교우
주 소 서울시 동대문구 약령시로 8 교우빌딩 2층 (주)교우
전 화 02-925-2861 / **팩 스** 02-925-2860. **편집부** 02-925-2825
홈페이지&북스토어 www.kyowoo.co.kr / **이메일** kyowoo@kyowoo.co.kr

등 록 1994년 3월 24일 제1994-000013호
ISBN 979-11-251-0293-9 (93410)

(주) 교우는 보다 혁신적이고 참신한 도서를 다양하게 기획하고 있습니다.
책으로 펴내고자 하는 아이디어나 원고는 메일로 보내주세요.
(주) 교우는 전과정을 책임지고 최선을 다하겠습니다.

값 21,000원

교우미디어는 (주) 교우의 Imprint 사입니다.
수학정원·과학정원은 (주) 교우의 새로운 브랜드명입니다.

잘못된 책은 구입하신 서점에서 교환해 드립니다.